KURZLEHRBÜCHER
FÜR DAS JURISTISCHE STUDIUM

Waldstein/Rainer
Römische Rechtsgeschichte

Römische Rechtsgeschichte

EIN STUDIENBUCH

von

Dr. Wolfgang Waldstein
o. Professor i. R.
der Universität Salzburg

fortgeführt von

Dr. J. Michael Rainer
o. Professor
der Universität Salzburg

10., neu bearbeitete Auflage

des von Gerhard Dulckeit und
Fritz Schwarz begründeten Werkes

Verlag C. H. Beck München 2005

Verlag C. H. Beck im Internet:
beck.de

ISBN 3 406 53341 8

Wilhelmstraße 9, 80801 München
Druck und Bindung: Nomos Verlagsgesellschaft
In den Lissen 12, 76547 Sinzheim

Satz: Druckerei C. H. Beck Nördlingen

Gedruckt auf säurefreiem, alterungsbeständigem Papier
(hergestellt aus chlorfrei gebleichtem Zellstoff)

HISTORIA VERO
TESTIS TEMPORUM,
LUX VERITATIS,
VITA MEMORIAE,
MAGISTRA VITAE.

(Cic. de orat. 2, 36)

Vorwort zur 10. Auflage

Eine auf Vollständigkeit bedachte Römische Rechtsgeschichte sollte die Entwicklung und den Aufbau des Römischen Staates einschließlich seiner Verfassung, somit das öffentliche Recht, zur Grundlage ihrer Darstellung nehmen. Aufbauend auf diesem strukturellen Grundgerüst hat die Darstellung der Entwicklung und des Aufbaus weiterer zentraler Rechtsgebiete zu erfolgen, nämlich des Strafrechts und des Privatrechts. Eine qualitätsvolle Rechtsgeschichte muß des weiteren bemüht sein, auch die geistigen Grundlagen der Rechtsentwicklung, die vielseitigen Bezüge zwischen Recht und Gesellschaft, in gebührender Weise aufzudecken und zu würdigen. Recht und Geschichte: Werden und Wesen. Darin liegt zwar kein Gegensatz, wohl aber eine Herausforderung – es gilt sowohl der Historizität des Rechts, seinen ständigen Veränderungen und Anpassungen als auch den notwendigerweise systematischen Aspekten gerecht zu werden. Diesem Zweck dient die Periodisierung der Geschichte. Für die Römische Rechtsgeschichte wird diese Periodisierung sinnvollerweise in Republik – Prinzipat – Dominat vorgenommen. Um komplexe historische Entwicklungsprozesse berücksichtigen zu können, ist es sinnvoll, vertiefende Ausführungen zu den Übergangszeiten zu verfassen.

Als ich von Wolfgang Waldstein die Bearbeitung der von G. Dulckeit begründeten und von Fritz Schwarz fortgesetzten Römischen Rechtsgeschichte übernommen habe, habe ich mich bemüht, die angeführten Kriterien beizubehalten und, wo möglich, zu vertiefen. Im wesentlichen wurde der letztlich auf Waldstein zurückgehende Text beibehalten. Der Bearbeiter hat aber, wo ihm Veränderungen erforderlich schienen, diese auch vorgenommen. Die Einfügung von Randziffern soll die Benutzung erleichtern.

Das Buch bietet nun einen umfassenden Überblick über die Geschichte des Römischen Rechts von den Anfängen bis zu Kaiser Justinian. Es soll insbesondere Studierenden der Rechtswissenschaften zur Vorbereitung der Pflicht- oder Wahlveranstaltungen und Prüfungen in den Fächern Römisches Recht und Rechtsgeschichte anempfohlen werden, bietet aber ebenso allen gebildeten Juristen die Möglichkeit, das Römische Recht in seiner historischen Entwicklung und zugleich systematisch kennenzulernen. Auch Studierende aus allen Bereichen der Altertumswissenschaften und der Geschichte werden das Buch mit Nutzen studieren können. Geeignet ist es darüber hinaus für Pädagogen des Latein- und Geschichtsunterrichts an den höheren Schulstufen der Gymnasien. Schließlich erfüllt die vorliegende Rechtsgeschichte einen weiteren nicht unbedeutenden Zweck: Nach wie vor fehlt – nicht nur in deutscher Sprache – ein vollständiges Handbuch der Römischen Rechtsgeschichte. Um diesem Mangel Abhilfe zu verschaffen, hatte sich bereits W. Waldstein außerordentlich bemüht, die bibliographischen Hinweise möglichst vollständig aufzunehmen. Auch ich fühle mich diesem Zwecke in hohem Maße verpflichtet und habe nach Möglichkeit auf die Vollständigkeit bei der Ergänzung der seit der letzten Ausgabe hinzugekommenen Literatur geachtet.

Meinen beiden Mitarbeiterinnen Frau Ass.-Prof. Dr. J. Filip-Fröschl und Frau Dr. G. Peer danke ich für zahlreiche Hinweise.

Zwei Fachkollegen haben mein Interesse und meine Liebe zum Römischen Staatsrecht und der Römischen Rechtsgeschichte geweckt und nachhaltig gefördert.

A. Kränzlein und D. Nörr schulde ich dafür großen Dank. Die Erkenntnis, daß philosophische Grundlagen eine wesentliche Komponente des Römischen Rechts und vieler anderer Rechtsordnungen darstellen, verdanke ich W. Waldstein.

Salzburg, im Februar 2005 *J. Michael Rainer*

Aus dem Vorwort zur 9. Auflage

Seit der 8. Auflage ist der erste Band der großen Römischen Rechtsgeschichte von Franz Wieacker erschienen. Auf diesen verweise ich zu den entsprechenden Abschnitten mit Seitenangaben. Wo es nötig erschien, habe ich sachlich neue Ergebnisse auch inhaltlich eingearbeitet, ohne freilich auf eine Diskussion von Einzelheiten eingehen zu können, die den Rahmen eines Kurz-Lehrbuches sprengen würde. Meine Hoffnung, für die Neuauflage auch bereits den für mich besonders wichtigen zweiten Band zur Verfügung zu haben, ist durch den unerwarteten Tod Franz Wieackers leider unerfüllbar geworden. Viele Gespräche über Fragen dieser Periode, die ich mit ihm führen durfte, haben eine für mich überaus ermutigende Übereinstimmung in den Auffassungen gezeigt. Um so schmerzlicher hat mich der plötzliche Tod dieses großen Gelehrten getroffen. Ich möchte daher diese Auflage in großer Dankbarkeit besonders seinem Andenken widmen.

Um dieses Buch nicht mit einer Ansammlung von Vorwörtern zu belasten, habe ich lediglich aus dem Vorwort zur 6. Auflage das aufgenommen, was mir zum Verständnis der Entwicklung des Buches wichtig erschien. Die Vorwörter zur 7. und 8. Auflage habe ich dagegen weggelassen. Im Vorwort zur 8. Auflage hatte ich jedoch darauf hingewiesen, daß der Versuch einer umfassenden Darstellung für die Studierenden der Rechtswissenschaft in der Regel zu viel bietet. Daher möchte ich hier den Hinweis wiederholen, daß ich für das Verständnis des römischen Rechts und seiner Bedeutung für unser geltendes Recht vor allem die §§ 9–14, 22–24, 32–34 und 39–44 für wichtig halte. Diese haben insgesamt einen Umfang von nur rund 130 Seiten. Wer jedoch über weitere Fragen Informationen sucht, kann sie, wie ich hoffe, bequem finden.

Bei den Literatur-Nachträgen ist daran zu erinnern, daß eine handbuchmäßige Vollständigkeit im Rahmen eines Kurz-Lehrbuches nicht angestrebt werden konnte, da eine solche den Umfang zu sehr belastet hätte. Die angeführten Werke sollen daher vor allem auch den Zugang zu einer Fülle weiterer, auch älterer Lit. eröffnen. Deshalb habe ich teilweise auch versucht, die eigenen Literaturhinweise von älteren Werken zu entlasten, was nicht als Urteil über die Bedeutung der weggelassenen Werke mißverstanden werden soll. Die laufende Hinzufügung neuerer Lit. belastet aber den Umfang ebensfalls dort und da schon bedenklich, so daß eine Entlastung einfach nötig erschien. Hinweise auf die weggelassenen Werke finden sich in aller Regel in zitierter neuerer Lit. Wo dies möglich war, habe ich zu zitierten Werken, besonders bei fremdsprachigen, auch die in der SZ erschienenen Besprechungen angeführt, die eine raschere Orientierung über den Inhalt ermöglichen und auch häufig weitere Literaturhinweise enthalten.

Salzburg, im November 1994 *Wolfgang Waldstein*

Aus dem Vorwort zur 6. Auflage

Der unerwartete Tod von Fritz Schwarz hat in vieler Hinsicht schmerzliche Lücken aufgerissen. Eine dieser Lücken entstand bei der bereits dringend gewordenen Vorbereitung der 6. Auflage dieses Buches. Die ehrenvolle Aufgabe, die Weiterbearbeitung dieses angesehenen und beliebten Lehrbuches zu übernehmen, ist jedoch durch die drängende Zeit gleichzeitig zu einem fast unlösbaren Problem geworden. Von Fritz Schwarz selbst war die Überarbeitung erst begonnen worden. Seine Ergänzungen und Korrekturen konnten weitgehend berücksichtigt werden. Die genaue Durchsicht machte jedoch klar, daß eine viel eingehendere Überarbeitung nötig wäre. Im Hinblick auf die Kürze der Zeit mußte ich mich jedoch im Einvernehmen mit dem Verlag auf die notwendigsten Überarbeitungen beschränken.

Eines der Probleme ergibt sich aus dem Zweck des Buches. Als juristisches Kurz-Lehrbuch hat es in erster Linie den Studierenden zu dienen. Unter der gelehrten Bearbeitung von Fritz Schwarz hat sich das Buch jedoch in die Richtung eines Handbuches entwickelt, das zahlreiche für den Fachkollegen wertvolle Beobachtungen und Einzelheiten enthält, die ein Lehrbuch wohl zu sehr belasten. Dies brachte es auch mit sich, daß die sprachliche Fassung teilweise mehr auf den Fachgelehrten als auf Studierende abgestellt ist. Dazu kommt die Frage der Abgrenzung gegenüber der Darstellung des Privatrechts, zumal in der gleichen Reihe der Juristischen Kurz-Lehrbücher die bewährte Darstellung von Max Kaser zur Verfügung steht. Damit hängt wieder die Gewichtung der Materien zusammen, die heute dem Studierenden geboten werden sollten. Schließlich konnte ich in verschiedenen Einzelheiten die sachliche Auffassung nicht teilen.

Aus Respekt vor der Auffassung von Dulckeit-Schwarz habe ich dennoch häufig auch dort, wo ich sachlich anderer Auffassung bin, nur versucht, die sprachliche Fassung durchsichtiger zu machen. Gelegentlich sind aber auch sachliche Eingriffe nötig gewesen. Auch habe ich mich darum bemüht, die Zitierweise zu vereinheitlichen. In der Regel wird für die lateinischen Quellen die Zitierweise des Thesaurus Linguae Latinae verwendet, soweit nicht abweichende Zitierweisen in romanistischen Darstellungen üblich sind (wie z. B.: D., C. und CTh.). Zur Erleichterung der Auflösung von Zitaten ist jedoch ein bereits von Fritz Schwarz vorgesehenes Abkürzungsverzeichnis angefügt worden. Zur Veranschaulichung der Ortsangaben ist auch eine Übersichtskarte der Zeittafel angeschlossen. Auf die Fundstellen wird im Register durch den Ortsangaben in Klammern beigefügte Buchstaben und Zahlen (entsprechend der Einteilung der Übersichtskarte) verwiesen.

Salzburg, im Juni 1975 *Wolfgang Waldstein*

Aus dem Vorwort zur 3. Auflage

Es ist ein Zeichen für die Beliebtheit der – bei ihrem Erscheinen „Georg Dahm in Freundschaft zugeeigneten“ – Römischen Rechtsgeschichte Gerhard Dulckeits unter den Studierenden, daß in kurzer Zeit nach dem Tode des Verfassers eine weitere Neuauflage erforderlich geworden ist. Hatte ich jedoch ursprünglich die Absicht, gleich dem Herausgeber der Vorauflage, Gerhard *Wesenberg,* mich auf eine Durchsicht und den Nachtrag von Literaturangaben zu beschränken, so schien es mir nach reiflichen Überlegungen geraten, wenigstens in zwei Abschnitten stärker in den von Dulckeits Hand stammenden Text einzugreifen, und zwar im ersten vom patrizischen Adelsstaat handelnden Teil, sowohl wegen einer Reihe von Neuerscheinungen auf diesem Gebiet als auch wegen abweichender Grundauffassungen zwischen dem Verfasser des Werkes und dem Bearbeiter; dies zu verhehlen schien mir nicht angängig, nachdem ich einmal die ehrenvolle Aufgabe der weiteren Betreuung des Dulckeitschen Werkes übernommen hatte. Die zweite Stelle, an der ein stärkerer Eingriff in den Text des Verfassers erforderlich schien, hat es mit dem nachklassischen Recht, und zwar besonders mit dem Vulgarrecht, zu tun. Dieses Forschungsgebiet ist allmählich zu einem wichtigen Zweig der antiken Rechtsgeschichte, man kann auch sagen, zu einem wichtigen Bindeglied zwischen dem mittelalterlichen und dem antiken Recht erwachsen. Hier galt es also eine Lücke zu schließen, zumal die Vulgarrechtsforschung durch einige reife Darstellungen ... inzwischen bereichert wurde. Die Ergebnisse der während des Druckes erschienenen Abhandlung von Wolfgang *Kunkel* über das vorsullanische Kriminalverfahren konnten noch berücksichtigt werden. Auch die Übersicht über das Schrifttum ist sowohl in der Einleitung wie zu den einzelnen Abschnitten der Darstellung ergänzt worden.

Marburg, im März 1963 *Fritz Schwarz*

Inhaltsverzeichnis

III. Die Privatrechtsentwicklung

3. Abschnitt. Der Prinzipat

I. Die Verfassung

II. Aufbau und Verwaltung des Weltreichs

III. Das klassische Recht

4. Abschnitt. Die späte Kaiserzeit (Dominat)

I. Verfassung und Verwaltung

II. Wirtschaft und Gesellschaft

III. Das nachklassische Recht und die Kodifikationen

Abkürzungsverzeichnis

In dieses Verzeichnis nicht aufgenommen sind Abkürzungen, die sich lediglich auf die zu einem § angegebene Lit. beziehen. Die näheren Angaben können dort gefunden werden.

ABGB	Allgemeines bürgerliches Gesetzbuch (Österreich) von 1811
Abs.	Absatz
Act.	Actus apostolorum (Apostelgeschichte)
a. E.	am Ende
AHDO-RIDA	Archives d'histoire du droit oriental vereinigt mit Revue internationale des droits de l'antiquité 1 (1952) und 2 (1953)
Alföldi, Reiteradel	A. Alföldi, Der frührömische Reiteradel (1952)
–, Studien	–, Studien zur Geschichte der Weltkrise des 3. Jahrhunderts nach Christus (1967)
Alföldy, Gesellschaft	G. Alföldy, Die römische Gesellschaft (1986)
–, Sozialgeschichte	–, Römische Sozialgeschichte (3. Aufl. 1984)
Altheim I und II	F. Altheim, Römische Geschichte I (1951) und II (1953), bis 338 v. Chr.
ANRW	Aufstieg und Niedergang der römischen Welt, Geschichte und Kultur Roms im Spiegel der neueren Forschung, herausgeg. von H. Temporini und W. Haase, Übersicht § 1 VI 1
App. civ.	Appianos, bella civilia
Apul. met.	Apuleius Madaurensis, Metamorphoseon libri
Arist. EN	Aristoteles, Ethica Nicomachea
Art.	Artikel
Ascon. in Corn.	Q. Asconius, orationum Ciceronis quinque enarratio in Cornelianam, zit. nach der Ausg. von Clark (1907, Neudr. 1962) mit Angabe der Seite (p.), dazu in [ ] Angabe der Seite der Ausg. von Kiessling-Schoell
– tog. cand.	–, in orationem in toga candida
Atti Accad. Const.	Atti dell'Accademia Romanistica Costantiniana, zuletzt IX (1993)
– Convegno Betti	Costituzione romana e crisi della repubblica, Atti del Convegno su Emilio Betti (Perugia 1986)
– Convegno Pavia	La certezza del diritto nell'esperienza giuridica romana, Atti del Convegno Pavia 26–27 aprile 1985, A cura di M. Sargenti e G. Luraschi (Padova 1987)
Aur. Vict. Caes.	Sexti Aurelii Victoris liber de Caesaribus
Bas.	Basilicorum libri LX, edd. G. E. Heimbach und andere, neue Ausg. begonnen von H. J. Scheltema und anderen (seit 1953)
Behrends, T. Gracchus	O. Behrends, Tiberius Gracchus und die Juristen seiner Zeit, in: Das Profil des Juristen . . ., Symposion Wieacker (1980)
–, Wissenschaftsl.	–, Die Wissenschaftslehre im Zivilrecht des Q. Mucius Scaevola pontifex, Nachr. d. Akad. d. Wiss. Göttingen, I. Phil.-hist. Kl. Nr. 7 (1976) 263–304
Beloch	K. J. Beloch, Römische Geschichte bis zum Beginn der punischen Kriege (1926)
BGB	(Deutsches) Bürgerliches Gesetzbuch von 1896
BGU	Ägyptische Urkunden aus den Museen zu Berlin: Griechische Urkunden I (1895) ff.
Bleicken, Kaiserreich 1, 2	J. Bleicken, Verfassungs- und Sozialgeschichte des Römischen Kaiserreiches Bde 1 und 2 (2. Aufl. 1981)
–, Prinzipat	–, Prinzipat und Dominat, Gedanken zur Periodisierung der römischen Kaiserzeit (1978)
–, Senatsger.	–, Senatsgericht und Kaisergericht, Abh. d. Akad. d. Wiss. Göttingen (1962)
–, Verfassung	–, Die Verfassung der römischen Republik (UTB 460, 6. Aufl. 1993)
Bretone, Storia	M. Bretone, Storia del diritto romano (1987)
–, Tecniche	–, Tecniche e ideologie dei giuristi romani (2. Aufl. 1982)

Bruns	Bruns-Gradenwitz, Fontes iuris Romani antiqui I (1908, Neudr. 1958) Leges et negotia
Bull.	Bulletino dell'Istituto di diritto romano (Rom, seit 1940 Mailand)
B-VG	Österreichisches Bundes-Verfassungsgesetz vom 1. Okt. 1920 mit späteren Änderungen
C.	Codex Iustinianus
Caes. civ.	C. Iulius Caesar, De bello civili
– Gall.	–, De bello Gallico
Call.	Callistratus
Cass. Dio	Cassius Dio
Cato agr.	M. Porcius Cato, De agricultura
Cels.	P. Iuventius Celsus
Cic. Att.	M. Tullius Cicero, Epistulae ad Atticum
– Brut.	–, Brutus de claris oratoribus
– de orat.	–, De oratore
– dom.	–, De domo sua ad pontifices oratio
– har. resp.	–, De haruspicum responsis oratio
– inv.	–, De inventione
– leg.	–, De legibus
– off.	–, De officiis
– Phil.	–, In M. Antonium oratio Philippica
– rep.	–, De republica
– top.	–, Topica
– Verr.	–, In Verrem
CIL	Corpus inscriptionum Latinarum (I^2 1893, Neudruck 1973)
Cohen VI	H. Cohen, Description historique des monnaies frappées sous l'empire romain, Bd. VI (1886, Neudruck 1955) mit Angabe der Seite und der Nummer der Münze
Coing, Rechtsphil.	Helmut Coing, Grundzüge der Rechtsphilosophie (5. Aufl. 1993)
coll.	Mosaicarum et Romanarum legum collatio (FIRA II 541–589)
Colum.	L. Iunius Moderatus Columella
cons.	Consultatio veteris cuiusdam iurisconsulti (FIRA II 591–613)
const.	Constitutio (Kaisergesetz)
const. Sirmond.	Constitutio Sirmondiana, im Anschluß an den CTh. abgedruckte 16 Konstitutionen
CTh.	Codex Theodosianus
D.	Digesta Iustiniani
Daube Noster	Daube Noster, Essays in Legal History for David Daube, edited by Alan Watson (1974)
De Francisci, Primordia civitatis	Pietro De Francisci, Primordia civitatis (1959)
–, Storia I–III	–, Storia del diritto romano I (1943), II 1 (1944) und III 1 (1943; verbesserte Neudrucke der Erstausgabe von 1931–1936)
De Martino I–VI	Francesco De Martino, Storia della costituzione romana I (2. Aufl. 1972), II–III (2. Aufl. 1973), IV 1 (2. Aufl. 1974), IV 2 (2. Aufl. 1975), V (2. Aufl. 1971) und VI (Indici generali, 2. Aufl. 1990)
d. J.	der Jüngere
Dion. Hal. ant.	Dionysios von Halikarnassos, Antiquitates Romanae (Ῥωμαϊκὴ ἀρχαιολογία)
f. (ff.)	und folgende
Fast. Cap.	Fasti consulares Capitolini, hersg. in CIL I^2 mit Angabe der Nr. des Fragments und der Seite
Fest.	Sex. Pompeius Festus, De verborum significatione, epitoma Verrii Flacci, Zitate nach Seitenzahl und Zeile der Ausgabe von W. M. Lindsay (1913)
Fg.	Festgabe
Fg. Herdlitczka	Festgabe für Arnold Herdlitczka (1972)
Fg. Kaser	Iuris professio, Festgabe für M. Kaser zum 80. Geburtstag (1986)
Fg. v. Lübtow	Sein und Werden im Recht, Festgabe für Ulrich von Lübtow (1970)
Fg. v. Lübtow (1980)	De iustitia et iure, Festgabe für U. v. Lübtow (1980)

FIRA I–III	Fontes iuris Romani anteiustiniani, edd. S. Riccobono, J. Baviera, C. Ferrini, J. Furlani, V. Arangio-Ruiz I–II (Neudr. 1968), III (Neudr. 1969)
Flor.	Florentinus
Fs.	Festschrift
Gai. inst.	Gai institutiones
Gaudemet, Institutions	J. Gaudemet, Les institutions de l'Antiquité (^{4}1994)
Ged. Ebel	Studien zu den germanischen Volksrechten, Gedächtnisschrift für W. Ebel (1982)
Ged. Marcic	Das Naturrechtsdenken heute und morgen, Gedächtnisschrift für R. Marcic (1983)
Gell.	Aulus Gellius, Noctes Atticae
Ges. Schr.	Gesammelte Schriften
GG	Grundgesetz für die Bundesrepublik Deutschland vom 23. Mai 1949
Greg. Thaumat.	Gregorios Thaumaturgos (der Wundertäter), Dankrede an Origenes, Migne PG 10, 1065–1068
Guarino, Storia	A. Guarino, Storia del diritto romano (^{10}1994)
Gymnasium	Gymnasium, Zeitschrift für Kultur der Antike und humanistische Bildung, Heidelberg 1890 ff.
Hdwb.	Handwörterbuch
Heuß	A. Heuß, Römische Geschichte (5. Aufl. 1983)
Honoré, Emperors	T. Honoré, Emperors and Lawyers (1981)
–, Tribonian	–, Tribonian (1978)
–, Ulpian	–, Ulpian (1982)
Iav.	L. Iavolenus Priscus
Index	Index, Quaderni camerti di studi romanistici (International Survey of Roman Law [seit 1970])
Inst.	Institutiones Iustiniani
IRMAE	Ius Romanum Medii Aevi, Hinweise § 1 VI 2
Iura	IVRA, Rivista internazionale di diritto romano e antico (seit 1950)
JRS	The Journal of Roman Studies, London
Kaser, AJ	Max Kaser, Das altrömische ius (1949)
–, EB	–, Eigentum und Besitz im älteren römischen Recht (2. Aufl. 1956)
–, Ius gentium	–, Ius gentium (= Forschungen zum Römischen Recht 40, 1993)
–, Methode	–, Zur Methode der römischen Rechtsfindung (2., unveränderte Aufl., 1969)
–, Methodologie	–, Zur Methodologie der römischen Rechtsquellenforschung, Sitzungsber. d. österr. Akad. d. Wiss. (1972)
–, Rechtsquellen	–, Römische Rechtsquellen und angewandte Juristenmethode (1986)
–, RG	–, Römische Rechtsgeschichte (2. Aufl. 1967)
Kaser/Knütel RP	Max Kaser/Rolf Knütel, Römisches Privatrecht, 17. Aufl. 2003 in Juristische Kurzlehrbücher
–, RPR I und II	Das römische Privatrecht I (2. Aufl. 1971) und II (2. Aufl. 1975), im Handbuch der Altertumswissenschaft
Kaser/Hackl RZ	Max Kaser/Karl Hackl, Das Römische Zivilprozeßrecht, 2. Aufl. 1996 im Handbuch der Altertumswissenschaften
KlP	Der Kleine Pauly, Lexikon der Antike auf der Grundlage von Pauly's Realencyclopädie, I (1964), II (1967), III (1969), IV (bis Scaurus, 1972), V (1975)
Kraft	K. Kraft, Der goldene Kranz Caesars und der Kampf um die Entlarvung des „Tyrannen" (2. Aufl. 1969)
Kunkel, Herkunft	W. Kunkel, Herkunft und soziale Stellung der römischen Juristen (2. Aufl. 1967)
–, Kl. Schr.	–, Kleine Schriften, Zum römischen Strafverfahren und zur römischen Verfassungsgeschichte (1974)
Kunkel/Schermaier RG	Wolfgang Kunkel/Martin Schermaier, Römische Rechtsgeschichte 13. Aufl. 2001

Kunkel/Wittmann StOP	Wolfgang Kunkel/Roland Wittmann, Staatsordnung und Staatspraxis der Römischen Republik, 2. Abschnitt: Die Magistratur 1995 im Handbuch der Altertumswissenschaften
Lenel, EP	O. Lenel, Das Edictum perpetuum (1927, Neudr. 1974)
Levy, Ges. Schr.	E. Levy, Gesammelte Schriften I und II (1963)
Liv.	Titus Livius, Ab urbe condita libri
– per.	–, Ab urbe condita librorum deperditorum periochae = Auszüge aus den verlorenen Büchern, gewöhnlich abgedruckt im Anschluß an das 45. Buch
v. Lübtow, Volk	U. von Lübtow, Das römische Volk, Sein Staat und sein Recht (1955)
Marcell	Ulpius Marcellus
Mél. Meylan	Mélanges Philippe Meylan I (1963: Droit romain)
Mem. Donatuti	Studi in memoria di G. Donatuti I–III (1973)
Mem. Koschaker	L'Europa e il diritto romano, Studi in memoria di Paulo Koschaker (1954)
Meyer	E. Meyer, Römischer Staat und Staatsgedanke (4. Aufl. 1975)
Mitteis, RR	L. Mitteis, Reichsrecht und Volksrecht in den östlichen Provinzen des römischen Kaiserreichs (1891, Neudr. 1963)
Mod.	Herennius Modestinus
Mommsen, StR	Th. Mommsen, Römisches Staatsrecht I–III (Neudr. 1963)
–, StrR	–, Römisches Strafrecht (Neudr. 1961)
Nerat.	L. Neratius Priscus
Neudr.	Neudruck (photomechanischer Neudruck älterer Werke)
Nörr, Causa mortis	D. Nörr, Causa mortis, Münchner Beitr. zur Papyrusf. und antiken Rechtsg. 80 (1986)
–, Divisio	–, Divisio und Partitio, Bemerkungen zur römischen Rechtsquellenlehre und zur antiken Wissenschaftstheorie, Münchner Universitätsschriften 4 (1972)
–, Imperium	–, Imperium und Polis in der hohen Prinzipatszeit, Münchner Beiträge zur Papyrusf. und antiken Rechtsg. 50 (2. Aufl. 1969)
–, Rechtskrit.	–, Rechtskritik in der römischen Antike, Abh. d. Bayer. Akad. d. Wiss. (1974)
Not. dign. or., occ.	Notitia dignitatum, in partibus Orientis und in partibus Occidentis, ed. O. Seeck (1876, Neudruck 1962)
o.	oben
P. Giss.	Griechische Papyri im Museum des oberhessischen Geschichtsvereins zu Gießen, hrsg. von E. Kornemann und P. M. Meyer, I (1910–12) No. 1–126
P. Oxy.	The Oxyrhynchus Papyri, seit 1898, Bd. 60 (1994)
Pap.	Aemilius Papinianus
Paul.	Iulius Paulus
Paul. sent.	Pauli sententiae
Paul. Fest.	Pauli Diaconi epitoma Festi, in der Ausgabe des Fest. von Lindsay jeweils dem Text von Fest. gegenübergestellt
Pekáry	Th. Pekáry, Die Wirtschaft der griechisch-römischen Antike, Wiss. Paperbacks 9, Sozial- und Wirtschaftsgeschichte, hrsg. von H. Pohl (2. Aufl. 1979)
PG	Patrologia Graeca, hrsg. von J.-P. Migne, 161 Bde
PL	Patrologia Latina, ab Bd. 2 (1844) hrsg. von J.-P. Migne, 221 Bde und 5 Supplementbde, hrsg. von A. Hamman (1958–1974)
Plin. epist.	C. Plinius Caecilius Secundus d. J., Epistulae
Plin. nat.	C. Plinius Secundus d. Ältere, Naturalis historia
Plut. Pyrrh.	Plutarchos, Pyrrhus
Pol.	Polybios (Römische Geschichte)
Pomp.	Sextus Pomponius
Ps. Lact. mort. pers.	dem L. Caelius Firmianus Lactantius zugeschriebenes (wahrscheinlich echtes) Werk De mortibus persecutorum
E. S. Ramage, RG	E. S. Ramage, The nature and purpose of Augustus' „Res gestae", Historia Einzelschr. 54 (1987)

RE	Paulys Realencyclopädie der classischen Altertumswissenschaft, neue Bearb. von G. Wissowa, W. Kroll, K. Mittelhaus, K. Ziegler, I–XXIV (bis Q), 2. Reihe ab R: I A–X A
– Suppl.	Supplementbände zur RE I–XV (1978), Register der Nachträge und Supplemente (1980)
R. gest. div. Aug.	Res gestae divi Augusti (= Monumentum Ancyranum etc.)
RHD	Revue historique de droit français et étranger (als 4. Serie seit 1922)
RIDA	Revue internationale des droits de l'antiquité (3. Serie seit 1954)
Rostovtzeff (Rostowzew), GW	M. Rostovtzeff, Gesellschaft und Wirtschaft im römischen Kaiserreich I und II (Neuausg. 1955), deutsche Ausgabe der Social and Economic History of the Roman Empire (3. Aufl. 1963)
Rotondi	G. Rotondi, Leges publicae populi Romani (1912, Neudr. 1962)
s.	siehe
Sall. Catil.	C. Sallustius Crispus, De coniuratione Catilinae
Santalucia, Processo penale	B. Santalucia, Processo penale, a) Diritto romano, in: Enciclopedia del diritto 36 (1987) 318–360
Schulz, Geschichte	F. Schulz, Geschichte der römischen Rechtswissenschaft (1961; Neudr. 1975), deutsche Ausgabe der History of Roman Legal Science (2. Aufl. 1953)
SDHI	Studia et documenta historiae et iuris (seit 1935)
Sen. apocol.	Seneca minor (= Philosoph), Apocolocyntosis
– clem.	–, De clementia
Serv.	Servius Sulpicius Rufus
Spart. Carac.	Aelius Spartianus, Antoninus Caracalla (Scriptores historiae Augustae)
St. Arangio-Ruiz	Studi in onore di Vincenzo Arangio-Ruiz I–IV (1953)
St. Betti	Studi in onore di Emilio Betti I–V (1962)
St. Donatuti	Studi in memoria di G. Donatuti I–III (1973)
StGB	Strafgesetzbuch
St. Grosso	Studi in onore di Giuseppe Grosso I und II (1968), III (1970), IV (1971), V (1972) und VI (1974)
St. Volterra.	Studi in onore di Edoardo Volterra I–VI (1971)
Storia di Roma	Im Verlag Einwudi (Torino) unter Leitung von A. Schiavone herausgegebene Geschichte Roms I Roma in Italia (1988) II/1 La republica imperiale (1980) II/2 Iprincipi e il mondo (1991)
Suet. Aug.	C. Suetonius Tranquillus, Vita Caesarum, Divus Augustus
– Dom.	–, Domitianus
– Iul.	–, Divus Iulius (Caesar)
SZ (ZRG Rom. Abt.)	Zeitschrift der Savigny-Stiftung für Rechtsgeschichte, romanist. Abt.
– (GA)	–, germanistische Abteilung
Tac. ann.	Cornelius Tacitus, Annales (ab excessu divi Augusti)
Talamanca, Processo civile	M. Talamanca, Processo civile, a) Diritto romano, in: Enciclopedia del diritto 36
TRG	Tijdschrift voor rechtsgeschiedenis – Revue d'histoire du droit (seit 1950)
u.	unten
Ulp.	Domitius Ulpianus
Ulp. epit.	Ulpiani epitome (tituli ex corpore Ulpiani oder liber singularis regularum; FIRA II 259–301)
UTB	Uni-Taschenbücher
Varro ling.	M. Terentius Varro Reatinus, De lingua Latina
– rust.	–, Res rusticae
Vat.	Fragmenta Vaticana (FIRA II 461–540)
vgl.	vergleiche

VIR	Vocabularium Iurisprudentiae Romanae (seit 1894)
Vittinghoff	F. Vittinghoff, Römische Kolonisation und Bürgerrechtspolitik unter Caesar und Augustus (1951)
Walde-Hofmann	Lateinisches etymologisches Wörterbuch von A. Walde und J. B. Hofmann I (4. Aufl. 1965), II (5. Aufl. 1972) und III (Register; 3. Aufl. 1956)
Waldstein, Operae	W. Waldstein, Operae libertorum, Untersuchungen zur Dienstpflicht freigelassener Sklaven, Forschungen zur antiken Sklaverei 19 (1986)
Watson, State	A. Watson, The State, Law and Religion: Pagan Rome (1992)
Wenger, Quellen	L. Wenger, Die Quellen des römischen Rechts (1953)
Wieacker, AS 1, 2	F. Wieacker, Ausgewählte Schriften Bd. 1, Methodik der Rechtsgeschichte (1983), Bd. 2, Theorie des Rechts und der Rechtsgewinnung (1983). Zitate ohne Angabe des Bandes betreffen Bd. 1
–, PGN	–, Privatrechtsgeschichte der Neuzeit (2. Aufl. 1967)
–, RG I	Römische Rechtsgeschichte, Abschn. 1. Einleitung, Quellenkunde, Frühzeit und Republik (1988) im Handbuch der Altertumswissenschaften
–, Vom röm. Recht	–, Vom römischen Recht (2. Aufl. 1961)
Ξένιον	Ξένιον (Xenion), Festschrift für Pan. J. Zepos, I (1973)
Z.	(Ziffer oder) Zeile
ZGB	(Schweizerisches) Zivilgesetzbuch von 1907
ZRG	siehe SZ
12 Taf.	Zwölftafelgesetz (Bruns 15–40; FIRA I 21–75)
*	Mit einem Sternchen werden solche lateinische Ausdrücke bezeichnet, die sich in der Rechtssprache des Mittelalters oder der Neuzeit eingebürgert haben, in den römischen Quellen aber nicht vorkommen

§ 1. Einleitung

1. Bedeutung und Aufgabe der römischen Rechtsgeschichte

1. Das abendländische Europa läßt sich in seiner geschichtlichen Gestalt und Eigenart nur verstehen, wenn man es als den Erben der antiken Welt begreift. Drei mächtige Ströme haben das Erbe der Antike an die europäische Welt und die von dieser befruchteten Kontinente und Staaten weitergegeben und lassen es dort bis in die Gegenwart weiterwirken: die griechische Kultur, das römische Rechtsdenken und das Christentum. Von diesen drei Strömen ist hier nur die Geschichte des römischen Rechts darzustellen. Auch diese Geschichte ist aber von der griechischen Kultur und, in der Spätzeit, vom Christentum mitgestaltet worden.

Das **römische Recht** ist in vielfältiger Weise und in mannigfachen Formen zum Lehrmeister Europas geworden. Den weitaus stärksten Einfluß hatte das römische Privatrecht. Nach der Zertrümmerung des **Imperium Romanum** lebte das römische Recht in den germanischen Nachfolgestaaten des frühen Mittelalters fort, wenn auch nur in vulgarisierter Gestalt. Selbst die römische Rechtssprache wurde von den Germanen übernommen. Die größte Bedeutung aber gewann die Wiederentdeckung der Digesten, des wichtigsten Teiles des Gesetzgebungswerkes des Kaisers **Justinian** (533 publiziert). Das Studium der Digesten führte seit dem Ende des elften Jahrhunderts in Italien zu einer neuen Blüte der Rechtswissenschaft. Sie hat in den folgenden Jahrhunderten die **Rezeption** des römischen Rechts ausgelöst und damit die gesamte kontinental-europäische Rechtsentwicklung in entscheidender Weise bestimmt. Das Gesetzgebungswerk Justinians trägt seit der Ausgabe des Dionysius Gothofredus vom Jahre 1583 den Namen *Corpus iuris civilis* (§ 43 I 7).

Rezipiert wurde in erster Linie das römische Privatrecht. Römisches Staatsdenken, Staatsrecht und Verwaltungsrecht haben mehr indirekt, vor allem durch die Vermittlung des ersten und zweiten Humanismus bis in die Neuzeit gewirkt. Rezipiert wurde aber außer dem Privatrecht auch das römische Strafrecht. Dieses wurde allerdings früher als das Privatrecht durch Kodifizierungen (z.B. die Bambergische Halsgerichtsordnung von 1507 und besonders die Constitutio criminalis Carolina Karls V. von 1532, dazu Mitteis/Lieberich, Deutsche Rechtsgeschichte § 40 I 5d) von seiner unmittelbaren Geltung ausgeschlossen.

2. Auf der Grundlage des sog. **gemeinen römischen Rechts,** das sich in den deutschen Landen aus einer Vereinigung römischer, kirchlicher (kanonischer) und germanischer Elemente gebildet hatte, ist zum großen Teil auch unser geltendes bürgerliches Recht entstanden. In den Partikularrechten des ausgehenden achtzehnten und beginnenden neunzehnten Jahrhunderts waren deutschrechtliche Gedanken zur stärkeren Geltung gelangt, und im neunzehnten Jahrhundert erwuchs dann allmählich eine eigene Wissenschaft vom deutschen Privatrecht. In Österreich entstand auf der gemeinrechtlichen Grundlage und unter dem Einfluß des Naturrechts der Aufklärung 1812 das **Allgemeine bürgerliche Gesetzbuch** (ABGB). In Deutschland hat erst die Pandektenwissenschaft des neunzehnten Jahrhunderts, die ihren Namen von den Digesten oder Pandekten hat, die Voraussetzungen für das deutsche **Bürgerliche Gesetzbuch** (BGB) von 1900 geschaffen. Auch im BGB hat die gemeinrechtliche Grundlage zu einer Verbindung römischrechtlicher und deutschrechtlicher Elemente geführt. Auf die Pandektenwissenschaft geht auch das schweizerische **Zivilgesetzbuch** (ZGB) von 1907 und das ihm angeschlossene **Obligationenrecht** von 1911 zurück.

Auch im französischen Code civil von 1804, dem bedeutendsten unter den „Naturrechtsgesetzbüchern“, sind zwei Rechtsmassen miteinander vereinigt, die römische des südlichen Frankreich, des Gebiets des sog. droit écrit, und die fränkische der nördlichen Teile, des Gebiets des droit coutumier. Das Verhältnis der germanischen Elemente zu den römischen ist im Code civil sogar günstiger als im BGB, weil die in Frankreich früh zentralisierte Macht des Königtums das germanische Gewohnheitsrecht planmäßig gesammelt hat, während es in Deutschland – mit Ausnahme gewisser Gebiete – gänzlich zersplittert war.

Ein wirkliches Verständnis der Bestimmungen des geltenden Rechts, ihre kritische Würdigung und eine rechtspolitische Auseinandersetzung mit ihnen ist daher für den heutigen Juristen ohne eindringende Beschäftigung mit den historischen Grundlagen unseres Rechtes unmöglich. Aber auch abgesehen von solchen Zweckerwägungen darf das römische Recht als eine der großartigsten und geschichtsmächtigsten Kulturerscheinungen des Abendlandes ein eigenständiges Interesse beanspruchen. Beide Ziele fließen schließlich in eines zusammen: Das historisch vertiefte Verständnis unseres geltenden Rechts und die Darstellung der Geschichte des römischen Rechts, einer Geschichte von über tausend Jahren, lassen uns die **überzeitlichen Werte** unserer Rechtskultur erkennen, ebenso aber auch die **zeitliche Bedingtheit** jeder historischen Rechtsordnung.

3. Die **Geschichte des römischen Reiches und Rechts** umspannt, wie gesagt, einen Zeitraum von mehr als tausend Jahren. Als kleines Landstädtchen tritt Rom aus dem Dämmer der Frühgeschichte hervor. Von der Mitte des dritten Jahrhunderts v. Chr. an entfaltet es sich zur Großmacht. Am Ende des ersten Jahrhunderts v. Chr. ist es bereits zum Weltreich aufgestiegen. Die letzten drei Jahrhunderte seiner Geschichte bilden die Zeit des Verfalls und Untergangs des Reiches.

Die Entwicklung des römischen Staates ist ein sehr komplexer Vorgang. Sie hat sich – ein überaus seltener Fall – über ein Jahrtausend, trotz starker Spannungen, ohne echte Revolutionen entfaltet. Bei einer solchen Entwicklung lassen sich Grenzen einzelner Perioden auch dann nicht scharf ziehen, wenn hervorstechende Ereignisse, durch die sie eingeleitet werden, datumsmäßig feststehen. Gleichwohl ist eine zeitliche Gliederung unvermeidlich. In der vorliegenden Darstellung wird die Geschichte des römischen Staates wie herkömmlich im Anschluß an die verfassungsrechtliche Entwicklung des Reiches, aber mit einer Abweichung hinsichtlich der Schnittpunkte zwischen den ersten beiden Perioden, in folgende vier Zeitabschnitte eingeteilt: den älteren **Adelsstaat** (bis 367 v. Chr.), die **entwickelte Republik** (bis 27 v. Chr.), den **Prinzipat** (bis 284 n. Chr.) und die **späte Kaiserzeit** (Dominat, bis zum Ausgang der Antike).

Die zeitliche Gliederung kann nach verschiedenen Gesichtspunkten erfolgen. Die neueren Darstellungen knüpfen dagegen bei ihrer Einteilung in der Regel an die **äußere Machtentfaltung** des Reiches an, die freilich auch bedeutsame politische und wirtschaftliche Veränderungen und in ihrem Gefolge eine Weiterbildung des Rechts zeitigt; so legen sie die Zäsur gewöhnlich nach dem Ende der ‚Frühzeit‘ (d. h. in die Mitte oder an das Ende des dritten vorchristlichen Jahrhunderts). Doch erscheint als notwendige Voraussetzung des machtpolitischen Ausgreifens im dritten Jahrhundert die **verfassungsrechtliche Wende** in der Entfaltung des römischen Staates, die bereits ein Jahrhundert früher liegt und der die erste Erweiterung des römischen Machtbereiches über ihre nächsten Grenzgebiete bis zur Erringung der Vormachtstellung in Italien folgt: d. h. also die Entstehung der eigentlichen Republik durch die Verfassungsänderung des Jahres 367. Daher legen etwa auch Guarino, Storia del diritto romano (^{10}1994), und Söllner, Einführung in die römische Rechtsgeschichte (^{4}1989), dieses Ereignis ihrer Einteilung zugrunde.

4. Die **Rechtsgeschichte** ist ein Teil der Geschichtswissenschaft. Sie hat es mit dem römischen Staats- und Verfassungsrecht, mit der Entwicklung der römischen Rechtsquellen und der römischen Rechtswissenschaft zu tun; ebenso aber auch mit der römi-

schen Sozial- und Wirtschaftsordnung, die hinter den Erscheinungen des römischen **Privatrechts** steht. Sie will also die Bedingungen aufzeigen, unter denen sich das Privatrecht entwickelt hat und damit das Verständnis des Privatrechts selbst fördern.

Die Rechtsgeschichte hat somit die Aufgabe, die Darstellung des römischen Privatrechts zu ergänzen, nicht aber sie zu ersetzen. Für das Studium des römischen Privatrechts steht die in dieser Reihe „Juristische Kurz-Lehrbücher" erschienene Darstellung von Max Kaser (16. Aufl. 1992) zur Verfügung. Im Rahmen der Rechtsgeschichte können nur jene Grundzüge der Entwicklung dargestellt werden, die für das Verständnis des Zusammenhanges notwendig sind.

Neben dem Staats- und Verfassungsrecht sind jedoch auch die Grundlagen und die wesentlichen Entwicklungslinien des römischen Strafrechts aufzuzeigen.

2. Grundlagen der geschichtlichen Erkenntnis

1. Jede geschichtliche Forschung ist auf Quellen, das heißt auf schriftliche Überlieferung aus der Zeit oder über die Zeit angewiesen, die es zu erforschen gilt. Über die schriftliche Überlieferung hinaus geben auch die Ergebnisse der archäologischen Forschung, insbesondere die Gräberfunde, wichtige Aufschlüsse über historische Vorgänge.

a) Für die älteste Zeit, die Königszeit, gibt es so gut wie keine echten Quellen. Die spätere römische Geschichtsschreibung lebte, was die Frühzeit betrifft, im wesentlichen selbst nur von Familientradition, von Sagen und Legenden, deren geschichtlichen Kern erst die moderne Forschung u.a. mit Hilfe der Archäologie, der Kunstgeschichte und der Rechtsvergleichung bloßzulegen bemüht ist. Inschriftliche Zeugnisse aus dieser Zeit fehlen völlig. Nur gewisse geschichtliche Erinnerungen an die Herrschaft der Etrusker am Ende dieser Epoche lebten fort, die sich an Namen und fortdauernde Einrichtungen insbesondere kultischer Art knüpften.

Nicht viel günstiger ist das Bild für die **frühe Republik.** Zwar führten – wir wissen nicht seit wann – die Priester *(pontifices)* Listen der Höchstbeamten, nach denen man, seit sie jährlich bestellt wurden, die Jahre zählte. Das sind die *Fasti;* sie enthielten wohl Angaben über die Festtage. Worüber aber diese Pontifikalchronik sonst noch berichtete, wissen wir nicht, was davon sich bis ins 4. Jahrhundert gerettet hatte, ist unbekannt.

Von der **Mitte des 4. Jahrhunderts bis zur Sullanischen Epoche** stehen uns die Werke von Livius, Dionysios von Halikarnassos, Diodoros aus Agyrion (Sizilien) und Polybios zur Verfügung. Die Darstellung des Livius ist nur erhalten bis zum Jahre 293 und dann wieder von 218 bis 167. Zwar benutzte Livius – wie auch für die Darstellung der Frühzeit – die Stadtchronik der älteren und die phantasievollen Werke der jüngeren Annalisten, die insbesondere für die ältere Zeit viel mehr mitteilen, als sie jemals gewußt haben (Heuß). Auf dieselben Quellen stützen sich auch Dionysios von Halikarnassos in seiner „Römischen Archäologie" (Ῥωμαϊκὴ ἀρχαιολογία, 7 v. Chr.), in der er die Zeit von der Gründung Roms bis zum Beginn des ersten Punischen Krieges (264 v. Chr., bei Dion. Hal. ant. 1, 8, 2 das Jahr 265, das Jahr des *casus belli*) darstellt, und Diodor, dessen Universalgeschichte „von der Entstehung der Welt bis zur Eroberung Britanniens (54 v. Chr.)" reichte (vgl. Albrecht, KlP II 41). Vor allem Dionysios ergänzt damit „das Werk des Polybios nach oben" (Albrecht, KlP II 70), während die Darstellung des griechischen Historikers Polybios (ca. 200–120 v. Chr.) selbst die Lücken des livianischen Werkes für die Zeit von 264 bis 216 füllt. Auch Plutarchs Biographien des alten Cato und des Aemilius Paullus, des Siegers von Pydna, steuern einige Nachrichten bei, und für die beiden Gracchen ist Plutarch sogar eine für uns sehr wichtige Quelle.

Über die **Zeit des Ausgangs der Republik** nach Sulla sind wir gut unterrichtet, einmal durch die dem 2. und 3. nachchristlichen Jahrhundert angehörenden griechischen Historiker Appian und den bedeutenden Cassius Dio, zum anderen durch zahlreiche Plutarch-Biographien und die Sueton-Viten Caesars und Augustus'. Wir haben sogar zwei Monographien aus der Geschichte der Zeit selbst von Sallust und Caesars Kommentare über seine Kriege. Dazu kommt das große Werk Ciceros und seine Korrespondenz, beides für die staatsrechtliche Forschung ebenso wie auch für die Privatrechtsgeschichte von besonderem Wert. Vom 2. vorchristlichen Jahrhundert ab mehren sich auch staats- und verwaltungsrechtlich wichtige Urkunden in Stein und Bronze, und die Münzen aus dieser Zeit verraten uns viel über die Entwicklung des Geldwesens und des Wirtschaftslebens.

b) Dagegen sind die historischen Darstellungen der Prinzipatszeit nur bruchstückhaft erhalten. Von der großen „Römischen Geschichte" des Cassius Dio, die in ursprünglich 80 Büchern die gesamte Entwicklung von der (sagenhaften) Landung des Aeneas in Italien bis zum Jahre 229 n. Chr. umfaßte, sind nur die Bücher 36–60 (Zeit von 68 v. Chr. bis 47 n. Chr.) ganz erhalten, dazu größere Bruchstücke aus den Büchern 78 und 79 (211–218 n. Chr.). Das größte Geschichtswerk eines Römers, das des Tacitus, dessen *Annales* und *Historiae* uns ein – freilich nicht vorurteilsfreies – Bild des 1. Jahrhunderts des Prinzipats bis Nerva im Stile der Annalistik vermitteln, ist auch nicht vollständig auf uns gekommen. Als Ergänzung dienen uns die Sueton-Viten der Kaiser von Caesar bis Domitian (dieser fehlt bei Tacitus ganz), die uns jedenfalls eine Fülle konkreter Einzelheiten vermitteln. Die an ihn anknüpfenden *Scriptores historiae Augustae* sind dagegen weitgehend weniger verläßlich und enthalten teilweise offensichtliche Erfindungen, wie etwa den Bericht über die gemeinsame Bekleidung des Amtes des *praefectus praetorio* durch Paulus und Ulpian (dazu eingehend Honoré, Ulpian 192, auch 43 ff.). „Wegen der Quellen, aus denen die Historia abgeschrieben ist, dürfen" jedoch „auch manche rechtshistorische Notizen doch nicht einfach in Bausch und Bogen beiseite geschoben, sondern müssen kritisch geprüft werden" (Wenger, Quellen 199). Wichtige Einblicke in die rechtlichen, politischen und sozialen Zustände am Beginn des 2. Jahrhunderts vermittelt die Briefsammlung des jüngeren Plinius aus der Zeit Trajans.

Aus keiner Zeit der römischen Geschichte haben wir soviel Inschriftenmaterial wie aus der des Prinzipates, und darunter befinden sich viele Urkunden, die gerade den Rechtshistoriker angehen. Dazu gehört das berühmte *Monumentum Ancyranum* (§ 26 II. III), das politische Testament des Augustus, ferner einige Stadtgesetze, die uns teilweise noch in die Zeit Caesars hinaufführen (§§ 20 I 8 Abs. 3; 32 I 4 a. E.), vieles andere noch, was unsere Kenntnisse des römischen Reichsverwaltungsrechts mehrt, wie eine Dienstanweisung für die unterägyptische Finanzverwaltung (§ 32 II 2 Abs. 2), eine Reihe von interessanten privatrechtlichen Urkunden, wie die Siebenbürgischen Wachstafeln (§ 22 III 4 Abs. 2) und zahlreiche sonstige archäologische Funde, die für die Wirtschafts- und Sozialgeschichte von Bedeutung sind. Besonders die Münzen stellen eine wesentliche Quelle der Wirtschaftsgeschichte dar.

Für die Privatrechtsgeschichte ist es ein einmaliger Glücksfall, daß der größte Teil eines Einführungslehrbuches aus der 2. Hälfte des 2. Jahrhunderts n. Chr., der *Institutiones* des Gaius (§ 34 II 3 d β), durch eine Palimpsesthandschrift erhalten geblieben ist.

Palimpseste sind Pergamenthandschriften, die radiert wurden, damit das kostbare Pergament wieder beschrieben werden konnte. Die Spuren der radierten Handschrift können mit Hilfe verschiedener Methoden wieder mehr oder minder lesbar gemacht werden (vgl. Tafeln 5 und 6 bei § 34 II 3).

c) In der **Spätzeit des römischen Reiches** ist uns Ammianus Marcellinus aus Antiochia für das 4. Jahrhundert, was uns Tacitus für das 1. Jahrhundert ist; wäre nicht die Hälfte seines Werkes verloren, hätten wir eine Darstellung dieses bedeutenden Historikers vom Ende der *Historiae* des Tacitus (96 n. Chr.) bis zum Jahre 378. Auch die Schriften der Kirchenväter sind teilweise wichtige Quellen für die historische Erkenntnis. Für die Rechtsgeschichte nehmen eine Sonderstellung ein die seit dem Ende des 3. Jahrhunderts beginnenden zunächst privaten Sammlungen des Kaiserrechts und Juristenrechts, ferner die Kodifikation des Kaiserrechts aus dem Jahre 438 durch Theodosius II., sowie das epochale Gesetzgebungswerk Justinians aus den Jahren 533/34 (§§ 39–43).

2. Eine Vorstellung davon, was uns im einzelnen für die Antike an Quellenmaterial zur Verfügung steht, bietet die 973 S. umfassende Darstellung von *Leopold Wenger*, Die Quellen des römischen Rechts (1953). Hier kann jedoch nur eine ganz geringe Auswahl der wichtigsten Quellen und Quellensammlungen angeführt werden.

1. Sammlungen vorjustinianischer Rechtsquellen

C. G. Bruns-O. Gradenwitz, Fontes iuris Romani antiqui, I (Leges et negotia), II (Scriptores), 7. Aufl. (1909), mit einem Band Abbildungen (Simulacra) und Wortindex (1912); (Neudr. von I und II 1958) – zitiert: Bruns.
Iurisprudentiae antehadrianae quae supersunt, ed. *F. Bremer,* I, II 1, 2 (1896 bis 1901).
Iurisprudentiae anteiustinianae reliquiae, ed. *E. Seckel-B. Kübler,* I, II 1, 2 (1908–27; 7. Aufl. 1935).
Collectio librorum iuris anteiustiniani, ed. *P. Krüger-Th. Mommsen-G. Studemund,* 3 Bde. (1878–1923).
P. F. Girard-F. Senn, Textes de droit romain, I (7. Aufl. 1977).
S. Riccobono-J. Baviera-C. Ferrini-J. Furlani-V. Arangio-Ruiz, Fontes iuris Romani anteiustiniani – abgek. FIRA –, I (Leges), II (Auctores), III (Negotia; Neudr. der Bde. I und II 1968, III 1969).
Corpus inscriptionum Latinarum (seit 1863).
Res gestae divi Augusti, herausgeg. von *H. Volkmann* (3. Aufl. 1969); *A. Guarino* (2. Aufl. 1968 besorgt von *L. Labruna*).
R. Cagnat, Inscriptiones Graecae ad res Romanas pertinentes I–IV (1911–1927; Neudr. der Bde. I, III und IV 1964).
W. Dittenberger, Orientis Graeci inscriptiones selectae I (1903) und II (1905; zweiter Nachdr. beider Bde. 1970).
W. Dittenberger, Syllogae inscriptionum Graecarum I (3. Aufl. 1915), II (3. Aufl. 1917), III (3. Aufl. 1920) und IV (3. Aufl. 1924).

2. Inschriften, insbes. juristische

H. Dessau, Inscriptiones Latinae selectae, 3 Bde. (1892–1916).
A. Degrassi, Inscriptiones Latinae liberae rei publicae, 2 Bde. (1957–63).
Berichte über neue Funde und Ausgaben juristischer Inschriften: *V. Arangio-Ruiz,* Epigrafia giuridica greca e romana, in Studia et documenta hist. et iuris 2 (1936), 5 (1939); *G. I. Luzzatto,* ebenda 17 Suppl. (1951); *A. d'Ors,* ebenda 20, 23, 26, 29 (seit 1954); *G. I. Luzzatto,* in Iura 7/8 (1956/57).

3. Papyri

L. Mitteis-U. Wilcken, Grundzüge und Chrestomathie der Papyruskunde, 4 Bde. (1912).
P. M. Meyer, Juristische Papyri (1920).
R. Cavenaile, Corpus papyrorum Latinarum (1958).
Berichte: *P. M. Meyer,* Juristische Papyrusberichte, in Zeitschr. f. vergl. Rechtswiss. 39 (1921), 40 (1923), Forts. in: SZ 44, 46, 48, 50, 52, 54 (1924–34); *E. Seidl,* in: SDHI 1–6 (1935–40), 15 (1949), 18 (1952), 21 (1955), 24 (1958), 27 (1961), 30 (1964), 33 (1967), 36 (1970); Fortsetzung durch *J. Modrzejewski,* Papyrologie juridique, in: SDHI 41 (1975), 43 (1977), 47 (1981) und 49 (1983).

4. Einzelausgaben vorjustinianischer Rechtsquellen

R. Düll, Das Zwölftafelgesetz, Lateinisch und deutsch (6. Aufl. 1989).
E. Seckel-B. Kübler, Gai institutionum commentarii quattuor, 8. Aufl. (1939).
F. De Zulueta, The Institutes of Gaius – Text und Kommentar – 2 Bde. (1946, Neudr. 1958/1953).
J. Reinach, Gaius, Institutes (1950).
M. David-H. L. W. Nelson, Gai institutionum commentarii IV mit philolog. Kommentar. Ersch. 3 Lieferungen bis Gai 2, 289 (1954/68); Forts. von *H. L. W. Nelson* und *U. Manthe,* Gai Institutiones 3, 1–87 (1992) 3, 88–181 (1999); dazu Editio minor (Textausgabe; 2. Aufl. 1964).
W. M. Gordon-O. F. Robinson, The Institutes of Gaius, Text mit englischer Übersetzung und Einführung (1988).
W. (Guilelmus) Studemund, Gaii Institutionum commentarii quattuor codicis Veronensis denuo collati apographum confecit et iussu Academiae regiae scientiarum Berolinensis edidit (1874, Neudruck 1965).
M. Hyamson, Mosaicarum et Romanarum legum collatio (1913), und in: FIRA II 541–589.
F. Schulz, Die Epitome [= Regulae] Ulpiani des Codex Vaticanus Reginae 1128, in: Jur. Texte für Vorlesungen und Übungen 3 (1926).
M. Kaser-F. Schwarz, Die Interpretatio zu den Paulussentenzen (1956).

5. Vorjustinianische Sammlungen des Kaiserrechts

Die Codices Gregorianus und Hermogenianus sind enthalten in der (o. 1) erwähnten Collectio III und in FIRA II.
Theodosiani libri XVI cum constitutionibus Sirmondianis et leges novellae ad Theodosianum pertinentes, edd. *Th. Mommsen-P. M. Meyer,* Vol. I 1, 2 und II (1905; Neudr. 1970).
Codex Theodosianus, recogn. *P. Krueger,* Fasc. I und II (1923–1926), unvollendet.

6. Gesetze der Germanenreiche

G. Haenel, Lex Romana Visigothorum (1849; Neudr. 1962); dazu Appendices in: FIRA II 667–679.
K. Zeumer, Leges Visigothorum, in: Monumenta Germaniae Historica = MGH, Leges (Quartausgabe) sect. 1, tom. 1 (1902).
L. R. v. Salis, Lex Romana Burgundionum, ebenda sect. 1, tom. 2, pars 1 (1892), und in: FIRA II 711–750.
F. Bluhme, Edictum Theodorici, in: MGH, Leges 5 (1875), und in: FIRA II 681–710.

7. Corpus iuris civilis

P. Krüger-Th. Mommsen-R. Schoell-G. Kroll, Corpus iuris civillis, editio stereotypa, Bd. 1: Institutiones und Digesta (15. Aufl. 1928; Neudr. 1970); Bd. 2: Codex (10. Aufl. 1929; Neudr. 1970); Bd. 3: Novellae (5. Aufl. 1928; Neudr. 1968).
P. Birks-G. McLeod, Justinian's Institutes, Text mit englischer Übersetzung und Einführung (1987).
Th. Mommsen, Digesta Iustiniani Augusti, 2 Bde. (1870, Neudr. Bd. I 1962, Bd. II 1963); große kritische Ausgabe, Grundlage der ed. ster.
P. Krüger, Codex Iustinianus (1877); Grundlage der ed. ster.
P. Bonfante-C. Fadda-C. Ferrini-S. Riccobono-V. Scialoja, Digesta Iustiniani Augusti, 2 Bde. als Taschenausgabe (1908–31; Neudr. in einem Bd. 1960).
O. Behrends, R. Knütel, B. Kupisch, H. H. Seiler, Corpus Iuris Civilis, Text und Übersetzung. I Institutionen (1990, UTB-Ausgabe 1993), II Digesten 1–10 (1994), weitere Bde. in Vorbereitung.
O. Lenel, Palingenesia Iuris Civilis, 2. Bde. (1889, Neudruck 1960), eine Rekonstruktion der Juristenschriften aus den vor allem in den Digesten überlieferten Fragmenten.

8. Basiliken

Basilicorum libri LX, ed. *C. G. E. Heimbach,* 6 Bde. (1833–70); Supplementum von *C. E. Zachariae v. Lingenthal* (1846), Supplementum alterum von *C. Ferrini* und *I. Mercati* (1897).

Basilicorum libri LX, edd. *H.J. Scheltema-N. van der Wal-D. Holwerda,* Text der Bücher I–LX, Scholien zu den Büchern I–LX (1953–88).

9. Textsammlungen

R. Düll, Corpus Iuris, Tusculum-Bücherei (2. Aufl. 1960), nach Sachgebieten geordnete Textauswahl hauptsächlich aus den Digesten mit Übersetzung und guter Einführung.
V. Arangio-Ruiz, A. Guarino, Breviarium iuris Romani (7. Aufl. 1989), mit Gai institutiones, Iustiniani institutiones und nach Sachgebieten geordnete Textauswahl hauptsächlich aus den Digesten.
M. Fuhrmann und *D. Liebs,* Exempla Iuris Romani/Römische Rechtstexte lateinisch-deutsch (dtv 1988), nach Sachgebieten geordnete kleine Textauswahl.

10. Nichtjuristische Literatur

Von den Werken nichtjuristischer Schriftsteller sind hier nur diejenigen zu nennen, die Bedeutung haben für die Erkenntnis der geschichtlichen Entwicklung des römischen Staates sowie seiner Wirtschaft und Gesellschaft:

a) Die antiken Annalisten und Historiographen

Von den Stadtchroniken der älteren und den Werken der jüngeren **Annalistik** des 3. bis 1. Jahrhunderts v. Chr. besitzen wir nur Fragmentsammlungen; die wichtigsten unter ihnen sind die folgenden:

Q. Fabius Pictor, L. Calpurnius Piso, L. Coelius Antipater, Q. Claudius Quadrigarius, Valerius Antias, C. Licinius Macer und L. Cornelius Sisenna, dessen **Historiae** die Hauptquelle für die sullanische Epoche waren.

Die eigentliche römische **Geschichtschreibung** beginnt mit *Polybios* (um 201–120 v. Chr.). Von den weiteren Verfassern historischer Werke sind zu nennen: *C. Iulius Caesar* (100–44 v. Chr.); der erste große römische Historiker *C. Sallustius Crispus* (um 86–34 v. Chr.); *Cornelius Nepos* (um 100–25 v. Chr.); *Diodoros* (1. Jahrhundert v. Chr.); *T. Livius* (59 v. Chr. – 17 n. Chr.); *Dionysios von Halikarnass* (unter Augustus); *C. Velleius Paterculus* und *Valerius Maximus* (Anfang des 1. Jahrhunderts n. Chr.); der größte römische Historiker *Cornelius Tacitus* (um 55–120 n. Chr.); *Plutarchos* (um 46–120 n. Chr.); *C. Suetonius Tranquillus* (um 75–150 n. Chr.); *Annius Florus* (unter Hadrian); *Cassius Dio* (um 150–235 n. Chr.); **Scriptores historiae Augustae** (Kaiserbiographien der Zeit von 117–284 von verschiedenen Verfassern, endredigiert Ende des 4. Jahrhunderts); *Ammianus Marcellinus* (2. Hälfte des 4. Jhdts.). – Zu den Annalisten s. *Schanz-Hosius,* Gesch. d. röm. Lit. I, 4. Aufl. (1966; Hdb. d. Altertumswiss.); über die Historiker unterrichtet kurz das **Tusculum-Lexikon** gr. u. lat. Autoren ... (3. Aufl. 1982).

b) Die sonstige nichtjuristische Literatur

M. Porcius Cato, 234 bis 149, De agricultura (agr.).
M. Terentius Varro, 116 bis 27, Res rusticae (rust.) und De lingua Latina (ling.).
M. Tullius Cicero, 106 bis 43, insbesondere seine Reden, philosophischen und rhetorischen Schriften, sowie seine umfängliche Korrespondenz.
M. Verrius Flaccus, gest. unter Tiberius, De verborum significatu; Auszüge davon sind uns teilweise erhalten in einer Epitome des *S. Pompeius Festus* (um 200 n. Chr.; ed. Lindsay 1913), einen dürftigen Auszug aus Festus haben wir außerdem von *Paulus Diaconus* (8. Jahrhundert; in der Ausgabe von Lindsay jeweils dem Text des Fest. gegenübergestellt).
L. Iunius Moderatus Columella, Zeit Neros, De agricultura.
C. Plinius Secundus d. Ä., 23 bis 79 n. Chr., Naturalis historia.
C. Plinius Caecilius Secundus d. J., 62 bis ca. 113, Epistulae (besonders Briefwechsel mit Kaiser Trajan).
A. Gellius, geb. um 130, Noctes Atticae.

3. Schrifttum

Die im folgenden gebotene Auswahl aus dem überaus umfangreichen Schrifttum zur römischen Rechtsgeschichte will nur Anregungen zu vertiefendem eigenen Studium bieten. In allen angeführten

Werken finden sich Hinweise auf Quellen oder auf weiteres Schrifttum. Zu Beginn der einzelnen Paragraphen sind darüber hinaus jeweils einige Spezialuntersuchungen zu dem betreffenden Sachgebiet genannt. Häufiger angeführte Abhandlungen werden abgekürzt zitiert. Die näheren Angaben sind im Verzeichnis der Abkürzungen zu finden (o. S. XI). Die notwendigerweise willkürlich erscheinende Auswahl ist nicht im Sinne einer Bewertung getroffen. Vollständige Übersichten über das gesamte Schrifttum zum römischen Recht bieten die u. IV 2 verzeichneten Bibliographien.

1. Römische Geschichte

a) Allgemeine Geschichte

Th. Mommsen, Römische Geschichte, Bd. 1–3 (1854–56), Bd. 5 (1885), mit vielen Neudrucken (Bd. 4 nicht erschienen).
B. Niese-E. Hohl, Grundriß der römischen Geschichte, in: Handbuch der (klass.) Altertumswiss. (5. Aufl. 1923).
K.J. Beloch, Römische Geschichte bis zum Beginn der punischen Kriege (1926).
M. Rostovtzeff, A History of the Ancient World, 2 Bde. (1926–28); deutsch: Geschichte der alten Welt, 2 Bde. (1942).
F. Altheim, Römische Geschichte, Bd. 1 (1951), Bd. 2 (1953); bis 338 v. Chr.
U. Kahrstedt, Geschichte des griechisch-römischen Altertums (2. Aufl. 1952).
J. Vogt, Die römische Republik (6. Aufl. 1973).
E. Kornemann, Römische Geschichte, 2 Bde. (1938–39); bearb. von *H. Bengtson* (7. Aufl. 1977), Kröners Taschenausg. 132/133.
A. Heuß, Römische Geschichte (5. Aufl. 1983), mit einem kritischen Überblick über den Stand der Forschung im letzten Kapitel.
H. Bengtson, Grundriß der römischen Geschichte mit Quellenkunde, in: Handbuch der Altertumswiss., Bd. 1 bis 284 n. Chr. (3. Aufl. 1982).
–, Römische Geschichte, Republik und Kaiserzeit bis 284 n. Chr. (1973).
–, Zur Geschichte des Brutus, Sitzungsb. d. Bayer. Akad. d. Wiss. (1970, Heft 1).
A. Piganiol, Histoire de Rome (5. Aufl. 1962).
The Cambridge Ancient History, Bd. 7–12, bis 324 n. Chr. (1928–39).
Histoire générale, darin: Histoire romaine in Einzeldarstellungen von *E. Pais, G. Bloch, J. Carcopino, L. Homo, M. Besnier, A. Piganiol* (1925–47).
Propyläen-Weltgeschichte, mit einer Darstellung der römischen Geschichte in Bd. 4 (3. Aufl. 1963).
G. Ostrogorsky, Geschichte des byzantinischen Staates, in: Byzant. Handbuch I 2 (3. Aufl. 1963).
K. Latte, Römische Religionsgeschichte, in: Handbuch der Altertumswissenschaft (2. Aufl. 1967, Nachdr. 1976).
H. Bellen, Grundzüge der römischen Geschichte, Teil 1. Von der Königszeit bis zum Übergang der Republik in den Prinzipat (Wiss. Buchges. Darmstadt 1994).

b) Wirtschafts- und Sozialgeschichte

M. Rostovtzeff, Social and Economic History of the Roman Empire, 2 Bde. (3. Aufl. 1963); deutsch: Gesellschaft und Wirtschaft im römischen Kaiserreich, 2 Bde. (1930, Neuausg. 1955/56 in 3 Bden).
T. Frank u.a., An Economic Survey of Ancient Rome, 6 Bde. (1933–1940, Neudruck 1975).
F. Heichelheim, Wirtschaftsgeschichte des Altertums, 3 Bde. (1938, Neudruck 1969); englische Neuaufl. unter dem Titel: An Ancient Economic History, I (1958), II (1964).
A.N. Sherwin-White, The Roman Citizenship (2. Aufl. 1973).
G. Alföldy, Die römische Gesellschaft, Ausgewählte Beiträge, Heidelberger althistorische Beiträge und epigraphische Studien 1 (1986).
–, Römische Sozialgeschichte, Wissenschaftliche Paperbacks 8, Sozial und Wirtschaftsgeschichte, hrsg. von *H. Pohl* (3. Aufl. 1984).
T. Pekáry, Die Wirtschaft der griechisch-römischen Antike, Wissenschaftliche Paperbacks 9 (2. Aufl. 1979).
Studien zur antiken Sozialgeschichte, Fs. F. Vittinghoff, hrsg. von *W. Eck, H. Galsterer* und *H. Wolff* (Kölner historische Abhandlungen; Bd. 28, 1980).
H. Kloft, Die Wirtschaft der griechisch-römischen Welt. Eine Einführung (Wissenschaftliche Buchgesellschaft Darmstadt 1992).

2. Römische Rechtsgeschichte

a) in deutscher Sprache

O. Karlowa, Römische Rechtsgeschichte, 2 Bde., unvollendet (1885–1901).
E. Weiß, Grundzüge der römischen Rechtsgeschichte (1936).
H. Kreller, Römische Rechtsgeschichte (2. Aufl. 1948).
F. Schwind, Römisches Recht 1: Geschichte, Rechtsgang, System des Privatrechts (1950).
U. v. Lübtow, Das röm. Volk, sein Staat und sein Recht (1955).
M. Kaser, Römische Rechtsgeschichte (2. neubearb. Aufl. 1967, 3. Nachdr. 1982).
E. Seidl, Römische Rechtsgeschichte und römisches Zivilprozeßrecht (3. Aufl. 1971).
W. Kunkel, Römische Rechtsgeschichte, mit kritischem Überblick über das wichtigste Schrifttum im Anhang (9. Aufl. 1980).
D. Liebs, Römisches Recht (UTB 465, 3. Aufl. 1987) 17–118.
A. Söllner, Einführung in die römische Rechtsgeschichte (Beck'sche Elementarbücher, 4. Aufl. 1989).
F. Wieacker, Römische Rechtsgeschichte, Quellenkunde, Rechtsbildung, Jurisprudenz und Rechtsliteratur, Abschn. 1. Einleitung, Quellenkunde, Frühzeit und Republik (Handbuch der Altertumswissenschaft, 1988). Dort zahlreiche Hinweise auf ältere Lit.
K.-H. Ziegler, Völkerrechtsgeschichte (Juristische Kurz-Lehrbücher, 1994) §§ 9–13.

b) in anderen Sprachen

P. Bonfante, Storia del diritto romano, 2 Bde. (1934; Neudr. m. Lit.-Nachtrag 1959).
P. De Francisci, Storia del diritto romano, I (2. Aufl. 1941), II 1 (2. Aufl. 1941), III 1 (2. Aufl. 1943), unvollendet.
–, Sintesi storica del diritto romano (4. Aufl. 1968).
S. Riccobono, Lineamenti della storia delle fonti e del diritto romano (1949).
H.J. Wolff, Roman Law, An Historical Introduction (1951).
H.F. Jolowicz, Historical Introduction to the Study of Roman Law, 2. Aufl. (1952).
P. Frezza, Corso di storia del diritto romano (2. Aufl. 1968).
V. Arangio-Ruiz, Storia del diritto romano, (7. Aufl. 1960, Neudr. 1985).
A. Guarino, Storia del diritto romano, (10. Aufl. 1994).
–, L'ordinamento giuridico romano (5. Aufl. 1990).
G. Grosso, Lezioni di storia del diritto romano (5. Aufl. 1965).
J. Gaudemet, Les institutions de l'Antiquité (4. Aufl. 1994).
Lineamenti di storia del diritto romano, hrsg. unter der Leitung von *M. Talamanca* (2. Aufl. 1989).
F. De Martino, Diritto e società nell'antica Roma (Scritti di diritto romano I, 1979).
V. Arangio-Ruiz-A. Guarino-G. Pugliese, Il diritto romano, la costituzione – caratteri, fonti, diritto privato – diritto criminale (1980).
M. Bretone e *M. Talamanca,* Il diritto in Grecia e a Roma (Universale Laterza 593, 1981).
M. Bretone, Storia del diritto romano (1987).
O.F. Robinson-T.D. Fergus-W. M. Gordon, An Introduction to European Legal History. Professional Books (1985).
V.S. Nersesjanc, Istorija političeskich i pravovych učenij (Geschichte der politischen und rechtlichen Lehren, Moskau 1985).

3. Römisches Privatrecht und Zivilprozeßrecht

H. Kreller: siehe unter 2.
R. Sohm-L. Mitteis-L. Wenger, Institutionen. Geschichte und System des römischen Privatrechts (17. Aufl. 1923; Neudruck 1978).
P. Jörs-W. Kunkel-L. Wenger, in vierter Aufl. neu bearbeitet von *H. Honsell-Th. Mayer-Maly-W. Selb,* Römisches Recht (1987).
H. Honsell, Römisches Recht (5. Aufl. 2002).
H. Hausmaninger-W. Selb, Römisches Privatrecht (7. Aufl. 1994).
M. Kaser, Das Römische Privatrecht (zitiert: RPR), in: Handbuch der Altertumswissenschaft, I (2. Aufl. 1971), II (2. Aufl. 1975).
D. Liebs, Römisches Recht (UTB 465, 6. Aufl. 2004) 119–298.
Th. Mayer-Maly, Römisches Recht (Springers Kurzlehrbücher der Rechtswiss., 2. Aufl. 1999).

F. Schulz, Classical Roman Law (1951; Neudr. 1969).
H. Siber, Römisches Recht in Grundzügen für die Vorlesung, Bd. 2: Römisches Privatrecht (1928; Neudr. 1968).
E. Weiß, Institutionen des Römischen Privatrechts als Einführung in die Privatrechtsordnung der Gegenwart (2. Aufl. 1949).
M. Talamanca, Processo civile (diritto romano), in: Enciclopedia del diritto, Bd. 36 (1987) S. 1–79.
A. Guarino, Diritto privato romano (10. Aufl. 1994).
P. Apathy, G. Klingenberg, H. Stiegler, Einführung in das römische Recht (Böhlau-Studien-Bücher, 1994).

4. Geschichte der römischen Rechtsquellen und Rechtswissenschaft

G. Rotondi, Leges publicae populi Romani (1912, Neudruck 1962).
P. Krüger, Geschichte der Quellen und Literatur des römischen Rechts, in: Bindings Handbuch der deutschen Rechtswiss. (2. Aufl. 1912).
Th. Kipp, Geschichte der Quellen des römischen Rechts (4. Aufl. 1919).
L. Wenger, Die Quellen des römischen Rechts (1953).
F. Wieacker, Textstufen klassischer Juristen, Abh. d. Akad. d. Wiss. Göttingen (1960).
–, Textkritik und Sachforschung, in SZ 91 (1974) 1–40.
M. Kaser, Zur Methodologie der römischen Rechtsquellenforschung, Sitzungsb. d. Österr. Akad. d. Wiss. (1972).
–, Römische Rechtsquellen und angewandte Juristenmethode, Ausgewählte, zum Teil grundlegend erneuerte Abhandlungen, Forschungen zum römischen Recht 36 (1986).
D. Liebs, Recht und Rechtsliteratur, in: *R. Herzog-P. L. Schmidt* (Hrsg.), Handbuch der lateinischen Literatur der Antike, Bd. 5, Restauration und Erneuerung, Die lateinische Literatur von 284 bis 374 n. Chr. (1989) S. 55–73.
F. Schulz, History of the Roman Legal Science (2. Aufl. 1953); deutsch: Geschichte der röm. Rechtswissenschaft (1961, Neudruck 1975).
W. Kunkel, Herkunft und soziale Stellung der römischen Juristen (2. Aufl. 1967).
J. Bleicken, Lex publica, Gesetz und Recht in der römischen Republik (1975).
P. Pieler, Byzantinische Rechtsliteratur, in: H. Hunger, Die hochsprachliche und profane Literatur der Byzantiner (Handbuch der Altertumswiss. XII, 5) II (1978) 341–480.
H.-A. Rupprecht, Kleine Einführung in die Papyruskunde (Wiss. Buchges. Darmstadt 1994).

5. Wesen und Eigenart des römischen Rechts

R. v. Jhering, Geist des römischen Rechts auf den verschiedenen Stufen seiner Entwicklung, 3 Bde. (seit 1852, 6.–8. Aufl. 1923–26; Neudr. 1954).
F. Schulz, Prinzipien des römischen Rechts (1934; Neudr. 1954); überarbeitete englische Ausgabe: Principles of Roman Law (1936); italienische Übersetzung (1946).
G. Dulckeit, Philosophie der Rechtsgeschichte: Die Grundgestalten des Rechtsbegriffs in seiner historischen Entwicklung (1950).
F. Wieacker, Vom römischen Recht (2. Aufl. 1961).
M. Kaser, Zur Methode der römischen Rechtsfindung, Nachr. d. Akad. d. Wiss. Göttingen (2., unveränd. Aufl. 1969).
D. Nörr, Rechtskritik in der römischen Antike, Abh. d. Bayer. Akad. d. Wiss. (1974).

6. Staats- und Verwaltungsrecht

Th. Mommsen, Römisches Staatsrecht, I und II (3. Aufl. 1884), III (3. Aufl. 1887; Neudr. aller Bde. 1963). Stellenregister bearb. von *J. Malitz* (1979).
–, Abriß des römischen Staatsrechts, in: Bindings Handbuch der deutschen Rechtswiss. (2. Aufl. 1907).
L. Lange, Römische Altertümer, 3 Bde. (3. Aufl. 1876–79).
J. Marquardt, Römische Staatsverwaltung I (3. Aufl. 1884), II und III (2. Aufl. 1884–85; Neudr. aller Bde. 1957).
O. Hirschfeld, Die kaiserlichen Verwaltungsbeamten bis auf Diokletian (2. Aufl. 1905).
H. Siber, Römisches Verfassungsrecht in geschichtlicher Entwicklung (1952).
U. v. Lübtow, s. o. 2.

Ernst Meyer, Römischer Staat und Staatsgedanke, (4. Aufl. 1975).
L. Homo, Les institutions politiques romaines (1950).
F. De Martino, Storia della costituzione romana I (2. Aufl. 1972), II–III (2. Aufl. 1973), IV 1 (2. Aufl. 1974), IV 2 (1975), V (2. Aufl. 1975) und VI (Indici generali, 2. Aufl. 1990).
D. Nörr, Imperium und Polis in der hohen Prinzipatszeit, Münchner Beiträge zur Papyrusf. und antiken Rechtsg. 50 (2. Aufl. 1969).
W. Kunkel, Kleine Schriften, Zum römischen Strafverfahren und zur römischen Verfassungsgeschichte (1974).
J. Bleicken, Die Verfassung der römischen Republik (UTB 460, 5. Aufl. 1989).
–, Verfassungs- und Sozialgeschichte des Römischen Kaiserreiches 1 und 2 (UTB 838 und 839, 3. Aufl. 1989 und 1994).
W. Eck, Die staatliche Organisation Italiens in der hohen Kaiserzeit (1979).
H. Kloft (Hrsg.), Ideologie und Herrschaft in der Antike (Wege der Forschung 528, 1979).
S. Tondo, Profilo di storia costituzionale romana I (1981), II (1993).

7. Strafrecht

Th. Mommsen, Römisches Strafrecht (1899; Neudr. 1961). Stellenregister bearb. von *J. Malitz* (1982).
C. Ferrini, Diritto penale romano (1901, Neudruck 1976).
J. L. Strachan-Davidson, Problems of Roman Criminal Law, 2 Bde. (1912; Neudr. 1969).
U. Brasiello, La repressione penale in diritto Romano (1937).
E. Levy, Die römische Kapitalstrafe, in: Gesammelte Schriften II (1963) 325–378; dort 379–526 weitere strafrechtliche Abhandlungen.
J. Bleicken, Senatsgericht und Kaisergericht, Abh. d. Akad. d. Wiss. Göttingen (1962).
W. Kunkel, Untersuchungen z. Entwicklung des röm. Kriminalverfahrens in vorsullan. Zeit, in: Abh. Bayer. Ak. d. Wiss. (1962).
–, Kleine Schriften, Zum römischen Strafverfahren und zur römischen Verfassungsgeschichte (1974). Zum Strafverfahren 8 Beiträge (S. 11–342).
W. Waldstein, Untersuchungen zum römischen Begnadigungsrecht (1964).
R. A. Bauman, The Crimen Maiestatis in the Roman Republic and Augustan Principate (1967).
C. Gioffredi, I principi del diritto penale romano (1970).
D. Nörr, Causa mortis, Auf den Spuren einer Redewendung, Münchner Beiträge zur Papyrusforschung und antiken Rechtsgeschichte, H. 80 (1986).
B. Santalucia, Diritto e processo penale nell'antica Roma (1989).

4. Wissenschaftliche Hilfsmittel

1. Wörterbücher und Indices

a) Allgemein

H. G. Heumann-E. Seckel, Handlexikon zu den Quellen des römischen Rechts (9. Aufl. 1907; letzter Neuabdruck 1971).
Vocabularium Iurisprudentiae Romanae, 5 Bde. (seit 1894, vollendet 1987, enthält sämtliche Wortbelege aus den Digesten, den Gai. inst., Ulp. epit., Paul. sent., Vat., der coll. und der cons.). Ergänzend dazu:
E. Levy, Ergänzungsindex zu ius und leges (1930).
P. P. Zanzucchi, Vocabolario delle istituzioni di Gaio (o. J., Neudr. 1961).
Erg. von *De Simone,* in: Labeo (s. u. V) 8 (1962) 330–339.
O. Gradenwitz, Heidelberger Index zum Theodosianus (1925–29).
R. Ambrosino, Vocabularium institutionum Iustiniani (1942).
R. v. Mayr-M. San Nicolò, Vocabularium codicis Iustiniani, 2 Bde. (1923–25).
Legum Iustiniani Imp. Vocabular., Subsidia I, Le costituzione giustinianee nei papyri e nelle epigrafi a cura di ***M. Amelotti*** e ***G. Luzzatto*** (1972).
–, Novellae. *I. G. Archi* moderante curavit *A. M. Bartoletti Colombo;* Pars Latina I–X (1977–1979), Pars Graeca I–VII (1986–1989).
Index zu *C. G. Bruns-O. Gradenwitz,* Fontes (oben III 1).
M. Meinhart, Datenverarbeitung im Dienste der Digesten, in: Fs. Kaser (1976) 743–761 mit Beispielen von Computer-Ausdrucken zu einzelnen Stichwörtern.

b) Zur Interpolationenforschung

E. Levy-E. Rabel, **Index Interpolationum** quae in Iustiniani **Digestis** inesse dicuntur, 3 Bde. und 1 Supplementheft (1929–35).
G. Broggini, **Index Interpolationum** quae in Iustiniani **Codice** inesse dicuntur (1969, berücksichtigt Literatur bis 1935).
E. Volterra, Indice delle glosse, delle interpolazioni e delle principali ricostruzioni segnalate dalla critica nelle **fonti pregiustinianee** occidentali (1–3), in: Rivista di storia del diritto italiano 8 (1935) und 9 (1936).
A. Guarneri-Citati, Indice delle parole, frasi e costrutti ritenuti indizio di interpolazione, in: Fondazione Castelli 4 (2. Aufl. 1927); Supplemente in: Studi in onore di Salvatore Riccobono 1 (1936) 701 ff. und Festschrift Paul Koschaker 1 (1939) 117 ff.
M. A. De Dominicis, Registro delle alterazioni nelle costituzioni del Cod. Teodosiano e nelle Novelle Postteodos. segnalate dalla critica, in: BIDR (s. unten V) 57/58 (1953) 383 ff.; Suppl. in: Iura 15 (1964) 117 ff.
D. Simon, Aus dem Codexunterricht des Thalelaios, C. Interpolationsberichte, in: RIDA 16 (1969) 283–308.
H. Schellenberg, Die Interpolationen zu den Paulussentenzen, in: Iura 17 (1966) 410 ff.
G. Broggini, Index Interpolationum quae in Iustiniani Codice inesse dicuntur, in: SDHI 36 (1970) 503 ff.

2. Bibliographien

P. De Francisci, Il diritto romano, in: Guide bibliografiche (1923), ital. Autoren.
B. Biondi, Diritto romano, in: Guide bibliografiche (1944).
C. Sanfilippo, Bibliografia romanistica ital. 1939–49 (1949).
P. Collinet, Bibliographie des travaux de droit romain en langue française, in: Collection de bibliographie classique (1930).
R. Monier-M. Lemosse, Bibliographie des travaux récents de droit romain, 2 Bde. (1944. 1949).
A. Berger-A. A. Schiller, Bibliography of Anglo-American Studies in Roman, Greek and Greco-Egyptian Law and Related Studies, in: Seminar 3 (1945) 75 ff.; 5 (1947) 62 ff.
E. Sachers, Generalregister zur SZ (u. V) Bd. 1–50 (1932); Forts. f. Bd. 51 bis 75, I: Quellenreg. (1967), II: Autoren- und Sachreg. (1970).
M. Meinhart/J. Menner, Generalregister zur SZ Bd. 76–100, I: Quellenregister, II: Sachregister, Autoren- und weitere Register (1990).
L. Caes-R. Henrion, Collectio bibliographica operum ad ius Romanum pertinentium, bisher erschienen: Ser. 1 Bd. 1–25 (1949–1978); Suppl. 1, Index notarum cumulativus vol. 1–20 (1969), Suppl. 2, Index rerum cumulativus vol. 11–20 (1970); Ser. 2 (Dissertationen) Bd. 1–2 (1950. 1960).
Index operum ad ius romanum pertinentium, für die Zeit von 1940–1970, hrsg. von *M. Sargenti,* I A–E (1978), II F–L (1980), III M–Z (1982); für die Zeit von 1971–1980, I A–H (1989), II I–M (1990), III N–Z (1991).
Rassegna bibliografica in Iura (u. V), mit einer Übersicht über die gesamte im Jahre vorher erschienene Literatur mit Inhaltsangaben in jedem Jahresband.
Bibliographie zur antiken Sklaverei, 2 Teile, hrsg. von *J. Vogt* und *H. Bellen.* Neu bearb. von *E. Herrmann* in Verb. mit *N. Brockmeyer* (1983).
J. A. Ankum-L. C. Winkel, Korte bibliografie van Romeins recht in zijn historische context (Amsterdam 1981).
J. Gaudemet/G. Cardascia/M. Humbert, Bibliographie du Centre de Documentation des droits antiques (erscheint jährlich).

3. Enzyklopädien

Gercke-Norden, Einleitung in die Altertumswissenschaft. 3. Auflage 1932 ff. Einzelne Hefte in 4. Aufl.
Paulys Realencyclopädie der classischen Altertumswissenschaft, neue Bearbeitung von *G. Wissowa-W. Kroll-K. Mittelhaus-K. Ziegler* (seit 1893, zahlreiche Bde., noch nicht vollendet *(abgek.: RE).* – I. Reihe bis Bd. XXIV (1963). – Die Bde. der II. mit ‚R‘ beginnenden Reihe sind durch ein der Bandzahl beigefügtes *A* gekennzeichnet: bis Bd. X A (1972). – Supplementbände bis Bd. XV (1978). Register der Nachträge und Supplemente von *H. Gärtner* und *A. Wünsch* (1980).
Der Kleine Pauly, Lexikon der Antike auf der Grundlage von Pauly's Realencyclopädie, I (1964), II (1967), III (1969), IV (bis Scaurus, 1972) und V bis Zythos mit Nachträgen (1975).

C. H. Daremberg-E. Saglio u. a., Dictionnaire des Antiquités grecques et romaines, 6 Bde., (2. Aufl. 1875–1912; Neudr. 1969).
A. Berger, Encyclopedic Dictionary of Roman Law (Philadelphia 1953, Neudr. 1968).
Lexikon Alte Kulturen, hrsg. von *H. Brunner-K. Flessel-F. Hiller,* I (1990), II (1993), III (1993).

5. Fachzeitschriften

Zeitschrift für geschichtliche Rechtswissenschaft (ZgeschRW), 1815 bis 1850; Fortsetzung:
Zeitschrift für Rechtsgeschichte (ZRG), 1861–1878; Fortsetzung:
Zeitschrift der Savigny-Stiftung für Rechtsgeschichte, Romanistische Abteilung (SZ oder ZRG Rom. Abt.), seit 1880.
Bullettino dell'Istituto di diritto romano (Bull. oder BIDR), seit 1888; Nuova serie seit 1935 und 1959.
Nouvelle revue historique de droit français et étranger (NRH), seit 1877; Fortsetzung:
Revue historique de droit français et étranger (RH oder RHD), als 4. Serie der NRH, seit 1922.
Tijdschrift voor Rechtsgeschiedenis, Revue d'histoire du droit (Tijdschrift oder TR), seit 1918.
Studia et documenta historiae et iuris (SDHI), Rom, seit 1935.
Revue internationale des droits de l'antiquité (RIDA), Brüssel, seit 1948. Seit 1952 vereinigt mit den „Archives d'histoire du droit oriental" unter neuer Bandzählung (AHDO-RIDA). Seit 1954 RIDA, 3. Serie, wiederum mit neuer Bandzählung.
Iura, Rivista internazionale di diritto romano e antico (Iura), seit 1950.
Labeo, Rassegna di diritto romano (Labeo), seit 1955.
Index, Quaderni camerti di studi romanistici (International Survey of Roman Law; seit 1970).
Ferner stehen romanistische Abhandlungen und Besprechungen auch in: **Archivio giuridico** (AG); **Rivista italiana per le scienze giuridiche** (Riv. it. sc. giur.); **Seminar,** Annual extraordinary number of The Jurist (Sem.).
Papyrologische Abh. u. Besprech. findet man in: **Archiv für Papyrusforschung** (AfP); **Journal of Juristic Papyrology** (JJP), Bd. 1 (1946), New York (2. Aufl. 1952, Warschau), seit Bd. 2 (1948), Warschau; **Aegyptus,** Riv. it. di egittologia e papirologia (Aeg.).
Rechtshistorisches Journal (RJ), seit 1982.

6. Sammelwerke

1. **Aufstieg und Niedergang der römischen Welt,** Geschichte und Kultur Roms im Spiegel der neueren Forschung (ANRW), hrsg. von *H. Temporini* und *W. Haase,* bisher erschienen:

I **Von den Anfängen Roms bis zum Ausgang der Republik:**
I 1 (1972) Politische Geschichte,
I 2 (1972) Recht, Religion, Sprache und Literatur (bis zum Ende des 2. Jahrhunderts v. Chr.),
I 3 (1973) Sprache und Literatur (1. Jahrhundert v. Chr.),
I 4 (1973) Philosophie und Wissenschaften, Künste.

II **Principat:**

II 1 (1974)	Politische Geschichte (Allgemeines),
II 2 (1975)	– (Kaisergeschichte),
II 3 (1975)	– (Provinzen und Randvölker: Allgemeines, Britannien, Hispanien, Gallien),
II 4 (1975)	– (–: Gallien [Forts.], Germanien),
II 5.1 (1976)	– (–: Germanien [Forts.], Alpenprokuraturen, Raetien),
II 5.2 (1976)	– (–: Germanien [Forts.], Alpenprokuraturen, Raetien),
II 6 (1977)	– (–: Lateinischer Donau-Balkanraum),
II 7.1 (1979)	– (–: Griechischer Balkanraum, Kleinasien),
II 7.2 (1980)	– (–: Griechischer Balkanraum, Kleinasien [Forts.]),
II 8 (1977)	– (–: Syrien, Palästina, Arabien),
II 9.1 (1976)	– (–: Mesopotamien, Armenien, Iran, Südarabien, Rom und der Ferne Osten),
II 9.2 (1978)	– (–: Mesopotamien, Armenien, Iran, Südarabien, Rom und der Ferne Osten [Forts.]),
II 10.2 (1982)	– (–: Afrika, Ägypten [Forts.]),
II 13 (1980)	Recht (Normen, Verbreitung, Materien),
II 14 (1982)	– (Materien [Forts.]),
II 15 (1976)	– (Methoden, Schulen, einzelne Juristen),
II 36.1 (1987)	Philosophie, Wissenschaft, Technik (Historische Einleitung – Platonismus).
II 36.2 (1987)	Philosophie (Platonismus/Forts., Aristotelismus).

36.3 (1989) Philosophie (Stoizismus).
36.4 (1990) Philosophie (Epikureismus, Skeptizismus, Kynismus, Orphica; Doxographica).
36.5 (1992) Philosophie (Einzelne Autoren; Doxographica).
36.6 (1992) Philosophie (Doxographica [Forts.]).
Die zahlreichen Bde., die Religion sowie Sprache und Literatur (Bde. 32.2 und 3: Literatur der julisch-claudischen und der flavischen Zeit [Forts.] 1985) betreffen, werden hier nicht im einzelnen angeführt.

2. **Ius Romanum Medii Aevi** (IRMAE), Teile I–VI; in I, 1b (1961) 11–24 Übersicht über die „Einteilung des Gesamtwerkes"; Teil V: Die Einflüsse des römischen Rechts und seiner Wissenschaft auf das kanonische Recht und die nationalen Rechte bis zum Ende des 15. Jahrhunderts; Besprechungen bisher erschienener Beiträge von *R. Feenstra,* in: SZ 82 (1965) 459–465, 85 (1968) 568–574, 87 (1970) 557–564 und 95 (1978) 547f.; dazu Subsidia I, Pars I. Index titulorum (1964), Pars II. Index legum, Bd. 1 (1967) A–G, Bd. 2 (1967) H–P, Bd. 3 (1967) Q–Z, Pars III. Index paragraphorum (1970).

3. **Ius commune,** Veröffentlichungen des Max-Planck-Instituts für Europäische Rechtsgeschichte Frankfurt am Main, hrsg. von *H. Coing,* Bde. 1 (1967) bis 14 (1988) mit zahlreichen Beiträgen, Besprechungen der Bd. 1–3 von *H. Kaufmann,* SZ 86 (1969) 564–566, 88 (1971) 473–480, Bd. 4 *H.A. Kaufmann,* SZ 96 (1979) 454–457, Bde. 5–7 *G. Wesener,* SZ 94 (1977) 509–513, 96 (1979) 457–459, 97 (1980) 505–508, Bd. 8 *Th. Honsell,* SZ 98 (1981) 541–547, Bde. 9–19 *G. Wesener,* SZ 99 (1982) 553–554, 101 (1984) 427–429, 103 (1986) 639–641, 104 (1987) 868–870, 105 (1988) 961–962, 107 (1990) 697–700, 108 (1991) 652f., 109 (1992) 755–757, 110 (1993) 812f. und 813f., 111 (1994) 722–724.

4. **Atti dell'Accademia Romanistica Costantiniana** (Università degli studi di Perugia, Facoltà di Giurisprudenza), hrsg. von *G. Crifò,* ab Bd. VII mit *S. Giglio,* I (1975) – IX (1993) mit zahlreichen Beiträgen vorwiegend zum Recht der Spätzeit.

1. Abschnitt. Der patrizische Adelsstaat

I. Die geschichtlichen Ursprünge

§ 2. Die Besiedlung Italiens und die Frühzeit Roms

Schrifttum: *F. v. Duhn,* Italische Gräberkunde, 2 Bde. (1924–39); *G. v. Kaschnitz-Weinberg,* Italien mit Sardinien, Sizilien und Malta, Hdb. d. Arch. (Hdb. d. Altertumswiss.) II (1954) 311 ff.; *A. Graf Stauffenberg,* Trinakria, Sizilien und Großgriechenland in archaischer und klass. Zeit (1963); *F. Schachermeyr,* Etruskische Frühgeschichte (1929); *P. Ducati,* Le probleme étrusque (1938); *O. W. v. Vacano,* Die Etrusker, Werden und geistige Welt (1955); *G. Devoto,* Gli antichi Italici, 2. Aufl. (1951); *J. Beloch,* Römische Geschichte bis zu den punischen Kriegen (1926); *F. Cornelius,* Untersuchungen zur frühen römischen Geschichte (1940); *P. De Francisci,* Primordia civitatis, dazu *Kunkel,* SZ 77 (1960) 345 ff. = Kl. Schr. 549 ff.; *K. v. Fritz,* The Theory of the Mixed Constitution in Antiquity (1954); *R. Werner,* Der Beginn der römischen Republik (1963); *A. Alföldi,* Early Rome and the Latins (o. J.); zahlreiche Beiträge jetzt in ANRW I 1 und 2 (1972), insb. *M. Pallottino,* Le origini di Roma: ... (I 1, 22–47); *J. Poucet,* Les Sabins aux origines de Rome ... (I 1, 48–135); *M. Pallottino,* Etruskologie. Geschichte und Kultur der Etrusker (aus dem Italienischen übers. von *St. Steingräber,* 1988); *F. Wieacker,* RG I 185 ff.

1. Die Einwanderung der Latiner und der oskisch-umbrischen Stämme

1. Nach den Ergebnissen der vorgeschichtlichen Forschung scheint Italien ursprünglich von Völkerschaften besiedelt gewesen zu sein, die nicht der indogermanischen Sprachengruppe angehörten. Erst Ende des zweiten vorchristlichen Jahrtausends begannen im Zuge großer Völkerbewegungen von Norden nach Süden wohl aus den Donaugebieten und den nördlichen Balkanländern die **latinischen Stämme** in Italien einzuwandern. Sie drangen bis Mittelitalien vor, wo sie das Tibertal und das spätere römische Gebiet bewohnten; ihre Sprache, das Latein, steht unter den indogermanischen Sprachen dem Keltischen am nächsten. Schon auf ihrer Wanderung aber und vor allem in Italien selbst werden sie, wie auch Kunkel/Schermaier, RG 2 f., vermuten, dem Einfluß fremder Kulturen ausgesetzt gewesen sein und fremde Bevölkerungselemente eingeschmolzen haben. Dieser Vorgang wiederholte sich im Lauf ihrer Frühgeschichte nach ihrer Seßhaftwerdung noch mehrfach. 1

2. Die zahlenmäßig weit größere **oskisch-umbrische Gruppe,** deren Einwanderung wohl um dieselbe Zeit anzusetzen ist und aus der die später den Latinern benachbarten Völkerstämme der **Sabiner, Samniten** und **Sabeller** hervorgingen, zeigt anfänglich im Sprachlichen, „ein befremdlich weites Auseinandergehen ihrer Dialekte" (*Leumann-Hofmann,* Lateinische Grammatik) von denen der latinischen Gruppe. Immerhin weisen gewisse gemeinsame Neuerungen doch auf eine schon vor der Seßhaftwerdung in Italien bestehende Verwandtschaft hin. Die Einwanderungsbewegung der oskisch-umbrischen Gruppe, besonders ihres oskischen Zweiges, erstreckte sich bis in den Süden der Halbinsel. 2

Italia bezeichnete ursprünglich nur das Gebiet des – vor allem an der Küste – von den unteritalischen Griechen besiedelten Bruttium (ἴταλος), des heutigen Kalabrien. Im Laufe der Zeit hat sich der Name auch auf die nordwestlichen Teile des Landes und schließlich auf die ganze Halbinsel erstreckt *Italici* 3 nannten sich die Verbündeten im Bundesgenossenkrieg gegen Rom 91–89 v. Chr., *Italica* tauften sie ihre geplante Hauptstadt Corfinium.

2. Die Etrusker

4 1. Zu Beginn des ersten Jahrtausends traten im Gebiet zwischen Arno und Tiber, der heutigen Toskana, die **Etrusker (Tusci)** hervor. Die Gräberfunde, die bei ihnen sich findende Leberschau und die noch immer rätselvollen Sprachdenkmäler stützen die auch jetzt noch herrschende Auffassung Herodots, daß dieses – eine nichtindogermanische Sprache sprechende – Volk in Kleinasien beheimatet war und auf dem Seeweg (das Tyrrhenische Meer trägt noch heute seinen griechischen Namen) nach Italien eingewandert ist.

5 2. Die Etrusker gliederten sich in eine Reihe von **Stadtstaaten** mit je einer monarchischen Spitze; im Verfolg ihrer gemeinsamen Interessen schlossen sie sich zu einem Bund von zwölf Städten zusammen. Die Städte, die nach sakralen Riten errichtet wurden, umgaben sie mit Mauern. Die straffe politische Organisation und die wirtschaftliche Machtstellung dieses Volkes sicherte ihm die Überlegenheit über die eingewanderten Italiker, die allmählich von den Etruskern unterworfen wurden. Auf dem **Höhepunkt ihrer Macht im sechsten Jahrhundert** reichte ihre Herrschaft von der Poebene im Nordwesten bis nach Kampanien im Süden.

6 3. Die **aristokratische Kultur** der Etrusker war künstlerisch hochentwickelt. Sie hat besonders Vorbilder der Griechen verarbeitet, mit denen die Etrusker wohl frühzeitig in Berührung traten. Ihre Kultur zeichnet sich jedoch auf der einen Seite durch die freiere Stellung der Frau aus, auf der anderen durch ihre teilweise sehr fremd anmutenden religiösen Vorstellungen sowie durch den strengen Formalismus ihrer Riten und ihren ausgeprägten Vorzeichenglauben.

3. Die griechische Kolonisation

7 1. In Kampanien kamen die Etrusker in Berührung mit den Griechen; das schließt keinesfalls aus, daß diese Verbindung bereits viel älteren Datums ist. Jedenfalls ist die **griechische Kultur** wie die Lehrmeisterin der Etrusker so auch durch deren Vermittlung frühzeitig die der Italiker geworden. Gewiß ist es wohl, daß das lateinische Alphabet über die Etrusker von den Griechen entlehnt worden ist, und das gleiche hat für den Einzug der griechischen Götterwelt in Rom im sechsten Jahrhundert zu gelten. Auf dem Gebiet des Rechts wird dagegen ein direkter Einfluß der Griechen im fünften Jahrhundert anzunehmen sein (§ 10 I 1, Abs. 2), mit denen die Römer an den vielen Handelsplätzen zusammentrafen, die Unteritalien den Namen **Magna Graecia** eingetragen haben (vgl. Tafeln 1 und 2 von Paestum zwischen S. 18 und 19).

8 2. Die politischen Geschicke des Landes konnte das Griechentum jedoch schon deswegen nicht bestimmen, weil die Besiedlung sich im allgemeinen auf einen schmalen Küstensaum beschränkte. Zudem führte die abgeschlossene stadtstaatliche Lebensform der einzelnen Niederlassungen zu einer in häufigen Rivalitätskämpfen sich äußernden Gleichgewichtspolitik, die die Kräfte zersplitterte und schwächte. Dennoch haben die Griechenstädte die fortwährenden schweren Kämpfe mit den **phönizisch-karthagischen** Handelsplätzen im Westen **Siziliens** siegreich bestanden; mehr als einmal haben sie Italien im Laufe der Geschichte vor der Überflutung durch die Karthager bewahrt. Die kampanischen Städte (außer Neapel) verloren ihre Unabhängigkeit

allerdings mit dem Weichen der Etrusker im 5. Jahrhundert an die Samniten, den führenden Stamm eines oskisch-sabellischen Bundes.

4. Die Vorgeschichte der Stadt Rom

1. Nach dem bisher Gesagten waren Ansätze zu einem einheitlichen Volkstum in Italien nicht vorhanden (so auch Heuß 4), selbst und gerade nicht zwischen den Volksgruppen indogermanischer Zunge. Erst recht war nichts vorhanden, was auf eine spätere beherrschende Stellung ‚Roms' hindeutete. Ja, Rom selbst gab es zunächst nicht, sondern **Siedlungen** von lediglich lokaler Bedeutung in der Nähe des bequemen **Tiberübergangs** und nicht weit von der **via salaria** (Salzstraße), die von den Salinen an der Tibermündung ins Landesinnere zog. 9

2. Die Anfänge dieser Tibersiedlungen sind in sagenhaftes Dunkel gehüllt. Die archäologischen Funde weisen darauf hin, daß auf dem hügeligen Gelände, das später ‚Rom' heißt, erst um das Jahr 1000 v. Chr. sich menschliche Ansiedlungen befanden. Eine frühere Siedlung hat auf den heute Palatin genannten Hügeln gelegen, dem alten **Cermalus** und **Palatium,** wo auch nach der Überlieferung das älteste – **latinische** – Rom gestanden haben soll. Etwas jüngere Dorfsiedlungen befanden sich auf dem **Esquilin** und **Quirinal,** dieser nach antiker Tradition von **Sabinern** besiedelt. Dem alten Sagenschatz und sprachlichen Erwägungen wird soviel zu entnehmen sein, daß die spätere – römische – Siedlung aus einem latinischen Kern und einem damit verschmolzenen sabinischen Volksteil entstanden ist (Sage vom Raub der Sabinerinnen und vom Doppelkönigtum des Romulus und des Titus Tatius), einer **latinisch-sabinischen Doppelgemeinde** also. 10

Das älteste Staatsgebiet der frühen Königszeit umfaßte nicht mehr als 150 qkm mit einer Bevölkerung von 10 000 bis 12 000 Köpfen. Wir können seinen Umfang mit einiger Sicherheit aus dem alljährlich bis in die christliche Kaiserzeit geübten uralten Ritus des Flurumgangs *(ambarvalia)* erschließen, der an den ursprünglichen Grenzpunkten vorbeizog.

3. Die einzelnen latinischen Gemeinden, unter denen die ‚römische' Siedlung bald an Bedeutung gewann (II 3), waren seit alters zu **Kultgemeinschaften** zusammengeschlossen. Die Leitung des ältesten und bedeutendsten Latinerfestes am Heiligtum des **Iupiter Latiaris** auf dem Albanerberg lag zunächst bei Alba Longa. Nach der Zerstörung dieser Siedlung und der Einziehung ihres Gebietes durch ‚Rom', von der die Sage zu berichten weiß, ging auch die kultische Führung innerhalb des *nomen* (= Stamm) *Latinum* auf die Sieger über. 11

5. Die etruskische Herrschaft

1. Die aufblühende latinisch-sabinische Gemeinde geriet gegen Ende des siebenten Jahrhunderts unter die Herrschaft **etruskischer Geschlechter:** Die Erinnerung hieran ist im Königsnamen der Tarquinier noch ebenso bewahrt wie in den Namen vieler römischer Adelsfamilien der späten Zeit (vgl. Maecenas, der Freund und Mitstreiter des Augustus). 12

2. Die Etrusker sind auch als die eigentlichen Gründer der **Stadt Rom** anzusehen, deren Name sogar etruskisch ist; erst die Eroberer haben entsprechend ihrem Brauch die bisherigen Wohngebiete durch die Anlage einer geweihten Grenzlinie zu städtischer Siedlungsform zusammengefaßt. Die antike Überlieferung hat das angebliche Gründungsjahr der Stadt (753) um etwa anderthalb Jahrhunderte zu früh gelegt.

Die angeblich aus dieser Zeit stammende Servianische Stadtmauer (nach dem legendären König **Servius Tullius**) ist freilich erst im vierten Jahrhundert nach dem Gallierbrand errichtet worden. Neben dem befestigten Palatin diente damals das noch außerhalb des umgrenzten Stadtgebiets gelegene Kapitol als Burgberg.

13 3. Unter der Herrschaft der Etrusker begann erst der eigentliche äußere und innere **Aufstieg** Roms. Seine Vorherrschaft innerhalb Latiums war die unmittelbare Folge, und die etruskisch-griechische Kultur hat nicht nur das äußere Bild der neuentstandenen Stadt und ihrer Tempelbauten bestimmt, sondern auch der politischen und geistigen Entwicklung, der Religion und der Kunst Roms entscheidende Antriebe gegeben.

14 4. Der Überlieferung nach konnte der erstarkende **latinische Adel** bereits im Jahre 510 mit der **Vertreibung des etruskischen Königs** L. Tarquinius Superbus die Machtstellung des Königtums überhaupt brechen. Daß das gerade im Jahre 510 geschah, ist wohl eine Erfindung späterer Zeit in Analogie zur Vertreibung des Hippias aus Athen. Manche Forscher wollen die Vertreibung der Könige nicht ohne Grund erst **Anfang des 5. Jahrhunderts** geschehen lassen; denn damals zerbröckelte die etruskische Vormachtstellung auch sonst in Süd- und Mittelitalien. Die in der Stadt verbliebenen etruskischen Adelsgeschlechter sind im Römertum aufgegangen, das von jetzt an seine Geschichte wie seine Kultur aus sich selbst heraus weiter gestaltete und damit in seine eigentliche Geschichte eintritt.

6. Die Entfaltung Roms zur Vormacht Latiums

15 1. Der starke Aufschwung, den Rom unter der Herrschaft der Etrusker genommen hatte, erlitt unmittelbar nach der „Vertreibung der Könige" einen erheblichen Rückschlag. Die Gründe hierfür liegen nicht nur in der Zurückdrängung des etruskischen Kultureinflusses, sondern auch in den nun beginnenden innerpolitischen Auseinandersetzungen zwischen Patriziat und Plebs (§§ 4 und 8 III), die die Kräfte Roms vom verschärften Machtkampf mit den **latinischen** Nachbargemeinden abzogen. Es gelang Rom jedoch, seine Vormachtstellung durch ein mehr oder weniger erzwungenes **Bündnis** mit dem latinischen Städtebund oder zum mindesten mit einzelnen latinischen Städten zu befestigen (493).

16 2. Mit dieser Rückendeckung konnte Rom schließlich zu einem entscheidenden Schlag gegen seine etruskischen Nachbarn ausholen. Während die Etrusker im Norden durch die kurz vorher nach Oberitalien eingedrungenen keltischen Stämme in Anspruch genommen wurden, gelang es Rom 396, das mächtige **Veii** zu zerstören und sein Gebiet einzuziehen.

Etrurien selbst geriet erst nahezu hundert Jahre später endgültig unter römische Herrschaft. Das etruskische Volkstum blieb aber zunächst erhalten. Erst nach weiteren zwei Jahrhunderten wurden die Etrusker gleich den Samniten durch Sulla im Zuge der Strafmaßnahmen gegen seine politischen Gegner entscheidend geschwächt.

17 3. Wenige Jahre nach dem Sieg über Veii fiel Rom selbst einem keltischen Raubzug zum Opfer und wurde nach der Schlacht an der Allia im sog. **gallischen Brand** (387) nahezu vollständig zerstört. Nach einem Teil der Überlieferung ist lediglich die Burg auf dem Kapitol erhalten geblieben, aber auch das ist nicht gewiß. Für den Historiker ist dieser Brand deshalb besonders schmerzlich, weil er den Verlust fast des gesamten Urkundenmaterials der vergangenen Zeiten zur Folge hatte. Unter Ausnutzung dieser schweren Niederlage schlossen sich auch die **Latiner** wieder zu einem gegen die römische Vormachtstellung gerichteten Bunde zusammen. Nachdem Rom jedoch (367) seine innenpolitischen Verhältnisse neu geordnet hatte (§ 5 VI), konnte es den Latiner-

bund zur Erneuerung des alten Bündnisses zwingen (358). Doch wirkt der Schock des gallischen Brandes noch lange bei den Römern nach. Altheim II 316 und 355 bezeichnet diese Zeit einer Abgeschlossenheit und damit eines „geminderten oder fehlenden griechischen Einflusses ... als ‚Hiat'".

§ 3. Der Aufbau der altrömischen Gemeinde

Schrifttum: *W. Schulze,* Zur Geschichte der lateinischen Eigennamen (1904); *De Francisci,* Storia I und Primordia civitatis (1959); dazu *W. Kunkel,* SZ 77 (1960) 345ff. = Kl. Schr. 549ff.; ferner Kl. Schr. 441–586 (Bericht über neuere Arbeiten zur römischen Verfassungsgeschichte); *F. De Martino I; A. Alföldi,* Die Struktur des voretruskischen Römerstaates (1974); *E. Ferenczy,*From the Patrician State to the Patricio-Plebeian State (1976); *A. Heuß* 13–41; *J. Bleicken,* Verfassung 13ff.; Ricerche sulla organizzazione gentilizia romana, a cura di *G. Franciosi,* I (1984), II (1988); *F. Wieacker,* RG I 195ff.; *L. Capogrossi-Colognesi,* La città e la sua terra, in: Storia di Roma I (1988) 263–291 Hsg. A. Momigliano/A. Schiavone; *F. De Martino,* La costituzione della città-stato, in: Storia di Roma I (1988) 345–366; *L. Capogrossi-Colognesi,* Cittadini e territorio Consolidamento e trasformazione della civitas Romana (2000).

1. Die gentes

1. Nach der Überlieferung soll das römische Volk einstmals in drei sog. **tribus** eingeteilt gewesen sein, deren jede sich in zehn „Genossenschaften" (**curiae**) gegliedert habe. Jede Kurie habe wiederum eine Anzahl von Geschlechtern (**gentes**) umfaßt – angeblich zehn, was völlig unglaubwürdig ist. 1

Welcher politische Aufbau dieser späteren Konstruktion zugrunde gelegen hat, läßt sich heute nicht mehr vollständig klären. Die **gens** (Sippe, γένος) jedenfalls ist als Großfamilie und d.h. als Keimzelle einer Siedlungsgemeinschaft zu denken. Sie bestimmt deren patriarchalischen Aufbau auch dann noch, wenn der gemeinsame Stammvater nicht mehr lebt, ja selbst, wenn die unmittelbare Erinnerung an ihn vergangen ist. Nur der patrizische Adel hat einst „*gentes*" besessen und hat den Anspruch darauf aus Prestigegründen noch in ciceronischer Zeit erhoben.

2. Als geschlossene Siedlungsgemeinschaft bildete die *gens* einen weitgehend autonomen, nach außen hin halbsouveränen **sakralen und rechtlichen Lebensverband.** Die *gentes* führen auch eigene Fehden; noch aus republikanischer Zeit schildert uns Liv. 2, 50 einen Kriegszug der *gens Fabia* gegen Veii und ihren Untergang am Cremera. In den schottischen Clans hat sich eine ähnliche Sippenordnung zum Teil bis in die historische Zeit hinein erhalten.

Der italienische Gelehrte Pietro Bonfante hält die *gentes* als politische Organisationsform sogar für älter als den Staat selbst. Für die Beurteilung des politischen Charakters der *gentes* und ihres Verhältnisses zum Staate ist jedoch zu bedenken, daß der römische Staat durch Jahrhunderte ein viel lockereres Gebilde gewesen ist als das, was wir heute unter einem Staat verstehen. Näheres § 5 I 4.

3. An die Siedlungsräume, die gewisse *gentes* in der frühesten Zeit nach der Seßhaftwerdung einnahmen, scheinen noch die späteren ländlichen Verwaltungsbezirke der **tribus rusticae** (u. III 3 Abs. 2) zu erinnern, die zum Teil noch die Namen offenbar der angesehensten, dort auch ansässigen patrizischen Geschlechter trugen. Daß der Grundbesitz aber je im Kollektiveigentum dieser *gentes* gestanden hat, läßt sich weder daraus herleiten noch gibt es sonst dafür Beweise (§ 11 I, II 7). 2

4. Bereits lange vor dem Eintritt Roms in die Geschichte sind die *gentes* in die einzelnen **Kleinfamilien** zerfallen. Wahrscheinlich gab den äußeren Anlaß gerade die 3

Seßhaftwerdung, mit der auch eine Veränderung der Wirtschaftsverfassung verknüpft gewesen sein wird, nämlich der Übergang von der Weidewirtschaft zum Ackerbau. Lediglich das Weideland war und blieb noch lange *ager compascuus* (gemeinsam beweidet; vgl. die deutschrechtliche Allmende und § 11 III 1). Der gemeinsame **Sippenkult** und ein – nach modernem Sprachgebrauch – **gesetzliches Vormundschafts- und Erbrecht** der Gentilen erhielten sich aber bis in die spätrepublikanische Zeit. Das Erbrecht hatte wohl den Sinn, beim Aussterben eines Familienzweiges das Eindringen fremder Familien in den geschlossenen Familiengrundbesitz einer *gens* zu verhindern (Meyer 30).

4 Eine Erinnerung an die alte Sippenordnung könnte man noch im Geschlechternamen *(nomen gentilicium)* des römischen Bürgers erblicken wollen. Doch ist da eher etruskische Beeinflussung im Spiel. Das Nebeneinander von *praenomen* und *nomen gentile* findet sich gerade in Etrurien, während die alten Latiner wie andere indogermanische und nichtindogermanische Völkerschaften lediglich personale Namen gekannt haben.

2. Die Kurien

5 1. Der Adel und die Gemeinfreien des römischen Siedlungsverbandes waren vermutlich, wenn nicht, wie die Überlieferung will, von vornherein, so doch schon frühzeitig in eine Reihe größerer Verbände, die **Kurien,** gegliedert. Diese Gliederung, die ursprünglich wohl auf stammesmäßigem Zusammenhang beruhte, bald jedoch rein örtlichen Gesichtspunkten folgte, bildete offenbar die Grundlage der ältesten Wehr- und Staatsverfassung Roms. Zu ihnen gehörten auch die Plebejer (§ 4 III 3); denn aus den Kurien rekrutierten sich die einzelnen **Wehrmannschaften** (**curia** aus **co-viria** = „Mannschaft“), die als die taktischen Einheiten des alten Heeres anzusehen sind. In ihnen waren die patrizischen Geschlechter sicherlich führend.

6 2. Die **Kurienversammlung** gehört gewiß schon der Königszeit an. Ihre **Teilnahme an Staatsakten** diente wohl nur deren **feierlicher Bekräftigung,** nicht anders als das langobardische gairethinx oder der „Umstand“ des altsalischen Dings (Things). Außerdem hatte sie **sakrale Funktionen.** Noch in historischer Zeit trat die Stadtgemeinde in 30 Kurien zur Volksversammlung zusammen, und diese **comitia curiata** (§ 7 I) haben sich auch nach dem Verlust ihrer früheren staatsrechtlichen Bedeutung erhalten, indem ihnen noch lange Zeit halb-öffentlichrechtliche Aufgaben im Erb- und Familienrecht zukamen.

7 3. Im Hinblick auf die unterschiedslose Einheitlichkeit des archaischen Kulturlebens ist es verständlich, daß die Kurie ähnlich der griechischen φράτρα (φρατρία) auch einen festen örtlichen **Kultverband** bildete.

4. Nach der Überlieferung wurde jede Kurie von einem **curio** geführt. Ihm stand bei der Leitung des Opferkults im (ebenfalls *curia* genannten) Fest- und Kultraum ein Opferpriester *(flamen curialis)* zur Seite.

3. Die Tribus

8 1. Wie bei den Athenern 3 Phratrien eine Phyle, so bildeten bei den Römern in älterer Zeit 10 Kurien eine **Tribus.** Die etymologische Ableitung des Wortes Tribus ist ungewiß. Jedenfalls hat es nichts mit einer ‚Dreiteilung‘ der römischen Stämme zu schaffen. Die Römer haben den Begriff in der Bedeutung „Gebiet“, „Abteilung“ mit den Umbrern *(trifu)* gemein. Die uns überlieferten **drei etruskischen Tribusnamen**

(**Ramnes, Tities, Luceres**) deuten vielleicht auf eine etruskische Neuordnung einer älteren Kurienverfassung im 6. Jahrhundert hin.

2. Durch diese Neuordnung wurde das Stadtgebiet in drei örtliche **Verwaltungsgebiete** aufgeteilt, die dann zugleich der militärischen Aushebung dienten. Es wird damit wahrscheilich, daß diese Reform die Stammesunterschiede zwischen der römischen Doppelgemeinde und ihren fremden Herren eher verwischen als festigen sollte. 9

Jede von den 10 Kurien einer Tribus hatte wohl eine Hundertschaft *(centuria)* Fußvolk zu stellen. Das Heer setzte sich also aus drei ‚Regimentern' *(tribus)* zu 1000 Mann zusammen, jede Tribus stand unter einem *tribunus militum;* jedem Regiment war eine Reiterzenturie unter einem *tribunus celerum* angegliedert; die alten Tribusnamen haben sich bei den Reiterzenturien bis in die republikanische Zeit erhalten.

3. Schon im 5. Jahrhundert kam es zu einer grundlegenden **Reform der Tribuseinteilung,** in der diese von der Kuriengliederung des Geschlechterstaates gelöst und zu einer rein staatlichen, territorialen Verwaltungsform umgestaltet wurde. Das Prinzip der Zuteilung der Bürger zu der einen oder anderen Tribus änderte sich im Laufe der Zeit, die **tribus rusticae** aber mit ihrer an Kopfzahl geringeren, jedoch größtenteils grundbesitzenden Bevölkerung waren die angesehensten und politisch ausschlaggebenden. In den vier städtischen wurde die Masse des Proletariats eingeschrieben. 10

Die **Überlieferung** verlegt die neue Tribuseinteilung bereits in die Königszeit oder doch in die Zeit kurz danach. Das römische Staatswesen umfaßte damals nicht viel mehr als 800 qkm mit einer Bevölkerung von etwa 50000 Köpfen. Die ländlichen Tribus hießen noch nach den mächtigsten patrizischen Geschlechtern, deren Familien wohl dort geschlossen gesiedelt hatten. In der Folgezeit sind neu erworbene Gebiete dem Gemeinwesen als zusätzliche ländliche Tribus angegliedert worden, die nach Ortsnamen hießen. Um die Mitte des 3. Jahrhunderts war die von da an endgültig feststehende Zahl von 35 Tribus erreicht (§ 17 II 1). 11

4. Die Zenturien

1. Eine echte politische Gliederung der Bürgergemeinde war erst diejenige, zu der die Bürger *(cives)* – unabhängig von ihrer Zugehörigkeit zum Patriziat oder zur Plebs – nach Zenturien antraten. Sie ist aus einer **Wehrordnung** hervorgegangen, die wohl dem 5. Jahrhundert angehört und von der (§ 7 III) noch zu reden sein wird. Es ist die **frührepublikanische Wehrverfassung.** Der militärische Ursprung der **Zenturiatkomitien** zeigt sich nicht nur in der Bezeichnung der Stimmkörper als Zenturien, sondern auch in den militärischen Zeremonien, die sich beim Zusammentritt dieser Versammlung bis zuletzt erhalten haben. 12

Versammlungsort war das Marsfeld außerhalb des *pomerium,* der durch Steine gekennzeichneten Stadtgrenze, wobei jeweils eine Zenturie auf dem *Ianiculum,* dem einem Hügel nördlich des Tiber, Wache halten mußte. Während der Versammlung war auf dem *Ianiculum* die rote Kriegsfahne aufgezogen.

2. Das staatliche Zenturienheer hat gewiß bereits die nach verschiedenen Bewaffnungen gestaffelte und geschlossene Schlachtordnung (Phalanx) des aus ihm hervorgegangenen späteren Klassenheeres (§ 7 III 1) gekannt; wichtigste Angriffswaffe war die Stoßlanze *(hasta).* Erst diese von den Griechen stammende, von den Etruskern übernommene neue **Hoplitentaktik** hat Rom die militärische Überlegenheit über seine Nachbarn gesichert. 13

3. Mit der staatlichen Verwaltung und einer politischen, aus einer staatlichen Wehrverfassung hervorgegangenen Volksversammlung, welche die Kuriatkomitien zwar nicht beseitigte, aber in den Hintergrund schob, hat die Konstituierung der römischen

civitas zu einem **staatsbürgerlichen Gemeinwesen** bis zum 5. Jahrhundert im wesentlichen ihren Abschluß gefunden; der alte Geschlechterstaat hatte zu bestehen aufgehört.

§ 4. Die soziale Struktur

Schrifttum: *J. Binder,* Die Plebs (1909); *G. Niccolini,* Il tribunato della plebe (1932); *A. Beck,* Zur Entstehung des römischen Mietvertrags, in: Festschrift Lewald (1953) 3ff., insb. 8f.; *F. Münzer,* Röm. Adelsparteien u. Adelsfamilien (2. Aufl. 1963); *A. Alföldi,* D. frühröm. Reiteradel u. seine Ehrenabzeichen (1952); *v. Lübtow,* Volk; dazu *W. Kunkel,* SZ 73 (1956) 307ff. = Kl. Schr. 479ff.; *A.N. Sherwin-White,* The Roman Citizenship (2. Aufl. 1973); ders., ANRW I 2, 23–58; *E. Bayer,* Rom und die Westgriechen bis 280 v. Chr., in: ANRW I 1, 305–340; *F. De Martino* I 1–94, 251–262 und 378–405; *J. Bleicken,* Verfassung 13–74; *A. Heuß* 21–35; *G. Alföldy,* Sozialgeschichte 13–26; *Waldstein,* Operae 42–86; *F. Wieacker,* RG I 229–236 und 353–373; *R.E. Mitchell,* Patricians and Plebeians, The Origin of the Roman State (1990); *G. Franciosi,* Clan gentilizio e strutture monogamiche (1995); *B. Linke,* Von der Verwandtschaft zum Staat. Die Entstehung politischer Organisationsformen in der frührömischen Geschichte (1995).

1. Die Ursprünge

1 1. Die innenpolitische Entwicklung Roms nach der Vertreibung der Könige wird in steigendem Maße durch die Spannung und schließlich den offenen Kampf zwischen den beiden „Ständen" der **Patrizier** und **Plebejer** bestimmt. Auch diese ständische Spaltung des römischen Volkes reicht in vorgeschichtliche Zeiten zurück. Ihre Grundlagen sind demgemäß durchaus zweifelhaft und gehören zu den strittigsten Fragen der altrömischen Rechtsgeschichte.

2. In früher Zeit bildeten die Patrizier die Herrenschicht der Großbauern. Die feste Familien- und Sippentradition, in der sie lebten, kommt in der von ihnen geführten Adelsbezeichnung der „Väter" (**patres**) zum Ausdruck. Der „Menge" (**plebs**) der städtischen Handwerker und der Kleinbauern wurde demgegenüber jede Herkunftstradition abgesprochen, da ihnen die patrizische Gentilverfassung ursprünglich fremd war – obschon sich die reichgewordenen oder zugewanderten Plebejer sicherlich schon frühzeitig nach dem Vorbild der Patrizier auch zu Sippen zusammengeschlossen haben werden. Der Gegensatz der beiden Stände war jedenfalls so tiefgreifend, daß zwischen ihnen bis in die zweite Hälfte des fünften Jahrhunderts keine Ehegemeinschaft (**conubium**) bestanden hat. Der wirtschaftliche Machtunterschied zwischen Großbauern und Kleinbauern und der daraus sich ergebende soziale Gegensatz zwischen Adligen und Gemeinfreien scheint das Verbot der Mischehen zwischen Patriziern und Plebejern nicht ausreichend zu begründen; es ist wohl anzunehmen, daß die Spaltung auch auf stammesmäßige Unterschiede zurückzuführen ist.

2. Die Patrizier

2 1. Nach der etruskischen Eroberung trat wahrscheinlich eine weitgehende **Verschmelzung** der **etruskischen** Eroberer mit den alten **latinisch-sabinischen Adelsgeschlechtern** ein (vgl. § 2); sie ging so weit, daß an dem Adelsaufstand gegen den letzten etruskischen König auch Etrusker beteiligt waren.

2. So versteht es sich, daß auch die „Republik" noch geraume Zeit ein rein patrizisches Gepräge zeigt, daß der Kampf der Plebejer um soziale und politische Gleichstellung erst nach der Errichtung der etruskisch-italischen Adelsherrschaft begonnen

hat. Damit war der Grund für den die ersten Jahrhunderte der römischen Geschichte beherrschenden **Ständekampf** gelegt, den die antike Tradition in seiner Bedeutung jedoch stark übertrieben hat.

3. Die Plebejer

1. Die Überlieferung weiß davon zu berichten, daß die Plebs aus zugewanderten auswärtigen Flüchtlingen hervorgegangen sei, denen Romulus Zuflucht im Stadtgebiet gewährt habe. Demnach hätten die Plebejer nicht zu den ersten latinisch-sabinischen Siedlern gehört. Diese Auffassung wird durch die Tatsache gestützt, daß die Plebs seit alters geradezu als **Sondergemeinde** innerhalb des römischen Staatsverbandes erscheint. 3

Die Plebejer hatten nicht nur ihre eigenen Amtsträger (§ 8 I, II), sondern bildeten auch einen besonderen **Kultverband** mit eigenen Gottheiten, deren Heiligtümer sich auf dem Aventin, d.h. außerhalb des *pomerium* befanden. Mit *pomerium* wird seit alters die mit Steinen markierte Grenze der Stadt bezeichnet, die das Gebiet innerhalb des ersten Meilensteines (Gai. inst. 4, 104: *intra primum miliarium*) umfaßte. 4

2. Man wird jedoch anzunehmen haben, daß die Plebs sich zwar zum großen Teil aus **Zugewanderten,** zum Teil aber auch aus – den **älteren Siedlungsgruppen** entstammenden – städtischen **Handwerkern** und **Gewerbetreibenden** gebildet hat. Im Kampf um die politische Gleichberechtigung schlossen sich den führenden plebejischen Familien auch die gemeinfreien **Kleinbauern** an. Der ursprünglich soziale und herkunftsmäßige Gegensatz der Plebejer zu den patrizischen Adelsgeschlechtern entwickelte eine größere politische Schärfe, als ein Teil der alten Plebejer wirtschaftlich und gesellschaftlich aufstieg. Dazu kam, daß auch adlige auswärtige Geschlechter, die nach Rom zuzogen, teilweise in die Plebs eingegliedert wurden. 5

3. Zur Zeit der **vorhistorischen Geschlechterordnung** (§ 3 I) ist die Plebs sicherlich noch kein politischer Faktor gewesen. Das wurde sie wohl erst nach Zerfall der patrizischen Sippen in die einzelnen Familien auf Grund ihrer eigenen stärkeren zahlenmäßigen Entwicklung und des sozialen Aufstiegs vieler plebejischer Familien. Dieser Aufstieg wurde nachhaltig von den etruskischen Königen gefördert. 6

Mit dem Anwachsen der Zahl der sippelosen Kleinbürger ergab sich die Notwendigkeit, die Plebejer auch zum **Kriegsdienst** einzuziehen. Vermutlich wurden sie zunächst in lockeren Haufen von Troßknechten ohne Waffenrecht oder als Leichtbewaffnete dem nach *gentes* gegliederten Geschlechterheer beigegeben – und vielleicht hat ihnen dieser Umstand erst den Namen der bloßen ungegliederten Menge *(plebs)* eingetragen. So versteht es sich, daß die Plebejer jedenfalls noch vor der historischen Zeit in die früheren Sippenverbände der **Kurien** und **Tribus** aufgenommen wurden und damit auch am staatlichen Leben teilnahmen, soweit es von der nach Kurien gegliederten Volksversammlung getragen wurde (§ 3 II). Seit Schaffung des Hoplitenheeres aber, die, wie wir sahen, bereits dem 5. Jahrhundert angehört (§ 3 IV), bilden die Wohlhabenden unter den Plebejern, die sich die schwere Hoplitenrüstung aus eigenen Mitteln leisten konnten, das Schwergewicht des Heeres und treten damit in ihrer Bedeutung neben den patrizischen Reiteradel. Der Grund für den Kampf um eine nun auch politische Gleichstellung war damit gelegt (so schon Alföldi, Reiteradel 105).

4. Die Klientel

1. Die Machtstellung der patrizischen Geschlechter beruhte nicht zuletzt auf ihren zahlreichen **Klienten.** Die Klienten waren zwar wie die Plebs gemeinfrei, standen aber 7

im Gegensatz zu den Plebejern in einem persönlichen Abhängigkeitsverhältnis zu ihrem Patron (**patronus,** zu *pater*). Sie waren ihm zu Gefolgschaft (**obsequium**), insbesondere zur Heeresfolge und zu Frondiensten verpflichtet und so auch dem Geschick seiner Gens verbunden. Diese Hörigkeit des Klienten (**cliens**) wurde jedoch durch entsprechende Beistands-, Schutz- und Treuepflichten (**fides**) des Patrons ergänzt. Ihre Verletzung galt als Verstoß gegen das Sakralrecht und machte den Täter friedlos (12 Taf. 8, 21: *Patronus si clienti fraudem fecerit, sacer esto*). Die Klientel beruhte infolgedessen auf einem Akt persönlicher Unterwerfung des Klienten (**in fidem se dare**) und seiner Aufnahme in das Abhängigkeitverhältnis seitens des Patrons (**in fidem suscipere**).

8 2. Die Klientel war offenbar **gemeinitalisch,** wir finden sie bei den Etruskern ebenso wie bei den Sabinern. Vermutlich beruhte sie in der Hauptsache auf dem urtümlichen Institut des **precarium,** d.h. der jederzeit widerruflichen Zuteilung neuerworbener (oder frei werdender) Ackerlose seitens des Patrons an landarme oder landlose Kleinbauern oder Siedler oder an zugewanderten Fremde. Da auch der patrizische Großbauer mit seinen Söhnen und Knechten nur den eigenen Hof bewirtschaftete und daher lediglich einen Teil seines Landes nutzen konnte, ergaben sich derartige Verhältnisse ganz natürlich. Die Klienten sind vergleichbar den Muntmannen und Hintersassen des fränkischen Rechts. Sie gehörten zum Geschlechtsverband des Patrons und nahmen an dessen Opferkult teil.

9 3. Wird es sich ursprünglich in erster Linie um ärmere oder verarmte Schichten der Landbevölkerung gehandelt haben, die sich in die Schutzgewalt eines Mächtigen begaben, so verschwindet diese Form der Klientel früh mit den veränderten wirtschaftlichen Verhältnissen, insbesondere der **Verstädterung,** ohne deshalb selbst als Institut unterzugehen: **Schutz- und Treueverhältnisse** ähnlicher Art beherrschten vielmehr das **ganze politische und soziale Leben** Roms seit der Frühzeit bis zum Ende der Republik, ja auf ihnen beruhten in weitem Umfang Einfluß und Macht der großen Politiker.

5. Das Bürgerrecht

10 1. Den Angehörigen dieser Gruppen gemeinsam war das römische Bürgerrecht; auch die *clientes* waren römische Bürger. **Erworben** wurde das Bürgerrecht durch Abstammung aus gültiger Ehe *(matrimonium iustum),* und zwar einer Ehe zwischen römischen Vollbürgern oder zwischen Vollbürgern und Personen, denen das Recht, eine gültige Ehe zu schließen *(conubium)* verliehen worden war. Zwischen Patriziern und Plebejern bestand das *conubium* erst seit der *lex Canuleia* (445; § 8 III 2 Abs. 2). War die Mutter Römerin, so wurde das Kind römischer Bürger, auch wenn der Vater Nichtbürger ohne *conubium* war. Ferner konnte das Bürgerrecht durch Verleihung erworben werden. Angehörige der alten Latinergemeinden (§ 20 I 4a) erlangten das Bürgerrecht auch durch Übersiedlung nach Rom *(ius migrandi).* Sklaven wurden durch Freilassung offenbar bereits zur Zwölftafelzeit römische Bürger. Nach dem Bericht von Gai. inst. 3, 40 haben die Zwölftafeln bereits eine Regelung enthalten, die voraussetzt, daß der Freigelassene ein römisches Testament errichten, *sui heredes* und eine *uxor in manu* haben konnte. Dies alles setzt aber gleichzeitig voraus, daß er römischer Bürger war. Dieser Bericht des Gaius wird durch Ulp. epit. 29, 1 bestätigt (dazu Waldstein, Operae 50; allgemein zum Bürgerrecht dort 44ff.).

11 2. Eine alte Bezeichnung für die Angehörigen der römischen Bürgergemeinde (Vollbürger) war *quirites.* Das Wort kommt nur im Plural vor; der Singular findet sich – außer im Spätlatein des 5. Jahrhunderts n. Chr. – nur ein paarmal bei Dichtern der frühen Kaiserzeit. Die Etymologie des Wortes ist ungewiß.

3. Nur der römische Vollbürger hat grundsätzlich Stimmrecht (**suffragium**) in der Volksversammlung. Aber es gab Ausnahmen: Altlatiner mit Grundbesitz in Rom waren auch ohne Bürgerrecht in einer Tribus stimmberechtigt. Neubürger okkupierter Gebiete hatten umgekehrt in der hohen Republik zwar *civitas*, aber *sine suffragio*. 12

Nur dem Vollbürger stand ferner als Schutz gegen Beamtenwillkür das **ius provocationis** zu (§ 12 III) und das Recht auf Hilfeleistung (**ius auxilii**) des *tribunus plebis* (§ 8 II 2).

4. Das Bürgerrecht verlor, wer sich in eine fremde Gemeinde einbürgern ließ, und wer, um sich einer Verurteilung wegen eines Staatsverbrechens zu entziehen, freiwillig in die Verbannung ging (*ius exilii:* § 12 II 1 Abs. 3).

II. Die Verfassung

§ 5. Der Staat und seine Führung

Schrifttum: *K.J. Beloch,* Röm. Gesch. (1926) I–III 3; *A. Heuß,* Zur Entwicklung des Imperiums der römischen Oberbeamten, in: SZ 64 (1944) 57ff.; *P. De Francisci,* Arcana Imperii III 1 (1948; Neudr. 1970) 3–168; *H. Rudolph,* Stadt und Staat im alten Italien (1935; Neudr. 1965); *U. Wilcken,* Zur Entwicklung der römischen Diktatur (1938); *R. Starck,* Ursprung und Wesen der altrömischen Diktatur, in: Hermes 75 (1940) 206ff.; *K. Hanell,* Das altrömische eponyme Amt, in: Skrifter utgivna av svenska institutet i Rom 2 (1946); *G. Wesenberg,* Praetor maximus, in: SZ 65 (1947) 319ff.; *U. Coli,* Regnum, in: SDHI 17 (1951) 1ff.; *W. Kunkel,* Zum römischen Königtum, in: Ius et Lex, Festgabe f. Gutzwiller (1959) 3ff., jetzt Kl. Schr. 345–366; *F. Janssen,* Abdicatio. Nieuwe onderzockingen over de dictatuur, Diss. Amsterdam (1960); *U. von Lübtow,* Die römische Diktatur, in: Der Staatsnotstand (1965) 91ff., 258ff.; *K. von Fritz,* The Theory of the Mixed Constitution in Antiquity (New York 1954); *F. Wieacker,* RG I 343–387; *G. Valditara,* Studi sul Magister Populi (1989); dazu *M. Rainer,* SZ 108 (1991) 379–390; Staat und Staatlichkeit in der frühen römischen Republik, hg. von *W. Eder* (1990); dazu *L. Schumacher,* SZ 110 (1993) 666–672; *J. Fugmann,* Königszeit und Frühe Republik in der Schrift „De viris illustribus urbis Romae“. Quellenkritisch-historische Untersuchung, I: Königszeit (1990); *G. Giliberti,* Elementi di storia del diritto romano, I: Il regno e la repubblica (1993); *J. Gaudemet,* Institutions 121–139; *A. Guarino,* Storia 54–80; *P.M. Martin,* L'idée de royauté à Rome (1994).

I. Der antike Stadtstaat und der Begriff des Staates

1. Während die Zeit des alten Geschlechterstaats noch nahezu vollständig ins Dunkel der Frühgeschichte gehüllt ist, tritt mit der Gründung der Stadt durch die **Etrusker** das römische Gemeinwesen aus dem Bereich der Sage bald in das hellere Licht seiner eigentlichen Geschichte ein. 1

2. Wie der griechische antike Staat und insbesondere der Stadtstaat, die Polis, so kennt auch Rom nach der Überlieferung seit alters **drei** verfassungsmäßige **Staatsorgane:** einen oder mehrere Staatsführer, eine die Regierung beratende Körperschaft und schließlich die Volksversammlung.

Formal erhält sich diese allgemeine Verfassungsform trotz mannigfacher Abwandlungen und gegenseitiger Machtverschiebungen in **Griechenland** bis zur Zeit der makedonischen Hegemonie, in **Rom** bis zum Ausgang der Republik.

3. Die innere Verschiedenheit dieser stadtstaatlichen Verfassungen und die individuelle Eigenart der historischen Staatsgebilde läßt sich durch eine abstrakte Typologie wie etwa die bekannte des Aristoteles niemals ganz erfassen. Abgesehen davon, daß der römische Staat in Aufstieg, Glanz und Niedergang Elemente aus verschiedenen 2

Verfassungstypen in verschiedener Weise und Stärke in sich vereinigt hat, gehört er trotz allen Ähnlichkeiten, Entsprechungen und Beeinflussungen einer grundsätzlich anderen geistigen Welt an als die griechische Polis oder gar ein modernes Staatswesen. Soviel wird sich jedenfalls sagen lassen, daß Rom – vielleicht mit Ausnahme der letzten Periode der Königszeit – ein **aristokratisch-timokratisches Gemeinwesen** mit monarchischen und demokratischen Elementen war und es auch nach den „Ständekämpfen" in republikanischer Zeit geblieben ist.

3 4. Der römische Begriff der **res publica** ist **nicht** gleichzusetzen mit dem modernen Begriff **Staat** oder „Republik". Die Definition, die Cic. rep. 1, 39 bietet, zeigt, daß mit *res publica* zunächst die Angelegenheiten des Volkes verstanden werden. Dieses Volk ist aber nicht eine beliebige Menge, sondern eine große Gemeinschaft, die durch eine gemeinsame rechtliche Grundlage um des allgemeinen Wohles willen vereinigt ist *(Est igitur … res publica res populi, populus autem non omnis hominum coetus quoquo modo congregatus, sed coetus multitudinis iuris consensu et utilitatis communione sociatus).* Hier mag auch griechisches Staatsdenken mitgewirkt haben, das aber bereits im Kreis um Scipio d. J. (§ 24 II 5) Einfluß auf das römische Denken gewann.

4 Der in diesem Kreise wirkende Historiker Polybios (um 200–120 v. Chr.) etwa betont die Unentbehrlichkeit der rechtlichen Grundlage für jede Staatsform. Erst diese Grundlage, die nicht das Ergebnis willkürlicher Setzung sein kann, unterscheidet den Staat von einer seiner Entartungen (Tyrannis, Oligarchie oder Ochlokratie). So sagt er unter anderem, daß „ein Staat, in dem eine beliebige Masse Herr ist, zu tun, was ihr beliebt", nicht Demokratie genannt werden kann (Pol. 6, 4).

5 Der Begriff der *res publica* wird in seiner Entwicklung dem modernen Staatsbegriff weitgehend angenähert, ohne jedoch jemals seine Abstraktheit zu erreichen. Im Sinne von „Republik" stellen erst kaiserzeitliche Autoren die *libera res publica* der Herrschaft des Kaisers gegenüber (Kunkel/Schermaier, RG 10 Anm. 8). Bis weit in die Prinzipatszeit hinein lautet die offizielle Bezeichnung des römischen Staates *SPQR, senatus populusque Romanus.*

2. Das Königtum

6 1. Das auch aus der griechischen und germanischen Frühgeschichte bekannte Priester-, Richter- und Heerführerkönigtum war im altlatinischen Geschlechterstaat wohl auf die Zuständigkeiten beschränkt, die in den Bereich der allgemeinen und insofern „öffentlichen" Angelegenheiten, der **res publica,** fielen. In den sagenhaften sieben Herrschern der Königszeit hat die römische Überlieferung nicht nur die Erinnerung an die etruskische Eroberung (§ 2 V 2), sondern auch noch an das altlatinische Königtum des Geschlechterstaates (§ 2 IV 2) bewahrt. Die Ausweitung der Macht des Königs (**rex**) zur absoluten Herrschaftsgewalt gehört vermutlich erst der jüngsten Königszeit an. Dies ist um so wahrscheinlicher, als die äußeren Kennzeichen dieser Macht, welche die Höchstmagistrate der Republik später vom Königtum übernahmen, beispielsweise die Liktoren mit *fasces* (Rutenbündel, an denen Richtbeile als Zeichen der Amtsgewalt befestigt waren) oder die *sella curulis,* nach glaubwürdiger Überlieferung etruskischen Ursprungs sind. Wenn Tacitus seine Annalen also mit den Worten einleitet: *Urbem Romam a principio reges **habuere**,* so gilt das im vollen Wortsinne wohl erst für die letzte Zeit. Jedenfalls scheint eine Überspitzung der Königsmacht am Ende der Königszeit schließlich auch zu ihrer Beseitigung geführt zu haben.

Der Königsname blieb fortan suspekt, obwohl man später zwischen den hassenswerten Tarquiniern und den „guten alten Königen" unterschied, auf welche die Legende viele wichtige Einrichtungen des Staatslebens zurückführte.

2. Die alte **Königsmacht** war von „charismatischer" Art (u. 3). Nach dem Bericht des Dion. Hal. ant. 2, 14, 1 stand dem König daher in erster Linie die **Leitung des Kultes** und all dessen zu, was die Verehrung der Götter anging. Damit hängt auch das **auspicium** zusammen, bei dem die Zeichen der Götter aus der Vogelschau erkannt werden sollen. Die Bedeutung der *auspicia* für alle wichtigen Staatsakte hat das Auspikationsrecht in der Folgezeit zu einem bedeutsamen politischen Machtmittel werden lassen (vgl. Cic. leg. 3, 27). An zweiter Stelle stehen die **Rechtspflege** (Vorsorge für die Gerichtsbarkeit, **iurisdictio**) und die **Strafgerichtsbarkeit** bei den schwersten – gegen die Gemeinschaft gerichteten – Verbrechen. Als weitere Zuständigkeiten sind genannt das **Recht,** den **Senat** und die **Volksversammlung** (§ 3 II 2) **einzuberufen,** sowie der **Oberbefehl im Kriege.** 7

Alle diese Machtbefugnisse sind, wenn auch in zuständigkeitsmäßig oder zeitlich beschränkter Form, auf die republikanischen Nachfolgeorgane übergegangen. Die sakralen Funktionen übernimmt ein *rex sacrorum,* in dessen Bezeichnung der Königsname fortlebt. Die anderen Funktionen gehen auf die Höchstmagistrate über. Daher kann, ungeachtet der Glaubwürdigkeit des Berichts von Dionysios von Halikarnass, kaum daran gezweifelt werden, daß der König jedenfalls zu Ende der Königszeit alle genannten Machtbefugnisse tatsächlich besessen hat.

3. Nirgends findet sich zur Zeit des latinischen Geschlechterstaates das Prinzip der Erbfolge in das Königtum. Beim Tode des *rex* trat das **interregnum** des Senats ein, die Gewalt des Königs fiel dem Senat, den Patres, „anheim". 8

Das *„reverti"* oder *„redire"* der Quellen heißt nicht etwa, daß die vom Senat dem König anvertraute Gewalt nun an den Senat **„zurück"** fällt; denn er hat sie nie gehabt. Dies ist nicht der einzige Fall, in dem die Vorsilbe re(d) – das Bringen an den „gehörigen" Ort bezeichnet, die Zuständigkeit.

Es ist nicht etwa ein *interrex,* der den König ernennt, ja nicht einmal, daß er ihn designiert, ist gewiß. Die Aufgabe der **interreges** war es, die königliche Gewalt und die staatlichen *sacra* inzwischen vertretungsweise wahrzunehmen. War dann ein Nachfolger ausersehen (*„captus"* = gegriffen – wie später noch der *rex sacrorum* durch den *pontifex maximus*), so wurde er den Göttern zur Bestätigung durch **augurium** in Gegenwart der Volksversammlung (§ 3 II 2) vorgestellt („inauguriert"). Diese *auguratio* durch göttliche Zeichen offenbart das übernatürliche **Charisma,** vergleichbar dem „altgermanischen ‚Königsheil'" (Kunkel/Schermaier, RG 19), des neuen Königs, auf dem ursprünglich seine politische Macht beruht. 9

3. Das Ende des Königtums

1. Gemäß der **Überlieferung** sollen unmittelbar nach dem Sturz der Tarquinier (§ 2 V 4) zwei gleichberechtigte Jahresbeamte mit der Bezeichnung **consules** an die Stelle des Königs getreten sein. Es spricht jedoch mehr dafür, daß es sich hier um eine Vorverlegung späterer gefestigter Zustände in eine Zeit handelt, in der die neue Entwicklung eben erst begonnen hatte und noch in vollem Fluß war. Für die Römer war dieses Ereignis jedenfalls der Beginn ihrer **Republik** (Tac. ann. 1, 1), mag sich auch an den tatsächlichen Verhältnissen vorerst nicht allzuviel geändert haben. 10

2. Die „Vertreibung der Könige" hatte nicht eine Demokratisierung im modernen Sinne des Wortes zur Folge. Vielmehr bedeutete sie den **Sieg des alten Geschlechteradels,** und somit dürfte dadurch die alte Ordnung weitgehend wiederhergestellt worden sein. Die patrizischen Geschlechter haben mit Rücksicht auf die Erfahrungen der Etruskerzeit ihren Einfluß dadurch wieder zu befestigen und zu stärken gewußt, daß 11

dem König nun die weltliche Gewalt entzogen und neuen Imperienträgern oder der „Obrigkeit" aus dem Kreise des Adels, dem Magistratus, übertragen wurde.

Das alte Appellativum „*magistratus*" (von ‚*magis*') bedeutet den Höhergestellten (vgl. Fest. 113, 11ff. zu „*magisterare*").

12 3. Nur die sakrale Funktion des Königsamtes blieb als solche bestehen. Sie hatte der **rex sacrorum** wahrzunehmen, der die höchste Priesterwürde bekleidete. Dieser letzte Rest des alten Königsamtes hat sogar die Republik überdauert. Freilich ist schon früh die eigentliche Sakralgewalt auf einen neuen Oberpriester, den *pontifex maximus*, übergegangen.

Der *rex sacrorum* behielt aber dennoch als Priester des *Ianus*, des höchsten altlatinischen Gottes, den höchsten priesterlichen Rang. Er ging daher rangmäßig dem *pontifex maximus* vor.

13 4. Damit war die Trennung der weltlichen von der sakralen Gewalt vollzogen. Die Verbindung des Amtsantrittes wie aller wichtigen Amtshandlungen mit der Befragung der Götter durch Einholung von Auspizien änderte daran nichts. Wo das Sakaralrecht noch eine unmittelbare priesterliche Mitwirkung bei Staatsakten verlangte, fiel diese Aufgabe dem **pontifex maximus** zu. Vor allem oblag ihm die Einberufung und Leitung bestimmter Kuriatkomitien (§ 7 II 3). Der *rex sacrorum* durfte bezeichnenderweise nicht einmal politische Ämter bekleiden.

4. Der Höchstmagistrat

14 1. Nach römischer Tradition geschah die Vertreibung des letzen Tarquiniers im Jahre 510 v. Chr. Daß die Jahreszahl eine spätere Konstruktion ist und daß wahrscheinlich die Beseitigung der Königsherrschaft erst einige Jahre, vielleicht sogar zwei Jahrzehnte später geschah, wurde schon oben ausgeführt (§ 2 V 4). Das gleiche ist von der angeblich schon in diesem Zeitpunkt in Kraft tretenden Konsularverfassung zu sagen, wie sich im folgenden (2.) zeigen wird, obwohl die uns inschriftlich erhaltenen **fasti consulares,** also das Namensverzeichnis der Höchstmagistrate, die Glaubwürdigkeit dieser **Überlieferung** schon für die älteste Zeit zu bestätigen scheinen. Aber der Schein täuscht; denn von der ältesten Zeit wußten die tatsächlichen Verfasser der erhaltenen *fasti* nicht mehr als Fabius Pictor, der griechisch schreibende Annalist aus der 2. Hälfte des 3. Jahrhunderts, der im übrigen nach einer Mitteilung des Dionysios von Halikarnass im Detail nur die Ereignisse seiner eigenen Zeit behandelt hat. Für die älteste Zeit, ja bis zum Dezemvirat, dem die Abfassung der Zwölftafeln aufgetragen wurde, ist in den Fasten mit unsicheren Rekonstruktionen und selbst mit reinen Erfindungen zu rechnen.

15 *Fasti Capitolini* – Ausg. v. *A. Degrassi*, Turin (1954) – heißen heute die erhaltenen Bruchstücke von *fasti consulares* nach ihrem Aufbewahrungsort im Konservatorenpalast auf dem Kapitol. Fast alle in Rom oder an anderen Orten seiner weiteren Umgebung gefundenen Fragmente von Magistratslisten gehören der Zeit nach Cäsars Kalenderreform an (46 v. Chr.), die ältesten datierbaren sind wohl die *fasti Antiates* (etwa aus dem Jahre 70). Die Eponymenliste der „*fasti Capitolini*" – von 509 (507) bis in die augusteische Zeit (12 n. Chr.) und teilweise darüber hinaus reichend – war nach den Ergebnissen der archäologischen Forschung auf den Außenwänden der auf Veranlassung des Augustus wiedererbauten Regia an der *via sacra* eingetragen worden. Gewiß geht sie u.a. auf Aufzeichnungen der *pontifices (Annales maximi)* zurück, aber die amtliche, ganz knappe Pontifikalchronik kann auch kaum weiter gereicht haben als bis ins 4. Jahrhundert. Nicht anders wird es sich mit dem bei Livius hin und wieder genannten Magistratsverzeichnis der *libri lintei* verhalten haben, so genannt nach den als Schreibstoff verwandten Linnenrollen, die sich einmal auf dem Kapitol im Tempel der *Iuno Moneta* befunden haben sollen. Auf die bei einzelnen Geschlechtern gepflegte mündliche Tradition ist erst recht kein Verlaß. Wie unzuverlässig diese für die älteste republikanische Zeit ist, war Livius (2, 21, 4 u. 8, 40, 4f. u.ö.) und auch Cicero (Brut. 62) natürlich bewußt.

2. Auf einigermaßen festem Grund hinsichtlich der **Überlieferung** stehen wir erst seit dem 4. Jahrhundert (s. dazu auch Heuß 535ff.). Ein besonders schwerer Verlust traf das Urkundenmaterial durch den „Gallierbrand" im Juli 387 (§ 2 VI 3). Das soll nun nicht heißen, daß wir über die Ereignisse des 5. Jahrhunderts und des beginnenden 4. überhaupt nichts Sicheres wissen; wir werden aber in der Datierung vorsichtig zu sein haben, obwohl die *fasti* eine so sichere Grundlage zu geben scheinen. Die auf uns gekommene Geschichtsschreibung beginnt erst im 2. Jahrhundert; und gerade die über die Frühzeit berichtenden Historiker Livius, Diodor und Dionys, die bereits der Zeit Cäsars und des beginnenden Prinzipats angehören, waren im wesentlichen auf die Annalisten (§ 1 II 1a Abs. 3 und 2, 9a) als Gewährsleute angewiesen, denen echte Überlieferung vielleicht z.T. noch zur Verfügung stand, die sich aber, insbesondere die jüngeren unter ihnen aus der Zeit Sullas, für die ältere Zeit mit der Wiedererzählung von Legenden oder mit eigenen Erfindungen begnügten, vorgetragen im „pathetisch-theatralischen Stil der hellenistischen Geschichtsschreibung" (Eduard Norden). 16

3. Am Anfang der Republik scheint das *imperium* (Befehlsgewalt) in die Hände mehrerer, und zwar wohl eines **Dreierkollegiums,** gelegt worden zu sein, was der alten Dreizahl bei den Priesterkollegien entspricht. Der Ranghöchste unter ihnen hat den Titel *„praetor maximus"* getragen (was wiederum seine Entsprechung bei den Priesterkollegien hat), wie aus Liv. 7, 3, 5 (aus einer *„lex vetusta"*) und aus Fest. 152,28ff. zu entnehmen ist. Die älteste Bezeichnung für den republikanischen Höchstmagistrat wäre also *praetor* = *prae-i-tor* („Herzog"), das heißt **Heerführer,** der aber gleichzeitig die politische Gewalt ausübt, und zwar wohl von Anfang an als **Jahresbeamter.** Zur Durchführung seiner politischen Aufgaben stand dem Imperiumträger eine **coercitio** genannte Polizeigewalt zu. 17

Neben oder, wohl richtiger, unter dem Obermagistraten standen zwei (bisweilen auch mehr) ebenfalls als praetores bezeichnete Amtsträger, die bisweilen als tribuni militum bezeichnet werden. So haben wir für den Anfang der republikanischen Zeit mindestens mit einem **Dreierkollegium** an der Spitze zu rechnen. Die Trias als heilige Zahl war, wie im altgriechischen Bereich, so auch in alten römischen Staatseinrichtungen von großer Bedeutung; wir erinnern uns hier der athenischen drei Phratrien und der ältesten römischen drei Tribus (§ 3 III 1. 2). Es gab später bisweilen noch weit größere Kollegien, ehe durch die *leges Liciniae Sextiae* (367 v. Chr.) die uns bekannte Konsularverfassung festgelegt wurde (u. VI 1).

4. Entsprechend der einheitlichen Gewalt des Oberbeamten (**imperium**) ist den neuen *magistratus,* außer den militärischen und politischen Aufgaben des Königs, auch die Sorge für die Rechtspflege (**iurisdictio**) zugefallen (o. II 2). Sie werden daher auch bisweilen als **iudices** (Rechtweiser) bezeichnet; der *iudex* entspricht dem oskischen *meddix tuticus* („Volksrichter"; osk. *tota* = *populus*). Damit war die absolute Herrschaft der letzten Könige, aber auch der patriarchalische Geschlechterstaat mit monarchischer Spitze durch ein Adelsregiment ersetzt. Für eine Beschränkung der Gewalt des neuen Magistrats sorgte einmal die zeitliche Begrenzung, zum anderen die Möglichkeit, den Beamten nach Ablauf seiner Amtszeit zur Verantwortung zu ziehen. 18

Das Amt endet regelmäßig mit dem Ablauf der Amtszeit, sonst mit dem Tode des Magistrats oder – gelegentlich – durch freiwilligen Rücktritt. Stand dem Ernannten nur eine beschränkte Kompetenz für die Durchführung einer bestimmten Aufgabe zu, so hatte er das Amt regelmäßig nach Erledigung der Aufgabe niederzulegen (z.B. der *dictator comitiorum habendorum causa;* u. VII 1 Abs. 3). 19

Ein förmlicher Rücktritt nach Ablauf der Amtszeit oder Erledigung der speziellen Aufgabe – **abdicatio** – ist ebenso üblich wie der förmliche Antritt durch Kenntnisgabe an die Bürgerschaft und Eidesleistung. Auch die *abdicatio* war verbunden mit einer

Ansprache an die Bürgerschaft von der Rednerbühne *(rostra)* auf dem Forum (s. Mommsen, StR I 624f.; zur Diktatur StR II 160f.).

20 Die Einrichtung der **Eponymie** (= Benennung und Zählung der Jahre nach den eponymen, d.h. ‚Namen gebenden' Amtsträgern, vor allem den Konsuln; s. Wenger, Quellen 341f.) und des in zwölf Monate eingeteilten Kalenderjahres hat Rom durch Vermittlung der Etrusker von den Griechen übernommen. Die **Konsularfasten** (*fasti consulares* = Verzeichnis der in Amtsjahren aufeinander folgenden Konsuln) gehen, wie oben gesagt, bis auf das Jahr 509 (507) zurück, in dem der kapitolinische Jupitertempel eingeweiht und damit wohl auch der griechische Kult des Zeus, der Hera und der Athene (die kapitolinische Götterdreiheit *Iuppiter, Iuno* und *Minerva*) endgültig rezipiert worden ist. Die antike Geschichtsschreibung hat den Beginn der Eponymie mit der Gründung der Republik gleichgesetzt und die Eponymenliste dementsprechend nachträglich auf zwei Konsulnamen ergänzt (o. 1). Bis zu den Dezemvirn und dem Konsulartribunat (u. V 1. 2) hat es aber wahrscheinlich immer nur einen Eponymen gegeben, eben den *praetor maximus.*

21 5. Irgendwann im 5. Jahrhundert muß an die Stelle der Prätur der **Konsulat** als höchstes Amt der Republik getreten sein. Der Name *consul* wird priesterlich-sakralem Bereich entstammen, und es entspricht auch römischer Art, staatliche Gewalt mit dem Kultisch-Magischen zu verbinden, wenn auch den Konsuln als solchen priesterliche Befugnisse nicht zustanden. Im Wort schwingt wohl die Bedeutung und die Funktion des Ratgebers *(consulere)* mit. Die Konsuln amtierten als **ranggleiche Kollegen.**

5. Der Dezemvirat und der Konsulartribunat

22 1. Die neue republikanische Verfassung war anfänglich noch keineswegs gefestigt. Bereits die Wirren des Ständekampfes (§ 8 III) führten im Jahre 451 zu einer vorübergehenden Neuregelung: Dem zwecks Aufzeichnung des Rechts gewählten **Zehn-Männer-Kollegium,** den *decemviri legibus scribundis* (§ 10 I 4), wurde zugleich die gesamte unumschränkte Regierungsgewalt übertragen.

23 2. Im Anschluß an die Zwölftafelgesetzgebung der Dezemvirn setzt sich der innerpolitische Machtkampf fort. Daß man nicht wieder zur vordezemviralen Ordnung zurückkehrte, wird aber wohl mit der drohenden kriegerischen Auseinandersetzung zwischen Rom und den etruskischen Städten – vor allem Fidenae und Veii – zusammenhängen. Die zugleich militärische und politische Kommandogewalt wurde nun einem mehrköpfigen Kollegialorgan von **Konsulartribunen** *(tribuni militum consulari potestate)* übertragen.

Die Anzahl dieser Konsulartribunen schwankte. Anfangs waren es drei, seit dem Beginn des Krieges gegen Veii (405) gab es ständig sechs Konsulartribunen. Bei dieser Ordnung ist es bis zur Neuregelung der Konsularverfassung im Jahre 367 geblieben.

24 3. Die Bezeichnung militärisch-politischer Beamter als *tribuni militum „consulari potestate"* setzt voraus, daß eine *consularis potestas* schon vorher bestanden hat (o. IV 5). Andererseits läßt der Name erkennen, daß die Neuordnung in unmittelbarem Zusammenhang mit einer Änderung der Heeresverfassung gestanden haben muß. Die Notwendigkeit, auf mehrere Kriegsschauplätze gleichzeitig selbständig operierende Heere zu entsenden und daneben aus innenpolitischen Gründen auch noch in Rom einen Träger der höchsten Gewalt zu belassen, ließ die Ernennung eines *magister populi* (u. VII 1) nicht als ausreichend und allenfalls als vorübergehende Abhilfe erscheinen.

Vermutlich hat die mit Rücksicht auf die kriegerischen Wirren erforderliche Verstärkung der Heeresmacht bei Ausbruch des Krieges mit Veii (405) zu einer Verdoppelung der Streitkräfte auf 6000 Mann, also 60 Zenturien, geführt. Damit erhöhte sich auch die Zahl der (10 Zenturien starken) Regimenter und ihrer Obersten *(tribuni militum)* auf sechs (o. 2). Insoweit trat keine grundsätzliche Änderung in der vordezemviralen Regierungsform ein, als die Staatsführung nach wie vor in den Händen der hohen Offiziere lag.

4. In dieser Zeit setzt auch ein grundsätzlicher Wandel in der Adelspolitik ein. Zu- 25
nächst wurde im Jahre 409 den einflußreichen **plebejischen Familien** der Zugang zum **Quästoramt** eröffnet (Liv. 4, 54, 3). Im Jahre 400 folgte der Zugang zum Amt der **Konsulartribunen** (Liv. 5, 12, 8ff.).

Nach dem Ausweis der Magistratslisten finden sich bis zur Neuordnung im Jahre 367 noch siebenmal Plebejer in dieser Stellung (Beloch 251f.).

6. Die Ausbildung der republikanischen Magistratur

1. Die im 4. Jahrhundert immer heftiger werdenden politischen Machtkämpfe führ- 26
ten schließlich im Jahre 367 zu einer politischen Übereinkunft zwischen dem Patriziat und der Plebs, d.h. den vornehmen plebejischen Familien; angeblich hat diese Vereinbarung in einer der **leges Liciniae Sextiae** auch ihre gesetzliche Verankerung gefunden. Der Konsulartribunat wurde wieder abgeschafft und durch die Konsulatsverfassung ersetzt; an die Stelle der sechs Konsulartribune traten nun zwei ebenfalls als Kollegen betrachtete, d.h. gleichgeordnete Höchstmagistrate (§ 15), die hinfort die Amtsbezeichnung **consules** trugen. Eine der beiden Stellen sollte auch Plebejern zugänglich sein. Daneben wurde ein dritter Höchstmagistrat, der zunächst noch patrizische **praetor** (im neuen Sinne, zum älteren o. IV 3), als den Konsuln nachgeordneter *minor collega* eingesetzt. Ihm wurde in erster Linie die Sorge für die Rechtspflege *(iurisdictio)* übertragen (Pomp. D. 1, 2, 2, 27). Daher nennt man ihn auch **Gerichts-** oder **Jurisdiktionsmagistrat** (§ 15 III).

2. Allmählich hat sich durch Schaffung weiterer Magistraturen ein **nach Zuständig-** 27
keiten gegliedertes System der Träger staatlicher Gewalt herausgebildet (§ 15). Ihre Ausgestaltung und Form hat diese republikanische Magistratur aber bereits mit der Vereinbarung des Jahres 367 erhalten. Der römische Staat hat sich damit in einer historisch noch greifbaren Entwicklung von anderthalb Jahrhunderten ohne wesentlichen Bruch aus einer vom patrizischen Adel beherrschten Republik zu einer Republik ganz neuen Stils entwickelt: Der aus den alten patrizischen und den einflußreichen plebejischen Familien zusammengesetzte neue Amtsadel, die **Nobilität** (§ 18 III 2), ist in die beherrschende Stellung des alten patrizischen Geburtsadels eingerückt. Die im Ständekampf sich ausbildende republikanische Verfassung hat insoweit lediglich zur Aristokratisierung der mächtigen plebejischen Familien geführt.

7. Die Diktatur

1. Das System eines Kollegiums gleichberechtigter Höchstbeamter konnte nur 28
funktionieren, solange diese sich bei wichtigen Amtshandlungen, insbesondere bei gemeinsamem Kampf auf einem Kriegsschauplatz, verständigten. Durch das *ius intercedendi* (§ 15 I 3c) konnte jedoch die Regierungsgewalt unter Umständen blockiert werden. Insbesondere im Falle eines äußeren Notstandes wurde es daher nötig, die höchste Gewalt einem besonderen Feldherrn zu übertragen, dessen militärisches *imperium* anfänglich auch innerhalb der Bannmeile Roms unbeschränkt war, der somit auch in Rom den Belagerungszustand verhängen konnte.

Dieser zunächst – entsprechend seinen rein militärischen Aufgaben – als **magister populi** bezeichnete oberste Gewaltträger wurde – wohl nach latinischem Brauch – **dic-**

tator genannt. Solch ein *dictator* wurde von einem der Konsulartribunen oder Konsuln im Einverständnis mit dem Senat für höchstens sechs Monate (d.h. für die Dauer eines Sommerfeldzugs) bestimmt *(dictatorem dicere)*. Ihm zur Seite stand ein von ihm selbst auserwählter Kavalleriekommandeur (**magister equitum**).

29 Die Diktatur wurde auch mit **beschränkter Kompetenz** für die Erledigung einer bestimmten Aufgabe übertragen. Uns wird von verschiedenartigen Aufgaben dieser Art berichtet, so von einem *dictator clavi figendi causa* (zwecks Einschlagung des Jahresnagels, Liv. 7, 3, 4), *comitiorum habendorum causa* (zur Durchführung einer Volksversammlung, Liv. 8, 16, 12) u.ä. Es wurde erwartet, daß der Diktator nach der Erfüllung der Aufgabe sofort abdankte (vgl. Mommsen, StR II 156 und 160).

30 2. Das **Provokationsrecht** und die **Interzession der Volkstribunen** (dazu s. § 12 III) wurden vielleicht schon im 3. Jahrhundert auch auf die Diktatur angewandt. Damit mag es zusammenhängen, daß bereits mit dem Ende des zweiten Punischen Krieges (241) die Diktatur aus dem Verfassungsleben der römischen Republik verschwunden ist. Erst unter Sulla ist eine Diktatur neuen Stils entstanden (§ 25 II 1). Mit der Anknüpfung an eine alte verfassungsmäßige Einrichtung versuchte man eine Legitimation neuer Formen zu bewirken.

§ 6. Der Senat

Schrifttum: *v. Lübtow,* Volk 142ff.; *O'Brien Moore,* Senatus, in: RE Suppl. VI (1935) 660–672 (Königszeit), 672–760 (Republik); *F. De Martino* I 144–146, 263–275 und 473–487; *J. Bleicken,* Verfassung 108–119; *F. Wieacker,* RG I 408–411.

I. Der Senat als patrizischer Adelsrat

1 1. Die Organisation des Senats reicht sicherlich in die Königszeit zurück. Die Annahme, daß schon in vorhistorischer Zeit die Häupter des Adels dem König beratend zur Seite standen, entspricht durchaus dem Aufbau des alten Geschlechterstaates. Diese Versammlung der *patres* (§ 4 I 1. 2) wird als „Rat der Alten" (**senatus**) bezeichnet, ähnlich der γερουσία in Sparta und der βουλή in Athen.

2 2. Die Zahl der Senatoren hat im Einklang mit der angeblichen Zahl der *gentes* zunächst 100 und dann – nach der Überlieferung seit der Einführung der Tribusgliederung (§ 3 III) – 300 betragen.

Die überlieferte Zahl der Senatoren kann ebensowenig je mit der Wirklichkeit übereingestimmt haben wie die überlieferte Zahl der Gentes. Auch wird es nicht zutreffen, daß die Mitglieder des Senats schon von jeher (wie später in der Republik) ernannt worden wären. Der Titel *patres* spricht dafür, daß der Senat sich ursprünglich – in wechselnder Stärke – aus sämtlichen Häuptern des Adels als geborenen Mitgliedern zusammensetzte, so wie als *patres familias* sämtliche Häupter der Einzelfamilien bezeichnet wurden.

3 3. Die wirtschaftlich und politisch zunächst einflußlosen **Plebejer** hatten anfänglich **keinen Zugang zum Senat**, auch wenn sie sich schon zu geordneten Sippenverbänden zusammengeschlossen haben sollten. Selbst nach Verfall der alten Sippenordnung setzte sich der Senat noch immer ausschließlich aus Angehörigen des herrschenden patrizischen Adels zusammen, sodaß die Zugehörigkeit zu einem dieser alten Senatorengeschlechter der *„patres"* dem Adelsstand im Gegensatz zur Plebs den Namen **patricii** eingetragen hat.

2. Das Interregnum

Die **„Zwischenherrschaft“**, die in königloser Zeit einst an den Senat gefallen war (§ 5 II 3), blieb auch in der Nachkönigszeit erhalten: Fehlte ein ordnungsmäßig bestellter Imperienträger, so fiel auch fernerhin das **interregnum** an den Senat. Die Überlieferung weiß für die spätere Zeit von einem eigentümlich ausgestalteten Verfahren zu berichten, wonach einzelne Senatoren als *interreges* für jeweils nicht mehr als fünf Tage die Regierungsgewalt übernahmen, bis ein verfassungsmäßig bestellter Magistrat sie ergreifen konnte. 4

3. Die Stellung des Senats im Adelsstaat

1. Das Ende der Königsherrschaft hatte an der bisherigen Rechtsstellung des Senats als **consilium** des Imperiumträgers nichts geändert. Im übrigen aber wandelte diese Versammlung sich allmählich in einen **Rat der gewesenen Magistrate** um, und zwar – anfänglich und bis zum Beginn des 3. Jahrhunderts – lediglich der gewesenen Konsuln und Prätoren. Die Tatsache jedoch, daß die Senatoren, einmal ernannt, im Gegensatz zum Höchstmagistrat ihren **Senatssitz auf Lebenszeit** behielten, sicherte ihnen einen erhöhten Einfluß auf Politik und Staatsführung. 5

Die Aufnahme in die Senatsliste (**lectio senatus**) geschah durch die Höchstmagistrate, später durch die Zensoren; bis zur offiziellen Aufnahme bestand nur ein Anwartschaftsrecht, das jedoch praktisch wie ein Vollrecht ausgeübt wurde.

2. Auf der anderen Seite drohte die Stellung des Senats dadurch eine Beeinträchtigung zu erfahren, daß eine Volksversammlung – zum Unterschied von den *comitia curiata* – sich als echtes politisches Organ ausbildete, eine Körperschaft, die über die Anträge des Magistrats Beschluß faßte, die **comitia centuriata** (§ 7 III). Dieser Gefahr begegnete der Senat in der Weise, daß er das Recht, die Verfassungsmäßigkeit jedes Staatsaktes zu überprüfen, im Hinblick auf die Entscheidungen der Komitien in Anspruch nahm. So bildete sich der Grundsatz heraus, daß jeder von der Staatsführung veranlaßte Volksbeschluß, mochte es sich um ein Gesetz oder die Wahl eines Beamten handeln, Wirksamkeit nur erlangen konnte, wenn der Senat dazu seine Zustimmung erteilte (**auctoritas patrum**). 6

Der einfachste Weg, eine unliebsame Entscheidung zu beseitigen, war allerdings die Möglichkeit, die – jede Volksversammlung einleitenden – Auspizien (§ 5 II 2) zu beanstanden: Ein entsprechendes negatives Gutachten der hierfür zuständigen, ursprünglich rein patrizischen **Augurenkollegien** ließ sich unschwer beibringen (vgl. Cic. leg. 3, 27).

§ 7. Die Volksversammlung

Schrifttum: *H. Siber*, Die ältesten römischen Volksversammlungen, in: SZ 57 (1937) 223 ff.; *P. De Francisci*, Per la storia dei comitia centuriata, in: Studi Arangio-Ruiz I (1952) 1 ff.; *A. Alföldi*, Reiteradel; *v. Lübtow*, Volk 147 ff.; *F. De Martino* I 146–160, 161–201 und 456–472; *J. Bleicken*, Verfassung 96–108; *F. Wieacker*, RG I 388–406.

1. Die Kuriatkomitien

1. Die althergebrachte enge Verknüpfung zwischen der militärischen und politischen Verfassung des Volkes ist uns in bezug auf die Führung des Adelsstaates bereits deut- 1

lich geworden. Sie gilt in der Republik auch für die Beteiligung des Volkes *(populus Romanus)* am Staatsleben. Nur die wehrfähigen Bürger hatten das Stimmrecht in der Volksversammlung.

2 2. Die nach Kurien gegliederte Versammlung des Volkes (**comitia curiata**) hatte, wie schon gesagt (§ 3 II 2), sakrale, nicht aber im eigentlichen Sinne politische Funktionen. Eine beschlußfassende Körperschaft ist diese Versammlung wohl nie gewesen. Seitdem – spätestens in historischer Zeit – auch die plebejischen Geschlechter Aufnahme in die Kurien gefunden hatten, umfaßten die Kuriatkomitien die gesamte wehrfähige Stadtgemeinde. Sie wurden vom *rex* oder *interrex* und späterhin vom magistratischen Imperiumträger bzw. vom **Oberpontifex** (u. II 2. 3) bei Bedarf, regelmäßig jedoch am 24. der Monate März und Mai, einberufen (**comitiare** oder auch **comitia calare**). Dieses **ius agendi cum populo** (§ 15 II 2) ist in der Folgezeit zu einem Vorrecht des Höchstmagistrats geworden.

2. Ihre Zuständigkeiten

3 1. Eine Erinnerung an diesen ursprünglichen Rechtszustand hat sich in der sogen. **lex curiata de imperio** erhalten. Wie einst der König, so erhielt noch zur Zeit der Republik der (in den Zenturiatkomitien vom Volk bereits gewählte) Imperiumträger das Recht zur Ausübung seiner Gewalt erst mit der Einholung der *lex de imperio* vor den Kuriatkomitien; hierbei wurde aber niemals abgestimmt.

Ohne Erfüllung dieses Formerfordernisses der sakralrechtlichen Festigung galt jedes militärische Imperium im verfassungsrechtlichen Sinne als fehlerhaft *(iniustum)*. Dieser formale, sakralrechtliche Akt mag aus der Mitwirkung der Kurienversammlung bei der **Inauguration** des Königs entstanden sein (Kunkel/Schermaier, RG 11 Anm. 9).

4 2. Wie der König und der spätere Imperiumträger vor den versammelten Kurien seiner militärischen Befehlsgewalt die **sakrale** Rechtmäßigkeit geben mußte, so fand auch die Amtseinführung der **Priester** *(inauguratio)* nach Vornahme von Auspizien in den vom *pontifex maximus* einberufenen und geleiteten Kuriatkomitien statt.

5 3. Bis weit in die historische Zeit hat sich schließlich die Mitwirkung der Kuriatkomitien bei **sakralen Gemeinschaftsakten** erhalten, wie bei der Annahme an Sohnes Statt (**adrogatio**) und der Erbenwahl durch Testament (**testamentum calatis comitiis**). Diese für eine nach Geschlechtern gegliederte und den Ahnenkult pflegende bäuerliche Gemeinschaft lebenswichtigen Vorgänge verlangten ebenfalls nach einem kundbaren und sakralrechtlich gefestigten förmlichen Vollzug. Darum wurden auch bei solchen Anlässen die Komitien vom *pontifex maximus* einberufen und geleitet.

3. Die Ausbildung der Zenturiatkomitien

6 1. Das von den Etruskern auf der Grundlage der *tribus* eingeführte Staatsheer hat bald nach Beendigung der Königsherrschaft eine neue Wehrordnung auf der Basis der (von den Griechen stammenden) durch Vermittlung der Etrusker im 5. Jahrhundert übernommenen **Hoplitentaktik** erhalten. Hierbei wurde das Fußvolk in zwei Gruppen eingeteilt. Die eine Gruppe waren die ursprünglich allein als **„classis“** bezeichneten Vollbewaffneten (s. Gell. 6, 13, 1f.; Fest. 251, 19 und Paul. Fest. 100, 22). Dies waren die wohlhabenden Bürger der ersten **census**-Klasse (§ 17 I 2), die sich die schwere Rüstung leisten konnten. Die zweite Gruppe, die der Leichtbewaffneten, hieß einfach **„infra classem“**. Darüber stand der Reiteradel der **equites**, die den *equus publicus* aus

Mitteln der Staatskasse erhielten und ebenso die Unterhaltskosten für ihr Pferd, während die übrigen Wehrpflichtigen für ihre Bewaffnung selbst aufkommen mußten. Doch begann die schwer bewaffnete Infanterie, wie sie allmählich den Kern des Heeres bildete, sich auch politisch dem Hochadel als ebenbürtig zu fühlen. Viele der wohlhabenden Bauern dienten nun als Legionsreiter, aber ohne *equus publicus.* Zu den drei, später sechs Ritterzenturien (§ 3 III 2) gehörten sie nicht (vgl. Liv. 5, 7, 5f., dessen Vorlage aber Vorgänge aus dem zweiten Punischen Krieg in die Frühzeit projiziert hat). Diese Reform – wir haben sie (§ 3 IV 1) als **„frührepublikanisch“** bezeichnet – war wohl Ende des 5. Jahrhunderts während des schweren Kampfes gegen Veii abgeschlossen. Über die sog. Servianische Verfassung § 17 I 2.

2. Bereits auf dieser Stufe der Entwicklung kann die Einteilung des Staatsvolkes in 7
eine bestimmte Zahl von Zenturien nur der **Aushebung** gedient haben, so daß die Zuweisung des einzelnen Bürgers an eine bestimmte Zenturie der Eintragung in eine Wehrstammrolle gleichkam. In dieser Zeit, d.h. seit dem Ende des 5. Jahrhunderts, wird nach neueren Forschungen das Heer aus 60 Zenturien Fußvolk (= 6000 Mann) und 6 Reiterzenturien (= 600) bestanden haben. Die 6000 Mann vollbewaffnetes Fußvolk wurden – vielleicht zur Zeit der Konsulatsverfassung (§ 15 II) – in zwei Legionen geteilt. Noch Polybios berichtet (6, 21, 9 u. 24, 3ff.), daß zu seiner Zeit, also im 2. Jahrhundert, zu einer Legion 3000 Vollbewaffnete und 1200 Leichtbewaffnete gehörten, von denen nur die Vollbewaffneten in Zenturien eingeteilt waren (s. dazu ferner Beloch 22f.; Meyer 54ff.; Alföldi, Reiteradel 93ff. mit weiterer Lit., und v. Lübtow, Volk 48ff.).

Die Zenturienverfassung muß auch mit der (neueren) Tribusgliederung in Zusam- 8
menhang gestanden haben (vgl. § 3 III 3). Hieran hat dann die spätere politische Zenturienverfassung angeknüpft, indem sie nach Aufteilung der Gruppe *infra classem* in vier weitere Klassen die einzelne Aushebungszenturie zum **Stimmkörper** der Volksversammlungen machte, die davon ihren Namen **comitia centuriata** trugen.

Historisch belegt sind die Zenturiatkomitien erst seit dem Jahr 427, doch kennen sie offenbar schon die **Zwölftafeln** (12 Taf. 9, 2; zu den Zwölftafeln selbst § 10).

3. Der militärische Ursprung der *comitia centuriata* wurde bereits erwähnt (§ 3 9
IV 1): Es war das zur Ausübung politischer Funktionen angetretene Hoplitenheer – und solange es ein römisches Bürgerheer gab, gliederte sich das Fußvolk in Zenturien. Aber die **Zenturienordnung** der späteren, sogen. Servianischen Verfassung war keine militärische mehr, sondern eine **Steuerordnung** und auf Vermögensschätzung (**census**) beruhende (**timokratische**) **Stimmordnung** (§ 17 I 2).

§ 8. Der Ständekampf und seine Ergebnisse

Schrifttum: *J. Bleicken,* Das Volkstribunat der klassischen Republik, in: Zetemata 13 (1955); *ders.,* Verfassung 26ff. und 86ff.; *G. Niccolini,* Il tribunato della plebe (1932); *H. Siber,* Die plebejischen Magistraturen bis zur lex Hortensia (1936); *F. Altheim,* Lex sacrata (1940); *v. Lübtow,* Volk 84ff.; *A. Heuß* 16ff., 21–33; *E. Ferenczy,* From the Patrician State to the Patricio-Plebeian State (1976); dazu *F. Wieacker,* in: SZ 96 (1979) 359–368; *P. Frezza,* Secessioni plebee e rivolte servili nella Roma antica, in: SDHI 45 (1979) 310–327; *K. A. Raaflaub* (Hrsg.), Social Struggles in Archaic Rome, New Perspectives on the Conflict of the Orders (1986); *F. De Martino,* Nuovi studi di economia e diritto romano (1988) 29–99; F. Wieacker, RG I 229–236.

1. Der Volkstribunat

1 1. Die Verfassungsgeschichte des römischen Adelsstaats wird, wie wir gesehen haben, in wesentlichen Entwicklungszügen durch den Kampf der Plebejer um die politische Gleichberechtigung bestimmt. Was diesem Ständekampf von vornherein sein eigenartiges und in der Geschichte einmaliges Gepräge gibt, ist die Tatsache, daß sich die Plebs im **Volkstribunat** eine eigene Führung geschaffen hatte, die dann freilich im Laufe der Zeit immer fester in das Gefüge der allgemeinen staatlichen Magistratur eingegliedert wurde.

2 2. Die Überlieferung verlegt die Entstehung des Volkstribunats in die Zeit der ersten sogen. **secessio plebis in montem sacrum** (494). Demnach hätte die Plebs die Führer ihres bewaffneten Aufstandes hinfort zu ständigen Vertretern ihrer politischen Interessen und Ansprüche erhoben. Im Einklang hiermit faßt die antike Tradition den Titel **tribunus plebis** oder **plebi** auch als Gegenstück zum **tribunus militum** auf. Die Zahl der Volkstribune soll anfänglich zwei, dann vier oder fünf und schließlich von 449 an – vielleicht nach dem Vorbilde der *decemviri legibus scribundis* (§§ 5 V 1; 10 I 1) – zehn betragen haben. In historischer Zeit stand die Zehnzahl der Tribune jedenfalls unverändert fest.

3 3. In noch ältere Zeit als der Volkstribunat mag das zweite plebejische Amt der **Ädilen** zurückreichen. Sie waren ursprünglich, wie schon der Name *(aedes [sacra]* = Tempel) zeigt, die beiden Vorsteher des Sonderheiligtums der Plebs. Als solche hatten sie auch die im Schutze des Tempelfriedens stattfindenden Märkte, die wohl nur von Plebejern beschickt wurden, zu beaufsichtigen; der „Tempelherr" wird hierbei wie in Griechenland auch die Polizeigewalt und eine begrenzte Strafgewalt ausgeübt haben. Aus dieser weltlichen Zuständigkeit hat sich wohl das spätere magistratische Ädilenamt entwickelt (§ 15 V). Seit der Entstehung des Volkstribunats erscheinen die plebejischen Ädilen zunächst jedoch als bloße Gehilfen der Tribunen.

4 4. Nach der Überlieferung ging die Plebs schon frühzeitig (471) unter Duldung des Senats dazu über, die Tribune in ihren nach Ortstribus geordneten Versammlungen, den **concilia plebis** (§ 17 III), regulär zu wählen und zwar – entsprechend den Wahlen der ordentlichen Beamten durch die Komitien des Gesamtvolks – für die Dauer eines Jahres (Grundsatz der **Annuität**). Von nun an ist die Plebs in steigendem Maße bemüht, den Volkstribunat zu einem vollständigen Gegenstück des staatlichen Oberamtes auszugestalten. Die Art und Weise, in der die römische Politik diese „Revolution in Permanenz" ihrerseits „legalisierte" (Mommsen) und schließlich zu einer staatlichen Behördenzuständigkeit werden ließ, gehört zu den Meisterleistungen römischer Staatsgestaltung (vgl. auch Kunkel, Kl. Schr. 394ff.; auch 579ff.).

2. Rechtliche Ausgestaltung und Zuständigkeit

5 1. Die angedeutete Entwicklung des Volkstribunats spiegelt sich deutlich in der fortlaufenden Erweiterung und allmählichen Veränderung seiner Zuständigkeiten wider. Seine Aufgaben waren zunächst naturgemäß auf die **inneren Angelegenheiten** der Plebs beschränkt. Entsprechend dem Bestreben, die staatliche Organisation möglichst getreu nachzubilden, haben sich die Tribune auch ihre Führungsbefugnisse gelegentlich durch Beschlüsse der Plebsversammlungen (**plebiscita**) erteilen oder bestätigen lassen, so etwa das Recht zur Verhängung von Geldstrafen gegenüber den Angehörigen der Plebs. Das allein den Tribunen zustehende Recht zur Einberufung der **concilia**

plebis (**ius agendi cum plebe:** § 15 VI 3) hat dann im Rahmen der fortschreitenden Verstaatlichung der Plebsorganisationen eine immer größere Bedeutung bekommen.

2. Nach außen hin nahmen die Tribune seit jeher als „Schutzbeamte" der Plebs ein **ius auxilii** für sich in Anspruch. Von diesem Hilferecht machten sie insbesondere Gebrauch bei drohenden Übergriffen der Imperiumträger gegenüber Plebejern. Es wurde ursprünglich wohl buchstäblich durch „Dazwischentreten" (**intercedere:** zwischen den bedrohten Plebejer und den mit der Durchführung der Koerzitionsmaßnahme beauftragten Liktor) ausgeübt. Diese tatsächliche Verhinderung einer staatlichen Amtshandlung hatte jedoch im Gegensatz zur Interzession der ordentlichen Magistrate (§ 15 I 3c) nicht die Bedeutung eines staatsrechtlich anerkannten Vetorechts. 6

Im Verhältnis der Tribune untereinander war aber, wiederum in Anlehnung an die Ausgestaltung der staatlichen Behörden, auch der Grundsatz der **Kollegialität** durchgeführt; infolgedessen stand jedem von ihnen gegen Maßnahmen eines Kollegen seit jeher ein „echtes" *ius intercedendi* zu (u. 3 a. E.). 7

3. Wenn eine Interzession des Volkstribuns zum Schutze des einzelnen Plebejers sich praktisch dennoch durchzusetzen vermochte, obwohl sie rechtlich nichts anderes war als offener Widerstand gegen die Staatsgewalt, so beruhte diese Tatsache auf der von der Plebs feierlich proklamierten **Unverletzlichkeit** ihrer Tribune. Die Plebs hatte durch sakralen Erbeid ihre Schutzbeamten gegenüber jedermann für **sakrosankt** erklärt. Sie war damit die sakralrechtliche Verpflichtung eingegangen, jedem Angriff auf die Person des Tribunen – als einer vogelfrei machenden Verletzung ihrer Gottheiten – mit der Tötung des Angreifers zu begegnen. Es handelt sich also um eine durch gemeinsame eidliche Verpflichtung *(vetere iure iurando)* bestärkte politische Selbsthilfe (Mommsen, StR II 305f.). 8

Ähnliche Eidgenossenschaften, die zu verschiedenen Zwecken begründet wurden, begegnen uns auch bei anderen italischen Stämmen.

Mit Rücksicht auf diesen Hintergrund wurde die tribunizische Interzession, obwohl sie rechtlich nicht anerkannt war, doch faktisch hingenommen. Man kann in ihr eine mit der Zeit institutionalisierte Form des Widerstandsrechts sehen (vgl. Waldstein, SZ 105 [1988] 914). 9

Ihre Nichtbeachtung hätte zum Aufstand der Plebs führen können. Die Unverletzlichkeit der Volkstribunen und der plebejischen Ädilen soll sogar bereits im Jahre 449 durch eine **lex Valeria Horatia** auch gegenüber den ordentlichen Höchstmagistraten anerkannt worden sein. Formal hätte das die staatliche Anerkennung der plebejischen Ämterorganisation und auch des Interzessionsrechts der Tribune bedeutet, und praktisch wurde es so gehandhabt.

Bei wichtigeren Fragen blieb dem Magistrat immer noch die Möglichkeit, seinerseits einen der zehn Tribune zur **Interzession gegen den anderen interzedierenden Tribunen** zu veranlassen und damit seine Absichten praktisch doch ungestört durchzusetzen. In dieser schmiegsamen politischen Praxis, die ebenso jeden Bruch mit der festen Tradition zu vermeiden wie alle starren Grundsätze zu umgehen wußte, offenbart sich das politische Geschick der Römer in besonderer Deutlichkeit.

3. Der Weg zur politischen Gleichberechtigung

1. Der etwa anderthalb Jahrhunderte währende Kampf der Plebs um die soziale und politische Gleichberechtigung hat, besonders zu Beginn der Auseinandersetzung, zu schweren und den Bestand des römischen Gemeinwesens ernstlich bedrohenden Krisen geführt. Immer wieder hat es der Patriziat jedoch verstanden, durch weitgehende Zugeständnisse einerseits, zum anderen durch seine feste Haltung in allen die Gesamtinteressen des Staates betreffenden Fragen das Auseinanderbrechen der *res publica* zu verhindern. 10

Im übrigen ist die soziale und wirtschaftliche Bedeutung des Ständekampfes von der antiken Geschichtschreibung stark übertrieben worden. Die im allgemeinen **gesunden kleinbäuerlichen Verhältnisse** des 5. und 4. Jahrhunderts lassen es erst verständlich erscheinen, daß Rom diese innenpolitischen Wirren, aus denen das Gemeinwesen schließlich gekräftigt hervorging, ohne Schaden überstanden hat.

11 2. Die nach der glaubwürdigen Überlieferung auf Drängen der Volkstribune 452 eingeleitete und zwei Jahre später vollendete Aufzeichnung des bestehenden Rechts im **Zwölftafelgesetz** (§ 10) sicherte die Plebs zwar vor Übergriffen in der Rechtspflege, hatte aber noch keineswegs ihre soziale Gleichstellung herbeigeführt. Vor allem war in den Zwölftafeln das **Eheverbot** zwischen Patriziern und Plebejern noch aufrechterhalten geblieben.

Doch folgte wenig später eine gesetzliche Bestimmung, die auch den sozialen Ausgleich der beiden Stände anbahnte. Auf Grund der in ein Plebiszit gekleideten Forderungen der Plebs sah sich der Patriziat genötigt, ihr durch die **lex Canuleia** (nach Livius schon im Jahre 445) das **conubium** zuzugestehen.

12 Der wichtigste Schritt auf dem Wege zur politischen Gleichberechtigung war die Aufhebung des Privilegs der Patrizier auf die höchsten Ämterstellen des Gesamtvolkes. Der erste war getan, als den vornehmen plebejischen Familien der Zugang zur Quästur und zum Konsulartribunat eröffnet wurde (§ 5 V 4). Eine politische Vereinbarung zwischen Patriziat und Plebs, die auch ihre Sanktionierung durch eine der *leges Liciniae Sextiae* (367) fand, brachte dann im wesentlichen die Gleichstellung: Nach der neuen Konsularverfassung sollte immer **einer der beiden Konsuln aus der Plebs** gewählt werden, was sich erst allmählich durchsetzte (§ 15 II 1).

III. Das Rechtsleben

§ 9. Begriff und Wesen des altrömischen Rechts

Schrifttum: in den Darstellungen des römischen Privatrechts (§ 1 III 3), bes. *Kaser,* RPR I 19–49; *ders.,* AJ und EB; *ders.,* Zur Problematik der römischen Rechtsquellenlehre, in: Fs. Flume I (1978) 101–123, jetzt in: Römische Rechtsquellen und angewandte Juristenmethode (1986) 9–41; *ders.,* ‚Ius honorarium' und ‚ius civile', SZ 101 (1984) 1–114; *ders.,* ‚Ius publicum' und ‚ius privatum', SZ 103 (1986) 1–101; *C. W. Westrup,* Introduction to Early Roman Law I (1944), II (1934), III 1 (1939), IV 1 (1950) und V (1954); *R. Orestano,* Dal ius al fas, in: BIDR 46 (1940) 194ff.; *G. Dulckeit,* Öffentliches und Privatrecht im römischen Recht, in: Zeitschrift der Akademie für Deutsches Recht (1935) 277ff.; *ders.,* Rechtsbegriff und Rechtsgestalt (1936); *ders.,* Philosophie der Rechtsgeschichte (1950); *A. Steinwenter,* Utilitas publica – utilitas singulorum, in: Festschrift Koschaker (1939) 1, 84f.; *P. P. Parpaglia,* Aequitas in libera republica (1973); *H. P. Kohns,* Consensus iuris – communio utilitatis, in: Gymnasium 81 (1974) 485–498; *J. Bleicken,* Lex publica, Gesetz und Recht in der römischen Republik (1975); dazu *Ch. Meier,* SZ 95 (1978) 378–390; *F. Wieacker,* RG I 236–287 und 470–486; zur Pontifikaljurisprudenz dort 310–340; *G. Radke,* Versuch einer Sprach- und Sachdeutung alter römischer Rechtsbegriffe, in: Fg. v. Lübtow (1980) 9–44; auch *Th. Mayer-Maly,* Vom Rechtsbegriff der Römer, in: Österr. Zeitschr. f. öffentl. Recht 9 (1958) 151ff.; *J. Triantaphyllopoulos,* Das Rechtsdenken der Griechen, Münchner Beiträge zur Papyrusforschung und antiken Rechtsgeschichte 78 (1985); *A. Watson,* State 87ff. In: Fs. Waldstein (1993): *M. Kaser,* Religione e diritto in Roma arcaica, 151–166; *J. Zlinszky,* Rechtsstaat Rom, 471–480.

1. Recht und Sitte

1 1. Im Volksleben der archaischen Zeit ist das Rechtsbewußtsein mit magischen und religiös-sakralen Vorstellungen eng verbunden; es erwächst geradezu unmittelbar auf

dieser Grundlage. Ebenso erscheint das Recht noch in einer ungeschiedenen und unvermittelten Einheit mit dem Bereich des Sittlichen und der Sitte. Äußere und innere Ordnung, Rechtszwang und Pflichtbindung, weltliches Formenwesen und sakrales Brauchtum, das mit magischen Elementen vermengt ist, fallen zur **einheitlichen Sozialnorm** zusammen. Was dem überkommenen geheiligten Brauch (**mos maiorum**) entspricht, ist ebensosehr Recht, und alles Recht erscheint seinerseits als sakrale Übung und als Gebot der bestehenden Sitte.

Diese einheitliche „soziale Urnorm" ist jedoch nicht Gewohnheitsrecht im Sinne neuzeitlicher Rechtsquellenlehre, das „erst durch fortgesetzte Übung aus unverbindlicher Rechtsgewohnheit zu verbindlichem Recht erstarrt" wäre. Man hat es sich vielmehr „als seit alters vorgegeben gedacht" (Kaser, RPR I 29).

2. Die **Trennung von Recht und Sitte** und damit die begriffliche **Verselbständigung des Rechts** zu einem besonderen Normen- und Lebensbereich hat sich in Rom frühzeitig vollzogen. Zur Zeit der Zwölftafelgesetzgebung (§ 10) ist diese Entwicklung abgeschlossen. Sie leitet eine weltgeschichtliche Wende in der Entfaltung des Rechtsbegriffs ein. Die Eigenständigkeit des Rechts ist erstmalig vom **römischen** Geist mit voller begrifflicher Schärfe erfaßt und zur Grundlage der Rechtsgestaltung gemacht worden. Weder das orientalische noch selbst das griechische Recht sind jemals zu dieser begrifflichen Klarheit vorgedrungen. 2

3. In der weiteren Entwicklung wird jedoch das **Recht** auch **in seinem sittlichen Wesen begriffen.** Die vorklassischen und die klassischen Juristen verbinden in ihrem rechtswissenschaftlichen Bemühen Gerechtigkeitsstreben und Recht zu einer neuen Einheit. Das Recht richtet sich als Forderung an unser Wollen, womit es „Freiheit als Selbstgestaltung des Lebens" (Coing, Rechtsphil. 189) voraussetzt. Der Spätklassiker Ulpian (§ 34 III 2b) hat das in der berühmten Definition der Gerechtigkeit, die auf Platon (Horoi 411 d/e) und noch ältere Vorbilder zurückgeht und in D. 1, 1, 10 pr. – 1 überliefert ist, unvergleichlich zum Ausdruck gebracht: *Iustitia est constans et perpetua voluntas ius suum cuique tribuendi. Iuris praecepta sunt haec: honeste vivere, alterum non laedere, suum cuique tribuere* (dazu Waldstein, in: Fs. Flume I [1978] 213–232). 3

2. Ius und fas

1. Die Loslösung des Rechts aus der sozialen Gesamtnorm hat es auch den sakralen Ordnungen weitgehend entrückt. Das der Gottheit gegenüber Rechte (**fas**) wird nunmehr streng von dem geschieden, was im menschlichen Zusammenleben Rechtens (**ius**) ist. *Fas* ist jedes Verhalten, welches das von den Göttern in Anspruch Genommene, das **sacrum,** nicht antastet, *ius* ein solches, das den Rechtsgenossen nicht verletzt. 4

2. Nach römischer Auffassung stehen *fas* und *ius* jedoch nicht – wie später im Christentum *ius divinum* und *ius humanum* – als verschiedene Weltordnungen göttlichen und menschlichen Rechts einander gegenüber. Vielmehr unterwerfen *fas* und *ius* die u.U. gleichen Lebenstatbestände lediglich einem verschiedenen Beurteilungsmaßstab, weil die Geltung ihrer Normen jeweils in verschiedenem Grund wurzelt. Besonders deutlich zeigt sich dies an ihrer negativen Seite: **nefas** ist Beleidigung der Gottheit, **iniuria** Verletzung des Rechtsgenossen (unmittelbar in seiner Person oder mittelbar in seinem Eigen). 5

Fas (und ὅσιον) bezeichnet demgemäß zugleich ein Verhalten, das die Gottheit und ihr *sacrum* (bzw. ἱερόν) achtet, auch wenn es dem Rechtsgenossen gegenüber nicht *ius,* sondern *iniuria* sein sollte.

3. Ius privatum und ius publicum

6 1. Mit der in frühgeschichtlicher Zeit vollzogenen Verselbständigung des Rechtsbegriffs hat sich im Bereich des *ius* zugleich eine nähere Unterscheidung angebahnt, die mit der Zwölftafelgesetzgebung ihre geschichtlich greifbare Verwirklichung gefunden hat: der Gegensatz zwischen *ius privatum* und *ius publicum.*

7 a) Als **ius publicum** galt den Römern hinfort jeder allgemeinverbindliche Ausdruck des Gemeinwillens in Form des Gesetzes (**lex publica**), auch wenn sich dieses nur auf die Regelung eines konkreten Einzelfalles bezog. Dies war zunächst sogar ausschließlich der Fall (vgl. etwa die alte *lex de imperio,* § 7 II 1). Die Bedeutung einer abstrakt-allgemeinen Norm im Sinne des heutigen „materiellen Gesetzes" hat die *lex publica* wohl erst mit dem Zwölftafelgesetz gewonnen.

8 b) Eine ähnliche Normsetzungsbefugnis und Rechtsgestaltungsmacht hat aber auch dem einzelnen Rechtsgenossen zugestanden, wenn auch nur in Beziehung auf seinen eigenen Rechtsbereich, mit Geltung für den Hausverband. Dieses **ius privatum** verwirklicht sich ebenfalls in Recht setzenden Verlautbarungen: **lex dicta** („*lex privata*" ist zwar nur einmal belegt – Ulp. D. 8, 4, 13 pr. –, aber gegen den Ausdruck als solchen ist nichts einzuwenden), vor allem in den einseitig normierten „Vertragsbedingungen", später auch in den auf ausdrücklicher Willenseinigung beruhenden Vertragsbestimmungen *(leges contractus).*

Es scheint, daß sich der Begriff des **ius** überhaupt zunächst an dieser Vorstellung eines privaten Rechts entwickelt hat und dann, wohl erst mit der Entfaltung der republikanischen Rechtswissenschaft im 2. Jahrhundert, auf den Bereich des **ius publicum** ausgedehnt und als Gesetzesrecht zum Privatrecht in Gegensatz gebracht worden ist. Darauf weist schon die enge Bedeutung von **iniuria** als einer Verletzung der Rechtsperson hin (II 2).

9 2. Die moderne Unterscheidung zwischen **öffentlichem Recht** und **Privatrecht** beruht auf wesentlich anderen Vorstellungen: Jeder Rechtssatz, der die Beziehungen der Rechtsgenossen untereinander (oder zum Staat als Fiskus) regelt, ist hiernach Privatrecht, jede Norm, die den Aufbau und die Verhältnisse der Behörden oder öffentlichen Körperschaften zueinander (oder auch die Beziehungen des einzelnen zum Staat als Hoheitsträger) betrifft, ist öffentliches Recht.

Historisch geht diese Unterscheidung, die sich freilich schon bei Cicero findet, auf ein Fragment aus den Institutionen des Spätklassikers Ulpian (§ 34 III 2b) zurück, das in den Digesten überliefert ist: D. 1, 1, 1, 2: ... *publicum ius est quod ad statum rei Romanae spectat, privatum quod ad singulorum utilitatem: sunt enim quaedam publice utilia, quaedam privatim* (dazu *Kaser,* in: Fs. Wieacker [1978] 108ff.; ausführlicher SZ 103 [1986] 6ff.).

10 3. Der Begriff des **ius publicum** hat sich auch im römischen Recht bald **erweitert.**

a) Wie die soeben (o. 2 Abs. 2) genannte Ulpianstelle teilweise noch erkennen läßt, bezeichnete man (jedenfalls in der späteren Klassik) mit *ius publicum* auch den institutionellen Aufbau der *res publica* und deren Beziehungen zu anderen Staaten, also das **Staatsrecht** und **Völkerrecht.**

b) Insofern das Gemeinwesen zugleich einen Kultverband darstellt, gehörte zum *ius publicum* auch (etwa dem heutigen Kirchenrecht entsprechend) die sakrale **Kultordnung (ius sacrum** oder **pontificium)** als Inbegriff der von der Kultgemeinschaft festgelegten Verhaltensvorschriften gegenüber den Göttern. Diese Bestimmungen enthalten die dem Menschen obliegenden positiven Pflichten sakraler Art; und im Zusammenhang damit gewinnt nun das *fas,* das ursprünglich lediglich den vom *sacrum* der Götter freien Bereich bezeichnete (o. II 1), die Bedeutung des religiös Erlaubten und Angemessenen (o. II 2).

c) In gleicher Weise mußten schließlich die altüberkommenen Einrichtungen, in denen das **Gemeinschaftsleben** im engeren Sinn gestaltet und geordnet war, im wesentlichen also das heutige Personen-, Familien- und Erbrecht, zum *publicum ius* gerechnet werden.

Insoweit ist das Privatrecht im objektiven Sinne und die dem einzelnen zugestandene rechtliche Gestaltungsmacht, wie etwa die Testierfähigkeit, *publici iuris,* weil sie auf allgemein gültiger staatlicher Anerkennung beruht. So sagt Papinian D. 28, 1, 3: *Testamenti factio non privati, sed publici iuris est.* Daraus folgen auch Beschränkungen in der Verfügungsfreiheit (vgl. Papin. D. 38, 1, 42, wo er im Zusammenhang mit einer nicht zulässigen Verfügung sagt: *nam iuri publico derogare non potuit;* dazu Waldstein, Operae 187ff.). Dem *publicum ius* in diesem Sinne standen „die konkreten *iura privata*" gegenüber, „wenn man nur auf ihre subjektive Seite blickt und von ihrer objektiven Geltungsgrundlage abstrahiert" (Kaser, SZ 103 [1986] 101). 11

4. Eine in diesem Sinne folgerichtig durchgebildete **Rechtsquellenlehre** hat jedoch selbst die entwickelte römische Rechtswissenschaft der klassischen Zeit nicht gekannt, obwohl das römische Rechtsbewußtsein seit alters von diesen Vorstellungen getragen war. Nichtsdestoweniger ist es, wie in diesem Zusammenhang grundsätzlich zu bemerken ist, nicht nur ein Vorrecht, sondern auch die eigentliche Aufgabe der Rechtsgeschichte, an die noch unentwickelten Gestaltungen des Rechts den Maßstab seines entfalteten Begriffs anzulegen, obschon jede Zeit zunächst aus sich selbst und den in ihr wirksamen Vorstellungen verstanden werden will. Allein auf diese Weise läßt sich eine historische Gegebenheit zugleich in ihrem individuellen Sinn wie in ihrer allgemeinen Bedeutung begreifen. Die archaischen Rechtsgestaltungen können demgemäß in einer Rückschau auch dann systematisch geordnet werden, wenn sich ihre spätere Entwicklung erst in rohen und undeutlichen Ansätzen zu erkennen gibt. 12

5. Mit Rücksicht auf diese methodische Forderung wird man vor allem die wesensmäßig gebotene **Unterscheidung zwischen dem Recht der engeren oder weiteren Gemeinschaften und dem Recht der einzelnen Individuen** bereits den archaischen Rechten zugrunde legen müssen. 13

a) Das **Gemeinschaftsrecht** findet seine Erscheinungsform zunächst in den seit alters feststehenden Überlieferungen und Ordnungen des sozialen Lebens, vor allem in den Institutionen der Familie und der sonstigen Sozialverbände.

b) Das sehr viel wandlungsfähigere **Individualrecht** dient in der Hauptsache dem vermögensrechtlichen Verkehr unter den Rechtsgenossen. Soweit es in Gestalt allgemeiner Rechtssätze, oder, anders ausgedrückt, als die für jeden verbindliche **Rechtsordnung** erscheint, gehört auch dieser Teil des heute sog. „Privatrechts" nach römischer Auffassung zum **ius publicum:** Das eigentliche Individualrecht oder **ius privatum** verwirklicht zwar diese allgemeinen Rechtssätze, aber es wird im Gegensatz zum *ius publicum* ausschließlich in freier Selbstgestaltung durch einen **Rechtsakt** der Privatperson gesetzt.

4. Das Wesen des alten Rechts

1. Die Verselbständigung des *ius* zu einem eigenständigen Lebensbereich führte zunächst noch nicht zur Bildung allgemeiner Normen, aus denen das auf den einzelnen Fall anzuwendende Recht ohne weiteres hätte abgeleitet werden können. Dieses Recht mußte vielmehr für jeden einzelnen Fall neu gefunden werden. Das richterliche Urteil konnte infolgedessen noch keine Subsumption des streitigen Anspruchs unter einen feststehenden Rechtssatz enthalten. Es verwarf, begrenzte oder bestätigte lediglich die konkrete **Herrschaftsgewalt der Einzelperson:** es „richtete" im buchstäblichen Sinne ihr (angemaßtes) **ius privatum** als ein rein individuelles **persönliches Recht.** 14

Eine ähnliche Bedeutung hat auch noch heute das englische „right".

15 2. Das alte Recht erschöpfte sich daher wesensmäßig im **„Zueigenhaben"** der Rechtsperson. Es war die rechtliche Herrschaft über Personen oder über Sachen. Der Begründung von Herrschaftsrechten über Personen dienten demgemäß die gleichen Rechtsakte, die auch zum Erwerb des Sacheigentums führten, nämlich die **mancipatio** (§ 13 IV 1) oder die **in iure cessio** (§ 13 IV 2). Diese institutionenmäßige Einheit des altzivilen Privatrechts hat die römische Rechtsauffassung nie ganz verleugnet. Um neuartige Rechtswirkungen herbeizuführen, mußte sie sich daher einer verwickelten Verknüpfung von Manzipation und Injurezession zu den sog. **nachgeformten Rechtsgeschäften** (Kaser/Knütel, RP § 6 II) bedienen. Ihren handgreiflichen Ausdruck fand diese Einförmigkeit des altzivilen Privatrechts (als anerkannter Herrschaftsmacht über Personen und Sachen) vor allem in der äußerlich unumschränkten Haus- und Sachgewalt des *pater familias,* der **patria** oder **domestica potestas** (§ 11 II 3).

16 Die vielfältigen **sakralen Bindungen** und solche der Sitte und des Brauchtums, denen dieses persönliche Herrschaftsrecht seit jeher unterlag, trugen – vom Standpunkt des nunmehr in seiner Eigenständigkeit begriffenen Rechts – keinen eigentlich rechtlichen Charakter (§ 11 II 4). Jeder Verstoß gegen diese inhaltlichen Schranken des Rechts war lediglich *nefas,* d.h. Beleidigung der Gottheiten. Jede Verletzung der Götter gab den Täter aber nicht nur ihrer Rache preis, sondern machte ihn damit zugleich auch für die menschliche Gemeinschaft vogelfrei (**sacer**). Diese außerrechtlichen Bindungen haben naturgemäß vor allem das **altrömische** Gemeinschaftsleben weitestgehend beherrscht.

In völliger Verkennung dieser Zusammenhänge und in Nichtbeachtung des Entwicklungsstadiums, oft auch einfach in tendenziöser Absicht hat man dem römischen Recht individualistische Grausamkeit, Nichtachtung der Persönlichkeit sowie Mangel an echtem **Gemeinschaftsgeist** vorgeworfen.

17 3. Die **Rechtsfindung** lag auch nach der begrifflichen Verselbständigung des *ius (privatum)* zunächst ausschließlich in den Händen der **Priester.** Für die Zeit vor der Verweltlichung des Rechts, als es von den sakralen Normen noch nicht geschieden war und infolgedessen jedes Vergehen gegen die Gemeinschaftsordnung sich auch als sakral zu ahndende Verletzung der Gottheiten darstellte, versteht sich dies von selbst. Auch der König war ja in einer Person oberster Priester und höchster Richter. Soweit sich überdies, wie beim ältesten Rechtsstreit (*legis actio sacramento,* § 14 II 3 a), die Rechtsfindung ausschließlich des sakralen Mittels der beiderseitigen Eidesleistung bediente, war die Mitwirkung der Priester ohnehin nicht zu entbehren.

18 Die Priesterschaft hat jedoch nicht nur dieses alte Streitverfahren um das *ius (privatum)* ausgebildet, sondern auch den sonstigen Rechtsakten der Privatperson ihre bis weit in die historische Zeit bewahrte Gestalt gegeben. Die feierlichen Formeln und Riten der altzivilen Rechtsgeschäfte reichen, soweit sie nicht selbst Nachbildungen der ursprünglich sakral bestimmten Formen des alten Eigentumsstreits darstellen, mit ihren Wurzeln bis in die Vorzeit zurück. In dieser Zeit aber ist, wie Cic. Brut. 156 sagt, das *ius pontificium … cum iure civili coniunctum.* Sakralrechtliche und zivilrechtliche Formen hängen vor allem im Bereich des Familien- und Erbrechts eng zusammen. Daher kommt es wohl auch, daß die Rechtskunde in dieser Zeit von den *pontifices* gepflegt wird (vgl. Schulz, Geschichte 10). Damit hängt es wieder zusammen, daß die altzivilen Formen und Formeln, wie die Riten des Sakralrechts, durchwegs echte **Wirkformen** sind (§ 13 II 4 b), das heißt, daß sie als solche dem Rechtsakt seine Wirksamkeit verleihen.

Auch nach den Zwölftafeln (§ 10) bleibt die Rechtskunde noch für mehr als anderthalb Jahrhunderte in den Händen der *pontifices.* Erst im „Laufe des 3. Jahrhunderts v. Chr. entwickelt sich langsam neben der pontifikalen Privatrechtsjurisprudenz und im engen Anschluß an sie eine“ nichtpontifikale „Privatrechtswissenschaft“ (Schulz, Geschichte 11).

4. Das **Gemeinschaftsleben,** vor allem das Leben der Familie, hat auch seine rechtliche Ordnung noch lange im Rahmen der sakralen **Sitte** gefunden. 19

So bestimmte das Sakralrecht, an welchen Tagen Gerichtsverhandlungen stattfinden konnten *(dies fasti)* oder nicht *(dies nefasti).* Sakralrechtliche Akte waren auch die altzivile Eheschließung durch *confarreatio* (§ 11 II 2a), die alte Adoption *(adrogatio,* § 11 II 8), die Erbenwahl von Todes wegen *(testamentum calatis comitiis,* § 11 II 8) und wohl auch die *sponsio* (§ 13 IV 3).

5. Am ehesten und leichtesten trat naturgemäß das **Vermögens-** und **Verkehrsrecht,** 20
d.h. die Gestaltung des rechtlichen Eigenbereichs, als das eigentliche „*ius*“ aus diesem Bannkreis des Sakralrechts heraus. Aber auch das öffentliche **Strafrecht** hat sich, insbesondere nach Einführung des Komitialprozesses (§ 12 II), bald vollständig von seinen sakralen Wurzeln gelöst.

In Rom hat, wie wir gesehen haben, diese Entwicklung in der Geschichte des Rechts erstmalig eingesetzt und schon früh zur **Verselbständigung** des Rechts und damit zu seiner begrifflichen Trennung von Sitte und eigentlichem Sakralrecht geführt. Zur Zeit der Zwölftafeln war diese Entwicklung des Rechtsbegriffes jedenfalls schon nahezu abgeschlossen.

5. Die Rechtsquellen

1. Nachdem die Kasuistik in der Rechtsfindung immer mehr einer gleichförmigen 21
und sicheren Übung gewichen war, die zur Ausbildung feststehender und genau zu beobachtender Wirkformen geführt hatte, mußte nunmehr auch das Recht als solches weitgehend den Charakter **allgemeiner Rechtssätze** gewinnen.

2. Der **Ursprung** dieser Normen ist dem neu entstehenden allgemeinen Rechtsbe- 22
wußtsein naturgemäß weder greifbar noch fraglich gewesen. Sie galten als **unvordenklicher und naturgegebener Inhalt der Gemeinschaftsordnung.**

Da dieses alte Recht nicht auf ausdrücklicher Satzung beruht, kann man es mit der klassischen und modernen Rechtsquellenlehre als Gewohnheitsrecht bezeichnen. Das urtümliche Rechtsbewußtsein geht jedoch davon aus, daß es sich dabei nicht um Recht handelt, das erst durch Gewohnheit geschaffen wurde, sondern um solches, das schon immer galt (o. I 1 Abs. 2 und § 22 II 4).

3. Wie weit die antike Überlieferung, die verschiedene allgemeine Gesetze und sa- 23
kralrechtliche Vorschriften der Königszeit zuschreibt (**leges regiae**), einen historischen Kern hat, ist schwer zu entscheiden. Diese *leges regiae* sollen nach der Überlieferung gegen Ende der Königszeit von einem *pontifex maximus* Papirius gesammelt und aufgezeichnet worden sein (sog. **ius Papirianum;** vgl. Pomp. D. 1, 2, 2, 2). Immerhin deutet die altertümliche Sprache der erhaltenen Bruchstücke darauf hin, daß es sich hierbei um Satzungen handelt, denen ein hohes Alter zukommt. Anscheinend befand sich im Pontifikalarchiv tatsächlich eine solche Sammlung, die auch von späteren Bearbeitern benützt wurde (Schulz, Geschichte 105).

Die antiken Berichte über die *leges regiae* sind zusammengestellt bei Bruns 1ff. und in FIRA I 1ff.

4. Den ersten Gesetzgebungsakt im Sinne der Aufzeichnung **allgemeiner** Normen 24
stellt in Rom das **Zwölftafelgesetz** (§ 10) dar. Bis dahin hatte die *lex publica* lediglich die Bedeutung einer Einzelentscheidung, die zwar schon allgemein verbindlich war, ihrem Inhalt nach aber auf die Regelung eines konkreten Falles beschränkt blieb (III 1a).

§ 10. Die Zwölftafelgesetzgebung

Schrifttum: *L. Wenger,* Quellen 357ff.; *F. Wieacker,* RG I 287–309; *G. Crifò,* La legge delle XII tavole. Osservazioni e problemi, in: ANRW I 2, 115–133; *M. Kaser,* Die Beziehung von lex und ius und die XII Tafeln, St. Donatuti II (1973) 523ff.; *J. Bleicken,* Lex publica 90ff.; *Bretone,* Storia 49ff.; *F. Serrao,* Dalle XII tavole all'Editto del pretore, Atti Convegno Pavia 51–109; *L. Amirante,* XII tavole: prima e dopo, ebend. 197–202; *F. D'Ippolito,* Le XII Tavole: il testo e la politica, in: Storia di Roma I (1988) 397–412; *A. Bernardi,* Le XII Tavole. I contenuti legislativi, in: Storia di Roma I (1988) 413-426; *A. Watson,* State 14ff. und 21ff.; dazu *R. Gamauf,* SZ 111 (1994) 488–498; *A. Bürge,* ‚Si nolet arceram ne sternito' ‚Ne minore aut si volet maiore vincito': Positives zu zwei Negationen in den Zwölf Tafeln, in: Mélanges F. Wubbe (1993) 61–81; vgl. auch bei § 9.

1. Entstehungsgeschichte

1 1. Wie jede Nachricht über die älteren Zeiten, so ist uns auch die **Entstehungsgeschichte** des Zwölftafelgesetzes nur in sagenhafter und widerspruchsvoller Ausschmückung überliefert. Insbesondere sein revolutionärer Charakter ist hierbei wohl stark übertrieben worden.

Auf langjähriges Betreiben der Volkstribune soll, wie die Überlieferung berichtet, der Magistrat schließlich einen Antrag auf Wahl eines (patrizischen) Zehnmännerausschusses zwecks Fertigstellung des Gesetzbuches (**decemviri legibus scribundis**) in der Volksversammlung eingebracht haben.

2 Nach dem Bericht Liv. 3, 31, 8 soll vorher eine Kommission nach Griechenland entsandt worden sein, um in Athen die Solonischen Gesetze abzuschreiben und auch sonst das Recht griechischer Städte zu studieren (vgl. auch Pomp. D. 1,2,2,4). Dieser durch zahlreiche antike Quellen bestätigte Bericht ist durch die historische Kritik vielfach dem Bereich der Sage zugewiesen worden. Wenger, Quellen 365f., meint jedoch im Hinblick auf die Quellenlage mit Recht, es gäbe „keinen Anlaß, hier moderner Kritik lieber zu folgen als den Quellen". Unabhängig davon besteht die Möglichkeit, daß auch von den griechischen Stadtrechten Unteritaliens Einflüsse auf die Zwölftafelgesetzgebung ausgegangen sind. Jedenfalls lassen sich gewisse Parallelen zwischen griechischen nachbar- und vereinsrechtlichen Bestimmungen feststellen. Auch das römische Wort *poena* für Buße ist ein griechisches Lehnwort (von ποινή, 12 Taf. 8, 3 und 4). Insbesondere der Gedanke der Kodifikation selbst kann auf griechischen Einfluß zurückzuführen sein. Im übrigen aber macht das ganze Gesetz, so viel uns davon erhalten ist, einen absolut römischen Eindruck.

Nachdem die ersten rein patrizischen **Dezemvirn** zehn Tafeln fertiggestellt und durch die Zenturiatkomitien hätten annehmen lassen, habe man im folgenden Jahr eine zweite Zehnmännerkommission eingesetzt, die zwei weitere „ungerechte" Tafeln ausgearbeitet haben soll. Die spätere Legende hat zwecks Verherrlichung der Plebs auch noch patrizische Greuel, Übergriffe der nach der Gewaltherrschaft strebenden neuen Dezemvirn (unter denen sich nach den überlieferten Namen jedoch auch Plebejer befanden) und einen ruhmreichen Aufstand der Plebs hinzuerfunden, der den alten Rechtszustand und vor allem die tribunizische Gewalt wiederhergestellt habe. Daraufhin seien auch die beiden zusätzlichen Tafeln – trotz ihres angeblich unbilligen Inhalts – vor die Komitien gebracht und angenommen worden.

3 2. Nach den zwölf hölzernen Tafeln, auf denen das Gesetz öffentlich ausgestellt war, wurde es in der Folgezeit **lex duodecim tabularum** genannt. Pomp. D. 1, 2, 2, 4 spricht davon, daß sie auf *tabulas eboreas,* also auf elfenbeinerne Tafeln geschrieben wurden. Wenger vermutet, daß richtig *roboreas* (eichene) zu lesen wäre (Quellen 56[11]). Dieses Gesetzgebungswerk ist für ein Jahrtausend – bis zum Gesetzgebungswerk des Kaisers Justinian (§ 43) – die einzige umfassende Kodifikation des römischen Rechts geblieben.

Wenn auch nahezu alle Bestimmungen dieser archaischen Rechtsordnung im Laufe der Zeit längst außer Anwendung gekommen waren, so war das Gesetz selbst doch niemals außer Kraft gesetzt worden und daher bis zur justinianischen Gesetzgebung immer noch formell geltendes Recht.

3. Zweifellos haben die Zwölftafeln jedoch die letzten etwa noch vorhandenen Reste der früheren autonomen Stellung der patrizischen Geschlechter beseitigt und auf diese Weise die **Rechtseinheit** im neuen Staatswesen gesichert. Auf der anderen Seite läßt sich noch ein starkes Übergewicht der patrizischen Staatsführung erkennen; und die **Rechtsgleichheit** zwischen Patriziern und Plebejern ist im sozialen Sinne erst durch ein Nachtragsgesetz zu den Zwölftafeln (Aufhebung des Eheverbots durch die *lex Canuleia,* § 8 III 2), in politischer Beziehung vor allem durch den Zugang zu den Höchstmagistraturen (§§ 5 VI 1; 15 II 1) nach fast einem weiteren Jahrhundert hergestellt worden. Immerhin war es schon ein bedeutsamer und vielleicht sogar der entscheidende Schritt auf diesem Wege, daß zunächst einmal die Rechtsordnung aus dem Bann ihrer sakralen Verklammerung gelöst und in die allgemein zugängliche Form weltlicher Rechtssatzung übergeleitet worden war. Und so würde auch der überlieferte Widerstand der Patrizier gegen das geplante Gesetzgebungswerk seine natürliche Begründung finden. Die Rechtskunde und die Rechtsberatung insbesondere auch bezüglich der Verfahren lag übrigens noch lange nach den Zwölftafeln ausschließlich in den Händen des patrizischen Pontifikalkollegiums (§ 9 IV 3 a. E.). 4

4. Die überlieferungsgemäß 451 vollzogene Einsetzung der Dezemvirn durch das Volk war, wie schon gesagt, zugleich mit einer vorübergehenden **Verfassungsänderung** verbunden: Damit sie ihre eigentliche Aufgabe ungestört durchführen könnten, wurde ihnen an Stelle der bisherigen Höchstbeamten die gesamte Regierungsgewalt übertragen (§ 5 V 1). Ihr Auftrag ging daher (entgegen der Überlieferung) auch nicht dahin, lediglich den Entwurf eines Gesetzes fertigzustellen, das dann vom Volk selbst noch hätte angenommen werden müssen. In ihren Händen lag vielmehr die volle Gesetzgebungsgewalt. Demzufolge sind die Zwölftafeln keine *lex rogata* der Komitien, sondern eine **lex data** gewesen, die der durch Komitialgesetz hierzu bevollmächtigte außerordentliche Magistrat von sich aus erließ (vgl. § 17 IV 4 Abs. 3). 5

Unmittelbar danach (449) ist jedoch, vermutlich durch eine der **leges Valeriae Horatiae** (vgl. § 8 II 3), die Einsetzung von Magistraten mit Gesetzgebungsgewalt für Rom selbst verboten worden. Damit ist, wiederum auf Drängen der Plebs, die Rechtsbeständigkeit ein für allemal gesichert worden. Erst in der niedergehenden Republik erhielt der Neudiktator Sulla ähnliche Vollmachten *legibus scribundis et rei publicae constituendae* (§ 25 II 1).

2. Überlieferung

1. Unsere Kenntnis vom Zwölftafelrecht beruht ausschließlich auf (frühestens spätrepublikanischen) **literarischen Nachrichten** ungleicher Verläßlichkeit. Der Inhalt des Gesetzes ist nur bruchstückhaft und in abgeschliffener, sprachlich bereits weitgehend modernisierter Fassung überliefert, so altertümlich einige der auf uns gekommenen Bestimmungen des Zwölftafelgesetzes auch erscheinen. Wie sehr in Laut- und Formbestand das Altlatein des 6. bis 4. Jahrhunderts vom Latein der „klassischen Zeit" abweicht, zeigen die wenigen inschriftlichen Zeugnisse, die aus jener Zeit erhalten sind (s. Diehl, Altlat. Inschr., in: Kleine Texte f. Vorl. u. Üb. 38/40, 5. Aufl. 1964). 6

Die **Originaltafeln** sind beim gallischen Brand (387) zerstört worden, doch wurde der Text hernach auf Grund mündlicher Überlieferung erneut aufgezeichnet.

2. In der neueren Forschung ist die **Geschichtlichkeit** des Zwölftafelgesetzes gelegentlich ohne begründeten Anlaß angezweifelt worden. 7

Der italienische Historiker *Ettore Pais* nimmt an, daß es sich um die Zusammenfassung einer längeren Gesetzgebungstätigkeit durch *Cn. Flavius* (§ 24 I 2) um 300 handele, während der französische Romanist *Edouard Lambert* in dem überlieferten Gesetz sogar nur eine private Sammlung altüberkommener *regulae iuris* sehen will, die **Sex. Aelius,** der erste Kommentator der Zwölftafeln (§ 24 II 2), um 200 veranstaltet haben soll. Dazu hat Wieacker, RG I 291 f. festgestellt: „Die als Inhalt der XII Tafeln überlieferten Sätze lassen sich überwiegend mit den sonst erschließbaren Rechtszuständen des 5. Jhs. vereinbaren". Seine eingehende weitere Prüfung der entscheidenden Fragen kommt zu dem Ergebnis, daß an der sachlichen Richtigkeit der Überlieferung zu zweifeln kein begründeter Anlaß besteht. Es wäre auch mehr als unwahrscheinlich, daß eine spätere Sammlung diese längst außer Anwendung gekommenen Vorschriften übernommen hätte. Besonders deutlich wird das angesichts der strengen Strafdrohungen gegen zauberischen Feldfrevel sowie der Bestimmungen über die Schuldknechtschaft (Verkauf des Schuldknechts *„trans Tiberim"*, d. h. über die bis zum Krieg gegen Veii – 396 – bestehende Grenze Roms, in die Sklaverei). Dagegen muß mit einer Erweiterung des Zwölftafelrechts durch einzelne spätere Zusätze durchaus gerechnet werden.

8 3. In welcher Reihenfolge die überlieferten Fragmente gelesen werden wollen, ist größtenteils ungewiß. Ein systematischer Aufbau des sicherlich fortlaufend geschriebenen Textes ist in diesem frühen Gesetz ohnehin ausgeschlossen.

Lediglich der Anfang des Gesetzes dürfte im Hinblick darauf, daß es als das Gesetz *‚si in ius vocat'* bezeichnet wurde (Cic. leg. 2, 9), als gesichert gelten. Demnach stand die förmliche Ladung vor den Gerichtsmagistrat an der Spitze.

Die herkömmliche, auf Dirksen und Schöll zurückgehende Rekonstruktion und Gliederung nach Tafeln und Sätzen findet sich bei Bruns 15 ff. und in FIRA I 23 ff.

3. Inhalt

9 1. Die Bestimmungen des Zwölftafelgesetzes erstrecken sich über das gesamte Gebiet der damaligen Rechtsordnung. Dabei werden großteils nur „Normen aus dem *ius*" festgehalten, die man „sich als seit alters vorgegeben gedacht hat", „als dem Herkommen *(mos maiorum)* gemäß" (Kaser, RPR I 29 ff.). Insoferne kann man sagen, daß mit dem Zwölftafelgesetz großteils **bestehendes Gewohnheitsrecht** (vgl. § 9 I 1, V 2) festgehalten wurde. Im Urteil der Folgezeit galt das Zwölftafelgesetz als **fons omnis publici privatique ... iuris** (Liv. 3, 34, 6). Diese Bedeutung hat es im römischen Rechtsbewußtsein bewahrt, während die Weiterentwicklung des Rechts hinfort andere Wege ging (IV 2). Nur ausnahmsweise und für begrenzte Einzelgebiete bediente man sich hierzu noch der eigentlichen **Gesetzgebung.**

Das Zwölftafelrecht hat demgemäß bald den Charakter eines ehrfurchtgebietenden Denkmals gewonnen, auch wenn seine einzelnen Bestimmungen praktisch längst nicht mehr galten. Es bildete nun sozusagen das **Grundgesetz** des römischen Staates. Welche Rolle ihm – und damit dem Recht überhaupt – im öffentlichen Leben Roms zufiel, erhellt daraus, daß es noch zur Zeit **Ciceros** in den Schulen auswendig gelernt wurde. Kommentare zum Zwölftafelgesetz schrieben noch in augusteischer Zeit **Labeo** (§ 34 I 2) und im 2. Jahrhundert n. Chr. der antiquarisch interessierte **Gaius** (§ 34 II 3 d); von beiden Kommentaren sind uns einige wenige Bruchstücke erhalten.

10 2. Doch stellte das Gesetz natürlich **keine erschöpfende Kodifikation** des geltenden Rechts oder gar eine umfassende Neuordnung dar. Weite und wichtige Gebiete vorwiegend des Staats-, Verkehrs- und Prozeßrechts (wie etwa das Legisaktionenverfahren) blieben nach wie vor der Regelung durch altüberkommene Übung und sakrale Sitte überlassen. Eine nähere Bestimmung hatten vor allem diejenigen Fragen des **ius privatum** gefunden, die nach dem Untergang der alten Gentilverfassung einer eindeutigen und endgültigen Festsetzung bedurften. So wurden etwa die autonome **Rechtsetzungsbefugnis** des Familienhauptes im Verkehr und hinsichtlich letztwilliger Verfügungen sowie die **Vereinsfreiheit** ausdrücklich anerkannt und das für die bäuerliche Wirtschaft in enger werdenden Verhältnissen besonders wichtige **Nachbarrecht** ausführlich geregelt. Ebenso eingehend sind die Vorschriften zum privaten Kriminal- und **Deliktsrecht,** ohne daß das Strafrecht seinem Gegenstand nach vom Privatrecht bereits geschieden war. Die private Vergeltung wurde im privaten Kriminalrecht zwar beibe-

halten, im Deliktsrecht aber nahezu vollständig (s. aber § 12 V 1) abgeschafft, und für jede Verletzung der Persönlichkeit oder des Eigens wurde eine Buße (**poena**) nach festen Sätzen auferlegt, also vielleicht eher ein „Opfer", dessen Rolle bei der „Heilung des gestörten, zum Unheil verdorbenen Heils" in archaischen Kulturen H. Hattenhauer, SZ (GA) 83 (1966) 270ff., treffend beschreibt. Auch im germanischen Recht war die Buße „vermutlich selbst ein Opfer" (dort 271). Im alten römischen Recht konnte jedoch in minder bedeutsamen Fällen auch bereits der einfache Ersatz des angerichteten Schadens (**damnum**) verlangt werden. Aus diesen Anfängen entwickelte sich das zum Obligationenrecht zählende (Gai. inst. 3, 88, 182ff.) Recht der Privatdelikte (§ 12 V). Auch die späteren „öffentlichen" **Strafverfahren** bei Gemeinschaftsverbrechen (Hoch- und Landesverrat, Richterbestechung) und die noch lange Zeit „privaten" Kriminalverfahren (Mord, Brandstiftung, nächtlicher oder zauberischer Feldfrevel, falsches Zeugnis), die mit Todesstrafe bedroht waren, wurden als ordentlicher Komitialprozeß vor dem Gesamtvolk (vgl. 12 Taf. 9, 1 *de capite civis nisi comitiatu maximo ne ferunto)* oder als Zivilprozeß vor einer Geschworenenbank (vermutlich den *quaestores parricidii* [12 Taf. 9, 4]) i. allg. einer gerichtlichen Regelung unterworfen (§ 12 I 1–3; dazu Kunkel, Unters. 34 und 44).

Vor allem aber enthielt das neue Gesetz zahlreiche Bestimmungen zum **Schutz des Schuldners** vor Willkürakten und mißbräuchlicher Ausübung des unbeschränkten Herrschaftsrechts des Gläubigers, das bis zur Versklavung *(trans Tiberim vendere)* und Tötung des Schuldners reichte (vgl. Gell. 20, 1, 47). Dies mag in sehr ferne Zeit hinaufreichen, die Quellen wissen nicht einmal einen legendären Fall zu erzählen. Wahrscheinlich war es schon in der Zwölftafelzeit üblich, die **vollstreckende Tötung** durch die Schuldknechtschaft zu ersetzen; s. auch § 14 II 3d. 11

Hierzu gehören die Vorschriften über die **Lösung** des Schuldners aus der Haftung durch eigene Leistung, sowie Bestimmungen über die Durchführung der vom Gläubiger vorzunehmenden gerichtlichen **Ladung** und **Vollstreckung** (Milderung der Schuldhaft; öffentliche Ausbietung des Schuldners zur Lösung durch seine Freunde innerhalb bestimmter Fristen); zur Vollstreckung s. § 14 II 3d.

3. Auf diese Weise bildete das Zwölftafelgesetz, so roh und grausam seine Bestimmungen einem verfeinerten und subjektivierten Rechtsbewußtsein auch erscheinen mögen, doch schon ein großartiges **soziales Reformwerk** zugunsten der wirtschaftlich Schwachen. Im Verein mit seinen sozialen und politischen Nachtragsgesetzen (I 3) stellte es zugleich den ersten großen Sieg der Plebs im Kampf um die politische Gleichberechtigung dar. 12

4. Weiterentwicklung des Zwölftafelrechts

1. Die einzelnen Bestimmungen der Zwölftafeln sind auch in ihrer **äußeren Fassung** für den Geist eines ursprünglichen Gemeinwesens kennzeichnend. Ihre Sprache ist knapp, in ihrer Syntax sehr einförmig; die Perioden sind kurz. Die einzelnen Tatbestände werden in anschaulicher, aber keineswegs alle Möglichkeiten erschöpfender Kasuistik locker aneinandergereiht. Schon diese archaische Sinnfälligkeit, vor allem aber die lapidare Kürze des Ausdrucks ist ein Zeichen für das hohe Alter der uns überlieferten Zwölftafelsätze, die überdies, wie insbesondere die zahlreichen Strafbestimmungen gegen den Mißbrauch von Zaubermitteln zeigen, inhaltlich vielfach noch ältere Rechtszustände widerspiegeln. 13

2. Trotz ihrer inhaltlichen Lückenhaftigkeit und formalen Unzulänglichkeit bildeten die Zwölftafeln die feste Grundlage der späteren Rechtsentwicklung. An dem Gerüst der Zwölftafelsätze hielt die Folgezeit auch noch fest, als der im vierten Jahrhundert 14

beginnende politische und wirtschaftliche Aufschwung, der aufblühende Handel und die sozialen Verhältnisse über die Voraussetzungen dieser archaischen Satzungen längst hinausgewachsen waren. Hier mußte sich das römische Rechtsleben in steigendem Maß durch eine vielfach kühne und zum Teil ausgesprochen spitzfindige **Auslegung (interpretatio)** der überalterten Rechtssätze zu helfen suchen. Bald wurde darüber hinaus mit Hilfe der Rechtsweisungsgewalt der 367 verselbständigten Gerichtsmagistrate das alte Recht nötigenfalls korrigiert und durch neue Rechtsbildungen ergänzt oder ersetzt (§ 22 IV. V).

§ 11. Das Gemeinschaftsrecht

Schrifttum: *F. Wieacker,* Hausgenossenschaft und Erbeinsetzung (1940); *ders.,* RG I 236–309; *E. Burck,* Die altrömische Familie, in: Das neue Bild der Antike 2 (1942). – *M. Weber,* Wirtschaftsgeschichte (3. Aufl. 1958); *ders.,* Agrarverhältnisse im Altertum, in: Hdwb. d. Staatswiss. I (3. Aufl. 1909), jetzt in: Ges. Aufs. z. Sozial- und Wirtschaftsgesch. (1924) 190–278; *ders.,* Rechtssoziologie, aus d. Manuskript herausg. von *J. Winckelmann,* in: Soziol. Texte (2. Aufl. 1967); *W. Kunkel,* Das Konsilium im Hausgericht, SZ 83 (1966) 219–251 = Kl. Schr. 117–149; *M. Humbert,* Le remariage à Rome, Étude d'histoire juridique et sociale (1972); Bibliographie zur antiken Sklaverei, herausgeg. von *J. Vogt* und *H. Bellen.* Neu bearb. von *E. Herrmann* in Verb. mit *N. Brockmeyer* (1983); *H. Chantraine,* Zur Entstehung der Freilassung mit Bürgerrechtserwerb in Rom, in: ANRW I 2, 59–67; dazu *Waldstein,* Operae 42ff.; *A. Watson,* Rome of the XII Tables, Persons and Property (1975); *H.J. Wolff,* Polis und civitas, in: SZ 95 (1978) 1–14; *G. Crifò,* Libertà e uguaglianza in Roma antica, L'emersione storica di una vicenda istituzionale (1984); *C. Masi Doria,* Zum Bürgerrecht der Freigelassenen, in: Fs. Waldstein (1993) 231–260; mehrere Beiträge in Atti Convegno Pavia.

1. Die Gentilordnung

1 Zur Zeit des alten Geschlechterstaates stand die **gens** (§ 3 I) aller Wahrscheinlichkeit nach auch im Mittelpunkt des rechtlichen Gemeinschaftslebens. Die einzelnen zur Sippe gehörenden Familien waren ursprünglich wohl unselbständige Teile dieses sozialen Verbandes, des räumlich und wehrmäßig geschlossenen Geschlechterverbandes. Schon in dieser vorgeschichtlichen Zeit scheint jedoch nach der Seßhaftwerdung die **Aufteilung des Ackerlandes** (vgl. u. II 7) zu Erb und Eigen unter die einzelnen Familien erfolgt zu sein, indem das Ackerland zu erblicher Sondernutzung den einzelnen Familien zugewiesen wurde – vielleicht durch Los, wie die Landverteilung auch bei den altgriechischen Siedlungen üblicherweise geschah. Diese Maßnahme ergab sich wohl aus der nun eintretenden Zunahme der Bevölkerungsdichte und der Verlagerung des wirtschaftlichen Schwergewichts von der Viehwirtschaft auf den Ackerbau. Zu Beginn der historischen Zeit finden wir die Sippe längst in Kleinfamilien aufgespalten, die nach dem Vorbild der *gens* einen patriarchalischen Aufbau zeigen.

2. Das Familienrecht

2 1. Die römische Familienordnung beruht auf der Einehe als vollkommener Lebensgemeinschaft. Die Schließung der **Ehe (matrimonium)** war seit alters durch Sitte (insbesondere *in domum deductio*) und sakrales Brauchtum bestimmt. Ebenso verhielt es sich mit der Auflösung und dem Schutz der Ehe. Das Recht griff – auch nach seiner begrifflichen Verselbständigung – nur insoweit in diese sittlichen Beziehungen ein, als es um der äußeren Ordnung willen unbedingt geboten erschien. Daher kann die Ehe

von der rechtlichen Seite aus allein nicht angemessen gewürdigt werden. Noch Mod. D. 23, 2, 1 nennt die Ehe eine Gemeinschaft nach göttlichem und menschlichem Recht *(divini et humani iuris communicatio).*

Die zivilrechtlich gültige Ehe (**iustum matrimonium**) verlangte römisches Bürgerrecht beider Ehegatten (oder wenigstens *conubium* zwischen Mann und Frau; Ulp. epit. 5, 3: *Conubium est uxoris iure ducendae facultas*) und Mündigkeit *(pubertas)* beider. Andere **Ehen** konnten **nach peregrinischem Recht** der Ehegatten gültig sein, nach römischem waren sie es nicht.

2. Es ist anzunehmen, daß in alter Zeit die Ehefrau im allgemeinen (s. aber c) in die Familie des Mannes und damit in die Hausgewalt des Hausvaters *(pater familias)* aufgenommen wurde, deren alter Name (**manus**) auf die Ehegewalt beschränkt wurde. Dies konnte auf dreierlei Art geschehen: 3

a) Die altertümlichste Form ist die **confarreatio**, ein sakraler Akt, offenbar etruskisch beeinflußt, bei dem unter Mitwirkung des *flamen Dialis* vor zehn Zeugen unter anderem ein Speltbrot (*panis farreus; far* [Spelt] ist eine Weizenart [= Dinkel]) dem *Iuppiter farreus* geopfert wurde. Eheschließung und *conventio in manum* sind hier in einem Akt zusammengezogen. Sonst waren Eheschließung und Erwerb der *manus*-Gewalt getrennt. Für die Eheschließung selbst ist jedenfalls seit klassischer Zeit der *consensus* entscheidend gewesen (Iul. D. 23, 1, 11: *Sponsalia sicut nuptiae consensu contrahentium fiunt).* Es ist wohl seit jeher so gewesen. 4

b) Das übliche Formalgeschäft, durch das die Aufnahme in die Familie und die Ehegewalt begründet wurden, ist ein zwischen dem künftigen Ehemann oder dessen Gewalthaber mit dem bisherigen Gewalthaber der Frau vorzunehmender Manzipationsakt (**coemptio**), der wohl einmal ein urtümlicher Brautkauf gewesen sein mag. Übertragen wurde hierbei die Frau, die Begründung der Ehegewalt war die Folge. 5

c) Durch eine Art von „Ersitzung" (**usus**) erwarb der Mann die Frau und damit die Gewalt über sie, wenn er ein Jahr lang in gültiger Ehe mit ihr gelebt hatte. Wollte sie den Erwerb der Gewalt verhindern, so mußte sie nach einem Zwölftafelsatz (6, 4) die Ersitzungsfrist unterbrechen, indem sie alljährlich drei aufeinanderfolgende Nächte *(trinoctium)* abwesend blieb. Das Verfahren wird bereits älterer pontifikaler Praxis entsprechen. Die Aufrechterhaltung einer **manus-freien Ehe** wurde so ermöglicht. 6

Ein ähnliches Nebeneinander von Muntehe und gewalfreier Ehe kennt auch das germanische Recht.

3. Die **Familie** war ähnlich wie die Sippe ein in sich geschlossener Rechtsverband, aber anders als sie mit einer monokratischen Spitze. Ihr stand der Hausvater (**pater familias**) als Oberhaupt vor. Seine **Hausgewalt** war umfassend, wiewohl abgestuft nach ihren Gegenständen. Sie erstreckte sich nicht nur auf die familienangehörigen Personen, sondern auch auf den gesamten Sachbesitz. Ursprünglich hieß sie im Verhältnis zu den ihr unterworfenen Personen (nach der herrschenden und schirmenden Hand) **manus.** Erst zu Beginn der historischen Zeit machte man auch hier feinere Unterschiede: Für die Gewalt über Sklaven und Hauskinder bürgerte sich die Bezeichnung **domestica** bzw. **patria potestas** ein, während die inhaltlich abgeschwächte Gewalt über fremde Hauskinder (nach dem Erwerbsakt) nunmehr **mancipium** (§ 13 IV 1) genannt wurde. Lediglich die eheherrliche Gewalt behielt den alten Namen *manus.* 7

4. Solange das Recht sich noch nicht begrifflich von der Sitte gelöst hatte, unterlag die Gewalt des Hausvaters unmittelbar den vielfältigen **Bindungen des Brauchtums.** Mit der Verselbständigung des Rechts zu Beginn der historischen Zeit (§ 9 I 2) verwandelten sich diese Bindungen in **außerrechtliche Beschränkungen.** Die eigentlich rechtliche Gewalt gewann damit nach außen hin einen vollkommen unbeschränkten oder absoluten Charakter. Innerhalb der Familie hatte der Gewalthaber – rein privat- 8

rechtlich gesehen – die volle Strafgewalt, das (theoretisch bis in die späteste Zeit sich erhaltende) Recht über Leben und Tod (**ius vitae necisque**).

Für **Vergehen** der Gewaltunterworfenen gegen Außenstehende hatte der Hausvater dagegen selbst die Verantwortung zu tragen, sofern er den Täter dem Familienhaupt des Verletzten nicht ausliefern wollte (**noxae deditio**).

Einem Mißbrauch des hausväterlichen Rechts über Leben und Tod der Gewaltunterworfenen wirkten Sitte und Sakralrecht entgegen. Darüber hinaus hatte bei einem förmlichen Hausgericht *(iudicium domesticum)* ein Konsilium „von Verwandten und Freunden“ mitzuwirken, um eine allfällige „Schuld des zu Bestrafenden und damit die Rechtmäßigkeit der Strafe durch das Urteil der Beisitzer zu erhärten“ (Kunkel, Kl. Schr. 148).

9 5. Die Familie war zugleich auch **sakrale Gemeinschaft.** Als häusliche Kultstätte diente der Herd. Hier leitete der Hausvater die Opferhandlungen (**sacra**) zu Ehren der Hausgötter.

Zu ihnen zählten die *Lares,* die wohl aus dem Ahnenkult hervorgegangen waren und Familie und Acker zu schützen hatten, die *Penaten,* die über den häuslichen Wohlstand wachten, sowie der *Genius,* ursprünglich die Personifizierung von „Macht und Ansehen“ des Hausvaters, später als häuslicher Gott verehrt (W. Eisenhut, KlP II 741).

10 6. Die Familie umfaßte nicht nur die Familienangehörigen im heutigen Sinn, sondern den ganzen **Hausverband (domus)**, also auch das gesamte Gesinde (**famuli**). Die **familia** reichte also so weit wie die **Hausgewalt** selbst; es gehörten zu ihr die Unfreien (**servi:** die Knechte) nicht anders als die gewaltunterworfenen Freien (**liberi** = Kinder).

Sklave wird man durch Kriegsgefangenschaft, durch Verkauf ins Ausland (12 Taf. 3, 5: *trans Tiberim*) oder durch Geburt als Kind einer Sklavin. In dieser Zeit unterschied sich die Lebensform der Haussklaven im Prinzip nicht von der der Hauskinder *in potestate patris familiae,* um so weniger, als es noch nicht viele gab: Ihre pflegliche Behandlung lag durchaus im Interesse ihres *dominus.* In der patriarchalischen **Hausgemeinschaft** galten die Sklaven als – freilich unfreie – Menschen. Sie nahmen am Gemeinschaftsleben, wohl auch am Kult und an Festen teil, saßen mit der ganzen Familie an einem Tisch, so wie sie gemeinsam mit dem Bauern und seinen Söhnen das Feld bestellten. Sie waren ja auch damals vorwiegend kriegsgefangene Italiker, Menschen gleicher Kulturstufe.

11 Die Rechtsordnung behandelte die Sklaven als Menschen, nicht als Sachen, wenn etwa 12 Taf. 8, 3 für die Verletzung eines Sklaven als Buße das halbe Wergeld eines Freien festsetzt. Kaum zweihundert Jahre später stellt die *lex Aquilia* über Sachbeschädigung (286; § 12 V 2) den **Sklaven der Sache gleich,** indem sie der Berechnung der Buße wegen Tötung oder Verletzung eines (fremden) Sklaven den Sachwert zugrunde legt. In diesen knapp zweihundert Jahren hatte sich die alte bäuerliche Lebensform allmählich aufgelöst. Die frühen Formen der Landwirtschaft wurden durch das von den Karthagern übernommene Plantagensystem (§ 18 II 2) verdrängt, bei dem die Sklavenarbeit eine wesentliche Wirtschaftsgrundlage bildete. Das alles führte zur Entstehung „kapitalistischer“ Wirtschaftsformen. Dazu kommt, daß durch die Kriege des dritten Jahrhunderts Ströme von kriegsgefangenen Sklaven nach Italien gelangten. Unter diesen Umständen verschlechterte sich die Stellung der Sklaven sehr rasch, so daß sie bereits im dritten Jahrhundert als handelsfähiger Vermögenswert, also **wirtschaftlich und privatrechtlich als Sache behandelt** wurden.

12 Die **Freilassung (manumissio)** des Sklaven gab ihm in alter Zeit wohl zunächst nur die Stellung eines rechtlosen Fremden *(hostis, peregrinus),* der aber unter dem Schutz seines Freilassers stand, der sein Patron wurde. Aber bereits mit der *manumissio vindicta* (ein Anwendungsfall der *in iure cessio;* § 13 IV 2) dürfte der Freigelassene das

römische Bürgerrecht erworben haben. Eine solche berichtet Liv. 2, 5, 9f. bereits für den Anfang der Republik. Diese vielfach angezweifelte Nachricht wird durch die Berichte der klassischen Juristen Gaius und Ulpian indirekt bestätigt. Nach ihren Aussagen (o. § 4 V 1) haben offenbar auch die Zwölftafeln die Freigelassenen als römische Bürger behandelt. Die *manumissio censu* (Eintragung in die Bürgerliste) schließlich bestand ihrem Wesen nach in der Gleichstellung mit einem freien Bürger (zum *census* § 15 IV 2).

Die Sklaverei als Institut wurde in der Antike von der Gesellschaft nie in Frage gestellt. An dieser Grundeinstellung ändert weder die Stoa etwas mit ihrer Lehre von der natürlichen (φύσει) Freiheit aller Menschen (vgl. Ulp. D. 1, 1, 4: *cum iure naturali omnes liberi nascerentur;* auch Flor. D. 1, 5, 4, 1) noch das Christentum durch die Verkündung der Gleichheit aller vor Gott. Verändert werden konnte dadurch im Laufe der Zeit nur die **Behandlung** des Sklaven, die Zuerkennung gewisser Rechte, insbesondere **Schutzrechte,** und die Begünstigung der Freilassung *(favor libertatis).* 13

7. Das **erbliche Familiengut** bestand nach der Seßhaftwerdung (Siedlung) aus Haus und Hof und dem Ackerland; daß das Ackerland in vorhistorischer Zeit in der Kollektivherrschaft der Gentes stand, ist einerseits nicht zu beweisen, andererseits muß es aus wirtschaftlichen Gründen als äußerst unwahrscheinlich gelten (s. auch § 13 II 2). 14

In historischer Zeit begegnet sogleich die wirtschaftliche Autonomie der einzelnen Hofwirtschaften unter einem *pater familias.* Wäre ein sogenannter Agrarkommunismus oder eine genossenschaftliche Agrarverfassung das Ursprüngliche gewesen, so würde der Traditionalismus der Römer irgend etwas von den früheren Gepflogenheiten in dem späteren Entwicklungszustand noch sichtbar werden lassen. Über die Bedeutung des Erbrechts der Gentilen § 3 I 4 a.E.

Die Überlieferung von den zwei Joch Land *(bina iugera),* die Romulus den einzelnen Bürgern zugeteilt habe und die *heredium* hießen (Varro rust. 1, 10, 2), ist legendär. Von Varro wird sie Plin. nat. 18, 2, 7 *(bina iugera)* und 19, 4, 50 *(heredium)* haben. 15

Im altgriechischen Bereich begegnet ein Beispiel von Landzuteilung im Siedlungsgesetz aus West-Lokris (ausgehendes 6. oder beginnendes 5. Jahrhundert), von dem Teile erhalten sind (v. Wilamowitz-Moellendorff, Sitz. Ber. PrAkdW, Phil.-histor. Kl. 1927, 7ff.). Aus ihm ergibt sich, daß das ursprünglich als **Gemeinde-Weideland** okkupierte Gebiet zur dauernden Sondernutzung, unveräußerlich, jedoch vererblich, unter die Siedler **aufgeteilt** wird.

Das Familiengut (**familia pecuniaque**) unterlag der alleinigen Verwaltung und Verfügungsmacht des Hausvaters (vgl. Kaser, RPR I 97f. und 119f.). Die Hauskinder und die *uxor in manu,* das ist die Ehefrau in der Ehegewalt des *pater familias,* hatten zu seinen Lebzeiten an diesem Familiengut eine Art von Anwartschaftsrecht (Gai. inst. 2, 157: *vivo quoque parente quodam modo domini existimantur),* das aber mit der fortschreitenden Entwicklung des Testaments seine ursprüngliche Bedeutung einbüßte. 16

Für die älteste Zeit wäre eine Unveräußerlichkeit von Grundstücken denkbar, die aber historisch nicht mehr greifbar ist. Hingegen mißbilligt noch in späterer Zeit der Zensor die „Veräußerung unentbehrlichen Landbesitzes" (Kaser, RPR I 125; Ascon. tog. cand. p. 84). Die Tatsache, daß Grundstücke zu den **res mancipi** zählten, macht jedoch deutlich, daß sie der **mancipatio** (und der **in iure cessio**; § 13 IV 1. 2) grundsätzlich zugänglich waren.

8. Erst beim Tode des Vaters erstarkte das ruhende Gemeinschaftsrecht der dem Hausverband angehörenden **liberi** zum wirklichen Recht. Die Kinder traten als **Erben** (**heredes**) an die Stelle des Hausvaters. Sie wurden gewaltfrei (*sui iuris,* Gai. inst. 1, 48 = D. 1, 6, 1 pr.; oder *suae potestatis,* z.B. Ulp. epit. 23, 6). Damit werden die Söhne gleichzeitig selbst *patres familiarum* (Ulp. D. 1, 6, 4) und begründen jeder für sich eine neue, selbständige **Hausgewalt** (Ulp. D. 50, 16, 195). In vermögensrechtlicher Beziehung dagegen bildeten die hausangehörigen Miterben (**sui heredes**) zunächst eine un- 17

geteilte **Erbengemeinschaft** (**societas ercto non cito,** Gai. inst. 3, 154a). In dieser Erbengemeinschaft hatte jeder Miterbe eine unbeschränkte Verfügungsgewalt über die Rechte der Gemeinschaft.

18 War ein Hauserbe nicht vorhanden, so fiel die Erbschaft an den nächsten agnatischen Verwandten und weiter an die Gentilen (**extranei heredes**); für diesen Fall wird jedoch in den Zwölftafeln die Möglichkeit vorausgesetzt, daß sich der Erblasser durch Testament (**testamentum calatis comitiis**) oder unter Lebenden durch Annahme an Sohnes Statt (**adrogatio**) vor der Volksversammlung (vgl. § 7 II 3) an Stelle des fehlenden Leibeserben einen anderen als Erben wählte.

In die Zeit der Zwölftafeln gehört auch das *testamentum per aes et libram,* das die Zuwendungen von Todes wegen durch Einsetzung eines Treuhänders (*familiae emptor,* entsprechend dem deutschrechtlichen Salman) ermöglicht. Aus dem weiteren Text der Zwölftafeln (12 Taf. 5, 4) kann man schließen, daß damit bereits der später hervortretende Grundsatz der **Testierfreiheit** zumindest grundgelegt war. Mit dem Anfang des Satzes 5, 4 (SI INTESTATO MORITUR, ..., wenn der Erblasser ohne Testament stirbt, ...) ist die von den Zwölftafeln festgelegte **gesetzliche Erbfolge** als **sekundär** gekennzeichnet. Sie kommt **nur** in Betracht, **wenn kein Testament** vorhanden ist. Darauf geht auch die römische Bezeichnung der gesetzlichen Erbfolge als **Intestaterbfolge** zurück (*hereditas ab intestato,* Ulp. D. 38, 6, 1 pr.).

19 9. Auch die **Verwandtschaft** (**agnatio** = *adgnatio:* Personen, die im gleichen Hausverband leben) wurde zunächst ausschließlich durch die *patria potestas* vermittelt. Die weiter entfernten **Agnaten** hießen **Gentilen.** Mit dem Zerfall der Gens begann jedoch auch im Rechtsleben an Stelle der *agnatio* die Blutsverwandtschaft (**cognatio**) (vgl. Gai. inst. 1, 158; 3, 18ff.; insb. 3, 25) eine immer größere Rolle zu spielen. Die noch ganz auf der Agnation beruhenden Bestimmungen der Zwölftafeln verloren infolgedessen später ihre Bedeutung.

Dieses Nebeneinander von Agnation (Haus und Sippe) und Kognation (Magschaft) begegnet uns auch im **germanischen** Recht.

3. Das Gemeindeland

20 1. Während das Ackerland schon früh im Eigentum der einzelnen Familien stand, ist das Weideland *(ager compascuus)* lange Gemeinschaftsboden gewesen, wie die Allmende des deutschen Rechts es war. Als *ager publicus* stand es im Eigentum des **populus Romanus** und unterlag unmittelbar der staatlichen Verwaltung.

2. *Ager publicus* wurde künftig auch das Beuteland aus kriegerischen Eroberungen, vielleicht damals, wie wir es dann aus späterer Zeit (§ 18 II 1) wieder kennen, den Bürgern zu freier **Okkupation** überlassen. Mit dem Beginn der Geldwirtschaft wird die **Verpachtung** des *ager publicus* die Regel (s. § 15 IV 5a).

§ 12. Das Strafrecht

Schrifttum: In den Darstellungen des Strafrechts (§ 1 III 7); ferner: *J. Lengle,* Römisches Strafrecht bei Cicero und den Historikern (1934); *C.H. Brecht,* Perduellio, in: Münch. Beitr. z. Papyrusforschung 29 (1938); *ders.,* Zum römischen Komitialverfahren, in: SZ 59 (1939) 261ff.; *H. Siber,* Provocatio, in: SZ 62 (1942) 376ff.; *ders.,* Art. Plebs, in: RE XXI 1, 176f.; *ders.,* Analogie, Amtsrecht u. Rückwirkung im Strafrecht des röm. Freistaates, in: Abh. Sächs. Ak., Phil.-hist. Kl. 43 (1936); *K. Latte,* Todesstrafe, in: RE Suppl. VII 1610ff.; *G. Crifò,* Ricerche sull' „exilium" nel periodo repubblicano, Parte I (1961); *ders.,* L'esclusione dalla città, Altri studi sull' *exilium* romano (1985); *W. Kunkel,* Quaestio, in: RE XXIV 720ff. = Kl. Schr. 33–110; *ders.,* Die Funktion des Konsiliums in der magistratischen Strafjustiz und im Kaisergericht, in: SZ 84 (1967) 218–244 = Kl. Schr. 151–177 (für das magistratische Strafverfahren); *J. Bleicken,* Provocatio, in: RE XXIII 2444ff.; *W. Waldstein,* Bona damnatorum, in: RE Suppl. X (1965) 96ff.; *J. Foviaux,* La rémission des peines et des condemnations, Droit monarchique et droit moderne (1970), zum antiken Recht 15–28 mit weiteren Hinweisen; *C. Gioffredi,* I principi del diritto penale romano (1970); *E. Nardi,* Procurato aborto nel mondo greco romano (1971); *A. H. M. Jones,* The Criminal Courts of the Roman Republic and Principate (1972); *A. W. Lintott,* Provocatio, From the Struggle of the Orders to the Principate, in: ANRW I 2, 226–267; *W. Eisenhut,* Die römische Gefängnisstrafe, ebend. 268–282; *E. L. Grasmück,* Exilium, Untersuchungen zur Verbannung in der Antike (1978); *B. Santalucia,* Dalla vendetta alla pena, in: Storia di Roma I (1988) 427–450. *B. Santalucia,* Diritto e processo penale nell'antica Roma (1989); dazu *J. Zlinszky,* SZ 109 (1992) 690–693; *V. M. Amaya Garcia,* Coautoría y complicidad: Estudio historico y jurisprudencial (1993); *C. Venturini,* Processo penale e società politica nella repubblica romana (1996); *L. Garofalo,* Appunti sul diritto criminale nella Roma monarchica e repubblicana (1997); *C. Cascione,* Tresviri capitales (1999).

1. Verbrechen und Strafe

1. In der Urzeit wird die weitgehende Autonomie der Sippen die Strafgewalt des Königs von vornherein auf diejenigen Verbrechen beschränkt haben, die sich, wie der Hoch- und Landesverrat *(perduellio),* gegen die staatliche **Gemeinschaft** oder die allgemeine **sakrale Ordnung** richteten. Diese **Staatsverbrechen (crimina „publica")** stellten zugleich Verletzungen der nationalen Gottheiten und somit sakralrechtliche Verbrechen dar *(nefas).* Um den Zorn der beleidigten Götter von der Stadt abzuwenden, reinigte sich, wie man annimmt, die Gemeinschaft durch die Ausstoßung des Täters, die ihn der Rache der Gottheit preisgab *(consecratio).* Jeder Bürger war berechtigt, den Friedlosen *(sacer)* zu töten, um die Gottheit auf diese Weise zu versöhnen. 1

Auch im **germanischen** Recht beruht die Todesstrafe nicht auf sakraler Opferung, sondern auf den alten Vorstellungen vom Reinigungs-, Abwehr- und Sicherungszauber.

2. Die richterliche Tätigkeit des Königs und der späteren zuständigen Beamten *(duoviri?)* beschränkte sich infolgedessen auf einen einfachen „Schuldspruch" oder, genauer gesagt, auf die bloße **Feststellung der Tat,** ohne daß ein besonderes Strafurteil erging. Auch der König stützte sich dabei wohl auf das Urteil eines *collegium* angesehener Sippenältester. Seit republikanischer Zeit wurde in diesen Fällen ein politischer Strafprozeß vor den Komitien geführt; schon in der Zwölftafelzeit waren dafür die Zenturiatkomitien zuständig (tab. 9, 1; s.o. § 10 III 2). 2

Frühzeitig wurde es üblich, aus Gründen der allgemeinen Rechtssicherheit und Ordnungsmäßigkeit des Verfahrens auch die Tötung des Übeltäters in eine von Staats wegen zu vollstreckende Hinrichtung zu verwandeln. Erst mit diesem Augenblick läßt sich von einer eigentlichen Strafgerichtsbarkeit sprechen; jedes *crimen „publicum"* wird nunmehr durch die kapitale, d.h. an das *caput* des Täters gehende **Todesstrafe** bedroht. 3

Die **Exekution** von Staats wegen geschah offenbar nur durch das Beil, mit Ausnahme der alten Perduellionsstrafe, bei der Erhängen wohl seit alters üblich war. Die speziellen Tötungsarten, die die Zwölftafeln als Kapitalstrafen bezeugen, betreffen nur Exekutionsformen für Privatstrafen, wie Kunkels Forschungen äußerst wahrscheinlich gemacht haben. 4

3. **Schwere gemeine Verbrechen,** die nicht zu dem Kreis der gemeinschaftsgefährdenden oder die Sakralordnung ernstlich verletzenden Taten gehören, waren dagegen noch jahrhundertelang Gegenstand **privater Strafverfahren.** Dieses Strafrecht, wie es die Zwölftafeln zeigen und wie es bis zur sullanischen Zeit im wesentlichen geblieben ist, beruhte auf dem **Prinzip der Vergeltung,** der Talion. Soweit die Todesstrafe angedroht wird, handelt es sich oft speziell um die Art des Vollzuges. 5

Die Zwölftafeln führen als solche *crimina* auf: Mord in böser Absicht *(parricidium),* Brandstiftung (mit Androhung des Feuertodes), handhafte Tat beim Diebstahl *(furtum* 6 *manifestum),* nächtliches Abweiden fremder Felder (mit Androhung des Aufhängens für die Erntegöttin) und falsches Zeugnis (mit dem Sturz vom tarpeischen Felsen bedroht). Auch Zauberflüche *(qui malum carmen incantassit)* gehören zu diesen *crimina,* besonders die Schädigung fremder Feldfrucht *(qui fruges excantassit)* und das Herüberziehen fremder Saat auf den eigenen Acker *(... neve alienam segetem pellexeris)* durch Zauberformeln (12 Taf. 8, 1 ff.).

Kunkel hat wahrscheinlich gemacht, daß der aus einer solchen Straftat entstehende Vergeltungsanspruch im **privaten Kapitalverfahren des Zwölftafelrechts** geltend gemacht wurde. Mit Hilfe einer für das Strafverfahren besonders ausgestalteten *legis actio sacramento in personam* (§ 14 II 3 a β) seien von einer **Geschworenenbank** die Voraussetzungen für die bestrafende Vergeltung geprüft worden. Ein Schuldspruch hätte zur Auslieferung des Verurteilten an den „siegreichen Ankläger zu privater Bestrafung" geführt (Kunkel, Unters. 97 ff. und 132 f.). Man nennt diese Form der Strafverfolgung gewöhnlich „Privatrache", doch ist dieser Ausdruck teilweise irreführend.

7 Bei Offenkundigkeit der Tat entfiel das Untersuchungsverfahren. Bei Ergreifung eines Diebes zur Nachtzeit durfte der Bestohlene ihn töten (12 Taf. 8, 12). Wenn sich ein am Tag ergriffener Dieb mit einer Waffe *(telum)* verteidigte, mußte der Bestohlene die Nachbarn als Zeugen herbeirufen *(endoplorare,* 12 Taf. 8, 13; entsprechend das germanische Gerüfte).

Die Römer haben offenbar schon in sehr früher Zeit bei der Tötung die absichtliche von der unabsichtlichen (dem germanischen „Ungefährwerk") unterschieden. Schon im Zwölftafelgesetz soll der Satz gestanden haben: *„si telum manu fugit magis quam iecit, aries subicitur".* In Wahrheit wird der Satz, der auch, ebenso wie der Satz über die absichtliche Tötung, den *leges regiae,* also der Vorzwölftafelzeit, zugeschrieben wird, noch in das Pontifikalrecht gehören, das uns unter jenem Namen überliefert ist. Der Bock, der in diesem Fall eine Ersatzleistung darstellt, ist das stellvertretende Objekt für die Blutrache der Sippe des Getöteten (Kunkel, Unters. 39 ff.).

Bei leichteren Verbrechen war die physische Vergeltung ausgeschlossen. An ihre Stelle traten festgesetzte **Geldbußen.**

8 4. Wegen **Ungehorsams** gegenüber seinen Anordnungen konnte der Magistrat kraft der seinem Imperium innewohnenden Zuchtgewalt (**coercitio**), der der römische Bürger mit Leib und Leben unterlag, nach freiem Ermessen wie **kapitale Strafmaßnahmen** anordnen, so auch **Pfändung** *(pignoris capio),* **Geldbußen** *(multa),* **Fesselung** *(vincula)* und **Auspeitschung** *(verbera),* d. h. polizeiliche Maßnahmen ergreifen. Über Einschränkungen s. u. III.

2. Komitialprozeß und Schwurgericht

9 1. Mit der Bildung politische Verantwortung tragender Komitien hängt wohl die Entstehung des **Komitialprozesses** zusammen, der in der Folgezeit für die Aburteilung von **Staatsverbrechen** in einem **iudicium „publicum"** durchgeführt wurde. Solche Staatsverbrechen waren stets politischer Natur, beispielsweise Hoch- und Landesverrat und Amtsvergehen gewesener Magistrate. Anklagen wegen gemeiner Verbrechen gegen Leib, Leben und Eigentum des einzelnen kamen niemals vor die Komitien.

Kapitalklagen wurden vor den Komitien von den **Volkstribunen** erhoben und von ihnen üblicherweise in drei nicht beschließenden Versammlungen des Volkes *(contiones)* vertreten, in denen auch der Angeschuldigte Gehör erhielt. In einer darauf folgenden und von ihnen geleiteten Komitialversammlung fällte das Volk seinen Freispruch oder sein Schuldurteil. Gemeinschädliche, aber erst später als Staatsverbrechen angesehene Taten kamen vor den **ädilizischen Komitialprozeß;** hier handelte es sich um Fälle, die mit den **polizeilichen Funktionen der Ädilen** im Zusammenhang standen:

Korn- und Zinswucher und gewisse Sittlichkeitsvergehen. Der Strafantrag ging hier nicht auf kapitale Verurteilung, sondern auf Geldstrafe.

Zuständig für den Komitialprozeß waren wohl von Anfang an die Zenturiatkomitien (§§ 7 III 3; 10 III 2 u. o. I 2) und nach der *lex Hortensia* (§ 17 III 2) auch die *concilia plebis.* In jüngerer Zeit wurde den Angeklagten der vornehmen Stände das *ius exilii* zugebilligt: Der Angeklagte konnte sich vor der Verkündung des Schuldurteils der Todesstrafe durch Flucht ins Ausland entziehen (freiwillige Verbannung). Gewöhnlich wurde dann gegen den Täter durch magistratisches Edikt die Ächtung verhängt *(aquae et ignis interdictio)*, seit Sulla auch schon vor seiner Flucht. 10

2. **Gemeine Verbrechen** gegen den einzelnen Bürger waren und blieben bis etwa in die sullanische Zeit hinein Sache der **privaten Rechtsverfolgung.** Die richterliche Funktion des Staates beschränkte sich darauf, über die Einhaltung der Regeln und Schranken zu wachen, die der Vergeltung des Geschädigten gesetzt waren. Hierfür wurden **Geschworenenbänke** gebildet, die seit der Schaffung der Prätur als Jurisdiktionsbehörde in aller Regel von einem **Prätor** geleitet wurden. 11

Der Prätor war also Träger wie der zivilen Gerichtsbarkeit so der normalen, d. h. nicht politischen Strafjustiz, wie von Kunkel überzeugend dargetan wurde. Der Gerichtsmagistrat ist nicht erst in den Quästionen der ausgehenden Republik, sondern von jeher an den **Schuldspruch** seines **consilium** *(iudicum)* gebunden, zum mindesten im Kapitalprozeß. Die Geschworenen sind es, die entscheiden, nicht der Magistrat, der nur ihre Entscheidung verkündet.

Wenn es also um eine kapitale Bestrafung eines Bürgers wegen eines Verbrechens ging, nicht etwa um eine polizeiliche Maßnahme wegen Ungehorsams, mußte ein **förmliches Gerichtsverfahren** stattfinden. Daher war auch die Blutrache ohne gerichtliche Klärung der Schuldfrage verboten.

3. Die Provokation

Das sog. **ius provocationis** haben die Römer immer für ein besonders charakteristisches Element einer freiheitlichen Verfassung angesehen. Ursprünglich war es wohl eher ein **politischer Akt** der Plebs als ein Recht. Seit den Ständekämpfen hatte sich die *provocatio* jedoch zu einem Recht entwickelt, das den römischen Bürger *domi* (innerhalb der Bannmeile Roms) bis zu einem gewissen Grade gegen polizeiliche Maßnahmen der Magistrate (**coercitio**), insbesondere gegen **kapitale Bestrafung** schützte. Dagegen schützte es nicht gegen Bestrafung auf Grund eines förmlichen Gerichtsverfahrens. Das Provokations**recht** wurde vermutlich erst durch eine **lex Valeria** aus dem Jahre 300 näher geregelt, durch die der magistratischen Koerzition gewisse Grenzen gezogen wurden. Die Überlieferung, die noch von zwei weiteren Gesetzen desselben Namens bereits aus dem 5. Jahrhundert berichtet, ist zwar fragmentarisch, sollte aber jedenfalls ernstgenommen werden. 12

Die *provocatio* war kein Rechtsmittel, das den Magistrat zu gerichtlicher Verhandlung zwang. Wenn ein Magistrat ohne Schuldspruch eines Gerichts einen Bürger hinrichten ließ, so galt seine Tat als ein **improbe factum** und damit als ein schweres Amtsvergehen, das ihn selbst vor die Schranken der Komitien bringen konnte, wenn er vom Volkstribun angeklagt wurde. Das aber werden die Imperiumträger gescheut haben, und damit wird es zusammenhängen, daß wir von keinem Provokationsverfahren vor den Komitien etwas hören. 13

Bekannt ist jedoch der Fall Ciceros, gegen den P. Clodius nach der Hinrichtung der Catilinarier ohne Gerichtsverhandlung ein Plebiszit erwirkte: *ut qui civem Romanum indemnatum interemisset, ei aqua et igni interdiceretur.* Cicero entzog sich dem Verfahren, indem er freiwillig in die Verbannung ging. 14

15 Eine unmittelbare Hilfe gegen exzessive polizeiliche Maßnahmen eines Imperiumträgers konnte der Betroffene besser durch Interzession eines anderen Magistrats und insbesondere durch die des *tribunus plebis* erreichen. Dies gilt aber wieder nur für Rom (**ius auxilii**). Ein gewisser Ersatz sollte vielleicht die Ausdehnung der Provokation auf die in der Provinz lebenden Bürger durch eine der **leges Porciae** (frühes 2. Jahrhundert) sein. Doch auch über Peregrinen und selbst über Sklaven urteilte der Statthalter im Falle der Kapitaljurisdiktion im 1. Jahrhundert offenbar gewöhnlich *de consilii sententia.*

4. Das jüngere iudicium publicum

16 1. Seit dem 2. Jahrhundert beginnt der Übergang zu einer allgemeinen staatlichen Strafverfolgung und damit auch die allmähliche Verdrängung des privaten Kriminalprozesses, dessen Spuren sich aber noch bis gegen Ende des 1. Jahrhunderts finden. Die neue Entwicklung nimmt ihren Ausgang von den **quaestiones extraordinariae** in politischen Strafsachen und Skandalfällen, die durch **Senatsbeschluß** eingesetzt werden, z.B. zur Unterdrückung der Bacchanalien im Jahre 186, die auch ein Politikum darstellte, oder bei solchen Skandalprozessen wie denen gegen Frauen wegen Giftmordes (berüchtigt war der Prozeß aus dem Jahre 180). Schon im 2. Jahrhundert geschah die Einsetzung solcher Sondergerichte durch **Plebiszit,** seit der **lex Sempronia de capite civis** des C. Gracchus (a. 123) war sie nur noch durch Volksbeschluß zulässig. Eröffnung und Leitung lag bei diesen Sonderprozessen in der Hand des Magistrats oder eines von ihm eingesetzten *quaesitor,* den Schuldspruch fällte ein **consilium.**

Den Verurteilten im Verfahren der *quaestiones extraordinariae* wird man, soweit es sich um *honestiores,* besonders um Senatoren handelte, wie bisher Gelegenheit gegeben haben, ins Exil zu gehen (o. II 1 Abs. 3).

17 Dazu kommt die Polizeigerichtsbarkeit der **tresviri capitales,** Hilfsbeamten des Prätors zur Bekämpfung des großstädtischen Verbrecherunwesens. Auch sie scheinen erforderlichenfalls den Schuldspruch einem *consilium* überlassen zu haben.

18 2. Die genannten Institutionen führen einmal zu einer Zurückdrängung des schwerfälligen Komitialprozesses, zum anderen zur Ausbildung eines **iudicium publicum** bei gewissen gemeinen Verbrechen. Der Senat allerdings verlor die Kompetenz zur Konstituierung von Sondergerichten durch die **lex Sempronia de capite civis** des jüngeren Gracchus (123), die plebiszitäre Sonderquaestio blieb allein zulässig.

19 3. In diesen Fällen handelt es sich wie beim älteren *iudicium publicum* noch um **Offizialverfahren** (Inquisitionsverfahren), das der magistratische Vorsitzende *ex officio* eröffnet. Dem **iudicium publicum mit sogen. Popularanklage** begegnen wir zuerst bei Verfolgung gemeiner Verbrechen (u. 4). Besonders finden wir die Popularanklage bei der Schaffung von ständigen Gerichtshöfen mit bestimmtem Zuständigkeitsbereich und von Jahr zu Jahr wechselnden Geschworenenbänken (**quaestiones perpetuae**) unter Vorsitz von Prätoren oder von ihnen eingesetzten *quaesitores.*

In diesen *quaesitores* des spätrepublikanischen Kriminalverfahrens lebt offenbar der früh außer Übung gekommene Name der *quaestores parricidii* wieder auf.

20 4. Zunächst hat eine **lex Calpurnia repetundarum** (*pecuniarum;* 149) ein solches Geschworenengericht gegen die Ausbeutung von Provinzen durch Magistrate eingesetzt. Auf der Grundlage der **lex Sempronia iudiciaria** (122) wurden weitere *quaestiones perpetuae* geschaffen. Sulla (82–79) hat in seiner Gerichtsreform die Anzahl der *quaestiones* nochmals erweitert. Schließlich sind durch die Gerichtsreform des Augustus

(**lex Iulia iudiciorum publicorum;** 17 v. Chr.) für die Mehrzahl der Verbrechen – darunter Mord, Menschenraub, Vergewaltigung, Ehebruch – ständige Strafgerichtshöfe errichtet worden.

Die Anklage in diesem neuen **iudicium publicum** konnte durch Anzeige *(nominis delatio)* von jedem Bürger in Gang gebracht werden, wenn der Prätor oder sonstige Gerichtsmagistrat ihr zustimmte. Die magistratische Inquisition war damit durch die öffentliche **accusatio** eines Privatmannes ersetzt worden, der dafür als **delator** eine Prämie erhielt, wenn er siegreich war. Seine Sache war die Gestellung und das Verhör von Belastungszeugen, denen der Angeklagte Entlastungszeugen gegenüberstellen und der im übrigen zu seiner Verteidigung Anwälte hinzuziehen konnte. Die Geschworenen fällten den Schuldspruch und verhängten die Strafe, soweit sie sich nicht aus dem Gesetz ergab. Der Strafvollzug lag in der Hand des Prätors. 21

Über **Todesstrafen** gegenüber Angehörigen der oberen Stände o. II 1 Abs. 3.

5. Die Privatdelikte

1. Die **Verletzung der Persönlichkeit und des Eigentums** faßte man grundsätzlich nicht als gemeine Verbrechen, sondern als **privates Unrecht** auf, **delictum privatum.** Daß hier staatliche Strafgewalt nicht eingriff, daß der Verletzte sich sein Recht im **zivilen Rechtsstreit** selbst suchen mußte, war selbstverständlich. Nach den Zwölftafeln durfte bei Körperverletzung der Verletzte, wenn nicht eine friedliche Beilegung durch *pactum* zustande kam, die geschehene **Verstümmelung** mit Gleichem (**talio**) vergelten, aber selbstverständlich nur, wenn im vorangehenden Zivilprozeß darauf erkannt worden war. Gewöhnlich ging aber der staatlich geschützte **Bußanspruch** auf eine Geldsumme. Diese Buße wird – wie die öffentliche Strafe – als **poena** bezeichnet und war auch wirkliche Strafe, Privatstrafe. 22

Die Buße, über deren Höhe bei einzelnen Tatbeständen schon die Zwölftafeln Bestimmungen getroffen hatten, ging stets über den erlittenen Schaden hinaus, mögen die Bußsätze auch am Wert des betroffenen Gegenstandes gemessen werden – bei Eigentumsverletzung ging diese *poena* bis zum Vierfachen des erlittenen Schadens. Sie ist also stets Strafe, deren Verfolgung aber nicht nur Sache des Verletzten ist, sondern die auch **dem Verletzten verfällt.**

Die *poena* erfüllt die Funktion der Geldstrafen des modernen Strafrechts. Dagegen sind etwa die Bußen nach §§ 188 und 231 des deutschen StGB Entschädigungen und nicht Strafen. Im römischen Recht war bei einer Reihe von Klagen der Pönalanspruch mit dem Ersatzanspruch für einen Vermögensschaden in derselben Klage verbunden (*actiones mixtae;* vgl. Gai. inst. 4, 6–9). 23

2. Eines der wichtigsten Privatdelikte der Zwölftafeln war die Verletzung fremder Persönlichkeit durch Eingriff in die körperliche Integrität: **iniuria** (im engeren Sinne; zur Verstümmelung o. 1). Daneben stand das **furtum** als Eigentumsverletzung (Diebstahl, Unterschlagung u. dergl.); das sogen. *furtum manifestum* galt offenbar als (privates) *crimen* (o. I 3). Die Sachbeschädigung (**damnum iniuria datum**) bildet in den Zwölftafeln noch eine Reihe kasuistisch aufgeführter Sonderdelikte. Eine zusammenfassende Neuregelung erfolgte durch die *lex Aquilia,* ein Plebiszit vom Jahre 286, wie gewöhnlich angenommen wird. Mit den Datierungsproblemen dieses Gesetzes hat sich zuletzt Nörr, Causa mortis 124ff., eingehend auseinandergesetzt. Er kommt zu dem Ergebnis, daß eine „nicht ganz geringe Wahrscheinlichkeit" für die „Datierung des Gesetzes in das 3. Jhd." spricht (dort 128), womit auch das Jahr 286 möglich bleibt. Die *lex Aquilia* setzte an die Stelle fester Bußen den am Sachwert orientierten Höchstwert innerhalb des vorausgegangenen Jahres bei Tötung von Sklaven oder Großvieh, 24

von dreißig Tagen bei allen sonstigen Sachbeschädigungen. Sie wurde für die gesamte Folgezeit von großer Bedeutung für die Entwicklung des römischen Haftungssystems. Neben den zivilrechtlichen Deliktstatbeständen haben die Prätoren in ihren Edikten noch weitere entwickelt, wie etwa *metus* (Erpressung) und *dolus* (Betrug), D. 4, 2 und 4, 3; dazu Kaser/Knütel, RP § 8 IV und V.

§ 13. Die Anfänge des Verkehrsrechts

Schrifttum: s. oben vor § 9, dazu: *G. Dulckeit,* Zur Lehre vom Rechtsgeschäft im klassischen römischen Recht, in: Festschrift F. Schulz 1 (1951) 148ff., 160ff.; *ders.,* Zur Rekonstruktion der Nexumformel, in: Studi in onore di V. Arangio-Ruiz (1952) 57ff.; *M. Kaser,* EB; *ders.,* Neue Studien zum altrömischen Eigentum, in: SZ 68 (1951) 131ff.; *ders.,* RPR I 36ff.; *F. Wieacker,* Entwicklungsstufen des röm. Eigentums, in: Vom röm. Recht 187ff.; *ders.,* Zum Ursprung der bonae fidei iudicia, in: SZ 80 (1963) 1–41; *R. Düll,* Zur römischen Stipulatio, in: SZ 68 (1951), 191ff.; *M. Mattingly,* Roman Coins, letzte verm. u. verbess. Aufl. (1967); *Gebhart,* Numismatik und Geldgeschichte (1949); *E.A. Sydenham,* The Coinage of the Roman Republik (1952), with Additions and Corrections by Haines-Mattingly (1963); *R. Thomsen,* Early Roman Coinage 1 (1957), 2 u. 3 (1961); *M.H. Crawford,* Roman Republican Coinage I und II (1974); *O. Behrends,* Der Zwölftafelprozeß (1974); *F. Horak,* Kreditvertrag und Kreditprozeß in den Zwölftafeln, in: SZ 93 (1976) 261–286; *A. Romano,* Economia naturale ed economia monetaria nella storia della condanna arcaica (1986); *W. Waldstein,* Haftung und *dare oportere,* in: Fs. Wesener (1992) 519–530.

1. Die Erkenntnismittel

1 1. Das Gemeinschaftsrecht der frühen Republik (§ 11) trägt nicht mehr die Züge einer archaisch-primitiven Zeit. Mit dem politischen Aufstieg Roms ist auch bald die **Naturalwirtschaft überwunden** worden. Die Produktion und der **Güterverkehr** hat sich entwickelt.

Die römischen Juristen der klassischen Zeit berichten uns nur wenig über die Institutionen der Vergangenheit, am meisten noch der „Schuljurist“ **Gaius** aus dem 2. Jahrhundert n. Chr. (§ 34 II 3d β), doch so, daß uns das Mitgeteilte neue Rätsel aufgibt. Die **Redner,** auch Cicero, und die **Historiker** projizieren gern Einrichtungen aus späterer Zeit in die Frühzeit. Was uns **Antiquare** wie Gellius oder **Grammatiker** wie Verrius Flaccus (§ 1 II 2, 9b) durch ihre Zitate aus alter Zeit bewahrt haben, ist unschätzbar; nur auf ihre Etymologien darf man sich nie verlassen, sie haben höchstens den Wert von Assoziationen.

2 2. Fehlt es uns in beträchtlichem Maße an unmittelbaren Quellen für die Entwicklung des alten Verkehrsrechts, so bleiben uns doch zwei Wege, auf deren Gangbarkeit, aber auch Gefährlichkeit schon Kaser (RPR I 20) hingewiesen hat. Wir können bisweilen aus Namen, Wesen, Verwendungszweck späterer Rechtsinstitute vorsichtige Schlüsse auf Zeit, Umstände ihrer Entstehung und Entwicklung in der Frühzeit ziehen. Der Traditionalismus der Römer, ihre Neigung, am Überkommenen festzuhalten, rechtfertigt die Anwendung dieser **„morphologischen“ Methode.**

3 Einen anderen Weg bietet die **rechtsvergleichende Methode.** Man hat vielfach beobachtet, daß sich bei manchen Völkern vergleichbarer Kulturstufe ähnliche oder übereinstimmende Rechtseinrichtungen finden. Das gilt natürlich auch von anderen Kulturerscheinungen.

Eine **Parallele** findet sich etwa zwischen der für die Frühzeit angenommenen Aufteilung des Ackerlandes unter Einzelfamilien bei der Seßhaftwerdung und dem uns inschriftlich erhaltenen altgriechischen Gesetz, dem Lokrischen Siedlungsgesetz aus dem beginnenden 5. Jahrhundert (§ 11 II 7). Weitere Parallelen könnte man im vorchristlichen germanischen Recht sehen, dem die Grundstücksverfügung noch unbekannt ist, wo das Grundeigentum an die Familie gebunden ist (s. H. Hattenhauer, Die Entdeckung der Verfügungsmacht, Studien zur Geschichte der Grundstücksverfügung im deutschen Recht des Mittelalters [1969]), und das Recht des deutschen Mittelalters, in dem noch im 13. Jahrhundert die deutschsprachigen Urkunden zeigen, wie die Grundstücksverfügung „ihre juristische Legitimation erobern muß", indem nämlich etwa in Frage kommende künftige Erben am Veräußerungsgeschäft mitwirken müssen. Spuren eines solchen Zustandes sind für das römische Recht jedoch historisch nicht mehr greifbar.

Unter Zuhilfenahme dieser Erkenntnismittel können wir für die Anfänge des römischen Verkehrsrechts einigermaßen gesicherte Ergebnisse gewinnen.

2. Der Rechtsformalismus

1. Die autarke Vieh- und Agrarwirtschaft, die das römische Wirtschaftsleben bis in 4
die historische Zeit voll beherrschte, ließ einen regeren Güterverkehr nur langsam aufkommen. Dieser vollzog sich zunächst wohl durch **formfreien Tausch** von Hand zu Hand, der „Zuordnungswechsel" der Herrschaftsgewalt also durch einfache, formfreie Übergabe (**traditio**). Im allgemeinen wird sich auch dieser Tauschverkehr auf Gegenstände geringeren Wertes beschränkt haben. Innerhalb dieser primitiven Naturalwirtschaft gelangte wohl allein das Metall- und Waffenhandwerk zu selbständiger Bedeutung.

2. Im Interesse einer ordnungsgemäßen Bewirtschaftung wurden jedoch frühzeitig 5
auch die unentbehrlichen Inventarbestände des Bauernhofes, vor allem die Sklaven und das Vieh, der freien Verfügung des *pater familias* zugänglich. So wie das Vieh, und zwar nicht nur das Großvieh, sondern auch das Herdenvieh, schlechthin als „Vermögen" des Hausvaters angesehen wurde, so wurde es auch zum allgemeinen **Wertmesser pecunia** (von **pecus**), so daß später auch das **Geld** selbst mit **pecunia** bezeichnet werden konnte (dazu jetzt Wieacker, RG I 238 f.).

Ein Beispiel für dies mit Unrecht sogenannte „Viehgeld" (vgl. W. Gerloff, Die Entstehung des Geldes, 3. Aufl. 1947, 136 ff.) sind die **Bronzebarren,** die auf der Vorder- und Rückseite Stierreliefs, aber auch Darstellungen anderen Viehs tragen. Wieacker, RG I 239[13], hält dies aber für „nicht beweisend ..., da dort auch andere Tiere (wie Adler) und sonstige Gegenstände vorkommen". Immerhin weiß noch Varro rust. 2, 1, 9: *aes antiquissimum quod est flatum pecore est notatum.* Umgekehrt leitet Plin. nat. 33, 43 den Gebrauch des Begriffs *pecunia* für Geld gerade erst von der Signierung von Barren mit Viehzeichen ab: *antea rudi (aere) usos Romae Timaeus tradit. Signatum est nota pecudum, unde et pecunia appellata.* Derartige Barren sind auch wirklich in einer ganzen Reihe von Stücken erhalten (Beispiele bei M.H. Crawford, Roman Republican Coinage I [1974] 132, 5; Abbildungen II [1974] Taf. A, Erklärungen dort 713 ff.; vgl. auch Wenger, Quellen 899 f.).

Schließlich wurde auch der **Grund und Boden** zum Gegenstand des **Geld- und Güterverkehrs** innerhalb der aufblühenden Stadtgemeinde (§ 11 II 7).

3. Die **Veräußerung wirtschaftlich wertvoller Sachen** ließ einen einfachen Leistungs- 6
austausch bald nicht mehr als ausreichend erscheinen. Der Erwerber mußte darauf bedacht sein, daß ihm die ertauschte Sache weder vom Veräußerer wieder streitig gemacht noch von dritter, besser berechtigter Seite entzogen (nach dem späteren technischen Ausdruck evinziert, entwehrt) wurde. Diese Sachlage bildete den praktischen Grund dafür, daß derartige **Erwerbsakte** in Gestalt **feierlich-sakraler** Handlungen vollzogen wurden, deren Ritual von den Priestern bald in festen **symbolischen Formen** festgelegt worden ist. Wesentlich war allen diesen **formgebundenen Erwerbsakten** die **Offenkundigkeit.** Sie fanden daher in Gegenwart des Veräußerers und vielleicht seiner

sui heredes, später vor nachbarlichen Zeugen statt. Auf diese Weise sicherte sich der Erwerber gegen jeden Diebstahlsvorwurf. Die Rechtmäßigkeit seiner Bemächtigungs- und Aneignungshandlung ergab sich ja aus ihrem „stadtbekannten" Vollzug, in dessen Rahmen der Veräußerer durch widerspruchsloses „Verschweigen" erkennbar auf seine bisherigen Rechte verzichtet und dabei gleichzeitig die Gegenleistung erhalten hatte.

Nach diesem Grundschema sind die feierlichen Erwerbsakte aufgebaut, die das altrömische **ius (Quiritium)** ausgebildet hatte, die **mancipatio** (IV 1) und die **in iure cessio** (IV 2). Weil sie Verfügungen waren, die unmittelbar zu einer Änderung der dinglichen Rechtslage führten, nennt man sie **Verfügungsgeschäfte.**

Die Umständlichkeit und Schwerfälligkeit dieser Erwerbsgeschäfte erklärt sich daraus, daß sie in der Frühzeit doch verhältnismäßig selten im Rechtsleben begegneten. Es entspricht aber dem römischen Traditionalismus, daß man an diesen Formen auch noch festgehalten hat, nachdem sie angesichts des aufblühenden Handelsverkehrs längst nicht mehr als brauchbar erscheinen mußten.

7 4. Das entwickelte römische Wirtschaftsleben hat neben den Verfügungsgeschäften bereits früh, jedenfalls seit der Zwölftafelzeit, bloße **Verpflichtungsgeschäfte** ausgebildet, die den Veräußerer zu einer Leistung, genauer gesagt, zur Mitwirkung bei der verabredeten künftigen Erwerbshandlung der Gegenpartei rechtlich verbanden.

a) Derartigen Beredungen, die in der Lebenswirklichkeit natürlich allen Güterverschiebungen **tatsächlich** vorausgehen, fehlte ursprünglich jede **rechtliche** Bedeutung. Zwar sprach man ihnen, schon in Anbetracht der urtümlichen Einheit von Recht und Sitte, sicherlich nicht jede Verpflichtungskraft ab. Die **fides** als Verpflichtung, zu seinem Wort zu stehen, hat bereits früh rechtliche Bedeutung gewonnen. Cicero bezeichnet die *fides* in diesem Sinne sogar als Grundlage der Gerechtigkeit schlechthin (Cic. off. 1, 23: *Fundamentum autem est iustitiae fides, id est dictorum conventorumque constantia et veritas*). Dennoch hat sich die rechtliche Durchsetzbarkeit der auf *fides* beruhenden Verpflichtungen erst allmählich voll entfaltet.

8 b) Der eigentliche Begriff der Rechtspflicht als einer unsichtbaren **geistig-willensmäßigen** Bindung setzt bereits eine hohe Stufe in der Entwicklung des Rechtsbewußtseins voraus. Zunächst dürfte auf der Grundlage des Sakralrechts eine unmittelbare ideelle Selbstbindung des Schuldners ausgebildet worden sein. In ihr wirkten wohl alte magische Vorstellungen nach, die sich noch lange lebendig erhalten haben, auch nachdem sich bereits der Glaube an individuelle Gottheiten durchgesetzt hatte. Der Versprechende mußte sich demgemäß durch bestimmte **rituelle Formeln** selbst binden oder binden lassen. Dies ist der Ursprung aller eigentlichen mit Wortformeln verbundenen **Formalgeschäfte** des archaischen Rechts (u. III 1 und IV). Mit den späteren Formen des Rechtsgeschäfts, die als Geltungs- oder Wirksamkeitsvoraussetzungen dem äußeren Zwecke der Beweissicherung, der Verkehrssicherheit, der Rechtssicherheit und des Schutzes des Rechtsgenossen dienen, haben sie jedenfalls nichts zu tun. Die **Form** gilt hier noch als das eigentlich **wirkende Machtmittel,** das dem Willen der Rechtsperson zur Verfügung steht. Die bindende Rechtswirkung tritt nicht ein, weil sie gewollt ist, sondern weil sie unmittelbar an den Ausspruch der in der priesterlichen Rechtskunde überlieferten und erprobten Formeln geknüpft erscheint. Der primitiven Rechtsvorstellung erscheint die Form somit als unmittelbar wirkende **Kraft,** die ohne weiteres (als real empfundene) Veränderungen in der Außenwelt hervorzurufen vermag: Die rechtsgeschäftlichen Formen sind noch reine **Wirkformen.**

9 c) Auf dieser Grundlage hat jedoch schon das altrömische Recht in der **stipulatio** (u. IV 3) einen einheitlichen und handlichen Typus des Verpflichtungsgeschäfts ausgebildet. Die Stipulation wurde eben dadurch zum echten Verpflichtungsgeschäft, daß sie nicht nur ihr reales, sondern auch ihr symbolisch-ideelles Bindungsritual früh abge-

streift hat und nach dem Muster des sakralen Gelöbnisses, der **sponsio,** als Grundtyp der später sog. **Verbalkontrakte** nur noch durch feierliche **Formelworte (certa et sollemnia verba)** in Frage und Antwort abgeschlossen wurde. Auch die Wortformeln, die beim Vollzug der rituell-symbolischen Sacherwerbsakte (o. 3) gebraucht werden mußten, sind im pontifikalen Ritual entwickelt worden. Als reine Wirkform erscheint auch das Handlungsritual der sonstigen Formalgeschäfte des frühen römischen Rechts (u. IV 1 und 2) und der **Litteralkontrakte,** die **litteris,** d.h. durch Eintragung im Geschäftsbuch des Hausvaters *(codex accepti et expensi),* abgeschlossen wurden, eine Form, die in der späteren Republik aufblühte.

d) Erst ein entwickelteres Rechtsbewußtsein hat später den **Willen** als die Geltungs- 10
grundlage des rechtlichen Handelns verstanden. Damit war dann die **Form** zur „bloßen" Form, d.h. zur äußeren Hülle geworden oder schließlich auch nur zum bloßen **Ausdruck des Willens.**

5. Der Handelsverkehr mit den **Fremden** vollzog sich seit alters als formfreier Bar- 11
tausch. Die auf sakraler Grundlage erwachsenen Rechtsformen des *ius civile* waren im Hinblick auf das in der ganzen Antike herrschende **Personalitätsprinzip** auf Nichtbürger nicht anwendbar. Das *ius civile* war ein „Eigenrecht" der römischen Bürger (*ius proprium civitatis,* Gai. inst. 1, 1), wie das Recht einer jeden anderen staatlichen Gemeinschaft nur ihren Bürgern eigen war.

Neben den Formen des *ius civile* (§ 22 II) bildete sich aber, den gesteigerten Bedürfnissen von Handel und Wirtschaft dienend, ein völlig **formfreies Verkehrsrecht** heraus, das bald ebenso den Fremden *(peregrini)* zugänglich war. Es sind die formfreien Verträge, besonders die späteren **Konsensualkontrakte** Kauf *(emptio venditio),* Verdingung *(locatio conductio)* – sie umschloß ebenso Miete wie Pacht, Dienst- und Werkvertrag –, Auftrag *(mandatum)* und Gesellschaft *(societas).* Ihr Inhalt wurde nach der **bona fides** („Treu und Glauben", Anforderungen des redlichen Verkehrs) beurteilt, und ihre Wirksamkeit beruhte zunächst auch nur auf der „guten Treue".

3. Haftung und Schuld

1. Das archaische Recht hat in Rom wie anderwärts neben dem realen Güteraus- 12
tausch ein zu einer bestimmten Leistung verpflichtendes Rechtsgeschäft nach herrschender Meinung zunächst nicht gekannt. Es wird allgemein angenommen, daß der mit der Rechtspflicht zu einer Leistung angestrebte Zweck, nämlich die Leistung, zunächst nur indirekt erreicht werden konnte. Durch besondere Haftungsgeschäfte (u. IV) hätte sich der Schuldner lediglich dem künftigen Zugriff des Gläubigers unterwerfen können (sich gebunden, daher **obligare**). Die direkt nicht einforderbare Leistung wäre jedoch das Mittel gewesen, sich aus der Haftung zu lösen (**solvere** ist somit noch im buchstäblichen Sinne als Haftungslösung zu verstehen, während es später die Erfüllung der Schuld bedeutet). Die Einzelheiten sind bei Kaser/Knütel, RP § 32 II, dargestellt. Eine nähere Erörterung der schwierigen Probleme ist in diesem Rahmen nicht möglich. Hier können die wesentlichen Linien nur soweit nachgezeichnet werden, als es für das Verständnis des Zusammenhanges unumgänglich ist. (Näheres jetzt bei Waldstein, in: Fs. Wesener 519ff.).

2. Auch wenn verschiedene Spuren in der historischen Zeit für die angedeutete Ent- 13
wicklung zu sprechen scheinen, so muß sich doch schon sehr früh das Schwergewicht von der Haftung auf das **Leistensollen** des Geschuldeten verlagert haben. Mit der ältesten bekannten Formel eines der Haftungsgeschäfte, der **sponsio** (u. IV 3), wird bereits eine Leistung, ein **dare,** versprochen. Das Schuldverhältnis wird damit als Rechtspflicht

zur Erbringung der geschuldeten Leistung verstanden. Die Haftung tritt nur noch ein, wenn die Leistung ausbleibt oder nicht ordnungsgemäß erbracht wird. Sie wird damit sekundär und subsidiär. Bereits die Spruchformeln des Legisaktionenverfahrens (§ 14 II) sind dementsprechend auf das rechtliche Leistensollen (**dare oportere**) abgestellt. Dies bedeutet, daß bereits zur Zwölftafelzeit mit der Klage die „Leistungspflicht" geltend gemacht wurde, und nicht in erster Linie die Haftung. Diese wurde erst aktuell, nachdem auch die Urteilsschuld nicht erfüllt worden war und es zur Zwangsvollstreckung (*legis actio per manus iniectionem,* Gai. inst. 4, 21) kam. Daher muß bereits zur Zwölftafelzeit jener Begriff der *obligatio* weitgehend entwickelt gewesen sein, der fortan das römische und auch das moderne Schuldrecht beherrscht. Kaser/Knütel, RP § 32 II 6, schließt dies nicht aus, wenn er sagt, daß mit „der Anerkennung der Leistungspflicht … – spätestens in der jüngeren Republik – der ausgereifte Begriff der *obligatio* erreicht" war.

14 3. Auf die Entwicklung aus der Haftung werden jedoch verschiedene Eigentümlichkeiten des römischen Obligationenrechts zurückgeführt, die in stärkerem Maße bis in die klassische Zeit, teilweise aber bis heute nachwirken. Der Name *obligatio* enthalte noch das ursprünglich wörtlich zu verstehende „Anbinden", „Fesseln" des persönlich Haftenden. Die in den Inst. 3, 13 pr. überlieferte Definition der *obligatio* nennt sie ein **iuris vinculum,** eine rechtliche Fessel. Auch der bis zum Ende der klassischen Zeit herrschende Grundsatz, daß die Verurteilung immer nur auf eine bestimmte Summe Geldes lauten konnte (*condemnatio pecuniaria,* Gai. inst. 4, 48), wird als Nachwirkung der ursprünglichen „Lösungssumme" verstanden. Ein Leistungsurteil, welches eine andere Leistung als die *pecuniaria aestimatio* (den Geldwert) enthielt, war erst im nachklassischen Recht anerkannt.

15 Neben der sich entwickelnden Vermögenshaftung bestand die **Personalhaftung** grundsätzlich weiter, die auch zur **Personalexekution** (Schuldknechtschaft) führen konnte. Aber auch die Vermögensvollstreckung erfaßt gewissermaßen die Rechtsperson insoferne, als sie das gesamte Vermögen des Schuldners trifft und grundsätzlich **Generalexekution** ist (das Nähere bei Kaser/Knütel, RP § 85). Alle diese Eigentümlichkeiten vermögen jedoch die in historischer Zeit erkennbaren Tatsachen nicht zu beseitigen.

4. Die einzelnen Formalgeschäfte

16 1. Die **mancipatio (nexum, mancipium)** ist der altertümliche Formalakt zur Übertragung von Herrschaftsrechten, insbesondere dem Eigentum. Bei dem durch *mancipatio* abgeschlossenen formellen Darlehen diente der Akt gleichzeitig zur Begründung der Haftung *(nexum)* beziehungsweise zur Haftungslösung *(nexi liberatio).* Das Wort *mancipatio* ist erst seit dem 1. Jahrhundert n. Chr. belegt (Plin. nat. 9, 117; Gell. 5, 19, 3 könnte freilich auch eine frühere Verwendung des Wortes wiedergeben, denn er bezieht sich anschließend auf Q. Mucius *pontifex,* der dem beginnenden 1. Jahrhundert v. Chr. angehört). Die 12 Taf. 6, 1 sprechen jedoch von *nexum* und *mancipium.* Noch Cicero verwendet nur diese Ausdrücke.

In Cic. top. 28 etwa wird *nexum* gleichbedeutend mit *mancipatio* verwendet. Varro ling. 6, 85 erklärt *mancipium* als das, *quod manu capitur.*

Die *mancipatio* selbst ist bei Gai. inst. 1, 119 geschildert.

17 Demnach hatte der Erwerber einer *res mancipi* in Gegenwart von fünf Zeugen und des Waaghalters *(libripens),* die alle mündige römische Bürger sein mußten, indem er die Sache (mit der Hand) ergriff

oder hielt, die folgenden formellen Worte zu sprechen (im Beispielsfall beziehen sie sich auf den Erwerb eines Sklaven): *hunc ego hominem ex iure Quiritium meum esse aio isque mihi emptus esto hoc aere aeneaque libra.* Danach schlug der Erwerber mit einem Erzstückchen *(raudusculum)* an die Waage und überreichte dieses gewissermaßen an Stelle eines Preises *(quasi pretii loco)* dem Veräußerer.

Dieser Vorgang ist offensichtlich das Überbleibsel der ursprünglichen Zuwaage des ungemünzten Geldes. Mit dem Aufkommen des gemünzten Geldes hat sie sich erübrigt. Damit hat sich der Vorgang selbst vom ursprünglichen Charakter des Bargeschäftes gelöst. Er wurde zu einem Formalakt (Gai. inst. 1, 119: *imaginaria venditio*), der nur noch zur Übertragung des Rechtes diente. Dabei wurde dieselbe Wortformel (Spruchformel) angewandt, wie sie auch bei der *legis actio sacramento in rem* zu gebrauchen war (u. 2). Der Erwerber stellte seine formelle Eigentumsbehauptung auf. Wenn der Veräußerer ihr nicht widersprach, ging damit das Recht auf den Erwerber über. Dabei war der Rechtserwerb von einem zugrundeliegenden Rechtsgrund *(causa)* unabhängig. Ein solches nichtkausales Geschäft nennt man **abstrakt** (das Nähere bei Kaser/Knütel, RP §§ 7 I und 24 II). 18

2. Die **in iure cessio** war eine **Abtretung** eines Rechtes **vor dem Gerichtsmagistrat** 19
(*in iure* = auf der Gerichtsstätte). Sie knüpfte an die *legis actio sacramento in rem* an (§ 14 II 3 a). Auch hier spricht der Erwerber, nun aber vor dem Gerichtsmagistrat, die formellen Worte (Spruchformel) der *legis actio: hunc ego hominem ex iure Quiritium meum esse aio* (Gai. inst. 4, 16). Es ist derselbe Wortlaut wie bei der *mancipatio.* Im Eigentumsstreit kam es hierauf zur Gegenbehauptung des Beklagten, daß er Eigentümer sei. Unterließ der Beklagte jedoch eine Gegenbehauptung, so konnte der Gerichtsmagistrat (Prätor) dem Kläger, der sein Eigentumsrecht an der Sache behauptet hat, die Sache ohne weiteres Verfahren rechtswirksam zusprechen (**addictio**). Diese prozessuale Möglichkeit wurde in der *in iure cessio* zu einem Rechtsgeschäft umgeformt. Der Erwerber behauptete nun lediglich zum Schein in Form einer Prozeßhandlung vor dem Gerichtsmagistrat, daß er das Recht habe, das er erst erwerben sollte. Weil aber in diesem Falle der Veräußerer das Recht auf den Erwerber übertragen wollte, unterließ er die Gegenbehauptung. Der Gerichtsmagistrat konnte darauf das behauptete Recht dem Erwerber zusprechen.

Die *in iure cessio* war jedoch wie die Eigentumsklage nicht auf *res mancipi* beschränkt. Sie war daher für die Übertragung des Eigentums und anderer dinglicher Rechte (Erbrecht, Servituten) an Sachen aller Art geeignet. Das Recht wurde wie bei der *mancipatio* unabhängig von einem zugrundeliegenden Rechtsgrund *(causa)* erworben. Die *in iure cessio* ist also ebenfalls ein **abstraktes Rechtsgeschäft** gewesen.

3. Die **stipulatio** schließlich als einseitiges Versprechen einer bestimmten Leistung 20
hat wahrscheinlich ihren Ursprung in einer eidlichen Zusicherung. Dies würde eine ursprünglich sakralrechtliche Bindung bedeuten. Darauf deutet auch die älteste Form der *stipulatio* hin, bei welcher das Wort **spondeo** (daher **sponsio**) für das Versprechen gebraucht wurde. Dieses Wort steht jedenfalls im Zusammenhang mit dem griechischen σπένδω (σπονδή), das auch „bringe ein Trankopfer dar, spende" (vgl. Walde-Hofmann II 579) bedeutet.

Der sakralrechtliche Ursprung ist jedoch früh abgestreift worden. In historischer Zeit ist sie bereits als Versprechen eines *dare* (Verschaffen eines dinglichen Rechts an einer Sache) ein reines **Leistungsversprechen.**

a) Die Struktur der *stipulatio* ist überaus einfach. Sie besteht in Frage und Antwort. 21
Wer sich einen anderen zu einer Leistung verpflichten will, richtet an ihn die formelle Frage: (z.B.) *centum mihi dare spondesne?* Wenn nun der Gefragte antwortet: *spondeo,* so ist das Leistungsversprechen wirksam zustandegekommen (vgl. Gai. inst. 3, 92f.).

22 b) Diese einfache Struktur der *stipulatio* gab ihr ein überaus großes Anwendungsgebiet. Jede beliebige vermögenswerte Leistung konnte mit ihrer Hilfe, sofern sie den allgemeinen Anforderungen an den Inhalt von Obligationen entsprach (nicht rechts- oder sittenwidrig, unmöglich oder völlig unbestimmt war), zum Inhalt eines klagbaren Kontrakts gemacht werden. Sie konnte daher auch für Bürgschafts-, Garantie- und Strafversprechen sowie für prozessuale Zwecke verwendet werden. Ein Beispiel für die letztere Verwendung ist das Verfahren *per sponsionem,* welches die *legis actio sacramento in rem* abgelöst hat. Bei der Einleitung dieser Art des Eigentumsprozesses richtete der Kläger an den Beklagten die Frage, ob er dem Kläger für den Fall, daß die Sache diesem gehört, 25 Sesterzen zu geben verspricht (Gai. inst. 4, 93: *si homo, quo de agitur, ex iure Quiritium meus est, sestertios XXV nummos dare spondes?*) Wenn nun der Beklagte das versprach, konnte der Kläger die Sponsionssumme einklagen.

Für den Bestand der Sponsionsschuld war es nun Voraussetzung, daß der Kläger Eigentümer war. Daher mußte die Frage des Eigentums im nachfolgenden Verfahren als Vorfrage entschieden werden. Nur diesem Zwecke diente denn auch das Verfahren. Die Sponsionsschuld selbst spielt dabei gar keine Rolle und wird auch gar nicht durchgesetzt. Daher nennt Gai. inst. 4, 94 diese *sponsio* auch *sponsio praeiudicialis.* Sie hat lediglich einen präjudizierenden Zweck für die Eigentumsfrage.

23 c) Die *stipulatio* konnte ohne Nennung des Rechtsgrundes (*causa;* z.B. einfach *centum mihi dare spondesne?*) oder mit Nennung des Rechtsgrundes für das Versprechen abgeschlossen werden (z.B. jemand verspricht das, was er aus einem Kaufvertrag schuldet, oder die Hingabe einer *dos* oder dergleichen mehr). Im ersten Fall war die *stipulatio* wirksam, auch wenn kein Rechtsgrund für das Versprechen vorlag. Sie war also ein **abstraktes Verpflichtungsgeschäft,** wie die *mancipatio* und *in iure cessio* abstrakte Verfügungsgeschäfte waren. Als abstraktes Leistungsversprechen hat die *stipulatio* im antiken Wirtschaftsleben die heutige Funktion des Wechsels erfüllt. War aber die *stipulatio* **kausal** (mit Nennung des Rechtsgrundes) abgeschlossen, dann war sie nur wirksam, wenn der Rechtsgrund auch tatsächlich bestand (wenn aus einem Kaufvertrag geschuldet wurde, wenn eine *dos* zu geben war, das heißt, wenn die vorgesehene Eheschließung, welche die Mitgiftbestellung auslöste, auch zustande kam).

§ 14. Rechtsschutz und Rechtsverwirklichung

Schrifttum: *M. Kaser/K. Hackl,* RZ 25–148; *M. Kaser,* ‚Ius honorarium' und ‚ius civile', SZ 101 (1984) 1–114; *ders.,* Über ‚relatives Eigentum' im altrömischen Recht, SZ 102 (1985) 1–39; *ders.,* Zur ‚legis actio sacramento in rem', SZ 104 (1987) 53–84; *L. Wenger,* Institutionen des römischen Zivilprozeßrechts (1925), vom Verfasser ergänzte englische Ausgabe von H. Fisk, New York (1940); *O. Behrends,* Die römische Geschworenenverfassung, ein Rekonstruktionsversuch (1970); *ders.,* Der Zwölftafelprozeß (Göttinger rechtswiss. Studien Band 92, 1974); *F. Horak,* Kreditvertrag und Kreditprozeß in den Zwölftafeln, in: SZ 93 (1976) 261–286; *H. Levy-Bruhl,* Le très ancien procès romain, in: SDHI 18 (1952) 1 ff.; *G. Broggini,* Iudex arbiterve (1957); *B. Schmidlin,* Das Rekuperatorenverfahren (1963); *J. M. Kelly,* Studies in the Civil Judicature of the Roman Republic (1976); dazu *O. Behrends,* in: SZ 94 (1977) 446–462; *R. Düll,* Zu Gaius Veronensis, den *iudicia* der Legisaktionen und zum Vorformularprozeß, in: SZ 95 (1978) 270–280; *Talamanca,* Processo civile 1–24; *I. Zlinszky,* Gedanken zur legis actio sacramento in rem, in: SZ 106 (1989) 106–151; *K. Hackl,* Der Sakramentsprozeß über Herrschaftsrechte und die in iure cessio, in: SZ 106, 152–179; *ders.,* Die Haftung der im dinglichen Sakramentsprozeß unterlegenen Partei, in: Fs. Wesener (1992) 147–158; *A. Wacke, Audiatur et altera pars,* Zum rechtlichen Gehör im römischen Zivil- und Strafprozeß, in: Fs. Waldstein (1993) 369–399.

1. Allgemeines

1 1. Auch die Darstellung des Verfahrensrechts ist Gegenstand des römischen Privatrechts. Hier sollen ebenfalls nur die wesentlichsten Linien nachgezeichnet werden, die für das Verständnis der Zusammenhänge nötig sind. Alle näheren Einzelheiten sind der Darstellung bei Kaser/Knütel, RP §§ 80 und 81, zu entnehmen.

Die Frühgeschichte des römischen Prozeßrechts liegt im Dunkeln. Dies reizt zu verschiedenen Hypothesen. Kaser/Hackl, RZ 28ff., hat sich mit Recht gegen eine Überdehnung der „Selbsthilfetheorie" ausgesprochen, die gewissermaßen „einen geschichtlichen Nullpunkt" annimmt, „und auf diesem den Urzustand eines Kampfes aller gegen alle". Diese Auffassung ist auch durch die Untersuchungen von O. Behrends, Der Zwölftafelprozeß (1974) bestätigt worden. Er gelangt etwa hinsichtlich des Vollstreckungsverfahrens der Zwölftafeln zu dem Ergebnis, daß „die kontinuierliche Ausbildung des römischen Vollstreckungsrechts nur möglich" war, „weil ihm die grundlegenden Züge nicht von Gewalt und Selbsthilfe, sondern vom Recht eines um inneren Frieden bemühten Agrarverbandes aufgeprägt worden sind" (Der Zwölftafelprozeß 113f.).

Gleichwohl überläßt das Zwölftafelrecht die Rechtsverfolgung in weitestem Aus- 2
maß der persönlichen Initiative des Berechtigten oder Geschädigten. Das Verfahren ist durch eine an rituelle Formen gebundene „Eigenmacht des Verfolgers beherrscht" (Kaser/Hackl, RZ 27). Es war **im Namen der Rechtsgemeinschaft ausgeübte und rechtlich gebundene Eigenmacht.** Die Struktur des altrömischen Verfahrens macht die Stärke dieser Bindung deutlich. Sie tritt bereits bei der Einleitung des Verfahrens durch die Ladung vor den Gerichtsmagistrat (die durch den Verfolger zu vollziehende **in ius vocatio)** hervor. Die **in ius vocatio** und die Rechtspflicht, der Ladung Folge zu leisten, stehen **an der Spitze der Zwölftafeln.** Die Regelungen für den Fall der unbegründeten Verweigerung der Mitwirkung seitens des Geladenen zeigen, daß diese Verweigerung zum Verlust der Stellung als Rechtsgenosse führen kann. Das alles setzt nicht nur eine starke Rechtsbindung und ein starkes Rechtsbewußtsein voraus, sondern macht auch deutlich, daß die geordnete Rechtsdurchsetzung für den Bestand einer Rechtsgemeinschaft und damit einer menschlichen Gemeinschaft überhaupt grundlegend ist.

2. Der Schutz oder die Durchsetzung eines Herrschaftsrechts ist von der Rechtsver- 3
wirklichung zu unterscheiden, bei welcher der Berechtigte sich ein ihm zugestandenes oder zukommendes Recht erst verschaffen muß. Der Schutz oder die Durchsetzung des Herrschaftsrechts war an sich von der Mitwirkung einer anderen Person unabhängig. Dagegen griff die Rechtsverwirklichung in dem umschriebenen Sinne auf die Person des Haftenden, an dem es liegt, den seiner Verpflichtung entsprechenden Zustand herzustellen.

Diesem Unterschied entspricht es, daß bereits das älteste Verfahren, das Legisaktionenverfahren, zwei grundsätzlich verschiedene Ausgestaltungen des allgemeinen Klagenformulars, der *legis actio sacramento* kennt, nämlich einerseits die **legis actio sacramento in rem** und andererseits die **legis actio sacramento in personam.**

Die *sacramenti actio* war, wie bemerkt, die allgemeine Verfahrensart *(generalis erat)*, die immer zur Anwendung kam, wenn kein besonderes Verfahren vorgeschrieben war (Gai. inst. 4, 13). Als solche besondere Verfahrensarten nennt Gaius die *legis actiones per iudicis postulationem* und *per condictionem.* Der Vollstreckung dienten die *legis actiones per manus iniectionem* und *per pignoris capionem* (Gai. inst. 4, 12).

2. Das Legisaktionenverfahren

1. Das streitige Verfahren mußte, wie bemerkt (o. I 1) vom Kläger selbst eingeleitet 4
und im Zusammenwirken mit der Gegenpartei durchgeführt werden. Dem **Staat** fiel auch hier nur die Aufgabe zu, den Prozeß zu überwachen. Bis zur Einführung der Gerichtsmagistratur der Prätoren (367) lag die **Gerichtshoheit** in den Händen des jeweiligen Höchstmagistrats als des alleinigen Imperiumträgers.

Der Prozeß vollzog sich mit Hilfe mündlicher Verlautbarungen, deren feierliche Formeln im Laufe der Zeit von den *pontifices* ausgebildet und festgelegt worden waren. Dieses Vorgehen des Klägers nannte man ganz allgemein **agere (cum aliquo)**. Einige dieser **actiones** dienten der Klärung der wahren Rechtslage, etwa des Bestehens eines behaupteten Eigentumsrechts (Gai. inst. 4, 16) oder einer behaupteten Leistungspflicht aus **sponsio** (Gai. inst. 4, 17a: EX SPONSIONE TE MIHI X MILIA SESTERTIUM DARE OPORTERE AIO). Wenn der Beklagte bei einer Klage, mit der eine Leistungspflicht geltend gemacht wurde *(actio in personam)*, seine Verpflichtung anerkannte *(confessio in iure)* oder verurteilt wurde, aber die Urteilsschuld *(iudicatum)* nicht binnen 30 Tagen erfüllte (12 Taf. 3, 1), konnte die Vollstreckung mit einer weiteren *legis actio* eingeleitet werden (*legis actio per manus iniectionem*, u. 3 d).

In den Zwölftafeln ist dieses **Spruchformelverfahren** anscheinend schon weitgehend ausgebildet. Im Unterschied zum späteren schriftlichen Formularprozeß (§ 23) bezeichnet die antike Überlieferung die einzelnen Verfahrensarten des alten Prozesses demgemäß als **legis actiones.**

Mit *lex* ist zunächst das Zwölftafelgesetz gemeint. Es können aber auch spätere **gesetzliche** Grundlagen gemeint sein, auf denen das Verfahren in der Regel beruht.

5 2. Das uns durch Gaius' Institutionen (§ 34 II 3 d β) überlieferte Legisaktionenverfahren der historischen Zeit ist durch eine besondere (freilich nicht ursprüngliche, u. 3 b) Eigenart gekennzeichnet, die auch den späteren ordentlichen römischen Prozeß bestimmt: Die **Teilung des Verfahrens** in zwei voneinander geschiedene Abschnitte, das Verfahren **in iure** und das Verfahren **apud iudicem.** Diese Zweiteilung hängt unmittelbar damit zusammen, daß der Magistrat die Prozeßhandlungen der Parteien lediglich zu überwachen hatte und infolgedessen den eigentlichen Urteilsspruch einem oder mehreren zu Richtern *(iudices)* bestellten Bürgern überließ.

6 Die Richter wurden aus Geschworenenlisten ausgewählt oder ausgelost. Daß es in der römischen Frühzeit nur den Einzelrichter *(iudex unus)* gegeben habe, wird nach *Kunkels* Untersuchungen mehr als fraglich. Es ist ihm grundsätzlich darin zuzustimmen, daß die Geschworenenbank den damaligen sozialen und politischen Verhältnissen mehr entspricht (Unters. 138). – Auch der Zentumviralgerichtshof, zusammengesetzt aus je drei *iudices* aus jeder Tribus und zuständig vor allem für Erbschaftsprozesse, wird schon in die alte Zeit hinaufreichen. Zu erwähnen ist in diesem Zusammenhang das **Rekuperatorenverfahren,** ursprünglich ein zwischenstaatliches Verfahren zur Wiedergutmachung *(recuperatio)* bei Kriegs- und anderen Schäden, später ein zivilrechtliches Verfahren mit einer Geschworenenbank zur Schadensbemessung bei Deliktsschäden von besonderem öffentlichem Interesse.

7 a) Eingeleitet wurde das Prozeßverfahren durch die Ladung (*in ius vocatio;* **ius** = Gerichtsstätte) vor den Magistrat.

Vor dem Magistrat (**in iure**) und unter dessen Mitwirkung wurde sodann der Streitstand von den Parteien in den **Spruchformeln** festgelegt. Bereits in den 12 Taf. 1, 7 war der Grundsatz des beiderseitigen Gehörs festgelegt *(com peroranto ambo praesentes)*, ein elementarer Grundsatz jedes rechtlichen Verfahrens (dazu Wacke, in: Fs. Waldstein 369ff., zu den 12 Taf. 378). Mit der „Bezeugung des Rechtsstreits" (**litis contestatio**), d. h. Bezeugung der formgerechten Rechtsbehauptungen der Parteien durch die anwesenden Zeugen, fand das Verfahren *in iure* seinen Abschluß. Der Rechtsstreit wurde durch den Magistrat dem von den Parteien gewählten **iudex privatus** zur Entscheidung überwiesen.

8 b) Im Verfahren **apud iudicem** hatte der Richter über die bereits festgelegten Rechtsbehauptungen der Parteien lediglich **Beweis** zu erheben und dementsprechend sein Urteil (**sententia**) zu sprechen.

9 3. Die Einzelheiten über das Legisaktionenverfahren kennen wir vor allem aus der Darstellung bei Gai. inst. 4, 12–29 und den erhaltenen Zwölftafelfragmenten (12 Taf.

1–3). Gai. inst. führt die bereits o. I 2 erwähnten fünf Legisaktionen an, von denen drei dem Rechtsstreit (**sacramento, per iudicis postulationem, per condictionem**) dienten, zwei der Vollstreckung (**per manus iniectionem, per pignoris capionem**).

a) Die **legis actio sacramento** trägt ihren Namen daher, daß die Parteien *in iure* auf 10
die Wahrheit ihrer Rechtsbehauptungen einen Eid (**sacramentum**) leisteten. Unmittelbares Ziel des Verfahrens war die Feststellung, „wessen *sacramentum iustum* sei, wessen *iniustum*" (Kaser/Hackl, RZ 104). Damit wurde aber auch über das behauptete Recht mitentschieden, weil nur bei dessen Bestand das *sacramentum iustum* sein konnte. Daher enthielt das Urteil „wohl auch eine ausdrückliche Aussage über das zwischen den Parteien strittige private Recht" (Kaser/Knütel, RP § 81 II 1 c).

Die unterlegene (meineidige) Partei wäre der Rache der Schwurgottheit verfallen, die in der eidlichen Selbstverfluchung angerufen worden war. Darum setzten beide Teile für den Fall ihres Unterliegens eine den Fluch lösende Sühnegabe *(piaculum)* oder ihren Wert als **„Wettsumme"** zugunsten des Tempelschatzes, später des Ärars, ein (Gai. inst. 4, 13).

Der obsiegenden Partei stand ursprünglich wohl ohne weiteres die **manus iniectio** an der Person des Unterlegenen zu. Spätestens seit der Zwölftafel-Zeit setzte *manus iniectio* jedoch ein staatlich kontrolliertes Verfahren voraus (s. u. d).

Der Sakramentsprozeß, das altertümlichste Streitverfahren der Römer, begegnet uns in zwei Arten: dem Verfahren **in rem** und dem **in personam.**

α) Mit Hilfe der *legis actio sacramento in rem* wurde der Streit um Eigenrechte *(vindicatio)* an Sachen 11
oder auch nur um beschränkte Rechte an Sachen (so bei den alten Felddienstbarkeiten, wie dem Wegerecht) ausgetragen. Beide Parteien berührten mit einem (die Lanze als Herrschaftszeichen versinnbildlichenden?) Stabe *(festuca, vindicta)* das Streitobjekt und sprachen hierbei ihre Eigentumsbehauptung aus: *hunc ego hominem ex iure Quiritium meum esse aio (vindicatio* und *contravindicatio).* Der Magistrat wies hierauf den Zwischenbesitz *(vindiciae)* gegen Stellung von Bürgen *(praedes litis et vindiciarum)* der einen der streitenden Parteien zu.

β) Die *legis actio sacramento in personam* diente zunächst der Verfolgung deliktischer, sodann auch 12
sonstiger Ansprüche gegen eine Person. Wie bei der *l. a. per iud. post.* (nachstehend u. b) werden hier Rechtsbehauptung des Klägers und Bestreitung durch den Beklagten einander gefolgt sein, woran sich dann die Herausforderung zur Prozeßwette *(provocatio sacramento)* anschloß.

b) Die *legis actio per iudicis postulationem* kennt keine Sakramentseinsetzung. Sie fand Anwendung 13
bei **Teilungsklagen** zwischen Erben und Sachgemeinschaftern, weil hier ein eigentlicher Streit nicht gegeben war, sowie bei *actiones ex sponsione,* vielleicht deswegen, weil hier ein eidliches Versprechen bereits vorlag. Auf Rechtsbehauptung und Bestreitung folgte der Antrag des Klägers an den Gerichtsmagistrat auf Einsetzung des *iudex* (Gai. inst. 4, 17 a).

c) Die *legis actio per condictionem* ist erst im 3. Jahrhundert für abstrakt formulierte Schuldforderun- 14
gen auf *certa pecunia* eingeführt worden. Auch hier fand eine Sakramentseinsetzung nicht statt.

Die *condictio* (= feierliche Ansage) gegenüber dem leugnenden Schuldner erfolgte für einen dreißig Tage später liegenden Termin zwecks Richterbestellung durch den Prätor.

d) Die **legis actio per manus iniectionem** ersetzt die Eigenmacht des „Verfolgers" 15
durch einen formalisierten und staatlich kontrollierten Zugriffsakt. Stand der Streitwert nicht von vornherein ziffermäßig fest, mußte die Leistung zunächst durch ein *arbitrium litis aestimandae* auf einen bestimmten Betrag durch Schätzung ermittelt werden. Die Vollstreckungsklage setzte ferner ein Zugriffsrecht und damit in aller Regel eine Urteilsschuld voraus (z. B. aus einer vorangegangenen *legis actio sacramento in personam).* Nach der Überlieferung haben die Zwölftafeln dem Judikat das Anerkenntnis *(confessio in iure)* einer bestehenden Schuld auf *certa pecunia* (*aeris confessi:* 12 Taf. 3, 1) gleichgestellt.

Daneben gab es allerdings seit alters eine Reihe **vollstreckbarer Titel,** die wegen der kundbaren Begründung der Haftung kein Urteil voraussetzten.

So war es bei offenkundigen Delikten wie dem **furtum manifestum,** beim libralen Darlehen (**nexum**), 16
bei den **nunkupierten Zusagen** im Rahmen von Libralakten (12 Taf. 6, 1) und bei dem ursprünglich

libralen Vermächtnis des Manzipationstestaments (§ 13 III 1), dem **legatum per damnationem.** Diese unmittelbare Vollstreckbarkeit ohne vorausgehende Klage hört wohl in fast allen Fällen spätestens im 3. Jahrhundert auf. Das *nexum* stirbt ab, im übrigen aber werden neue Klagen eingeführt.

Die Zwölftafeln (3, 1–6) haben im Interesse des Haftungsschuldners eine Reihe von Bestimmungen getroffen, die eine sofortige Ausübung des Rechts des Gläubigers an der Person des Schuldners unterbinden und die Auslösung des Schuldners erleichtern sollten, also einen Vollstreckungsaufschub gewähren. Die *manus iniectio* war hiernach erst 30 Tage nach dem vorausgehenden Urteil, gegebenenfalls nach der *confessio,* oder dem Wirksamwerden der Pfandverstrickung des Schuldners zulässig. Vor dem Magistrat mußte sie mit feierlicher Rechtsbehauptung – als *legis actio* – wiederholt werden. In etwas modernisierter Form teilt uns Gai. inst. 4, 21 die Spruchformel mit: *quod tu mihi iudicatus (damnatus) es sestertium X milia* (vor Einführung des Münzgeldes war der Schuldbetrag in „*aes*" ausgedrückt), *quandoc non solvisti, ob eam rem ego tibi sestertium X milium* (hierfür gilt das eben Gesagte) *iudicati (damnati) manum inicio.* Gegen die *manus iniectio* konnte lediglich durch einen Dritten, der die Rechtmäßigkeit der Vollstreckungshandlung bestritt und *vindex* hieß, Einspruch erhoben werden (*manum depellere,* den Zugriff abwehren). Dann kam es zu einem Streit um das Zugriffsrecht mit dem *vindex.* Unterlag dieser, so haftete er, falls er den Schuldner nicht preisgab, mit seiner eigenen Person. Jedenfalls erhöhte sich die Lösungssumme auf den doppelten Betrag (Litiskreszenz). Später konnte in gewissen Fällen der Schuldner selbst den Zugriff abwehren (Gai. inst. 4, 23 f.). Erhob kein *vindex* Einspruch oder konnte der Schuldner selbst den Zugriff nicht abwehren, so wurde die Person des Schuldners durch den Magistrat dem Gläubiger zugesprochen (**addictio**).

60 Tage lang konnte der Gläubiger nun den (mit einer höchstens fünfzehnpfündigen Kette gefesselten und mindestens mit einem Pfund Brot täglich zu ernährenden) Schuldner in seinem Gewahrsam halten. Während dieser Zeit mußte er ihn an drei aufeinanderfolgenden Markttagen öffentlich zur Auslösung anbieten; für einzelne Delikte waren hierbei zudem feste Bußbeträge vorgesehen. Erst dann verfiel der Schuldner dem Recht des Gläubigers (wohl schon zur Zwölftafelzeit regelmäßig der **Schuldknechtschaft**).

Eine weitere Milderung der Personalhaftung für nichtdeliktische Schuldner brachte in der jüngeren Republik die *lex Poetelia* (326): Sie durften nicht in Fesseln gehalten werden (Liv. 8, 28, 8). Im übrigen bleibt die Schuldknechtschaft bestehen, auch noch in klassischer Zeit (§ 23 I 6). Aber der *addictus, nexus, obaeratus,* wie die Schuldknechte heißen, haben in späterer Zeit ihre Schuld abarbeiten können. Wir hören davon verschiedentlich in den Quellen, die aber nicht immer eindeutig sind, am ehesten wohl Varro ling. 7, 105 und rust. 1, 17, 2.

17 e) Für öffentlich-rechtliche Ansprüche im Bereich des Sakral- und Steuerrechts war kraft staatlicher Delegation an Private eine außergerichtliche Pfandnahme als unmittelbare Vermögensexekution durch **legis actio per pignoris capionem** vorgesehen.

Der Magistrat selbst konnte eine Pfändung jederzeit und formfrei kraft seines allgemeinen Koerzitionsrechts vornehmen.

2. Abschnitt. Die entwickelte Republik unter der patrizisch-plebejischen Nobilität

I. Die Verfassung und der Beginn der Staatskrise

Schrifttum: zu §§ 5–8. – *K. v. Fritz,* The Theory of the Mixed Constitution in Antiquity (1954); *G. J. D. Aalders,* Die Theorie der gemischten Verfassung im Altertum (1968); *W. Kunkel,* Gesetzesrecht und Gewohnheitsrecht in der Verfassung der Römischen Republik, in: Kl. Schr. 367–382; *ders.,* Bericht über neuere Arbeiten zur römischen Verfassungsgeschichte, in: Kl. Schr. 441–586; *F. De Martino* II; *A. Heuß,* Zur Thematik republikanischer „Staatsrechtslehre", Fs. Wieacker (1978) 71–89; *E. Ferenczy,* Über das Interregnum, in: Fg. v. Lübtow (1980) 45–52; *ders.,* From the Patrician State to the Patricio-Plebeian State (1976); *K.-J. Hölkeskamp,* Die Entstehung der Nobilität. Studien zur sozialen und politischen Geschichte der römischen Republik im 4. Jhdt. v. Chr. (1987); *A. Lintott,* Democracy in the Middle Republic, SZ 104 (1987) 34–52; *F. Wieacker,* RG I 343–446; *W. Selb,* „Gewaltenteilung" im republikanischen Rom, in: Fs. Niederländer (1991) 117–126; *A. Lintott,* The Constitution of the Roman Republic (1999) Rez. J. M. Rainer, in: SZ 118 (2001) 563–570; *O. Licandro,* In magistratu damnari, Ricerc he sulla responsabilità dei magistrati romani durante l'esercizio delle loro funzioni (1999); *C. Masi-Doria,* Spretum imperium Prassi costituzionale e momenti di crisi fra magistrati nella media e tarda repubblica (2000).

§ 15. Die ordentliche Magistratur

Schrifttum: *T. R. S. Broughton,* The Magistrates of the Roman Republic, 2 Bde u. Suppl. (1951/60); *F. Wieacker,* Der Prätor. Gerichtsbarkeit und Rechtsgang, in: Vom röm. Recht, 2. Aufl. (1961) 83 ff.; *J. Bleicken,* Das Volkstribunat der Klassischen Republik (1955); *ders.,* Verfassung 74–96; *G. Wesener,* Quaestor, in: RE XXIV 801 ff.; *C. Nicolet,* L'ordre equestre a l'epoque republicaine (312–43 av. J.-C.; 1966); *M. Kaser,* Prätor und Judex im römischen Zivilprozeß, in: TRG 32 (1964) 329 ff.; *H. Hübner,* Jurisdiktionsgewalt und „demokratische" Bindung des römischen Praetors, in: Gedächtnisschrift H. Peters (1967) 97 ff.; *W. Kunkel,* Magistratische Gewalt und Senatsherrschaft, in: ANRW I 2, 3–22; *F. De Martino* II 216–273; *R. Rilinger,* Der Einfluß des Wahlleiters bei den römischen Konsulwahlen von 366 bis 50 v. Chr. (1976); *K. v. Fritz,* The Reorganisation of the Roman Government in 366 B. C. and the so-called Licinio-Sextian Laws, Schriften zur griechischen und römischen Verfassungsgeschichte und Verfassungstheorie (1976) 329–373; *L. Thommen,* Das Volkstribunat der späten römischen Republik (1989); dazu *D. Kienast,* SZ 107 (1990) 501–503; *Kunkel/Wittmann,* Staatsordnung 94–663: Obermagistraturen: 294–390; Zensur 391–473; Ädilität: 474–509; Quästur 510–532; Volkstribunat: 554–664; *R. Bunse,* Die klassische Prätur und die Kollegialität, in: SZ 119, 2002, S. 28–43; *A. Petrucci,* Il trionfo nella storia costituzionale romana dagli inizi della repubblica ad Augusto (1996).

1. Die gefestigte Konsularverfassung

1. Die politische **Übereinkunft des Jahres 367** zwischen Patriziat und Plebs (§ 5 VI 1 und u. II 1) hatte zu einer Änderung, zugleich aber auch zu einer bleibenden Festigung der Konsularverfassung geführt. Wenn auch der Aufbau des republikanischen Staates damit noch keineswegs in allen Einzelheiten abgeschlossen war und in der Folgezeit insbesondere auch eine Reihe neuer Staatsämter geschaffen worden sind, so wurde doch an den **verfassungsrechtlichen Grundlagen** des römischen Gemein- 1

wesens hinfort nicht mehr gerüttelt. Sie waren in einen so weiten und biegsamen Rahmen gefaßt, daß sie auch die plebejischen Magistraturen (§ 8) zu tragen und im Zuge der Vereinheitlichung des römischen Staatsorganismus zu einem geschlossenen politischen Gebilde sogar vollständig in sich aufzunehmen vermochten. Das Jahr 367 darf daher als Beginn einer neuen Periode in der Geschichte Roms angesehen werden, einer Periode der in sich gefestigten, **entwickelten Republik** unter einem – an die Stelle des **patrizischen Geburtsadels** tretenden – **patrizisch-plebejischen Amtsadel,** der **Nobilität.**

2 2. Die wesentlichste Neuerung des Jahres 367 bestand in der zahlenmäßigen Beschränkung der Höchstmagistratur auf das Doppelamt der beiden **Konsuln,** während einem **dritten Imperiumträger** mit dem älteren militärischen Titel eines **Prätors** die Verwaltung der ordentlichen Gerichtsbarkeit zugewiesen wurde, was die bedeutsamsten Folgen für die Entwicklung des Privatrechts haben sollte. In ähnlicher Weise wurden auch weiter mit dem Wachsen der Staatsaufgaben einzelne Befugnisse aus der bisherigen Zuständigkeit des Höchstmagistrats ausgegliedert und neuen Amtsträgern übertragen. Das konsularische Imperium wurde jedoch durch die neugeschaffenen Ämter eher tatsächlich als rechtlich beschränkt. Lediglich die **tatsächliche Zuständigkeit** des Höchstmagistrats war durch den Amtsbereich **(provincia)** der nachgeordneten Magistrate eingeengt worden. Die Magistratur der entwickelten Republik war allgemein durch drei charakteristische Grundsätze gekennzeichnet: die **Annuität, Kollegialität** und das **Einspruchsrecht (intercessio)** gegen alle noch nicht vollzogenen Amtshandlungen gleichrangiger oder nachgeordneter Magistrate.

3 3. a) Der für die Rechtsstellung aller ordentlichen Magistrate maßgebende Grundsatz der **Annuität** geht auf die Zeit der Vertreibung der etruskischen Herrscherdynastie zurück. In Rom war damit insoweit der Zustand hergestellt worden, wie er in den griechischen Stadtrepubliken herrschte.

4 b) Mit der Einführung des Konsulats (spätestens) galt der Grundsatz der **Kollegialität,** d.h. der Gleichordnung nebeneinandergestellter Höchstbeamter (§ 5 VI 1); und zwar in dem Sinne, daß sie nicht etwa kollegial nach gemeinsamem Beschluß miteinander zu handeln hatten, sondern daß jeder über das volle und ungeteilte Imperium verfügte.

Ein Spiegelbild der Vervielfachung der vollen Gewalt bietet im Bereich des Privatrechts die alte Erbengemeinschaft (*societas ercto non cito,* § 11 II 8), bei der jedem Gemeinschafter für sich ein unbeschränktes Verfügungsrecht zustand.

c) Rechtlich fand die Kollegialität – als ungeteilte Innehabung des vollen Imperiums durch jeden der beiden Konsuln – ihren folgerichtigen Ausdruck im **ius intercedendi** auch gegenüber dem **par collega.** Jede Interzession durch eine gleichstarke Gewalt mußte und sollte auch die weitere Durchführung des noch nicht vollendeten Staatsakts verhindern. Dies hatte zur Folge, daß der Senat, der auf dem Höhepunkt der Republik die wahre Macht im Staate darstellte, sich des Interzessionsrechts zur Durchsetzung seines eigenen Willens bediente (§ 16 II 5). Im allgemeinen führte die Kollegialität zu einer **Aufteilung** der zivilen Amtsgeschäfte durch Vereinbarung *(comparatio)* oder Los *(sortitio),* oder zu einem steten (meist monatlichen) **Wechsel** in der Oberleitung. Bei zwei im Felde stehenden Heeren fiel jedem Konsul die Führung eines Heeres als sein besonderer Amtsbereich **(provincia)** zu. In der militärischen Führung eines einzigen Heeres wechselte der **Oberbefehl** täglich; das war strategisch sehr gefährlich, insbesondere in Verbindung mit dem Vetorecht. Im Notfalle half dann nur die Bestellung eines Diktators (§ 5 VII 1), zu der jeder Konsul im Einvernehmen mit dem Senat in der Lage war.

Strenge Anwendung fand das Prinzip der Kollegialität verständlicherweise nur beim Höchstmagistrat. Die übrigen Kollegialbeamten besaßen zwar das gegenseitige Interzessionsrecht, erhielten aber in aller Regel von vornherein einen bestimmten sachlichen Amtsbereich *(provincia)*.

d) Kollegialität und Annuität waren die beiden Schranken, die man der Gewalt der 5
Imperiumträger gesetzt hatte, um die Wiedererstehung einer Monarchie zu verhindern. Das Amt des Magistrats war wie heute das des Regierungschefs und der Minister ein politisches Amt. Ein Fachwissen wurde nicht vorausgesetzt, dafür hatte man seine speziellen, frei berufenen Berater, sein **consilium** (s. bes. § 22 V 3). Die Amtsträger wurden in den Komitien gewählt (§ 17 IV 2 a). Der Höchstmagistrat hatte, wenn sein Kollege im Amt gestorben war, die Nachwahl einzuleiten. Jeder Amtsträger konnte, wie schon gesagt, erst nach Ablauf seiner Amtszeit zur **Rechenschaft** gezogen werden.

Dieser Dienst am Ganzen allein begründet die Persönlichkeitsgeltung *(dignitas)* des römischen Bür- 6
gers. Daß dieser **öffentliche Dienst unentgeltlich** geleistet wurde, war bei solcher Auffassung vom Wesen des Amtes selbstverständlich. Jeder Amtsträger erhielt jedoch einen gewissen Aufwendungsersatz, und ihm stand, soweit erforderlich, ein ständiges besoldetes Behördenpersonal *(apparitores)* zur Verfügung, wie vor allem eine **Kanzlei** mit den (durchaus angesehenen und hochgestellten) *scribae*, den Amtsboten *(viatores)* und weiteren technischen Hilfskräften.

4. Verboten war aus Sicherungsgründen die **Vereinigung** mehrerer Ämter in einer 7
Hand sowie eine unmittelbare **Wiederwahl** für das gleiche Amt.

Für die **Zensur** war die Wiederwahl gänzlich ausgeschlossen; für den **Konsulat** wurde durch Sulla eine zehnjährige Zwischenzeit festgesetzt.

5. Für die politische Laufbahn hatte sich allmählich eine rangmäßige **Ämterfolge** 8
(cursus honorum, certus ordo magistratuum) herausgebildet, die im Jahre 180 durch Gesetz **(lex Villia annalis)** festgelegt wurde (Quästur, Tribunat oder Ädilität, Prätur, Konsulat; Zensur und Diktatur standen nur gewesenen Konsuln offen). Zugleich wurde in diesem Gesetz vermutlich schon ein **Mindestalter** für die Bekleidung jedes Amtes (seit Sulla für die Quästur 30, die Prätur 40 und den Konsulat 43 Jahre) und eine zweijährige **Zwischenzeit** für ihre Aufeinanderfolge festgesetzt sowie ein zehnjähriger **Heeresdienst** zur Voraussetzung für die Ämterlaufbahn erhoben (u. VII 3). Vom 2. Jahrhundert ab wurden diese Grundsätze allerdings immer wieder durchbrochen, und auch Sullas Erneuerungsversuch (§ 25 II 2 Abs. 2) hatte keinen bleibenden Erfolg.

Der Grundsatz der **Ehrenamtlichkeit** und das Erfordernis einer repräsentativ- 9
standesgemäßen Amts- und Lebensführung eröffnete die politische Laufbahn nur den Angehörigen wirklich vermögender Familien, wenn es auch wohl bis ins 1. Jahrhundert keinen speziellen *census* für die Angehörigen des Senatsadels gegeben hat. Der *cursus honorum* brachte überdies auch insoweit beträchtliche Geldopfer mit sich, als die öffentlichen Spiele *(ludi)* durch die kurulischen Ädilen auf eigene Kosten ausgerichtet werden mußten (u. V 4). Dies führte zu dem mit der Zeit immer bedenklicher werdenden Mißstand, daß die Amtsträger durch stets aufwendiger werdende Darbietungen um die Gunst der Wähler warben **(ambitus)** und sich hernach vor allem bei der üblicherweise folgenden Verwaltungstätigkeit in den Provinzen für alle Aufwendungen zugunsten ihrer politischen Karriere schadlos zu halten suchten.

2. Der Konsulat

1. Nach der Vereinbarung von 367, die im wesentlichen dem Ständekampf ein Ende 10
bereitete, sollte einer der beiden Konsuln stets Plebejer sein, doch war dies regelmäßig erst ab 342 der Fall.

Die beiden Konsuln waren nunmehr Träger der ordentlichen höchsten Staatsgewalt **(Regierungsgewalt)**, des **imperium.**

In besonderen Notsituationen konnte ihre Gewalt einem Diktator (§ 5 VII) übertragen werden. Seit dem Ende des zweiten Punischen Krieges (218–201) kommt jedoch die Diktatur außer Gebrauch. Sulla hat sie für seinen Erneuerungsversuch in veränderter Form wieder eingeführt (§ 25 II 1).

Imperiumträger war auch der **Prätor.** Er war aber *minor collega* insofern, als er den beiden Konsuln – wie ehedem wohl dem *praetor maximus* – nachgeordnet war. Er hatte nur im Rahmen seiner Zuständigkeit als Jurisdiktionsmagistrat volle Entscheidungsgewalt. Eine allfällige Interzession seitens der Konsuln konnte sich aber nur unmittelbar gegen Amtshandlungen des Prätors richten, nicht etwa gegen das Urteil des Richters, den er eingesetzt hatte.

11 2. Das Imperium der Konsuln umfaßte neben der obersten Staats- und Kriegsführung auch die Rekrutenaushebung und die politische Verwaltung, eine Polizeigewalt **(coercitio)** zur Durchsetzung ihrer Gebote und Verbote mit Zuchtmitteln bei Ungehorsam (§ 12 I 4). Ferner hatten die Konsuln das Recht, Beratungsgegenstände vor den Senat zu bringen (**ius agendi cum senatu,** s. auch § 16 I 5), die Volksversammlung einzuberufen und Anträge für Gesetze und Wahlen dort einzubringen **(ius agendi cum populo).** Ursprünglich besaßen sie auch das Recht der Senatorenernennung (IV 3).

12 a) Innerhalb des *pomerium* (§ 4 III 1 Abs. 2) unterlag die Machtfülle der Konsuln gewissen Einschränkungen (sog. **imperium domi**). Hier galten die gesetzlichen Freiheitsrechte des römischen Bürgers, durch welche polizeiliche Strafmaßnahmen bis zu einem gewissen Grade begrenzt waren (**provocatio ad populum** § 12 III). Darum führten ihre 12 Liktoren innerhalb des *pomerium* in den Rutenbündeln nicht die Beile.

Zum **senatus consultum ultimum,** das den Konsuln in der Spätzeit der Republik für den Fall des äußersten Notstands Vollmachten einschließlich der kapitalen Koerzition verleihen sollte, s. § 16 II 6.

13 b) Außerhalb Roms verfügten die Konsuln ursprünglich – nicht nur im Krieg, sondern, sofern sie in Ausübung ihres Amtes auftraten, auch im Frieden – über die ungeminderte Straf- und Befehlsgewalt (sog. **imperium militiae**).

Seit dem 2. Jhd. galt die Provokation auch im Bereich *militiae,* jedenfalls für römische Bürger, aufgrund einer der *leges Porciae* (§ 12 III).

14 3. Während das *imperium domi* bedingungslos der Annuität unterworfen war, dauerte das *imperium militiae* bis zur tatsächlichen Ablösung durch den Nachfolger fort und konnte seit 326 im Bedarfsfall durch Volksbeschluß bis zum Kriegsende verlängert werden **(prorogatio imperii).**

Als mit der Ausbreitung der römischen Macht die Staatsaufgaben von den städtischen Amtsträgern nicht mehr bewältigt werden konnten, ging man dazu über, die Amtsgewalt sogar unabhängig vom eigentlichen Amt als sog. **Promagistratur** (Prokonsulat, Proprätur), wie z.B. an die Statthalter der Provinzen, zu verleihen.

15 4. An und für sich ist die Gerichtsbarkeit **(iurisdictio)** mit dem Imperium verbunden, auch später hat man das noch so aufgefaßt. Aber mindestens seit der Einsetzung eines besonderen Höchstmagistrats, des **Prätors für die ordentliche Zivil- und Strafrechtspflege** (u. III), haben die Konsuln **diese** nicht ausgeübt; zuständig blieben sie dagegen neben dem Prätor für zivilrechtliche Akte, die wir zur „freiwilligen" Gerichtsbarkeit zählen, und sie behalten eine außerordentliche Gerichtsbarkeit.

16 5. Neben ihrem Imperium hatten die Konsuln auch eine allgemeine Amtsgewalt **(potestas),** wie sie jedem Magistrat für seinen Amtsbereich zustand, im Rahmen ihrer Zuständigkeit für die staatliche Gemeinschaft verbindlich zu handeln. So stand ihnen auch das Recht zu, spezielle auf ihre Amtshandlungen bezogene oder allgemeine Be-

kanntmachungen zu erlassen **(ius edicendi),** was in späterer Zeit schriftlich durch Aushang geschah.

3. Die Prätur

1. Im Jahre 367 wurde den Konsuln ein dritter Höchstmagistrat, der **praetor,** als **minor collega** zur Seite gestellt. Von dem älteren *praetor* (§ 5 IV 3) unterschied er sich nun dadurch, daß ihm als besonderer Aufgabenbereich die **Rechtspflege (iurisdictio)** übertragen wurde (vgl. Pomp. D. 1, 2, 2, 27). 17

Als Ausdruck dafür, daß der *praetor* gegenüber den Konsuln ein *imperium minus* hatte, standen ihm in Rom nur zwei, außerhalb Roms sechs Liktoren zu.

Das Nähere über die prätorische *iurisdictio* § 22 IV und V.

2. Die Einführung der Stadtprätur bedeutete auch insoweit eine Einschränkung der bisherigen höchstmagistratischen Befugnisse, als fortan die Ernennung eines Stadtbefehlshabers **(praefectus urbi)** für den Fall gleichzeitiger Abwesenheit aller Höchstmagistrate von römischem Gebiet **(ager Romanus)** überflüssig geworden war. Da dem *praetor urbanus* das Verlassen der Stadt für einen längeren Zeitraum als für zehn Tage verboten war, verblieb jetzt – wenn man von der kurzen Zeit des Latinerfestes, das am Mons Latinus (Monte Cavo) gefeiert wurde und an dem sämtliche Imperiumträger teilzunehmen hatten, absieht – in der Tat stets ein vom Volk gewählter, ordentlicher Imperiumträger in Rom. 18

3. Die Prätur ist lange Zeit ein einstelliges, anfänglich (bis 337) nur den Patriziern zugängliches Amt gewesen. Erst um das Jahr 242 wurde ein zweiter Prätor, **qui inter (cives et) peregrinos ius dicit,** gewählt **(praetor peregrinus).** Er war zugleich als Führer einer Reservearmee für Italien vorgesehen. Dem ursprünglichen *praetor,* der wohl seit der Einsetzung des *praetor peregrinus* **praetor urbanus** genannt wurde, verblieb seither nur die Rechtspflege unter römischen Bürgern (Pomp. D. 1, 2, 2, 27 f.). 19

4. Bald darauf, im Jahre 227, wurden **zwei weitere Prätoren** gewählt, die als **Statthalter** in die neuerworbenen Provinzen Sizilien bzw. Sardinien und Korsika geschickt wurden. Da ihr Imperium weder durch eine kollegiale Besetzung des Amts noch durch die Vorrechte der römischen Bürger beschränkt war, und da sie praktisch auch keiner Interzession oder Senatsaufsicht unterlagen, hatten die Statthalter die Stellung absoluter Autokraten. Diese Tatsache hat einer bedenkenlosen Ausbeutung der Provinzen Vorschub geleistet. 20

Bald nach dem Zweiten Punischen Krieg wurden für die neuerworbenen beiden spanischen Provinzen noch zwei Prätoren hinzugewählt (197), so daß ihre Gesamtzahl nun auf sechs stieg. Für die Verwaltung der später hinzukommenden Provinzen bediente man sich hingegen der **Prorogation** (o. II 3). 21

Nach der sullanischen Neuordnung gab es acht Prätoren; sie blieben aber nur während ihrer Amtszeit in Rom, sechs von ihnen als Vorsitzende der neuerrichteten ständigen Strafgerichtshöfe (*quaestiones perpetuae,* § 12 IV 3). Erst nach Ablauf ihres Amtsjahres gingen sie als Proprätoren in die ihnen vom Senat zugewiesene Provinz.

4. Die Zensur

1. Auf Grund der Vereinbarung von 367 wurde im darauffolgenden Jahr (ausnahmsweise durch Gesetz) als weiteres Amt die Zensur von der Höchstmagistratur abgespalten. 22

Die Zensur war wie der Konsulat von vornherein ein **Doppelamt;** doch hatte die Kollegialität hier eine **gesteigerte** Bedeutung, da die Zensoren ihre wichtigsten Aufgaben, die Bürgerschätzung und die Sittenaufsicht, grundsätzlich gemeinschaftlich zu erfüllen hatten. Infolgedessen hatte beim Tod des einen der andere sein Amt sofort niederzulegen. Das gegenseitige Interzessionsrecht wurde durch diese Regelung aber nicht berührt. Die Zensoren unterlagen jedoch nicht der Interzession der anderen Höchstmagistrate.

Die Zensur war ferner ein **nichtständiges** Amt, da die Bürgerschätzung, zu deren Durchführung die Zensoren vor allem gewählt wurden, nur alle fünf Jahre stattfand und die Amtszeit der Zensoren spätestens nach anderthalb Jahren ablief.

In der Zwischenzeit wurden ihre sonstigen Aufgaben wie bisher von den Höchstmagistraten wahrgenommen.

Die Überlieferung verlegt die Schaffung der Zensur als eines **selbständigen** Amtes zu Unrecht bereits in das Jahr 443.

23 2. Die staatsrechtlich bedeutsamste Obliegenheit der Zensoren war die Aufstellung der nach Tribus (§§ 3 III 3; 17 II) geordneten **Bürgerlisten** zum Zwecke der Vermögensschätzung **(census)** und der Einreihung der Bürger in die Vermögensklassen der Zenturienordnung (§ 17 I 2). Die Liste diente zugleich als Wehrstammrolle und als Grundlage für die Steuerveranlagung.

Die auf Grund des Zensus vorgenommene **Neugliederung** der Bürgerschaft nach Zenturien war ein so wesentlicher Staatsakt, daß er mit einem feierlichen Reinigungs- und Entsühnungsopfer **(lustrum)** der Zensoren abschloß. Da dieser Staatsakt gewöhnlich alle fünf Jahre stattfand, bekam *lustrum* selbst die Bedeutung eines Zeitraums von fünf Jahren.

Jeder Bürger, der mündig, gewaltfrei und vermögensfähig *(sui iuris)* war, hatte die Pflicht, bei dem auf dem Marsfeld stattfindenden Zensus über seine persönlichen und Familienverhältnisse, seine Klienten, den Besitz an Waffen, an Sklaven und sonstigen *res mancipi (res censui censendo)* genaue Auskunft zu geben.

24 3. Hatte einmal das Recht der Senatorenernennung den Konsuln zugestanden, so übertrug die **lex Ovinia** (um 312) diese Funktion nun den Zensoren **(lectio senatus).** Damit lag die Ergänzung dieser immer mehr an politischem Gewicht gewinnenden Körperschaft in den Händen der Zensoren. Im Rahmen ihrer allgemeinen Sittenaufsicht wurde ihnen darüber hinaus aber auch das Recht zur Entziehung der bis dahin lebenslänglichen Senatorenwürde zugestanden. Andererseits gab die Bekleidung eines kurulischen Amtes schon um 200 einen Anspruch auf Berufung in den Senat.

25 Es ist wahrscheinlich, daß damals den Zensoren noch eine andere Aufgabe zuwuchs, die in der Folge gleichfalls von großer Bedeutung werden sollte. Wie wir sahen (§ 3 III 2), hatte es einmal drei aus der Königszeit stammende Ritterzenturien gegeben. Irgendwann einmal wurde die Zahl verdoppelt (§ 7 III 2), und in Verbindung mit der „Servianischen Verfassung“ gab es, wohl seit dem Ende des 4. Jahrhunderts (§ 17 I 2), deren 18 bis zum Ende der Republik. Sie bildeten die alte römische Ritterschaft, den **ordo equester,** ein aristokratisches Korps, nunmehr aus dem patrizisch-plebejischen Adel, deren Angehörige, was das Vermögen betrifft, es mindestens mit den *„classici“* aufnehmen konnten **und** vom **Zensor** des *equus publicus* für würdig befunden wurden: Das kam der Verleihung eines Adelstitels als *eques Romanus equo publico* gleich. Diese Ritter *equo publico* spielten die erste Rolle in der Armee und in den Komitien.

Die Schätzung und Musterung dieser *equites* ist von dem militärischen Aufgebot zu unterscheiden, bei dem die Konsuln entsprechend den militärischen Bedürfnissen die Legionskavallerie aufstellten. Ihre Angehörigen hatten wohl denselben *census* wie die Ritter. Sie dienten also auf Grund des Reichtums ihrer Familie (Pol. 6, 20, 8f.: πλουτίνδην) bei der Kavallerie, besaßen aber nicht das Staatspferd.

In späterer Zeit traten an ihre Stelle Auxiliarverbände.

4. Bei der Schätzung und Musterung der Bürger stand es den Zensoren frei, **Strafmaßnahmen** gegen Unwürdige zu verhängen, sie aus der Reiterei auszustoßen (durch Befehl, ihr Staatspferd zu verkaufen: *vende equum*), in eine schlechtere Tribus (vgl. § 17 II 3 Abs. 2) zu versetzen **(tribu movere)** oder aus den Tribuslisten zu streichen und in die Liste der nicht stimm- und wehrberechtigten untersten Bürgerklasse einzutragen **(aerarium facere).** 26

Zugleich übten die Zensoren auch die allgemeine Aufsicht darüber aus, daß Zucht, Sitte und Brauchtum vom einzelnen Bürger gewahrt wurden **(cura morum).** In einem besonderen Sittengerichtsverfahren **(iudicium de moribus)** konnten sie eine ehrenmindernde (infamierende) Rüge erteilen, die in die Bürgerliste eingetragen wurde **(nota censoria),** den für schuldig Befundenen unter die **aerarii** einreihen, d.h. vermutlich, zur Zahlung eines erhöhten Steuerbetrages verurteilen, oder einfache Geldstrafen verhängen.

5. Eine wichtige Aufgabe der Zensoren bestand ferner in der Aufstellung des **Staatshaushaltes.** 27

a) Die römische **Finanzverwaltung** ist durch die Eigentümlichkeit gekennzeichnet, daß die Staatseinnahmen nicht unmittelbar, sondern durch **Verpachtung** der Staatsgefälle aus Steuern, Zöllen, Bergwerken, **Staatsland** *(ager publicus)* usw. an meistbietende private Unternehmer eingezogen wurden. Da der Abschluß dieser Verträge den Zensoren oblag, hatten sie allein auch die zwecks Aufstellung des Haushalts erforderliche Übersicht über die Staatseinkünfte.

Den Überschuß über die Pachtsumme konnte der Pächter als **Gewinn** einstreichen. Dieses Verfahren ersparte dem Staat zwar einen großen Verwaltungsapparat, führte aber zu erheblichen Mißständen. Eine besondere Rolle spielten hierbei die in der Folgezeit zu einem Verband zusammengeschlossenen Steuerpächter *(publicani).*

b) Auch die **öffentlichen Bauten** und Arbeiten **(ultro tributa)** wurden von den Zensoren durch Verträge an Private vergeben. 28

Für die Weiterführung und Abnahme über ihre Amtsdauer hinaus konnte der Senat ihnen Auftrag erteilen *(prorogatio).*

6. Die Stellung der Zensoren ist insofern eigenartig, als sie trotz ihres entscheidenden Einflusses auf das öffentliche Leben nur ihre amtliche **potestas,** aber **kein imperium** besaßen. Da sie jedoch dem jeweiligen Imperiumträger auch **nicht untergeordnet** waren, bedeutete dieser Umstand eher noch eine Stärkung ihrer Rechtsstellung. Denn auf diese Weise war gegen ihre Maßnahmen überhaupt keine Interzession seitens des Höchstmagistrats möglich. Auch den Volkstribunen war eine Interzession gegen Census und Lustrum versagt. 29

Das hohe Ansehen des Zensoramtes, des *sanctissimus magistratus,* hatte zur Folge, daß – von vereinzelten Ausnahmen abgesehen – nur gewesene Konsuln *(consulares)* zum Zensor gewählt wurden und daß die Zensoren im Senat die oberste Rangklasse bildeten. Der älteste gewesene patrizische Zensor, der den alteingesessenen *gentes* angehörte, galt demgemäß auch als *princeps senatus.* Auch die Ehrenrechte der kurulischen Beamten, *sella curulis* und *toga praetexta,* standen den Zensoren zu. 30

Ihre **potestas** bedurfte, wie das *imperium* der Höchstmagistrate (§ 7 II 1), der sakralrechtlichen Bestätigung durch eine *lex curiata.*

5. Die Ädilität

1. Während Prätur und Zensur sich im wesentlichen als bloße Abspaltungen von der Höchstgewalt des Imperiumträgers darstellten, handelt es sich bei der Ädilität und bei 31

allen übrigen Ämtern um **untergeordnete Magistrate,** die von vornherein nur der Entlastung der Staatsführung gedient haben.

32 2. Die Ädilität hat sich, wie wir gesehen haben (§ 8 I 3), aus einem rein **plebejischen Sakralamt** entwickelt. Als Vorsteher der plebejischen Heiligtümer sind die Ädilen an sich so alt wie die sakrale Gemeinschaft der Plebs selbst. Die weltliche Funktion, die den beiden Ädilen daneben oblag, die Aufsicht über die **Tempelmärkte,** hat diese bloßen Gehilfen der späteren Volkstribune allmählich zu einer Magistratur des Gesamtvolkes aufrücken lassen (§ 8 I 3).

33 3. Zunächst dürften die plebejischen Ädilen im Rahmen des Ständekampfes allgemeinere Polizeibefugnisse im gesamten Stadtgebiet, wenn auch vielleicht nur gegenüber Plebejern, erlangt haben. Die entscheidende Wendung brachte auch hier die Verfassungsreform des Jahres 367. Den plebejischen Ädilen wurde nun zwar die allgemeine **Polizeigewalt** zugestanden; es wurden ihnen aber **zwei neue Ädilen** an die Seite gestellt, die als Beamte des Gesamtvolks abwechselnd aus den Reihen der Patrizier und Plebejer gewählt werden sollten. Da diesen neuen Ädilen zwar kein Imperium, wohl aber die vollen magistratischen Ehrenrechte *(toga praetexta* und *sella curulis)* zustanden, hießen sie **aediles curules.** Ihnen allein wurde nun auch die zivile **Marktgerichtsbarkeit** übertragen (hierzu § 22 IV. V). Im Rahmen dieser begrenzten Rechtspflege *(iuris dictio)* – sie umfaßte insbesondere Gewährleistungsansprüche des Sklaven- und Viehkaufes – stellten sie ein eigenes Edikt auf **(edictum aedilicium).**

34 4. Abgesehen hiervon war die Zuständigkeit der plebejischen und der kurulischen Ädilen vollkommen gleichgeartet. Sie übten eine umfassende Polizei- und Ordnungsgewalt innerhalb des *pomerium* aus **(cura urbis),** kraft derer sie auch Geldstrafen *(multae)* verhängen oder Strafanträge beim Volksgericht stellen konnten. Ferner überwachten sie die gesamte Versorgung der Stadt, vor allem mit Getreide **(cura annonae).** Schließlich oblag ihnen die Beaufsichtigung und bald auch die Ausrichtung der öffentlichen Spiele im Frühjahr und Herbst **(cura ludorum).**

Hierbei teilte sich wiederum ihre Zuständigkeit: Die plebejischen Ädilen hatten die plebejischen Spiele, die kurulischen die Spiele des gesamten Volkes *(ludi Romani)* zu leiten.

5. Mit der Einführung der kurulischen Ädilität kehrte sich auch das Rangverhältnis der plebejischen Ädilen zu den **Volkstribunen** um. Als **Gehilfen** der Volkstribune fungierten sie nur noch in den *concilia plebis,* während sie im *cursus honorum* zwar mit diesen auf gleicher Stufe standen, aber als das vornehmere Amt galten.

6. Der Volkstribunat

35 1. Der Volkstribunat (§ 8) hat sich schon frühzeitig Schritt für Schritt zu einer **Magistratur** des Gesamtvolks umgewandelt, ohne dabei seine Herkunft und Sonderstellung jemals ganz zu verleugnen (§ 8 I 4; II 3).

36 2. Diese Entwicklung wurde nachhaltig gefördert durch die nach 367 sich bald durchsetzende vollständige **politische Gleichberechtigung** der vornehmen Plebsfamilien und des Patriziats hinsichtlich der Besetzung der allgemeinen Magistraturen. Im Jahre 300 wurde den Plebejern schließlich durch eine *lex Ogulnia* auch der Zugang zu den **Priesterämtern** der Pontifices und Auguren eröffnet, während andere, freilich politisch unwichtige Priesterämter stets den Patriziern aus kultischen Gründen vorbehalten waren. Im Jahre 254 wurde zum erstenmal ein Plebejer *pontifex maximus.*

37 3. Schließlich führte die **lex Hortensia** vom Jahre 287, die den Beschlüssen der *concilia plebis* (Plebiszite) Verbindlichkeit für das Gesamtvolk verlieh (§ 17 III 2), zur Umwandlung des Volkstribunats in ein regelrechtes Amt. Eine sachliche Zusammen-

arbeit der Staatsführung mit den Volkstribunen, die ja allein das Recht hatten, die Konzilien der Plebs einzuberufen und zu leiten **(ius agendi cum plebe,** § 8 II 1), war nun nicht mehr zu vermeiden. So fand auch der Einbau des Volkstribunats in den Staatsorganismus seinen äußeren Ausdruck in der Beteiligung der Volkstribune an den Senatssitzungen. Schließlich billigte ihnen die **lex Atinia** (vor 102) wie den sonstigen Magistraten grundsätzlich die Aufnahme in den Senat nach Ablauf ihrer Amtszeit zu.

Zunächst hatten sie nur ihre gemeinsame Amtsbank *(subsellium)* vor die Tür des Sitzungssaales stellen und zuhören dürfen; sodann erhielten sie das Recht, im Senat zu reden; gegen Ende des zweiten Jahrhunderts konnten sie den Senat bereits selbst einberufen und Anträge stellen (*ius agendi cum senatu,* o. II 2; auch § 16 I 5).

4. Es versteht sich, daß die Volkstribune auf diese Weise vielfach zu einem gefügigen Werkzeug in den Händen des **Senats** wurden, der sich ihrer Interzession nun auch gegenüber den ordentlichen Magistraten bedienen konnte. Erst während der gracchischen Unruhen (§ 18 IV 4.5) warf sich der Volkstribunat, auch jetzt freilich in der Hand der fortschrittlichen Adelspartei, wieder zum Gegenspieler des Senats auf. 38

7. Die Quästur

1. Das unterste Amt im *cursus honorum* war die Quästur. Die *quaestores* hatten die **Staatskasse** zu verwalten **(quaestores aerarii).** Auch hatten sie das im Saturntempel untergebrachte **Staatsarchiv** in ihrer Obhut. Seit 447 wurden sie vom Volk gewählt (Tac. ann. 11, 22). 39

Wann die Quästur geschaffen wurde und in welchem Verhältnis die *quaestores aerarii* zu den *quaestores parricidii* stehen, ist nicht endgültig geklärt (vgl. Wesener, RE XXIV 803ff. und 811ff.). Die *quaestores* gehörten nicht zu den kurulischen Beamten.

2. Noch im 5. Jhd. wurden der Überlieferung nach den städtischen Quästoren zwei weitere als Verwalter der Kriegskasse beigesellt. Seit 267 wuchs ihre Zahl auf acht, unter Sulla schließlich auf zwanzig. Die **neu geschaffenen Stellen** sollten den Bedarf an Verwaltungsbeamten in Italien und später in den Provinzen decken.

3. Zehnjähriger Heeresdienst (I 5) – oder Reiterdienst, d. h. Haltung des Staatspferdes in einer Reiterzenturie, wie Siber diese Bestimmung versteht – ist vermutlich seit Sulla für die Ämterlaufbahn nicht mehr vorgeschrieben, wohl aber ein **Mindestalter** von 30 Jahren für die Bekleidung der Quästur.

8. Niedere Amtsträger

1. Neben den im *cursus honorum* zusammengefaßten höheren Amtsträgern gab es noch eine ganze Reihe mehrstelliger niederer Amtsträger. Hierzu gehörten vor allem die vom Volke gewählten **24 Kriegstribune;** ferner in den beiden letzten Jahrhunderten der Republik verschiedene Kollegien, die insgesamt 26 Stellen umfaßten (daher **Vigintisexvirat** genannt) und in einzelnen Zweigen der **Rechtspflege** (Sondergerichte, Vollstreckung, Gefängniswesen) und der **Verwaltung** (Münzwesen, Verkehr, Feuerwehr, Sicherheitspolizei) tätig waren. Sie wurden zunächst von den höheren Magistraten als Gehilfen ernannt, später aber vom Volke gewählt; und erst damit rückten sie in die Stellung eines Magistrats ein. 40

2. Eine besondere Rolle spielten die **Legaten,** die nicht mehr zur ordentlichen Magistratur gehörten. Sie wurden stets vom Konsul ernannt, vor allem zwecks Übernahme militärischer Kommandos oder politischer Sonderaufgaben, etwa als Unterhändler oder Gesandte, dies aber nur nach vorhergehendem Senatsbeschluß. 41

Während der Zeit der Senatsherrschaft wurden den Feldherren und Provinzstatthaltern stets **Abgeordnete des Senats** beigegeben, die ihre Vorgesetzten nicht nur zu unterstützen, sondern auch zu überwachen hatten.

Die Provinzlegaten haben die Quästoren der Statthalter aus ihrer Stellung allmählich verdrängt.

§ 16. Der Senat

Schrifttum: *O'Brien Moore,* Senatus, in: RE Suppl. VI (1935) 672–760 (Republik); *v. Lübtow,* Volk 142ff.; *T. R. S. Broughton,* Senate und Senators of the Roman Republic: The Prosopographical Approach, in: ANRW I 1, 250–265; *W. Kunkel,* Magistratische Gewalt und Senatsherrschaft, in: ANRW I 2, 3–22; *H. J. Wolff,* Interregnum und auctoritas patrum, in: BIDR 64 (1961); *F. De Martino* II 185–215; *J. Bleicken,* Verfassung 108–119; *E. Ferenczy,* Über das Interregnum, Fg. v. Lübtow (1980) 45–52; *F. Wieacker,* RG I 408–411.

1. Die Entwicklung des Senats während der Republik

1 1. Nach dem Verschwinden der alten Gentilverfassung wurden die Mitglieder des Senats vom Höchstmagistrat ernannt (§§ 6 III 1; 15 II 2). Zunächst waren es die **gewesenen Höchstmagistrate,** sodann auch die sonstigen **kurulischen Beamten,** die nach ihrer Amtszeit in freiwerdende Senatorenstellen berufen wurden.

Da die Staatsführung in der Zeit des alten Adelsstaates in den Händen der alten patrizischen Familien lag, wurde der politische Einfluß des herrschenden Patriziats auf diese Weise noch stärker gefestigt. Nachdem sich jedoch die vornehmen plebejischen Familien den Zugang zur Staatsführung erkämpft hatten, was durch die Verfassungsreform des Jahres 367 geschah, war auch den **plebejischen** gewesenen Höchstmagistraten und Prätoren der Zutritt zum Senat nicht mehr zu verwehren. Aus diesen senatssässigen patrizischen und plebejischen Höchstmagistraten bildete sich eine neue Nobilität, zu der später auch die niederen Magistrate Zugang erhielten.

2 2. Seitdem die Aufnahme unter die vollberechtigten Senatsmitglieder von der Einschreibung in die Senatsliste **(lectio senatus)** abhängig war, wurden die versammelten Senatoren in offizieller Anrede als **patres conscripti** bezeichnet, wobei *‚patres'* in alter Zeit die Patrizier meinte, aus denen damals allein sich der Senat zusammensetzte. *‚Conscripti'* bedeutete aber von Anfang an die in die Senatsliste „eingeschriebenen" *patres.*

3 *Conscripti* wird daher nicht als substantiviertes Partizip aufzufassen sein, das mit *patres* ein Asyndeton (Verbindung mit Auslassung des Bindeworts *et*) bildet, sondern eher als partizipales Adjektiv. Paul. Fest. 6, 24f. enthält zwar zu *adlecti* die Erklärung: *conscripti, qui in senatu sunt scriptis adnotati,* doch geht das wohl, wie auch Liv. 2, 1, 11, auf die Annalisten zurück. Diese projizieren aber vermutlich die gesellschaftlichen Veränderungen des 4. Jahrhunderts in die Frühzeit (vgl. etwa Alföldi, Reiteradel 115).

Das Wort *conscribere* bedeutet einfach „eintragen". Daher wird man annehmen dürfen, daß die Anrede *patres conscripti* sich von Anfang an auf die Senatsmitglieder schlechthin bezog. Dies gilt aber sicher, seit alle Senatoren, einschließlich der plebejischen, durch die *lectio senatus* zu Senatsmitgliedern wurden (vgl. Fest. 290, 12ff. zu *praeteriti senatores*). Es wäre ja auch unverständlich, wenn die Plebejer eine Hervorhebung des Gegensatzes der Stände im Sinne der herrschenden Lehre *(patres et conscripti)* hätten hinnehmen sollen, nachdem sie einmal ihren Platz im Senat erobert hatten (vgl. H. Hausmaninger, KlP I 1277f.).

Diese Auffassung wird auch nicht durch die im schwerfälligen Gesetzesstil der ausgehenden Republik und des beginnenden Prinzipats abgefaßten Stadtrechte (Munizipalrechte) widerlegt. In diesen Stadtrechten werden die Mitglieder des *senatus* (Stadtsenat) mehrfach *decuriones conscriptive* genannt, so etwa in der *lex Iulia municipalis* aus dem Jahre 45 v. Chr. (§ 20 I 8 Abs. 3) Z. 86. 105f. und öfter. Doch sprechen andere Stadtrechte einfach von *decuriones* (so *lex Tarentina* Z. 26; *lex Ursonensis* 64 (col. 4, 11); 66 (col. 5, 9) und öfter; auch *lex Malacitana* 54 (col. 2, 1) und *lex Salpensana* 25 (col. 1, 28/29), sonst aber in diesen beiden die Wendung *decuriones conscriptive;* ebenso jetzt *lex Irnitana* [§ 32 I 4] Tab. III col. C Z. 33 und öfter).

3. Dem patrizischen Teil des Senats sollen jedoch nach herrschender Meinung auch weiterhin zwei Vorrechte vorbehalten geblieben sein: 4

a) Die **auctoritas patrum** (§ 6 III 2). Sie war eine wesentliche Funktion des alten Patrizierrates gewesen, da kein Volksbeschluß – ob er nun Gesetz oder Wahl der Amtsträger betraf – ohne sie Wirksamkeit erlangte.

Der Vergleich dieser staatsrechtlichen Genehmigung mit der zivilrechtlichen *auctoritas* des Vormunds ist insofern zutreffend, als es sich in beiden Fällen um eine „Mehrung", um eine „Bestätigung" eines Aktes handelt, der im einen Fall ein zwischen einem Unmündigen und einem voll Geschäftsfähigen abgeschlossenes Rechtsgeschäft, im anderen einen Staatsakt der Volksgemeinde betrifft.

Doch bei der *auctoritas patrum* müssen die *patres* die **Plebejer miteinbegriffen** haben, seit sie einmal vollen Sitz und Stimme im Senat hatten, also die patrizisch-plebejische Nobilität die Stelle des Patriziats eingenommen hatte. Dafür könnte man sich vielleicht darauf berufen, daß seit dem 2. Jhd. häufig der Terminus **senatus auctoritas** (statt *patrum auctoritas*) gebraucht wird und daß damit oft ein rechtsverbindlicher Senatsbeschluß gemeint ist (so bei Cic. leg. 2, 37). Allerdings ist aus dem „verzwickten Sprachgebrauch" unseres Hauptgewährsmannes Livius (Siber, Auct. patrum u. auct. sen., in: Festschr. Boehmer [1954] S. 28) Sicherheit nicht zu gewinnen. Tatsächlich hat jedoch die Bestätigung durch den Senat seit dem 3. Jhd. an Gewicht verloren, nicht freilich, weil sie seit der **lex Publilia** (339) und der *lex Maenia* (3. Jhd.) grundsätzlich vorher erteilt werden mußte; denn auch die vorhergehende *auctoritas* konnte ebenso verweigert wie erteilt werden (vgl. Mommsen, StR III 1043). Aber, zunächst mindestens für die Gesetzgebung, mußte sie nach der **lex Hortensia** (287) ihre Bedeutung deswegen einbüßen, weil nun in politisch krisenhaften Zeiten das Plebiszit, der Beschluß des *concilium plebis* (§ 17 III), vorgezogen wurde, das der *auctoritas* nicht bedurfte (Siber, Art. Plebiscita, in: RE XXI 63). 5

b) Das **interregnum** (§ 6 II). Es war eine wesentliche Funktion des Patrizierrates gewesen, falls es einmal an einem ordnungsmäßig bestellten Imperiumträger fehlte. Das Verfahren war von archaischer Schwerfälligkeit. Die in früherer Zeit ja ausschließlich dem patrizischen Hochadel angehörenden Senatsmitglieder ernannten *(„prodere")* nach einer durch das Los bestimmten Reihenfolge einen Interrex aus ihrer Mitte, der nur fünf Tage im Amt war und es dann seinem Nachfolger zu übergeben hatte, bis es zur Veranstaltung der ordentlichen Wahlen durch die zuständigen Komitien kam, unter Wahrung aller religiöser Zeremonien *(auspicia).* Das Vorläufige, Transitorische sollte aus politischen Gründen vielleicht durch dieses Verfahren besonders betont werden. Obwohl die Plebejer seit 300 auch in den Kollegien der *pontifices* und *augures* saßen, obwohl den „patrizischen" Magistraten (Mommsen, StR I 18), d.h. auch den Plebejern, soweit sie die Höchstämter der Gesamtgemeinde bekleideten, das Recht auf *auspicia* zukam, sind trotzdem in der Tat alle *interreges,* die wir kennen, aus patrizischem Geschlecht, und das *interregnum* selbst als Institution begegnet uns – zum letzten Mal – noch in den Jahren 53 und 52. Cicero, der sich einerseits brieflich über das schwerfällige Verfahren mokiert, erklärt es andererseits in seiner 57 vor dem Pontifikalkollegium gehaltenen Rede pathetisch für einen tragenden Pfeiler des Staates (dom. 38). Der plebejischen Nobilität erschien die politisch längst nicht mehr bedeutsame Sache einen revolutionären Akt wohl nicht mehr wert. 6

4. Auf Grund der **lex Ovinia** (etwa um 312) ging das Recht der Senatorenernennung *(lectio senatus)* von den Höchstmagistraten auf die **Zensoren** über (§ 15 IV 3). Das 7

war eine wichtige politische Aufgabe, *optimum quemque ex omni ordine* auszuwählen (Fest. 290, 13f.). Gerade daraus bildete sich die Übung, daß ein gewesener kurulischer Amtsträger nicht ohne begründeten Anlaß übergangen werden konnte, also ein Anwartschaftsrecht auf den Senatssitz erlangte. Auf diese Weise setzte sich der Senat nach wie vor überwiegend aus amtserfahrenen, einflußreichen Männern der regierenden Schicht zusammen.

Gegen Ende der Republik wurde dieser Grundsatz (§ 15 VI 3) auch auf die **plebejischen** Amtsträger (seit etwa 130 auf die Ädilen, bald darauf auf die Volkstribunen) und seit Sulla auch auf die Quästoren ausgedehnt.

Die traditionsmäßig überlieferte Zahl von 300 Mitgliedern wird, wie gesagt (§ 6 I 2), wohl nie gestimmt haben. Unter Sulla wurde sie auf 600 erhöht, unter Cäsar erreichte sie sogar 900.

Die Senatoren trugen als Standesabzeichen einen breiten, vorn und hinten am Halsausschnitt senkrecht hinabführenden Purpurstreifen *(latus clavus)* und rote Schuhe *(calcei mullei)*. Im Theater hatten sie Ehrensitze angeblich seit 194.

8 5. Die Entschließungen des Senats **(senatus consulta)** hatten, wie seit jeher, staatsrechtlich gesehen lediglich die Bedeutung unverbindlicher Empfehlungen. Infolgedessen konnte der Senat auch nur auf Verlangen eines Imperiumträgers, später auch des Volkstribunen (§ 15 VI 3 Abs. 2), der seinen Rat einholen wollte (**ius agendi cum senatu,** § 15 II 2), zusammentreten. Die Autorität des Senats aber in der hohen Republik genügte, daß der Beamte diesem „Rat" folgte.

9 Der die Versammlung leitende Amtsträger legt die zu behandelnde Frage dem Senat vor *(relatio)* und fragt die Senatoren, meist in ihrer Rangfolge, nach ihrer Meinung *(sententiam rogare)*. Sie äußern sie in der rechtlichen Form eines Antrages *(„censeo")*; dem Magistrat selbst stand kein Antragsrecht zu. Die Abstimmung über die eingebrachten Anträge vollzieht sich durch Auseinandertreten *(discedere)* – nämlich in die beiden Hälften des Saales. Die Redezeit war übrigens nicht begrenzt, der Befragte konnte auch über jeden anderen, nicht zur Sache gehörenden Gegenstand sprechen oder einen anderweitigen Antrag stellen (z.B. *ceterum censeo Carthaginem esse delendam*).

2. Die Senatsherrschaft

10 1. Schon die Zusammensetzung des Senats läßt es verständlich erscheinen, daß trotz aller formalen Begrenzung seiner Zuständigkeit die Fäden der **Außen- und Innenpolitik** in seiner Hand zusammenliefen. Mit der Erweiterung des Staatsgebietes und der völkerrechtlichen Beziehungen wuchs die **Bedeutung des Senats** im politischen Leben immer mehr.

11 2. Insbesondere die **Außenpolitik** des aufsteigenden Weltreichs ging zunehmend in die Hände des Senats über. Auf seinen Vorschlag wurden die römischen Gesandten *(legati)* von den Konsuln ernannt; er empfing auch die fremden Gesandtschaften und führte die diplomatischen Verhandlungen. Infolgedessen gab seine Stellungnahme auch beim Abschluß völkerrechtlicher Verträge, bei Kriegserklärung und Friedensschluß den Ausschlag, und die an sich hierfür zuständige Volksversammlung oder gar der Magistrat hat sich seinen Entscheidungen oder Wünschen kaum jemals widersetzt.

12 3. Im Zusammenhang damit gewann der Senat auch bald die Oberaufsicht über die **militärischen Operationen,** verteilte die **Kommandostellen** unter den Konsuln und gab ihnen zwecks Unterstützung und Überwachung seine **Legaten** bei (§ 15 VIII 2).

13 4. Da der Senat auf diese Weise auch über die Höhe der Rüstungsausgaben und der laufenden Mittel für die Kriegführung zu bestimmen hatte, ist es verständlich, daß

auch der gesamte übrige **Staatshaushalt** und die **Reichsverwaltung** unter seine Kontrolle gerieten. Daher setzte er nun auch von sich aus den finanziellen Rahmen für den Aufgabenbereich der Zensoren fest.

5. Auch sonst war der Einfluß des Senats auf die Magistrate und damit auf die **Regierung** nicht zu unterschätzen. Neugewählte Amtsträger konnte er notfalls aus der Amtsführung dadurch ausschalten, daß er den Magistraten mit verlängertem (prorogiertem) *imperium militiae* (§ 15 II 3) eine bestimmte *provincia* innerhalb der Obliegenheiten des neuen Amtsträgers zuwies. Später ist das **Prorogationsrecht** des Volkes ganz auf den Senat übergegangen. Wie schon erwähnt (§ 15 I 3b. VI 4), hat er sich schließlich mittelbar auch des Interzessionsrechts der Magistrate (wie der Volkstribune) zu bedienen gewußt, um seinen Willen durchzusetzen. Auch die im übrigen immer spärlicher werdende **Volksgesetzgebung** gehorchte seiner Steuerung. 14

6. Die verfassungsrechtlich am meisten umstrittene Maßnahme des Senats, die er – gegen Ende der Republik – im Falle äußersten politischen Notstandes ergriff, war das **senatus consultum ultimum,** mit dem gewöhnlich die Erklärung zum Staatsfeind *(hostis rei publicae)* verbunden war. Es räumte den Konsuln diktatorische Vollmachten einschließlich kapitaler Koerzition ein (d.h. also ohne Gerichtsverhandlung): **videant consules, ne quid detrimenti res publica capiat** (vgl. Caes. civ. 1, 5, 3). 15

Zu dieser Verkündung des Staatsnotstandes, die bereits deutliche Zeichen politischer Schwäche verrät, hat der Senat jedoch erst in der Zeit der beginnenden inneren Unruhen gegriffen; erstmalig wurde das *senatus consultum ultimum* wohl in „der Gracchenkrise (132 v. Chr.)" (Wieacker, RG I 409[52]) angewandt. Die von Wieacker angeführten Quellenbelege (Cic. Cat. 1, 2, 4; Cic. Phil. 8, 4, 14; Plut. C. Gracch. 14, 3) betreffen jedoch alle nur die Maßnahmen gegen C. Gracchus 121 (§ 18 IV 6). Val. Max. 3, 2, 17 berichtet allerdings für 132 über Scipio Nasica, er habe schließlich die Aufforderung an den Senat gerichtet: ... *qui rem publicam salvam esse volunt, me sequantur* („wer will, daß der Staat erhalten bleibe, folge mir nach"). 16

Es bewaffneten sich hierauf zahlreiche Senatoren „mit Stuhlbeinen und Knütteln und eilten ihm nach auf das Forum". Behrends kann im Hinblick auf diesen ganzen Vorgang zweifellos mit Recht sagen, es „liegt das Ganze durchaus in der Logik des *senatus consultum ultimum,* durch das der Senat in späteren Notstandslagen den Konsuln das Ergreifen von geeigneten Maßnahmen anheimzustellen pflegte" (Behrends, T. Gracchus 106ff.). Insoferne kann man den Beginn dieser Maßnahmen bereits im Jahre 132 sehen (§ 18 IV 4).

7. Auch die römische **Republik** erscheint in ihrer Blütezeit als **Adelsstaat,** der von einer traditionsmäßig gebundenen und staatsmännisch erprobten Elite beherrscht wird. Der Magistrat ist wohl zeitweise in manchen Belangen geradzu als des Senats anzusehen, und die Volksversammlung wird im ganzen auf formale Befugnisse in der Überwachung der staatlichen Gesetzgebung beschränkt. Es ist eine erstaunliche Tatsache, daß diese tiefgreifenden Umwälzungen sich ohne jede rechtliche Grundlage, ja, im Widerspruch zum formal noch bestehenden – freilich nie aufgezeichneten – Verfassungsrecht vollzogen haben. Eine gewisse Parallele werden wir in dem **Neubau des Staates durch Augustus** wiederfinden. Die **auctoritas,** welche die Römer jedem sachlichen Können und jeder wirklichen Persönlichkeit als repräsentativem Vertreter des allgemeinen Willens und Wohls zubilligen, hat dem Senat diese nahezu unbegrenzte Herrschaftsmacht zufallen lassen. Unter seiner Staatsführung hat sich die glanzvolle Entfaltung und der Aufstieg des römischen Volkes zur Hegemonie in der Mittelmeerwelt vollzogen. Welchen tiefen Eindruck dieser Rat der Alten und Erfahrenen auf Ausländer gemacht hat, zeigt der Bericht des Gesandten des Königs Pyrrhos (um 280) an seinen Herrn, der Senat sei ihm **wie eine Versammlung von Königen** erschienen (Plut. Pyrrh. 19, 6). 17

Die Herrschaft des Senats hat jedoch mit dem Schwinden ihrer Voraussetzungen ein Ende gefunden. Der tiefe Riß innerhalb der Führungsschicht (§ 18 IV 3–7), die sozia- 18 len Umwälzungen, insbesondere der Niedergang des Bauerntums Italiens, die wachsenden Spannungen an den östlichen Grenzen unmittelbar nach der Zerreißprobe der Punischen Kriege, die Tatsache, daß die Großmacht Rom verfassungsmäßig noch immer die Gestalt eines Stadtstaates hatte (§ 20), all das verlangte ein hohes Maß von Flexibilität und neue Methoden in der Staatsführung. Das starre Festhalten des Senats am Bestehenden konnte den gestellten Anforderungen nicht entsprechen. Es hat vielmehr dazu geführt, daß die Republik den gewalttätigen Kräften, die um die Macht im Staate zu ringen begannen, preisgegeben wurde.

§ 17. Die Volksversammlung

Schrifttum: *F. Gallo,* La riforma dei comizi centuriati, in: SDHI 18 (1952) 127 ff.; *L. Taylor,* The voting Districts of the Roman Republic (1960); *E. Meyer* 89 ff. und 492 ff. mit weiterer Lit.; *v. Lübtow,* Volk 298 ff.; *E. Gjerstad,* Innenpolitische und militärische Organisation in frührömischer Zeit, in: ANRW I 1, 172–188; *F. De Martino* II 138–184; *J. Bleicken,* Verfassung 96–108; *K. v. Fritz,* Leges sacratae and plebei scita, Schriften zur griechischen und römischen Verfassungsgeschichte und Verfassungstheorie (1976) 374–387; *F. Wieacker,* RG I 388–406; *W. Selb,* „Gewaltenteilung" im republikanischen Rom, in: Fs. Niederländer (1991) 117–119; *F. Casavola,* La legislazione comiziole e l'editto, in: Storia di Roma II/1.

1. Die Zenturiatkomitien

1 1. Die alten **Kuriatkomitien** (§ 7 I) sind vermutlich schon vor der Verfassungsreform von 367 aus dem politischen Leben ausgeschaltet worden. Daß sie überhaupt jemals eine beschlußfassende Tätigkeit ausgeübt haben, ist nicht anzunehmen. Jedenfalls wurde in historischer Zeit über alle politisch wichtigen Fragen, Kriegserklärung und Friedensschluß, Gesetzgebung und Magistratswahlen, sowie über Staatsverbrechen ausschließlich in den **Zenturiatkomitien** entschieden.

Den **Kuriatkomitien** verblieben lediglich ihre altüberkommenen sakralrechtlichen Aufgaben. Doch wurden die alten Gemeinschaftsrechtsakte, die vor den Kuriatkomitien vorgenommen werden mußten (§ 7 II 3), sehr bald durch sakralrechtlich ungebundene Rechtsgeschäfte (Adoption und Manzipationstestament) ersetzt, die *lex de imperio* (§ 7 II 1) verblaßte zu einer verfassungsrechtlich zwar unabdingbaren, aber leeren Formalität.

2 2. Über die **Ausbildung** der Zenturiatkomitien, die einmal aus der staatlichen **Heeresverfassung** der Königszeit hervorgegangen sind, ist bereits gesprochen worden (§ 7 III). Ihren späteren Aufbau schreibt die Überlieferung einer Reform des Königs **Servius Tullius** zu. In Wahrheit wird dieser Aufbau das Ergebnis einer längeren und stufenweisen Entwicklung sein. Das schließt jedoch nicht aus, daß ein Element dieser Entwicklung tatsächlich einer **„Servianischen Verfassung"** angehört. Der Zusammenhang zwischen der Zenturienordnung und dem *census* macht jedoch wahrscheinlich, daß die letzte Ausgestaltung der „Servianischen Verfassung" erst in der Zeit nach der Einführung des Münzgeldes (um 300), also im ersten Drittel des 3. Jahrhunderts erfolgt ist (vgl. etwa M.H. Crawford, Roman Republican Coinage I [1974] 37 ff.).

3 Hiernach gab es 18 Zenturien Ritter *(equites),* die aus dem patrizisch-plebejischen Adel stammen (§ 15 IV 3), und 175 Zenturien Fußsoldaten *(pedites).* Diese, die *pedites,* waren in **fünf Vermögensklassen** eingeteilt, die erste Klasse zählte 80 *(„classici"),* die zweite bis vierte je 20, die fünfte 30 Zenturien. Die restlichen 5 Zenturien der *velati* (Unbewaffneten) bestanden aus je einer Zenturie der Schmiede und Zimmerleute, der Horn- und Signalbläser, die an die Klassen angeschlossen wurden; am Schluß stand die

Proletarierzenturie der Besitzlosen *(proletarii* oder *capite censi),* die (damals noch) zum Heeresdienst nicht herangezogen wurden (so jetzt auch Wieacker, RG I 392). Die 18 Ritterzenturien stimmten mit den 80 Zenturien der ersten Klasse, den *classici,* aus deren Reihen sie ja stammten, ohne selbst zur ersten Klasse zu zählen; sie stehen eher über als außerhalb der Klasse.

Das Vermögen wurde nach Einführung des Münzgeldes (§ 18 II 6) in Geld geschätzt. Die Sätze für die einzelnen Klassen wurden wohl mehrfach geändert. Die Einreihung der Bürger in die verschiedenen Vermögensklassen und die Zenturie der Besitzlosen setzt die Zensur voraus, die als selbständige Behörde erst seit etwa 366 bestand (§ 15 IV). Die **Vermögensschätzung** *(census)* wurde etwa alle fünf Jahre vorgenommen. Sie wurde dann auch der **Besteuerung** zugrunde gelegt. Die Steuern dienten zur Deckung besonderer, vor allem militärischer Staatsausgaben *(tributum* hier = Kriegssteuer). Auch der Sold (Liv. 4, 60, 5), den die kriegsdienstleistenden Bürger als Entschädigung erhielten, wurde aus dem Steueraufkommen beglichen *(aes* oder *stipendium militare* und *equestre).* Aber diese Steuer wird **unständig** erhoben, sie ist eine Art Zwangsanleihe, die bei günstiger Kassenlage aus der Kriegsbeute des öfteren zurückgezahlt wurde. Nach der Schlacht bei Pydna (167) wurde sie der Überlieferung nach nur noch einmal unter dem zweiten Triumvirat im Bürgerkrieg (43) erhoben. 4

3. Die Zenturienordnung war in dieser Zeit nicht mehr eine Heeresordnung, obwohl sie ihre militärische Einkleidung, die ihrer Entwicklung aus einer Heeresordnung entsprach, beibehalten hat. Die zahlenmäßige Stärke der einzelnen Zenturien war sehr verschieden und schwankend. So dürfte namentlich die eine Zenturie der *capite censi* ein gutes Drittel der Gesamtbevölkerung umfaßt haben. Das Heer aber kann unmöglich so eingeteilt gewesen sein, daß die einzelnen Kompanien verschieden stark sind (vgl. Meyer 50). Mit anderen Worten, diese **„Servianische Verfassung"** ist eine reine **Stimmordnung;** somit eine politische und keine militärische Organisation. Die Zenturien bilden längst nicht mehr eigentliche Hundertschaften (§ 7 III 2) oder auch nur die Bevölkerungskontingente, die eine Hundertschaft einer bestimmten Truppengattung zu stellen und auszurüsten hatten, sondern bezeichneten nur noch die **politischen Einheiten,** denen als **Stimmkörper** je eine Stimme zukam. 5

4. Aus der verschiedenen Zahl der Zenturien, aus denen sich die einzelnen Vermögensklassen zusammensetzten, ergibt sich, daß die **equites** zusammen mit der **ersten Klasse** bereits über die **absolute Mehrheit** von 98 Zenturien verfügten. Da die Abstimmung nach Erreichen der Mehrheit sofort abgebrochen wurde, kamen die Zenturien der vier unteren Klassen häufig überhaupt nicht dazu, ihre Stimme abzugeben. 6

Großgrundbesitzer patrizischer oder plebejischer Herkunft hatten sich demnach mit den sonstigen reichen Plebejern zu einer Herrschaftsschicht zusammengeschlossen, die sich auf ein **Klassenwahlrecht** stützen konnte. Aus der Aristokratie war eine **Timokratie** geworden. Aber auch jetzt hat der neue patrizisch-plebejische **Amtsadel im Senat** es zunächst verstanden, die Zügel der Politik fest in der Hand zu behalten, ja, seine Stellung noch auszubauen.

Die **Bevorzugung der vermögenden Bevölkerungsschichten** konnte ursprünglich damit gerechtfertigt werden, daß die Angehörigen der ersten Klasse als Schwerstbewaffnete im ersten Glied der Schlachtordnung standen und auf diese Weise ähnlich den Reitern erhöhten Gefahren ausgesetzt waren. Das ließ sich mit gutem Gewissen nicht mehr sagen nach dem wirtschaftlichen Niedergang des Bauerntums und den schweren Belastungen, welche die Punischen Kriege und weitere militärische Auseinandersetzungen mit sich brachten. 7

2. Die Reform der Zenturienverfassung und die Tributkomitien

8 1. Die einzelnen Verwaltungsbezirke **(tribus),** in die das Staatsgebiet eingeteilt war, wurden bei neuem Gebietszuwachs fortlaufend ergänzt. Im Jahre 241 war die Zahl von 35 Tribus, 4 städtischen und 31 ländlichen, erreicht (§ 3 III 3) und stand seitdem fest.

9 2. Der Grund hierfür lag in der Ende des 3. Jhs. (220) durchgeführten letzten **Reform der Zenturienverfassung,** durch die sie mit der Tribuseinteilung – mit der sie schon in älterer Zeit in einem für uns nicht mehr erkennbaren Zusammenhang gestanden hatte (§ 7 III 2) – fest verbunden wurde.

10 3. Alle Bürger des Staates sollten in den Zenturien in gleicher Weise vertreten sein. In einer Klasse stimmten also künftig Angehörige sämtlicher Tribus mit gleichem Zensus. Das einmal geschaffene Verhältnis der Zenturie zu den Tribus sollte nun konstant bleiben, die Zahl der Tribus hinfort also nicht vergrößert werden, auch wenn das Staatsgebiet sich ausdehnte. Die Angehörigen hinzukommender Gebiete wurden auf die bereits bestehenden Tribus verteilt, wodurch diese ihre Bedeutung als Verwaltungsbezirke verloren. Mit dieser Reform wurde das **politische Übergewicht** der **grundbesitzenden Volksschichten** gegenüber der großstädtischen Bevölkerung **gesichert** (vgl. Heuß 80 und 133).

11 Die Vorzugsstellung der Altrömer wurde überdies dadurch gesichert, daß alle **Neubürger** immer nur in die gleichen wenigen Tribus eingeschrieben wurden, während **Freigelassene** wiederholt auf die vier städtischen Tribus beschränkt wurden. Wie Liv. 45, 15, 1 wahrscheinlich mit Bezugnahme auf die Reform der Zensoren C. Flaminius und L. Aemilius Papus (220 v. Chr.; dazu Liv. per. 20 und Gundel, KlP II 566) berichtet, sind jedoch von der Zuweisung zu den städtischen Tribus Freigelassene mit (wohl wenigstens) einem über fünfjährigen Sohn *(quibus filius quinquenni maior ex se natus esset)* ausgenommen gewesen. Diese wurden also den angeseheneren ländlichen Tribus zugeschrieben.

Da die **Zensoren,** die die Tribuslisten zu überprüfen und zu ergänzen hatten (§ 15 IV 2. 4), **Konsulare** sein mußten, lag der entscheidende Einfluß auf die politische Struktur des römischen Volkes auch hier in den Händen des Amtsadels.

12 4. Ungewiß ist die Zeit der Einführung der jüngsten nach Tribus zusammentretenden **Volksversammlungen (comitia tributa).**

Die Tributkomitien wurden regelmäßig mit politisch weniger bedeutsamen Angelegenheiten (Wahl der Ädilen und Quästoren, vielleicht auch die Verhandlung über gemeinschädliche Verbrechen auf Anklage der kurul. Ädilen), wohl selten nur mit der Gesetzgebung befaßt. Bis zuletzt hat die politisch führende Schicht an der Tradition festgehalten, die Höchstmagistrate in den Zenturiatkomitien wählen zu lassen.

Über die Zahl der *tributim* zusammentretenden Abstimmungskörper, deren jeder – wie bei den Zenturiatkomitien – **eine** Stimme besaß, und über die Zusammensetzung der in die Tribus eingeschriebenen Bürger wurde bereits gesprochen. Das Übergewicht hatten auch hier die Besitzenden, und zwar speziell die Grundbesitzer. Einberufen wurden die Tributkomitien wie die Zenturiatkomitien von den Höchstmagistraten.

3. Die Konzilien der Plebs

13 1. Die von den Volkstribunen – ebenfalls **nach Tribus** – einberufenen und geleiteten Versammlungen der Plebs **(concilia plebis tributa)** hatten anfänglich keine staatsrechtliche Bedeutung, sondern galten als bloße Kundgebungen revolutionärer Massen. Sie formten sich jedoch schon früh nach dem Bilde der Komitien des Gesamtvolks, indem die Plebs in ihnen ihre Tribune und Ädilen wählte (§ 8 I 4) und Beschlüsse **(plebiscita)** faßte (§ 8 II 1), deren Durchsetzung sie freilich allenfalls auf Grund ihres Erbeides **(lex sacrata)** zu erzwingen vermochte (§ 8 II 3).

2. Schließlich jedoch wurden die Plebiszite durch die **lex Hortensia** (287) ausdrücklich mit Gesetzeskraft ausgestattet (Gai. inst. 1, 3: *postea lex Hortensia lata est, qua cautum est, ut plebiscita universum populum tenerent: itaque eo modo legibus exaequata sunt;* vgl. auch Pomp. D. 1, 2, 2, 8). 14

Die politische Bedeutung dieses formalen Endsiegs der Plebs im Kampf um die Gleichberechtigung war wesentlich geringer, als es auf den ersten Blick erscheinen mag. Im Grunde handelte es sich nur um die Legalisierung eines tatsächlich bereits bestehenden Zustandes. Zu dieser Zeit war der Patriziat prozentuell schon so weit zusammengeschrumpft, daß seine Teilnahme auch an den Zenturiatkomitien das Abstimmungsergebnis innerhalb der einzelnen Zenturie kaum noch beeinflussen konnte. Der wichtigste Faktor im politischen Leben war aber allmählich der neue patrizisch-plebejische **Amtsadel** geworden, der im **Senat** – zur Zeit seiner vollen Machtentfaltung in der hohen Republik – das Instrument besaß, alle sonstigen verfassungsrechtlichen Institutionen zu überspielen (§ 16 II 7).

3. Seit der *lex Hortensia* werden die von Volkstribunen beantragten (und nach ihnen jeweils benannten) **Plebiszite** bald die übliche **Form der Gesetzgebung** (§ 16 I 3 a). Sie bedurften der Bestätigung durch den Senat zwar nicht, aber wir sahen bereits, daß bis zur Gracchenzeit der Senat es verstand, auch in den Volkstribunen ein gefügiges Werkzeug zur Durchsetzung seiner Interessen zu gewinnen (§ 15 VI 4). 15

Gerade die für das Privatrecht und das Prozeßrecht wichtigen Gesetze – ihre Zahl ist allerdings nicht groß – sind jetzt gewöhnlich Plebiszite. Schriftsteller aus der Zeit des Prinzipats wie Livius verwischten den Unterschied zwischen Komitialgesetz und Plebiszit vollends, indem sie auch Plebiszite als *leges* bezeichneten.

4. Zuständigkeit und Verfahren (Zusammenfassung)

1. Die **verfassungsrechtliche Bedeutung** der römischen Volksversammlungen steht hinter der eines modernen Parlaments weit zurück. Der eigentliche Grund hierfür liegt darin, daß die Römer im Gegensatz zu den Griechen die Vorstellung einer absoluten Volkssouveränität nicht gekannt haben. Träger der Staatsgewalt waren nur die Inhaber des Imperium, und das erhielten sie ursprünglich eher vom Senat als vom Volk, wie die alte Institution des *interrex* zeigt (§ 6 II). Die seit jeher vorgesehene Mitwirkung des Volkes bei der Machtergreifung des Imperiumträgers durch die **lex de imperio** (§ 7 II 1) war ein sakraler Akt und längst zu einer bloßen Formalität herabgesunken. Seitdem jedoch das Volk die Magistrate in den Komitien wählte und über alle wichtigen politischen Fragen durch Abstimmung entschied (o. I 1), kann man vom *populus Romanus* als dem Inbegriff des römischen Staates sprechen (§ 5 I 4) und von einer Volkssouveränität. Freilich war das Abstimmungsverfahren durch die Bildung der Stimmkörper so gestaltet, daß ein Übergewicht der Besitzenden immer gesichert war. Die römische Republik ist jedenfalls niemals, auch nicht im Sinne der griechischen Politie, eine wirkliche Demokratie gewesen, und der Begriff der **res publica** bezog sich weniger auf die persönliche Gemeinschaft der Staatsbürger als – in buchstäblich „dinglichem" Sinn – auf die allgemeinen „Angelegenheiten" des *populus Romanus* (§ 5 I 4). 16

2. Die **Aufgaben der politischen, beschlußfassenden Volksversammlungen** bestanden nach dem Gesagten vor allem in folgendem:

a) **Wahl der Amtsträger,** von denen die der Höchstmagistrate (Zensoren, Konsuln und Prätoren) unter die Zuständigkeit der *comitia centuriata* fielen, die in der Regel von den Konsuln einberufen wurden, während die *comitia tributa* die niederen Magistrate wählten; 17

b) **Volksgesetzgebung,** für die gleichfalls ursprünglich die vom Magistrat geladenen *comitia centuriata* zuständig waren. Seit der *lex Hortensia* (287; o. III 2) wurden jedoch 18

Gesetze in aller Regel von den *concilia plebis* beschlossen, die von den Volkstribunen einberufen und geleitet wurden.

19 c) **Volksgerichtsbarkeit** bei Staatsverbrechen (§ 12 II 1); sie kamen zur Aburteilung vor die Zenturiatkomitien, nach 287 auch vor die *concilia plebis.* Diese Kapitalklagen wurden von den Volkstribunen erhoben. Die mit Geldstrafe bedrohten „gemeinschädlichen" Vergehen kamen vor den ädilizischen Komitialprozeß (§ 12 II 1 u.o. II 4). Seit dem 2. Jhd. und besonders seit Sulla traten an die Stelle der Volksgerichtsbarkeit besondere Strafgerichtshöfe (§ 12 IV).

20 3. Die **Zuständigkeit** der Volksversammlungen beschränkte sich jedoch auf die bloße **Abstimmung** über die vom Magistrat eingebrachten Vorschläge. Weder fand in der Versammlung eine Beratung statt, noch war eine Abänderung des Antrages möglich, noch gar ein eigenes Vorschlagsrecht der Versammlung gegeben. Von weittragender politischer Bedeutung war infolgedessen gerade das Recht des **Magistrats,** die Versammlung einzuberufen und die Tagesordnung festzusetzen. Und doch wäre es überspitzt, wenn man daraus den Schluß ziehen wollte, das römische Gesetz unter der Konsularverfassung sei ein Akt des Magistrats gewesen (so d'Ors, Epirrhosis, Fg. C. Schmitt [1968] 313ff.).

Die römische Verfassung ist ein kompliziertes Gebilde, ihr Funktionieren hängt vom Ineinandergreifen mehrerer Glieder ab, deren Bedeutung im Einzelfalle man sich mit modernen Begriffen und Denkvorstellungen nur vorsichtig nähern kann.

21 4. **Ort** und **Zeit** der Abstimmung, der Wortlaut des Gesetzesantrags *(legislatio)* bzw. die Namen der für die Wahl vorgeschlagenen Kandidaten mußten mindestens 24 Tage *(trinundinum)* vor der Abstimmung durch öffentlichen Aushang auf geweißten Holztafeln bekanntgegeben werden *(promulgatio).* Ein Gesetzesantrag konnte in der Zwischenzeit in freien Versammlungen *(contiones)* des Volkes vom Magistrat begründet und gegen Angriffe der Opposition verteidigt werden.

Am Abstimmungstage wurden bei den Zenturiatkomitien zunächst die *auspicia* eingeholt. Sodann wurde der Antrag vor dem geladenen Volk nochmals in Form einer Anfrage *(rogatio)* verlesen: *velitis iubeatis Quirites... haec ita uti dixi ita vos Quirites rogo.* Hierauf wurde die Abstimmung *(suffragium)* vorgenommen, wobei zunächst die Einzelstimmen innerhalb des Stimmkörpers gezählt werden mußten, um dessen allein gewertete Stellungnahme zu ermitteln. Die Stimmabgabe erfolgte ursprünglich mündlich, seit dem Jahre 139 geheim durch Einwurf einer Stimmtafel *(tabella)* in eine Urne *(cista).* Bei Abstimmungen über Gesetzesanträge und beim Volksgericht erhielt jeder Stimmberechtigte zwei Täfelchen, die mit *U R (uti rogas)* oder *A* (*antiquo,* ich bleibe beim alten) bzw. mit *C (condemno)* oder *A (absolvo)* gezeichnet waren; bei Wahlen mußte jeder Wahlberechtigte selbst den Namen eines Kandidaten auf eine leere Stimmtafel schreiben.

Das Ergebnis der Abstimmung nach Stimmkörpern (o. I 3) wurde durch einen Herold verkündet *(renuntiatio).* Beschlossene Gesetze wurden öffentlich auf hölzernen, später kupfernen Tafeln ausgestellt, eine Originalausfertigung in das Staatsarchiv *(aerarium)* genommen. Von diesen *leges rogatae* oder *latae* sind die auf Grund einer Ermächtigung des Volkes vom Magistrat selbst erlassenen *leges datae* (§ 10 I 4) zu unterscheiden. Zu diesen gehörten vor allem die Zwölftafeln der Dezemvirn und aus späterer Zeit in aller Regel die Provinzial- und Gemeindeordnungen. Die einzelnen Gesetze wurden mit dem Gentilnamen des beantragenden Magistrats bezeichnet (z.B. das vom Volkstribun Ti. Sempronius Gracchus beantragte Ackergesetz, ein Plebiszit, als *lex Sempronia*).

Eine Zusammenstellung der uns bekannten Volksgesetze findet sich bei *G. Rotondi,* Leges publicae populi Romani (1912; Neudr. 1962).

§ 18. Die wirtschaftlichen und sozialen Entwicklungen und die Verfassungskämpfe

Schrifttum: *M. Weber,* Die römische Agrargeschichte (1891, Neudr. 1962); *D. Flach,* Römische Agrargeschichte (1990); dazu *L. Schumacher,* SZ 111 (1994) 519–521; *O. Behrends* und *L. Capogrossi Colognesi* (Hrsg.), Die römische Feldmeßkunst. Interdisziplinäre Beiträge zu ihrer Bedeutung für die Zivilisationsgeschichte Roms (1992); *A. Lintott,* Judicial Reform and Land Reform in the Roman Republic.

A new edition, with translation and commentary, of the laws from Urbino (1992); dazu *W. Simshäuser*, SZ 112 (1995); *M. Gelzer*, Die Nobilität der römischen Republik (1912), jetzt in: Kleine Schriften I (1962); *F. Münzer*, Römische Adelsparteien und Adelsfamilien (1920; 2., unveränd. Aufl. 1963); *A. Stein*, Der römische Ritterstand (1927, Neudr. 1963); *R. Heinze*, Vom Geist des Römertums (1938; 3., erw. Aufl. 1960); *A. Alföldi*, Der frührömische Reiteradel (1952); *J. Gagé*, Les classes sociales dans l'Empire romain (1964); *Cl. Nicolet*, L'ordre équestre (bei § 15); *D. Nörr*, Zur sozialen u. rechtlichen Bewertung der freien Arbeit in Rom, in SZ 82 (1965) 67 ff.; *J. Vogt*, Sklaverei und Humanität (2. Aufl. 1972), dazu Ergänzungsheft, Historia Einzelschriften 44 (1983); *C. Meier*, Populares, in RE Suppl. X (1965) 549–615; *H. Strasburger*, Optimates, in: RE XVIII (1939; Neudr. 1959) 773–798; *H. Zehnacker*, La numismatique de la République romaine, in: ANRW I 1, 266–296 (zum Geldwesen auch bei § 13); *E. Badian*, Tiberius Gracchus and the Beginning of the Roman Revolution, in ANRW I 1, 668–731; *F. De Martino* II 437–541; *A. Heuß* 130–271; *K. v. Fritz*, Emergency Powers in the Last Centuries of the Roman Republic, Schriften zur griechischen und römischen Verfassungsgeschichte und Verfassungstheorie (1976) 388–406; *M. Humbert*, Municipium et civitas sine suffragio, L'organisation de la conquête jusq'à la guerre sociale (1978); *A. Guarino*, SPARTACO, Analisi di un mito (1979); *G. Alföldy*, Sozialgeschichte 27–84; *Waldstein*, Operae 42–92 und 131–161; *J. M. Rainer*, Humanität und Arbeit im römischen Recht, SZ 105 (1988) 745–770; *K. A. Raaflaub* (ed.), Social Struggles in Archaic Rome: New Perspectives on the Conflict of the Orders (1986); dazu *R. A. Bauman*, in: SZ 107 (1990) 470–476; *K.-J. Hölkeskamp*, Die Entstehung der Nobilität. Studien zur sozialen und politischen Geschichte der Römischen Republik im 4. Jhdt. v. Chr. (1987); dazu *T. Hantos*, SZ 111 (1994) 498–503; *A. Petrucci*, Mensam exercere. Studi sull'impresa finanziaria romana (1991); *C. Bruun*, The Roman Middle Republic: Politics, Religion and Historiography c. 400–133 B. C. (= Acta Instituti Romani Finlandiae 23) (2000) Rez. J. M. Rainer in: SZ 119 (2002) 640–646.

1. Der Niedergang des Bauernstandes

1. Ein Jahrhundert lang hat die Republik die Gestalt eines wehrhaften **Bauernstaates** unter Führung altadliger oder neu zu Macht und Ansehen aufgestiegener Herrengeschlechter im wesentlichen ungebrochen bewahrt. Die Angehörigen der Führungsschicht waren in dieser Zeit immer noch fest im Leben der Gemeinschaft und in ihrer altüberkommenen, aus dem selbstverständlichen Dienst am Ganzen erwachsenen Ordnung verwurzelt, im **mos maiorum.** Diese Ordnung mußte jedoch ins Wanken geraten, als ihre Grundlage, die bäuerliche Lebensform, sich allmählich auflöste. 1

2. Nach der politischen Festigung der Adelsrepublik um die Mitte des 3. Jahrhunderts erlebte Rom eine **äußere Machtentfaltung,** die schließlich zur **Vorherrschaft** über das in einer Wehrgenossenschaft geeinte **Italien** führte (§ 19 I). Es war dies zugleich die Zeit der stärksten Entwicklung der nationalen Kräfte. Die Ausweitung des Reiches nach Osten führte zu einer **erneuten Berührung mit dem Griechentum,** oder besser mit seiner Spätkultur, dem **Hellenismus.** Damit beginnt sich jenes Selbstverständnis des römischen Geistes zu entwickeln, wie es uns bis zum Ausgang der Republik in seinen besten Vertretern entgegentritt. 2

Die hervorragendste Erscheinung dieser Zeit war *Ap. Claudius Caecus*, Zensor 312, der auch die erste Staatsstraße nach Kampanien (Via Appia) und die erste Wasserleitung (Aqua Claudia) gebaut hat.

3. Seit den ersten beiden Punischen Kriegen traten aber auch die ersten **Rückwirkungen** der schnellen Machtausbreitung Roms auf seine inneren Verhältnisse zutage. Die Hauptlast der gewaltigen nationalen Anstrengung hatte (außer dem Reiteradel) der freie **bäuerliche Mittelstand** tragen müssen, da zu dieser Zeit die besitzlosen *proletarii* zum eigentlichen Kriegsdienst nicht herangezogen wurden. Damals hatte man wohl die bäuerliche Bevölkerung durch die zu ihren Gunsten durchgeführte Reform der Zenturienverfassung (§ 17 II 2. 3) zu begütigen gesucht. Die Verwüstungen des Landes und der langjährige Kriegsdienst trieben jedoch viele Bauern in die Städte, vor allem nach Rom, wo sie die Massen des Proletariats vermehrten. Andere begaben sich als Pächter *(coloni)* in die Abhängigkeit eines Gutsbesitzers, arbeiteten auch in den Stoß- 3

zeiten als Landarbeiter auf dessen Gütern (vgl. Varro rust. 1, 17). Ein nicht geringer Teil erhielt freilich in den neugegründeten Kolonien römischen oder latinischen Rechts Land und Heimat.

4 4. Dazu kommt, daß seit dem Erwerb auswärtiger Besitzungen, insbesondere Siziliens (241) und später Afrikas (146), vielerorts ein **wirtschaftlicher Niedergang des Bauernstandes** eintrat. Ackerbau in der bisherigen Weise war infolge der Konkurrenz billigen Getreides aus Sizilien und Nordafrika nicht lohnend. Zu neuen Methoden überzugehen, erforderte Kapital. Der Anteil der bäuerlichen Bevölkerung an der ungeheuren Kriegsbeute war aber gering, sie floß vor allem den oberen Schichten zu. Die zerstörten oder verarmten und verschuldeten Höfe wurden daher vielfach von Angehörigen der Nobilität und der neuen „Kapitalistenschicht" (u. II) aufgekauft. Auch das bewirkte eine **Landflucht** der Bauern. Der Norden und das Bergland Mittelitaliens, wo der Großbetrieb keine Vorteile versprach, waren weniger davon betroffen.

5 5. Die Bevölkerung der Hauptstadt nahm durch diesen dauernden Zustrom vom Land gewaltig zu. Die Versorgung Roms mit Getreide war die Aufgabe der Ädilen (*cura annonae:* § 15 V 4). In Notfällen gaben sie bereits vor der Zeit der Gracchen Getreide zu niedrigerem Preis an die proletarisierten Massen aus. Daneben aber traten bereits Spenden *(largitiones, congiaria),* wie sie uns Livius (24, 2, 8) beispielsweise aus dem Jahre 213 von dem *aedilis curulis* P. Cornelius Scipio, dem späteren Africanus, berichtet.

2. Der Übergang zur „kapitalistischen" Wirtschaft

6 1. Die **Bildung großen Landbesitzes,** *latifundia,* wurde nicht nur durch die Verödung des Ackerlandes und die Landflucht zahlloser kleiner Bauern gefördert, sondern teilweise auch durch die staatliche Kolonisierungspolitik. Nach dem Hannibalischen Krieg waren – zunächst zur Befriedung des keltischen Norditaliens – von Cremona, Placentia (Piacenza) und Bononia (Bologna) bis Luca im Norden Italiens und von Aquileia bis Pisaurum (Pesaro) im Nordosten zahlreiche Kolonien gegründet worden. Wenn Einzelgüter in der Größe bis zu ungefähr 50 ha geschaffen wurden, wie wir es z.B. von Aquileia wissen, der später berühmten reichen Handelsstadt, dann war die Bewirtschaftung durch eine Familie nicht mehr möglich, d.h. in solchem Falle wurde das Gut durch einen Verwalter (u. 2.) mit Hilfe von Sklaven oder durch Pächter bewirtschaftet, und der Grundbesitzer lebte in der Stadt.

7 Ferner hatte die Unterwerfung Italiens zu einer beträchtlichen Vergrößerung des *ager publicus* geführt (vgl. § 11 III 1. 2). Dieses z.T. noch unkultivierte Staatsland, das erst noch gerodet werden mußte, wurde als sogenannter *ager occupatorius* den Bürgern und Bundesgenossen zur Besitznahme gegen eine Gebühr überlassen. Nur „Kapitalisten" waren zur Kultivierung und Bewirtschaftung großer Flächen in der Lage, und für sie war der maßgebende Gesichtspunkt die Anlage des Geldes mit größtem wirtschaftlichem Nutzen.

8 Der Begriff „Kapitalismus" ist erst im vorigen Jahrhundert, wohl von Louis Blanc (1811–1882), geprägt worden. Seine Anwendung auf die römischen Verhältnisse der ausgehenden Republik ist nicht unproblematisch. Die dem Kapitalismus des vorigen Jahrhunderts zugrundeliegenden geistigen Strömungen, vor allem der Rationalismus der Aufklärung, der Deismus und ein utopischer Naturalismus, der davon ausgeht, daß alles gut ist, wenn man die Menschen nur sich selbst überläßt, lassen sich auf die römischen Verhältnisse nicht übertragen. Dennoch haben sich gewisse strukturelle Eigenheiten des neuzeitlichen Kapitalismus (so die „Trennung von Kapital u. Arbeit", die Ausbeutung unselbständiger Arbeit, wenn auch in Rom in Gestalt der Sklavenarbeit unter völlig anderen Voraussetzungen, und schließlich die „Hypertrophierung des einzelwirtschaftlichen Erwerbsstrebens"; W. Dreier, Art. „Kapi-

talismus", in: Kath. Soziallexikon [2. Aufl. 1980] 1268) auch in der Wirtschaftsentwicklung der Republik herausgebildet, die es rechtfertigen, diese Erscheinungen als „Kapitalismus" zu bezeichnen.

2. Infolge der Verschiebung, die auf diese Weise in den Besitzverhältnissen und in der Bodenstruktur eines großen Teiles Italiens eintrat, griff jetzt vielenorts die **Plantagenwirtschaft** nach karthagischem Muster um sich. 9

Bereits Cato Censorius (234–149), der selbst Gutsbesitzer war, zeigt sich in seinem Buch über den römischen Gutsbetrieb *(De agri cultura)* an der modernen rationellen Bewirtschaftungsweise höchst interessiert. Er stellt den *pater familias* als den reichen Gutsbesitzer dar, der das Gut – oder seine Güter – durch einen Verwalter, einen gehobenen Sklaven, den *vilicus*, größtenteils mit Sklaven, für Sonderzwecke aber auch mit freien Lohnarbeitern, *mercennarii*, bewirtschaftet und selbst nur zur Besichtigung und Kontrolle der Arbeit auf dem Gut erscheint (agr. 1 und 2). Nach der Zerstörung Karthagos (146) ließ der römische Senat das Werk des Karthagers Mago über die Landwirtschaft (die karthagische Plantagenwirtschaft) durch eine Kommission ins Lateinische übersetzen, was der Plantagenwirtschaft starken Auftrieb gab.

Anstelle des Getreideanbaus traten nun in weitem Umfang wieder die Weidewirtschaft und Wolleproduktion, die bei geringem Einsatz großen Nutzen abwarf, und insbesondere die **Oliven- und Weinkulturen,** wobei arbeitsintensiv, nicht für einen begrenzten Markt, sondern für ein großes Absatzgebiet produziert wurde, das später eine Zeitlang den ganzen Westen des Imperiums umfaßte.

3. Die agrarwirtschaftliche Umwälzung ist nur ein Teilbild der **sich entwickelnden kapitalistischen Wirtschaftsverfassung** der Republik. Der Eintritt Roms in den blühenden Handelsverkehr des von ihm beherrschten oder kontrollierten Mittelmeerraums ließ ein **Großunternehmertum** entstehen, das nun auch in der Provinz und den verbündeten oder befreundeten Mittelmeerstaaten nach Ausschaltung der karthagischen Konkurrenz überall in Wettbewerb mit den Handelsherren der hellenistischen Welt trat. Die römischen **Großkaufleute,** *negotiatores,* gründeten an den großen überseeischen Handelsplätzen Zweigniederlassungen, und dieser Handel warf trotz dem Seeräuberunwesen, dem erst Pompeius (67 v. Chr.) für lange Zeit den Garaus machte, erheblichen Gewinn ab. 10

Ein weiterer Zweig, auf dem sich das römische und italische Unternehmertum betätigte, waren die **Manufakturen** für Keramik, Metallwaren und Textilien, durch welche die alte kampanische (Capua, Cales), kalabrische (Tarent) und etruskische (Arretium/Arezzo) Handwerkskunst wiederbelebt wurde. Diese Manufakturen blieben aber doch im wesentlichen Kleinbetriebe im Verhältnis zu den Großmanufakturen Kleinasiens, Syriens und Ägyptens, die weiter den Markt beherrschten. 11

4. Die wichtigste **Voraussetzung** für den Übergang zur Plantagenwirtschaft ebenso wie für gewinnbringenden Groß- und Überseehandel und sich rentierende Industriebetriebe war das Vorhandensein ausreichender und **billiger Arbeitskräfte.** Diese Voraussetzung war seit den siegreichen Kriegen der ersten Hälfte des 2. Jahrhunderts (etwa bis 133) gegeben. Die Zahl der in die **Sklaverei** verkauften Kriegsgefangenen war seitdem sprunghaft angestiegen, und der Sklavenhandel, mit der Piraterie Hand in Hand arbeitend, sorgte für weiteren Zuzug aus dem hellenistischen Osten. Erst in dieser Zeit ist die **Sklavenarbeit** zum großen Teil **Wirtschaftsgrundlage** geworden. Pekáry 72 und 80 weist darauf hin, daß nach „neuesten Berechnungen" als Arbeitskräfte „in Italien im 1. Jh. v. Chr. an die 3 Mio Sklaven tätig waren". 12

Soweit die Sklaven auf Großgütern arbeiteten, gewöhnlich in Arbeitshäusern *(ergastula)* kaserniert, war ihre soziale Lage schlecht, sie waren bloßes Ausbeutungsobjekt (vgl. Cato agr. 2, 4 Satz 2 und 2, 7) und der Willkür des *dominus* preisgegeben. Cato agr. 56 und 57 erwähnt die aneinandergeketteten Sklaven *(conpediti).* Ebenso ging es den in Manufakturen beschäftigten und ebenfalls oft aneinandergeketteten Sklaven, 13 den unfreien Lager- und Hafenarbeitern oder der aus Sklaven bestehenden Schiffsbesatzung. Anders dagegen stand es mit denen, die einen Gewerbebetrieb als Angestellter *(institor)* leiteten oder als Schiffskapitän *(magister navis)* eingesetzt waren, wie denn überhaupt die Lage der an besonderen Plätzen im Arbeitsprozeß als Vorarbeiter und Aufseher tätigen geschulten Kräfte, wie man sie damals besonders aus dem Osten haben konnte, unvergleichlich besser war, auf dem Lande ebenso wie in Werkstätten und Betrieben. Eine gehobene Stellung nahmen oft auch die Haussklaven in den Villen und Palästen der Großen ein.

14 Aus dieser Form der Sklavenwirtschaft sind für den römischen Staat bald ernste Schwierigkeiten entstanden. Es kam mehrfach zu Sklavenaufständen, insbesondere in den dreißiger Jahren des 2. Jahrhunderts in Sizilien und dann auch in Kleinasien, wo der Aufstand unter Aristonikos in Pergamon vorübergehend den Charakter einer nationalen Bewegung angenommen hat, deren Niederschlagung den Einsatz erheblicher militärischer Kräfte erforderte. Am gefährlichsten aber war wohl der **Spartacusaufstand** in Kampanien (§ 25 III 1 Abs. 2). Auch wo Teile der freien arbeitenden Bevölkerung mit den Sklaven gemeinsame Sache machten, handelte es sich zwar um einen Aufruhr gegen den gemeinsamen Unterdrücker, nicht aber um einen echten Klassenkampf. Dazu waren die Interessen der beiden Gruppen doch zu verschieden. Eine echte revolutionäre Bewegung in dem Sinne, den wir mit dem Begriff „Revolution" seit 1789 verbinden, ist darin nicht zu sehen. Diese Aufstände waren nicht von einer Ideologie getragen, sie hatten nicht die Reform, den Umsturz der gesellschaftlichen und wirtschaftlichen Verhältnisse an sich zum Ziel. Das hat es wohl in der ganzen Antike nicht gegeben.

15 5. Die Bedeutung der **freien Lohnarbeit** sollte man trotzdem nicht allzusehr unterschätzen. Es hat genug Freie gegeben, die nichts weiter besaßen als ihre Arbeitskraft. Das zeigen die literarischen Quellen (z.B. Varro rust. 1, 17, 2) und die inschriftlich erhaltenen Arbeitsverträge aus der Kaiserzeit. Unter den Arbeitern *(mercennarii)*, die sich nach der Schilderung Varros zu Saisonarbeiten auf Gütern verdungen haben, wie zur Weinlese, Heuernte und dergleichen – auch Cato erwähnt sie – mögen viele gewesen sein, die selbst noch ein Stückchen Land zu eigen hatten oder die Pächter *(coloni)* des Gutsbesitzers waren. Bei diesen Arbeitsverträgen handelte es sich jedenfalls um freie Dienstverträge *(locatio conductio operarum).*

16 Daneben finden sich Sklaven und Freie auch in gehobenen Stellungen, z.B. als Vermögensverwalter *(procurator)*, als Geschäftsführer eines Betriebes *(institor)* oder als Kapitän eines Seeschiffes *(magister navis)*. Bei den Freien handelt es sich in diesen Fällen häufig um Freigelassene des Geschäftsherrn, die sich ihrem Freilasser (Patron) gegenüber zur Leistung von Tagewerken *(operae)* verpflichtet hatten, und zwar eidlich oder durch Stipulation (dazu Waldstein, Operae 239ff.). Die sehr vielseitigen Probleme der *operae libertorum* sind später vor allem von den klassischen Juristen sorgfältig behandelt worden. Dabei wurden auch bereits verschiedene Fragen gelöst, die auch für das moderne Arbeitsrecht von Bedeutung sind. Zu alledem jetzt Waldstein, Operae 378ff. (zusammenfassend).

17 6. In dieser Zeit kommt es zur vollen Entwicklung der **Geldwirtschaft** und des **Geldverkehrs.** Neben billigen Arbeitskräften ist das eine weitere Voraussetzung für das Funktionieren dieser kapitalistischen Wirtschaft. Es entsteht ein technisch durchgebildetes **Bankwesen.** Die römischen Großkaufleute gründen an den überseeischen Handelsplätzen Zweigniederlassungen, viele von ihnen wandern auch ganz in die Provinz ab. Überall dort finden sie auch Filialen oder Geschäftsfreunde römischer Bankiers *(argentarii)* oder Geldverleiher *(feneratores)*, zu denen man enge Beziehungen hat. So werden Großkredite vermittelt und Geldgeschäfte hinüber und herüber im Inland und im befreundeten Ausland abgewickelt.

18 Gemünztes römisches Geld finden wir kurz vor dem Ersten Punischen Krieg, also vor 264, und zwar zwei verschiedene Systeme. Silber- und Kupfermünzen gibt es im Stil, der den Römern aus Magna Graecia bekannt war, silberne Didrachmen und Drachmen und kleine Bronzemünzen, beide mit der „Legende" (Umschrift) Romano oder Roma (Beispiele bei Crawford, o. § 13 II 2). Zum Teil wurden diese Münzen wohl in Kampanien geschlagen. Gleichzeitig aber, etwa um 269, beginnt man in Rom mit der staatlichen Ausbringung von Kupfermünzen im Stil Mittelitaliens. Die älteste Münzeinheit hieß

„*as*“, das etymologisch keineswegs mit *aes* verwandt ist (falsch ist daher die Mitteilung bei Varro ling. 5, 169). Das alte Kupferas wurde nicht geprägt, sondern gegossen. Es war eine schwere Münze *(aes grave),* sie sollte wohl eigentlich ein römisches Pfund = ca. 325,4 g wiegen, *as librarius* oder *as libralis* genannt (*libra* hier = Pfund). Die gefundenen Stücke erreichen jedoch kaum dieses Gewicht. Einst in Zwölftel *(unciae)* geteilt, sinkt das As ständig im Gewicht bis zu einem Sechstel des Pfundes *(as sextantarius)* bei Beginn der römischen Silberprägung und wird schließlich zu einer kleinen Scheidemünze ($^1/_{24}$ des römischen Pfundes).

Im 2. Jahrhundert hat man eigenes Silbergeld verschiedener Typen geschlagen. Nach neuesten Forschungen finden wir etwa seit 187 den **denarius** (X) zu 10 *asses,* den **quinarius** (V) zu 5 *asses* und den **sestertius** (aus *semistertius* = drittehalb, abgekürzt: IIS, später HS) zu $2^1/_2$ *asses.* Der Sesterz ist zunächst nicht viel im Umlauf, in der Kaiserzeit aber, nun in Kupfer oder Bronze ausgebracht, wird er Rechnungseinheit. In der Gracchenzeit, etwa 130, kommt es zu einer Retarifierung des Denars auf 16 As, des Sesterz auf 4 As. Seit dem Ende des 3. Jahrhunderts tauchen die ersten Goldmünzen auf, aber erst seit Caesar werden sie ständig geschlagen; das Münzverhältnis war seit Augustus bis zum Ende des 2. Jahrhunderts ein **aureus** = 25 *denarii* = 100 *sestertii.*

Seit dem 2. Jahrhundert wird das römische Geld überall gegeben und genommen. 19
Und hatte man sich anfangs an das hellenistische System angelehnt, so beginnt man nun vielerorts, z.B. in Massilia/Marseille in der Provinz Gallia Narbonensis und in Numidien, seine Währung der römischen anzupassen, auch in Attika wird die Drachme dem Wert des im Gewicht etwas leichteren römischen Denars gleichgesetzt. Die **römische Währung wird führend** in der hellenistischen Welt.

Der wirtschaftliche Aufschwung ist für die Rechtsentwicklung von großer Bedeutung gewesen.

7. Mit der Geldwirtschaft erlangte in dieser Zeit ein Berufsstand eine erhebliche po- 20
litische Bedeutung, der gewisse öffentliche Aufgaben *(publica)* übernahm und dem Staat dadurch den Aufbau einer eigenen Behördenorganisation ersparte. Das waren die **publicani.** Sie schlossen sich, anders als die zuvor genannten Unternehmer, in *societates publicanorum* zusammen, an deren Spitze, sozusagen als ihr Generaldirektor, ein *magister publicanorum* steht. Zwei Kategorien der *publicani* sind zu unterscheiden: Die wichtigste ist die der **Steuerpächter,** welche insbesondere die vom Staat den Provinzialen auferlegten Steuern einziehen. Diese Steuern wurden an den Meistbietenden durch Versteigerung *(licitatio)* verpachtet, und dieser war ermächtigt, von den Abgabepflichtigen Zuschläge zu erheben. Damit wurden große Vermögen verdient, aber dafür gehörten diese Steuereinnehmer auch zu den gehaßtesten Leuten (vgl. Cic. Att. 6, 1, 16, wo Cicero schildert, wie er als Statthalter in Cilicien [Kleinasien] mit den Steuerpächtern umging, um sie dazu zu bringen, „daß sie niemandem zur Last fallen“ [Übers. H. Kasten, Tusculum-Bücherei, 2. Aufl. 1976]). Die andere Gruppe bilden die Unternehmer **(redemptores),** die die Ausführung öffentlicher Bauten, Tempel, Brükken, Wasserleitungen usw. übernehmen: Wie bei einer Ausschreibung wird die Ausführung an diejenigen vergeben, die am billigsten sind. Auch Lieferanten für den Staat, z.B. für die Getreideversorgung der Hauptstadt **(annona),** gehören zu dieser Gruppe (vgl. auch u. III 2).

3. Senatsadel und Ritterschaft

1. Die wirtschaftliche Entwicklung dieser Zeit hatte der „Servianischen Verfassung“ 21
den timokratischen Charakter verliehen (§ 17 I 4). An der Spitze der Pyramide stand nach wie vor der Adel, aber nun nicht mehr der alte Geburtsadel, sondern der patrizisch-plebejische **Amtsadel** der senatssässigen gewesenen Konsuln, **consulares, principes civitatis,** wie sie von Cicero und Livius genannt werden. Auch die gewesenen Prätoren, kurulischen Ädilen und seit dem Ende des 2. Jahrhunderts auch die übrigen

Amtsträger durften bei der *lectio senatus* nicht ohne triftigen Grund vom Zensor übergangen werden. Die Angehörigen dieses Standes, des **ordo senatorius,** sind die **nobiles.** Dieser Adel war nicht im eigentlichen Sinne erblich. Es bestand jedoch in bestimmten, wenn auch nicht sehr zahlreichen Familien für die männliche Nachkommenschaft eines Senators so etwas wie eine Anwartschaft auf diesen Rang.

22 Der Einfluß dieser *nobiles* beruhte auf ihrem Reichtum. Er wurde ererbt und häufig durch Kriegsbeute, aber auch durch Ausbeutung der Provinzialen als Statthalter (§ 15 I 5, III 4) oder durch „Geschenke" der Provinzialen vermehrt. Ob es einen besonderen **census für den ordo senatorius** gegeben hat, ist **ungewiß.** In der Kaiserzeit hören wir von einem senatorischen *census,* den Augustus von 800000 auf 1,2 Millionen HS *(duodecies* scil. *centena milia sestertium)* erhöht habe (Suet. Aug. 41). Angelegt wurde das erworbene Vermögen alter Tradition entsprechend von den Senatoren im wesentlichen in Grundbesitz. Von der Beteiligung am Welthandel sollten sie durch ein Plebiszit vom Jahre 218, die sog. **lex Claudia,** ausgeschlossen sein, indem ihnen der Besitz größerer Seeschiffe verboten wurde. Auch von der Beteiligung an den **publica** scheinen sie seither ausgenommen zu sein. Dadurch sollte eine Kommerzialisierung des vornehmsten Adels vermieden werden, in dessen Händen die politischen Geschicke des Staates lagen. Eine Kollision zwischen politischen Erfordernissen und privaten Geschäftsinteressen barg zweifellos große Gefahren in sich. Die Begründung des Gesetzes, die Liv. 21, 63, 1 mitteilt, lautet: *Quaestus* (Gewinnstreben) *omnes patribus indecorus visus.* Das hinderte jedoch viele unter ihnen nicht, durch Strohmänner, Klienten oder Freigelassene sich an Geldgeschäften zu beteiligen. Wir wissen das von so sittenstrengen Moralisten wie Cato Censorius, Brutus und selbst von Cicero. Das offensichtlich häufig übertretene Verbot der *lex Claudia* wurde wohl deshalb auch mehrfach wiederholt.

23 Die politische Macht des *ordo senatorius* beruhte auf der persönlichen Ergebenheit der weit verzweigten **Klientel** und Anhängerschaft der Senatoren. Diese Ergebenheit wurde für die seit Generationen erwiesenen **beneficia** geschuldet. Das System wurde aber auch durch die allgemeine Anerkennung seitens der breiten Masse gestützt. Gegen das Eindringen neuer Männer **(homines novi)** begann sich die Nobilität seit dem 2. Jahrhundert in ähnlicher Weise abzuschließen, wie es ehemals der alte Patriziat getan hatte.

Die alten **patrizischen Adelsgeschlechter** der Cornelier, Scipionen, Fabier usw. spielten innerhalb der Nobilität, zu der sie wohl ohne weiteres gezählt wurden, nach wie vor eine führende Rolle, obwohl sie im Laufe der Zeit immer mehr (gegen Ende der Republik auf insgesamt etwa 30 Familien) zusammengeschmolzen waren. Äußerlich waren ihnen an politischen Vorrechten nur einige wenige praktisch bedeutungslose geblieben, wie das *interregnum* (§ 16 I 3b) sowie die höchsten Priesterämter des *rex sacrorum* (§ 5 III 3) und der *flamines maiores.* Auf der anderen Seite blieb ihnen der Zugang zum Volkstribunat verwehrt.

24 2. Seit dem Ende des 4. Jahrhunderts wurde die Zahl der **Ritterzenturien** von 6 auf 18 erhöht; die Ursache glaubten wir in dem Aufstieg der vornehmen plebejischen Familien seit 367 sehen zu müssen (§ 15 IV 3; 17 I 2). Es handelte sich dabei ausschließlich um die schon immer zum Adel gehörenden *equites,* denen vom Zensor das Staatspferd, *equus publicus,* als Auszeichnung für Verdienste verliehen wird, und die damit in das *album equitum* (Ritterverzeichnis) aufgenommen werden. Während jetzt die Stelle des alten patrizischen Geburtsadels der patrizisch-plebejische Amtsadel der *nobiles,* der *ordo senatorius,* einnimmt, tritt daneben der zweite Adelsstand des **ordo equester.** Er wird seinen Angehörigen als persönlicher Adel verliehen, doch zeigt sich auch hier eine Tendenz zur Erblichkeit.

25 Auch der Einfluß der Ritter beruht auf ihrem Vermögen, aber es wäre unrichtig, von einem „Geldadel" zu sprechen. Wie Nicolet gezeigt hat, wurde niemand durch Geld allein *eques Romanus equo*

publico. Ein *ordo* ist eine Gruppe, die in der sozialpolitischen Klassifikation des Staates eine bestimmte Funktion hat, einen bestimmten Rang, eine bestimmte Würde besitzt. Eine Einstufung nach dem Vermögen ist Voraussetzung für die Aufnahme in den *ordo,* ausreichend ist sie niemals (vgl. Nicolet, L'ordre équestre 48 ff., auch 212 ff. und 285 ff.). Wir erfahren einige Male – mindestens seit dem 2. Jahrhundert – von einem bestimmten **Rittercensus.** Jedenfalls lag er über dem Mindestcensus der ersten Klasse, Cicero und Dionys von Halikarnass sprechen von dem „höchsten Realcensus" der Ritter. Die früheste Datierung, und zwar für einen *census* von 400 000 IIS, bietet eine **lex Roscia (theatralis),** ein Plebiszit von 67 v. Chr. Das Vermögen konnte geerbt sein, es konnte aber auch durch die seit den beiden ersten Punischen Kriegen sehr lohnend werdenden Handels- und Bankunternehmungen erworben sein, zumal seit den Senatoren und Senatorensöhnen die unmittelbare Beteiligung an gewinnbringenden wirtschaftlichen Unternehmungen untersagt war (o. 1) und damit deren Konkurrenz auf diesem Gebiet geringer wurde. Eine weitere sehr lukrative Einnahmequelle war die Beteiligung an den *publica,* insbesondere an der Steuerpacht. Die großen Steuerpachten in die Hände einer besonders finanzkräftigen Gruppe zu legen, mußte der Staat schon um seiner Sicherheit willen interessiert sein. Unter den von ihm nach sorgfältigen prosopographischen Studien identifizierten Rittern seit 312 bis zum Ende der Republik zählt Nicolet, L'ordre équestre, immerhin fast ebensoviel **publicani** auf wie er **Großgrundbesitzer unter den equites** namhaft machen kann. In ciceronischer Zeit sind die *publicani,* insbesondere die *magistri (principes)* ihrer *societates* fast regelmäßig Angehörige des *ordo equester.*

Zuzug erhielten die *equites Romani* vom **Munizipaladel** der mittelitalischen Städte, 26
deren Angehörige größtenteils Gutsbesitzer waren – was nicht sagt, daß sie auf dem Lande residierten (o. II 1). Aber auch die übrigen Ritter legten ihr Vermögen schließlich in Grundbesitz an, weil das auch für sie als standesgemäß erschien und sie außerdem in den Krisenzeiten des 2. und 1. Jahrhunderts vor Verlusten am ehesten zu schützen schien. Und so geschah die **Akkumulation von Grund und Boden** zugleich von zwei Seiten, dem Senats- und dem Ritteradel.

Den *equites* stand die höhere Offizierslaufbahn der *tribuni militum* offen, wir finden sie als solche sehr häufig, aber auch in anderen Kommandeurstellungen. Sie hatten Zugang zu den Staatsämtern, ja, der *ordo equester* ist oft die natürliche Zwischenstation für den Eintritt in den Senat. In den *ordo senatorius* einzudringen, ist immer das Ziel ehrgeiziger junger Leute gewesen. Aber nur wenigen **homines novi** gelang es, den Konsulat zu erreichen und damit in die Nobilität aufzusteigen. Während der ganzen jüngeren Republik (seit dem Zweiten Punischen Krieg) hat es nur 15 *homines novi* gegeben; die bedeutendsten unter ihnen waren Cato maior, Marius und Cicero.

Als Standesabzeichen, von der alten Adelsreiterei übernommen, trugen die Ritter einen schmalen 27
Purpurstreif an der Tunica, den *angustus clavus* (im Gegensatz zu dem *latus clavus* der Senatoren: § 16 I 4). Wie es das Standesabzeichen der Adelsreiterei gewesen war, goldene Ringe zu tragen **(ius aureorum anulorum),** so wird der goldene Ring auch Rangabzeichen des *ordo equester.* Wie den Senatoren (seit 194) werden den *equites* auf Grund der oben bereits erwähnten *lex Roscia* (67 v. Chr.) in den vorderen vierzehn Reihen des Theaters Sitze vorbehalten (**Proedrie;** griech., soviel wie „Vorsitz").

3. Zunächst sind die beiden Gruppen eng verbunden, zwischen denen sogar häufig 28
Familienbande bestehen. Der in den Senat eintretende Ritter behält anfangs sein Ritterpferd, d.h. auch die Senatoren gehörten häufig dem Ritterstand an. Die Interessen von Nobilität und Ritterschaft sind die gleichen. Auch die *lex Claudia* (o. 1) führt noch nicht zu einer Spaltung. Erst die gracchische Revolution hat eine Entwicklung eingeleitet, welche die Senatoren und die Ritter in Gegensatz zueinander bringen sollte. Einerseits zwang man die in den Senat aufgenommenen Ritter, das Ritterpferd zurückzugeben (angeblich aufgrund eines *plebiscitum reddendorum equorum*), andererseits übertrug C. Gracchus mit der **lex Sempronia iudiciaria** (122) den **Rittern** das **Geschworenenamt.** Das richtete sich wohl auch gegen die Ausbeutung der Provinzialen durch die Statthalter, über die im verschärften Repetunden-(= Rückforderungs-) Verfahren gemäß der *lex Acilia repetundarum* (*pecuniarum;* ebenfalls 122) nicht mehr Angehörige derselben Schicht zu Gericht sitzen sollten. Die Ritterschaft konnte, sonst politisch nicht engagiert, auf diesem Gebiet der Strafgerichtsbarkeit politischen Ein-

fluß geltend machen. Mit der *lex Sempronia iudiciaria* strebte C. Gracchus freilich überhaupt eine Reform der Kriminaljustiz durch die Schaffung einer größeren Anzahl permanenter Gerichtshöfe an. Die geringe Zahl der Senatoren hatte das nicht zugelassen (vgl. Kunkel, Unters. 96f. und 134f.). Als Sulla später das Geschworenenamt dem Senat zurückgab, hat er die Zahl seiner Mitglieder verdoppelt (von 300 auf 600; vgl. § 25 II 2 Abs. 2).

Die Mitteilung von einem Plebiszit „*reddendorum equorum*" findet sich nur an einer sehr schlecht überlieferten Stelle bei Cic. rep. 4, 2. Tatsache ist aber, daß zwischen etwa 123 und der Sullanischen Epoche der Sitz im Senat und die Zugehörigkeit zu den Ritterzenturien offenbar unvereinbar miteinander wurden.

29 4. Gegenüber der großen Masse der Bürgerschaft bildeten *nobiles* und *equites* trotz aller zwischen ihnen bestehenden sozialen, politischen und ständischen Gegensätze immer noch eine gemeinsame Oberschicht. Ihr Abstand vom übrigen Volk, dem „dritten" Stand, der nun wieder in einem neuen Sinn als **plebs** bezeichnet wurde, hat sich in Rom immer mehr vergrößert. Im Heeresdienst konnten die Leute des dritten Standes es allenfalls bis zum *centurio* (Kommando der untersten Legionsabteilung) bringen. Doch bildet sich innerhalb des großstädtischen Proletariats aus den landflüchtigen Kleinbauern und den Freigelassenen, deren Zahl wächst, ein neues **Kleinbürgertum** von Händlern und Handwerkern. Als qualifizierte und z.T. hochgebildete Fachleute drangen sie auch in die einflußreicheren Stellungen der niederen Beamten oder Angestellten der großen Herren ein.

4. Die gracchische Reformbewegung – Vorbereitung einer Dauerkrise

30 1. Seit dem 2. Jahrhundert kommen in der Entwicklung der Republik bis zu ihrem Ende sehr gegensätzliche Strömungen zur Geltung. Die seit dieser Zeit sehr eng werdende Berührung mit den geistigen Kräften des **Hellenismus** hatte zunächst einen großen kulturellen und geistigen Aufschwung Roms in Kunst, Literatur, Wissenschaft, Technik und allgemeiner Bildung zur Folge. Geistiger Mittelpunkt dieses ersten römischen Humanismus war der Kreis um **P. Scipio Aemilianus**, den Sohn des Siegers von Pydna (§ 19 II 3), den ein Sohn des Scipio Africanus d.Ä. adoptiert hatte. Im Hause Scipios kam es jedenfalls zu einer glücklich befruchtenden Begegnung von römischer Eigenart und griechischem Geist, gleichviel ob man von einem „Scipionenkreis" sprechen will oder nicht. Dort wurden der Stoiker Panaitios v. Rhodos, der Historiker Polybios und andere mit den Besten unter den Römern zusammengeführt. Diese Tatsache hat nicht zuletzt für die Entwicklung der römischen Rechtswissenschaft entscheidende Bedeutung gehabt. Inzwischen konnte jedoch Behrends, T. Gracchus 57, zeigen, daß jedenfalls auch „das Haus des P. Mucius, ..., ein geistiges Zentrum der damaligen Juristenwelt" war. Demnach sind die von Pomponius D. 1, 2, 2, 39 genannten *fundatores iuris civilis,* zu denen auch Brutus und Manilius gehörten, im Hause des P. Mucius durch Antipater von Tarsos mit der stoischen Philosophie und besonders mit der Naturrechtslehre des Antipater selbst in Berührung gebracht worden. Behrends sagt dann (dort 70): „Der Mittelpunkt der drei *fundatores* war, um es anschaulich zu sagen, nicht das Haus des Scipio, sondern das des P. Mucius, in dem auch Blossius, der Schüler des Antipater, Gastfreund war. Durch die darin erkennbaren Einflüsse sind die drei Juristen zu Gründern geworden." Auch wenn Behrends für diese Feststellungen gute Gründe hat, wird gleichwohl „das Haus des Scipio", besonders im Hinblick auf Antipaters Schüler Panaitios, deswegen nicht einfach bedeutungslos (dazu Waldstein,

Operae 150ff. mit Anm. 100). In dieser Zeit wurde auch die **Romanisierung** der italischen Bundesgenossen vollendet. Der schon genannte oskisch-römische Dichter Ennius ist ein Beispiel dafür.

2. Dieser Entwicklung, die das alles hervorbrachte, was an römischen Kulturwerten **31** erhalten ist, steht jedoch ein gleichzeitiger Verfall der altrömischen Tradition und Staatsgesinnung in den Kreisen der politischen Führungsschicht gegenüber. Diese Verfallserscheinungen wurden unter dem Einfluß des kritischrationalen griechischen **Subjektivismus** zur ernsten Gefahr für das „Römertum", für den *mos maiorum.* Dieser Subjektivismus führte im öffentlichen Leben Roms bald zu einem schrankenlosen **Individualismus.** Dazu kam ein nach hellenistischen Vorbildern immer mehr um sich greifender **Luxus,** der weit über die traditionelle standesgemäße Lebensführung des Adels hinausging. Gegen diese Erscheinungen erhoben sich durchaus auch Stimmen aus dem Scipionenkreis. Besonders aber trat ihnen **M. Porcius Cato Censorius** (Zensor 184) entgegen. Er bekämpfte die Hellenisierung – übrigens ohne nachhaltigen Erfolg –, nicht den griechischen Geist. Er selbst lernte sogar noch im Alter Griechisch, dessen Kenntnis er als erster Prosaiker in lateinischer Sprache nicht entbehren konnte. Er war es auch, der Ennius nach Rom gebracht hatte, der den Hexameter und die griechische epische Technik bei den Römern heimisch machte, das Vorbild Vergils.

Der politischen Gefahr, die das entwurzelte und verbitterte Großstadtproletariat **32** durch sein Stimmrecht in den Volksversammlungen darstellte, suchte der Adel durch Stimmkauf und private Versorgungsmaßnahmen zu begegnen. Auch das bedeutet Abkehr von altrömischer Tradition. Klientel und Gefolgschaft wurden zu leeren Formen, deren man sich im politischen Machtkampf verantwortungslos zu eigennützigen Zwecken bediente. Die **res publica,** die Sache der Allgemeinheit, in deren Dienst sich die Staatsführung noch in den Punischen Kriegen bedingungslos gestellt hatte, verkehrte sich auf diese Weise in eine Angelegenheit der politischen Machtgruppen.

3. Für den Bestand des gesamten Staatswesens bedeutete diese wirtschaftliche, so- **33** ziale und politische Entwicklung eine schwere Bedrohung, durch die auch die Erhaltung der eben erst errungenen Weltherrschaft wieder in Frage gestellt schien. In den Kreisen der Nobilität wurden diese Gefahren keineswegs verkannt. Der Senat als solcher zeigte freilich – teils aus Traditionstreue, teils aus politischer Kurzsichtigkeit – eine vorwiegend starre Haltung. Es mehrten sich jedoch auch die Stimmen, die eine durchgreifende Reform der unhaltbar gewordenen Zustände, d.h. vor allem eine Wiederherstellung des freien Bauernstandes forderten. So bildeten sich **innerhalb der Nobilität** zwei Gruppierungen (*factiones,* nicht mit politischen Parteien im modernen Sinne gleichzusetzen). Die sich selbst **optimates** (entsprechend zum griechischen ἄριστοι = die „Besten") nennende **Senatsaristokratie** wollte an der **überkommenen Ordnung** festhalten und stellte sich auch dort gegen Reformen, wo sie dringend nötig waren. Auf der anderen Seite versuchten führende Männer, die ebenfalls dem Senatsadel angehörten, „mit Hilfe der Comitien ... gegen die Senatsmehrheit" (Volkmann, KlP IV 1055) **Reformen** durchzusetzen. Weil sie sich dabei auf die Volksversammlungen stützten, hießen sie **populares (Volksmänner).** Der Gegensatz zwischen diesen Gruppierungen hat das politische Leben fortan bis zum Untergang der Republik beherrscht. Es handelte sich dabei jedoch nicht um einen Gegensatz zwischen Aristokratie auf der einen und Demokratie auf der anderen Seite, sondern um zwei Gruppen innerhalb derselben Führungsschicht, die verschiedene Vorstellungen davon hatten, „wie es weitergehen sollte".

Die Popularen suchten sich vor allem der Anhängerschaft der finanzkräftigen und **34** im ganzen von einer Agrarreform nicht in gleicher Weise wie der Senat betroffenen

Ritter zu versichern, indem sie gewisse im Laufe der Zeit hervorgetretene Gegensätze zwischen diesen und der Nobilität verschärften. Bedenklicher war es, daß sie, denen es anfänglich, wie den Gracchen, ernsthaft um soziale und politische Reformen zu tun war, teilweise in das Fahrwasser skrupelloser **Demagogie** gerieten.

35 4. Alle **Reformpläne** schienen jedoch durch den beharrlichen Widerstand der Optimaten zum Scheitern verurteilt zu sein. Vor allem das Interzessionsrecht war ein bequemes Mittel, jeden Gesetzesantrag der Popularen, selbst wenn diese die Führung hatten, zu Fall zu bringen. So griff die Reformpartei schließlich zu revolutionären Gewaltmitteln.

36 **Tiberius Sempronius Gracchus** hatte 133 als **Volkstribun** ein **Ackergesetz** eingebracht, das im wesentlichen nur die Durchführung eines älteren Gesetzes bezweckte. Nach dieser unbeachtet gebliebenen Bestimmung war das Höchstmaß an **okkupiertem Staatsland** auf 500 *iugera* (etwa 125 ha) und die Zahl des darauf zu haltenden Großviehs auf 100 Stück, des Kleinviehs auf 500 Stück beschränkt worden. Außerdem soll darin die Verwendung freier Landarbeiter neben den Sklaven angeordnet worden sein. Die Überlieferung zählt dieses Gesetz zu den *leges Liciniae Sextiae* von 367; doch dürfte es in allen Teilen erst der Zeit unmittelbar nach dem Zweiten Punischen Kriege angehören.

37 Gracchus handelte unter den frischen eigenen Eindrücken der Verödung weiter Gebiete Italiens, Eindrücken, die er auf einer Reise nach Spanien (137) sammelte und von denen uns sein Bruder Gaius berichtet. Er hatte seinen Gesetzesantrag noch insoweit abgemildert, als jedem Besitzer für zwei Söhne noch je weitere 250 Morgen verbleiben sollten. Das übrige Staatsland sollte durch eine Ackerkommission wieder eingezogen und (mit Bauernstellen zu 30 Morgen in unveräußerlicher Erbpacht) aufgesiedelt werden. Das alles war vernünftig. Aber Gracchus ging unvorsichtig vor und war zu ungeduldig. Um das Gesetz (133) durchzubringen, ließ er einen auf Betreiben des Senats interzedierenden, also Obstruktion übenden Kollegen auf Grund eines Sondergesetzes absetzen. Dabei begründete Gracchus sein Vorgehen mit der **Souveränität des Volkes.** Dieser Gedanke entsprach jedoch wohl den Vorstellungen der griechischen Demokratie, keineswegs aber dem römischen Verfassungsdenken. Die in gleicher Weise gegen alle bisherigen Verfassungsgrundsätze verstoßende Erneuerung seiner eigenen Kandidatur für ein zweites Jahr veranlaßte den Senat zu gewaltsamem Einschreiten. Hierin sieht Wieacker den Beginn der Notstandsmaßnahmen im Sinne des *senatus consultum ultimum* (vgl. § 16 II 6 und u. 6). Gracchus und zahlreiche seiner Anhänger wurden ermordet. Damit hatte auch der Senat gegen geheiligte Grundsätze der römischen Verfassung verstoßen, die Unverletzlichkeit des Tribunen.

38 Die **Ackerkommission** setzte ihre Tätigkeit jedoch ungehindert fort. Ihre Arbeit gestaltete sich freilich infolge der unklaren Besitz- und Eigentumsverhältnisse außerordentlich schwierig. Überdies bedeutete das Gesetz für die **Bundesgenossen,** die sich in den Besitz von Staatsland gesetzt hatten, eine ungerechte Enteignung zugunsten römischer Bürger. Schon damals (125) wurde daher von einem Mitglied der Ackerkommission ein Gesetzesantrag eingebracht, demzufolge allen Italikern das römische Bürgerrecht verliehen werden sollte. Auch hier wurde versäumt, eine im Grunde unaufschiebbare Frage rechtzeitig zu lösen (§ 20 I 7).

39 5. Der jüngere Bruder des Tiberius Sempronius Gracchus, **Gaius Sempronius Gracchus,** nahm zehn Jahre nach dem Scheitern seines älteren Bruders dessen Reformwerk wieder auf. Auf Grund eines besonderen Gesetzes bekleidete er sein Amt als **Volkstribun** zwei Jahre lang (123/122). Er ergänzte die Agrarreform durch die Gründung von **Bürgerkolonien** (*coloniae civium Romanorum;* § 20 I 3 b) in Italien und erstmals auf Provinzialboden, nämlich an der Stätte des zerstörten Karthago (123). Außerdem erhielten die Siedler aus dem enteigneten früheren Staatsland nun (abgabepflichtiges)

aber wohl unveräußerliches Privateigentum. Eine ganze Reihe weiterer Gesetze oder Gesetzesanträge richtete sich gegen die Vorherrschaft des Senats und sollte die verfassungsrechtliche und politische Stellung der Ritter und des Volkes stärken.

Besondere Bedeutung gewann in dieser Hinsicht vor allem die oben erwähnte (III 3) *lex Sempronia iudiciaria.* Hiernach durften auch die (seit 149 bestehenden) Gerichtshöfe zur Aburteilung erpresserischer Amtsvergehen bei Verwaltung der Provinzen, die **Repetundenquästionen,** nicht mehr durch Senatoren, also Standesgenossen der Angeklagten, sondern ausschließlich durch **Ritter** besetzt werden. In die gleiche Richtung zielte das Plebiszit über die Verpachtung der Einnahmen aus der soeben gewonnenen Provinz *Asia* durch die Zensoren an *publicani.* Von weittragenden Folgen war auch die *lex frumentaria,* die verbilligte Getreidelieferungen für die Armen anordnete. Hieraus hat sich ein halbes Jahrhundert später die kostenlose Frumentation des Großstadtproletariats entwickelt, an die Gracchus nicht gedacht hatte. 40

6. Wieder griff der Senat zur Gewalt, wenn auch diesmal erst nach Ablauf des Tribunats des Gracchus. Aufgrund eines nun wohl erstmals formellen **senatus consultum ultimum** (vgl. o. 4 und § 16 II 6) schlug der Konsul L. Opinius zu. C. Gracchus und viele seiner Anhänger wurden bei einem Überfall umgebracht (121). Wie Lintott in der zu diesem § angeführten Untersuchung zeigen konnte, verlor damit das Reformwerk der Gracchen nicht seine Bedeutung. Nach seiner Ansicht „war der Gesetzgeber der **lex agraria** von 111 v. Chr. nicht mit einem Scheitern der gracchischen Agrargesetzgebung konfrontiert, sondern mit einer Situation, in der vieles erreicht war", wie Simshäuser die Ergebnisse von Lintott zusammenfaßt. Er sagt weiter zu diesen: „Deshalb stimmt der Verf. insoweit voll der Beurteilung dieser *lex agraria* durch E. G. Hardy zu: 'this great and weigthly law, which shows that even in the revolutionary period, amid all the corruption and strife of the time, great questions could still be dealt with in a spirit of equity, compromise and statesmanship'" (SZ 112 [1995] bei Anm. 29). Die *lex agraria* von 111 hat im übrigen den Okkupanten wie den Siedlern mit gewissen Ausnahmen volles (also veräußerliches und abgabenfreies) Privateigentum zuerkannt. 41

7. Der auch weiter, und zwar mit steigender Erbitterung fortgesetzte Kampf zwischen Optimaten und Popularen führte schließlich zum offenen **Bürgerkrieg,** der erst mit dem vollständigen Untergang der Republik und der Errichtung des Prinzipats sein Ende fand. 42

Die **Entstehung des Prinzipats** ist erst voll verständlich, wenn man die neue Staatsform als Ergebnis der sich in den Bürgerkriegen vollziehenden Entwicklung betrachtet (§ 25). Der Verlauf dieses geschichtlichen Prozesses stellt eine fortlaufende Kette von Verfassungsbrüchen dar, mit deren Hilfe man der äußeren und inneren Schwierigkeiten – ohne dauernden Erfolg – Herr zu werden suchte. Der Prinzipat ist insoweit nichts anderes als das Erfahrungsergebnis eines Jahrhunderts blutiger innerer Kämpfe, die nicht mehr mit den Mitteln der in ihren Grundlagen erschütterten Republik beigelegt werden konnten.

II. Der Aufstieg Roms zur Weltmacht

§ 19. Die geschichtliche Entwicklung

Schrifttum: *R. Werner,* Das Problem des Imperialismus und die römische Ostpolitik im zweiten Jahrhundert v. Chr., in: ANRW I 1, 501–563; dort 305–667 weitere Beiträge; *A. Heuß* 67–129; *J.-L. Ferrary,* Philhellénisme et impérialisme. Aspects idéologiques de la conquête romaine du monde hellénistique, de la seconde guerre de Macédoine à la guerre contre Mithridate (1988) mit viel Lit.; dazu *W. Waldstein,* SZ 111 (1994) 482–487; *K.-H. Ziegler,* Völkerrechtsgeschichte §§ 9 und 10 mit viel Lit.

1. Rom als italische Großmacht

1 1. Die Jahrzehnte nach der Gallierkatastrophe (387) haben innen- wie außenpolitisch eine entscheidende Wende in der römischen Geschichte eingeleitet. Nachdem sich auf der Grundlage des innenpolitischen Ausgleichs (367) die Verfassung des römischen Stadtstaates gefestigt hatte, war Rom auch bald die Hegemonie über **Latium** zugefallen (§ 2 IV 3 und VI 3). In der Abwehr gegen die Bedrohung von Süden her durch die Volsker griff die römische Politik kurz darauf erstmalig über die eigentlichen Nachbargebiete hinaus. Es kam zu einem **Bündnis mit den Samniten,** apenninischen Hirtenstämmen, die sich, nächst Rom, zur stärksten Macht Mittelitaliens aufgeschwungen hatten. Ein Aufstand der Latiner gegen die römische Hegemonie (340) wurde niedergeschlagen und ihr politischer Kultbund aufgelöst. Damit war Latium unter römische Botmäßigkeit gelangt (338). Seitdem befolgte die römische Außenpolitik den Grundsatz, den man späterhin auf die Formel *‚divide et impera'* gebracht hat. Auf diese Weise hat Rom sich in der Folgezeit auch in politisch verwickelteren Verhältnissen seine hegemoniale Stellung zu sichern gewußt. Aus dieser Zeit stammt auch das Bündnis mit **Capua,** der reichen, von Samniten regierten Griechenstadt, die sich offenbar für den Fall einer Auseinandersetzung zwischen den beiden mittelitalischen Mächten lieber an Rom zu halten gedachte.

2 2. Ein weiterer römischer Vorstoß nach Kampanien löste die unausweichliche Auseinandersetzung mit den bisherigen Verbündeten aus: Es kam zum **Krieg mit den Samniten.** In mehreren wechselvollen Feldzügen (327–290) wurden die Samniten, mit denen sich u. a. schließlich auch die **Etrusker** und die **Gallier** verbündet hatten, niedergerungen und auf ihre Stammsitze im unzugänglichen apenninischen Hochland zurückgedrängt. Das unterworfene Land wurde durch Festungen und Kolonien gesichert. Rom, das nun unter dem erneuten unmittelbaren Einfluß des unteritalischen Griechentums zugleich einen großen kulturellen und zivilisatorischen Aufschwung erlebte, war damit unbestritten zur **Vormacht Italiens** geworden.

3 Während der Samnitenkriege (327 bis 290) wurde im Zusammenhang mit der Neugliederung der Zenturiatkomitien (§ 17 I) eine grundlegende Umgestaltung der römischen **Heeresverfassung** vollzogen: Die nach Art der Bewaffnung tiefgegliederte, geschlossene Phalanx wird durch die **Manipularschlachtordnung** aufgelockert und gleichzeitig die Schlagkraft der Armee durch Aufstellung eines Vier-Legionen-Heeres (früher zwei Legionen, vgl. § 7 III 2) erhöht, entsprechend den gesteigerten Ansprüchen, gleichzeitig auf verschiedenen Plätzen operieren zu müssen. Die Sollstärke der Legion betrug auch im 3. Jahrhundert 3000 Vollbewaffnete und 1200 Leichtbewaffnete, wozu noch 300 Reiter kamen. Die drei Treffen *(hastati, principes und triarii)* wurden in *manipuli* (Gruppen, Abteilungen) eingeteilt, die in gewissem Abstand voneinander operierten (Liv. 8, 3 ff. verlegt diese Neuordnung zu Unrecht schon ins Jahr 340). Die Kavallerie, die zu gleicher Zeit um 12 Zenturien vermehrt worden war (von 6, § 7 III 1, auf 18, §§ 17 I 2 und 18 III 2), bildete die Flügel der Phalanx. Dazu kam noch ein Aufgebot von **socii**. Scipio Africanus d. Ä. hat im Hannibalischen Krieg (nach 211) der Phalanx die letzte Starrheit genommen, indem er den einzelnen Manipeln „eine eigene Manövrierfähigkeit verlieh und dadurch der Strategie die Voraussetzung zu selbständiger Entfaltung schuf" (Heuß 92).

4 3. Der ständig wachsende politische Einfluß Roms auf Unteritalien führte schließlich zum Zusammenstoß mit **Tarent,** der bedeutendsten der griechischen Kolonialstädte. In der von Rom heraufbeschworenen Auseinandersetzung riefen die Tarentiner den König **Pyrrhos** von Epiros zu Hilfe. Nachdem jedoch die im Westen Siziliens sitzenden **Karthager** zugunsten Roms in den Kampf eingegriffen hatten, kehrte Pyrrhos, trotz mehrfacher Siege über die Römer in Italien und die Karthager in Sizilien, nach einer jedenfalls unentschiedenen Schlacht (die Römer sprachen von einem Sieg) bei Benevent (275) in die Heimat zurück und überließ die Tarentiner ihrem Schicksal. In raschem Zuge wurde nun ganz **Unteritalien unterworfen.** Damit hatte

Rom seine Herrschaft über ganz Italien ausgedehnt. Im Norden reichte sie bis zu den oberitalischen Siedlungsgebieten der Kelten.

4. Die neutral gebliebenen Griechenstädte wie die sonstigen Völkerschaften Italiens 5
wurden entweder mit römischem Bürgerrecht eingegliedert oder sie wurden Halbbürgergemeinden. In anderen Fällen wurden sie zu (ungleichen oder – was wenig Unterschied macht – gleichen) Bündnissen und zur Heeresfolge gezwungen (s. auch § 20 I). Auf diese Weise war nunmehr ganz **Italien** zu einer **Eid-** oder **Wehrgenossenschaft unter der Führung Roms** zusammengeschlossen. In das Gebiet dieser rund 150 **civitates foederatae** oder **socii** waren zahlreiche römische Tochtergemeinden **(municipia)** und **Kolonien** eingestreut, so daß die politische Landkarte Italiens zu dieser Zeit ein außerordentlich buntes Bild bietet. Über das staatsrechtlich-völkerrechtliche Verhältnis Roms zu diesen verschiedenartigen Gemeinwesen wird noch in anderem Zusammenhang zu sprechen sein (§§ 20 I und 21).

Rom trat damit als **Großmacht** neben die führenden Staaten der damaligen Welt, die Nachfolgestaaten des Weltreichs Alexander des Großen und Karthago. Als eigentlicher Nachbar und Gegenspieler Roms sollte Karthago auch zu seinem nächsten Gegner werden.

2. Rom als Vormacht des Mittelmeerraumes

1. **Karthago** war seit langem die beherrschende Handelsmacht des westlichen Mit- 6
telmeers. Weder die griechischen Kolonien noch die Etrusker konnten sich mit ihm messen. Auch Rom, das erstmalig wohl 348 (nach der Überlieferung bereits 509) mit Karthago einen Handelsvertrag abgeschlossen hatte, mußte sich zunächst seiner Vormachtstellung beugen. Auf sämtlichen größeren Inseln des westlichen Mittelmeers, an der Nordküste Afrikas und der Küste Südspaniens lagen Handelsplätze, Städte und Kastelle der Karthager. Dank ihrer Wirtschaftsmacht waren sie nicht nur in der Lage, zur Sicherung ihrer Besitzungen ständig eine schlagkräftige Flotte zu unterhalten, sondern nötigenfalls auch ein Söldnerheer nach dem anderen – unter Führung karthagischer Feldherren – aufzustellen. Da die Karthager seit mehreren Jahrhunderten auch im Westen Siziliens festen Fuß gefaßt hatten, war Rom nach der Unterwerfung Unteritaliens in die unmittelbare Nachbarschaft dieses phönizischen Handelsvolkes geraten.

Die **Ost-** und **Südküste** Siziliens befand sich dagegen in **griechischem** Besitz, und so hatte denn bis dahin vor allem das mächtige **Syrakus** unter seinen bedeutenden Tyrannen und Heerführern den Abwehrkampf gegen die Karthager geführt. Eine schwere Niederlage erlitt Karthago 480 – im gleichen Jahr, in dem die Griechen des Mutterlandes bei Salamis die Perser schlugen. Aber bis zum Ende des 1. Pun. Krieges (u. 2.) konnten sich die Karthager auf Sizilien halten.

2. Der wechselvolle Verlauf der (beiden ersten) **Punischen Kriege,** die 264 begannen 7
und 202 mit dem entscheidenden Sieg des Scipio Africanus bei Zama in Nordafrika ihr Ende fanden, ist hier nicht näher zu verfolgen. Bereits im ersten Frieden (241) mußten die Karthager **Sizilien** den Römern abtreten. Es wurde die erste der überseeischen Provinzen des römischen Reiches. Nur Syrakus bewahrte noch ein knappes Menschenalter seine Selbständigkeit. Bald nach der Einverleibung **Siziliens** besetzten römische Truppen **Korsika und Sardinien.** Das Tyrrhenische Meer galt seitdem als **mare nostrum.** Nach dem zweiten Punischen Krieg fiel auch das karthagische Kolonialreich in **Spanien** an Rom. Im Frieden von 201 mußte Karthago zudem auf seine **afrikanische** Herrschaftsstellung verzichten: Eine zweite von Rom abhängige und nun mit Karthago rivalisierende Macht wurde neben ihm aufgebaut, **Numidien** unter **Masinissa.**

8 Auch auf inneritalischem Gebiet hatte der Sieg über Hannibal wichtige Konsequenzen wie schon der Sieg über Pyrrhos (o. I 3 a.E.): Die unteritalischen Städte, die sich auf die Seite Hannibals geschlagen hatten, mußten es büßen, **Capua, Tarent** und **Syrakus.** Syrakus hatte seine Rolle ausgespielt, es wurde der Provinz Sizilien zugeteilt. Der Stadtstaat Tarent, die größte Griechenstadt auf italischem Boden, mußte seine Stellung als Hafenstadt an Brundisium/Brindisi abtreten. Am schlimmsten aber erging es Capua, dem einstigen Verbündeten. Es hörte auf als Stadt zu existieren, sein Gebiet wurde mit dem Grund und Boden anderer kampanischer Gemeinden *ager publicus Romanus,* der fruchtbare **ager Campanus.**

Im Norden hatte man sich gegen die **Kelten** in der **Poebene,** deren man sich mehrfach hatte erwehren müssen, durch Anlage zahlreicher **Bürger- und Latinerkolonien** Ende des dritten und Anfang des zweiten Jahrhunderts abgesichert. Die norditalische keltische Bevölkerung wird allmählich romanisiert oder an den Gebirgsrand gedrängt. Damit war der Weg zur Vorherrschaft im Mittelmeerraum frei. Rom ist diesen Weg nicht nur aus Eroberungssucht gegangen, d.h. ein festes Programm für die Eroberung der Herrschaft über die Mittelmeerwelt hat der Senat nie gehabt. Aber Macht und Imperialismus folgen ihrem eigenen Gesetz: Es konnte nicht ausbleiben, daß der Beherrscher des westlichen Mittelmeergebietes nun auch in die politischen Händel der östlichen Hälfte hineingezogen wurde.

9 Zunächst folgten die Römer einem Hilferuf. Das kleinasiatische Königreich **Pergamon** und die Insel **Rhodos,** die vom makedonischen und syrischen Königreich bedroht wurden, wandten sich an Rom um Hilfe – ein schicksalhafter Schritt für die ganze griechische Welt.

10 3. Makedonien, das sich im Punischen Krieg auf Hannibals Seite gestellt hatte, wurde zuerst besiegt. Das wurde als **„Befreiung“** der **griechischen Staaten** vom „makedonischen Joch“ hingestellt (196). Eine ähnliche Politik der bloßen Ausschaltung der gegnerischen Herrschaft verfolgten die Römer im folgenden **syrischen Kriege:** Nachdem Scipio, diesmal als Legat seines Bruders Lucius, die Macht des Seleukidenherrschers gebrochen hatte, wurde **Kleinasien** bis zum Taurus unter den Verbündeten Roms, Pergamon und Rhodos, aufgeteilt (188). Damit stand der Osten im wesentlichen unter der politischen Kontrolle Roms; mehr wollte es – damals jedenfalls – nicht erreichen. **Makedonien,** das seine Hegemonieansprüche über Griechenland immer wieder durchzusetzen suchte, ereilte bald das gleiche Schicksal. Der anfangs für Rom wenig glückliche neue (Zweite Makedonische) Krieg wurde durch den **Sieg** des L. Aemilius Paullus **über Perseus bei Pydna** (168) entschieden, und Makedonien wurde im Einklang mit dem bisher geübten System der mittelbaren Beherrschung in vier selbständige Teile zerschlagen.

11 Auch Pergamon und Rhodos, die ihre Bundesgenossenpflichten nicht zur Zufriedenheit Roms erfüllt hatten, mußten sich nun eine Schwächung ihrer Stellung gefallen lassen.

Die Tatsache, daß es Rom gelungen war, in wenigen Jahrzehnten fast das gesamte hellenistische Staatensystem in seine Abhängigkeit zu bringen, findet ihre Begründung nicht zuletzt in der inneren Zerrissenheit und dem Untergang der politischen Welt des alten Griechentums, das aus der Enge stadtstaatlichen Denkens nicht herausgefunden hatte und so zunächst ein Opfer der territorialen Monarchie wurde, die schließlich Rom unterlag. Die kulturelle Ausstrahlung Griechenlands allerdings beginnt gerade erst mit seinem politischen Untergang, insbesondere mit der allmählich sich bildenden **Symbiose von Griechentum und Römertum.**

3. Der römische Imperialismus

12 1. Das Jahr 168 bezeichnet einen Höhepunkt in den Erfolgen der römischen Außenpolitik. Als anerkannter **Schiedsrichter** konnte Rom der Staatenwelt des Mittelmeer-

raumes nun seinen Ordnungswillen und sein System des außerrömischen Gleichgewichts aufzwingen.

Zugleich beginnt mit dem Jahr 168 schon die große Wende in den Methoden und Formen der römischen Herrschaft sich anzukündigen. Der Versuch Roms, mit Hilfe willkürlicher Grenzziehungen und künstlicher Staatengründungen den Osten in **mittelbare Abhängigkeit** zu zwingen, konnte zu keiner dauernden politischen Befriedung führen. Der sich förmlich überstürzende Ablauf der Ereignisse war überdies kaum dazu angetan gewesen, eine gesunde und ruhige Entwicklung zu fördern.

2. Die allerorts und immer wieder ausbrechenden Unruhen nötigten Rom schließ- 13
lich zu einem grundsätzlichen **Wechsel seiner Politik.** Es mußte nun die einzig mögliche Lösung in der völligen **Unterwerfung** und Annexion der beherrschten Gebiete erblicken. Nachdem Rom diese Maßnahme einmal als notwendig erkannt hatte, wurde sie auch mit unbeugsamer Härte und notfalls auch mit schonungsloser Gewalt durchgeführt. Nicht dieses allein, sondern die der Annexion folgende **Ausbeutungspolitik,** die einen Mangel an weltpolitischem Weitblick verrät, ließ für das neu entstehende Großreich sogleich Gefahren heraufziehen. Die Ausgebeuteten benutzten jede Gelegenheit zum Abfall, im Westen wie im Osten.

3. In rascher Aufeinanderfolge wurden nun die niedergeworfenen oder neu erober- 14
ten Länder des gesamten Mittelmeerraums in römische **Provinzen** umgewandelt. Zunächst wurde **Karthago** nach dreijährigem Kampf (unter dem Vorwand einer ohne römische Erlaubnis begonnenen kriegerischen Abwehraktion gegen den mit Rom verbündeten Numiderkönig Masinissa) dem Erdboden gleichgemacht (146) und sein Herrschaftsgebiet als **Provinz Africa** eingerichtet.

Über die Gründe für diese Gewalttat gegen **Karthago** wird immer wieder gerätselt, zumal die tatsächlichen äußeren Machtverhältnisse sie nicht zu rechtfertigen scheinen. Wenn aber ein nüchterner Rechner wie der alte Cato nicht müde wurde, die Auslöschung Karthagos zu fordern *(ceterum censeo Carthaginem esse delendam),* so wird man ihm kaum zutrauen, daß er von der Psychose des *metus Punicus* erfaßt war, eher wohl, daß er, der Großgrundbesitzer, das Wiedererstehen der wirtschaftlichen Macht Karthagos, dessen Aufblühen er als Mitglied der Gesandtschaft des römischen Senats 152 kennengelernt hatte, und damit eine bedrohliche **Konkurrenz** im **Wein- und Ölhandel** für die Zukunft fürchtete.

Im gleichen Jahr (146) wurde **Korinth,** der Mittelpunkt der achäischen Freiheitsbe- 15
strebungen, zerstört, eine Brutalität, die nicht nur bei den Griechen, sondern auch bei den Philhellenen unter den Römern Bestürzung hervorrief. Etwa gleichzeitig wurde **Makedonien** als Provinz organisiert. Wenig später wurde nach langen Kämpfen eine Erhebung der Stämme im Innern **Spaniens** niedergeworfen und das ganze Land der römischen **Provinz** Spanien einverleibt (133). Im gleichen Jahr fiel auch das Königreich **Pergamon** auf Grund einer – nicht ganz freiwilligen – testamentarischen Verfügung des Königs Attalos III. an Rom. Nach Niederwerfung des Aufstandes eines als Prätendent auftretenden illegitimen Sohnes des Erblassers wurde die **Provinz Asia** eingerichtet. Alle späteren Erwerbungen und Kriege dienten der Abrundung oder strategischen Sicherung des Reiches, dessen Grenzen im Nordwesten wie im Osten dem ständigen Druck der barbarischen Völkerschaften ausgesetzt waren. In rund 150 Jahren ist die Grenze des römischen Reiches bis zum Schwarzen Meer und bis an den Euphrat vorgeschoben worden. Die Mittelmeerwelt war damit römisch oder von Rom abhängig.

4. Die errungene Stellung halten zu können, setzte voraus, daß die **militärische** 16
Schlagkraft des römischen Staates erhalten blieb; die aber war durch den wirtschaftlichen und sozialen Abstieg des Bauerntums ernstlich gefährdet. Die Hauptmasse der römischen Bürgerheere war entsprechend der Zenturienordnung (§§ 17 I 2; 18 III 2)

vom Besitzbürgertum und vor allem von der bäuerlichen Bevölkerung gestellt worden. Mit diesem Volksaufgebot und freilich auch mit Hilfe seiner italischen Bundesgenossen hatte Rom die entscheidenden Schlachten geschlagen, die es auf die Höhe seiner Macht führten. Der Popularenführer und spätere Bürgerkriegsgeneral **C. Marius** hat aus der Veränderung der wirtschaftlichen Verhältnisse – und das war zum großen Teil die Folge der von den Optimaten verhinderten Agrarrefom – in militärisch bedrohlicher Lage die Konsequenz gezogen, die nach dem Zensus zum Heeresdienst nicht verpflichteten *proletarii* auf Staatskosten ins Heer einzustellen. Damit war der entscheidende Schritt zur Umwandlung des Bürgerheeres in ein **geworbenes** und **besoldetes Berufsheer** getan (s. auch u. letzter Abs. und § 25 I 1).

Die Aussicht auf Beute und **Zivilversorgung** nach Ablauf ihrer 16jährigen Dienstzeit trieb die besitzlosen Proletarier in Scharen zu den Anwerbungsstellen. Da sich zwischen den **Berufssoldaten** und ihrem Feldherrn ein klientelartiges Verhältnis bildete, wurde ein Heereskommando künftig zum gefährlichen **Machtmittel im politischen Kampf.** Das sollte sich in der Bürgerkriegszeit sogleich zeigen. Ebenso bedeutsam war das Agrarproblem, das in neuer Gestalt auftauchte: das Problem der Versorgung der Veteranen durch Schaffung neuer Bauernstellen (§ 25 II 3 Abs. 2).

17 Die bald darauf (89) erfolgende Aufnahme der italischen Bundesgenossen in die Bürgerschaft (§ 20 I 7) und damit auch die neue Möglichkeit, dieses Reservat zur Auffüllung der Legionen zu nutzen, vollendete die Entwicklung zum **Berufsheer.** Als Hilfstruppe wurden nun auch außeritalische Verbände aufgestellt.

Marius führte übrigens auch – in Fortsetzung der Reform des Scipio Africanus d. Ä. (o. I 2 Abs. 2) – einige **taktische Neuerungen** im Heer durch. Vor allem wurde die Sollstärke der Legionen auf 6000 Mann erhöht und die Legionen selbst in 10 taktische Einheiten eingeteilt, die **Kohorten,** deren jede 3 Manipel zu 2 Zenturien umfaßte. Die Legion hatte nun nicht mehr den Charakter eines selbständig operierenden Heeres, das „Heer" konnte jederzeit den erforderlichen militärischen Operationen in seiner Zusammensetzung angepaßt werden.

§ 20. Die Reichsverwaltung

Schrifttum: *H. Rudolph,* Stadt und Staat im alten Italien (1935; Neudr. 1965); *G. H. Stevenson,* Roman Provincial Administration till the Age of the Antonins (1939); *J. Bleicken,* Senatsgericht und Kaisergericht (1962); *F. De Martino* II 73–137 und III 10–61, 282–298 und 339–401; *W. Kunkel,* Die Funktion des Konsiliums ... (s. vor § 12); *D. Kienast,* Entstehung u. Aufbau des röm. Reiches, in: SZ 85 (1968) 330ff.; *H. Galsterer,* Herrschaft und Verwaltung im republikanischen Italien (Münchener Beiträge zur Papyrusf. und Antiken Rechtsgesch. H. 68, 1976); *W. Dahlheim,* Gewalt und Herrschaft, Das provinziale Herrschaftssystem der römischen Republik (1977); *B. Schleußner,* Die Legaten der römischen Republik, Dezem legati und ständige Hilfsgesandte (VESTIGIA, Beiträge zur Alten Geschichte Bd. 26, 1978); *L. Peppe,* Sulla giurisdizione *in populos liberos* del governatore provinciale al tempo di Cicerone (1988); dazu *K.-H. Ziegler,* in: SZ 107 (1990) 504–507; vgl. auch Lit. zu § 19; *G. Manzini,* Cives Romani Municipes Latini I. (1996); *R. Schulz,* Herrschaft und Regierung. Roms Regiment in den Provinzen in der Zeit der Republik (1997); *M. Genovese,* Gli interventi edittali di Verre in materia di decime sicule (1999).

1. Italien

1 1. Die fortschreitende Ausbreitung seines Machtbereiches stellte Rom vor ganz neuartige Aufgaben. Die Schwierigkeiten lagen vor allem darin, daß eine völlige **Eingliederung** der unterworfenen Gemeinden in den zentral regierten Stadtstaat nur in begrenztem Umfange möglich war. An sich bestanden zwar gegen eine Aufnahme der stammverwandten Italiker in die römische Bürgerschaft keinerlei Bedenken; sie wäre

aber schon aus räumlichen Gründen ohne eine gewisse **Dezentralisation** der Verwaltung nicht durchzuführen gewesen.

Bei der Lösung dieser Frage ist Rom im Laufe der Zeit sehr verschiedene Wege gegangen.

a) Die dem römischen Stadtstaat benachbarten und ihm ganz oder zum Teil einver- 2
leibten Gemeinden erhielten meist eine niedere **Selbstverwaltung** oder wurden römischen **Präfekten** unterstellt.

b) Bei den weiter entfernten mittel- und süditalischen Städten und Stämmen ver- 3
zichtete Rom auf eine staatsrechtliche Eingliederung. Ihnen wurde teils die volle, teils eine beschränkte Souveränität belassen. Als **socii populi Romani** wurden sie lediglich zur Waffenhilfe und zur Anerkennung der römischen Oberhoheit gezwungen.

c) Nur wenige süditalische Gemeinden wurden auf Grund des Kriegsrechts oder ih- 4
rer bedingungslosen Unterwerfung (**deditio,** § 21 III) ihrer Selbständigkeit und jeder Rechtsstellung beraubt. Ihre Bürger wurden versklavt, ihr Vermögen als Beute eingezogen, ihr Land römischer *ager publicus.* Sonst behielten die nach der Kapitulation Übrigbleibenden zwar ihre Freiheit. Als sog. **peregrini dediticii** besaßen sie aber weder eigenes noch römisches Bürgerrecht, sondern lebten nur nach *ius gentium* (§ 22 III). Von ihrem Grundbesitz wurde eine Kriegssteuer *(stipendium)* erhoben.

2. Wesentlicher als die verschiedenen Formen, in denen Rom den unterworfenen 5
oder politisch beherrschten Gemeinden Italiens eine mehr oder minder begrenzte Selbstverwaltung zugestand, ist das damit verknüpfte **staatsrechtliche** oder **völkerrechtliche Verhältnis** zum römischen Stadtstaat. Von entscheidender Bedeutung war hierbei entsprechend den antiken stadtstaatlichen Grundauffassungen die Frage, ob das einzelne Gemeinwesen noch nach eigenem Bürgerrecht *(ius civile)* lebte oder nicht. Entsprechend der (o. 1) gegebenen Übersicht behielt es im ersten Falle formal seine staatliche Selbständigkeit und trat zu Rom in das völkerrechtliche Verhältnis eines **Bundesgenossen.** Im zweiten Fall verlor es jede staatliche Autonomie; dabei wurde ihm entweder – voll oder mit Beschränkungen – das römische **Bürgerrecht** zugestanden oder es blieb römischer **ager publicus.**

Das bundesgenössische Verhältnis der selbständigen Gemeinden zu Rom war unter 6
sich wiederum verschieden, da es sich jeweils nach dem Inhalt des zugrunde liegenden *foedus (aequum* oder *iniquum)* richtete. Eine besondere Stellung innerhalb der Verbündeten nahmen vor allem die Gemeinden latinischen Rechts (u. 4) ein, die zu Rom in einem sehr viel engeren Verhältnis standen als die übrigen Bundesgenossen. Obwohl auch diese zum „latinischen Stamm" *(nomen Latinum)* gehörenden verbündeten Städte selbständige Gemeinden waren, wurden sie von den übrigen **socii** doch auch dem Namen nach unterschieden. Die seit 268 unter der Führung Roms bestehende **italische Wehrgenossenschaft** war die einzige gemeinsame Institution des Reiches, und dafür hatten die Römer nicht einmal eine spezielle Bezeichnung. Wollten sie sämtliche Reichsangehörige Italiens zusammenfassen, mußten sie noch in der *lex agraria* vom Jahre 111 (v. 21; Bruns 73ff. = FIRA I 102ff.) sagen: **civis Romanus sociumve nominisve Latini quibus ... milites in terra Italia imperare solent.** Dieses politisch geeinte Italien war kein einheitlicher Territorialstaat. Es gliederte sich vielmehr in das zum römischen Stadtstaat gehörende, also im eigentlichen Sinne römische Land (**ager Romanus,** u. 3), in das Gebiet des mit Rom in engerem Bündnis stehenden **nomen Latinum** (im neueren rechtlichen Sinn, u. 4) und das Territorium der sonstigen **socii populi Romani** (u. 5).

Die **Grenzen** der italischen Wehrgenossenschaft lagen am Nordabhang des Apennin; sie beherrschte damit ein Gebiet von über 125000 qkm mit etwa 4 Millionen Einwohnern, von denen etwa 1,3 Millionen römische Bürger waren. Räumlich entfiel auf Rom jedoch nur knapp ein Fünftel und auf die Latinergemeinden etwa ein Fünfzehntel des gesamten Bundesgebiets.

7 3. Der **ager Romanus** setzte sich aus den (unselbständigen) Vollbürgergemeinden (a), den römischen Bürgerkolonien (b) und den Halbbürgergemeinden (c) zusammen.

8 a) **Vollbürgergemeinden** wurden die **latinischen** sowie einige angrenzende **mittelitalische** Städte. Diese Tochterstädte Roms wurden zunächst einfach als **oppida** bezeichnet, späterhin wie die Halbbürgergemeinden **municipia civium Romanorum** genannt. Mit der Eingliederung der Mehrzahl der latinischen Städte nach dem Latineraufstand (338) wurde ihre Verwaltung zum Teil in die Hand **lokaler Behörden** gelegt. Im übrigen lebten ihre Bewohner ganz nach römischem *ius civile* und besaßen naturgemäß auch sämtliche politischen Rechte und Gemeinschaftsrechte der römischen Bürger. Eine ganze Reihe von Adelsfamilien, selbst der herrschenden Nobilität, stammte aus diesen latinisch-italischen Bürgerstädten.

Den **einheimischen Behörden** wurden lediglich die untersten Verwaltungsbefugnisse und örtlichen Aufgaben überlassen, die von Rom aus nicht gut wahrgenommen werden konnten (Polizei, Getreideversorgung, Marktwirtschaft, öffentliche Spiele, Sakralverwaltung). Die Selbstverwaltungsbehörde der früheren **Latinerstädte** setzte sich aus einem leitenden Beamten *(dictator)* und zwei Gehilfen *(aediles)* zusammen. Die im Laufe der Zeit in einzelnen Schüben als Munizipien voll eingebürgerten **italischen Städte** erhielten dagegen als Selbstverwaltungskörper zunächst (268) einen **Octovirat,** sodann 188 eine **Dreiädilenverfassung,** im ersten Jahrhundert ein **Viermännerkollegium.** Diesen Beamten stand jeweils ein **Senat** zur Seite, der seit Ausgang der Republik regelmäßig *ordo decurionum* genannt wurde. Die Verschiedenheit dieser Munizipalverfassungen beruht darauf, daß Rom die in den eingegliederten Städten vorgefundene Ordnung zum Teil bestehen ließ, zum Teil durch auferlegte Verfassungen ersetzte.

9 b) Bereits seit dem vierten Jahrhundert (335) hatte Rom vor allem in den Häfen (wie zunächst in Ostia und Antium) befestigte **militärische Stützpunkte** in Form von Bürgersiedlungen angelegt. Diese **coloniae civium Romanorum** besaßen von vornherein das volle römische Bürgerrecht *(cum suffragio),* aber zunächst nur eine beschränkte Selbstverwaltung. Von der allgemeinen Heeresdienstpflicht waren die Kolonisten mit Rücksicht auf ihre besonderen militärischen Aufgaben befreit.

Die von Rom weiter entfernten Kolonien erhielten seit dem 2. Jahrhundert nach dem Muster der Vollbürgermunizipien eine beschränkte Gemeindeverwaltung unter *duoviri.*

Mit der zunehmenden Befriedung Italiens verloren die Bürgerkolonien ihre militärische Bedeutung und dienten nun ausschließlich der **Siedlung.** Neben die Landzuteilung an einzelne *(assignatio viritana)* trat damit in immer stärkerem Maße die koloniale Assignation an einzelne Gruppen, in der Gracchenzeit zur Versorgung des römischen Stadtproletariats (§ 18 IV 5) und seit Marius (§ 19 III 4) vor allem zur Ansiedlung der ausgedienten Veteranen.

10 c) Etwa gleichzeitig mit den Kolonialgründungen wurden auch die ersten **Halbbürgergemeinden (municipia civium Romanorum)** eingerichtet. Es handelte sich hierbei um eine Reihe von benachbarten italischen Städten, die sich zumeist freiwillig in Roms Abhängigkeit begeben hatten. Es wurde ihnen daher die **volle Selbstverwaltung** belassen. Die Bewohner wurden zwar römische Bürger, aber ohne Stimm- und Wahlrecht in Rom **(cives sine suffragio),** gelegentlich auch ohne Ehegemeinschaft *(conubium)* mit römischen Vollbürgern. An allen politischen Lasten, wie vor allem der Heeresdienstpflicht, waren diese Halbbürger bzw. Halbbundesgenossen aber beteiligt.

Im Laufe der Zeit verschlechterte sich die Rechtsstellung der neuhinzutretenden Halbbürgergemeinden erheblich, da zu ihnen vor allem die im Kriege unterworfenen (mittelitalischen) Städte gehörten. Sie verloren jede staatliche Selbständigkeit und wurden von Delegierten des römischen Prätors verwaltet, den **praefecti iure dicundo,** in deren Händen vor allem die höhere Gerichtsbarkeit lag. Die niedere übten, jedenfalls später, die Munizipalbehörden aus (u. 8 Abs. 3).

Der Ausdruck *municipia* (die Ableitung von *munia capere* ist zu denken als „Leistungen, Pflichten tragen", nämlich für Rom; vgl. *laborem, miseriam capere* u.ä.) ist zu Anfang vermutlich nur auf diese **Halbbürgergemeinden** angewandt worden. Als sie im Laufe der Zeit in immer größerem Umfange das Vollbürgerrecht erhielten, ging diese Bezeichnung dann auch auf die älteren **Vollbürgergemeinden** über.

4. Zu den mit Rom in ungleichem Bündnis stehenden Gemeinden des **nomen Latinum** gehörten zunächst einige alte Latinerstädte (a) und die latinischen Kolonien (b) sowie später die römischen Kolonien latinischen Rechts (c). 11

a) Nach Auflösung des latinischen Bundes (338) behielten nur wenige latinische Städte (wie Tibur, Praeneste und Cora) ihre **stadtstaatliche Selbständigkeit** und damit ihr eigenes Bürgerrecht. Sie wurden **municipia Latina** oder später Altlatiner **(prisci Latini)** genannt. 12

Als (politisch völlig abhängige) *socii populi Romani* hatten sie geschlossene Truppenkontingente zu stellen.

Bezeichnend für die römische Politik ist die Tatsache, daß ihnen jeder nähere rechtliche und politische Verkehr untereinander versagt war (§ 19 I 1). Zugleich wurden die Verbindungen jeder einzelnen dieser Städte zu Rom enger geknüpft. Ihre Bürger erhielten das *commercium* (die Fähigkeit, Manzipationen wirksam abzuschließen; vgl. Ulp. epit. 19, 4 und 5: *Commercium est emendi vendendique invicem ius)* und als Stammesverwandte in aller Regel auch das *conubium.* Ferner genossen sie volle Freizügigkeit *(ius migrandi),* wobei die Übersiedlung nach Rom und Eintragung in die Zensuslisten zum Verlust des eigenen und zum Erwerb des römischen Vollbürgerrechts führte. Ein entsprechendes Recht der Freizügigkeit stand auch den römischen Bürgern zu. Sofern die Altlatiner lediglich Grundbesitz in Rom hatten (als ihr Übersiedlungsrecht nach Rom später eingeschränkt wurde, auch ohne diese Voraussetzung), waren sie auch als Nichtbürger in einer Tribus stimmberechtigt (§ 4 V 3).

Seit dem 2. Jahrhundert erhielten dann die **gewesenen Amtsträger** der Latinerstädte das römische **Bürgerrecht.** Damit kam die Übung auf, das römische Bürgerrecht auch an Einzelpersonen zu verleihen, die nichtrömischen Gemeinden angehörten.

b) Auch den Kolonialgründungen des alten latinischen Bundes (dem ja auch Rom angehört hatte) beließ man als sog. **coloniae Latinae** die staatliche Selbständigkeit und die Stellung von *socii foederati.* 13

Sie brauchten jedoch keine Hilfstruppen zu stellen, sondern waren lediglich gleich den römischen Kolonien zur **Grenzverteidigung** verpflichtet. Andererseits hatten ihre Bürger nur eine beschränkte Freizügigkeit.

c) Die nach der Unterwerfung Italiens (268) von Rom gegründeten autonomen Kolonien wurden vielfach den latinischen Bundesgenossen rechtlich gleichgestellt. Im Gegensatz zu diesen **Latini coloniarii** wurden nun auch die Bürger nicht nur der alten Latinerstädte, sondern auch die altlatinischen Kolonisten (o. b) *prisci Latini* genannt. 14

Seit dieser Zeit bezeichnete das **„latinische Recht"** *(ius Latii)* nicht mehr zugleich das **ius civile** der Latiner, sondern nur noch die „Rechtsstellung von Latinerstädten" im Verhältnis zu Rom.

Die *Latini coloniarii* hatten kein *conubium* und keine Freizügigkeit (kein *ius migrandi*). Nur den Familien ihrer höchsten Magistrate war der Erwerb des römischen Bürgerrechts möglich.

Nach der Verleihung des römischen Bürgerrechts an sämtliche Italiker (89) wurde diese latinische Bundesgenossenstellung – gleichsam als gemindertes römisches Bürgerrecht – gelegentlich **außeritalischen** Gemeinden und Stämmen zuerkannt.

5. Die meisten italischen Städte behielten als **socii populi Romani** ihre formale staatliche Selbständigkeit und damit auch ihr heimisches Bürgerrecht. 15

Sie hatten grundsätzlich weder das *conubium* noch das *commercium* noch das *ius migrandi.* Die Waffenhilfe, zu der sie Rom gegenüber verpflichtet waren, leisteten sie mit besonderen Kontingenten. So hatten die Griechenstädte Unteritaliens als *socii navales* die Schiffsbemannung der Flotte zu stellen.

16 6. Die Neugliederung Italiens beruhte somit nach wie vor auf dem alten stadtstaatlichen Prinzip. Gewisse Schwierigkeiten bot immer noch die Verwaltung des **flachen Landes,** in das die verschiedenartigen, mehr oder weniger selbständigen Stadtgemeinden der italischen Wehrgenossenschaft eingestreut waren. Dieses Land galt zunächst als römischer **ager publicus.** Infolge der zahlreichen Gründungen von Kolonien, vor allem aber wegen der immer größeren Umfang annehmenden Landzuteilung an Veteranen und an einzelne verwandelte sich das Staatsland jedoch mehr und mehr in **Privateigentum,** das den *tribus rusticae* zugeschlagen wurde. Den Abschluß dieser Entwicklung bildete die **lex agraria** von 111 (§ 18 IV 6).

In diesem ausgedehnten Bereich gab es nur die Versammlungsplätze *(conciliabula)* der ländlichen Siedler und die Marktflecken *(fora),* die sich aus den staatlichen Straßenanliegersiedlungen entwickelt hatten. In den von Rom aus nicht neu besiedelten und damit auch nicht zu den Landtribus der Stadt gehörenden Gebieten war eine Einteilung nach Gaubezirken (**pagi**) durchgeführt. Die übergeordneten Verwaltungsaufgaben wurden hier überall von den römischen **Präfekten** (oben 3 c) wahrgenommen.

17 7. Eine einschneidende Änderung der römischen Herrschaftsformen in Italien brachte der im Jahre 91 ausbrechende **Bundesgenossenkrieg.** Nachdem die italische Wehrgenossenschaft in den Punischen Kriegen zu einer Schicksalsgemeinschaft zusammengeschweißt worden war und die Stammesunterschiede dank der fortschreitenden Romanisierung sich immer mehr ausgeglichen hatten, war die Stellung der Bundesgenossen immer unerträglicher geworden. Ihre scheinbare politische Selbständigkeit bedeutete tatsächlich nichts anderes als den Ausschluß von allen Vorrechten politischer und wirtschaftlicher Art, die dem römischen Bürger zustanden, wie u. a. von der wohl nach dem zweiten makedonischen Krieg (167) eingeführten Steuerfreiheit.

18 Die an die gracchische Gesetzgebung anknüpfenden Reformpläne des Volkstribunen **Livius Drusus,** der wie die Gracchen dem römischen Hochadel entstammte, sahen daher u. a. auch die Verleihung des Bürgerrechts an die Bundesgenossen vor, mit denen Drusus Verhandlungen aufnahm. Für die Optimaten war das ein Grund zu neuer Gewalttat. Drusus wurde ermordet, ein Hochverratsverfahren gegen seine Anhänger durchgeführt. So kam es zum offenen Aufstand der Bundesgenossen. Dieser für Rom in jeder Hinsicht unrühmliche Krieg führte schließlich doch zur **Aufnahme sämtlicher Bundesgenossen ins Bürgerrecht,** jedenfalls der treu gebliebenen und derer, die die Waffen niederlegten (*leges Iulia et Plautia Papiria,* 90/89 v. Chr.). Die stolzen Samniten, die weiterkämpften (außer ihnen u. a. auch die Lucaner und Bruttier), wurden nach blutigen Kämpfen schließlich von Sulla unterworfen und büßten ihren Widerstand mit dem Verlust ihrer Eigenständigkeit und ihrer oskischen Sprache.

19 Die Aufnahme der Bundesgenossen ins Bürgerrecht brachte eine **Vermehrung der römischen Gemeinden um fast 150 Städte** mit sich. Sie wurden wie üblich als *municipia civium Romanorum* in den römischen Staatsverband eingegliedert, und zwar mit Stimmrecht in Rom und unter Verteilung auf sämtliche 35 Tribus; dem hatte auch Sulla schließlich zugestimmt. Sie erhielten – vielleicht erst durch Caesar (u. 8 Abs. 2) – als niedere Selbstverwaltungsbehörde einen **Quattuorvirat** (zwei davon *iure dicundo,* zwei *aedilicia potestate*).

20 8. Mit dieser Umwandlung der gesamten Halbinsel in römisches Gebiet hatte die stadtstaatliche Organisation des römischen Reiches ihren Sinn verloren. Damit war der erste Schritt vom Stadtstaat zum Territorialstaat getan. Lediglich Oberitalien blieb zunächst ausgenommen. Eine *lex Pompeia de Transpadanis* verlieh um 89 der Bevölkerung Oberitaliens das latinische Recht.

21 Vor allem hatte die Einverleibung der verbündeten Gemeinden eine verstärkte **Dezentralisation** der Verwaltung mit sich gebracht, da Rom selbst kaum willens oder auch nur in der Lage war, an dem bisherigen Zustand der innenpolitischen Selbständigkeit der Bundesgenossenstädte Entscheidendes zu ändern. Es lag vielmehr umgekehrt

nahe, nun auch den bisherigen **Munizipien,** etwa in bezug auf die Rechtsprechung und Selbstverwaltung, eine entsprechende größere Selbständigkeit zuzugestehen. Einige dieser vereinheitlichenden Maßnahmen dürften wohl auf **Caesar** zurückgehen.

Zunächst beseitigte Caesar durch ein umfassendes **Ackergesetz** *(lex agraria)* vom Jahre 59 den noch vorhandenen *ager publicus,* der (bis auf geringfügiges Streu- und Ödland) den Veteranen und dem großstädtischen Proletariat zur Besiedlung freigegeben wurde. Die bisherigen ländlichen Verwaltungsformen (o. 6) hat er vielleicht durch städtische Neugründungen umgebildet. Inschriftlich auf uns gekommen sind Bruchstücke einer offenbar einheitlichen **Munizipalordnung Caesars** vom Jahre 45 (sog. *lex Iulia municipalis*). Aus dieser Zeit stammt auch das Stadtrecht von Urso/Osuna (Spanien), die *lex Ursonensis* (Bruns 122ff.), von dem uns größere Teile erhalten sind. Hiernach erhielten die Munizipien eine der römischen nachgebildete Verfassung unter *duoviri iure dicundo* nebst zwei **Ädilen,** mit einem Senat *(ordo decurionum)* und einer Volksversammlung *(comitia curiata).* Entscheidend ist, daß den Duoviri auch die niedere **Zivilgerichtsbarkeit** übertragen und gewiß auch ein Teil der Kriminaljustiz (Bleicken 182ff.) von einem dem hauptstädtischen entsprechenden Quästionengericht ausgeübt wurde. Unter Augustus ist die Zuständigkeit der Duoviri auf zivilrechtlichem Gebiet noch durch Wegfall der *praefecti iure dicundo* (o. I 3c) erweitert worden. 22

9. **Rom** selbst wurde auf diese Weise zur **Hauptstadt** des Landes, die über ihre Bannmeile nicht mehr hinausgriff. Freilich bildete sie nicht nur den Sitz der Regierung, sondern auch sämtlicher verfassungsmäßigen Institutionen, die immer noch rein stadtstaatlichen Charakter trugen. Die Teilnahme an den Volksversammlungen und am sonstigen politischen Leben blieb damit praktisch nach wie vor allein der Bevölkerung der Großstadt und allenfalls der umliegenden Gemeinden vorbehalten. Unter dem Prinzipat wurde zwar die stadtstaatliche Verfassung Italiens schließlich ganz beseitigt; **Italien** blieb aber immer noch das staatsrechtliche **Kernland des Imperium,** dem die auswärtigen Herrschaftsgebiete als Provinzen nur angegliedert waren. 23

2. Die Provinzen

1. Die anfänglich wohl unternommenen Versuche, Sizilien, das erste überseeische Herrschaftsgebeit, von Rom aus zu verwalten, mußten sehr bald aufgegeben werden. Statt dessen wurden neugewählte Prätoren und später (seit Sulla) Proprätoren oder Prokonsuln als Statthalter mit unbeschränkter militärischer Hoheitsgewalt (§ 15 III 4) in die besetzten oder eroberten Länder entsandt. Der Ausdruck für den Amtsbereich **(provincia)** des Statthalters (wie jedes anderen römischen Beamten) wurde dann auch im Sinne einer rein räumlichen Abgrenzung der beherrschten überseeischen Länder gebraucht. Damit war auch schon die eigentümliche Rechtsstellung der Provinzen vorgezeichnet. 24

2. Die Provinz blieb rechtlich **unterworfenes Ausland.** In aller Regel wurde die einheimische Bevölkerung aber nicht versklavt oder von Haus und Hof vertrieben, sondern sie behielt eine ähnliche Stellung wie die italischen **peregrini dediticii** (o. I 1c). Im Unterschied von den unterworfenen italischen Gebieten wurde der Provinzialboden nicht als *ager publicus Romanus* eingezogen. Doch erst in der Kaiserzeit entwickelte sich wohl unter hellenistischem Einfluß die Lehre vom Eigentumsrecht des römischen Volkes oder des Prinzeps am gesamten Grund und Boden in den Provinzen, während der einzelne Grundbesitzer daran nur Erbpacht (nach Gai. inst. 2, 7 *possessio et ususfructus*) haben konnte. 25

Die provinzialen (erst seit Diokletian auch die römisch-italischen) Grundbesitzer hatten als Abgabe in Form der Kriegskontribution eine Grundsteuer **(stipendium)** zu entrichten. Außerdem gab es in manchen Provinzen eine personale Besteuerung (*tributum capitis* als Gewerbe- oder Vermögensteuer). Die Steuereintreibung wurde für die meisten Provinzen in Rom an Steuerpächter (*publicani,* § 18 II 7, III 2) vergeben. In Sizilien blieb die *lex Hieronica* (Hierons II. von Syrakus) in Geltung, wonach von der Landwirtschaft als Ertragsteuer der Bodenzehnt an römische oder einheimische Pächter abzuführen war (hierzu § 30 II 4 a).

26 3. Das **einheimische Recht** der Provinzialgemeinden, das sogenannte **„Volksrecht"** im Gegensatz zum römischen „Reichsrecht" (vgl. § 30 IV), behauptete nach wie vor seine Geltung. Von den römischen Behörden geschaffenes **„Provinzialrecht"** gab es nur im bescheidensten Umfang. Die kurzgefaßten Provinzialedikte (§ 22 V 7 Abs. 4) waren im übrigen nach Möglichkeit dem stadtrömischen Edikt nachgebildet, richteten sich jedoch an die Gemeinden und nicht unmittelbar an deren Bürger. Dies ergab sich schon daraus, daß auch die **Selbstverwaltung** der Provinzialgemeinden weitestgehend erhalten blieb. Die römischen **Provinzialverfassungen** wurden jeweils durch besonderes Statut **(lex provinciae)** von einer Senatskommission unter Vorsitz des Feldherrn oder Statthalters festgelegt. Der **Statthalter** übte als Vertreter der römischen Besatzungsmacht und Regierungsgewalt immer nur eine **Verwaltungsaufsicht** aus. Vielfach, insbesondere im hellenistischen Osten, wo Rom bereits absolute Herrschaftsformen wie die königliche Despotie vorfand, brauchte der Statthalter lediglich an die Stelle des Königs zu treten. Er griff jedoch auch hier nur gelegentlich unmittelbar in die Verwaltungsgeschäfte, etwa zwecks Durchführung von Requisitionen, und in die niedere Rechtspflege ein. Im übrigen bleibt die selbständige Gerichtsbarkeit der lokalen Behörden bestehen, die nach eigenem Recht entscheiden, sofern die Parteien nicht die Unterwerfung unter die römische Gerichtsbarkeit vereinbaren. Die **Statthalter** hielten zu bestimmten Zeiten, wenigstens einmal im Jahr, an den wichtigsten Plätzen ihres Gebietes **Gerichtstag (conventus).** Ihr Gericht war **auch** zuständig für die **Kapitaljudikation,** der ebenso die römischen Bürger wie die Peregrinen unterlagen. Der Statthalter bildete zu diesem Zweck aus seinem Gefolge und dem Kreis der römischen Bürger des Konvents ein **consilium,** das unter seinem Vorsitz oder unter dem Vorsitz eines von ihm bestellten *quaesitor* tagte. Das *consilium* fällte den Urteilsspruch, den der Statthalter *de consilii sententia* verkündete. Dies Konsilium ist also eine **Geschworenenbank** wie bei den stadtrömischen Quästionen (§ 12 IV 4). Wohl seit dem 2. Jahrhundert galt das Verfahren in dieser Form auch für die Peregrinen; anders nur wenn mit ihnen als „Staatsfeinden" nach Kriegsrecht verfahren wurde. Wir kennen die Provinzialjustiz aus den Verrinen Ciceros und aus dem 1926 aufgefundenen ersten „kyrenischen Edikt" des Augustus (§ 32 II 1 Abs. 2).

Als Gehilfen standen dem Statthalter neben einem oder (in Sizilien) zwei Quästoren (§ 15 VII 2) auch senatorische **Legaten** (§ 15 VIII 2) zur Seite, die gegen Ende der Republik vom Statthalter selbst ernannt wurden.

27 4. Die in der Provinz bereits bestehenden **stadtstaatlichen** Organisationsformen wurden von Rom in der Regel nur dann beseitigt, wenn dies als besondere Straf- oder Sicherungsmaßnahme erforderlich erschien. So wurden zahlreiche Städte als freie Bundesgenossen **(civitates foederatae)** in den römischen Herrschaftsverband aufgenommen und eine große Zahl anderer, wie vor allem die griechischen Städte, auch aus Gründen der Kulturpropaganda für „frei" erklärt **(civitates liberae).** Von ihnen wiederum blieben einige steuer-(abgaben-)pflichtig **(stipendiariae),** andere erhielten völlige Abgabefreiheit **(immunes).** Die einseitige Freiheitserklärung bot Rom zudem den Vorteil, daß sie jederzeit auch einseitig und ohne besondere Begründung widerrufen werden konnte.

So blieb eine ganze Reihe städtischer Gebiete von größerer oder geringerer Selbständigkeit in das provinziale Territorium eingestreut.

28 5. Während der Republik hat Rom aus politischen, wirtschaftlichen und nationalen Gründen von jeder Verleihung des **Bürgerrechts** an die Provinzen oder Provinzialge-

meinden abgesehen. Erst gegen Ausgang der republikanischen Zeit, in größerem Umfang aber erst während des Prinzipats, wurde dieser Grundsatz gelegentlich insoweit durchbrochen, als nun einzelne Gemeinden eine der (früheren) italischen Stadtverfassungen erhielten. Zu Cäsars Maßnahmen auf diesem Gebiet § 25 IV 5.

Seit dieser Zeit gab es auch in der Provinz Städte mit *ius Italicum (coloniae* oder *municipia civium Romanorum)* und mit *ius Latii (Latini coloniarii).* Gleichzeitig wurden nun auch in stärkerem Maße rein **personale Bürgerrechtsverleihungen** üblich.

§ 21. Das Völkerrecht

Schrifttum: *E. Täubler,* Imperium Romanum (1913); *H. Horn,* Foederati (1930); *A. Heuß,* Die völkerrechtlichen Grundlagen der römischen Außenpolitik in republikanischer Zeit (1933); *H. Triepel,* s. § 20; *P. Frezza,* Le forme federative e la struttura dei rapporti internazionali nell'antico diritto romano, in: SDHI 4 (1939), 5 (1940); *D. Kienast,* Entstehung u. Aufbau des röm. Reiches, in: SZ 85 (1968) 330ff.; *W. Dahlheim,* Struktur und Entwicklung des römischen Völkerrechts im dritten und zweiten Jh. v. Chr. (1968); *K.-H. Ziegler,* Das Völkerrecht der römischen Republik, in: ANRW I 2, 68–114; *ders.,* Kriegsverträge im antiken römischen Recht, in: SZ 102 (1985) 40–90; *ders.,* Völkerrechtsgeschichte §§ 9 und 10 mit viel Lit.; *D. Nörr,* Aspekte des römischen Völkerrechts, Die Bronzetafeln von Alcántara (1989); *ders.,* Die Fides im römischen Völkerrecht (1991); *M. Kaser,* Ius gentium (1993) 23–39; *A. Zack,* Studien zum „Römischen Völkerrecht" (= Göttinger Forum für Altertumswissenschaft/Beihefte, Bd. 5) (2001).

I. Allgemeines

1. Unter Völkerrecht *(ius gentium* im Sinne von *ius inter gentes)* versteht die von Hugo Grotius ausgebildete **neuzeitliche Lehre** den Inbegriff der Rechtssätze und Rechtsbeziehungen, die den Verkehr zwischen souveränen Staaten oder Staatenverbindungen regeln. Es setzt sich inhaltlich und seinem Geltungsgrund nach aus zwei Gruppen von Bestimmungen zusammen: einmal aus den sogenannten allgemein anerkannten Rechts(grund)sätzen des **Völkergewohnheitsrechts,** zum anderen aus dem zwischenstaatlichen **Vertragsrecht** in Form von Einzel- oder Kollektivvereinbarungen. 1

Die Zugehörigkeit zur Völkerrechtsgemeinschaft oder die **Völkerrechtsfähigkeit** wurde zunächst nur den christlichen Staaten, sodann allen zivilisierten Staaten zugebilligt.

2. Mit dem Ausdruck **ius gentium** (§ 22 III) wurden bereits in **Rom** auch Rechtsbeziehungen zwischen den staatlichen Gemeinschaften bezeichnet (vgl. etwa Pomp. D. 50, 7, 18 über die Unverletzlichkeit der Gesandten: *Si quis legatum hostium pulsasset, contra ius gentium id commissum esse existimatur, quia sancti habentur legati*). Ebenso zeigt der politische Verkehr innerhalb der antiken Staatenwelt grundsätzlich bereits die gleiche Ausgestaltung zu internationalem Brauchtum und Vertragsrecht. Doch konnte zwischen den Römern und fremden Völkerschaften *(peregrini)* von einem Völkerrecht im eigentlichen Sinne nur so lange gesprochen werden, als die natürliche Voraussetzung jedes zwischenstaatlichen Rechts, das Nebeneinander selbständiger Staatswesen, noch gegeben war. Mit der in der zweiten Hälfte des 2. Jahrhunderts beginnenden Entwicklung zum Weltreich trat an die Stelle eines echten völkerrechtlichen Vertragsrechts mehr und mehr das **Provinzialstatut** oder ein von Rom diktiertes und selbstherrlich ausgestaltetes **Bündnissystem.** Auf Verträge zu gleichem Recht war die römische Außenpolitik nicht mehr angewiesen. Die politische Abhängigkeit der Gegenspieler und Freunde Roms wurde je nach den Umständen in verschiedener Weise zum 2

Ausdruck gebracht, entweder in der bedingungslosen Übergabe oder in einem klientelartigen Verhältnis oder auch in einer juristischen Scheinsouveränität.

3 3. Eine Völkergemeinschaft im modernen Sinne hat es in der Antike nicht gegeben. Die barbarischen Völkerschaften galten der römischen Rechtsauffassung als organisierte Räuberbanden. Zwischen Rom und anderen geordneten Staatswesen bestanden – abgesehen von dem **privaten Handelsverkehr** – entweder überhaupt keine rechtlichen Beziehungen, oder es wurde ein loser Freundschaftsvertrag *(amicitia)* abgeschlossen, der ein gegenseitiges **Gastrecht (publicum hospitium)** einschloß. Im Falle eines Krieges wurde dann der frühere Gastfreund *(hostis)* zum Feinde (**perduellis** = *hostis* in der späteren Wortbedeutung).

Diese „de-facto-Anerkennung" eines fremden Staates vollzog sich durch die tatsächliche Aufnahme freundschaftlicher Beziehungen. Damit war selbstverständlich auch die Beachtung der seit alters bestehenden **internationalen Sitten** und Bräuche verbunden. Vor allem gehörte hierher das Gebot ehrenvoller Behandlung und sicheren Geleits für die **Gesandten** einer fremden Macht.

Die Verletzung eines Gesandten ist demgemäß stets als ausreichender Kriegsgrund angesehen worden, sofern dem entsendenden Staat keine Genugtuung, vor allem durch Auslieferung der Schuldigen, geboten wurde.

4 4. Abgesehen von diesem internationalen Herkommen haben die Römer gleich anderen Völkern ein sakralrechtlich bestimmtes **nationales Brauchtum** für den Vollzug bedeutsamer außenpolitischer Akte gekannt. Diese wurden von einem besonderen Priesterkollegium, den **Fetialen,** vorgenommen. Die Fetialen hatten vor allem bei feindseligen Übergriffen benachbarter Völkerschaften über die Sühneleistung zu verhandeln **(rerum repetitio)** und gegebenenfalls in feierlicher Form den Krieg zu erklären.

5 Mit dem Hinausgreifen der römischen **Außenpolitik** über das benachbarte Gebiet und vollends in die überseeischen Länder wurden die Fetialen, die in keinem Fall den italischen Raum verlassen durften, durch weltliche **diplomatische Vertreter** (Magistrate oder Legaten des Senats) ersetzt.

Die *indictio belli* durch die Fetialen erfolgte in der Weise, daß einer der Fetialen als zu diesem Zweck gewählter und geweihter *pater patratus* einen in Blut getauchten Speer über die Grenze schleuderte und hierbei die Götter zu Zeugen des ungesühnten fremden Unrechts aufrief. Jeder von Rom geführte Krieg durfte daher schon aus sakralen Gründen nur ein *bellum iustum* sein. An diesem Erfordernis hat die offizielle römische Politik stets festgehalten, so daß in der Folgezeit gelegentlich auch recht fadenscheinige Anlässe zur Rechtfertigung der erstrebten kriegerischen Auseinandersetzung herhalten mußten.

2. Freundschaft und Bündnisverträge

6 1. Auch in späterer Zeit setzte die Begründung völkerrechtlicher Beziehungen Roms zu geordneten Staaten keineswegs einen besonderen Gastvertrag oder ein förmliches Freundschaftsbündnis **(foedus amicitiae)** voraus. Es genügte stets die tatsächliche Aufnahme eines irgendwie gearteten **diplomatischen Verkehrs,** um ein politisches Freundschaftsverhältnis **(in amicitia esse)** an die Stelle der bis dahin bestehenden rechtlichen Beziehungslosigkeit treten zu lassen.

Eine solche freundschaftliche Beziehung zu fremden Staaten konnte auch durch zwischenstaatliche **Veträge** begründet, bekräftigt oder besonders ausgestaltet werden. Mit der enger werdenden Verflechtung der politischen und wirtschaftlichen Verhältnisse war dies später regelmäßig der Fall. Entsprechend den jeweiligen Machtverhältnissen schloß Rom diese Verträge entweder zu gleichem Recht **(foedus aequum)** oder zu ungleichem Recht **(foedus iniquum).**

Die Bezeichnung *amicus populi Romani* wurde bald zu einem Ehrentitel, der vor allem fremden Staatsoberhäuptern verliehen wurde. Seine Träger wurden in ein besonderes Verzeichnis *(formula amicorum)* eingetragen. Anläßlich des Regierungsantritts des neuen Herrschers eines befreundeten Königreiches pflegte man die diplomatische Wendung *amicitiam renovare* zu gebrauchen. In aller Regel war auch dies jedoch keine vertragliche Erneuerung des Freundschaftsverhältnisses.

2. In einem **foedus aequum** wurden die schwebenden politischen und wirtschaftlichen Fragen meist einer näheren Regelung unterzogen (Bündnisse mit gegenseitiger **Waffenhilfe, Wirtschafts- und Handelsabkommen** und dgl.). Gelegentlich sicherten sich die Vertragschließenden jedoch lediglich Freundschaft und Frieden zu, und zwar unter der Voraussetzung gegenseitiger **Neutralität** (kein Durchzugsrecht und keine Waffenhilfe für die Feinde des Vertragspartners). Üblich war ferner die Klausel, daß eine **Revision** des Vertrages ausschließlich einer erneuten Vereinbarung vorbehalten bleiben sollte. 7

Im Gegensatz zum Vertrag als solchem *(foedus* oder ὅρκια: der Schwurvertrag) wurden die einzelnen Vertragsbestimmungen *leges foederis oder* synuh˜kai genannt. Schon diese Bezeichnung deutet darauf hin, daß **griechische Vertragsbräuche** die Ausgestaltung der römischen Staatsverträge beeinflußt haben. Das gleiche hat wohl auch vom **karthagischen** Vertragsrecht zu gelten. Der erste Handelsvertrag mit Karthago dürfte freilich entgegen der Überlieferung nicht ins Jahr 509 gehören, sondern erst 348 abgeschlossen worden sein. Aber noch im zweiten Vertrage von 306 mußten die Römer wesentlich ungünstigere Bedingungen (Fahrtverbote für römische Schiffe) auf sich nehmen. Dies läßt vermuten, daß auch die formale Ausgestaltung dieses Vertrages nach karthagischem Muster erfolgt sein wird. 8

3. Durch ein **foedus iniquum** wurden schwächere Vertragspartner, an deren politischer Beherrschung oder Beaufsichtigung Rom gelegen war, in ein (staatliches) **Klientelverhältnis** gezwungen. Die kennzeichnende Bestimmung dieser Klientelverträge bildete die Anerkennung der römischen Oberhoheit **(maiestatem populi Romani comiter conservare).** Damit war die Pflicht zu unbedingter einseitiger Waffenhilfe verbunden. 9

3. Die Dedition

1. Bei **Eroberung** eines fremden Staatsgebiets entfiel naturgemäß jede Grundlage für weitere völkerrechtliche Beziehungen. Der Sieger allein entschied über das künftige Schicksal des unterlegenen Staates **(dicere leges).** Nicht anders war es bei vorzeitiger freiwilliger **Unterwerfung;** doch konnte der kapitulierende Gegner immerhin mit einer gewissen Milde des römischen Feldherrn rechnen, vor allem mit einer Beschränkung oder einem völligen Verbot der Plünderung. Selbstverständlich waren alle Waffen sofort auszuliefern, und auf Verlangen mußten auch Geiseln gestellt werden. 10

Bei einer solchen **deditio (in dicionem et fidem populi Romani)** verzichtete der sich unterwerfende Staat zugunsten Roms auf die eigene Selbständigkeit. Die Dedition stellte somit eine unter dem Zwang der Verhältnisse erfolgende **politische Selbstvernichtung** dar. Der dedierte Staat hörte auf, Völkerrechtssubjekt zu sein.

Dicio (Befehlsgewalt) und *fides* (moralische Bindung) bezeichnen im Rahmen der Dedition das gleiche rechtliche Verhältnis, einmal von der Seite des Siegers, das andere Mal von der des Besiegten gesehen. 11

Früh wurde die *fides* jedoch zugleich als Schutzherrschaft aufgefaßt. Die Dedition konnte daher nunmehr auch von seiten **hilfesuchender Gemeinden** vollzogen werden, die damit ihre politische Selbständigkeit auch nicht vollständig aufgaben. Sie gerieten vielmehr lediglich in ein **Klientelverhältnis** zu Rom. Das erste Beispiel dieser Art bildete die Dedition der von den Samniten bedrängten Kampaner im Jahre 343.

Der **Deditionsvorgang** schloß sich in historischer Zeit als *sponsio* des Feldherrn oder Legaten (u. IV 1 Abs. 2) an das Stipulationsformular (§ 13 IV 3) an (Liv. 1, 38, 2: ... *deditisne vos ... in meam populique Romani dicionem? – dedimus. – at ego recipio*). Trotz der mit ihr verbundenen politisch-rechtlichen

Selbstvernichtung ist die Dedition also, nicht anders als das *foedus,* ein **völkerrechtlicher Vertrag** (im modernen Sinn), da sie jedenfalls nach außen hin aus freien Stücken *(voluntate)* vollzogen wurde.

12 2. Ob Rom die ihm überlassene Hoheitsgewalt auch tatsächlich und auf die Dauer ausübte, hing ausschließlich von den jeweiligen Bedürfnissen und Zielen seiner Politik ab. Schon die einfache Zurückziehung der römischen Besatzungstruppen und Verwaltungsorgane hatte notwendigerweise die Wiederherstellung der politischen Selbstverwaltung **(restitutio: urbis, agrorum, legum)** innerhalb der geräumten Gebiete zur Folge. Mit der auf diese Weise neu gewonnenen Selbständigkeit waren die eigentlichen Deditionsfolgen aufgehoben. Der betreffende Staat erlangte zwar nicht seine frühere außenpolitische Unabhängigkeit, trat aber doch zu Rom in ein ehrenvolles **amicitia**-Verhältnis.

Eine Zusammenfassung der verschiedenen Formen eines Abhängigkeitsverhältnisses findet sich in der *lex Acilia repetundarum* (Bruns 55 ff. – FIRA I 84 ff.): *quoi socium nominisve Latini exterarumve nationum, quoive in arbitratu dicione potestate amicitiave populi Romani ...* (dort 1; Bruns 59, FIRA I 85).

13 3. An eine Restitution wurde als politische Geste des öfteren auch eine ausdrückliche und feierliche **Autonomie-Erklärung** angeschlossen. Auch diese nunmehr nach außen hin selbständigen **civitates liberae** blieben (politisch abhängige) **socii** und **amici** Roms.

Besonders häufig bediente sich Rom dieses Mittels während der Zeit der **indirekten Beherrschung** des griechischen und kleinasiatischen Raums, um auf diese Weise die östlichen Großmächte niederzuhalten. Insbesondere verfolgte die „Befreiung Griechenlands vom makedonischen Joch" – abgesehen von der Verwirklichung phil-hellenischer Neigungen – derartige Ziele. Zuweilen hat Rom sogar Gebiete für autonom erklärt, die niemals in seiner Gewalt gestanden hatten. Auch eine solche Maßnahme setzte Rom durch sein politisches Übergewicht durch. So wurde beispielsweise der im makedonischen Kriege lässige Bundesgenosse Rhodos (§ 19 II 3) dadurch bestraft, daß einige unter der Herrschaft der Insel stehende aufrührerische Städte von Rom für frei erklärt wurden, obwohl sie inzwischen von Rhodos wieder niedergeworfen worden waren.

4. Der Abschluß völkerrechtlicher Verträge

14 1. Die völkerrechtlichen Verträge wurden in späterer Zeit, wie wir gesehen haben, auf seiten Roms durch **bevollmächtigte Vertreter** (Diplomaten; o. I 4 Abs. 2 und II 1 Abs. 1) abgeschlossen, meist Magistrate, die vom Senat oder vom Volk damit beauftragt waren. Die Bevollmächtigung konnte jedoch gegebenenfalls auch durch eine nachträgliche Zustimmung des Senats oder des Volks ersetzt werden.

Bestimmte Vereinbarungen durfte der **Feldherr** kraft seiner Amtsstellung selbständig treffen, wie etwa Waffenstillstandsverträge schließen und Deditionen entgegennehmen. Darüber hinaus war das römische Volk an selbständige Abmachungen und Versprechungen *(sponsiones)* des Feldherrn oder eines nicht bevollmächtigten diplomatischen Vertreters nicht gebunden. Bei Verweigerung der Zustimmung blieb es daher bei einer bloß persönlichen Verpflichtung des Handelnden, sofern die Vereinbarung nicht von vornherein unter dem Vorbehalt der Genehmigung durch Senat oder Volk geschlossen worden war (Liv. 9, 9: *sponsio neminem praeter sponsorem obligat*). Infolgedessen haftete der Vertragschließende dann mit seiner eigenen Person, so daß er dem Gegner ausgeliefert werden mußte. Dies soll in älterer Zeit gelegentlich in der Tat geschehen sein.

15 2. Die bloße bei den Verhandlungen erzielte **Einigung** bewirkte jedoch noch keine eigentliche vertragliche Bindung. Es mußte noch – etwa der modernen Ratifikation entsprechend – die feierliche beiderseitige **Beeidigung** des Vertrages **(sancire foedus)** hinzutreten. Damit hatte der Vertrag seine sakrale Weihe erhalten, und erst damit war er für beide Seiten unverletzlich (sakrosankt) geworden.

16 Die **Eidesleistung** wurde in älterer Zeit seitens des Magistrats den Fetialen (oben I 4) übertragen und vom *pater patratus,* später vom **Magistrat selbst** im Namen des Volkes vollzogen.

In der feierlichen Schwurformel *(carmen)* wurden die *leges* der Vereinbarung nochmals aufgeführt oder es wurde wenigstens auf sie hingewiesen. Daran schloß sich im Rahmen einer **Opferhandlung** die Verfluchungsformel *(exsecratio)* für den Fall eines Vertragsbruches. Es möge dann, so hieß es, Jupiter das römische Volk ebenso treffen, wie das Opferferkel getroffen werde. Diesem Vorgang entsprechend bezeichnete man das Abschließen des Vertrages mit dem Ausdruck *foedus ferire, icere* oder *percutere.* Es folgte in aller Regel die Unterzeichnung einer **Vertragsurkunde,** die jedoch lediglich als **Beweismittel** Bedeutung hatte. Auch die öffentliche Aufstellung des in Stein gehauenen (meist verkürzten) Vertragstextes diente den gleichen Zwecken.

3. Für die völkerrechtlich bindende Wirkung eines Vertrages war es ohne jede Bedeutung, ob die Vereinbarung vom Magistrat auf Grund eines **Senatsbeschlusses** oder eines **Volksgesetzes** geschlossen und beschworen (bzw. hinterher durch *senatus consultum* oder durch *lex* genehmigt) worden war. Dies blieb ein rein innerstaatlicher Vorgang. Die im 2. Jahrhundert mit Rom Verträge schließenden **Griechen** nahmen freilich mit Rücksicht auf das außenpolitische Übergewicht Roms vielfach auch den römischen **Senatsbeschluß,** auf Grund dessen die Vereinbarung erfolgte, in die Publikation des eigentlichen Vertragstextes mit auf. 17

III. Die Privatrechtsentwicklung

§ 22. Der Aufbau der Rechtsordnung

Schrifttum: *Th. Mayer-Maly,* Gemeinwohl und Naturrecht bei Cicero, Fs. Verdross (1960) 195 ff.; *ders.,* Der Gedanke der Rechtsordnung und das römische Recht, in: SZ 99 (1982) 300 ff.; *F. Wieacker,* RG I 487–518; dazu *Waldstein,* Göttingische Gelehrte Anzeigen 242 (1990) 197–210; *M. Kaser,* AJ; *ders.,* RPR I 177 ff. und *M. Kaser/R. Knütel,* RP insb. §§ 3 und 4; *M. Kaser,* Rechtsquellen 9–111; *ders.,* 'Ius honorarium' und 'ius civile' in: SZ 101 (1984) 1–114; *ders.,* Ius gentium 10–22 und 40–74; *A. Watson,* Law Making in the Later Roman Republic (1974); *W. Stroh,* Taxis und Taktik, Ciceros Gerichtsreden (1975); *H. Honsell,* In fraudem legis agere, Fs. Kaser (1976) 111–126; *P. Stein,* The Source of Law in Cicero, Atti del III Colloquium Tullianum, Roma 3.–5. Ott. 1976 (1978) 17–31; vgl. auch bei §§ 9, 10, 11 und 32; ferner *Bretone,* Storia 37–209; *A. Guarino,* Storia del diritto romano (1994) 252–313; *O. Robinson,* The sources of Roman Law. Problems and Methods for Ancient Historians (1997); *L. Gagliardi,* Decemviri e centumviri (2002).

1. Allgemeines

1. Die Entwicklung des römischen Rechts während der Republik ist im einzelnen nur aus dem Zustand des späteren klassischen Rechts zu erschließen, wenn man von den spärlichen rechtsgeschichtlichen Hinweisen in der Literatur absieht. Dennoch kann kein Zweifel daran bestehen, daß insbesondere die beiden letzten Jahrhunderte der Republik die Zeit der eigentlich **schöpferischen Rechtsgestaltung** gewesen sind, die den Grund für das klassische Recht des Prinzipats gelegt haben. Die Einzelheiten dieser Entwicklung sind, wie bemerkt (§ 1 I 4), Gegenstand der Darstellung des römischen Privatrechts. Hier sind nur die allgemeinen Grundlagen näher zu betrachten, auf denen die römische Rechtsordnung beruht und denen das römische Recht und Rechtsdenken seine eigentümliche Wesensart und seine historische Besonderheit verdankt. 1

2. Die für das moderne Recht wie im großen und ganzen auch für die anderen geschichtlichen Rechte selbstverständliche **Einheit der Rechtsordnung** war in Rom nur zu Beginn und am Ende seiner Geschichte verwirklicht gewesen. Im Laufe der Repu- 2

blik trat in steigendem Maße eine Aufgliederung des Rechts in drei verschiedene, nebeneinander stehende oder des öfteren auch sich überschneidende **Rechtsschichten** ein: **ius civile, ius gentium** und **ius honorarium;** im englischen Recht finden wir Vergleichbares (u. IV 7 Abs. 2). Erst die Kodifikation Justinians (§ 43) vereinigte die verschiedenen Rechtsschichten wieder zu einem einheitlichen *ius civile.*

3 3. Das **ius privatum** gehört allen drei Schichten an. Das *ius civile* der Frühzeit ist jedoch nicht auf das *ius privatum* beschränkt, sondern umfaßt die gesamte römische Gemeinschaftsordnung.

Die einzelnen Rechtsschichten unterscheiden sich voneinander jedoch hinsichtlich ihres Ursprungs, der Art ihrer Wirkung und Verwirklichung und zum Teil auch hinsichtlich ihres persönlichen Geltungsbereichs. Insbesondere das funktionelle Zusammenspiel und die historischen Wechselbeziehungen der drei Rechtskreise erschweren uns die Übersicht über das tatsächlich geltende römische Recht in nicht unerheblichem Maß.

4 4. Diese dem römischen Recht eigentümliche Mehrschichtigkeit des Privatrechts hat verschiedene Ursachen. Eine der Ursachen besteht darin, daß die Weiterentwicklung des Rechts nach den Zwölftafeln nur ausnahmsweise durch gesetzliche Regelungen erfolgte. Der wichtigste Faktor der Entwicklung war zunächst die **interpretatio** (Auslegung der Gesetze durch die Juristen). Der *interpretatio* waren aber ziemlich enge Grenzen gesetzt. Daher erlangte erst die magistratische **Rechtspflege** *(iurisdictio)* für die Rechtsentwicklung entscheidende Bedeutung, weil der Magistrat kraft seines Imperiums bei dem zu gewährenden Rechtsschutz nicht an die Gesetze gebunden war. Schließlich ist hierfür auch der allen antiken Rechten eigene **Personalitätsgrundsatz** bestimmend gewesen, kraft dessen die Geltung eines jeden stadtstaatlichen Bürgerrechts auf die Angehörigen der jeweiligen *civitas* beschränkt blieb.

2. Ius civile

5 1. Auch das römische **ius civile** galt als altes Volksrecht der Stadtgemeinde ausschließlich für den **civis Romanus.** Weil die römischen Bürger seit alters auch ‚*Quirites*' hießen (§ 4 V 2), wurde das *ius civile* auch als **ius Quiritium** bezeichnet.

Eine Ausdehnung dieser römischen Gemeinschaftsordnung *(ius proprium civium Romanorum)* auf Auswärtige war grundsätzlich nur durch eine volle Einbürgerung oder die Eingliederung der gesamten fremden Gemeinde in den römischen Staatsverband möglich. Die Bürger dieser *municipia civium Romanorum* besaßen das *ius conubii* und als Vollbürgergemeinden auch das *ius suffragii.* Den stammverwandten altlatinischen Städten wurde freilich auch als **Bundesgenossen** das *conubium* und das *commercium* verliehen (§ 20 I 4a Abs. 3).

6 2. Als **Quelle** des *ius civile* wurde von der späteren römischen Rechtstheorie das **Volksgesetz** angesehen, seitdem die **Zwölftafeln** (§ 10) als **fons omnis publici privatique iuris** (Liv. 3, 34, 6; vgl. § 25 I) die wesentlichen Grundsätze der altüberkommenen Gemeinschaftsordnung aufgezeichnet hatten. Ihr hauptsächlicher Inhalt betraf jedoch das *ius privatum* und seine verfahrensmäßige Durchsetzung, und nur in diesem engeren Sinne des Privatrechts ist hier vom *ius civile* zu handeln.

7 In der Folgezeit sind nur einzelne und meist eng umgrenzte Materien des Privat- und Prozeßrechts einer gesetzlichen Neuregelung unterzogen worden. Zu einer ähnlich umfassenden Ordnung, wie sie das Zwölftafelrecht für die Frühzeit darstellt, ist es jedoch erst durch die justinianische Kodifikation (533/534 n. Chr., § 43) gekommen. Frühere Pläne für Kodifikationen blieben entweder gänzlich unausgeführt, wie der Plan Caesars (§ 25 IV 5g), oder sie wurden nur teilweise realisiert, wie unter Theodo-

sius II., dessen Auftrag zu einer Gesamtkodifikation (CTh. 1, 1, 5; 429 n. Chr.) nur zu einer Sammlung des Kaiserrechts seit Konstantin führte (*Codex Theodosianus;* 438 n. Chr.).

Die bekanntesten und wichtigsten dieser Gesetze verdankten ihre Entstehung vor allem den veränderten sozialen Verhältnissen, wie die *lex Poetelia* (326: Milderung der Personalvollstreckung, § 14 II 3 d Abs. 6), die *lex Aquilia* (286: Schadensbußen bei Sachbeschädigung, rechtliche Gleichstellung des Sklaven mit einer Sache, § 11 II 6 Abs. 3) und die *lex Cincia* (204: Schenkungsverbote zur Bekämpfung des Luxus). Eine Reihe weiterer Gesetze betraf Fragen des Personen-, Erb- und Schuldrechts.

3. Die frühzeitige Kodifikation des privaten Zivilrechts in den **Zwölftafeln** hat entsprechend der römischen Traditionstreue, die vor jeder ausdrücklichen Änderung des altüberkommenen Gesetzes zurückscheute, die Weiterentwicklung des Zivilrechts gehindert. Neben der geringen Zahl der für den Verkehr bereitgestellten Rechtsgeschäfte ließen vor allem die Formgebundenheit, Strenge und Schwerfälligkeit das Zwölftafelrecht im Hinblick auf den aufblühenden Handels- und Wirtschaftsverkehr als lückenhaft und veraltet erscheinen. 8

Auch die Auslegungskunst der Priester und später der weltlichen Juristen **(interpretatio)** konnte nur in begrenztem Umfang durch die Entwicklung neuer Geschäfte und die Erweiterung des Rechtsschutzes Abhilfe schaffen (§ 10 IV 2). Diese über die **Zwecke** der alten Vorschriften sich hinwegsetzende freie Fortbildung des alten Zwölftafelrechts wurde als durchaus rechtmäßig empfunden und galt als *ius civile.* Man pflegt den Bestand dieser durch Auslegung neugeschaffenen Bestimmungen als das **„Juristenrecht"** dieser Zeit zu bezeichnen.

Im Rahmen der Interpretation sind beispielsweise die **nachgeformten Rechtsgeschäfte** ausgebildet worden (§ 9 IV 2). Jedes dieser Rechtsgeschäfte vervielfachte zwar mit der Häufung einzelner Zivilrechtsakte auch ihre Schwerfälligkeit, ermöglichte aber doch die Erreichung eines Rechtserfolges, der bis dahin nicht oder jedenfalls nicht auf diese Weise und in diesem Umfange herbeigeführt werden konnte. Ferner hat mit diesen Mitteln die Auslegungskunst der Juristen das Manzipationstestament zum Erbeinsetzungstestament umgeformt (§ 11 II 8 Abs. 3) und auch die **Testierfreiheit** geschaffen. 9

4. Lebhaft umstritten ist die Rolle, die das Gewohnheitsrecht in der römischen Rechtsentwicklung gespielt hat. Ansätze zur Entwicklung des Gewohnheitsrechts reichen jedenfalls in die republikanische Zeit zurück. So erwähnt bereits die *lex Antonia de Termessibus* (71 v. Chr.) das **Gewohnheitsrecht (consuetudo)** neben *leges* und *ious* als Rechtsquelle für die Rechtsbeziehungen zwischen römischen Bürgern und den Bewohnern von Termessus Maior in Pisidien (südwestl. Kleinasien; Bruns 94 [II 18 ff.] = FIRA I 137). Diese Tatsache sieht Nörr, Divisio 14 f., mit Recht als Beweis dafür an, „daß den Römern bereits in republikanischer Zeit die Kategorie ‚Gewohnheitsrecht' bekannt war". Wie weit sie diese „Kategorie auch auf ihre eigene Rechtsordnung sofort angewandt haben" (Nörr, Divisio 15), ist damit freilich noch nicht geklärt. Kunkel, Kl. Schr. 367–382, hat jedoch gezeigt, daß der Großteil des republikanischen Verfassungsrechts auf Gewohnheitsrecht beruhte. Der Ausdruck *consuetudo* wird dafür jedoch nicht verwendet. Die Quellen sprechen vielmehr von *mos maiorum, instituta maiorum* oder *exempla maiorum.* Diese Ausdrucksweise der Quellen hat Bleicken, Staat und Recht in der römischen Republik (1978) 10 f., zu der unzutreffenden Annahme geführt, daß mit *mos* „nicht Gewohnheits*recht,* sondern einfach Praxis" bezeichnet werde. Daß dies nicht richtig sein kann, wird deutlich, wenn man sich den gewohnheitsrechtlichen Ursprung zahlreicher grundlegender Institutionen des Privatrechts vergegenwärtigt, wie besonders Kaser, Fs. Flume I (1978) 110 ff. (vgl. auch Kaser/Knütel 10

RP §§ 2 II 2a und 3 I 2a), ihn aufgezeigt hat. Demnach spielte das Gewohnheitsrecht jedenfalls tatsächlich bereits seit ältester Zeit eine große Rolle. Wie weit es dabei als Kategorie der Rechtsquelle erfaßt wurde, kann dahingestellt bleiben. Für die klassische Zeit dürfte die Anwendung dieser Kategorie aber jedenfalls kaum mehr zu bezweifeln sein. Bereits seit Cicero tritt der Ausdruck *consuetudo* für Gewohnheitsrecht in den Vordergrund (Waldstein, Fg. v. Lübtow [1980] 121), der von den klassischen Juristen neben *mos* gebraucht wird.

Nach dem Bericht bei Gell. 12, 13, 5 ist man zu seiner Zeit (2. Hälfte des 2. Jahrhunderts n. Chr.) mit Selbstverständlichkeit davon ausgegangen, daß Gesetze durch Gewohnheit *(tacito consensu)* auch außer Geltung kommen können (*oblitterantur,* ausgelöscht werden). Gell. 20, 10, 9 macht deutlich, daß offenbar bereits in republikanischer Zeit neue Regelungen auch gegen die Zwölftafeln durch Gewohnheit eingeführt werden konnten *(institutum est contra Duodecim Tabulas tacito consensu).* Daraus geht hervor, daß auch eine Rechtsänderung gegen das Gesetz und damit eine Aufhebung des Gesetzes durch Gewohnheit **(desuetudo)** verhältnismäßig früh möglich gewesen sein muß.

11 5. Wie schon bemerkt (o. 3), waren der *interpretatio* der Zwölftafeln enge Grenzen gesetzt. Sie konnte den veränderten wirtschaftlichen und sozialen Verhältnissen auch nicht annähernd genügen. Zu einer gesetzlichen Neuordnung des Privatrechts kam es aber auch nicht. Die Rechtsentwicklung wurde vielmehr der praktischen Rechtspflege durch die Gerichtsmagistrate anvertraut. So hat sich neben dem alten *ius civile* der Zwölftafeln, den wenigen sonstigen Volksgesetzen und den hieran anknüpfenden Auslegungsregeln der Juristen eine Rechtsschicht herausgebildet, die aus den Verlautbarungen (Edikten) der Gerichtsmagistrate im Zusammenhang mit ihrer Rechtspflege bestand und als **ius honorarium** bezeichnet wurde (Pap. D. 1, 1, 7, 1; u. IV).

3. Ius gentium

12 1. Der Nichtbürger (**peregrinus** = Fremder, Auswärtiger) war entsprechend dem **Personalitätsprinzip der antiken Rechte** der Teilhabe am römischen *ius civile* nicht fähig. Ebensowenig waren freilich auch ausländische Stadtrechte den Römern zugänglich. Jeder lebte nach seinem Recht. Eine Ausdehnung der römischen Gemeinschaftsordnung *(ius proprium civium Romanorum)* auf „Fremde" war daher grundsätzlich nur durch volle Einbürgerung, sei es des einzelnen, sei es seiner ganzen Heimatgemeinde möglich (§§ 4 V; 20 I 3), teilweise auch durch Verleihung eines Sonderstatus, des *commercium* (§ 20 I 4a Abs. 3), das die Teilnahme an Libralgeschäften ermöglichte. Sonderabmachungen für den Handelsverkehr mit fremden Staaten konnten durch Handelsverträge getroffen werden (§ 21 II 2 Abs. 2).

13 Unabhängig von solchen allgemeinen Sonderregelungen konnte sich der einzelne Ausländer (**hostis** = später **hospes.** Gast; vgl. Paul. Fest. 91, 7f.; *Hostis apud antiquos peregrinus dicebatur, et qui nunc hostis, perduellio*) in den Schutz, die Klientel, eines römischen Bürgers begeben (ähnlich die griechische Proxenie [προξενία, **Gastfreundschaft**]). Rechtlos war nur der Feind, der nach der zitierten Mitteilung von Festus ursprünglich *perduellio* genannt wurde und erst später *hostis.*

14 2. Mit dem Erstarken der römischen Wirtschaft, mit der allmählichen Ausbreitung der römischen Herrschaft über den gesamten Mittelmeerraum wuchs das Interesse Roms an einer Ausweitung der Handelsbeziehungen und damit an einem **allgemeinen Verkehrsrecht.** Man erreichte das auf verschiedenen Wegen. Einmal verzichtete man im Rechtsverkehr mit Fremden auf den strengen Formalismus, indem man bei gewissen Formalgeschäften des *ius civile,* die sich durch besonders einfache Ausgestaltung und

durch ihre vielseitige Verwendbarkeit im Geschäftsleben auszeichneten wie das abstrakte Schuldversprechen *(stipulatio)*, beispielsweise an die Stelle der bürgervorrechtlichen *sponsio* die neugeschaffene **fidepromissio** treten läßt (statt *spondesne? spondeo* heißt es dann *fidepromittis? fidepromitto.* Später werden auch andere Formen zugelassen; z.B. *dabis? dabo,* auch in griechischer Sprache (δώσεις; δώσω und andere; vgl. Gai. inst. 3, 92f.). In anderen Fällen erreichte man bei Klageformeln, die eigentlich nur Vollbürgern zustanden, durch Einfügung der **fiktizischen Klausel „si civis esset"** die Anwendbarkeit auf Nichtbürger (zu den *fictiones* § 23 II 2b), so bei privaten Strafklagen aus Diebstahl und Sachbeschädigung.

Keine Schwierigkeiten bereitete im Schuldrecht die Anwendung des formfreien Dar- 15
lehens im Geschäftsverkehr mit Ausländern, ebenso der übrigen **Realverträge,** desgleichen der **Geschäftsführung ohne Auftrag** oder der *condictio* (z.B. aus rechtsgrundloser Zuwendung). In der späten Republik hatten sich bereits (§ 13 II 5 Abs. 2) die formfreien, zunächst nur auf der *fides* als Geltungsgrundlage beruhenden **„Konsensualverträge"** Kauf, Miete, Auftrag und Gesellschaft entwickelt, die ihre Wurzeln in römischen Treueverhältnissen hatten. Sie ließ man – als die wichtigsten Verkehrsgeschäfte – nun auch im Verkehr zwischen Bürgern und Nichtbürgern zu (*bonae fidei negotia,* s. auch u. 3).

Die Bedeutung, die man in Rom dem aufblühenden Handel mit dem Ausland und 16
seiner Förderung beilegte, äußert sich besonders deutlich in der Einsetzung eines besonderen **„Fremdenprätors"**, des **praetor peregrinus** (242). Er war für Rechtsstreitigkeiten zwischen römischen Bürgern und Peregrinen (oder auch zwischen Peregrinen, wenn sie sich seinem Gericht unterwarfen) zuständig (Pomp. D. 1, 2, 2, 28: *plerumque inter peregrinos ius dicebat*).

Die wichtigste Neuschöpfung des *praetor peregrinus* ist der **Formularprozeß** (u. IV 4–6 und § 23). Für Prozesse mit Ausländern war das Legisaktionenverfahren nicht anwendbar. Die neuen Formen, die der *praetor peregrinus* für solche Prozesse entwikkelte, haben sich so bewährt, daß dieses viel elastischere Verfahren schließlich das alte und starre Legisaktionenverfahren (§ 14 II) für die meisten Streitfälle ersetzt hat. Zugleich wurde jene neue Rechtsschicht entwickelt, die als **ius gentium** bezeichnet wird.

3. Die Normen des *ius gentium* sind vor allem, wenn auch nicht ausschließlich, aus 17
Rechtseinrichtungen im Verkehr zwischen Bürgern und Fremden entwickelt worden. Ihrer Geltungsgrundlage nach beruhen diese Rechtseinrichtungen auf der *fides* (vgl. § 13 II 4a), der **Treuepflicht.** Diese Treuepflicht wird in den Quellen vielfach, wie das *ius gentium* selbst, auf die *naturalis ratio* zurückgeführt, die für alle Menschen in gleicher Weise gilt (vgl. Gai. inst. 1,1; Paul. D. 19, 2, 1). Cicero bezeichnet die *fides* als *fundamentum iustitiae,* als die Grundlage der Gerechtigkeit (off. 1, 23). Dem entspricht es, wenn Ulp. D. 13, 5, 1 pr. die *fides* im Zusammenhang mit der natürlichen Gerechtigkeit *(naturalis aequitas)* sieht und ihre Verletzung als schweres Vergehen bezeichnet *(grave est fidem fallere).* Diese Treuepflicht nun wird in der Rechtspflege des Prätors in zunehmendem Maße als ein *oportere ex fide bona* anerkannt. Es ist der Prätor, der „den begrenzten Kreis der Judizien festlegt, in denen *ex fide bona* bestehende Verpflichtungen ‚justiziabel' gemacht werden" (Kaser, SZ 82, [1965] 422).

In der späten Republik werden die **für den Rechtsverkehr mit Nichtbürgern ge- 18
schaffenen Einrichtungen,** deren Schutz das neue Verfahren des **Formularprozesses** gewährleistet, ganz mit Recht dem **ius honorarium** zugerechnet. Die ursprünglich für den Rechtsverkehr unter römischen Bürgern geschaffenen wichtigsten Rechtsinstitute des Verkehrsrechts, die **Konsensualkontrakte** (Kauf, Miete, Auftrag, Gesellschaft) werden aber in der ausgehenden Republik und zu Beginn des Prinzipats, d.h. in der

sog. frühklassischen Zeit, von der römischen Rechtswissenschaft **ins Zivilrecht einbezogen.**

Die Weiterentwicklung der privatrechtlichen Gesamtordnung zu einem elastischen, den Bedürfnissen des Wirtschaftsverkehrs der folgenden Jahrhunderte gerecht werdenden Instrument hat der Rechtsverkehr mit Nichtbürgern sehr gefördert.

19 4. Das *ius gentium* (mit „Fremdenrecht" unzutreffend übersetzt, da es nicht nur für Ausländer gilt, vielmehr das allen Völkern gemeinsame Recht ist) ist **seinem Ursprung nach römisches Recht.** Doch wird man sagen dürfen, daß Einflüsse des griechischen Rechts auf diesem Gebiet zahlreicher waren als im Bereich des engeren Zivilrechts. Das betrifft Geschäfts- und Handelsbräuche, die der römische Kaufmann in enger Berührung mit dem hochentwickelten Wirtschaftsverkehr des griechisch-hellenistischen Ostens kennengelernt hatte. Von einer Übernahme fremder Rechtseinrichtungen kann jedoch nur in wenigen Fällen gesprochen werden. Die hellenistischen Rechtsbräuche dienten der Praxis und den römischen Juristen nur als Anregung für eigenständige Neuschöpfungen.

20 Aus dem hellenistischen Osten stammte die Übung, Verträge **schriftlich** abzuschließen, während das alte römische Recht nahezu ganz vom Grundsatz der Mündlichkeit beherrscht war. In aller Regel billigte man der Urkunde auch jetzt keinerlei konstitutive, sondern nur deklaratorische Wirkung zur **Beweissicherung** zu. In Rom üblich wird die *testatio,* eine **Zeugenurkunde**, bestehend aus Täfelchen, die auf den Innenseiten mit Wachs überzogen waren (*tabulae ceratae,* bereits bei Plautus und Cicero erwähnt). Gewöhnlich wurden drei Täfelchen mit Schnüren zusammengebunden (Triptychon). Der Text wurde sodann auf den wachsüberzogenen Innenseiten zweimal geschrieben. Der auf die Seiten 2 und 3 geschriebene Text wurde durch Schnürung verschlossen *(scriptura interior).* Die Schnürung wurde von den Zeugen gesiegelt, die ihre Namen dazuschrieben. Auf den Seiten 4 und 5 wurde der Text, oft in gekürzter Form, wiederholt. Dieser Text blieb unverschlossen *(scriptura exterior).* Mit Hilfe der verschlossenen und versiegelten *scriptura interior* konnte gegebenenfalls überprüft werden, ob an der *scriptura exterior* Änderungen vorgenommen worden waren. Zahlreiche derartige Täfelchen sind besonders aus Pompei, Herculaneum und den siebenbürgischen Goldbergwerken (Dakien) erhalten geblieben. Die meisten stammen aus der zweiten Hälfte des 1. Jahrhunderts und aus dem 2. Jahrhundert n. Chr.

Hellenistischen Ursprungs, von den Römern aber in seinem Wesen verändert, ist der Brauch, bei Vertragschluß ein Angeld *(arrha)* zu geben. Eine Reihe von Bestimmungen wurde dem früh entwickelten griechischen Seerecht entlehnt, wie beim Seedarlehn (*fenus nauticum:* Gefahrtragung des Darlehnsgebers bei Schiffsuntergang mit Zinsen in unbegrenzter Höhe als Risikoprämie) und der Haverei (*lex Rhodia de iactu:* Ausgleich des infolge Seewurfs entstandenen Schadens unter sämtlichen Frachteigentümern).

21 5. Der Begriff **ius gentium** begegnet zuerst bei Cicero. So sagt er etwa in off. 3, 69: *maiores aliud ius gentium, aliud ius civile esse voluerunt.* Die **Schuljurisprudenz** und die **Spätklassik** verstanden unter *ius gentium* das Recht, **quod naturalis ratio inter omnes homines constituit,** also diejenigen Rechtseinrichtungen, die sich, wie man meinte, in gleicher Weise bei allen Völkern wiederfinden, **ius, quod apud omnes populos peraeque custoditur** (Gai. inst. 1,1). Die weitgehenden Verschiedenheiten, die zwischen den einzelnen historisch-positiven Rechten bestanden, wie beispielsweise zwischen dem römischen und griechischen Recht, wurden hierbei nicht beachtet. Im Vordergrund stand der Gedanke, daß die allen Menschen gemeinsame **natürliche Vernunft** allen Völkern derlei Einrichtungen eingibt.

22 Damit rückt das *ius gentium* in die Nähe des **ius naturale,** des überpositiven Naturrechts. Aristotelische Gedanken umbildend, unterschied die **Stoa** zischen dem „gesetzten", dem positiven Recht, ϑέσει δίκαιον, und dem φύσει δίκαιον, dem **Naturrecht,** einem allgemein gültigen, auf dem λόγος, der Vernunft, beruhenden ewigen Idealrecht. Cicero hat die Lehre vom *ius naturale* besonders in seinen Schriften *De re publica* und *De legibus* entwickelt (Näheres bei Levy, Ges. Schr. I [1963] 1ff.). Die von Cicero gewonnenen Erkenntnisse sind weithin auch heute noch gültig (vgl. etwa nur leg. 1,

42–47 und rep. 3, 33). Das Naheverhältnis des *ius gentium* zur *lex naturae* geht etwa aus Cic. har. resp. 32 hervor.

6. Wie weit die römischen Juristen das *ius naturale* praktisch beachtet haben, ist lebhaft umstritten. Zudem sind fast alle maßgeblichen Aussagen über das *ius naturale* in den Digesten lange Zeit für spätere Einfügungen (Interpolationen) gehalten worden. Erst die neuere Forschung hat die Glaubwürdigkeit der Aussagen wieder erhärtet. Hier kann nur auf einige beachtenswerte Texte hingewiesen werden. So führt etwa Ulp. D. 1, 1, 1, 2 das Privatrecht auf folgende drei Quellen zurück: *collectum etenim est ex naturalibus praeceptis aut gentium aut civilibus.* Aber auch das *ius civile* selbst decke sich teilweise mit dem *ius naturale* und dem *ius gentium* (Ulp. D. 1, 1, 6 pr). Für das Verständnis der Tragweite dieser Aussagen ist es bedeutsam, daß Dionysios von Halikarnass in seiner 7 v. Chr. veröffentlichten „Römischen Archäologie" erklärt, schon Romulus habe sich unter seinen Zuständigkeiten die Rechtspflege gemäß dem natürlichen und dem gesetzten Recht vorbehalten (ant. 2, 14, 1 f.). Auch wenn diese Aussage für die ältere Zeit nichts beweist, so ist sie doch ein Zeugnis dafür, daß bereits im 1. Jahrhundert v. Chr. ein Bewußtsein von der praktischen Bedeutung des *ius naturale* vorhanden gewesen sein muß. Ulpians Aussagen können daher einem längst entwickelten Bewußtsein entsprechen. Zum Naturrecht bei den klassischen Juristen Waldstein, Ged. Marcic 239 ff. in: SZ 105 (1988) 702 ff. und SZ 111 (1994) 1–65; Kaser, Ius gentium 64–74. 23

4. Ius honorarium

1. Das **ius honorarium** (Honorarrecht, Edikte der Gerichtsmagistrate), die dritte hier zu betrachtende Rechtsschicht innerhalb der Gesamtordnung des römischen Rechts, verdankt seine Entstehung und einzigartige Entwicklung der Tatsache, daß die Römer die Notwendigkeit früh erkannten, ihre schwerfällige Rechtsordnung den Erfordernissen von Handel und Wirtschaft des entstehenden großräumigen Reiches anzupassen. Die einzigartige Aufgabe, in ständiger Fühlung mit den Bedürfnissen des Lebens das *ius civile* zu erweitern, fortzubilden oder notfalls auch zu korrigieren, vertraute man den **Gerichtsmagistraten** an (Pap. D. 1, 1, 7, 1: *Ius praetorium est, quod praetores introduxerunt* **adiuvandi** *vel* **supplendi** *vel* **corrigendi iuris civilis gratia** *propter utilitatem publicam. Quod et* **honorarium** *dicitur* ...). Seit den Vereinbarungen des Jahres 367 lag die **ordentliche Gerichtsbarkeit** in der Hand des **praetor urbanus** (§ 15 III 1 und 3), die **Marktgerichtsbarkeit** wurde von den **kurulischen Ädilen** wahrgenommen (§ 15 V 3), für die Prozesse mit (oder zwischen) Fremden der **praetor peregrinus** eingesetzt (§ 15 III 3). Vor allem im Rahmen der Jurisdiktion des *praetor peregrinus* wurden die Normen des *ius gentium* (o. III) entwickelt. 24

Räumlich erstreckte sich die Gerichtsbarkeit der Prätoren auf Rom und ganz Italien, doch pflegten sie außerhalb Roms ihre Befugnisse – jedenfalls, was die höhere Gerichtsbarkeit betrifft – besonderen **praefecti iuri dicundo** zu übertragen (§ 20 I 1 a, 3 c). In der Provinz übte der **Statthalter** (§ 20 II 3) bzw. der **Quästor** (§ 15 VII 2) die Gerichtsbarkeit aus.

2. Einen **Instanzenzug** hat der **klassische** römische Zivilprozeß nicht gekannt, es gab weder eine Berufung noch eine Revision. Die beiden Prätoren und sonst zuständigen Beamten waren die einzigen Gerichtsmagistrate bis zum Ende des Prinzipats. Die Zahl der Prätoren wurde zwar Ende der Republik erhöht, doch nur zur Wahrnehmung von Sonderaufgaben in Zivil- und Strafsachen (§ 27 I 4). Erst in der *extraordinaria cognitio* finden wir einen Instanzenzug (§ 32 III 6), der in der Gerichtsverfassung der **späten Kaiserzeit** (seit Diokletian) voll ausgebildet wird (§ 36 IV 3). 25

26 Der Gerichtsmagistrat der republikanischen Zeit entscheidet jedoch den Rechtsstreit nicht selbst. Seit alters findet eine **Teilung des Verfahrens** statt. Der Gerichtsherr prüft selbst nur die Voraussetzungen und die Zulässigkeit des Verfahrens. Hält er sie für gegeben, so setzt er ein Urteilsgericht ein und legt das Prozeßprogramm fest, das heißt den „materiellrechtlichen Streitgegenstand", über den das Urteilsgericht zu entscheiden hat (*iudicium dare;* vgl. Kaser/Hackl, RZ 42, insb. 288f.). Das Urteil wurde sodann von einem Einzelrichter *(index privatus)* oder von einer Richterbank (*centumviri, decemviri, arbitri* oder bei „stärkerem öffentlichem Interesse" *recuperatores;* Kaser/Hackl RZ § 7) gefunden und gesprochen.

27 Diese Zweiteilung des Verfahrens hat zu verschiedenen Erklärungsversuchen Anlaß gegeben. Es dürften für die Zweiteilung verschiedene Gründe maßgeblich gewesen sein. Zu diesen wird Verlangen nach **Unabhängigkeit** und **Unparteilichkeit der Richter** gehören. Dazu kommt gewiß auch die Verschiedenheit der Aufgabe des Trägers der Regierungsgewalt von jener des erkennenden Richters, und vielleicht auch das Motiv, den Gerichtsmagistrat von den Mühen des Beweisverfahrens zu entlasten (zu alledem eingehend Kaser, Prätor und Judex im römischen Zivilprozeß, TRG 32 [1964] 329ff., und Kaser/Hackl RZ 37ff.).

28 3. Das vor dem Prätor, **in iure,** eingeleitete Verfahren beginnt z.Z. des **Legisaktionenprozesses** (§ 14 II) damit, daß der Magistrat prüft, ob für das vom Kläger vorgetragene Begehren ein auf Gesetz beruhendes Klagerecht, eine *legis actio,* besteht (z.B. ein Anspruch aus *stipulatio, nexum,* Delikt); dabei muß sich der Kläger genau an den Gesetzestext halten (s. z.B. Gai. 4, 11). Trifft das zu, dann gewährt der Gerichtsmagistrat die Klage **(dare actionem),** andernfalls weist er den klägerischen Antrag ab **(denegare actionem).** Stimmt der Beklagte der Klagformel zu – und der Prätor konnte ihn dazu mit indirekten Maßnahmen zwingen –, dann tauschen die Parteien die feierlichen Spruchformeln aus unter Anrufung von Zeugen. Das ist die „Bezeugung des Streitstandes", **litis contestatio.** Damit unterwerfen sich die Parteien dem Prozeß. Der Prätor hat damit als Gerichtsherr, Träger der Gerichtsbarkeit, den Parteien kraft seiner **iurisdictio** (Rechtsweisung – nämlich **an den iudex,** nicht Rechtsprechung) das Streitverfahren durch Dekret bewilligt und den Richter eingesetzt, unter Mitwirkung der Parteien bei der Auslese, gegebenenfalls durch Auslosung.

Dann folgt der zweite Abschnitt des Verfahrens vor dem *iudex,* **apud iudicem,** der auf Grund jenes **Prozeßprogramms** nach Prüfung der Beweise des Klägers für sein Begehren, des Beklagten für seine Verteidigung, das Urteil, **sententia,** zu sprechen hat.

29 4. Im **Formularprozeß** (o. III 2) sind in der weiteren Entwicklung die Möglichkeiten, welche die Formulierung des Prozeßprogramms durch den Gerichtsmagistrat in sich schlossen, voll ausgeschöpft worden. Die Festlegungen in der Prozeßformel, die dann für den *iudex* die Entscheidungsgrundlage war, brauchten nicht auf einer gesetzlichen Grundlage zu beruhen. Kraft seines Imperiums konnte der Prätor den *iudex* anweisen, unter jeder dem Prätor schutzwürdig erscheinenden Voraussetzung ein Urteil zu sprechen. Damit konnte der Rechtsschutz allen durch die veränderten wirtschaftlichen Verhältnisse entstandenen Bedürfnissen angepaßt werden.

30 5. Im Formularprozeß wird das Prozeßprogramm in einer schriftlichen Formel zusammengefaßt. Daher nennt man dieses Verfahren auch den **Schriftformelprozeß.** Ursprünglich war dieses Verfahren nur für Fälle entwickelt worden, in denen das Legisaktionenverfahren nicht anwendbar war. Eine **lex Aebutia** (wahrscheinlich zwischen 169 und 149) hat jedoch, wie Kaser (SZ 101 [1984] 52f.) zeigen konnte, die *actio (condictio) certae creditae pecuniae* „für den Anspruch aus Geldkredit" im Formularverfahren an die Stelle der *legis actio per condictionem* treten lassen. Damit wurde das Formularverfahren in diesem Bereich als ordentliches und ausschließliches Verfahren

unter römischen Bürgern anerkannt (zur weiteren Entwicklung Kaser ebendort 53ff., zur *lex Aebutia* auch Kaser/Knütel RP 80 II 4b; ferner Waldstein, Operae 349f.).

Augustus schließlich hat durch die **lex Iulia iudiciorum privatorum** vom Jahre 17 v. Chr. den Formularprozeß für alle Arten von Ansprüchen gesetzlich anerkannt und die Legisaktionen bis auf wenige Ausnahmen aufgehoben. 31

Eine Ausnahme wurde vor allem für den **Zentumviralgerichtshof** (§ 14 II 2 Abs. 2) gemacht.

6. Im Rahmen des **Formularprozesses** konnte der Prätor, wie bemerkt (o. 4), kraft seiner mit dem *imperium* verbundenen *iurisdictio* neue im Zivilprozeß durchsetzbare Ansprüche durch Schaffung entsprechender für den Richter verbindlicher **actiones** anerkennen. Ebenso konnte er neben alte zivilrechtliche Einrichtungen seine eigenen fortschrittlichen setzen, was schließlich auf ihre Ersetzung hinauskam (u. V 5 und 6). Ferner hat er auch durch unmittelbare Anordnungen, ebenfalls ohne gesetzliche Grundlage, „Ausnahmen" von den Kondemnationsbedingungen, **exceptiones** (Einreden) gewährt, Wiedereinsetzungen in den vorigen Stand, **restitutiones in integrum,** oder auch beschleunigte Verfahren, **interdicta.** So sprach man in späterer Zeit davon, daß das **ius honorarium** vom Prätor **adiuvandi, supplendi, corrigendi iuris civilis gratia** geschaffen worden sei, d.h. also zur Verwirklichung des Zivilrechts, zur Ausfüllung seiner Lücken und zu seiner Korrektur (o. 1). 32

Die Gerichtsgewalt der Prätoren, kraft deren sie sich notfalls von der Bindung an die Gesetze lösten, also etwa auf Gesetz beruhenden Ansprüchen, die sie für veraltet hielten, den Schutz verweigerten, fand ihre Begründung wie ihre innere Grenze in der starken Traditionsgebundenheit der Römer. Weder schien es angängig, auf dem Wege der Gesetzgebung die formelle Weitergeltung der veralteten und den Verkehrsbedürfnissen nicht mehr entsprechenden Zivilrechtssätze durch Aufhebung der betreffenden Gesetze zu beseitigen, noch ist der Prätor bei ihrer Überwindung über das Maß des Gebotenen vom *ius civile* abgewichen. Bei dieser Arbeit stand den Prätoren, die zwar juristisch gebildet, aber meist keine Fachjuristen waren, ein freigewähltes **consilium erfahrener Juristen** zur Seite. Dadurch wurde auch die Stetigkeit und Einheitlichkeit der *iurisdictio* gewährleistet (s. auch u. V 3). 33

7. Die wichtigsten prätorischen Neuschöpfungen fallen in die Zeit der wirtschaftlichen und sozialen Veränderungen des 2. und der ersten Hälfte des 1. vorchristlichen Jahrhunderts. Die Besonderheit und der eigentliche Charakter des Honorarrechts ist darin zu sehen, daß der Gerichtsmagistrat bei seinen Entscheidungen vor allem auch die **aequitas,** die Sachgerechtigkeit, prüfte und damit Klagebegehren, die sich formal auf das geschriebene Recht stützen konnten, dann zurückwies, wenn sie der Gerechtigkeit nicht entsprachen oder sittenwidrige Zwecke verfolgten. Die prätorischen Neuerungen werden in den meisten Fällen zunächst Einzelentscheidungen gewesen sein, die jedoch, wenn sie sich bewährten, inhaltlich neues Recht wurden. Das bewirkte ihre Aufnahme in das Jahresedikt (u. V). So wurde durch das *ius honorarium* auch auf dem Gebiet des **materiellen Rechts** Neues geschaffen. 34

Ius honorarium und *ius civile* stehen damit ähnlich nebeneinander wie **equity** und **common law** des englischen Rechts. Das Nebeneinander dieser Rechtsschichten bleibt von nun an charakteristisch für das römische Recht. Seine Spuren finden sich noch in der Kodifikation Justinians. 35

5. Das Edikt der Gerichtsmagistrate

1. Eine maßgebende und entscheidende Rolle innerhalb dieser Jurisdiktionstätigkeit der Prätoren und Ädilen spielte das magistratische **Edikt.** Das Edikt stellte eine Be- 36

kanntmachung des Amtsträgers dar. Derartige Edikte konnte im Rahmen seines Amtsbereichs jeder Magistrat verkünden **(ius edicendi).** Sie bezogen sich entweder auf **einzelne Amtshandlungen** und Verordnungen; oder sie stellten **programmatische** Äußerungen über die Grundsätze und Maßnahmen dar, die der edizierende Magistrat während der Dauer seiner Amtszeit zu verwirklichen gedachte, und in einem solchen Falle sprach man von einem **edictum perpetuum** (im älteren Sinne; vgl. u. 7).

37 2. Edikte dieser Art waren die **Jurisdiktionsedikte** der Prätoren und Ädilen, in denen sie bei Amtsantritt die Richtlinien für ihre künftige Jurisdiktionstätigkeit bekanntgaben. Sie wurden im Amtssitz des Magistrats zur öffentlichen Einsichtnahme auf geweißten Holztafeln ausgestellt und daher als **album** bezeichnet. So konnte sich der Rechtsuchende mit einiger Sicherheit über die Aussichten eines Prozesses unterrichten, und der Prätor wiederum wurde nicht über Gebühr mit Fällen befaßt, für die ein Rechtsschutz nicht vorgesehen war.

Zunächst waren die Jurisdiktionsmagistrate an die von ihnen erlassenen Edikte selbst wohl nicht streng gebunden (anders Kaser, RPR I 206). Dies konnte zu Mißbräuchen führen. Daher hat eine **lex Cornelia de iurisdictione** (67 v. Chr.) bestimmt (oder eingeschärft, so Kaser), daß die Prätoren ihre Jurisdiktion gemäß ihrem *edictum perpetuum* auszuüben haben (Ascon. in Corn. p. 59 [52]). Doch konnte der Prätor immer einen im Edikt noch nicht vorgesehenen Rechtsschutz gewähren.

38 3. Bei der **Abfassung des Edikts** stand den Magistraten, die ja in aller Regel die Ädilität wie die Prätur nur als Durchgangsstufe in ihrer politischen Laufbahn benutzten, ein **consilium** von **Fachjuristen** zur Seite.

Dieses *consilium*, das jeder Magistrat frei berufen konnte, wurde sehr bald zu einer ständigen Einrichtung, die auch personell das Amtsjahr des jeweiligen Magistrats überdauerte. Nun konnte zwar jeder Beamte kraft seines Imperiums grundsätzlich nur für die Dauer seines Amtsjahres wirksam edizieren. Es wurde aber früh üblich, mit dem Konsilium des Amtsvorgängers auch die Vorschriften seines Edikts, soweit sie sich in der Praxis bewährt hatten, unverändert zu übernehmen. So bildete sich allmählich ein fester Bestand von Ediktssätzen heraus, der von Prätor zu Prätor weitergegeben wurde **(edictum tralaticium)** und damit die Bedeutung einer bleibenden, aber auch höchst elastischen rechtlichen Ordnung erhielt. Denn diese Rechtssätze konnten jederzeit ohne Mühe den veränderten Zeitumständen angepaßt werden. So diente die alljährliche Neupublikation des Edikts zugleich seiner ständigen Überprüfung und Erneuerung.

Die Entwicklung eines Veränderungen unterworfenen prätorischen und ädilizischen Edikts zu einem *edictum tralaticium* dürfte in die beiden letzten Jahrhunderte der Republik fallen, als die Bedürfnisse von Wirtschaft und Handel nach einer umfassenden zeitgemäßen Neuordnung des Rechts verlangten.

39 4. Der **Inhalt des Edikts** entspricht den verschiedenen Seiten und Formen der Jurisdiktionsgewalt. Zum Teil beschränkte er sich auf die Bereitstellung der **formula,** eines Musterformulars (Blanketts), für das Schriftformelverfahren. Dies war in der Hauptsache der Fall bei zivilrechtlichen Ansprüchen, deren Geltung und Schutzwürdigkeit grundsätzlich außer Frage stand. Hierbei konnte zugunsten des Beklagten auch eine Ausnahme vom Kondemnationsbefehl, eine **Einrede (exceptio),** vorgesehen werden (s. § 23 II 2b).

40 Alle übrigen ediktalen Verheißungen, die dem Rechtsuchenden nicht nur eine Formel zur Verfügung stellten, können als **Edikte im engeren Sinn** bezeichnet werden. So die Ankündigung des Prätors, daß er von den Parteien unter Umständen den Abschluß von Stipulationen zwecks Schadenersatz- oder Sicherheitsleistung **(stipulationes praetoriae)** erzwingen werde, oder daß er gewisse Personen, wie vor allem Minderjährige,

von eingegangenen Verpflichtungen befreien und in den vorigen Stand setzen werde **(restitutio in integrum).** Ferner gehörten hierher die vorläufigen Gebote und Verbote **(interdicta),** die der Prätor zwecks Aufrechterhaltung des Rechtsfriedens, vor allem zum Schutze des tatsächlichen Besitzstandes, in Aussicht stellte. Von besonderer Bedeutung waren in diesem Rahmen jedoch die selbständigen (neuen oder abgeänderten) **Rechtsschutzverheißungen,** denen entsprechende neue Klagformulare angeschlossen wurden.

Hierher gehört etwa die Ankündigung des Prätors, daß er formlose Vereinbarungen im Anschluß an bestimmte Kontrakte schützen werde (*pacta conventa servabo;* Ulp. D. 2, 14, 7, 7).

Eines der bedeutsamsten Beispiele ist das auf Anregung des Juristen **C. Aquilius Gallus** (§ 24 II 5) um die Mitte des 1. Jahrhunderts geschaffene *edictum de dolo malo: Quae dolo malo facta esse dicentur, si de his rebus alia actio non erit et iusta causa esse videbitur, intra annum, cum primum experiundi potestas fuerit, iudicium dabo* (Ulp. D. 4, 3, 1, 1; Rekonstruktion von Lenel, EP 114). Hiernach wurde arglistiges Verhalten bei Fehlen sonstiger Aktionen gegebenenfalls als ausreichender Klagegrund für eine Schadenersatzforderung anerkannt (vgl. ABGB § 1295 und BGB § 826). In entsprechender Weise bildete das Gegenstück des *dolus malus,* die *bona fides,* bei den *iudicia bonae fidei* nicht mehr nur den Verpflichtungsgrund, sondern auch den Maßstab für Umfang und Inhalt der Schuldverpflichtung (vgl. ABGB § 863 Abs. 2 und BGB 242). Zur *exceptio doli* s. § 23 II 2b).

5. Die **Prätoren** und **Ädilen** (in den Provinzen die **Statthalter** und **Quästoren**) 41
hatten auf dem Wege der Einrichtung von Prozessen eine **Rechtsweisungsgewalt.** Das bedeutet der Ausdruck **iurisdictio.** Eine Gesetzgebungsbefugnis stand ihnen jedoch nicht zu. Dennoch haben die Rechtsweisungen der Gerichtsmagistrate, die für die Entscheidungen der erkennenden Gerichte maßgeblich waren, über die Aufnahme in das Edikt allmählich einen **Komplex neuer Einrichtungen und Normen** hervorgebracht, die man später *ius preatorium* oder *ius honorarium* nennt (Pap. D. 1, 1, 7, 1). Das *ius honorarium* unterscheidet sich in verschiedener Hinsicht von den modernen Rechtsverordnungen, die in der Regel nur auf Grund gesetzlicher Ermächtigung und in dem vom Gesetz festgesetzten Rahmen erlassen werden können (vgl. Art. 80 Abs. 1 GG und Art. 18 Abs. 2 BVG). Vergleichbar ist es mit ihnen nur insofern, als es von einem Träger der Regierungsgewalt ausgeht. Schon Mitte des ersten Jahrhunderts v. Chr. hören wir von Kommentaren zum prätorischen Edikt zweier bekannter Juristen, Ser. Sulpicius Rufus und A. Ofilius (§ 24 II 5). Das Ergebnis ist eine **Doppelung der römischen Privatrechtsordung** und einer Reihe ihrer Einrichtungen, bis diese – sehr allmählich – miteinander verschmelzen.

So gab es während der Blütezeit des römischen Rechts sozusagen einen doppelten Eigentumsbegriff, 42
das zivile und das prätorische Eigentum, obwohl nach außen hin auch jetzt noch jede begriffliche Gleichsetzung beider vermieden wurde. Daher bezeichnete man das prätorische „Eigentum" niemals mit dem zivilrechtlichen Begriff des *dominium,* sondern umschrieb es mit dem einfachen Tatbestand des *in bonis habere* als „Vermögensgut" (gemeinrechtl. sog. „bonitarisches Eigentum"). In ähnlicher Weise wurde auch der prätorische Erbe nicht als *heres,* sondern als bloßer *bonorum possessor* bezeichnet.

6. Im **Widerstreit** mit dem Zivilrecht behielt jedoch das **prätorische** Recht dann, wenn es *iuris civilis* 43
corrigendi gratia eingeführt wurde (o. IV 1 und 6), stets die Oberhand. Wer etwa vom Eigentümer eine *res mancipi* durch bloße Tradition erhalten hatte, erwarb nach Zivilrecht kein Eigentum, sondern bloßen Ersitzungsbesitz. Während seiner Ersitzungszeit mußte er also nach Zivilrecht der *rei vindicatio* des Veräußerers unterliegen, und bei Besitzverlust stand ihm keine (petitorische) Sachverfolgungsklage zur Verfügung. Es wäre nun offenbar ungerecht, dem Eigentümer, der selbst verkauft und den Kaufgegenstand übergeben hat, nur deswegen die Möglichkeit zu belassen, sein Eigentumsrecht gegen den Käufer durchzusetzen, weil er durch einen Formmangel bei der Eigentumsübertragung nach wie vor Eigentümer geblieben ist. Daher gewährte der Prätor dem Käufer gegen die Vindikation des Verkäufers eine *exceptio rei venditae et traditae.* Als Sachverfolgungsklage erhielt er die sog. *actio Publiciana,* in deren Formel der Ablauf der Ersitzungszeit einfach fingiert wurde und die ihn gegen jeden schlechter legitimierten Besitzer schützte, nicht jedoch gegen den wirklichen Eigentümer, wenn er die Sache nicht von ihm erworben hatte (Ner. D. 6, 2, 17). Wenn er aber vom Eigentümer erworben hatte und die Sache zu diesem zurückgelangt war, konnte er auch den Eigentümer mit der *actio Publiciana* klagen.

Der *exceptio iusti dominii* des wiederbesitzenden Eigentümers gegen die *actio Publiciana* konnte der Käufer mit einer entsprechenden *replicatio rei venditae et traditae* begegnen. So vermochte der Ersitzungsbesitzer unangefochten seine Ersitzung zu vollenden und damit wirklich quiritischer Eigentümer zu werden. Dies galt auch bei gutgläubigem Erwerb vom Nichtberechtigten (vgl. Ulp. D. 6, 2, 1 pr.; ursprünglich ist im Edikt wohl nur auf den Fall der *traditio* einer *res mancipi* Bezug genommen worden).

44 7. Kaiser **Hadrian** ließ um 130 n. Chr. das prätorische Edikt und das Edikt der kurulischen Ädilen durch den Juristen **Salvius Iulianus** (§ 34 II 3b) in eine endgültige Fassung bringen, die nur mehr durch den Kaiser abgeändert oder ergänzt werden durfte. Dabei wurde wohl das Edikt des *praetor urbanus* mit dem des *praetor peregrinus* verschmolzen (vgl. Lenel, EP 16). Dieses durch Julian redigierte Edikt (man spricht auch von einer **Kodifikation des Edikts)** wird ebenfalls **edictum perpetuum** (im jüngeren Sinne; vgl. o. 1) genannt.

45 Unberührt blieb das Recht der Ausweitung durch Analogie. Darunter versteht man die Anwendung einer Norm auf einen Fall, der in der Norm zwar nicht ausdrücklich geregelt wurde, aber dem geregelten Fall ähnlich ist (dazu Kaser/Knütel, RP § 3 V 2; auch Waldstein, SZ 92 [1975] 47ff.). Der begriffliche und terminologische Unterschied zwischen **ius civile** und **ius honorarium** hat sich auch während der späten Kaiserzeit und bis zu Justinian erhalten.

46 Die zahlreichen erhaltenen **Bruchstücke des Edikts** finden sich in den Kommentaren vor allem der spätklassischen Juristen, die auszugsweise in die **Digesten** (§ 43 I 4, II) aufgenommen worden sind. Den Erläuterungen ist hierbei vielfach auch der kommentierte Ediktstext selbst vorangestellt. Das julianische Edikt gliederte sich in **fünf Abschnitte**, die nach prozessualen Gesichtspunkten lose aneinandergefügt sind. Der erste Abschnitt behandelte die Gerichtsbarkeit, die weiteren das ordentliche Verfahren, die beschleunigte Rechtshilfe, die Vollstreckung nebst Nichtigkeitsbeschwerde, der letzte die Interdikte, Exzeptionen und prätorischen Stipulationen (o. 4). Die heute maßgebende Rekonstruktion des Edikts verdanken wir **Otto Lenel**, Das Edictum perpetuum (1883, 3. Aufl. 1927 [Neudruck 1974]).

In ähnlicher Weise ist wohl auch das **Provinzialedikt** (das im wesentlichen von vornherein mit dem Edikt des Stadtprätors übereinstimmte) festgelegt worden, obwohl unmittelbare Zeugnisse hierfür nicht vorhanden sind.

6. Die Einheit der Rechtsordnung

47 1. Die verschiedenen Schichten des römischen Privatrechts **(ius civile, ius honorarium** und **ius gentium)** standen in einem funktionellen Zusammenhang und stellten eine, in Schichten gewachsene, **Gesamtordnung** dar. Die einzelnen Schichten lassen sich auch gar nicht scharf voneinander trennen. Der Systembegriff *ius gentium* wird von den Juristen erst seit der zweiten Hälfte des 2. Jahrhunderts n. Chr. verwendet, so vor allem zunächst Gai. inst. 1, 1. Im Rechtsquellenkatalog Gai. inst. 1, 2 ist jedoch das *ius gentium* nicht mehr angeführt, hingegen sind die Edikte der Gerichtsmagistrate erwähnt. Der Grund dafür wird in der Tatsache zu sehen sein, daß mit *ius gentium* keine einheitliche Normenordnung bezeichnet wird, die für sich bestünde, sondern ein Komplex von Normen, der, ebenso wie das *ius naturale,* auf alle Rechtsquellen einwirkt. Seiner unmittelbaren **Geltungsgrundlage** nach ist das *ius gentium* zunächst *ius honorarium.* Ulp. D. 1, 1, 1, 2 stellt das *ius naturale* neben das *ius gentium* als eine der Quellen des Privatrechts. In D. 1, 1, 6 pr. sagt er aber dann, daß auch das *ius civile* weder ganz vom *ius naturale vel gentium* abweicht, noch sich mit diesen beiden Normenkomplexen gänzlich deckt. *Ius civile* entstehe dadurch, daß dem allgemeinen Recht etwas hinzugefügt oder weggenommen werde *(Ius civile est, quod neque in totum a naturali vel gentium recedit nec per omnia ei servit: itaque cum aliquid addimus vel detrahimus iuri communi, ius proprium, id est civile efficimus).*

48 So gibt es also im Lauf der Zeit nur noch ein **erweitertes ius civile,** in dem mit dem alten formstrengen Zivilrecht das neue formfreie honorarrechtlichen Ursprungs verei-

nigt war. So lange aber die alten Formalakte noch Wirksamkeit besaßen, war das Honorarrecht als selbständige Rechtsschicht zum Schutz freierer Grundsätze erforderlich. Die vollständige Verschmelzung des Honorarrechts mit dem Zivilrecht tritt erst mit der Kodifikation Justinians ein (§ 43).

2. Wie Papinian in D. 1, 1, 7, 1 erklärt, haben die Prätoren das Honorarrecht *propter utilitatem publicam* eingeführt, also um des allgemeinen Besten oder des Gemeinwohles willen. Auf die *utilitas publica* oder das *bonum publicum* nehmen die klassischen Juristen mehrfach ausdrücklich Bezug. So erklärt etwa Gai. D. 41, 3, 1, daß die Ersitzung *bono publico* eingeführt wurde, damit die Eigentumsverhältnisse nicht zu lange unsicher bleiben. Der Gedanke des Gemeinwohles liegt aber darüber hinaus der gesamten Arbeit der römischen Juristen zugrunde. 49

Die sehr lesenswerten Ausführungen Ciceros zu den Fragen des Gemeinwohles, vor allem in seinen Schriften *De legibus, De officiis* und *De republica,* geben Zeugnis von einer Geisteshaltung, wie sie zweifellos auch für die großen Juristen dieser Zeit kennzeichnend ist (vgl. Wieacker, Vom röm. Recht 134ff. und 168ff., auch Fg. v. Lübtow [1970] 183ff.). Im **„Scipionenkreis"** oder im Hause des P. Mucius (§§ 18 IV 1 und 24 II 2 Abs. 3 und II 5) waren sie mit der stoischen Philosophie in Berührung gekommen, die auch Cicero geprägt hat. Die Juristen, die ihre Arbeit als Dienst an der *res publica,* an der Gemeinschaft und den einzelnen Bürgern aufgefaßt haben, konnten ihre Vorstellungen als Prätoren oder im *consilium* des Prätors wirksam werden lassen und haben so auch auf diesem Wege dem Gemeinwohl gedient. 50

Die Frage des Gemeinwohles hängt aber gerade wieder eng mit dem *ius naturale* zusammen. Wie Cicero sagt, ist es die *lex naturae, quae utilitatem hominum conservat et continet* (off. 3, 31, dazu Mayer-Maly, Fs. Verdross [1960] 199ff.). Es ist also das Naturrecht, welches das Wohl der Menschen sichert und bewahrt (zum Naturrecht eine Übersicht bei Waldstein, ANRW II 15 [1976] 78ff. und Ged. Marcic 239ff.). Der seit dem Mittelalter für Gemeinwohl vorherrschende Ausdruck *bonum commune* kommt unter den Belegen des ThLL erstmals bei Seneca vor, der etwa davon spricht, daß der Mensch ein *sociale animal communi bono genitum* sei (Sen. clem. 1, 3, 2). In dieser Hinordnung des Menschen auf das Gemeinwohl ist aber auch nach Ciceros Auffassung das wahre Einzelwohl des Menschen begründet. Wie aus zahlreichen Texten deutlich wird, kann es kein wahres Gemeinwohl auf Kosten des Einzelwohles geben (vgl. bes. Cic. off. 2, 77f.). Die Verbindung des Einzelwohles mit dem Gemeinwohl wird besonders deutlich aus Cic. inv. 2, 160: *Iustitia est habitus animi communi utilitate conservata suam cuique tribuens dignitatem. Eius initium est ab natura profectum; deinde quaedam in consuetudinem ex utilitatis ratione venerunt; postea res ab natura profectas et ab consuetudine probatas legum metus et religio sanxit. Naturae ius est quod non opinio genuit, sed quaedam in natura vis insevit…* (Die Gerechtigkeit ist eine Gesinnung des Geistes, die unter Wahrung des Gemeinwohles jedem sein Verdienst zuteilt. Sie hat ihren Ursprung in der Natur. In der Folge wurden gewisse [Regeln] ihrer Nützlichkeit wegen durch Gewohnheiten festgelegt. Später hat die Ehrfurcht vor den Gesetzen und ihre Verbindlichkeit das bekräftigt, was von der Natur seinen Ursprung nahm und durch Gewohnheitsrecht bestätigt worden war. Naturrecht ist jenes, das nicht eine bloße Vorstellung hervorgebracht hat, sondern ein in der Natur selbst liegendes Wesen uns eingepflanzt hat …; zum ersten Teil der Stelle Mayer-Maly, Fs. Verdross [1960] 204f.; zur Gerechtigkeit Waldstein, Fs. Flume I [1978] 213ff. mit weiteren Hinweisen). Damit wird die Einheit der Rechtsordnung, ihre Grundlegung im Naturrecht als Maßstab der Gerechtigkeit und ihre Beziehung auf das Gemeinwohl wie auf das Einzelwohl in besonders klassischer Weise umschrieben. 51

§ 23. Der Formularprozeß

Schrifttum: *L. Wenger* (o. zu § 14); *G. Pugliese,* Il processo formulare, 2 Bde (1948–1950); *ders.,* Il processo civile romano, 2 Bde (1961–1963, bis Anf. d. Form-Proz.); *M. Kaser/K. Hackl,* RZ 151 ff. und RP §§ 82–86; *ders.,* Zum Ediktsstil, in: Fs. F. Schulz II (1951) 21 ff.; *ders.,* SZ 101 (1984) 14–23 (Die Fremdengerichtsbarkeit) und 23–102; *Franca La Rosa,* L'actio iudicati (1962); *J. M. Kelly,* Studies in the Civil Judicature of the Roman Republic (1976); dazu *O. Behrends,* in: SZ 94 (1977) 446–462; *P. Frezza,* Storia del processo civile in Roma fino alla etá di Augusto, in: ANRW I 2, 163–196; *A. Watson,* Limits of Juristic Decision in the Later Roman Republic, in: ANRW I 2, 215–225; *W. Selb,* Zu den Anfängen des Formularverfahrens, in: Fs. Flume I (1978) 199–204; *B. Schmidlin,* Der verfahrensrechtliche Sinn des ex fide bona im Formularprozeß, in: Fg. v. Lübtow (1980) 359–371; *I. Buti,* Il „praetor" e le formalità introduttive del processo formulare (1984); *Talamanca,* Processo civile 24–79; *A. Guarino,* Diritto privato romano (1994) 211–274; spezielle Beiträge in der Fs. Waldstein (1993): *K. Hackl,* Gaius 4, 37 und die Formeln der *actio furti* (127–139); *A. Völkl,* Insolvenz ohne Vollstreckungsverfahren im klassischen Rom (355–368); *A. Wacke, Audiatur et altera pars,* Zum rechtlichen Gehör im römischen Zivil- und Strafprozeß (369–399).

1. Allgemeines

1 1. Die abstrakte Unterscheidung unseres geltenden Rechts zwischen **Anspruch** und **Klagerecht** oder zwischen privatrechtlichem und prozessualem (sog. öffentlich-rechtlichem) Anspruch geht in ihren Grundlagen auf die späte Pandektistik (Windscheid) zurück. Dem römischen wie den anderen historischen Rechten ist eine so scharfe Trennung zwischen dem materiellen Privatrecht und seiner prozessualen Verwirklichung noch unbekannt. Der Anspruch auf Grund einer rechtlichen Bindung *(obligatio)* oder eines Delikts ist nach römischer Auffassung nur die materielle Seite oder der Inhalt des Klagerechts **(actio).** Die Verpflichtung (die als solche ebenfalls **obligatio** heißt), insbesondere die zivile Rechtspflicht (das rechtliche Müssen: **oportere**), entspricht dem, was mit der *actio* geltend gemacht werden kann (vgl. § 14 I 2). Ihren deutlichsten Ausdruck findet die Einheit von materiellem Recht und Prozeßrecht hinsichtlich des subjektiven Rechts in der zwischen beiden sachlich und funktionell vermittelnden Wirkung der *litis contestatio* (u. 4).

Schon mit Rücksicht auf diese enge begriffliche Verbindung zwischen Prozeß und Recht setzt ein eindringendes Verständnis des römischen Verfahrensrechts eine genauere Kenntnis des Privatrechtssystems voraus. Auf der anderen Seite bildet gerade die Ausgestaltung des Formularprozesses eine für das römische Rechtsdenken so kennzeichnende Eigentümlichkeit, daß hier um des Zusammenhangs willen wenigstens ein kurzer Überblick nötig ist. Alle näheren Einzelheiten sind bei Kaser/Knütel, RP §§ 82–86 dargestellt, ausführlicher in Kaser/Hackl, RZ §§ 22 ff.

2 2. Der alte **Legisaktionenprozeß** (§ 14 II) vollzog sich *in iure* durch Austausch unabänderlich feststehender Spruchformeln. Er stellte infolgedessen nicht nur an die Parteien, sondern auch an die Zeugen des Rechtsstreits, der vor dem Magistrat mit der *litis contestatio* abschloß, erhebliche Anforderungen. Denn die Aussagen der Prozeßzeugen *apud iudicem* über die *actiones* der Parteien *in iure* mußten sich mit den von den Parteien selbst vorgebrachten Behauptungen decken, und so lag schon in jedem Gedächtnisfehler eine erhebliche Gefahrenquelle, vor allem für die Durchsetzung des klägerischen Anspruchs.

3 3. Im **Formularprozeß** wurde, wie wir gesehen haben, eine Prozeßformel aufgestellt, die gleichzeitig das Prozeßprogramm und die Ernennung des *iudex* oder einer Richterbank enthält (§ 22 IV 2–5). Dieses Prozeßprogramm wurde durch Dekret des

Magistrats mündlich verkündet, aber schriftlich aufgezeichnet **(iudicium dare).** Dem unterwerfen sich die Parteien durch die **litis contestatio.** Wenn sie das nicht tun, dann kommt der Prozeß nicht zustande. Der Prätor kann jedoch den Beklagten mit verschiedenen Mitteln indirekt zwingen, sich dem Verfahren zu unterwerfen, indem er den Kläger ermächtigt, den Beklagten in Privathaft zu führen *(ductio)* oder die Einweisung des Klägers in das Vermögen des Beklagten *(missio in bona)* verfügt (dazu Kaser, RP § 82 II 4e bb). Dies alles setzt beiderseitiges Gehör voraus (o. § 14 II 2a; vgl. Kaser/Knütel RP §§ 81 I, 82 II 1 und 4, 84 II 1 [Versäumnisurteil]; Wacke, Fs. Waldstein 378ff.). Mit der *litis contestatio* wird – mit den Worten des modernen Rechts gesprochen – die **Rechtshängigkeit** der Streitsache begründet.

4. Die wesentliche **Wirkung** der **litis contestatio** im Formularprozeß tritt bei den zivilrechtlichen Klagen **in personam** darin zutage, daß sich das materielle Leistenmüssen (**dare** oder **facere oportere**) in ein prozeßrechtliches Duldenmüssen **(condemnari oportere)** umwandelt – im Grunde nur eine juristische Konstruktion zur Überbrückung der Zeit zwischen der Entscheidung des Gerichtsmagistrats und der Sachentscheidung des Richters.

Bei dinglichen Klagen **in rem,** die sich noch nach klassischer Auffassung nicht gegen die Person des Rechtsverletzers, sondern unmittelbar auf die Sache selbst richteten, fehlte es an einem materiell-rechtlichen Leistungsanspruch und infolgedessen auch an der konsumierenden Wirkung der Litiskontestation. Die Weigerung des Beklagten, sich auf den Prozeß einzulassen, führt hier ohne weiteres zur Feststellung des Rechts des Klägers durch den Gerichtsmagistrat. Die Sache wird dem Kläger „zugesprochen" (*addictio;* vgl. auch § 13 IV 2 zur *in iure cessio*).

5. Eine weitere Neuerung des Formularprozesses gegenüber dem Legisaktionenprozeß liegt darin, daß an die Stelle der wenigen Legisaktionen, die jeweils der Durchsetzung verschiedenartiger Ansprüche dienten, eine **Vielzahl von Klageformularen** trat, von denen jedes in der Regel dann nur für ein einziges Rechtsverhältnis bestimmt war.

So wurde die *legis actio sacramento in rem* (§ 14 II 3a a) ersetzt durch die einzelnen dinglichen Klagen (*rei vindicatio; petitio hereditatis; vindicatio usufructus* bzw. *servitutis*); die *legis actio per iudicis postulationem* (§ 14 II 3b) durch die *actiones communi dividundo, familiae erciscundae, finium regundorum.* Lediglich die alte *condictio* (§ 14 II 3c) diente nach wie vor zur Durchsetzung sämtlicher altzivilen **Ansprüche** auf *certa res* oder *certa pecunia.*

6. Die der **Vollstreckung** dienende *legis actio per manus iniectionem* (§ 14 II 3d) 4
wurde durch eine *actio iudicati* ersetzt. Diese Vollstreckungsklage diente in der Praxis gewissermaßen zugleich als Berufungs- und Revisionsverfahren, da der Beklagte hierbei die Möglichkeit hatte, das vorangegangene Urteil als unrechtmäßig zu beanstanden.

Gelang ihm dies nicht, so verdoppelte sich die Urteilssumme (*lis infitiando crescit in duplum;* Litiskreszenz, § 14 II 3d). Daher war ein Schuldanerkenntnis (*confessio in iure*) bei der *actio iudicati* das Übliche.

Die **Exekution** vollzog sich nach wie vor durch **Personalvollstreckung,** die der Prätor dem Gläubiger an der Person des Schuldners durch *addictio* gewährt, wobei die Schuldsumme angegeben wird. Der Schuldner gerät damit in **Schuldknechtschaft,** bleibt aber rechtlich frei. Sie ist ein Pressionsmittel gegen den Schuldner, eventuell gegen seine Angehörigen und Freunde, zu zahlen. Geschieht das nicht, wird er die Schuld abarbeiten müssen. Neben diese Personalexekution, die es bis zum Ende der römischen Zeit gibt, tritt die vom Prätor geschaffene **Vermögensexekution** durch Einweisung des siegreichen Klägers in das Vermögen des Beklagten *(missio in bona).* Sie führte in aller Regel nach einer **proscriptio** (öffentlichem Ausgebot) und Meldung der übrigen Gläubiger zum Konkursverkauf an einen *bonorum emptor.*

5 7. Nach der **lex Iulia iudiciaria** (§ 22 IV 5) nahm der Formularprozeß die Stelle des alten Legisaktionenverfahrens als **ordentliches Streitverfahren** unter **römischen Bürgern** ein. Der heute dafür übliche Begriff ***ordo iudiciorum privatorum** ist nicht quellenmäßig, aber gerechtfertigt, veranlaßt durch den in den Quellen häufig gebrauchten Gegenbegriff *cognitio extra ordinem* (§ 32 III). Das Streitverfahren im Bereich der Stadt **Rom** oder innerhalb der Bannmeile (Gai. inst. 4, 104) war durch die schon erwähnte (§ 22 IV 2) **Zweiteilung** gekennzeichnet. Der erste Teil fand vor dem Gerichtsmagistrat **(in iure)** statt, der zweite vor dem urteilenden Richter **(apud iudicem).** Das ordentliche Verfahren wurde, soweit die genannten Voraussetzungen erfüllt waren, als **iudicium legitimum** bezeichnet (Gai. inst. 4, 103f.), da es auf Gesetz beruhte (*consistebat* **legitimo iure**).

Jedes hiervon abweichende Gerichtsverfahren, das der Magistrat kraft seines Imperiums durchführen konnte, galt als **iudicium quod imperio continetur;** so z.B. das Rekuperatorenverfahren (Gai. inst. 4, 104. 105 – o. § 14 II 2 Abs. 2 a.E.) oder auch das vom Statthalter in der Provinz eingesetzte Streitverfahren unter römischen Bürgern. Der Statthalter stellte, mindestens in den Senatsprovinzen, selbst in seiner Provinz ein Edikt auf, doch beruhte das Formularverfahren in der Praxis auf dem Imperium des Statthalters. Für die Marktgerichtsbarkeit in den Senatsprovinzen beruhte es auf der *iurisdictio* der Quästoren, die den Statthaltern als Gehilfen beigegeben waren. Diese Marktgerichtsbarkeit entspricht jener der kurulischen Ädilen in Rom (Gai. inst. 1, 6).

Die Bezeichnung **iudicium quod imperio continetur** ist nach Gai. inst. 4, 105 darauf zurückzuführen, daß das **Urteil** (durch den ersternannten Richter) hier **nur während der Amtsdauer des** (bei der Litiskontestation mitwirkenden) **Magistrats** ergehen konnte, während **beim ordentlichen Verfahren** durch die *lex Iulia* hierfür ein auf **18 Monate** nach der Litiskontestation erweiterter Zeitraum vorgesehen war. Außerdem verknüpfte sich mit einem **iudicium legitimum,** falls mit einer auf *ius civile* beruhenden *actio in personam* geklagt wurde, eine **Konsumptionswirkung ipso iure.** Diese Folge konnte bei einem *iudicium,* das nur auf dem Imperium des Prätors beruhte, nicht eintreten.

2. Inhalt und Aufbau der Prozeßformel

6 1. Der wesentliche Inhalt der Formel besteht bei Leistungsklagen in der Anweisung an den Richter, entsprechend den hypothetisch festgestellten Entscheidungsvoraussetzungen rechtlicher und tatäschlicher Art, die durch das Beweisverfahren zu klären sind, das Urteil zu sprechen. Daher ist die Formel selbst **hypothetisch abgefaßt** und in Bedingungssätze gekleidet: Der Richter soll den Beklagten verurteilen, wenn das Begehren des Klägers sich als richtig erweist *(si paret ..., condemnato).* Er soll ihn „freisprechen“ im Sinne der Abweisung des klägerischen Begehrens, wenn es sich als unbegründet erweist oder durch eine *exceptio* entkräftet wird *(si non paret, absolvito).*

Gai. inst. 4, 39 führt vier ordentliche Formelbestandteile *(partes formularum)* an: *demonstratio, intentio, adiudicatio, condemnatio.* Zu diesen Formelbestandteilen können noch weitere hinzukommen, mit denen bestimmten Umständen Rechnung getragen wird, wie die *exceptiones, praescriptiones, fictiones* oder besondere Klauseln, wie etwa die *clausula arbitraria.*

7 2. An der Spitze der Formel steht die Benennung des **Richters,** der im Einvernehmen mit den Parteien eingesetzt wird und dem der Prätor den **Judikationsbefehl** erteilt. In den Musterformeln wird er mit dem Blankettnamen Titius *(Titius iudex esto)* bezeichnet.

a) Die **intentio** enthält das Begehren des Kägers (Gai. inst. 4, 41). Wenn die Klage auf eine bestimmte Leistung *(certum)* gerichtet ist, beginnt sie mit den Worten: Si paret ... (wenn es sich erweist, daß ...).

War die Klage auf eine nicht von vorneherein genau bestimmte Leistung gerichtet *(incertum)*, beginnt die *intentio* mit den Worten: *quidquid ob eam rem* ... (was immer der Beklagte auf Grund dieses Sachverhaltes dem Kläger zu leisten schuldig ist, ...). Bei Klagen auf ein *incertum* ging der *intentio* eine **demonstratio** voraus, die den Sachverhalt umschrieb, auf den sich der Anspruch stützte (z.B.: *Quod Aulus Agerius* [in den Musterformeln gebrauchter Blankettname für den Kläger] *Numerio Negidio* [Blankettname für den Beklagten] *rem vendidit;* Gai. inst. 4, 40). War der Anspruch rechtlich noch gar nicht anerkannt, konnte die *intentio* einfach auf den Sachverhalt, auf das *factum*, abgestellt sein, wie etwa bei der älteren Klage aus der Verwahrung: *Si paret Aulum Agerium apud Numerium Negidium mensam argenteam deposuisse eamque dolo malo Numerii Negidii Aulo Agerio redditam non esse, quanti ea res erit ...;* vgl. Gai. inst. 4, 47. Gaius nennt solche Klagen *in factum conceptae.*

Die **adiudicatio** ermächtigte den *iudex*, bei Teilungsklagen den bisherigen Miteigentümern Alleineigentum zuzuweisen. Man nennt solche Klagen daher auch Rechtsgestaltungsklagen. 8

Die **condemnatio** enthält den bereits erwähnten auf die *intentio* bezogenenen bedingten Urteilsbefehl: *(si paret ... oportere [quidquid ... dare facere oportet]) iudex ... condemnato, si non paret, absolvito.*

b) Unter den weiteren Formelbestandteilen spielt die **exceptio** eine besonders wichtige Rolle. Sie dient der Verteidigung des Beklagten und stellt eine Ausnahme von den Verurteilungsbedingungen dar. Sie ist daher in die Gestalt eines negativen Bedingungssatzes gefaßt. Der Beklagte soll, wenn an die *intentio* eine *exceptio* angefügt wird, **nur verurteilt werden, wenn nicht** die in der *exceptio* genannten Umstände vorliegen (z.B. bei der *exceptio doli: si in ea re nihil dolo malo Auli Agerii factum sit* [bei der Begründung des Anspruchs, sogen. *exc. doli specialis*] *neque fiat* [durch Erhebung der Klage, sogen. *exc. doli generalis*]; vgl. Gai. inst. 4, 115ff.). 9

Die **praescriptiones** dienen vor allem der Einschränkung des Begehrens des Klägers etwa bei Ratenforderungen, um eine Abweisung der Klage wegen *pluris petitio* zu vermeiden (Gai. inst. 4, 131: *ea res agatur, cuius rei dies fuit,* jener Teil der Forderung soll eingeklagt sein, der bereits fällig ist). 10

Fictiones benützt der Prätor, um den Rechtsschutz auf Fälle auszudehnen, für die er sonst nicht anwendbar wäre. So wird etwa bei der *actio Publiciana* (§ 22 V 6) der Rechtsschutz so gewährt, wie er zustünde, wenn die Ersitzungszeit bereits abgelaufen und der Kläger dadurch Eigentümer geworden wäre (Gai. inst. 4, 36; andere Beispiele 4, 34f.).

Die **clausula arbitraria** schließlich war ein Hilfsmittel gegen die Folgen aus dem Grundsatz, daß (bis in die klassische Zeit) jedes Leistungsurteil nur auf Geld lauten konnte (Grundsatz der *condemnatio pecuniaria;* vgl. Gai. inst. 4, 48). In Fällen, in denen dem Kläger besonders an der Wiedererlangung der Sache selbst und nicht bloß an ihrem Geldwert gelegen war (Eigentumsklage, *actio quod metus causa* und andere, sogenannte *actiones arbitrariae*), konnte der *iudex* nach Klärung der Rechtslage dem Beklagten die Herausgabe der Sache an den Kläger auftragen. Zu einer Verurteilung in Geld kam es dann nur, wenn der Beklagte die Sache nicht mehr herausgeben konnte oder wollte (... *neque ea res arbitrio iudicis Aulo Agerio restituetur;* Lenel, EP 186). Unter Umständen drohte dem Beklagten aber dann eine Verurteilung in einen den Sachwert weit übersteigenden Betrag, der vom Kläger geschätzt worden war (vgl. Ulp. D. 6, 1, 68 zur *rei vindicatio;* bei der *actio quod metus causa* drohte die Verurteilung in den vierfachen Wert des Schadens, Ulp. D. 4, 2, 9, 6). Dies war für den Beklagten in aller Regel eine ausreichende Veranlassung, die Sache selbst herauszugeben. 11

Mit Hilfe der Möglichkeiten, welche die verschiedenen Formelbestandteile und ihre Kombinationen eröffneten, konnte praktisch allen Bedürfnissen des Rechtsschutzes angemessen entsprochen werden. Alle für die Entscheidung auch eines komplizierten Rechtsstreits maßgeblichen Voraussetzungen konnten so **in einem einzigen Satz** zusammengefaßt werden. Die Ausgestaltung dieser Prozeßformeln stellt eine geistige Leistung von ganz außerordentlichem Rang dar. Juristischer Scharfsinn hat sich dabei mit dem Sinn für möglichste Einfachheit und Zweckmäßigkeit in glücklichster Weise verbunden.

Die näheren Einzelheiten bei Kaser/Knütel, RP § 83.

3. Zivilrechtliche Klagen

1. Wir sahen, daß gewisse **formfreie Institute**, die nicht auf Gesetz beruhten, sondern ihre Anerkennung und damit ihren Klagschutz dem Honorarrecht verdankten, wie insbesondere die Konsensualverträge, bereits frühzeitig, vielleicht gegen Ende der Republik, **in das ius civile einbezogen** wurden (§ 22 III 3). Seither gab es innerhalb des 12

Zivilrechts neben den alten formstrengen *iudicia (stricta)* auch freiere Klagen, bei denen Inhalt und Umfang der Schuld nach Treu und Glauben bemessen wurden (*iudicia bonae fidei:* § 22 III 3, V 4 Abs. 4). Dieser Unterschied trat auch in den jeweiligen Klagformeln zutage.

13 2. Bei den sog. **iudicia stricta** hatte der Richter streng nach der Intentio der Formel zu entscheiden. Bei einer *intentio certa* (auf eine bestimmte Geldsumme) führte daher jede *pluris petitio* (d.h. die den wirklichen Schuldbetrag übersteigende Forderung, **„Überforderung"**, Kaser/Knüfel, RP § 34 II 1) zum endgültigen Verlust des Prozesses (vgl. I 2), während bei einer *intentio incerta* (z.B. *quanti ea res est* bzw. *erit*) diese Gefahr fortfiel, da die Urteilssumme *(tantam pecuniam)* hier erst durch richterliche Schätzung festgesetzt werden mußte.

14 3. Die **iudicia bonae fidei** waren stets Klagen auf ein *incertum (quidquid dare facere oportet ex fide bona);* aber der Zusatz *ex fide bona* erweiterte nicht nur die Schätzungsbefugnis des Richters, sondern überließ ihm auch die Feststellung des eigentlichen Schuldinhalts. Das billige Ermessen des Richters wurde hierbei an feste Leitsätze gebunden, die in der Praxis der Juristen für die Anwendung der *bona fides* aufgestellt worden waren. Insbesondere hatte sich die Regel herausgebildet, daß bestimmte Exzeptionen (wie die **exceptio doli, metus, pacti** und **rei iudicatae vel in iudicium deductae)** ohne weiteres in den *bonae fidei iudicia* enthalten seien **(iudiciis bonae fidei insunt).**

15 4. Alle Zivilrechtsklagen stützten sich auf Bestimmungen des alten **ius civile.** Ihre Formeln enthielten infolgedessen stets den ausdrücklichen Hinweis auf ein zivilrechtlich anerkanntes Rechtsverhältnis (*rem A^i A^i esse ex iure Quiritium)* oder eine zivilrechtlich festgesetzte Verbindlichkeit *(dare oportere; dare facere praestare oportere).* Man nannte sie demgemäß **formulae in ius conceptae.**

4. Honorarrechtliche Klagen

16 1. Beruhte die vom Prätor anerkannte Leistungspflicht nicht auf einer Norm des Zivilrechts, so mußte auch die Formel der Klage anders lauten. An Stelle der Berufung auf das *ius (Quiritium)* oder das *oportere* trat der einfache Hinweis auf den der Klage zugrunde liegenden **Tatbestand (factum).** Bei diesen vom Magistrat lediglich auf Grund seiner Jurisdiktionsgewalt gewährten Klagen, die in zahlreichen Fällen mit den dazugehörenden Formeln bereits im Edikt proponiert waren und damit zu **actiones honorariae** wurden, handelte es sich dementsprechend um sog. **formulae in factum conceptae** (o. II 2a).

Eine Reihe dieser Klagen wurde dann als *bonae fidei iudicia* bereits von der frühklassischen Jurisprudenz ins Zivilrecht einbezogen. Noch in hochklassischer Zeit bestanden aber teilweise (wie beim *depositum* und beim *commodatum)* beide Formeln nebeneinander (vgl. Gai. inst. 4, 47).

17 2. Zu den honorarrechtlichen Klagen gehören auch die **actiones ficticiae** (o. II 2b), die **actiones utiles** (durch den Magistrat ‚brauchbar gemachte' Klagen; vgl. Kaser/Knütel, RP § 83 I 2b) und die ***actiones adiecticiae qualitatis,** wie sie später in Anlehnung an die Ausdrucksweise von Paul. D. 14, 1, 5, 1 (*hoc edicto … actio … adicitur,* wird **hinzugefügt**) genannt wurden.

Ferner gehören dazu auch die Klage aus **metus** und **dolus,** sowie zahlreiche weitere vom Prätor geschaffene Klagen, wie etwa die Klagen aus **pacta,** die der Prätor klagbar gemacht hat (*constitutum debiti, recepta;* vgl. Kaser/Knütel, RP § 46 II und III).

§ 24. Die Rechtswissenschaft

Schrifttum: *W. Kunkel,* Herkunft und soziale Stellung der römischen Juristen (1952, 2. Aufl. 1967); *J. Stroux,* Römische Rechtswissenschaft und Rhetorik (1949); *H. Coing,* Zur Methode der republikanischen Jurisprudenz: Zur Entstehung der grammatisch-logischen Auslegung, in: Stud. Arangio-Ruiz 1 (1952) 365 ff.; *ders.,* Zum Einfluß der Philosophie des Aristoteles auf die Entwicklung des römischen Rechts, in: SZ 69 (1952) 24 ff.; *F. Schulz,* Geschichte 44 ff.; *M. Kaser,* Methode; *F. Wieacker,* Über das Verhältnis der römischen Fachjurisprudenz zur griechisch-hellenistischen Theorie, in: Iura 20 (1969) 448–477; *ders.,* Die römischen Juristen in der politschen Gesellschaft des zweiten vorchristlichen Jahrhunderts, in: Fg. v. Lübtow (1970) 183–214; *ders.,* Rationes decidendi, in: SZ 88 (1971) 339–355; *ders.,* Zur Rolle des Arguments in der römischen Jurisprudenz, AS 153–173; *ders.,* RG I 519–675; *F. Horak,* Rationes decidendi, Entscheidungsbegründungen bei den älteren römischen Juristen bis Labeo I (1969); *ders.,* Wer waren die „*veteres*"? Zur Terminologie der klassischen römischen Juristen, in: Fs. Wesener (1992) 201–236; *D. Nörr,* Spruchregel und Generalisierung, in: SZ 89 (1972) 18–93; *ders.,* Divisio; *ders.,* Iurisperitus sacerdos, in: Ξένιον I (1973) 555–572; *ders.,* Rechtskrit.; *O. Behrends,* Wissenschaftsl.; *ders.,* T. Gracchus; *ders.,* Staatsrecht und Philosophie, in: SZ 100 (1983) 458–484; *H. Honsell,* In fraudem legis agere, in: Fs. Kaser (1976) 111–126; *P. Stein,* The place of Servius Sulpicius Rufus in the development of Roman legal science, in: Fs. Wieacker (1978) 175–184; *E. Bund,* Rahmenerwägungen zu einem Nachweis stoischer Gedanken in der römischen Jurisprudenz, in: Fg. v. Lübtow (1980) 127–145; *D. Liebs,* Lateinische Rechtsregeln und Rechtssprichwörter (1982); *B. W. Frier,* The Rise of the Roman Jurists, Studies in Cicero's pro Caecina (1985); *F. d'Ippolito,* Das ius Flavianum und die lex Ogulnia, in: SZ 102 (1985) 91–198; *ders.,* Sulla giurisprudenza medio-repubblicana (1988); dazu *M. J. Schermaier,* in: SZ 109 (1992) 646–655; *M. Talamanca,* Trebazio Testa fra retorica e diritto, in: Questioni di giurisprudenza tardo-repubblicana, Atti di un Seminario – Firenze 27–28 maggio 1983, a cura di G. G. Archi (1985) 29–204; *A. Guarino,* Catone giureconsulto, in: Index 15 (1987) 41–49; *A. Schiavone,* Giuristi e nobili nella Roma repubblicana (1987); *Bretone,* Tecniche 1–123; *ders.,* Storia 153–209; *Th. Mayer-Maly,* Der Jurist, Tätigkeitsbericht der Österreichischen Akademie der Wiss. 1988/89; *R. A. Bauman,* Lawyers in Roman Republican Politics (1983) und Lawyers in Roman Transitorial Politics (1985); dazu *O. Behrends,* in: SZ 107 (1990) 585–610; *A. Schiavone,* I saperi della città, in Storia di Roma I (1988) 545-574; *A. Schiavone,* Pensero giuridiare rozionolità aristocratica, in: Storia di Roma II/1 415–478; *J.-M. David,* Le patronat judiciaire au dernier siècle de la républic romaine (1992); *H. J. Roth,* Alfeni Digesta (= Freiburger Rechtsgeschichtliche Abhandlungen N. F. 32) (1999).

1. Die Kautelarjurisprudenz

1. Die ursprüngliche Einheit des religiös-sakralen und des sittlich-rechtlichen Lebensbereiches hatte es mit sich gebracht, daß die Rechtskunde zunächst von den *pontifices* gepflegt wurde (§ 9 IV 3). Auch nach der Trennung des **ius privatum** vom **ius sacrum** (§ 9 IV 5) änderte sich an diesen Verhältnissen zunächst nichts. Die Geschäfts- und Klagformulare behielten ihre überlieferten Formen, wie sie sich in der Praxis des Pontifikalkollegiums ausgebildet hatten. Über ihre genaue Kenntnis verfügten nur die Mitglieder dieses Kollegiums. Die Priester waren infolgedessen nach wie vor allein imstande, dem rechtsuchenden Bürger die erforderlichen Formeln bekanntzugeben und ihm wie den Magistraten Rechtsgutachten **(responsa)** zu erteilen. Die Formeln und Ritualvorschriften sowie die in öffentlichen Angelegenheiten ergangenen Gutachten wurden im priesterlichen Archiv **(libri pontificales)** aufbewahrt, so daß auf diese Weise auch die Stetigkeit der Rechtspflege gesichert war. 1

2. Auch die Zwölftafelgesetzgebung hat in die Stellung der *pontifices* im Rechtsleben nicht eingegriffen. Das Gesetz enthielt lediglich die wichtigsten Grundsätze des überkommenen Rechts, die damit als feste Regeln den Bürgern bekannt und zugänglich gemacht wurden. Die **Kenntnis der im Privat- und Prozeßrecht zu verwendenden Formeln** hingegen blieb wie bisher dem Pontifikalkollegium vorbehalten. Erst im Jahre 304 wurden angeblich auch die **Prozeßformulare veröffentlicht,** nach der Über-

lieferung durch **Cn. Flavius,** einem Sekretär des Zensors Appius Claudius Caecus (sog. **ius civile Flavianum).**

2 Die Veröffentlichung der Prozeßformeln lag, wie die des materiellen Rechts durch die Zwölftafeln, vor allem im Interesse der **Plebs**, die noch bis 300 von sämtlichen **Priesterämtern** und damit von jeder unmittelbaren **juristischen Betätigung ausgeschlossen** war. Die in diesem Sinne von der **Überieferung** übersteigerte politische Bedeutung des Vorganges kommt in der wenig glaubwürdigen antiken Legende zum Ausdruck, daß **Cn. Flavius**, ein Mann niederen Standes, seinem Patron **Appius Claudius Caecus** die Formeln entwendet und dann von sich aus veröffentlicht habe (Pomp. D. 1, 2, 2, 7). Schulz, Geschichte 11f., hat diesen Vorgang und seine Beurteilung sehr treffend gewürdigt, indem er sagt: „Die juristische Geheimkunde der *pontifices* habe damit ihr Ende erreicht. Neuere Romanisten haben diesen Roman weiter ausgemalt: Appius habe mit diesen Publikationen einen vernichtenden Schlag gegen das Pontifikalkollegium geführt. Er habe damit das Monopol der Jurisprudenz, das diese ‚geistlichen Herren' sich angemaßt hätten, endgültig gebrochen und das Tor für eine profane Rechtswissenschaft aufgestoßen. **Das alles ist zurückzuweisen ...".** Die Klagformeln waren längst „kein Geheimnis, ...; die *pontifices* hatten sie Generationen hindurch den Prozeßparteien aufgeschrieben, diktiert oder vorgesprochen ... Und wichtiger als die Prozeßformeln selbst war doch die juristische Kunst, die sie geschaffen hatte und im Einzelfall anwandte; diese aber war aus der Publikation nicht zu erlernen".

Die Hauptquelle für unsere Kenntnis von der Entwicklung der republikanischen Rechtswissenschaft ist der rechtsgeschichtliche Bericht des **Pomponius** (§ 34 II 3 d) D. 1, 2, 2, 6. 7.35–46.

3 3. Nach der Überlieferung soll sodann **Tiberius Coruncanius** (Konsul 280), der erste plebejische *pontifex maximus* (254), seine Responsionstätigkeit als erster öffentlich ausgeübt und mit allgemeiner Rechtsunterweisung verknüpft haben. Damit wurde die **Auslegung** der Rechtsbestimmungen und Formeln sowie die **Methode** der Rechtsgestaltung und **Rechtsfindung** allgemein zugänglich gemacht. Seither entwickelte sich allmählich eine nichtpontifikale Rechtswissenschaft **(iuris prudentia).** Bis zum ersten Jahrhundert v. Chr. hat freilich immer noch die Mehrzahl dieser Juristen auch Priesterämter bekleidet (vgl. Cic. dom. 1; dazu Schulz, Geschichte 9ff.).

4 Die Juristen dieser Zeit übten ihre Tätigkeit jedoch nicht als eigentlichen Beruf zu Erwerbszwecken aus, sondern stets unentgeltlich als einen Dienst *(opera)* an der Gemeinschaft (vgl. Cic. off. 2, 65). Der neue Juristenstand setzte sich dementsprechend nicht anders als die Priesterschaft vorwiegend aus Angehörigen der **Nobilität** zusammen, so daß auch in dieser Hinsicht keine wesentliche Verschiebung im sozialen Gefüge des öffentlichen Lebens eintrat (vgl. Wieacker, in: Fg. v. Lübtow 184ff.). Erst seit dem letzten vorchristlichen Jahrhundert geriet die Jurisprudenz im Zusammenhang mit den politischen Verhältnissen in die Hände von Angehörigen oder doch Abkömmlingen des **Ritterstandes.** Die führenden Männer dieses Ritterstandes entstammten vielfach bereits italischen Familien und konnten sich in Wohlstand und Bildung durchaus mit den Besten der Nobilität messen.

5 4. Die Tätigkeit der Juristen hat sich zunächst in nichts von jener der Priester unterschieden. Sie erteilten Rechtsgutachten **(respondere de iure)** und setzten Geschäfts- und Prozeßformulare auf **(cavere).** Diese sich immer weiter verfeinernde praktische juristische Kleinarbeit bei der Abfassung von Vertragsurkunden **(cautiones)** und Formulierung einzelner Vertragsbedingungen **(cautelae)** hat den privaten Rechtsverkehr entscheidend gefördert. Diese Arbeit hat auch die breiten und festen Grundlagen für die spätere eigentliche Rechtswissenschaft geschaffen. Man pflegt infolgedessen mit sachlicher wie formaler Berechtigung diese erste Epoche der römischen Rechtswissenschaft als die der **„Kautelarjurisprudenz"** zu bezeichnen.

Das allgemeine Interesse an den Fragen des immer reger sich entwickelnden Rechtslebens vereinigte zahlreiche **auditores** um den Rechtskundigen. Einige der Zuhörer schlossen sich ihm dann auch als eigentliche Schüler an. Damit entfaltete sich der dritte Tätigkeitsbereich, der Rechtsunterricht **(docere).**

Die Rechtsauskünfte wurden nun häufig auch im einzelnen begründet und durch theoretische Erörterungen gestützt, insbesondere wenn es sich um die Auslegung der veralteten und schwer verständlichen Zwölftafelsätze handelte. Abweichende Gutachten anderer Juristen, die von der Gegenpartei beigebracht worden waren, führten häufig zu öffentlichen Disputen der Juristen mit ihren Gegnern und Schülern **(disputatio fori),** die von den Gutachtern in Vertretung der Parteien gelegentlich auch vor dem Richter ausgefochten wurden. Gegen Ende der Republik wurde die Parteivertretung im Prozeß freilich meist juristisch wenig geschulten Rednern **(oratores)** überlassen, die sich ihrerseits auf die Gutachten der Rechtsgelehrten stützten.

2. Die wissenschaftliche Jurisprudenz

1. Die älteste juristische **Literatur,** von der nur spärliche Bruchstücke oder Nachrichten erhalten sind, bildete den Niederschlag der praktischen Tätigkeit der Juristen. Sie erschöpfte sich daher – ähnlich dem ius Flavianum (I 2) – in der **Sammlung** von Prozeßformeln, Geschäftsformularen und Fallentscheidungen. 6

Prozeßformeln enthielt wohl das sog. **ius Aelianum des Sex. Aelius Paetus Catus** (Konsul 198), während **M'. Manilius** (Konsul 149) in seinen *venalium vendendorum leges* Kaufformulare zusammengestellt hatte. Vertragsformulare finden sich im bereits erwähnten Werk *de agricultura* des **M. Porcius Cato** (Zensor 184). Eine besonders wichtige Literaturgattung waren vor allem die Sammlungen von **responsa.** Sie spielten auch noch in der gesamten klassischen Zeit eine wichtige Rolle.

2. Mit **Sex. Aelius** begann jedoch bereits eine mehr systematisch ausgerichtete Behandlung des Rechtsstoffes. Von ihm stammt der erste **Kommentar zu den Zwölftafeln** (der vielleicht mit dem soeben genannten *ius Aelianum* identisch ist). Das Werk trägt in der Überlieferung den Namen **tripertita,** da es in einer Dreigliederung jeweils den Text des Gesetzes, die *interpretatio* der Priester und weltlichen Juristen sowie die dazugehörigen Prozeßformeln brachte. 7

Als Begründer der Wissenschaft vom *ius civile* galten der späteren Zeit neben **M'. Manilius** (der auch **monumenta** über das *ius civile* geschrieben hatte) seine Zeitgenossen **M. Iunius Brutus** (die *libri tres iuris civilis* des Brutus sind nach griechischer Art in Form eines Dialogs mit seinem Sohn verfaßt) und **P. Mucius Scaevola** (Konsul 133); von den Werken des Scaevola berichtet uns die Überlieferung freilich nichts. Diese drei werden von Pomponius D. 1, 2, 2, 39 als diejenigen bezeichnet, *qui fundaverunt ius civile.* Nach den Ergebnissen von Behrends, T. Gracchus 70, sind sie im Haus der P. Mucius durch Antipater von Tarsos mit der stoischen Philosophie in Berührung gekommen. Vor allem den „Einfluß des humanitären Naturrechts" dieses Stoikers sieht Behrends für die weitere Entwicklung der Rechtswissenschaft als entscheidend an (Prinzipat und Sklavenrecht, in: Rechtswissenschaft und Rechtsentwicklung, Göttinger rechtswiss. Studien 111 [1980] 73; vgl. auch o. § 18 IV 1). 8

Als bedeutende Juristen des ausgehenden 2. Jahrhunderts werden noch genannt: **Q. Aelius Tubero** (Volkstribun 129), **Q. Mucius Scaevola** (der „Augur", Konsul 117) und **P. Rutilius Rufus** (Konsul 105). Sie gehörten alle zum „Scipionenkreis" (§ 18 IV 1) und waren Schüler des Stoikers **Panaitios von Rhodos** (vgl. van Straaten, Panaetii Rhodi fragmenta [1962] 53 f. [De Panaetii discipulis]).

3. Im zweiten Jahrhundert machte auch die allgemeine juristische **Begriffsbildung** erhebliche Fortschritte. Neben der rein kasuistischen Fallbehandlung begann man nun, das allgemeine Ergebnis der zahllosen Einzelentscheidungen zusammenfassend, abstrakte Rechtsregeln **(regulae iuris)** aufzustellen. Die Arbeitsweise dieser sog. **Regularjurisprudenz** hat sich in der Folge als ein wenn auch bescheidener Bestandteil der 9

späteren juristischen Methode erhalten. Die älteste uns bekannte Schöpfung dieser Art ist die **regula Catoniana** (ein Legat [Vermächtnis], das im Zeitpunkt der Testamentserrichtung unwirksam gewesen wäre, bleibt unwirksam, wann immer der Erblasser stirbt; vgl. Cels. D. 34, 7, 1 pr.; in verallgemeinerter Fassung Paul. D. 50, 17, 29: *Quod initio vitiosum est, non potest tractu temporis convalescere*). Sie geht wohl auf den Sohn des Cato Censorius, **M. Porcius Cato Licinianus** (gestorben um 152) zurück. Diese altüberkommenen, in der Praxis aus der *ratio legis* entwickelten theoretischen Grundsätze galten zugleich als *interpretatio* des alten *ius civile.*

Noch die Digesten Justinians fassen unter dem Titel *de diversis regulis iuris antiqui* (D. 50, 17, 1–211) zahlreiche allgemeine Sätze aus dem klassischen Schrifttum zusammen, deren Entwicklung aus einer Reihe praktischer Einzelentscheidungen gelegentlich noch nachweisbar ist.

10 4. Ihren Charakter als eigentliche **Rechtswissenschaft** gewann die römische Jurisprudenz jedoch erst um die Wende vom zweiten zum ersten Jahrhundert. Diese Entwicklung vollzog sich unter dem Einfluß der mit der hellenistischen Bildung (§ 18 IV 1) in Rom eindringenden **griechischen Wissenschaftslehre,** die ihre dialektische Methode vor allem im Bereich der Grammatik, der Philosophie und der Rhetorik seit langem bis ins einzelne durchgebildet hatte. Die **dialektische Methode,** wie sie etwa Cic. Brut. 152f. und orat. 113ff. darstellt, umfaßt im wesentlichen die Logik. Von äußeren Begriffsbestimmungen (ὅροι, **definitiones)** ausgehend, unterschied man vor allem allgemeine Gattungsbegriffe (γένη, **genera)** und ihre besonderen Arten oder Einzelgestaltungen (εἴδη, **species).** Mit Hilfe dieser einfachen Einteilungsprinzipien war es möglich, bestimmte Erfahrungsbereiche in eine systematische Ordnung aufzugliedern und in einem logischen Stufenbau unter Allgemeinvorstellungen wieder zusammenzufassen. Im übrigen bildet das Unterscheiden oder der Unterschied (διαίρεσις, **differentia)** zwischen den einzelnen Erscheinungen, wie er vom verständigen Denken festgestellt und festgesetzt wird, auch heute noch die notwendige Grundlage und das unentbehrliche Rüstzeug jeder Einzelwissenschaft. Nach allem, was sich aus der Überlieferung entnehmen läßt, geht die Entwicklung der dialektischen Methode bei den römischen Juristen auf deren direkte Berührung mit der griechischen Philosophie zurück. Auf diesem Wege haben sie auch die anderen befruchtenden Anregungen aus der griechischen Philosophie erhalten.

Die griechische Bildung hat zweifellos maßgeblich dazu beigetragen, daß die römische Jurisprudenz sich **aus einer bloßen Rechtskunde zu einer echten Wissenschaft** entwickelt hat (vgl. Schulz, Geschichte 81ff., dazu zurückhaltender Wieacker, RG I 618ff.). Diese Periode wird gewöhnlich, weil sie der mit dem Prinzipat (ab 31 oder 27 v. Chr.) beginnenden klassischen Rechtswissenschaft (§ 33 I 1) unmittelbar vorausgeht, als die **vorklassische** bezeichnet (dazu Wieacker, Vom röm. Recht 161ff.).

11 Um die letzte Jahrhundertwende entbrannte der Streit um die Frage nach der Bedeutung des Willens **(voluntas)** im Verhältnis zum Wortlaut **(verba)** bei der Auslegung von Rechtsgeschäften.

Anlaß hierzu hatte ein berühmt gewordener Erbschaftsstreit aus dem Jahre 93 vor dem Zentrumviralgerichtshof über die Auslegung eines Testaments gegeben, in dem M'. Curius zum Pupillarsubstituten eingesetzt worden war, weil der Erblasser geglaubt hatte, daß seine Frau ein Kind erwartete. Nach seinem Tode stellte sich jedoch heraus, daß gar kein Kind erwartet worden war, das nach seiner Geburt vor erlangter Mündigkeit hätte sterben können. In diesem Falle wäre dann M'. Curius als Substitut des unmündig verstorbenen Kindes dessen Erbe geworden. Die Frage war nun, ob die Pupillarsubstitution gleichzeitig eine Ersatzerbschaft in sich schließt, wie das gewiß dem Willen des Erblassers entsprochen hätte und später auch allgemein anerkannt war. Aber vom strengen Wortlaut des Testaments ließ sich ein solcher Wille des Erblassers nicht direkt ableiten. Im Erbschaftsprozeß (sog. *causa Curiana*) vertrat der berühmteste Redner seiner Zeit, **L. Licinius Crassus**, mit Erfolg den Standpunkt, das Testament sei *secundum voluntatem* des Erblassers auszulegen, während der ebenso angesehene

Jurist **Q. Mucius Scaevola** *pontifex,* (u. 5) *secundum verba testamenti* entschieden wissen wollte. Die Auffassung des Crassus hat sich in der Folgezeit durchgesetzt. Die Juristen haben aber den rechtlich erheblichen Willen auch später immer nach objektiv-typischen Gesichtspunkten beurteilt.

5. Schon im Hause des jüngeren **Scipio** (gest. 129) waren die bedeutendsten Juristen ihrer Zeit in unmittelbare Berührung mit der stoischen Philosophie gekommen (o. 2. Abs. 3). Von P. Rutilius Rufus etwa sagt Cic. Brut. 114, er sei *prope perfectus in Stoicis* gewesen. Ein Einfluß der griechischen Philosophie auf die juristische Arbeit läßt sich erst seit dem letzten Jahrhundert v. Chr. deutlicher erkennen. Die Tragweite dieses Einflusses wird jedoch im einzelnen sehr verschieden beurteilt (vgl. etwa Wieacker, RG I 619ff.; Behrends, T. Gracchus 30ff., bes. 51ff.; und Wissenschaftslehre 282ff.; Waldstein, in: Index 22 [1994] 31–45). **12**

Nach dem Bericht von Pomp. D. 1, 2, 2, 41 habe Q. Mucius Scaevola *pontifex* (Konsul 95, von den Anhängern des Marius 82 ermordet) als erster das **ius civile** (in einem Werk von 18 Büchern) nach Arten geordnet **(generatim)** dargestellt – worunter natürlich keine begriffliche Systematik, sondern nur eine unterscheidende Klassifizierung der einzelnen Arten eines Rechtsinstituts zu verstehen ist. Scaevola soll auch einen *liber singularis* ὅρων *(definitionum)* geschrieben haben. Bekannt ist er als Schöpfer der *cautio Muciana* (Sicherheitsleistung für die Rückgabe einer Zuwendung bei Zuwiderhandlung gegen eine negative Potestativbedingung, die sich erst mit dem Tod des Bedachten entscheidet – anders, durch Umdeutung, löst das Problem § 2075 BGB; vgl. auch § 708 ABGB in Verbindung mit § 613). Auf ihn geht auch die *praesumptio Muciana* zurück (Vermögen in der Hand der Frau gilt bis zum Gegenbeweis als vom Mann herrührend). **13**

Von den Schülern des Q. Mucius Scaevola ragte **C. Aquilius Gallus** (Prätor 66) besonders hervor. Von seinen Schriften fehlt jede Nachricht; doch ist er als Schöpfer eines für den Handelsverkehr wichtigen Formulars (**stipulatio Aquiliana:** Zusammenfassung aller Forderungen aus einer Geschäftsbeziehung in einer novierenden Stipulation zwecks Erteilung einer Generalquittung) und vor allem der Formel für die **actio de dolo** (§ 22 V 4 Abs. 4) bekannt geworden. **14**

Der bedeutendste Jurist der vorklassischen Zeit war der Schüler des Aquilius Gallus, **Servius Sulpicius Rufus** (Konsul 51, gest. 43). Er hatte wie Cicero in Rhodos Rhetorik studiert und war zunächst als Gerichtsredner tätig. Nach dem Bericht seines Freundes Cicero soll er der eigentliche Begründer der wissenschaftlichen Jurisprudenz gewesen sein (Cic. Brut. 151ff.). Die Zahl seiner Werke umfaßte angeblich 180 Bücher; darunter befand sich auch der erste kurze **Kommentar zum prätorischen Edikt** in zwei Büchern. **15**

Der Einfluß des **Servius** als Respondierjurist und als Lehrer ist außerordentlich groß gewesen. Von seinen Schülern sind insbesondere zu nennen: **A. Ofilius** (Freund Caesars, Verfasser eines umfangreichen Ediktskommentars), **P. Alfenus Varus** (Konsul 39, Sammler von Responsen des Servius in 40 Büchern *digesta*), **A. Cascellius, C. Trebatius Testa, Q. Aelius Tubero, Aufidius Namusa** (Herausgeber von Schriften der Serviusschüler in 140 Büchern) und **Pacuvius Antistius Labeo,** der Vater des großen frühklassischen Juristen M. Antistius Labeo (vgl. Kunkel, Herkunft 32). Der gleichen Zeit gehört auch (der Grammatiker?) **C. Aelius Gallus** an, von dem ein Fragment in die justinianischen Digesten (§ 43 II 1) Aufnahme gefunden hat (D. 50, 16, 157).

6. Von den **Schriften** der republikanischen Juristen sind uns nur vereinzelte Bruchstücke und wenige Zitate in späteren Werken, vor allem den Digesten Justinians, überliefert. **16**

Auch die Werke der **nichtjuristischen Schriftsteller** der republikanischen Zeit sind für die Kenntnis des Rechts gelegentlich von Bedeutung, als Quellen jedoch mit Vorsicht zu benutzen. So die Komödien des **Plautus** (254–184), die Schrift *de lingua Latina* des Historikers und Grammatikers **Varro** (116–27), vor allem aber die Reden, philosophischen und rhetorischen Schriften **Ciceros** (106–43).

17 7. Die Vorklassiker sind die **Schöpfer der römischen Jurisprudenz** gewesen, auch wenn diese erst in den folgenden Jahrhunderten zu ihrer vollen Entfaltung gelangt ist.

In den Quellen kommt auch der Ausdruck **veteres** vor. In der Lit. ist dieser dahin verstanden worden, daß er zur Kennzeichnung der älteren Vorklassiker gedient habe. F. Horak ist jedoch nach sorgfältiger Prüfung der Quellenbelege zu dem Ergebnis gelangt, daß die Bezeichnung *veteres* von den Klassikern für Juristen bis in das 1. Jh. n. Chr. verwendet wird. Er sagt dann: „Die Vorstellung einer *veteres*-Jurisprudenz mit einer bestimmten juristisch-weltanschaulichen Orientierung und mit einem bestimmten zeitlichen Abschluß findet jedenfalls in der Nomenklatur der Quellen keine Stütze" (Fs. Wesener 235f.).

18 Der wichtigste Wesenszug dieser Jurisprudenz ist die sehr enge Verbindung mit der Praxis, also ihre **Lebensnähe.** Fast alle Juristen der Republik (und ebenso der Prinzipatszeit) sind in verschiedenen Stellungen als Beamte oder als Höchstmagistrate tätig gewesen. Als Privatleute übten sie eine freie und unabhängige Tätigkeit als **Gutachter** und **Ratgeber für die Parteien** in Streitsachen aus. Ihr Ansehen verschafft ihren **responsa** Beachtung und Gewicht vor dem Gerichtsmagistrat wie vor dem **Laienrichter,** dessen **Ratgeber** sie ebenfalls gewesen sind. Ja, zu allen Zeiten der vorklassischen und klassischen Jurisprudenz ist die Beschäftigung mit schwierigen Einzelfällen das Hauptanliegen der Juristen gewesen, nicht die Systematik, die Abstraktion und die juristische Theorie. Sie bemühen sich um **sachgerechte Lösungen der Einzelfälle.** Dabei entwickeln sie jene Rechtsgrundsätze, die in ihrer Gesamtheit eine viel bewunderte Ordnung ergeben. So kann man von einem **Fallrecht** sprechen, das von den Juristen entwickelt wurde **(Juristenrecht).** Das englische **case law** weist mit diesem Juristenrecht insoferne eine strukturelle Ähnlichkeit auf, als es ebenfalls vom Einzelfall ausgeht. Es unterscheidet sich aber vom römischen Recht dadurch, daß es nicht Juristenrecht, sondern **Richterrecht** ist. Im case law wird das Recht aus den Vorentscheidungen der Gerichte, den precedents, gewonnen.

19 Besonders bedeutsam für die Entwicklung des Privatrechts wurde die Tätigkeit der Juristen im **consilium der Gerichtsmagistrate,** die ja selbst gewöhnlich keine Fach juristen waren (§ 22 V 3). Die Juristen sind die eigentlichen **Schöpfer** der neuen Prinzipien des *ius gentium* und der neuen Rechtsmittel des **ius honorarium,** die der Gerichtsmagistrat dann mit Hilfe seines Imperiums durchsetzen konnte. Durch die Begründung der Klagbarkeit verschiedener formfreier Rechtsgeschäfte und durch Vereinfachung der Formen anderer (§ 22 III 2) haben sie das Recht vom **Formalismus des alten ius civile gelöst.** Sie haben den Gedanken der **aequitas,** der Sachgerechtigkeit, zum Durchbruch verholfen (§ 22 IV 7), ohne dabei den – das Recht aufweichenden – Billigkeitsvorstellungen der Rhetoren zu erliegen. Sie haben der **bona fides** als Grundlage, aber auch als Inhalt der wichtigsten Verkehrsgeschäfte und Geschäftsführungsverhältnisse rechtliche Anerkennung verschafft (§ 22 III 3). Auf diesen Prinzipien beruht weithin die Entwicklung des kontinental-europäischen Rechtslebens.

3. Abschnitt. Der Prinzipat

I. Die Verfassung

§ 25. Das Ende der Republik

Schrifttum: *R. Syme,* The Roman Revolution (1939, deutsch 1957); *Chr. Meier,* Res publica amissa (1966); *M. Gelzer,* Caesar, der Politiker und Staatsmann, 6. Aufl. (1960); *ders.,* War Caesar ein Staatsmann?, in: Kleine Schriften II (1963) 286ff.; *K. Kraft,* Der goldene Kranz Caesars und der Kampf um die Entlarvung des „Tyrannen" (2. Aufl. 1969); *F. Vittinghoff,* Römische Kolonisation und Bürgerrechtspolitik unter Caesar und Augustus, in: Abh. d. Akad. d. Wiss. und Lit. Mainz (1951); *H. Bengtson,* Die letzten Monate der römischen Senatsherrschaft, in: ANRW I 1, 967–981; *J. Deininger,* Von der Republik zur Monarchie: Die Ursprünge der Herrschertitulatur des Prinzipats, in: ANRW I 1, 982–997; *W. Kunkel,* Magistratische Gewalt und Senatsherrschaft, in: ANRW I 2, 3–22; *F.J. Bruna,* Lex Rubria, Caesars Regelung für die richterlichen Kompetenzen der Munizipialmagistrate in Gallia Cisalpina (Studia Gaiana V, 1972); dazu *W. Simshäuser,* SZ 93 (1976) 380ff.; *ders.,* Rez. zu: *U. Laffi,* La Lex Rubria de Gallia Cisalpina, in: SZ 105 (1988) 814–825; *H. Bruhns,* Caesar und die römische Oberschicht in den Jahren 49–44 v. Chr., Untersuchungen zur Herrschaftsetablierung im Bürgerkrieg (Hypomnemata 53, 1978); *K. Christ,* Krise und Untergang der röm. Republik (^{3}1993); *G. Crifò,* Krise der Republik und juristische Werte, in: Fg. v. Lübtow (1980) 53ff.; *K.H. Ziegler,* Pirata communis hostis omnium, ebend. 93ff.; *P. Greenhalgh,* Pompey, The Roman Alexander (1980); *H. Benner,* Die Politik des P. Clodius Pulcher, Untersuchungen zur Denaturierung des Clientelwesens in der ausgehenden römischen Republik, Historia Einzelschriften 50 (1987); *M. Jehne,* Der Staat des Dictators Caesar (1987); dazu *K.-H. Ziegler,* SZ 106 (1989) 620–626; *M. Fuhrmann,* Cicero und die römische Republik (1989); *J. Bleicken,* Zwischen Republik und Prinzipat (1990); *ders.,* Prinzipat und Republik. Überlegungen zum Charakter des römischen Kaisertums (1991); *H. Botermann,* Rechtsstaat oder Diktatur, in: Klio 74 (1992) 179–196; *H. Behr,* Die Selbstdarstellung Sullas. Ein aristokratischer Politiker zwischen persönlichem Führungsanspruch und Standessolidarität (1993); dazu *M. Jehne,* in: SZ 112 (1995); *H. Bellen,* Grundzüge der römischen Geschichte I (1994) 117–185 mit viel Lit. 220–223; *J. Bleicken,* Cicero und die Ritter (= Abh. d. Akad. d. Wiss. in Göttingen Phil.-Hist. Kl. Nr. 213) (1995); *A. Yakobson,* Elections and Electioneering in Rome. A Study in the Political System of the Late Republic (= Historia Einzelschriften Heft 128) (1999); *H. Mouritsen,* Plebs and politics in the late Roman Republic (2001).

1. Der Bürgerkrieg

1. Nach dem Scheitern der gracchischen Reformbewegung (§ 18 IV) hatte die Partei der **Optimaten** zunächst wieder die Oberhand gewonnen. Aber die Zeit arbeitete gegen sie. Die Sklavenaufstände in Sizilien und Kleinasien, der Krieg gegen den Numiderkönig Jugurtha – den aufsässigen, Rom provozierenden Nachfolger des Römerfreundes Masinissa –, die Niederlagen gegen die Kimbern und Teutonen (113–102) und das Versagen ihrer Führer in all diesen Fällen hatte Unzufriedenheit und große Erregung zur Folge. Schließlich brachte die durch Insubordination eines adligen Heerführers verschuldete Kimbernkatastrophe bei **Arausio** in Südgallien (105) einen *homo novus* aus dem Ritterstande, **C. Marius,** in die vorderste Linie. Marius war schon 107 erstmals zum Konsul gewählt worden und hatte sich als General im Jugurthinischen Krieg bewährt. Als Popularenführer gelangte er nun hintereinander fünf weitere Male zum Höchstamt (104–100), obwohl eine wiederholte Bekleidung des Konsulats durch 1

ein Gesetz des Jahres 151 ausdrücklich verboten war. Während Marius aber dank seiner **Heeresreform** (§ 19 III 4 Abs. 4) das Reich in glücklicher Abwehr des Ansturms der Teutonen und Ambronen (bei **Aquae Sextiae** 102) und der Kimbern (bei **Vercellae** 101) vor einer militärischen Katastrophe zu bewahren vermochte, mußte er politisch gerade durch die aus rein militärischen Gründen durchgeführte Reform und die anscheinend gracchischen Gedanken folgende Ansiedlung seiner Veteranen in Konflikt mit dem Adel kommen. Es kam zu Straßenkämpfen und Aufständen, wie sie künftig zum Bürgerkriegsstil gehören sollten, und schließlich mußte Marius (98) weichen.

Aber auch die Nobilität war den Aufgaben in der letzten Phase der Republik nicht gewachsen. Aufgrund ihrer starren und reaktionären Haltung scheiterten die an das Werk der Gracchen anknüpfenden Reformbestrebungen des Volkstribunen **Livius Drusus** (§ 20 I 7). Der im Zusammenhang damit leichtfertig heraufbeschworene **Bundesgenossenkrieg** (§ 20 I 7) brachte Rom in eine prekäre Lage, aus der schließlich nur die Gewährung des Bürgerrechts an alle Italiker herausführte, die bereits im Rahmen der gracchischen Reformen vorgesehen gewesen war, aber damals nicht verwirklicht werden konnte (§ 18 IV 4 Abs. 4).

2 2. Nach Erlöschen dieses Brandherdes flammte der Streit zwischen den Optimaten und den Popularen erneut auf. Nachdem die Popularen dem Konsul des Jahres 88, **L. Cornelius Sulla,** das ihm vom Senat übertragene Oberkommando im Kriege gegen Mithradates VI. von Pontus verfassungswidrig durch Volksbeschluß zugunsten des **Marius** hatten entziehen lassen, kam es zum offenen **Bürgerkrieg.** Sulla, der sich beim Heer in Kampanien befand, entschloß sich zum Marsch auf Rom, das er in blutigen Straßenkämpfen erstürmte. Marius und seine Anhänger wurden geächtet, im übrigen verhielt sich der Sieger vorläufig maßvoll, Marius selbst war entkommen.

3. Im nächsten Jahr, als Sulla wegen der Lage im Osten nach Griechenland geeilt war, rief der Popularenführer **L. Cornelius Cinna,** der als Mariusanhänger zunächst Rom hatte verlassen müssen, als Konsul Marius zurück und erzwang mit ihm vom Senat die Übergabe der Stadt. **Marius,** voll bitteren Hasses gegen die Optimaten, rächte sich an ihnen in blutiger Weise. Das Vermögen der von seinen Banden Hingemordeten wurde eingezogen. Er starb Anfang 86. In den nächsten drei Jahren regierte Cinna ohne Wahl, 84 wurde er bei einer Meuterei umgebracht. Der einzige Lichtblick in dieser Zeit war die Lösung des Bundesgenossenproblems gewesen.

4. Inzwischen hatte **Sulla** den Krieg mit Mithradates im Jahre 85 siegreich beendet, den ersten Krieg mit diesem wohl gefährlichsten Gegner, den Rom je gehabt hatte. Im Frühjahr 83 landete Sulla mit einer großen Flotte in Brundisium und zog dann, auf sein ihm treu ergebenes Heer gestützt, im Jahre 82 nach schweren Kämpfen – insbesondere mit den Samniten (§ 20 I 7) – zum zweitenmal in Rom ein. Diesmal wütete er in maßloser, grausamer Weise gegen die ehemaligen Anhänger des Marius und ihre Mitläufer, die Ritter. Es kam zu den berüchtigten Proskriptionen. Das Vermögen der Geächteten wurde konfisziert (vgl. etwa die Schilderung bei Sall. Catil. 51, 32–34). Auf Grund einer Art Sippenhaftung sollten sogar Nachkommen der Proskribierten und im Kampf Umgekommenen weder Ämter bekleiden noch sonst sich politisch betätigen dürfen.

5. Sulla, ein Mann von patrizischem Adel, aber aus verarmter Familie stammend, bezweckte mit seinen Gewaltmaßnahmen, mit denen er sich außerhalb aller Legalität gestellt hatte, die **Wiederherstellung der Herrschaft der Senatsaristokratie.** Es fehlte ihm allerdings auch nicht an einer gewissen Aufgeschlossenheit gegenüber Problemen, die eine moderne Regelung erforderten. Revolution und Verfassungsbruch sollten den Zwecken einer Restauration und **Sicherung der überkommenen Verfassung** dienen.

2. Die Diktatur Sullas

1. Um seine Maßnahmen ungehindert durchführen zu können und ihnen gleichzeitig eine verfassungsmäßige Grundlage zu geben, ließ Sulla sich auf Grund eines Volksgesetzes (*lex Valeria,* 82) zum **dictator (legibus scribundis et rei publicae constituendae)** ernennen (App. civ. 1, 99; wohl danach rekonstruiert in den Fast. Cap. 32, CIL I² 27; weitere Quellen bei Rotondi 348f.). Freilich war diese unbegrenzte außerordentliche Gewalt selbst verfassungswidrig. Mit der alten Diktatur (§ 5 VII), die seit über einem Jahrhundert aus dem Verfassungsleben verschwunden war und an die Sulla offenkundig wieder anzuknüpfen suchte, hatte sie kaum mehr als den Namen gemein. Wie diese gewährte sie zwar ihrem Träger ein inhaltlich unbeschränktes Imperium und war an einen Auftrag gebunden. Aber dieser Auftrag war noch weiter und allgemeiner gefaßt als dereinst der Gesetzgebungsauftrag an die Dezemvirn (§ 10 I 1. 4). An einer zeitlichen Begrenzung der neuen Diktatur fehlte es überhaupt. Schließlich hat sich Sulla daneben auch noch zum Konsul wählen lassen, während die alte Diktatur als außerordentliches Amt über der ordentlichen Höchstmagistratur stand und mit dieser personell niemals verbunden werden konnte. Im Grunde genommen hatte Sulla damit keine andere Stellung als die eines Alleinherrschers. 3

2. Nach der Ausschaltung seiner politischen Gegner durch die in ganz Italien zu ungeheuerlichen Exzessen führenden **Proskriptionen** reorganisierte Sulla durch eine Reihe von **Verfassungsgesetzen** nahezu das gesamte staatliche Leben im Sinne einer eindeutigen Vorherrschaft des Senats. 4

Der **Volkstribunat** wurde praktisch durch die Bestimmung lahmgelegt, daß nur Senatoren zu diesem Amt gewählt werden durften, daß das Interzessionsrecht auf den Schutz des einzelnen Bürgers beschränkt wurde und daß die Wahl zu einem anderen Amt nach Bekleidung des Tribunats ausgeschlossen war. Außerdem sollten Anträge von Tribunen nur unter der Voraussetzung rogiert werden, daß der Senat hierzu seine (vorhergehende?) *auctoritas* erteilte. Die **Volksversammlung** selbst sollte (vielleicht nur bei Wahlen) nicht mehr nach Tribus, sondern nur noch nach Zenturien abstimmen. Innerhalb der **Magistratur** wurde der *cursus honorum* (vgl. § 15 I 5) und die zehnjährige Zwischenzeit für eine Wiederwahl zum Konsul wiederhergestellt. Ferner sollten Konsuln und Prätoren während ihres Amtsjahres grundsätzlich in Rom bleiben und erst im darauffolgenden Jahr als Prokonsuln oder Proprätoren die ihnen wieder vom Senat zuzuweisende Statthalterschaft einer Provinz oder ein Heereskommando übernehmen, ohne daß es sich hierbei um eine eigentliche Neuerung und um eine bindende Bestimmung gehandelt hat (vgl. § 15 II 3, III 4); als praktisch hat sich dieses Verfahren jedenfalls bei Kriegen größeren Ausmaßes nicht erwiesen. Der Senat selbst wurde um 300 neue Mitglieder aus den Anhängern Sullas, dem Ritterstand und – bemerkenswerterweise – dem **italischen Landadel** auf 600 verstärkt. Die bisherige Ergänzung des Senats durch die Zensoren *(lectio senatus)* wurde durch die Bestimmung aufgehoben, daß künftig schon jeder gewesene Quästor auf einen Senatssitz Anspruch hatte. Damit verschwand vorläufig die altehrwürdige Zensur aus dem Bild der römischen Verfassung. Durch die sullanische Gerichtsform wurde auch die Volksgerichtsbarkeit weiter eingeschränkt. Das Richteramt ist hierbei den Rittern (vgl. § 18 IV 5 Abs. 2) wieder entzogen und ausschließlich **Senatoren** übertragen worden. Durch die Aufnahme von Rittern in den Senat sind sie jedoch auf diesem Wege teilweise wieder zum Richteramt gelangt.

3. Neben diesem politisch oder doch überwiegend politisch bestimmten Gesetzgebungswerk hat Sulla im Rahmen seines sich selbst zuerkannten Auftrags in großzügiger Weise auch eine **Neuordnung der Verwaltung** vorgenommen, die von bleibender Bedeutung war. 5

Abgesehen von der zahlenmäßigen Erweiterung der Prätur (§ 15 III 4 Abs. 2f.) und der Quästur (§ 15 VII 2) sowie der allgemeinen Reorganisation des Ämterwesens (o. 2 Abs. 2) gehört hierher der umfassende Ausbau der **Strafrechtspflege** durch Einrichtung neuer Strafgerichtshöfe (§ 12 IV 4). Ferner hat Sulla angeblich 120000 **Bauernstellen,** größtenteils auf den seinen Gegnern enteigneten Ländereien, neu geschaffen. Er hat sie vor allem seinen **Veteranen** nach dem Vorbild der Gracchen als

unveräußerliche Landlose zugewiesen. Das römische und latinische Element Italiens hat das verstärkt, gleichzeitig aber auch viel gesundes italisches Bauerntum vernichtet.

Von besonderer Bedeutung war schließlich die Erhebung Oberitaliens zur Provinz *Gallia Cisalpina* mit der Macra und dem Rubico als Grenzflüssen. Die Bewohner der neuen Provinz erhielten die latinische Rechtsstellung (§ 20 I 4 c).

6 4. Terror, Skrupellosigkeit und Gewaltherrschaft kennzeichnen diesen vorletzten Akt der sterbenden Republik. Es ist immerhin beachtenswert, daß Sulla, was immer ihn dazu bewogen haben mag, nach Abschluß seiner umfassenden gesetzgeberischen Tätigkeit die Diktatur niederlegte (79). Schon im folgenden Jahr trug die römische Adelsrepublik den Mann mit königlichen Ehren zu Grabe, dessen rücksichtsloser Härte sie ihre Wiederherstellung verdankte. Kaum zehn Jahre nach Sullas Tod waren jedoch wesentliche Teile seiner verfassungsrechtlichen Neuordnung nicht mehr in Kraft (u. III 1).

3. Das Ende der Republik

7 1. Bereits die nächsten Jahre nach Sullas Tod brachten einen Umschwung im Sinne der Popularen. Unter dem Konsulat des **Cn. Pompeius (Magnus)** und des **M. Licinius Crassus** (70) wurden die alten Rechte der Volkstribune wiederhergestellt. Auf Grund einer *lex Aurelia* (ebenfalls 70) wurde der Anteil der Senatoren in den Geschworenenlisten beim Privatprozeß und ebenso bei den *quaestiones perpetuae* (§ 12 IV 3) auf ein Drittel beschränkt, je ein weiteres Drittel besetzten die Ritter und die *tribuni aerarii,* wohl Angehörige der unter den Rittern stehenden Zensusklasse. Die *lectio senatus* wurde den wiederernannten Zensoren in die Hand gegeben, die sogleich 64 konservative Senatsmitglieder ausschlossen.

8 **Pompeius,** geboren 106, aus einer begüterten Adelsfamilie stammend, war seinerzeit Sulla nach dessen Landung in Italien mit einem Privatheer zu Hilfe geeilt, hatte ihm das von seinen Gegnern besetzte Sizilien und Afrika freigekämpft und wurde von seinen Soldaten als Imperator begrüßt. Er hatte von ihnen auch die Bezeichnung als **Magnus** angenommen. In Rom wurde er trotz seiner Jugend (wohl mit 25 Jahren) zum Triumph zugelassen. Ungeachtet dieser für alle Konservativen bedenklichen Laufbahn hatte sich der Senat genötigt gesehen, die Hilfe des bewährten jungen Heerführers immer wieder in Anspruch zu nehmen. In Spanien hatte er die Erhebung des Popularenführers **Sertorius,** des fähigsten Anhängers des Marius, niedergeschlagen (72), in Kampanien gemeinsam mit Crassus den nicht ungefährlichen Sklavenaufstand unter dem Thraker **Spartacus** (71). Im Anschluß daran hatte sich Pompeius – ohne vorher irgendein Amt bekleidet zu haben – neben Crassus zum **Konsul** wählen lassen. **Crassus** war durch geschickte Spekulationen im Anschluß an die sullanischen Enteignungen zum ersten Finanzmagnaten Roms aufgestiegen. Dieser Tatsache allein verdankte er auch seine spätere politische Rolle.

9 2. **Pompeius** war sicherlich die bedeutendste Persönlichkeit zwischen Sulla und Caesar. Er hatte jedoch, ungeachtet seiner militärischen Erfolge, kein klares politisches Programm. Es ist ein Zeichen der Zeit, daß er vom Volk, unter dem der Volkstribun **Gabinius,** ein Pompejaner, agitiert hatte, zur **Bekämpfung der Seeräuberei** ausersehen wurde.

Das Seeräuberunwesen (Piraterie) drohte infolge der unzulänglichen Maßnahmen des Senats und gewisser Schranken der sullanischen Verfassung (kriegerische Unternehmungen sollten nur im Rahmen der dem Promagistrat zugewiesenen Provinz stattfinden) den gesamten Handelsverkehr im östlichen Mittelmeer lahmzulegen. Auf Grund der *lex Gabinia* erhielt Pompeius außerordentliche Vollmachten für drei Jahre. Es gelang ihm jedoch durch sein ungewöhnliches organisatorisches Geschick, das östliche Mittelmeer bereits in einem Vierteljahr in einem großen Kesseltreiben von Seeräubern zu reinigen (67). Im Anschluß daran erlangte Pompeius durch eine *lex Manilia* (66) noch weitergehende und zeitlich unbegrenzte Befugnisse im 3. Krieg gegen Mithradates (der 2. war nur eine kurze Episode gewesen).

Diesen mithradatischen Krieg hatte **Lucullus** bereits sieben Jahre mit bedeutendem Erfolg geführt. Pompeius übernahm nun das Heer und besiegte Mithradates, der sich hierauf 63 selbst den Tod gab. Die bedeutendste Annexion, die dieser Feldzug zur Folge hatte, war die Einrichtung der Provinz Syrien. Im Jahr 62 landet Pompeius wie einst Sulla mit seinem Heer in Brundisium – und entläßt es. Der Senat hat es ihm nicht gedankt, er bereitete ihm nur Schwierigkeiten bei der Versorgung und Unterbringung seiner Veteranen. Dies törichte Verhalten des Senats führte zum Bündnis des Pompeius mit Caesar.

3. **C. Julius Caesar,** geboren im Jahre 100, ein Mann von altem patrizischem Adel, 10
aber aus damals nicht mehr einflußreicher Familie, hatte den *cursus honorum* durchlaufen von der Quästur bis zur Prätur (62). Als Proprätor war er in Spanien gewesen, im Jahre 63, traditionswidrig *pontifex maximus* geworden und für das Jahr 59 zum Konsul gewählt. Seinen Aufstieg verfolgte der Senat mit argwöhnischen Augen, insbesondere seit dem **Staatsstreichversuch Catilinas** (63), dessen Konsulatsbewerbung Caesar und Crassus unterstützt hatten. War schon Caesars Wahl zum Konsul nicht zu verhindern gewesen, so gedachte man ihm wenigstens den Weg zu militärischer Macht nach dem Amtsjahr zu versperren.

4. Da antwortete Caesar mit einem genialen Schachzug, dem Bündnis der politisch 11
führenden Bürger, dem sogenannten **ersten Triumvirat,** dem **Caesar** (designierter Konsul von 59), **Pompeius** und **Crassus** angehörten (wohl Ende 60). Ihre Politik konnte nur gegen den Senat gerichtet, also eine „populare" Politik sein. Die **Früchte des Bündnisses erntete** in erster Linie **Caesar.**

Als Konsul des Jahres 59 nahm Caesar verschiedene Gesetze in Angriff, die er freilich unter Verfassungsverletzungen (Übergehung des Senats und des Einspruchs seines Mitkonsuls) durch die Komitien annehmen ließ. Er wollte damit seine Loyalität gegenüber seinen Partnern beweisen, wie etwa durch das Gesetz über finanzielle Erleichterungen für Steuerpächter, an dem Crassus interessiert war, und durch die Bestätigung der im Osten getroffenen Anordnungen des Pompeius sowie durch die *lex Iulia Campana* zwecks Ansiedlung der Veteranen des Pompeius. Mit diesem Gesetz verfolgte Caesar jedoch bereits sozialpolitische Pläne, die er aber erst später wieder aufgreifen konnte (u. IV 5b). Zu erwähnen ist noch die von Caesar veranlaßte *lex Iulia repetundarum* gegen Geldannahme durch Provinzialstatthalter und sonstige Beamte, die für die gesamte Kaiserzeit maßgeblich blieb (vgl. D. 48, 11).

Am wichtigsten für Caesar selbst war die auf Antrag des Volkstribunen P. Vatinius 12
gleichfalls durch Volksbeschluß herbeigeführte Übertragung des prokonsularischen Imperiums über *Gallia Cisalpina,* die von Sulla (o. II 3 Abs. 3) neugeschaffene Provinz, und die Provinz *Illyricum* (Dalmatien). Dazu kam noch die eben gerade durch den Tod des bisherigen Prokonsuls freigewordene Provinz *Gallia Narbonensis* (Südgallien), die ihm der Senat auf Antrag des Pompeius zusprach. Das prokonsularische Imperium wurde ihm, was ungewöhnlich war, auf fünf Jahre übertragen und damit gleichzeitig das Kommando über insgesamt vier Legionen für diese Zeit. Das entsprach etwa den Vollmachten, die knapp zehn Jahre zuvor Pompeius für den Osten erhalten hatte. Caesars Augenmerk richtete sich nun auf Gallien, wo eben der Germane Ariovist Fuß zu fassen versuchte.

5. **Caesar** war **in Gallien** außerordentlich erfolgreich, aber die Festigung seiner au- 13
ßenpolitischen Maßnahmen erforderte Zeit. Während seines Winteraufenthaltes in Oberitalien 57/56 kam es nach einer Vorbesprechung mit Crassus zu einer **Erneuerung des Triumvirats** mit Pompeius und Crassus in Luca (Lucca) (April 56), wobei die Rollen für die Zukunft verteilt wurden. Caesar blieb das prokonsularische Imperium für weitere fünf Jahre, also bis Ende 49, für 48 wünschte er einen zweiten Konsulat.

Pompeius und Crassus sollten 55 den Konsulat übernehmen und darauf ebenfalls die Provinzialstatthalterschaft für fünf Jahre, und zwar sollte Pompeius Spanien erhalten, Crassus Syrien. Pompeius blieb freilich in Italien, weil ihm der Senat die *cura annonae,* die Getreideversorgung der Hauptstadt, mit prokonsularischer Vollmacht für fünf Jahre übertragen hatte, um ihn näher an sich zu ziehen, und so ließ er Spanien durch Legaten verwalten; Crassus kam 53 in einem von ihm vom Zaun gebrochenen Krieg mit den Parthern ums Leben.

14 Im Jahre 52 gelang es Caesar, den Aufstand der Gallier unter Vercingetorix zu überwinden. Vercingetorix fiel in seine Hand. **Gallien wurde römische Provinz,** ohne daß die Stammesverfassung aufgehoben wurde. Den Unterworfenen wurde die Leistung von Abgaben auferlegt.

15 6. In Rom herrschten zu dieser Zeit anarchische Zustände, die Banden des einst von Caesar unterstützten Volkstribuns Clodius und seines Gegners Milo terrorisierten die Stadt. Bei einer Schlägerei kam Clodius Anfang 52 ums Leben. Nun bestellte der Senat Pompeius zum *consul sine collega,* den seit Sulla anstößigen Terminus *dictator* vermeidend. Das Verhältnis zwischen Pompeius und Caesar kühlte sich ab, insbesondere nachdem Caesars Tochter Iulia, die Pompeius 59 geheiratet hatte und die zwischen beiden stets vermittelte, im Jahre 54 gestorben war. Caesar erwartete, 48 sein zweites Konsulat zu bekleiden. Dies war für ihn wichtig, um die Anerkennung seiner Verfügungen in Gallien zu erreichen, aber auch, um nicht in Rom zur Rechenschaft über seine Amtszeit gezogen werden zu können.

Ihm wurden aus Senatskreisen Vorwürfe wegen der **Grausamkeiten** gemacht, zu denen es bei der Durchführung seiner kriegerischen Maßnahmen in Gallien gekommen war. An der Richtigkeit dieser Behauptungen wird kaum zu zweifeln sein; aber diese Grausamkeiten gehörten zum Kriegshandwerk, und leider nicht nur damals. Über die Grausamkeiten bei der Zerstörung Karthagos hatte man sich weniger ereifert, und nach der sinnlosen Zerstörung Korinths erhoben sich zwar selbst aus römischen Kreisen einige Stimmen dagegen, ohne daß dies doch für den Eroberer irgendwelche Folgen gehabt hätte.

16 Besorgt machen mußte Caesar eine *lex Pompeia* vom Jahre 52, eine neue Wahlordnung und gleichzeitige Verfassungsänderung, dergemäß dem Senat das Recht zustand, künftig die Statthalter zwischen früheren Höchstmagistraten auswählen zu können. Auch sollte zwischen der Statthalterschaft und der Magistratur künftig ein Zeitraum von fünf Jahren liegen. Obwohl sich dieses Gesetz vielleicht im Grunde gegen die schamlosen Wahlbestechungen der vergangenen Jahrzehnte richtete, mußte Caesar annehmen, daß es ihm persönlich galt. Für das Jahr 49 hatte er nun mit einem Nachfolger für Gallien zu rechnen, der auch tatsächlich bestimmt wurde. Damit aber entstand das von ihm gefürchtete Vakuum zwischen dem Auslaufen seines promagistratischen Imperiums und dem Antritt seines zweiten Konsulats.

4. Die Diktatur Caesars

17 1. Caesar hatte zahlreiche Versuche zu einer Beilegung des aus dieser Lage entstandenen Konflikts unternommen. Sie scheiterten, wiewohl er sogar bereit gewesen war, das Imperium niederzulegen, falls Pompeius das gleiche täte. Der Senat stimmte dem Anfang 50 auch zu. Es war daher verfassungswidrig, wenn der Konsul C. Marcellus auf eigene Faust den **Staatsnotstand** verkündete und Pompeius mit dem Schutz des Staates betraute. Trotz neuer Vermittlungsvorschläge, denen sogar Cicero und Pompeius beizutreten bereit waren, kam es Anfang 49 zu einer Verkündung des **Staatsnotstandes** durch den Senat auf Grund eines *senatus consultum ultimum.* Da endlich machte Caesar, der bisher viel Großzügigkeit bewiesen hatte, dem Finassieren (Trickspiel) des Senats ein Ende durch die **Überschreitung des Rubico** mit seinen Legionen

in der Nacht zum 11. Januar 49. Der **Bürgerkrieg** hatte begonnen. Es sollte fast fünf Jahre dauern, bis Caesar nach Bezwingung seiner Gegner, im September 45, als Sieger nach Italien zurückkehren konnte; und dann blieben ihm noch sechs Monate bis zu den Iden des März. Corfinium (Mittelitalien), Pharsalus in Thessalien (August 48), Thapsus in Afrika (Februar 46), Munda in Spanien (März 45) heißen die Stationen seines Sieges.

Noch während der Operationen in Italien streckte Caesar immer wieder Friedensfühler aus, umsonst. **Pompeius** ging nach dem Osten und sammelte eine beachtliche Streitmacht. **Pharsalus** in Thessalien (August 48) bedeutete das Ende seiner Macht. Auf der Flucht wurde er in Ägypten ermordet – zum Entsetzen Caesars, dessen Gegner sich erneut in Afrika sammelten. Cato Uticensis war dabei, der Repräsentant der Optimaten, der Kämpfer für die Republik aus Überzeugung, die Verkörperung des *mos maiorum.* Nach Niederschlagung eines Aufstandes in Kleinasien (berühmt ist Caesars Bericht *veni vidi vici)* und kurzem Aufenthalt in Italien wird der Brand in Afrika bei **Thapsus** im April 46 ausgetreten. Cato gibt sich in Utica, nach dem er nun benannt ist, den Tod. Kaum in Rom, eilt Caesar nach Spanien, wo sich unter den Pompeiussöhnen die Reste der Gegner gesammelt hatten. Der Sieg bei **Munda** im März 45 beendete schließlich auch diesen Widerstand.

2. Nach Corfinium war Caesar aufgrund eines Volksbeschlusses durch den ihm er- 18
gebenen Prätor M. Aemilius Lepidus zum **dictator** ernannt worden (Mitte 49), aber erst Ende des Jahres machte er davon für wenige Tage Gebrauch *comitiorum habendorum causa* und wurde für 48 wieder zum Konsul gewählt, ebenso für die Jahre 46 bis 44. Im Herbst 48, nach Pharsalus, hatte er sich – während des Kampfes um die Macht – wiederum für ein Jahr zum *dictator* ernennen lassen, 46 aber, nach Thapsus, erhielt er die Diktatur auf 10 Jahre, so daß er zeitweise Konsul und Diktator zugleich war. Nach Munda empfing er wahrscheinlich durch Senatsbeschluß die **unbefristete Diktatur** „*rei gerundae causa*“, zur Staatsführung. Die unbefristete Diktatur bedeutete das Ende der republikanischen Verfassung.

In den ersten vier Jahren, d. h. bis Anfang 44 (letzte Münze des Münzmeisters Mettius), wurden jedoch nach Ausweis der Münzen die aufeinanderfolgenden Diktaturen noch gezählt, während Cicero berichtet, daß Caesar bereits im Jahr 44 in den Fasten als *dictator perpetuus* bezeichnet wurde (Cic. Phil. 2, 87).

3. Im September 45 war Caesar nach Rom zurückgekehrt. Das erste, was er zu tun 19
fand, war die Festigung der neuen politischen Ordnung. Man sah seiner Rückkehr teilweise mit Furcht entgegen, Furcht vor „Proskriptionen und Revolutionstribunalen“. Aber derartiges entsprach nicht Caesars Charakter. Seine Politik hatte immer den inneren Frieden zum Ziel gehabt, *quietem Italiae, pacem provinciarum, salutem imperii,* wie er bell. civ. 3, 57, 4 selbst gesagt hat. Die Gegner zu versöhnen war seine Absicht. Schon nach der Einnahme von Corfinium zu Beginn des Krieges (49) hatte er Milde, *clementia,* walten lassen. Dies gebot ihm auch seine politische Klugheit und sein Selbstvertrauen. So schien es auch eine Weile, als ob die Versöhnung gelingen könnte, solange nämlich die Senatsaristokratie darauf hoffen zu können glaubte, er werde die *libera res publica* wieder herstellen. Auch Cicero war von ihm eingenommen. Das mußte anders werden mit seiner Ernennung zum Diktator auf Lebenszeit.

4. Offensichtlich war Caesar auf **Legitimierung** seiner Sonderstellung bedacht. Er 20
erhielt das Recht, den Titel *Imperator* auf die Dauer zu führen. Als Vornamen allerdings hat er ihn nach Ausweis der Münzen nicht geführt, das geschah erst unter Augustus. Der *Quinctilis,* sein Geburtsmonat, erhielt den Namen *Iulius.* Auf den **Münzen** erscheint sein **Porträt** – es war das erstemal, daß ein lebender Römer auf einer Münze abgebildet wurde –, mit einem Kranz geschmückt. Der Kranz ist – das haben die Untersuchungen von **Kraft** eindeutig erwiesen – nicht der Lorbeerkranz, sondern ein

Kranz etruskischer Formgebung, von der altrömischen Königstracht hergeleitet. Ob Caesar wirklich nach dem Königstitel trachtete, läßt sich kaum entscheiden. Die Stimmen der ihm feindlich gesinnten Zeitgenossen sind dafür kein sicherer Beweis. Kraft 102 weist mit Recht darauf hin, daß man schon Jahrzehnte vorher gegen die Popularenführer, z.B. Ti. Gracchus, den Vorwurf erhob, sie strebten nach Diadem und Königstitel. Und gerade von solchen Verleumdungen, die Caesars Feinde in Umlauf setzten, „um ihn selbst bei seinen Freunden verhaßt zu machen", berichtet auch Cass. Dio 44, 9, 1f. Cic. Phil. 2, 87 hingegen bezeugt, daß Caesar die ihm angetragene Königswürde *(regnum)* abgelehnt habe. Die Diktatur genügte jedenfalls zur Durchsetzung seiner Ziele.

21 Welche Vorstellungen immer die **Verschwörer** von Caesars Absichten gehabt haben mögen, sie verabscheuten jedenfalls die Alleinherrschaft als solche. Sie hielten daher ihr Komplott für legitim. Caesar sah dem Widerstand kühl ins Auge, anscheinend nur auf seine Stellung als *pater patriae* und Patron von Stadt und Reich sich verlassend, wozu ihn der Senat im Rahmen eines Gefolgschaftseides Anfang 44 erklärte. Auch die *sacrosanctitas* der Volkstribune – ohne das Amt selbst – soll ihm damals verliehen worden sein (s. dazu **E. Kornemann,** in Fs. Wenger I [1944] 288ff.). So hatte er sogar seine spanische Leibwache entlassen. Kurz vor dem Antritt eines großen Feldzuges gegen die Parther, die in den kommenden zwei Jahrhunderten den Römern noch viele Schwierigkeiten bereiten sollten, fällt der Diktator in einer Senatssitzung durch die Hand der Verschworenen. Sie hatten damit ihr Ziel erreicht, den „Tyrannen" zu beseitigen. Hinter der Tat stand aber **kein politisches Konzept.** Daraus erklärt sich die vollständige Verwirrung nach dem 15. März 44 (kennzeichnend dafür sind die Schilderungen bei Cic. Att. 14, 4 und 14, 6). Vierzehn weitere Jahre blutiger Wirren waren die Folge.

22 5. Das Ziel seiner Gegner war die Restauration, ein romantisches Ideal, und das gilt auch von Cicero, wenn sich auch in seinen philosophischen Schriften, insbesondere in dem uns fragmentarisch erhaltenen Werk *de re publica* Gedanken finden, die als Grundlage des Prinzipats eine wichtige Rolle spielen. Caesar sah große politische Aufgaben vor sich, deren Erfüllung nur mit Hilfe der erforderlichen Macht möglich war. Daraus hat Caesar die Konsequenzen gezogen. Gerade seine Offenheit hat jedoch noch einmal die Opposition des Senats dazu veranlaßt, ihm nicht viel Zeit zu lassen, diese politischen Aufgaben auch tatsächlich zu erfüllen. Gleichwohl hat er bedeutende Leistungen vollbracht.

23 a) Zunächst sind seine Koloniegründungen zur Versorgung der Veteranen des Pompeius anzuführen, die er aufgrund der *lex Iulia Campana* als Konsul von 59 auf kampanischem *ager publicus* ansiedelte (o. III 4). Er ergriff aber diese Gelegenheit, durch fast vollständige Aufteilung des *ager Campanus* 20000 kinderreiche stadtrömische Familien mit Land zu versorgen. Capua erhielt dabei, nun als römische Bürgerkolonie, seine Selbständigkeit zurück. Entsprechend einem Gedanken der Gracchen, den auch Sulla aufgenommen hatte, sollte der Grund und Boden 20 Jahre lang unveräußerlich sein. Gleichzeitig wurde bestimmt, daß für diesen Zweck notfalls weiteres Land freihändig dazugekauft werden solle. Das vergrößerte natürlich Caesars Gefolgschaft. Es war aber auch der erste Schritt auf dem **Weg zu einer Sozialreform,** dem 46 ein zweiter, noch bedeutenderer folgen sollte.

24 b) Nach den amtlichen Listen betrug noch im Jahre 46 die Anzahl der Getreideempfänger in Rom 320000 Köpfe, die von Caesar anläßlich seiner damaligen Triumphe mit Spenden bedacht wurden. Danach ließ er die Listen überprüfen und senkte die Zahl der künftig Unterstützungsberechtigten auf 150000, wobei offenbar wiederum

kinderreiche Familien bevorzugt wurden. Gleichzeitig faßte er den Plan einer **Umsiedlung** beträchtlicher Teile der **proletarisierten stadtrömischen Bevölkerung** in überseeische Bürgerkolonien. Bis zu seinem Tode sollen noch 80000 Bürger dementsprechend untergebracht worden sein, und zwar teilweise in Griechenland auf römischem *ager publicus,* teilweise in der Provinz Africa. In diesen Maßnahmen drückt sich ein **sozialpolitischer Ordnungsgedanke** aus, Caesar befindet sich konsequent in der Nachfolge des Sozialreformers C. Gracchus (§ 18 IV 5).

c) Auch für die Versorgung seiner eigenen Veteranen konnte Caesar nach 49 den Weg der Ansiedlung geschlossener Verbände in Italien nicht mehr beschreiten, es sei denn, er hätte Sullas Gewaltmethoden bei der Landbeschaffung anwenden wollen. Das aber lag ihm fern. In Italien konnte er also, da Staatsland in nennenswertem Umfang nicht mehr zur Verfügung stand, seine Leute nur noch einzeln unterbringen, und dabei vermied er Eigentumseingriffe ohne Entschädigung. So ging er zu geschlossener **Ansiedlung** ganzer **Legionen in den Provinzen** über, und zwar besonders in **gallischen** und **spanischen** Kolonien, deren Bewohner künftig auch der Sicherung der Reichsgrenzen dienen konnten. Hier entwickelte sich allmählich durch Einbeziehen einflußreicher einheimischer Bürger und durch Einheirat ein städtisches Leben römisch-provinzialen Charakters. 25

d) In wenigen Jahren hat Caesar auf diese Weise mehr Kolonien gegründet oder wenigstens vorbereitet als irgendeiner vor oder nach ihm – mit Ausnahme des Augustus, der das Werk seines Adoptivvaters fortsetzte. Caesars Ziel war hier deutlich die **Überwindung des stadtstaatlichen Denkens,** in dem der Senat noch befangen war, **durch den Reichsgedanken,** der eine friedliche Ordnung des Reiches sichern sollte (o. 3). Dabei hörte er, ein Mann aus ältestem römischem Adel, nicht auf, der **Romanitas** den Vorzug zu geben. Sie sollte vor allem **den Westen durchdringen.** 26

e) Damit im Einklang steht seine **Bürgerrechtspolitik.** Den Bewohnern von **Gallia Cisalpina** wurde auf Antrag des ihm gewogenen Praetors L. Roscius bereits 49 durch Volksgesetz das **römische Bürgerrecht** verliehen und – die Ergebnisse des Bundesgenossenkrieges korrigierend – ein einheitliches Bürgerrecht für ganz Italien geschaffen. 27

Die Provinz *Gallia Cisalpina,* im wesentlichen die Poebene, das Land, aus dem Catull, Livius und Vergil kamen, wurde allerdings erst nach Caesars Tod (nach der Schlacht bei Philippi 42) in die römische Verwaltung eingegliedert.

Nicht einbezogen wurde **Sizilien,** diese älteste römische Provinz, der Caesar wohl wegen ihres eher griechischen als italischen Charakters nur das latinische Recht zu geben gedachte. Auch Augustus handelte da sehr vorsichtig, indem er nur vereinzelt sizilische Städte zu Bürgermunizipien machte, vor allem Messana, eine Stadt, die mit ihren vielen römischen und italischen Siedlern und Kaufleuten und wegen ihres Abrückens von Sex. Pompeius ein erstes Anrecht darauf hatte.

f) In einzelnen Fällen verlieh Caesar das römische Bürgerrecht an Bewohner von Provinzstädten, die sich um ihn verdient gemacht hatten, zum Beispiel an die Bevölkerung von **Gades** (Cadiz), wie er auch große verdiente Einzelne, Gelehrte, Ärzte, Künstler, durch Verleihung des römischen Bürgerrechts ehrte. Großzügig war er in der Verleihung des **latinischen Rechts** an Provinzstädte und Volksstämme, deren Angehörige *coloniarii Latini* wurden. Wie die norditalischen Städte 89 das latinische Recht als **„Titularkolonien"** erhalten hatten, so gewährte es Caesar den meisten Volksstämmen der Provinz **Gallia Narbonensis,** seiner einstigen Statthalterprovinz. In **Spanien** hießen mit latinischem Recht bewidmete Städte *municipia Latina.* Auch diesen Weg hat Augustus weiter verfolgt. 28

g) Um diesem Gebäude auch eine eigene Rechtsform zu geben, ließ der Diktator für die *municipia Galliae Cisalpinae* nach 48 durch den Volkstribunen Rubrius eine **ein-** 29

heitliche Gerichtsordnung (Organisation der Gerichtsbarkeit und Rechtsprechung nach stadtrömischem Muster) vorlegen, die sog. *lex Rubria,* von der eine Bronzeplatte, bei Placentia gefunden, erhalten ist (Bruns 97ff. = FIRA I 169ff.). Auf Caesar geht auch eine **Munizipalordnung für Italien** zurück, die sogenannte *lex Iulia municipalis* (Bruns 102ff. = FIRA I 140ff.), und das **Stadtrecht** des spanischen **Urso** (Osuna; Bruns 122ff. = FIRA I 177ff.). Besonders vom Stadtrecht von Urso sind umfangreiche Fragmente erhalten (§ 20 I 8 Abs. 3). In diesem Zusammenhang ist auch Caesars Plan zu erwähnen, das **ius civile zu kodifizieren,** und, wie Suet. Iul. 44, 1f. berichtet, aus der unermeßlichen und unübersichtlichen Fülle von Gesetzen das Beste und das Notwendige in möglichst wenigen Büchern zusammenzufassen (*... de tuendo ampliandoque imperio plura ac maiora in dies destinabat: ...; ius civile ad certum modum redigere atque ex immensa diffusaque legum copia optima quaeque et necessaria in paucissimos conferre libros;* dazu Kunkel, SZ 66 [1948] 448ff., auch Schulz, Geschichte 71). Auch Liv. 3, 34, 6 sagt im Zusammenhang mit dem bereits wiederholt zitierten Text über das Zwölftafelgesetz (vgl. §§ 10 III 1 und 22 II 2), daß es *in hoc immenso aliarum super alias acervatarum legum cumulo, fons omnis publici privatique est iuris* (es ist in diesem immensen Übermaß an übereinander gehäuften Gesetzen die Quelle des gesamten öffentlichen und privaten Rechts). Livius war immerhin Zeitzeuge der Verhältnisse, die Sueton als Historiker schildert.

30 h) **Aus dem Reichsgedanken** folgte auch Caesars **Senatsreform.** Er erhöhte die Zahl der Senatoren nach und nach bis auf 900. Die neuen Sitze (300) vergab er an Angehörige des **italischen Landadels,** an Vertreter der ins Bürgerrecht neu aufgenommenen Gebiete, insbesondere der **Gallia Cisalpina,** und an einige römische Bürger aus **Spanien** und **Gallien.** Caesar hatte die Notwendigkeit erkannt, ganz Italien an der Lenkung der Geschicke des Imperiums teilhaben zu lassen, darüber hinaus aber auch die Provinzen enger an das Reich zu binden. Aus Soldaten Oberitaliens und der von Caesar und Augustus gegründeten Kolonien und Munizipien römischen und latinischen Rechts in den Provinzen rekrutierten sich künftig immer mehr die Legionen bis zum Ende der Regierungszeit Marc Aurels. Aus den Städten römischen und latinischen Rechts, ja auch nichtrömischen Rechts, erfährt die Reichsverwaltung und die Führungsschicht eine Blutauffrischung. Die griechischen Stadtstaaten waren einmal vor das gleiche Problem gestellt, sobald ihr Staatsgebiet großräumiger wurde, und sie haben alle versagt. So versagte auch die römische Führungsschicht, als sie mit den Methoden, mit denen sie die Herrschaft über die mittelitalischen Stämme ausgeübt hatte, ein Weltreich regieren wollte.

31 6. Dies alles sahen viele Optimaten nicht. Die Zeitgenossen – außer Sallust – erwähnen es kaum. Sie standen seinen Maßnahmen, wie etwa dem Projekt der Außenkolonisation, ablehnend gegenüber. Die Führungsschicht, die sich schon durch viele Jahrzehnte das Gesetz des Handelns immer von außen hatte vorschreiben lassen, war selbst nicht fähig, die anstehenden Fragen zu lösen. Sie war aber auch nicht fähig, die notwendigen Lösungen anzunehmen. Caesar hatte sie nicht nur erkannt, sondern auch ins Werk zu setzen begonnen. Er ist ohne Zweifel ein weitblickender Staatsmann gewesen, der in diesem Sinne als „groß“ bezeichnet werden kann. Auch wenn er selbst an der Kurzsichtigkeit der Optimaten scheiterte, so hat er doch die Grundlagen dafür gelegt, daß Augustus schließlich verwirklichen konnte, was Caesar angestrebt hatte. Er war der **Wegbereiter des Prinzipats,** der ohne ihn nicht möglich gewesen wäre. Der Prinzipiat aber ist mit seiner Blüte der römischen Rechtswissenschaft eine geschichtliche Voraussetzung für die Entwicklung des römischen Rechts zu jener Höhe, die es zur Grundlage der europäischen Rechtskultur hat werden lassen.

§ 26. Die Begründung des Prinzipats

Schrifttum: *H. Siber,* Römisches Verfassungsrecht (1952) 266ff., Hinweise auf seine früheren Beitr. 389; *A.v. Premerstein,* Vom Werden und Wesen des Prinzipats (1937); *E. Schönbauer,* Wesen und Ursprung des römischen Prinzipats, in SZ 47 (1927) 264–318; *ders.,* Die res gestae divi Augusti in rechtsgeschichtlicher Beleuchtung (1946); *U.v. Lübtow,* Blüte und Verfall der römischen Freiheit (1952); *L. Wickert,* Princeps, in: RE XXII 2 (1954) 1998–2296; dazu *W. Kunkel,* SZ 75 (1958) 302ff. = Kl. Schr. 498ff.; *ders.,* Über das Wesen des augusteischen Prinzipats, in: Gymnasium 68 (1961) 353–370 = Kl. Schr. 383–404; *R. Klein* (Hrsg.), Prinzipat und Freiheit, Wege der Forschung 135 (Wiss. Buchges. 1969); zahlreiche neue Beiträge in: ANRW II 1 (1974), dort insb. *L. Wickert,* Neue Forschungen zum römischen Principat, 2 (1975) und 13 (1980), dort insb. *A. Guarino,* Gli aspetti giuridici del principato, 3–60; ferner *F. Fabbrini,* L'impero di Augusto come ordinamento sovrannazionale (1974); *F. de Martino* IV, 1; *A. Heuß* 272–320; *H. Bengtson,* Marcus Antonius, Triumvir und Herrscher des Orients (1977); *A. Alföldi,* Vater des Vaterlandes im römischen Denken (1978); *J. Bleicken,* Kaiserreich 1, 20–60; *ders.,* Zwischen Republik und Prinzipat (1990); *ders.,* Prinzipat und Republik. Überlegungen zum Charakter des römischen Kaisertums (1991); *H. Kloft* (Hrsg.), Ideologie und Herrschaft in der Antike, Wege der Forschung 528 (1979), dort bes. die Beiträge von *J. Kaerst,* 205–237, *J. Béranger,* 315–335, und *E. Koestermann,* 388–415; *D. Kienast,* Der augusteische Prinzipat als Rechtsordnung, SZ 101 (1984) 115–141; *Ramage,* RG (1987); dazu *Waldstein,* SZ 108 (1991) 396–402; *H. Bellen,* Grundzüge der römischen Geschichte (1994) 162–185 mit weiterer Lit. 222f.; *J. Bleicken,* Zwischen Republik und Prinzipat, Zum Charakter des 2. Triumvirats (= Abh. d. Akad. d. Wiss. in Göttingen, Phil.-Hist. Kl. Nr. 185) (1990); *E. Gabba,* L'impero di Augusto, in: Storia di Roma II/2 (1991) 9-28; *F. Serrao,* Il modello di costituzione, in: Storia di Roma II/2 (1991) 29-72; *C. Lanza,* Auctoritas principis (1996); *W.K. Lacey,* Augustus and the Principate: the Evolution of the System = ARCA 35 (1996).

1. Der Aufstieg Oktavians zur Alleinherrschaft

1. Die Ermordung Caesars hat dem Reich weitere 14 Jahre blutigen Bürgerkrieges 1
eingetragen. Der junge Adoptivsohn und Großneffe Caesars, C. Octavius, nach der Adoption **Octavianus** genannt, einigte sich schnell mit dem Konsul des Jahres 44, **M. Antonius,** einem nahen Anhänger Caesars, nachdem sich beide den nötigen Machtrückhalt geschaffen hatten, Antonius durch ein fünfjähriges Kommando in Oberitalien, Octavian durch ein aus Privatmitteln aufgestelltes Heer, das aus Caesars Veteranen bestand. Im Verein mit **M. Aemilius Lepidus** schlossen sie 43 in Bologna den **zweiten Triumvirat** und ließen sich, gleichsam in kollegialer Nachfolge Caesars, durch Volksbeschluß außerordentliche Vollmachten für fünf (und später für weitere fünf) Jahre als **tresviri rei publicae constituendae** erteilen (Liv. per. 120; Cass. Dio 46, 55, 3). Ihre Tätigkeit eröffneten sie, wie einst Sulla, mit Proskriptionen. Dabei opferte Octavian Antonius zuliebe auch **Cicero,** der sich Antonius' Haß durch seine den Senat zum Widerstand aufrufenden Reden zugezogen hatte (Liv. per. 120: *Caesar [Octavianus] pacem cum Antonio et Lepido fecit, ita ut tresviri rei publicae constituendae per quinquennium essent ... et ut suos quisque inimicos proscriberent,* dort auch der Bericht über Ciceros Ermordung; ausführlich schildert Cass. Dio 46, 56, 1 und 47, 1, 1–15, 1 die grauenhaften Vorgänge; zu Ciceros Tod 47, 8, 3f. und 47, 11, 1f.). Nach dem Sieg über die Caesarmörder bei **Philippi** (42) kehrte Octavian nach Italien zurück, während Antonius dem Reich das östliche Mittelmeer wiedergewinnen sollte.

2. Auch unter den neuen Triumvirn begann sogleich ein zähes Ringen um die **Alleinherrschaft.** Erst 36, nach seinem Sieg über den Sohn des Pompeius, Sextus Pompeius, gelang es Octavian, den Lepidus zum Rücktritt vom Triumvirat zu zwingen und sich so im Westen des Reiches die uneingeschränkte Führung zu sichern. Nun galt es, den Antonius als Beherrscher der östlichen Reichshälfte auszuschalten. Hier konnte nur eine kriegerische Auseinandersetzung zum Ziele führen. **Antonius,** von Octavian 2

in den letzten Jahren bewußt ohne jede Unterstützung gelassen, hatte durch seine Verbindung mit **Kleopatra,** Königin von Ägypten, und die Pläne zur Errichtung einer (nun wirklich „hellenistischen") Königsherrschaft Octavian willkommenen Anlaß gegeben, ihn zum Staatsfeind erklären zu lassen und zum nationalen **Krieg gegen den Osten** aufzurufen. Die Schlacht bei **Actium** (31) entschied nicht nur über das persönliche Geschick der rivalisierenden Machthaber, sondern über die Zukunft des römischen Reichs. Kaum ein Jahr später gab sich Antonius selbst den Tod, der Bürgerkrieg war beendet.

3 3. Die Erfahrungen der letzten 50 Jahre des römischen „Revolutionszeitalters" hatten dem allgemeinen politischen Verständnis zwei Tatsachen deutlich vor Augen geführt: daß nämlich die Beherrschung des riesigen Weltreichs mit den überkommenen stadtstaatlich-republikanischen Methoden auf die Dauer nicht möglich war, daß jedoch der so stark in der Tradition wurzelnde Geist des Römertums ebensowenig eine völlige Abkehr von den Gestaltungsformen der Vergangenheit ertrug. Die Lösung dieser Probleme erforderte zweierlei: Einmal mußte die Regierungsgewalt einer monarchischen Staatsführung in die alten **Formen republikanischer Vorstellungen** gekleidet werden; und auf der anderen Seite war es ebenso notwendig, daß diese Staatsführung nach und nach die gesamte Verwaltung des Reiches – mit Hilfe eines neben oder gleichsam außerhalb der Republik völlig neu zu schaffenden **Beamtenapparates** – selbst in die Hand nahm. Diese Schicksalsfrage des römischen Reiches hat der neue Alleinherrscher, wenigstens im Grundsätzlichen, nach langjährigen und vorsichtigen Versuchen mit politischer Meisterschaft glücklich entschieden. Freilich kam seinen Bestrebungen die allgemeine Friedenssehnsucht ebenso entgegen, wie ihm die Beseitigung vieler potentieller Gegner im Bürgerkrieg sein Werk erleichterte. Nicht daß es keine überzeugten Republikaner mehr gegeben hätte; aber auch sie sahen in dem Neuen die unausweichliche Folge der letzten fünfzig Jahre und vielleicht das kleinere Übel. Immerhin gab es auch Widerstand und während der langen Regierungszeit des Augustus auch Anschläge auf sein Leben, die aber nie das Ausmaß der Verschwörung gegen Caesar hatten.

2. Der Prinzipat des Augustus

4 1. Mit dem Beginn des Krieges gegen Antonius und Kleopatra hatte die Triumviralgewalt Octavians ihr Ende erreicht (32). Eine Verlängerung kam nach dem Rücktritt des Lepidus und der Ächtung des Antonius sowie im Hinblick auf eine vier Jahre zurückliegende feierliche Erklärung Octavians, daß die Bürgerkriege und Verfassungsbrüche nun endlich aufhören und ordnungsmäßigen Zuständen Platz machen sollten, nicht mehr in Frage. So begnügte er sich als Führer des nationalen Abwehrkampfes gegen den Osten mit einem **Gefolgschaftseid** Italiens und der westlichen Provinzen (*coniuratio Italiae et provinciarum;* R. gest. div. Aug. 25; vgl. u. Abs. 4), ohne freilich die Triumviralgewalt auch formell niederzulegen.

Daneben besaß Octavian seit 36 das **tribunizische** Recht der **Unverletzlichkeit,** das im Jahre 30 durch das tribunizische Recht zum Schutze des Bürgers in Rom *(ius auxilii)* ergänzt wurde. Dies war aber ebensowenig ein Ersatz für die im Jahre 33 abgelaufene Triumviralgewalt wie der **Konsulat,** den er seit 31 (bis 23) alljährlich bekleidete. Nach der Diktatur zu greifen, wie sie Caesar innehatte, war untunlich, ganz abgesehen davon, daß ein Gesetz nach dem Tode Caesars die Diktatur für alle Zukunft abgeschafft hatte. Nach dem Triumph des Jahres 29 fielen jedoch auch alle mit dem Oberkommando im Kriege verbundenen besonderen Befugnisse fort. So sah sich Octavian genötigt, als Grundlage für die Fortdauer seiner Führungsgewalt sich auf die **„allgemeine Zustimmung"**, wie sie in den erwähnten Treuegelöbnissen zum Ausdruck gekommen war, zu berufen. Sie erinnern an den Gefolgschaftseid für Caesar im Jahre 44 (s. § 25 IV 4) und haben ihre Vorbilder in der hohen Republik, wo Gefolgschaft *(clientela)* und Patron, einen *„princeps civitatis"*, etwa einen um den Staat verdienten ehemaligen Konsul (vgl. § 18 III 1), ein gegenseitiges Treueverhältnis verband.

Augustus selbst hat in seinem inschriftlich großteils erhaltenen **Rechenschaftsbericht** den Stand der Dinge nach der Schlacht von Actium in dieser Weise gekennzeichnet: *in consulatu sexto et septimo, bella ubi civilia extinxeram, per consensum universorum potitus rerum omnium ...* (R. gest. div. Aug. 34). 5

Das nach dem Fundort Ancyra (heute Ankara) benannte **Monumentum Ancyranum** wurde 1555 an den Innenwänden der Vorhalle eines Augustus-Tempels in Ankara entdeckt. An der östlichen Außenwand des Tempels ist eine griechische Übersetzung des Rechenschaftsberichts erhalten, mit deren Hilfe die Lücken des lateinischen Textes (vgl. die Tafeln 3 und 4 bei S. 186) teilweise ergänzt werden konnten. Ausgabe der R. gest. div. Aug. v. **H. Volkmann** (Kl. Texte für Vorlesungen und Übungen, 3. Aufl. 1969); ergänzt wird es durch Bruchstücke eines weiteren Exemplares der Inschrift, des ebenfalls nach dem Fundort sog. **Monumentum Antiochenum,** herausgegeben von **W. Ramsay** und **A. von Premerstein** (Klio, Beiheft 19, 1927). S. auch **H. Volkmann,** Jahresbericht über die Fortschritte der klassischen Altertumswissenschaft 279 (1942) 1 ff.

2. Auf die Dauer war eine solche außerhalb der Verfassung stehende Regelung jedoch nicht befriedigend. Um allen Vorwürfen über eine verfassungswidrige Gewaltanmaßung und eine Wiederaufrichtung der Diktatur Caesars von vornherein die Spitze abzubrechen, entschloß sich Octavian daher, dem Beispiel des Sulla und Pompeius zu folgen und seine Führungsgewalt Senat und Volk wieder zur Verfügung zu stellen. Der feierliche Staatsakt, in dem die Rückgabe der außerordentlichen Gewalt vollzogen wurde, fand in der **Senatssitzung vom 13. Januar 27** statt. 6

Obwohl der Senat seinen Rücktritt nicht entgegennehmen wollte, bestand Octavian darauf. Er erklärte sich lediglich bereit, die Sicherung und Verwaltung der sieben noch stark militarisierten Provinzen zu übernehmen – insbesondere Gallien, Spanien und Syrien behielt sich der Kaiser vor –, während der Senat die übrigen zehn verwalten sollte. Diese **Teilung der Reichsverwaltung** nach **senatorischen** und **kaiserlichen Provinzen** hat sich den ganzen Prinzipat über erhalten. Zur Durchführung dieser Aufgabe ließ sich Octavian ein zunächst auf zehn Jahre befristetes **allgemeines „imperium"** erteilen, das ihm den militärischen Oberbefehl über die gesamte Heeresmacht und zugleich das Recht zur militärischen Aushebung, auch in Italien, sicherte. Da dieses (militärische) *imperium,* das auch die römischen Polizeiverbände (*cohortes urbanae* und *cohortes vigilum:* § 29 II A 3.5) sowie die Prätorianergarde umschloß, hinfort die **Grundlage der kaiserlichen Gewalt** bildete, läßt sich die Senatssitzung vom 13. Januar 27 als die eigentliche Geburtsstunde des **Prinzipats** bezeichnen.

Der bereits erwähnte Bericht des Augustus (R. gest. div. Aug. 34; o. 1 Abs. 3) legt jedoch begreiflicherweise gerade auf die vorausgegangene Rückgabe der öffentlichen Gewalt besonderes Gewicht und fährt daher in diesem Sinne fort: ... *rem publicam ex mea potestate in senatus populique Romani arbitrium transtuli.*

3. Diese Rechtsstellung hat Augustus im Laufe der Zeit weiter gefestigt. **Im Jahre 23 legte er** auch den **Konsulat nieder,** den er seit 31 (verfassungswidrig) alljährlich bekleidet hatte. Nur gelegentlich übernahm er später noch das Amt des **consul ordinarius** (vgl. § 27 I 2). 7

Die erforderliche **Verankerung seiner Stellung in der republikanischen Verfassung** erreichte er auf andere Weise:

a) Für das Gebiet der **Stadt Rom** erhielt er nun durch Gesetz auf Lebenszeit die **volle tribunicia potestas** (die Unverletzlichkeit stand ihm schon seit 36, das *ius auxilii* 8 seit 30 zu, vgl. 1), und damit das Interzessionsrecht gegenüber dem Magistrat sowie das Recht zur Einberufung der *concilia plebis* und des Senats (vgl. § 15 VI 3).

9 b) Für **Italien** und das gesamte **Reichsgebiet** einschließlich der senatorischen Provinzen wurde Augustus angeblich durch Senats-Gesetz (Cass. Dio 53, 32, 5) ein lebenslängliches **imperium proconsulare maius** übertragen. Cassius Dio sagt ausdrücklich, daß er damit eine allen Statthaltern übergeordnete Gewalt erhielt. Neben dem allgemeinen militärischen *imperium* hatte er damit auch die volle Zivilgewalt im Reich. Bleicken, Senatsger. 149 und Kaiserreich 1, 37ff., beurteilt dieses *imperium maius* kritisch. Er meint (Kaiserreich 39), es würde die Aussage des Augustus in R. gest. div. Aug. 34 (u. III 3) als „eine glatte Lüge" erweisen. Wohl zutreffender meint Kunkel, Kl. Schr. 400, das *imperium proconsulare* sei wahrscheinlich jedenfalls „in den Provinzen, die sich Augustus nicht reserviert hatte, ein *maius imperium*" gewesen, „das seinem Träger erlaubte, auch in die Verwaltung dieser sogenannten Senatsprovinzen nach Gutdünken einzugreifen". Dies muß aber keineswegs bedeuten, daß die Aussage des Augustus in den *Res gestae* „eine glatte Lüge" wäre. Denn dieses *imperium* stand ohnedies außerhalb der republikanischen Verfassungsordnung und konnte für Augustus gerade in der von ihm angeführten überragenden *auctoritas* seine Deckung finden (jetzt dazu differenzierend Bleicken, Zwischen Republik und Prinzipat 98–105; vgl. auch u. IV 4).

10 c) Schon im Jahre 23 war dem Prinzeps die Befugnis verliehen worden, gleich einem Konsul im Senat Anträge zu stellen *(ius agendi cum patribus)*, und vier Jahre später wurden die *ornamenta consularia* auf ihn übertragen, er führte also 12 *fasces* wie die Konsuln und hatte seinen Platz auf der *sella curulis* neben ihnen. Er war zwar nicht Konsul, hatte aber – wie Cassius Dio 54, 10, 5 es ausdrückt – das **imperium consulare.** Dazu kamen **zensorische Befugnisse** wie die *cura legum et morum* und das Recht der *adlectio (= lectio senatus)* sowie schließlich 12 v. Chr. der **Oberpontifikat** durch Plebiszit und 2 v. Chr. der Ehrentitel *pater patriae* durch Akklamation des Senats.

3. Die persönliche Sonderstellung des Prinzeps

11 1. Die von Augustus seit dem Jahre 23 ausgeübten Gewalten sind samt und sonders, wenn man vom Oberpontifikat und dem gelegentlich (in den Jahren 5 und 2) nochmals übernommenen Konsulat absieht, dadurch gekennzeichnet, daß sie von dem zugrunde liegenden Amt losgelöst sind. Damit wäre Augustus den in bezug auf die *tribunicia potestas* vielleicht schon von Caesar vorgezeichneten Weg (§ 25 IV 4) folgerichtig zu Ende gegangen. Er hielt sich hierbei insoweit formal im Rahmen der römischen Verfassung, als eine solche Trennung von Amt und Gewalt in Gestalt der *prorogatio imperii* der Republik seit alters bekannt war (§ 15 II 3). Aber während die bisherige Prorogation sich nur als zeitliche Verlängerung des *imperium militiae* nach Erlöschen der eigentlichen Amtsdauer darstellt, erscheint dieser Gedanke nun in abstrakter Verallgemeinerung. Die **Trennung von Amt und Gewalt** war jetzt, **sachlich wie zeitlich,** wirklich **absolut.** Sie wurde sogar auf die (selbst schon prorogierte) Gewalt des Prokonsuls angewandt, indem Augustus auch das prokonsulare *imperium* nicht als gewesener Konsul erhalten hatte, sondern als persönliches Vorrecht. Diese Loslösung magistratischer Amtsgewalt von dem dazugehörenden Amt und die Bündelung dieser Gewalten in der Person des Augustus bilden die **staatsrechtliche Grundlage des Prinzipats.** Infolgedessen ist auch das namenlose militärische Imperium, das Octavian im Staatsakt von 27 als erstes verliehen wurde, als die Vorwegnahme aller ihm später zuerkannten Teilgewalten anzusehen.

2. Wenn die gesamten Befugnisse des Augustus auf diese Weise als **persönliche Vorrechte** eines einzelnen Bürgers erscheinen, so kam ihm verfassungsrechtlich überhaupt nur die Stellung eines **princeps civium** zu. Auch dies war eine altrömische Vorstellung, die einst in der ehrenden Bezeichnung als „Häupter der Bürgerschaft", *principes civitatis* (§ 18 III 1) und als „Senatsältester", *princeps senatus* (§ 15 IV 6 Abs. 2) ihren Ausdruck gefunden hatte. **Seit 28** ist Octavian in der Tat auch **princeps senatus** gewesen, und auf dieser Grundlage hat sich wohl die Bezeichnung seiner Person als **princeps** und des von ihm aufgebauten Staates als **principatus** entwickelt. 12

Da der Prinzeps im übrigen als **Privatmann** galt, so hat er folgerichtig auch seinen Beamtenapparat zunächst aus seinen eigenen Freigelassenen und Sklaven aufgebaut (§ 29 I 3 b).

3. Darum konnte Augustus in seinem Rechenschaftsbericht auch mit einem gewissen Recht behaupten, er habe **im Jahre 27** alle Gewalt an die verfassungsmäßigen Organe zurückgegeben und die **Republik wiederhergestellt.** An *potestas* habe er nicht mehr besessen als seine Magistratskollegen (d.h. seine ranggleichen Mitkonsuln der Jahre 27 bis 23), nur an *auctoritas* habe er alle überragt: **post id tempus auctoritate omnibus praestiti, potestatis autem nihilo amplius habui quam ceteri qui mihi quoque in magistratu conlegae fuerunt** (R. gest. div. Aug. 34 a.E.). Auch hier verwendet Augustus zur Kennzeichnung seiner persönlichen Stellung einen Grundbegriff der altrömischen Gemeinschaftsordnung. **Auctoritas** und **libertas** aber, wie verhalten sie sich zueinander? Indem Augustus seine Machtstellung auf die *auctoritas* seiner Person zurückführt, will er sagen, er habe dem römischen Bürger auch die Freiheit wiedergegeben – die Freiheit, um deren Erhaltung vor allem die republikanisch gesinnte Opposition in den vorausgegangenen Jahrzehnten gekämpft hatte. Dementsprechend sagt er am Anfang der *Res gestae,* daß er „den durch die Willkürherrschaft einer bestimmten Gruppe versklavten Staat befreite" (*rem publicam a dominatione factionis oppressam in libertatem vindicavi,* ein Ausdruck, der an den Freiheitsprozeß anknüpft, die *vindicatio in libertatem;* dazu Kaser/Knütel, RP § 15 I 5). 13

Es ist klar, daß in einer so komplexen Lage, wie sie im Jahre 27 bestand, die Beurteilungen sowohl der Wiederherstellung der Republik als auch der Freiheit sehr unterschiedlich waren und auch heute noch in der Forschung sind; vgl. nur die von R. Klein (Hrsg.), Prinzipat und Freiheit (1969), zusammengestellten Beiträge; ferner Ramage, RG 38 ff.; auch u. IV.

4. Eine äußere Anerkennung des persönlichen Vorranges, den Octavian als *princeps (senatus)* und auf Grund seiner *auctoritas* auch nach der Rückgabe der außerordentlichen Gewalt im Staatsakt von 27 in Anspruch nehmen konnte, vollzog der Senat wenige Tage später, indem er ihm den sakralen Ehrentitel **„Augustus"** (der Erhabene, Erlauchte) verlieh. Octavian nannte sich hinfort mit vollem Namen **Imperator Caesar divi filius Augustus.** 14

Die Dauerbezeichnung **Imperator** trug Augustus nun wirklich als Vornamen, wie wenn er ihn von Caesar geerbt hätte (§ 25 IV 4), und als Gentilnamen führte er (beides schon seit 40) das Cognomen seines Adoptivvaters Caesar. Ebenso einmalig war es, daß er sich als *divi filius,* d.h. als Sohn des „Vergöttlichten", bezeichnete. Die Apotheose *(consecratio)* Caesars hatte der Senat auf Antrag Octavians zu Beginn des Jahres 43 beschlossen. 15

5. Dagegen lehnte Augustus die Erhebung seiner eigenen Person unter die römischen Staatsgötter, wie vor ihm wohl schon Caesar, mit Entschiedenheit als unrömisch ab. 16

Anders lagen die Verhältnisse freilich in den **Provinzen.** Hier hat sich, insbesondere in den **östlichen Provinzen,** sehr rasch ein ausgedehnter **Kaiserkult** mit eigener Priesterschaft und eigenen Tempeln entwickelt. Er wurde nicht nur offiziell zugelassen, sondern z.T. auch von Rom aus gefördert und organisiert. Die göttliche Verehrung des

Herrschers war im Osten eine so selbstverständliche Gepflogenheit, daß sie gegen Ende der Republik gelegentlich sogar schon einzelnen römischen Statthaltern und Feldherrn gegenüber geübt worden war.

In den **westlichen Provinzen** hat Augustus den Kaiserkult selbst eingeführt. Die hierfür vorgesehenen Kultstätten, die regelmäßig am Forum errichtet wurden, dienten dann im übrigen auch der Abhaltung von **„Provinziallandtagen"**, die die Provinzbevölkerung nicht nur dem Statthalter, sondern in gewissem Umfang auch dem Prinzeps gegenüber vertraten. Bald drang der Kaiserkult schließlich auch nach **Italien** ein. In **Rom** selbst duldete Augustus freilich nur die Verehrung seines **genius**, der als Personifikation von Macht und Ansehen des *pater familias* schon im altrömischen Hauskult verehrt wurde (§ 11 II 5 Abs. 2).

4. Das Wesen des augusteischen Staates

17 1. Wie wir gesehen haben, hebt sich die Person des Prinzeps einerseits völlig aus dem republikanischen Verfassungsaufbau heraus. Er ist kein Magistrat mehr, weder ein ordentlicher noch ein außerordentlicher wie der Diktator, der Alleinkonsul oder der Triumvir. Als *princeps senatus* ist er lediglich *primus inter pares* einer verfassungsmäßigen Körperschaft, der im Laufe der Zeit wesentliche Regierungsfunktionen zugefallen waren. Insoweit wurde die Republik durch die neue politische Ordnung formal in keiner Weise angetastet und in allen ihren verfassungsmäßigen Einrichtungen wiederhergestellt.

18 2. Andererseits hatte der Prinzeps aber alle seine Gewalten aus den republikanischen Ämtern geradezu durch eine Abstraktion herausgezogen, ohne sie dem jeweiligen Amtsträger formal zu nehmen. Insofern wurzelte die Stellung des Prinzeps mit allen seinen Rechten wiederum ganz in der republikanischen Verfassung. Dies hätte zur neuen Form einer rein funktionellen Kollegialität zwischen Prinzeps und magistratischen Amtsträgern führen müssen. Hierauf zielt wohl auch die erwähnte Behauptung des Augustus, er habe nicht mehr an *potestas* besessen als jeder Magistrat, der ein entsprechendes Amt bekleidet hatte (o. III 3). Aber dieser Hinweis geht am Kern der Dinge vorbei. Augustus **vereinigte** alle wesentlichen **Amtsgewalten** in seiner Person, während eine Anhäufung von Ämtern in einer Person **nach republikanischem Verfassungsrecht ausgeschlossen** war. Die dauerhafte Vereinigung dieser Gewalten in der Person des Augustus mußte seiner Stellung von vornherein ein erdrückendes Übergewicht verleihen. Den Magistraten stand dagegen nur eine in Zeit und Kompetenzen eingeschränkte Amtsgewalt zu.

19 3. Diesen wirklichen Sachverhalt hat Augustus in sehr geschickter Weise dadurch verschleiert, daß er seine tatsächliche Machtposition allein – und sozusagen bei jeder seiner Gewalten getrennt für sich – auf seine persönliche *auctoritas* zurückführte. So erhielt er den Schein aufrecht, daß die Summe aller entscheidenden Einzelgewalten, über die er verfügte, doch nicht das Ganze einer einheitlichen monarchischen Gewalt ergab. Rein rechtlich gesehen war das auch sicher richtig. Der Verzicht auf eine echte rechtliche Verankerung seiner Macht offenbart gerade die politische Klugheit des Augustus. Daher zeigte er sich auch immer bereit, dem Senat über seine Tätigkeit Rechenschaft abzulegen. Tatsächlich gab es jedoch kein politisch bedeutsames republikanisches Organ, das nicht durch die konkurrierende Zuständigkeit des Prinzeps überlagert worden wäre (§ 27).

20 4. Die auf Grund dieser widerspruchsvollen Sachlage immer wieder erörterte Frage, ob der Staat des Augustus schon als **Monarchie** oder noch als **Republik** zu betrachten

wäre, wird daher von der modernen Forschung mit Recht weder einseitig in diesem noch in jenem Sinne entschieden. Man sieht in diesem politischen Kunstwerk nach vorherrschender Meinung ein **Zwischengebilde,** das sich einer scharfen begrifflichen Erfassung überhaupt entzieht. Dies ist gewiß richtig. Der **Prinzipat** ist eine einmalige politische Ordnung, die weder Republik noch Monarchie und zugleich das eine wie das andere ist – eben das lag im Sinne des Augustus. Die *auctoritas* aber, „das soziale und politische Prestige", (Bleicken, Senatsger. 132) „des Kaisers war allgegenwärtig, aber nirgendwo konkret faßbar" (ders., Kaiserreich 1, 45).

5. Augustus selbst hat freilich die von ihm verwirklichte Synthese von Republik und Monarchie im Hinblick auf das Schicksal Caesars als Republik zu tarnen gesucht. Im allgemeinen Bewußtsein sollte seine Neuschöpfung als die Wiederherstellung des Freistaates gelten, er selbst nur als der „erste Bürger" *(princeps).* Zu diesem Zweck hat er eine außerordentlich geschickte und erfolgreiche **Propaganda** entfaltet, die das Römische der neuen Ordnung sichtbar in den Vordergrund rückte und den offenkundigen Bruch mit dem Herkommen möglichst unauffällig zurückzusetzen und zu verdekken trachtete. Das ging so weit, daß Augustus in seinem Rechenschaftsbericht, der erst nach seinem Tode im Senat bekanntgegeben und dann in Rom wie in allen größeren Provinzstädten inschriftlich aufgestellt wurde und daher zugleich als sein politisches Vermächtnis gelten kann, sein prokonsularisches **imperium maius** (II 3b), das den republikanischen Traditionen offenkundig widersprach, überhaupt nicht erwähnte. 21

Das war wohl deswegen möglich, weil die prokonsularische Gewalt in der Stadt ruhte. Nach Cass. Dio 53, 32, 5 mußte aber Augustus dieses *imperium* beim Überschreiten des *pomerium* weder formell niederlegen (katatíuesuai) noch es beim Verlassen der Stadt erneuern lassen. Die großstädtische Bevölkerung spürte daher nichts von dieser Gewalt, und außerhalb Roms oder gar in den Provinzen erschien sie als selbstverständlich.

6. Im übrigen zeigt seine Kulturpolitik, daß Augustus die Schaffung einer Ideologie unterstützte, welche die **Wiedergeburt altrömischen Geistes** und altrömischer Tugenden zum Gegenstand hatte. Die besten Vertreter der nun anhebenden klassischen Literatur **(Horaz, Vergil)** und Geschichtschreibung **(Livius)** stellten sich in seinen Dienst. Auch in der Architektur und bildenden Kunst zeigt sich das gleiche Bestreben, ja, das gesamte kulturelle Leben im römischen Staate erblühte für einige Jahrzehnte, wie es noch nie geblüht hatte. 22

7. In den **Provinzen** fand die Herrschaft des Prinzeps von vornherein eine bereitwillige Aufnahme. Hier gab es keine republikanische Vergangenheit, der man hätte nachtrauern können. Hier waren es umgekehrt die republikanischen Herrschaftsformen, die man seit langem als drückende Last empfunden hatte. Es war daher nicht nur wirtschaftliche Vernunft, sondern auch politische Klugheit, wenn Augustus der mehr oder weniger rücksichtslosen Ausbeutung der Provinzen ein Ende setzte. Auf diese Weise konnte er seine Herrschaft auf das dankbare Vertrauen des ganzen Reiches stützen, und gerade in den nun aufblühenden Provinzen des Ostens erschien er als der gerechte Friedensfürst, in dessen Person man die verschiedensten politischen Wunschbilder und Vorstellungen von der **Monarchie,** wie sie bei den unterworfenen Völkern lebendig waren, verwirklicht sah, vom orientalischen Gottkönig bis zum Herrscherideal der griechischen Philosophie (über den damit zusammenhängenden Kaiserkult vgl. III 5). In diesen Vorstellungen liegt aber zugleich schon der Keim für den späteren **Untergang des Prinzipats** und seine Umwandlung in die Herrschaftsform der späten Kaiserzeit. Nachdem das geschichtliche Sendungsbewußtsein des römischen Volkes im 3. nachchristlichen Jahrhundert seine gestaltende Kraft verloren hatte, trat, auch von 23

anderen geistigen Bewegungen getragen, der Gedanke eines kosmopolitischen **Weltreiches** an seine Stelle. Der römische Kaiser war zum Herrn der Welt geworden.

§ 27. Der Fortbestand der republikanischen Verfassungseinrichtungen

Schrifttum: *H. Nesselhauf,* Die neue Germanicusinschrift von Magliano, in: Historia 1 (1950) 105 ff.; *E. Schönbauer,* Neue staatsrechtliche Erkenntnisse aus der Inschrift von Heba [Magliano], in: Anzeiger der phil.-hist. Klasse der Österr. Akad. der Wiss. (1950), 87 ff.; RIDA 6, 191 ff.; *G. Tibiletti,* Principe e magistrati repubblicani (1953); *J. Bleicken,* Senatsgericht und Kaisergericht (1962); *ders.,* Kaiserreich 1, 20 ff.; *W. Kunkel,* Über die Entstehung des Senatsgerichts, in: Sitzungsberichte Bay. Akad. der Wiss., Phil.-hist. Klasse (1969) = Kl. Schr. 267–323; weitere Lit. bei *L. Wickert,* ANRW II 1, 5–8 (vor § 26, dort und vor § 32 weitere Hinweise).

1. Die Magistratur

1 1. Die kaiserliche Gewalt, die ungeachtet ihrer formalen Selbständigkeit ihren Inhalt den magistratischen Ämtern entlieh, hat, wie schon erwähnt, die äußerlich fortbestehenden republikanischen Einrichtungen zu einem Schattendasein herabsinken lassen. Die **Magistraturen** wurden hiervon naturgemäß besonders betroffen, da sie von den gleichartigen Einzelgewalten des Prinzeps unmittelbar ausgehöhlt wurden. Dies gilt besonders für die Höchstmagistrate und den Volkstribunat.

2 2. Der politische und militärische Aufgabenbereich der **Konsuln** ging vollständig auf den Kaiser über. Was ihnen blieb, war lediglich die äußere Ehrenstellung, insbesondere der Vorsitz in den Senatssitzungen und das Recht der **Eponymie** (§ 5 IV 4 Abs. 4). Um ihnen wenigstens eine gewisse Amtstätigkeit zu lassen, wurden sie nun auch mit der **Rechtspflege,** insbesondere mit Aufgaben aus dem Bereich der freiwilligen Gerichtsbarkeit, der außerordentlichen streitigen Gerichtsbarkeit und Strafgerichtsbarkeit betraut.

Im übrigen wurde der Konsulat nunmehr auch zum Zwecke bloßer Auszeichnung wie ein **Ehrentitel** verliehen. Damit im Zusammenhang entwickelte sich die schon auf Caesar zurückgehende Übung, in einem Jahre mehrere Konsulpaare zu ernennen. Die beiden ersten, die **consules ordinarii,** gaben nach wie vor dem Jahr den Namen und waren in folgedessen angesehener als die ihnen folgenden sog. **consules suffecti.**

3 3. Zu völliger Bedeutungslosigkeit sank auch der **Volkstribunat** herab, der von der *tribunicia potestas* des Kaisers überlagert und in allen seinen Funktionen paralysiert wurde.

Wie es scheint, wurden auch den Tribunen gewisse Aufgaben innerhalb der Rechtspflege im Rahmen der *cognitio extra ordinem* zugewiesen.

4 4. Verhältnismäßig wenig berührt wurde die politisch nicht so bedeutsame Amtstätigkeit der **Prätoren.** Sie behielten die ordentliche Zivilgerichtsbarkeit, bis auch diese im Laufe der Zeit durch die *extraordinaria cognitio* des Prinzeps verdrängt wurde (§ 32 III).

Ihre **Zahl** wurde seit Ausgang der Republik im Zusammenhang mit der Vermehrung der ständigen Strafgerichtshöfe und dem Ausbau der außerordentlichen Zivilrechtspflege laufend erhöht. Augustus setzte sie vorübergehend wieder auf acht herab. Unter Claudius war die spätere Normalzahl von 18 Prätoren erreicht. Seit 22 v. Chr. wurden auch die **öffentlichen Spiele** *(ludi)* nicht mehr von Ädilen, sondern von Prätoren ausgerichtet (u. 6).

5. Die **Zensur** ist zum letzten Male im Jahre 22 v. Chr. selbständig besetzt worden. 5
Seit dieser Zeit wurden die zensorischen Befugnisse von den Kaisern kraft ihres konsularischen Imperiums oder kraft ausdrücklicher Verleihung des Amtes (zuletzt 84 an Domitian) wahrgenommen.

6. Den **Ädilen** verblieb lediglich die Marktpolizei und Marktgerichtsbarkeit. Die 6
cura ludorum wurde Prätoren, die *cura urbis* und die *cura annonae* kaiserlichen Beamten (§ 29 II A 3. 4) übertragen.

7. Den **Quästoren,** deren Zahl Augustus wieder auf 20 herabsetzte, wurde seit Be- 7
ginn des Prinzipats die Verwaltung der Staatskasse *(aerarium populi Romani)* entzogen und zunächst zwei Prätoren, seit Nero zwei kaiserlichen **praefecti aerarii** zugewiesen. Zwei sog. **quaestores Augusti** standen nun zur persönlichen Verfügung des Kaisers.

8. Neu geregelt wurde auch der **cursus honorum.** Die Laufbahn begann nun mit 8
den niederen Beamtenstellen (§ 15 VIII 1) des zivilen Dienstes, worauf ein Jahr Militärtribunat folgte.

Das **Mindestalter** für den Eintritt in die senatorischen Ämter, das heißt die Quästur, wurde von 30 Jahren (unter Sulla) auf 25 Jahre herabgesetzt, da einmal die Leitung der Staatskasse den Quästoren entzogen war und zum anderen der Dienst in der kaiserlichen Beamtenorganisation die Ämterlaufbahn erheblich verlängerte.

2. Der Senat

1. Nicht anders als die Magistrate hat sich auch der Senat mit einem nahezu voll- 9
ständigen Verlust seiner einstigen politischen Machtposition abfinden müssen. Die Leitung der Außenpolitik, der militärische Einsatz der Heere, die Verfügung über die Kommandostellen und die Rüstungsausgaben sowie alle Rechte und Funktionen, die sonst noch für die Staatsführung von unmittelbarer Bedeutung waren, lagen nun fest in der Hand des Kaisers.

Lediglich in bezug auf die Verwaltung der **Provinzen** hatte man sich beim Staatsakt 10
von 27 auf eine Teilung in kaiserliche und senatorische Provinzen geeinigt, und auch die Verwaltung des Staatsschatzes **(aerarium)** war dem Senat geblieben. Aber auch diese Reste seiner alten Vorrechte verloren immer mehr an Bedeutung, weil der republikanische Staats- und Beamtenkörper durch die neu aufgezogene kaiserliche Verwaltungsorganisation in den Schatten gestellt wurde. Schon seit 27 v. Chr. hatte der Kaiser kraft seines allgemeinen militärischen (§ 26 II 2) und seit 23 v. Chr. auch kraft seines prokonsularen bürgerlichen Imperiums, mindestens aber kraft seiner tatsächlichen überragenden Gewalt (§ 26 II 3b) die Möglichkeit, in die Zivilverwaltung der senatorischen Provinzen einzugreifen.

2. Auf der anderen Seite erhielt der Senat eine – wie es zunächst scheint – nicht un- 11
bedeutende **erweiterte Zuständigkeit,** die vor allem auf die Ausschaltung der Volksversammlung aus dem Verfassungsleben (III) zurückzuführen ist.

a) Zunächst hatte Octavian im Jahre 28 das **Recht, die Amtsträger zu wählen, zu-** 12
gunsten der Komitien wiederhergestellt. Im Jahre 5 n. Chr. wurde dann durch Gesetz eine Neuregelung des **Wahlverfahrens,** jedoch nur für Konsuln und Prätoren, getroffen. Hiernach wurde ein aus **Senatoren** und **Rittern** der Richterdekurien (d.h. den Geschworenen der Strafgerichtshöfe) bestehender **Wahlkörper** geschaffen, der in einer Vorwahl die geeigneten Kandidaten auszuwählen hatte **(destinatio magistratuum).** Eine weitere **Wahlrechtsreform des Tiberius** aus dem Jahre 14 brachte dann die bedeutsame Neuerung, daß die Zahl der Destinierten derjenigen der freien Stellen gleich-

kam (**„Einkandidatenvorschläge“**). Damit beschränkte sich die nachfolgende Wahl der **Komitien** auf eine bloße **Bestätigung** der destinierten Kandidaten (über die weitere Entwicklung vgl. u. III 2).

Die Kenntnis dieser Neuordnung verdanken wir der 1947 aufgefundenen **Tafel von Magliano** (Tabula Hebana), veröffentlicht m. Komm. von *H. Nesselhauf,* in Historia 1 (1950) 105 ff.; sie enthält umfangreiche Bruchstücke eines im Jahre 19 aufgrund eines Senatsbeschlusses ergangenen Gesetzes, das zu Ehren des Germanicus den Wahlkörper noch verstärkte. Die römischen Historiker erwähnen die *destinatio* nicht, das Verfahren hat also wohl nicht lange bestanden. Jedenfalls entfiel die Beamtenwahl durch das Volk ohnehin bald gänzlich (s. u. III 2).

13 b) In ähnlicher Weise wurde der **Senat** nach Ausschaltung der Volksversammlung zum neuen **Gesetzgebungsorgan.** Die **senatus consulta** blieben im staatsrechtlichen Sinn zunächst zwar bloße Empfehlungen an Magistrate, denen sich die Magistrate aber schon in der Republik kaum widersetzen konnten (§ 16 I 5). In der öffentlichen Meinung galten daher Senatsbeschlüsse über Angelegenheiten, die vor die Komitien oder Plebskonzilien gehört hätten, schon gegen Ausgang der Republik als Rechtsquelle (vgl. G. Crifò, Studi sul quasi-usufrutto romano I [1977] 84 ff.). Auch in der Rechtslehre setzte sich die Auffassung durch, daß sie **gesetzesgleiche Kraft** haben (**legis vicem optinent** Gai. inst. 1, 4), zumal der Kaiser oft selbst den Antrag stellte und die Volksgesetzgebung abstarb. Seit Ausgang des 2. Jahrhunderts bezeichnete man das *senatus consultum,* da auch die Abstimmung im Senat zur bloßen Formalität geworden war, nach dem kaiserlichen Antrag nur noch als **oratio principis,** zu deren Verlesung die Kaiser gewöhnlich nicht mehr in Person erschienen.

14 Nun wurden die einzelnen **Senatsbeschlüsse** in der Praxis auch entsprechend den Volksgesetzen mit dem Namen des antragstellenden Magistrats oder Prinzeps benannt. In den beiden ersten Jahrhunderten des Prinzipats ist eine ganze Reihe **privatrechtlicher** Senatuskonsulte ergangen, die Neuerungen auf dem Gebiet des Schuldrechts bringen (*Sen. cons. Velleianum,* Mitte des 1. Jahrhunderts, das Frauen verbietet, Verbindlichkeiten in fremdem Interesse einzugehen; *Sen. cons. Macedonianum,* unter Vespasian, das Gelddarlehen an Haussöhne untersagt) und auf dem Gebiet des Erbrechts (*Sen. cons. Iuventianum,* unter Hadrian, erweitert die Haftung des Erbschaftsbesitzers; *Sen. cons. Tertullianum,* unter Hadrian, und *Orfitianum,* 178 n. Chr., führen die gesetzliche Erbfolge zwischen Mutter und Kind ein. *Sen. cons. Trebellianum,* unter Nero, und *Pegasianum,* unter Vespasian, gestalten das Universalfideikommiß zu einem Ersatz für die nach dem *ius civile* nicht mögliche Nacherbfolge aus).

15 c) Im Anschluß an einige Präzedenzfälle aus der augusteischen Zeit entwickelt sich unter Tiberius eine begrenzte **Strafgerichtsbarkeit des Senats.** Es war dadurch möglich, gewisse Kriminalfälle vor den Senat zu bringen, für welche die i.ü. weiter bestehenden Quästionen (§ 12 IV 4) unzuständig waren, oder Skandalfälle in der kaiserlichen Familie und Fälle hochpolitischen Charakters, die nicht im Quästionenverfahren vor der Öffentlichkeit ausgebreitet werden sollten. Außerdem war das Senatsgericht wohl als **Standesgericht** gedacht, das den Ruf des Senats im Falle besonders kompromittierender Straftaten schützen sollte, so bei Verstößen etwa gegen die *lex Iulia repetundarum (pecuniarum)* oder die *lex Iulia (laesae) maiestatis.* Doch verliert die Gerichtsbarkeit des Senats bereits in der zweiten Hälfte des 1. Jahrhunderts neben dem Kaisergericht (§ 32 III 8.9) rasch an Bedeutung.

16 3. Die Erweiterung gewisser Zuständigkeiten des Senats hatte doch im Ergebnis nur formale Bedeutung. Schon Augustus und Tiberius haben es vergeblich versucht, die Tätigkeit des Senats im Sinn einer freien Meinungsäußerung und selbständigen Willensbildung zu aktivieren. Die Unterwürfigkeit des Senats beruhte eben auf seiner faktischen Machtlosigkeit. Da ferner die Besetzung der Magistraturen, deren Bekleidung für den Zutritt zum Senat Voraussetzung war, praktisch durch den Kaiser vorgenommen wurde (u. III 2), gelangten kaum Vertreter der anfänglich noch vorhandenen

Opposition in den Senat. Schließlich konnte der Kaiser kraft seines Rechts zur **adlectio,** das aus der alten zensorischen Befugnis zur *lectio senatus* hergeleitet wurde, bald auch solche Personen in den Senat aufnehmen, bei denen die Voraussetzung hierfür, die Bekleidung einer republikanischen Magistratur, nicht gegeben war. Von diesem Recht machte er vor allem zugunsten bewährter **kaiserlicher Beamter aus dem Ritterstande** oder **Offiziere** Gebrauch, und, wie schon unter Caesar, gelangten viele Männer **provinzialer Herkunft** in den Senat.

Die *adlectio* wurde durch **Zuweisung** eines (meist höheren, etwa prätorischen) republikanischen **Amtsranges** ausgeübt. Im übrigen wurde die Zahl der Senatoren wieder auf 600 heruntergesetzt.

3. Die Volksversammlung

1. Die **Volksversammlung** hatte schon mit dem Ausgang der Republik in steigendem Maß ihre verfassungsrechtliche Bedeutung eingebüßt. Es konnte nicht mehr als sinnvoll erscheinen, daß das römische Großstadtproletariat, das selbst zum großen Teil nicht nationalrömische Züge trug, den **populus Romanus** darstellen sollte, der sich seinerseits längst aus der Stadtbevölkerung mit ihren Vorposten in Munizipien und Kolonien in das **italische Volk** verwandelt hatte. Augustus hat versucht, das Abstimmungsverfahren diesen Gegebenheiten anzupassen, indem er wenigstens den Mitgliedern der Stadträte *(decuriones)* der Bürgerkolonien das Recht einräumte, sich durch schriftliche Stimmabgabe, eine Art von Briefwahl, an den *suffragia* zu beteiligen. Aber das Verfahren war viel zu schwerfällig (Suet. Aug. 46), und der Versuch wurde aufgegeben. Die praktische Undurchführbarkeit der Volksversammlung führte dazu, daß sie bald nach Augustus ihre Bedeutung völlig verlor. 17

2. Die **Wahl der Amtsträger** durch das Volk wurde schon unter Augustus insoweit zur leeren Formalität, als dieser das Recht für sich in Anspruch nahm, einen Teil der Kandidaten für die Magistraturen (mit Ausnahme des Konsulats und der Prätur) bindend zu empfehlen **(commendare)** und für die übrigen ohne bindende Wirkung Kandidaten zu benennen **(suffragari).** Auch die **destinatio** der Obermagistrate durch Senat und Ritterschaft (u. II 2a) ist anscheinend sehr bald außer Übung gekommen. Jedenfalls wurde seit Nero auch hier regelmäßig das Kommendationsrecht ausgeübt, was natürlich einer Ernennung durch den Prinzeps gleichkam. Im zweiten Jahrhundert fiel dann bei jeder Magistratswahl auch die formale Abstimmung weg. Die nominierten Magistrate wurden nun lediglich vor der akklamierenden Volksversammlung in ihr Amt eingeführt. Seit dem dritten Jahrhundert wurden schließlich die Konsuln und Prätoren unmittelbar vom Kaiser ernannt. 18

3. Die **Volksgesetzgebung** ist noch von Augustus häufiger zu Reformzwecken benutzt worden. Die Entwicklung der Volksversammlung (o. 1) führte jedoch auch zum Ende der Volksgesetzgebung. Das letzte uns bekannte Volksgesetz ist eine *lex agraria* des Nerva aus dem Jahre 96. Der Senat trat nun an die Stelle des Volkes (o. II 2b). 19

4. Die **Volksgerichtsbarkeit** schließlich in Gestalt des Komitialprozesses *(iudicatio)* war schon im letzten Jahrhundert der Republik nahezu vollständig durch die zahlenmäßig immer weiter vermehrten Strafgerichtshöfe abgelöst worden (o. II 2c). 20

4. Die Stände

1. Die **Nobilität** als die herrschende Adelsschicht (§ 18 III 1. 2) war seit den Gracchen in die beiden „Parteien“ der Optimaten und Popularen (§ 18 IV 3) zerfallen. 21

Während die Optimaten hartnäckig am Überkommenen festhalten wollten, versuchten die Popularenführer immer wieder die so dringend nötigen Reformen durchzuführen. Der letzte und größte unter ihnen war Caesar. In diesen mit immer größerer Rücksichtslosigkeit und selbst (vor allem durch Sulla) mit brutalem Terror geführten Machtkämpfen ist ein großer Teil der römischen Aristokratie untergegangen.

22 2. In der Kaiserzeit trat an die Stelle der Nobilität ein **neuer Senatorenstand.** Die Zugehörigkeit zu diesem Stande wurde insoweit vererbt, als nur den Senatorensöhnen der Zugang zu den Ämtern und damit mittelbar zum Senat offenstand (das war aber in der Republik – abgesehen von den wenigen *homines novi* – schon ebenso gewesen). Jede anderweitige Ergänzung des Senats hatte sich der Kaiser vorbehalten, einmal unmittelbar durch sein Recht zur **adlectio** (o. II 3), zum anderen mittelbar durch Verleihung der senatorischen Rangabzeichen, des *latus clavus* (§ 16 I 4 Abs. 4).

Von den Senatoren wurde nun ein Mindestvermögen von wohl 1,2 Millionen Sesterzen verlangt (Suet. Aug. 41; nach Dion. Hal. ant. 54, 30, 2 eine Million; § 18 III 1). Neuer Adelstitel (seit dem 2. Jahrhundert) war *clarissimus.*

23 3. In der Zusammensetzung des **Ritterstandes** hatte sich weniger geändert. Seine politische Bedeutung war in republikanischer Zeit seit den Gracchen gewachsen. Die Standestraditionen des **ordo equester** wurden von den Kaisern geachtet, die Standesabzeichen (*equus publicus, angustus clavus, anulus aureus:* § 18 III 2) von ihnen selbst verliehen. Erblich war der Ritteradel jedoch nicht. Er mußte daher den Kindern eines *eques Romanus* immer neu verliehen werden; das aber geschah regelmäßig.

Das Mindestvermögen der Ritter betrug wohl auch während des Prinzipats 400 000 Sesterzen. Für die Angehörigen des Ritterstandes bürgerte sich seit dem 2. Jahrhundert eine neue Standesbezeichnung, *egregius,* ein, für die höheren Ränge *perfectissimus,* für den Gardepräfekten *eminentissimus.*

24 4. Den **Senatorenstand** hat Augustus gefördert, weil es seinem Gesamtkonzept entsprach, sich mit der Aristokratie auszusöhnen. Er gedachte auch nicht ihre Differenzen mit dem **ordo equester,** die seit der Gracchenzeit bestanden, für die Festigung seiner eigenen Stellung auszunutzen. So hat er zu **Statthaltern der „Kaiserprovinzen"** Männer aus dem Senatorenstand ernannt – die der „Senatsprovinzen" waren als Promagistrate ohnehin senatorischen Ranges. Die Stelle des **Stadtkommandanten,** des **praefectus urbi,** seines Vertreters in Rom, der die drei *cohortes urbanae* befehligte, besetzte er mit einem Senator. Sein **Konsilium im Kaisergericht** bildeten Senatsausschüsse, und das blieb so bis in die Zeit Domitians (s. § 29 I 5). Auch das **ius respondendi** (§ 33 I 3) wurde von Augustus nur Senatoren verliehen. Der erste Angehörige des Ritterstandes, dem dieses Recht unter Tiberius verliehen wurde, war der berühmte Jurist Massurius Sabinus (Pomp. D. 1, 2, 2, 48 und 50).

25 Augustus besetzte vor allem besonders wichtige **Vertrauensposten,** auf die man nur politisch ungefährliche Männer berufen konnte, die als weniger anfällig gegenüber den Verlockungen der Macht galten, mit Angehörigen des **Ritterstandes.** Ein derartiges Amt war das des **Gouverneurs von Ägypten** mit dem Titel **praefectus Alexandriae et Aegypti,** der die höchste Rangstelle unter den Statthaltern des Reiches einnahm. Zu solchen Vertrauensleuten gehörte – und den nächst höheren Rang unter den kaiserlichen Beamten nahm ein – der **praefectus annonae,** dem die **Kornversorgung der Hauptstadt** oblag. Ferner zählten dazu die beiden Männer, die die höchste Stelle im Reich nach dem Kaiser einnahmen und bald zu seinen Stellvertretern wurden, die **praefecti praetorio,** die **Kommandanten der kaiserlichen Garde.** Schließlich ist noch der **praefectus vigilum** zu nennen, dem die **Feuerschutz- und Sicherheitspolizei** in Rom unterstand. Auch er gehörte zu den höchsten ritterlichen Beamten. Unter **Domi-**

tian werden Ritter erstmals anstelle von Freigelassenen als **Leiter der kaiserlichen Zentralkanzleien (principales officiorum)** eingesetzt, **Hadrian** hat die ursprünglich privaten Kanzleien in staatliche umgewandelt. Seither werden diese ritterständischen Beamten auch zum kaiserlichen **Konsilium** beigezogen. Seit dem Ende des 2. Jahrhunderts geht auch die Führung unter den Juristen auf den Ritterstand über. Das *ius respondendi* haben nun in erster Linie Ritter. Sie sind auch Träger der höchsten Reichsämter und haben, neben Senatoren, ihren Sitz im Konsilium des Kaisers als Beisitzer im Kaisergericht.

5. Augustus dachte sich als Stütze seiner staatlichen Neugründung die **soziale Oberschicht,** die unteren Stände bezog er in seine Überlegungen nicht ein, auch nicht das kleine Bauerntum, das schwer um seine Existenz zu ringen hatte (s. § 30 I 5). Die Oberschicht aber war **in ihrer biologischen Substanz bedroht** durch Ehelosigkeit, Kinderlosigkeit oder das Ein-(Zwei-)Kindersystem. Dem glaubte der Kaiser mit einem **sozial-politischen Reformprogramm** begegnen zu können. Jedenfalls war das etwas Neues, da alle Gesetzgebung seit den XII Tafeln nur Anlaßgesetzgebung gewesen war. Beachtung von Standespflichten bei der Verheiratung, überhaupt Verbot der Ehe mit Mädchen geringeren Standes, kriminelle Strafen bei sittenwidrigem Verhalten *(stuprum, adulterium),* Nachteile erbrechtlicher Art bei Ehe- und Kinderlosigkeit, gewisse Vergünstigungen wie Befreiung von der Frauenvormundschaft bei Kinderreichtum, das sind die Themen der *lex Iulia de maritandis ordinibus* und der *lex Papia Poppaea* (18 v. und 9 n. Chr.) und der *lex Iulia de adulteriis coercendis* (18 v. Chr.). 26

Außerdem wollte der Kaiser der **Überfremdung** der italischen Bevölkerung **durch Massenfreilassungen** von Sklaven großenteils orientalischer Herkunft mit der *lex Fufia Caninia* (2 v. Chr.) und *lex Aelia Sentia* (4 n. Chr.) steuern.

Wenn jedoch die *lex Papia* einer Freigelassenen bei vier Kindern *(*aus *iustae nuptiae)* dieselben Vorrechte gewährt wie einer Freigeborenen mit drei, so geschieht das im Hinblick auf die bedrohliche Entvölkerung.

§ 28. Die Weiterentwicklung des Prinzipats

Schrifttum: *H. Dessau,* Geschichte der römischen Kaiserzeit, 2 Bände (1924–1930); *E. Kornemann,* Doppelprinzipat und Reichsteilung im Imperium Romanum (1930); zahlreiche neue Beiträge in: ANRW II 1 (1974), dort außer den bereits zu §§ 26 und 27 angeführten Beiträgen insb. *A. Heuß,* Theodor Mommsen und die revolutionäre Struktur des römischen Kaisertums (77–90), und *H. Bellen,* Die ‚Verstaatlichung' des Privatvermögens der römischen Kaiser im 1. Jahrhundert n. Chr. (91–112), sowie II 2 (1975), II 13 (1980) und II 14 (1982); zur polit. Geschichte der Provinzen bei § 29; ferner *A. Heuß* 321–360; *A. Alföldi,* Die monarchische Repräsentation im römischen Kaiserreiche (2. Aufl. 1977); *G. Alföldi,* Konsulat und Senatorenstand unter den Antoninen (1977); *H. Bengtson,* Die Flavier, Vespasian, Titus, Domitian, Geschichte eines römischen Kaiserhauses (1979); *R. Klein* (Hrsg.), Marc Aurel (Wege der Forschung 550, 1979); *A. Beck,* Gedanken zum rechtsstaatlichen Aufbau vornehmlich des ausgehenden Prinzipats, in: Itinera iuris, Arbeiten zum römischen Recht und seinem Fortleben, hrsg. von *P. Caroni* und *J. Hofstetter* (1980); *Bleicken,* Kaiserreich 1, 112 ff.; *M. Fell,* Optimus Princeps? Anspruch und Wirklichkeit der imperialen Programmatik Kaiser Trajans (1992); *E. Flaig,* Den Kaiser herausfordern. Die ursupation im Römischen Reich (1992); *F. Milazzo* (Hrsg.), Res publica e princeps (Kongressakten Companello 1994) (1996); *T. Spogniolo Vigorolo,* Costa Domus (2002).

1. Die Nachfolgeordnung

1. In Anbetracht der Tatsache, daß die Stellung des Prinzeps als des „ersten Bürgers" rein persönlicher Natur war, mußte die Frage der **Nachfolge** in den Prinzipat zum 1

politisch heikelsten Problem der neuen Ordnung werden. Noch Tiberius hatte ernsthaft gemeint, die republikanische Verfassung müsse sobald wie angängig wiederhergestellt werden. Auch der Senat selbst hatte diese Frage nach der üblen Despotenwirtschaft des Gaius **(Caligula)** ernsthaft erörtert (41). Damals hatte jedoch die Garde allen weiteren Erwägungen dadurch ein Ende bereitet, daß sie von sich aus **Claudius** zum Kaiser ausrief.

2 2. Eine reine Erbfolgeordnung widersprach eigentlich dem „Wesen des Prinzipats", doch auch eine verfassungsgesetzliche Regelung irgendwelcher Art wäre mit dem Dogma von dem Fortbestand der Republik nur schwer in Einklang zu bringen gewesen. Auch der Senat war längst nicht mehr die Körperschaft, der man die Auswahl des Tüchtigsten unter den Bürgern hätte anvertrauen können, obwohl man gelegentlich auch diesen Weg zu gehen versucht hat. So lag es nahe, daß der jeweilige **Prinzeps** schon **bei Lebzeiten** die Frage seiner **Nachfolge** kraft seiner *auctoritas* zu **entscheiden** suchte.

3 3. Bereits **Augustus** hat diesen Weg beschritten und damit diesen Lösungsversuch vorgezeichnet, obwohl er es im Grunde auf eine Erbfolgeordnung abgesehen hatte, mit der man es auch hernach immer wieder versucht hat. Er ernannte zunächst Agrippa, sodann Tiberius zu seinem **Mitregenten;** Tiberius ließ er die tribunizische und prokonsularische Gewalt verleihen, auf denen die Stellung des Prinzeps im wesentlichen beruhte. Zugleich hat er durch die **Adoption** des Tiberius den dynastischen Gedanken in der Form betont, in der er „in gewisser Hinsicht die konsequenteste Verwirklichung der Prinzipatsidee darstellte" (Kunkel/Schermaier, RG 75 ff.).

4 4. Die Mitregentschaft ist erstmalig durch Mark Aurel zugunsten seines Adoptivbruders Lucius Verus (161–169) und später des öfteren zum vollen **Doppelprinzipat** erweitert worden; in dieser Form lebte der altrepublikanische Grundsatz der magistratischen Kollegialität in der Prinzipatsverfassung wieder auf, aber lediglich zu dem Zwecke, durch eine solche uneigentliche Nachfolge den jedesmal an die Grundlagen der Staatsordnung greifenden Zustand eines Interregnums zu vermeiden.

5 5. Am zähesten haben sich trotz aller verhängnisvollen Rückschläge die dynastischen Vorstellungen gehalten, und zwar ungeachtet des inneren Widerspruchs zum Wesen des Prinzipats (oben 2) gerade im Sinne einer privaten und **natürlichen Erbfolgeordnung,** wie bei den Juliern und Claudiern, den Flaviern und dann vor allem im **dritten** Jahrhundert. Selbst bei der glänzenden Reihe der großen **Adoptivkaiser** (Trajan, Hadrian, Antoninus Pius und Mark Aurel) griff der Prinzeps gelegentlich nur deswegen zur Adoption, weil Leibeserben nicht vorhanden waren. Andererseits hat Antoninus Pius (der noch von Hadrian vorgesehenen weiteren Regelung der Nachfolge entsprechend) seinen leiblichen Sohn übergangen. Er war daher der einzige, von dem man sagen kann, er habe dem rechtsphilosophischen Gedanken des Prinzipats entsprechend gehandelt. Viele andere Züge, die uns aus seinem Leben überliefert sind, passen dazu.

6. In den meisten Fällen wählten die Kaiser formal das Prinzip der **Mitregentschaft,** um über die Person des Nachfolgers keinerlei Zweifel zu lassen. Seit Hadrian wurde der auf die eine oder andere Weise bestimmte **Thronfolger** – auch bei Minderjährigkeit und neben dem Kaiser – offiziell als **Caesar** designiert.

2. Die staatsrechtliche Gestaltung und Bedeutung des Prinzipats

6 1. Da die für die Machtstellung des Prinzeps wesentlichen Gewalten, tribunizische Potestas und (prokonsularisches) Imperium, von republikanischen Ämtern abgeleitet

erschienen und die Republik durch Augustus im Jahre 27 v. Chr. nach außen hin wiederhergestellt worden war, so mußten diese persönlichen Vorrechte dem *princeps* in jedem einzelnen Fall – auch wenn es sich nur um den mitregierenden Caesar handelte – von den verfassungsmäßigen republikanischen Organen ausdrücklich neu verliehen werden. In aller Regel scheint man sich hierbei mit einem Senatsbeschluß begnügt zu haben. Wenn man im Falle Vespasians eine Bestätigung des Volkes eingeholt hat (**lex de imperio;** nicht zu verwechseln mit der alten *lex curiata de imperio,* § 7 II 1), so doch wohl deswegen, weil Vespasian durch eine Militärrevolte an die Macht gekommen war.

Die *lex de imperio Vespasians* (69) ist uns teilweise inschriftlich erhalten (Bruns 202f. = FIRA I 154ff.). Bald darauf verschwindet die Volksgesetzgebung (§ 27 III 3).

2. Die von Augustus geschaffene Prinzipatsverfassung, in der absichtlich so vieles im Halbdunkel gelassen war, bot, wie sich zeigte, eine feste Grundlage für zwei Jahrhunderte. Sie ist während dieser Zeit seit Claudius (41–54) nicht mehr ernsthaft erschüttert worden. Selbst wenn über die Person des Nachfolgers keine Klarheit bestand, weil der verstorbene Kaiser keine entsprechende Regelung getroffen hatte oder der designierte Thronfolger sich nicht durchzusetzen vermochte, so dachte niemand mehr daran, die Gelegenheit zu einer Wiedereinführung der republikanischen Verfassung zu nutzen. Ganz abgesehen davon, daß der Prinzipat sich gerade mit dem theoretischen Anspruch eingeführt hatte, dieses Werk bereits vollbracht zu haben, gehörte die Republik nach zwei Menschenaltern schon der Geschichte an und hatte keinerlei lebendige Erinnerung mehr zurückgelassen. So kam es in solchen Fällen immer nur zu staatsgefährdenden **Machtkämpfen** um die Regentschaft, wie etwa im ersten Vierkaiserjahr (68/69 n. Chr.), in dem Galba, Otho und Vitellius je nur kurze Zeit regierten, bis sich Vespasian durchsetzte und dann bis 79 regierte. Weil inzwischen die zahlreichen zu einem Heer zusammengefaßten Grenztruppen unter Führung ehrgeiziger Generäle auch politisch zu einem bedeutsamen Machtfaktor geworden waren, führte jede Unsicherheit über die Nachfolge später immer häufiger zu einem Prätendentenstreit der **Generäle** untereinander. 7

Schon nach der Ermordung des Commodus (192) und seines nur knapp drei Monate regierenden Nachfolgers Pertinax wurden von den verschiedenen Heeren insgesamt vier Generäle auf den Schild erhoben (zweites Vierkaiserjahr), von denen schließlich Septimius Severus die Oberhand behielt.

3. Ebensowenig waren die Ausschreitungen despotischer oder unfähiger Herrscher außerhalb Roms von nennenswerten Rückwirkungen begleitet. Der riesige Verwaltungsapparat des Reiches lief im allgemeinen reibungslos weiter. Und die werbende Kraft der **Kaiseridee,** die sich stets auch gegenüber fremdstämmigen Völkern auswirkte, sofern sie bei diesen nur an ähnliche Traditionen anzuknüpfen in der Lage war, hat sich im römischen Weltreich außerordentlich bewährt. 8

4. Ungeachtet dieser sich schnell vollziehenden Festigung der Monarchie hat der Prinzipat auch in der Folge die Gestalt bewahrt, die Augustus ihm gegeben hatte: Der Kaiser erhielt seine wesentlichen Gewaltrechte der **Idee nach** auch weiterhin vom *populus Romanus,* das persönliche Charisma *(auctoritas)* des Augustus wandelte sich dabei zu einem „Amtscharisma" (M. Weber). Es setzte jedoch bereits mit Augustus jene Entwicklung ein, in der man die Vorstellung der **maiestas** vom römischen Volk und seinen Beamten immer mehr auf den *princeps* übertrug. Dieser wuchs so ganz allmählich in die Stellung eines absoluten Herrschers hinein, die er schließlich in der späten Kaiserzeit (§ 35) einnahm. 9

Die geschilderten rechtlichen Verhältnisse spiegeln sich auch in der **Titulatur** des Kaisers wider. Die Bezeichnung *princeps,* die am häufigsten begegnet, hatte ihre ursprüngliche Bedeutung nie verloren 10 und war infolgedessen auch nicht zum eigentlichen Titel erstarrt. Der **Imperatorname,** der nach Augustus außer Übung kam, wurde erst wieder seit Vespasian ständig geführt. Dagegen übernahm Claudius das *cognomen* **Caesar,** das auf diese Weise zum eigentlichen **Titel** (seit Hadrian auch für den Thronfolger) wurde und sich in den Worten „Kaiser" und „Zar" erhalten hat. **Augustus** als **Beiname** blieb stets auf den **regierenden Herrscher** beschränkt.

11 5. Die **göttliche Verehrung** der kaiserlichen Person (§ 26 III 5) wurde nach wie vor nur in den Provinzen geduldet. Die vorübergehenden Ausnahmen bei den Gewaltherrschern Gaius **(Caligula)** und **Domitian,** der sich bereits **dominus et deus** nennen ließ (Suet. Dom. 13, 2), wiederholten sich nicht. Erst Aurelian (270–275) und dann Diokletian haben sich wieder **dominus et deus** nennen lassen (§ 35 II 2). Dagegen wurde es schon nach Augustus' Tode üblich, den verstorbenen Kaiser als **divus** unter die Götter zu erheben **(consecratio),** wenn die Götter selbst ein Zeichen dafür gaben (s. auch § 26 III 4 Abs. 2).

Die Entscheidung hierüber lag beim Senat. Zunächst wurde diese Ehrung außer Augustus nur Claudius, Vespasian und Titus zuteil. Erst seit dem 2. Jahrhundert wurde die Apotheose grundsätzlich jedem verstorbenen Kaiser zuerkannt. In anderen Fällen kam es dazu, daß die Amtshandlungen des Verstorbenen aufgehoben wurden, wie bei Tiberius, oder daß sein Andenken als eines „Landesfeindes" *(hostis)* gar der Ächtung verfiel *(dammatio memoriae),* wie bei Caligula, Nero und Domitian, womit auch alle äußeren Spuren seiner Existenz getilgt wurden. Diese nachträgliche Verdammung im strafprozessual ausgestalteten senatorischen „Totengericht" ist ein für das zähe Fortleben republikanischer Anschauungen bezeichnendes Gegenstück zur Verurteilung des nach Ablauf seiner Amtszeit zur Rechenschaftslegung verpflichteten Magistrats. Die „Amtszeit" des Prinzeps endete eben erst mit seinem Tode.

12 6. Im sozialen Gefüge des Reiches hatte sich unter dem Prinzipat äußerlich nichts geändert, aber **Rom verlor** jetzt seinen **Charakter als Adelsstaat,** den es bis dahin gewahrt hatte. Die alte Aristokratie schwand dahin, trotz der Bevölkerungspolitik des Augustus.

Es gab jetzt eine **neue Nobilität** mit einem neuen **Senatorenstand** und einem nun zum **Ritterstand** gewordenen *ordo equester* (§ 27 IV). Es war ein Politikum gewesen, die beiden Stände in den Kaiserstaat einzubauen, sie selbst schienen kaum noch politische Bedeutung zu haben – und doch hat die Fronde des Senatsadels zum Untergang Neros und Domitians geführt, wenn auch der Blutzoll, den die Verschwörer zahlen mußten, hoch war. Im 2. Jahrhundert gab es zwischen dem Senat und den Kaisern bis zum Tode Mark Aurels keine Schwierigkeiten mehr. Die Kaiser begriffen ihre Rolle als Bewahrer im Stil einer aufgeklärten Monarchie.

13 Etwas Neues, das es bisher in Rom noch nicht gegeben hatte, war der **Aufbau einer kaiserlichen Verwaltung** neben der republikanischen, und die Angehörigen beider Stände erhielten, wie wir sahen, hier neue Aufgaben als „kaiserliche" Beamte. Das **Berufsbeamtentum** (§ 29 I. II) und das **Heer** (§ 29 III) wurden von nun an die beiden Säulen des neuen Regimes. Der Prinzipat bildet damit einen tiefen Einschnitt im römischen Staats- und Verfassungsleben und bereitet im sozialen Gefüge schließlich auch äußerlich sichtbare Veränderungen vor. Er ist der Übergang zum monarchisch regierten **Untertanenstaat,** dessen Weiterentwicklung zur Militärmonarchie führt (§ 31 III). Freilich waren in den großen Zeiten des Prinzipats die alten Traditionen noch stark genug, um diese Tendenzen zu zügeln. Vor allem sind, und das nicht nur zufällig, sondern mit kaiserlicher Förderung, gerade in dieser Zeit die großen Leistungen der klassischen römischen Rechtswissenschaft erbracht worden (s. § 33, insbes. I 4–6). Daher darf man diese Zeit des Prinzipats, die gleichzeitig die klassische Periode der römischen Rechtswissenschaft ist, als eine besondere Epoche der römischen Geschichte ansehen, obwohl die Grundlagen des Prinzipats auch die späte Kaiserzeit geprägt haben. Auch diese wurde daher sogar im kaiserlichen Selbstverständnis immer noch als Prinzipat bezeichnet (vgl. § 35 II, zur Bezeichnung *principatus* C. 1, 14, 4 dort 2).

II. Aufbau und Verwaltung des Weltreichs

§ 29. Die kaiserliche Verwaltung und die Heeresreform

Schrifttum: *O. Hirschfeld,* Die kaiserlichen Verwaltungsbeamten bis auf Diokletian, (2. Aufl. 1905); *A. v. Domaszewski,* Die Rangordnung des römischen Heeres (1908); *H. G. Pflaum,* Les procurateurs équestres sous le Haut-Empire romain (1950); *ders.,* Procurator, in: RE XXIII 1 (1957) 1240–1279; *ders.,* Les carrières procuratoriennes équestres, 4 Bde (1961/62); *A. Stein,* Der röm. Ritterstand, in: Münchener Beitr. z. Papyrusforschung 10 (1927); *G. Tibiletti,* Principe e magistrati repubblicani (1953); *D. Nörr,* Imperium; *W. Kunkel,* Die Funktion des Konsiliums im Kaisergericht, in: SZ 85 (1968) 253 ff. = Kl. Schr. 178–254; zahlreiche Beiträge in ANRW II 13 (1980), bes. *W. Simshäuser,* Untersuchungen zur Entstehung der Provinzialverfassung Italiens, 401–452; zur Entwicklung der Verwaltung, Bevölkerung und Wirtschaft in den Provinzen zahlreiche Beiträge in ANRW II 3–9 (Übersicht § 1 VI 1); *D. Flach,* Römische Agrargeschichte (1990), zur kaiserlichen Domänenverwaltung 82–122; zum Heerwesen mehrere Beiträge in ANRW II 1 (1974) 263–562, 3 (1975) 176–231 und 13 (1980), dort bes. *V. Giuffrè,* ‚Militum disciplina' e ‚ratio militaris', 234–277; *W. Eck* und *H. Wolff* (Hgg.), Heer und Integrationspolitik (1986); dazu *H. Wagner,* SZ 107 (1990) 513–527; ferner *F. De Martino* IV, 2; *A. Heuß* 361–406; *E. Lo Cascio,* Le tecniche dell'amministrazione, in: Storia di Roma II/2 (1991) 119–192. *O. F. Robinson,* Ancient Rome. City planning and administration (1992); dazu *J. M. Rainer,* in: SZ 110 (1993) 675–680; *H. Halfmann,* Itinera principum (1986); dazu *Waldstein,* in: SZ 111 (1994) 715–717; *V. Marotta,* Mandata Principum (1991); *W. Eck,* Die Verwaltung des Römischen Kaiserreiches Bd. 1 (1995); *A. Gutsfeld,* Die Macht der Prätorianerpräfekten (Habilschrift Berlin) (1996); *E. Höbenreich,* Annona, Juristische Aspekte der stadtrömischen Lebensmittelversorgung (1997); *F. M. Ausbüttel,* Die Verwaltung des Römischen Kaiserreichs: Von der Herrschaft des Augustus bis zum Niedergang des Weströmischen Reiches (1998); *F. Arcaria,* Referre ad principem (2000).

1. Voraussetzungen und Entwicklung

1. Eine wesentliche Schwäche der republikanischen Verfassung war das **Fehlen eines** 1
Berufsbeamtentums. Die verwickelten und sich immer weiter verzweigenden Verwaltungsaufgaben im Weltreich waren mit den Mitteln eines stadtstaatlichen Regiments längst nicht mehr zu bewältigen, obwohl man sich, in Italien wie in der Provinz, mit einer beschränkten örtlichen Selbstverwaltung zu helfen gewußt hatte (§ 20).

In **Italien** waren die unerträglich gewordenen Verhältnisse durch die Aufnahme der 2
Italiker ins römische Bürgerrecht infolge des Bundesgenossenkrieges wenigstens äußerlich in Ordnung gekommen (§ 20 I 7. 8). Die Verwaltung Italiens und nicht zuletzt die Staatsverwaltung in **Rom** selbst bedurften jedoch dringend der Erneuerung im Sinne einer straffen, zentral gelenkten oder mindestens kontrollierten Organisation. Aber auch in den **Provinzen** hatte die bisherige Verwaltungsmethode seit der fortschreitenden Romanisierung und dem allmählichen Zusammenwachsen der beherrschten Gebiete zu einem einheitlichen Reichskörper zu unhaltbaren Zuständen geführt. Die durch Promagistrate besetzten Statthalterposten konnten nicht viel mehr darstellen als die Interessenvertretung der römischen Besatzungsmacht, und diese Stellung haben die Statthalter auch einseitig in diesem Sinne wahrgenommen und überdies zum Zwecke persönlicher Bereicherung ausgenutzt. Hier haben die Kaiser Wandel geschaffen.

2. Zwar mit teilweise geänderten oder wesentlich beschränkten Kompetenzen der 3
Magistrate blieb doch die **republikanische Beamtenorganisation** zunächst bestehen (§ 27 I). Lediglich die Notwendigkeit, die **Statthalterposten** in den **„kaiserlichen"**

Provinzen zu besetzen, brachte eine Ergänzung der republikanischen Ämter durch diese begehrten und ehrenvollen **Stellungen im kaiserlichen Dienst** mit sich. In Übereinstimmung mit der Tradition wurden hierfür als **legati Augusti pro praetore** Männer **senatorischen Ranges** ernannt, abgesehen von kleineren Provinzen, die Statthalter aus dem Ritterstand verwalteten (*praefecti,* seit Claudius *procuratores* genannt), und von Ägypten, dem ein Sonderstatus unter einem ritterlichen *praefectus* zuerkannt wurde (§§ 27 IV 4 und 30 II 2c). Ferner wurden die höheren militärischen Kommandostellen durch senatorische **legati Augusti** besetzt.

4 3. Der Prinzeps schuf aber, wie schon gesagt, daneben einen **eigenen Verwaltungsapparat** für den **Schutz des Staates** sowie für die **Sicherheit** und **Versorgung der Hauptstadt,** eine **kaiserliche Finanzverwaltung** und eine Reihe von **Zentralkanzleien** (Sekretariate). Für die Bewältigung dieser Aufgaben bedurfte es eines großen Beamtenstabes und für alle Verwaltungsbereiche außer den Amtsleitern auch eines geschulten Büropersonals.

5 a) Soweit es sich um Verwaltungsbereiche handelte, die dem Prinzeps aufgrund der ihm eingeräumten Gewalten (z.B. des *imperium consulare*) unterstanden, hatte er auch die Befugnis, die Ausübung der Gewalt anderen Personen zu delegieren. Wohl bedacht ließ er, wie wir schon sahen (§ 27 IV 4), **beide Stände** daran teilhaben, **vor allem die römischen Ritter.**

Diese **kaiserliche Beamtenschaft** hatte viele Vorzüge gegenüber der republikanischen Magistratur. Sie setzte sich aus **Fach-** und **Ressortbeamten** zusammen, die nicht eine Ämterfolge mit wechselnden Ressorts zu durchlaufen *(cursus honorum)* brauchten, die entsprechend ihren Fähigkeiten eingestellt wurden und sich innerhalb eines einzelnen Fachbereiches ein- und hocharbeiten konnten. Sie blieben auch nicht nur für **ein** Amtsjahr im Dienst (Annuität), sondern – falls sie sich bewährten – solange sie gebraucht wurden. Ihre vom Kaiser delegierte Gewaltausübung erlosch freilich auch mit seinem Tod, wenn sie nicht vom Nachfolger im Amt bestätigt wurden. Das Prinzip der Kollegialität galt nur in Einzelfällen. Es ist kein Wunder, daß dies **Berufsbeamtentum** die republikanischen Dienststellen allmählich verdrängte.

Dazu kommt noch, daß die kaiserlichen Beamten nicht ehrenamtlich dienten. Sie bezogen ein festes Gehalt *(salarium* [Salär], nicht *merces)* und waren je nach ihrem Rang in verschiedene **Gehaltsklassen** eingeteilt, die Ritterständischen etwa seit Hadrian in *sexagenarii* (mit 60000 Sesterzen Jahresgehalt), *centenarii* (100000), *ducenarii* (200000), *trecenarii* (300000). **Besoldet,** und zwar vom Kaiser, wurden nun *auch* die prokonsularischen **Statthalter der Senatsprovinzen.** Sie erhielten ein Jahresgehalt. Die allgemeine Bezeichnung für die Ressortvorsteher unter den kaiserlichen Beamten war *procurator (Augusti),* nur die Beamten der jeweils höchsten Rangklasse hatten den Titel *praefecti.*

Alter republikanischer Tradition folgend, ließen auch die Kaiser den öffentlichen Dienst mit der Ableistung der militärischen Dienstpflicht beginnen. So mußten, wie die senatorischen, so auch die ritterlichen Beamten des Kaisers zu Beginn ihrer Laufbahn ihren (meist dreijährigen) Dienst als Militärtribunen bei der Legion oder als Regimentskommandeure bei den Hilfstruppen absolvieren (u. III 3). Weil die Zahl gedienter Offiziere aber offenbar nicht ausreichte und man daher nicht genügend Anwärter für die neugeschaffenen ritterlichen Beamtenstellen (u. b und 4) hatte, führte Hadrian für junge Männer aus dem Ritterstand eine rein zivile Laufbahn ein: Prokuratorische Ämter konnten Männer ritterlichen Standes von da an ohne die dreijährige Dienstzeit als Militärtribun bekleiden.

6 b) Für die von ihm eingerichteten **Zentralkanzleien** (Sekretariate) gab es überhaupt keine Anknüpfungspunkte – außer in der Privatsphäre. So wurden denn auch die leitenden Stellen dieser Kanzleien wie in der Privatverwaltung des kaiserlichen Haushalts mit **Freigelassenen** des Prinzeps besetzt, die ja noch seiner Patronatsgewalt unterstanden. Eine gewisse Organisation erhielten diese Staatssekretariate bereits durch **Claudius**

(41–54), seit **Domitian** (81–96) standen ihnen teilweise auch schon Ritter vor (Suet. Dom. 7, 2). Erst **Hadrian** hat diese Kanzleien **verstaatlicht** und ihre Leitung ausschließlich Männern aus dem **Ritterstand** übertragen *(principales officiorum).*

Für die **kaiserliche Finanzverwaltung,** zu deren Aufgaben es unter anderem gehörte, die Finanzierung dieses ganzen Apparates durchzuführen, gab es gleicherweise kein anderes Vorbild als das des Vermögensverwalters *(procurator)* eines reichen Römers – und der Prinzeps war der reichste, da der größte Teil der Reichseinnahmen in seine in den Provinzen verteilten Kassen (*fisci,* eigentlich „Geldkörbe") floß. Wiederum war es der für den Verwaltungsaufbau interessierte **Claudius,** der eine Zentralkasse in Rom schuf, den **fiscus Caesaris.** Die einzelnen Finanzprokuratoren in den Provinzen waren bis in die Zeit Hadrians **Freigelassene,** und ein Freigelassener war auch der Leiter des Hauptrechnungsamts in Rom *(a rationibus).*

Daß man Freigelassene auf so verantwortungsvollen Posten verwendete, wird verständlich, wenn man bedenkt, daß es sich meist um fachlich gründlich geschulte und auch sonst hochgebildete Leute, häufig aus den östlichen Provinzen des Reiches, handelte.

4. Die **Verwaltung** des Reiches teilte sich demnach unter dem Prinzipat in **zwei** 7
voneinander **getrennte Bereiche.** Es gab noch die ihrer früheren Bedeutung freilich weitgehend entkleidete **alte Magistratur,** vom Senat verwaltete Provinzen und den alten Staatsschatz, das *aerarium populi Romani.* Daneben entstand die weit effektivere **kaiserliche Verwaltung** mit ihrer teils aus Senatoren, nun aber zum immer größeren Teil aus Rittern bestehenden Beamtenschaft. Dazu kamen die leitenden kaiserlichen Privatbeamten des kaiserlichen Fiskus und der kaiserlichen Zentralkanzleien. Hadrian ersetzte auch diese durch ritterständische Staatsbeamte.

Beide Karrieren waren voneinander geschieden – wenn man davon absieht, daß es dem Kaiser jederzeit möglich war, seine ritterlichen Beamten durch *adlectio* (§ 27 II 3) in den Senat und damit in die republikanische Beamtenlaufbahn zu bringen. Im Laufe der Zeit wurden ohnehin die obersten kaiserlichen Beamten als den Prätoren oder gar den Konsuln gleichgestellt erachtet. An tatsächlicher Bedeutung, an politischem Einfluß und wirklicher Verantwortung überragten sie die teilweise zu bloßen Ehrenrängen herabsinkenden Magistrate bei weitem.

5. Eine alte republikanisch-magistratische Einrichtung, der Beirat, das **consilium,** 8
wurde auch von Augustus und seinen Nachfolgern übernommen, und zwar in zweifacher Funktion. Einmal wurden wahrscheinlich von Fall zu Fall **in politischen und militärischen Angelegenheiten Berater** *(consiliarii)* als ein lockerer, nicht institutionalisierter Staatsrat herangezogen. Zum anderen wurde schon unter Augustus ein **Rat von Beisitzern im Kaisergericht** institutionalisiert, wie er bereits in den letzten Jahrhunderten der Republik im magistratischen Strafverfahren und im Statthaltergericht fungiert hatte. Jene Berater wählte sich der Kaiser bei Entscheidungen von hochpolitischem Gewicht aus dem Kreis seiner persönlichen Freunde und engsten Vertrauten zu zwangloser Aussprache und Beratung. Als Richter aber, soweit er die Angelegenheit nicht dem Plenum des Senats vorlegte, umgab sich Augustus mit einer größeren Anzahl der angesehensten **Senatoren,** insbesondere Konsulare, einer zunächst aus 15, zuletzt (13 n. Chr.) aus 20 Senatoren bestehenden Kommission, die er noch um einige enge Freunde und Vertraute erweiterte. Dieses Konsiliums bedienten sich Augustus und seine Nachfolger auch bei **Verwaltungsangelegenheiten,** bei **rechtspolitischen Entscheidungen** und **seit Hadrian** bei der Rechtspflege, die von nun an die Kaiser immer mehr beschäftigte (§ 32 I 2).

In dieses Konsilium wurden schon **seit Domitian** auch **Männer ritterständischer Herkunft** als **nichtständige** Mitglieder aufgenommen, vor allem die höchsten Verwaltungsbeamten des Kaisers, Juristen und Männer seiner Umgebung.

Einige Stücke aus Protokollen des Konsiliums beim Kaisergericht sind in den Digesten enthalten (z.B. Paul. D. 49, 14, 50). Auch Reskripte nehmen auf Beratungen des Konsiliums Bezug (so bei Ulp. D. 37, 14, 17 pr.; dazu *Waldstein,* Operae 146 Anm. 78; auch *Kunkel,* Kl. Schr. 231ff. mit weiteren Beispielen; allgemein zum Konsilium dort 178ff.).

2. Die kaiserliche Zentralverwaltung

a) Stadtrömische Ämter und Hilfsdienste

9 1. Der Aufbau des kaiserlichen Verwaltungsapparates in Rom gehört zu den bewunderungswürdigsten Leistungen staatlicher Organisationskunst. Diese nahezu aus dem Nichts geschaffene Verwaltung hatte ihren Schwerpunkt in der römischen **Residenz;** aber sie griff sogleich und später in verstärktem Maß auch auf die Provinzen (§ 30 II) und schließlich auf Italien (§ 30 I) über und faßte auf diese Weise das Reich immer mehr zu einer Einheit zusammen. Dieser Weg führte aber schließlich auch zu völligem Zentralismus.

10 2. Das bedeutungsvollste Amt am kaiserlichen Hofe war das der ritterständischen **praefecti praetorio.** Sie waren die Befehlshaber der aus neun Kohorten zu je 1000 Mann bestehenden **Prätorianergarde,** die seit Tiberius ständig vor den Toren der Stadt in Garnison lag und Rom auf diese Weise militärisch beherrschte. Seit **Marcus Aurelius** (161–180) und den **Severern** (193–235) wurden die Prätorianerpräfekten als **Vertreter des Kaisers** die höchsten Reichsbeamten in der Zivilverwaltung und in der Rechtsprechung.

Im 3. Jahrhundert wurde den Gardepräfekten die **Strafgerichtsbarkeit** für **Italien** übertragen, die sie im eigenen Namen, also ohne Berufungsmöglichkeit an den Kaiser, ausübten. Zum Teil waren sie auch an Stelle des Kaisers als **Berufungsinstanz** tätig.

Das Amt der Prätorianerpräfekten wurde wegen der damit verbundenen bedeutenden Machtbefugnisse grundsätzlich **kollegial,** meist mit zwei, gelegentlich auch mit drei Männern besetzt.

11 3. Neben dem Gardepräfekten stand als ziviler Stadtkommandant der **praefectus urbi,** dessen Stelle ein Angehöriger des Senatorenstandes einnahm (§ 27 IV 4). Er war Befehlshaber der städtischen Polizeitruppe, der drei **cohortes urbanae,** mit deren Hilfe er jetzt an Stelle der Ädilen die Polizeigewalt in Rom und Umgebung ausübte. Ferner war ihm eine außerordentliche Zivil- und Strafgerichtsbarkeit delegiert.

Seit dem 3. Jahrhundert sprach er in **Strafsachen** in Rom und in einem Umkreis von 100 Meilen (1 röm. Meile = 1481,5 m; Ulp. coll. 14, 3, 2: *si intra miliarium centesimum sit iniuria commissa)* auch im eigenen Namen Recht, wie der Gardepräfekt im übrigen Italien.

12 4. Die Versorgung der Hauptstadt mit Lebensmitteln wurde schon durch Augustus den Ädilen entzogen und einem **praefectus annonae** übertragen, der umfassende Befugnisse auf wirtschaftlichem Gebiet erhielt. Vor allem hatte er die Lebensmittelspenden an die Stadtbevölkerung **(frumentatio)** sicherzustellen. Er besaß eine auf seinen Verwaltungskreis beschränkte Zivil- und Strafgerichtsbarkeit.

13 5. Die zunehmende Unsicherheit und die zahlreichen Feuersbrünste in den proletarischen Wohnvierteln, deren leichtgebaute Mietskasernen in Holz aufgeführt waren, veranlaßten Augustus weiterhin, einen Wach- und Löschdienst in Stärke von sieben Kohorten unter einem **praefectus vigilum** einzurichten, der nach dem *praefectus urbi* der zweithöchste Offizier in Rom war. Auch er hatte eine auf seinen Amtsbereich beschränkte Zivil- und Strafgerichtsbarkeit, deren Bedeutung im 3. Jahrhundert zunahm.

6. Die Erstreckung der kaiserlichen Verwaltungsorganisation auf Italien und vor allem die Provinzen ließ den amtlichen und privaten Schriftverkehr des Kaisers ungeheuer anschwellen. Der Erledigung dieses Schriftverkehrs diente nun eine **Staatspost (cursus publicus)** unter einem **praefectus vehiculorum.** 14

7. Auf **Hadrians** Verwaltungsreform geht schließlich die Einführung einer **geheimen Staatspolizei (frumentarii)** zurück. Ursprünglich waren es Botschafter, Kuriere zur Befehlsüberbringung, die aber (ähnlich den früheren *speculatores*) Berichte über ihre Beobachtungen zu erstatten hatten. Seit Diokletian heißen sie *agentes in rebus* (§ 36 II 3). 15

Daneben gab es noch eine Reihe **weiterer Dienststellen** unter Präfekten, Prokuratoren oder Kuratoren.

So die (senatorischen) *praefecti frumenti dandi* für die Frumentation, zahlreiche (ritterliche) **Prokuratoren** in der Finanzverwaltung und die (senatorischen) **curatores** für die Wasserleitungen, die Tiberregulierungen und die öffentlichen Bauten (s. § 30 I 4).

b) Finanzverwaltung

1. Noch bestand das vom Senat verwaltete **aerarium populi Romani** weiter, in das jedoch lediglich die regulären Einkünfte der Senatsprovinzen flossen, also die Grundsteuer *(stipendium)* und – wo sie erhoben wurde – die Personensteuer *(tributum capitis).* 16

Gesondert verwaltet wurde und vom Kaiser abhängig war die im Jahre 6 n. Chr. durch Augustus ins Leben gerufene Veteranenversorgungskasse *(aerarium militare),* in die u. a. der Ertrag aus der in Italien neu eingeführten fünfprozentigen **Erbschaftssteuer** und der einprozentigen **Auktionssteuer** geleitet wurde, beide nur von römischen Bürgern erhoben. So blieb das im wesentlichen noch unter Tiberius. Später haben sowohl die Kasse als auch ihre Quellen ein wechselvolles Schicksal gehabt.

2. In ihrer Bedeutung wurde die alte Staatskasse weit überragt durch die kaiserlichen Kassen *(fisci Caesaris),* welche die Einnahmen der Kaiserprovinzen aus der Grundsteuer *(tributum soli)* und der Personensteuer, aus den sonstigen Steuern (§ 30 II 4) sowie Zöllen, Gebühren und Erträgen der Domänen an sich zogen. Wir sahen bereits, daß Kaiser Claudius die einzelnen Kassen zu einer **Zentralkasse** in Rom zusammenfaßte, dem **fiscus Caesaris,** zu dessen Vorsteher er einen Privatbeamten aus dem Kreis seiner Freigelassenen machte, mit dem Titel **„a rationibus"**, was etwa soviel bedeutet wie Leiter des „Hauptrechnungsamtes". Jeder Kassenleiter der verschiedenen Provinzialfisci war ein kaiserlicher Vermögensverwalter, ein Finanzprokurator aus dem Freigelassenenstand. 17

Seit **Hadrian** verwaltete stets ein römischer Ritter den *fiscus Caesaris.* Unter ihm waren jedoch auch an der Zentralkasse in Rom weiterhin Freigelassene als Prokuratoren tätig.

Das (Privat-)Vermögen des Kaisers *(patrimonium),* zu dem auch der kaiserliche Grundbesitz (Domänen) gehört (vgl. Ulp. D. 30, 39, 10), bildet ein Krongut, welches auf den jeweiligen Nachfolger übergeht. Es wurde getrennt von den Staatseinkünften von einem *procurator patrimonii* verwaltet. Seit Septimius Severus wird das Eigenvermögen des Kaisers als *res privata* bezeichnet. Trotzdem herrschte die Vorstellung, daß auch der *fiscus quasi* Eigentum des Kaisers sei (vgl. Ulp. D. 43, 8, 2, 4).

c) Zentralkanzleien

1. Bereits Claudius hatte den vom Prinzeps geschaffenen **zentralen Staatskanzleien** (o. I 3b), die äußerlich als Privatsekretariate eingerichtet waren, eine Organisation gegeben, die sich sehr bewährt hat. Neben dem bereits erwähnten Zentralkassenvorsteher *a rationibus* werden vor allem drei weitere wichtige Kanzleien geschaffen, *a memoria, ab epistulis* und *a libellis.* Die Kanzlei **a memoria** führt das kaiserliche 18

Journal und stellt sozusagen das Personalamt der kaiserlichen Beamtenorganisation dar. Von ihm werden die Bestallungsurkunden *(codicilli)* ausgefertigt, z. B. bei der Ernennung der Prokuratoren. Die Kanzlei **ab epistulis** bearbeitet die einlaufenden Berichte und Anfragen vor allem der höheren Beamten und anderer hochgestellter Persönlichkeiten. Private Eingaben und Bittschriften werden schließlich von der Kanzlei **a libellis** erledigt (zur Tätigkeit der Kanzleien *ab epistulis* und *a libellis* § 32 II 3).

19 2. Auch diese zunächst von Freigelassenen geleiteten Kanzleien hat **Hadrian verstaatlicht;** Amtsleiter, **principales officiorum,** sind von nun an überall *equites Romani,* vorher schon gelegentlich seit Domitian. Von der ganzen Prinzipatsverwaltung hat die Bürokratie die Stürme des 3. Jahrhunderts noch am besten überstanden. Sie wird dann weiter unter hellenistisch-orientalischem Einfluß streng hierarchisch aufgebaut, zentralisiert und bedeutend verstärkt werden. Ein Ämterverzeichnis *(Notitia dignitatum)* aus dem Anfang des 5. Jahrhunderts gibt uns eine Übersicht über den Aufbau der spätrömischen Beamtenschaft (§ 36 III 1 Abs. 2).

3. Die Heeresreform

20 1. Eine nicht minder großartige Leistung des Prinzipats, wie sie der Ausbau der kaiserlichen Beamtenorganisation darstellt, bildete die Aufstellung eines **stehenden Heeres.**

Seitdem Marius mit der Umwandlung des alten Volksheeres in ein **Berufsheer** begonnen hatte (§ 19 III 4), war die Heeresverfassung auch für die innenpolitische Entwicklung von ausschlaggebender Bedeutung gewesen. Nur mit Hilfe der ihnen treu ergebenen **Söldnerheere** war es den großen Einzelpersönlichkeiten während der Bürgerkriege gelungen, die politische Macht an sich zu reißen. Da die Legionen immer nur bei Bedarf neu aufgestellt wurden, hatte die jeweilige Staatsführung diesen Usurpatoren zunächst jedenfalls keine entscheidenden militärischen Kräfte entgegenzusetzen. Auf der anderen Seite gingen aus dem gleichen Grunde bei jedem Einfall feindlicher Grenzvölker weite Gebiete der römischen Herrschaft zunächst verloren und mußten, verwüstet und geplündert, jedesmal wieder neu erobert werden.

21 Dieser inneren und äußeren Unsicherheit haben die Kaiser durch den Aufbau einer stehenden, gut ausgebildeten und organisierten Truppe ein Ende gesetzt. Der Sicherung der Staatsführung und der Person des Prinzeps diente die **Prätorianergarde** (o. II A 2), der äußeren Sicherheit das **Grenzheer,** dessen Abteilungen in einzelnen ausgebauten Stützpunkten in Garnison lagen und so wenigstens einen gewissen Schutz vor Überraschungsangriffen boten. Unter Augustus zählte das stehende Heer insgesamt 27 bis 28, im ersten Jahrhundert 30 Legionen (mit der üblichen Sollstärke von je 6000 Mann). Die Dienstzeit betrug 20 Jahre.

22 2. Als **Hilfstruppen (auxilia)** wurden nunmehr auch **Provinziale** eingestellt. Sie waren in Kohorten zu Fuß (bis zu 1000 Mann stark) und Reitertruppen *(alae)* gegliedert. Ihre Gesamtstärke dürfte die des römischen Legionsheeres etwa erreicht haben. Von besonderer Bedeutung für die Romanisierung des Reiches war die Tatsache, daß der Hilfssoldat nach Ablauf seiner 25jährigen Dienstzeit mit seiner Familie das römische **Bürgerrecht** erhielt.

23 3. An der **taktischen Gliederung** der Legion (zehn Kohorten zu je sechs Zenturien) wurde nichts geändert. Die Führung der Legion lag in den Händen eines kaiserlichen **Legaten** (o. I 2) prätorischen Ranges. Die **Stabsoffiziere** (Militärtribune der Legion und Präfekten der Hilfsregimenter) leisteten ihren Dienst nach wie vor nur im Rah-

men ihrer politischen Beamtenlaufbahn, sei es der senatorischen, sei es der kaiserlichen (o. I 3a Abs. 4). Senatorischen Standes war freilich nur einer der Militärtribunen, alle übrigen Stabsoffiziersstellen wurden durch Ritter besetzt. Nur die **centuriones** waren Berufssoldaten. Diese „Hauptleute" der Zenturien entstammten zum großen Teil der Plebs. Doch gab es auch *centuriones ex equite Romano,* da der Zenturionat die Ausgangsstellung für den Aufstieg in hohe Kommandoposten wird.

Völlig neu organisiert wurde das **Unteroffizierskorps** der Legion. Die **Legionäre** selbst wurden zunächst noch in Italien und in den schon romanisierten Gebieten, wie Oberitalien und Südfrankreich, angeworben. Bereits unter **Hadrian** rekrutierten sie sich jedoch großenteils auch aus der Provinzbevölkerung der jeweiligen Garnison, gelegentlich geschah das auch schon unter **Tiberius.** Die **Prätorianer** blieben bis zu Septimius Severus Italiker.

4. Seit dem 2. Jahrhundert hat sich das Bürgerrecht besonders in den westlichen Pro- 24
vinzen durch **Einwanderung und Ansiedlung römischer Bürger** ausgebreitet. Dies führte unter anderem dazu, daß sich die Legionen mehr und mehr aus Bewohnern westlicher Provinzen rekrutierten. Auch nach der Entlassung aus dem Heere gehen die Legionsveteranen nun vorwiegend in die **Westkolonien,** denen dann auch oft die Rechtsstellung einer **römischen** Kolonie verliehen wurde. Es bildeten sich auch, besonders an der Donaugrenze, **Veteranenmunizipien.** Sie entstanden dadurch, daß Veteranen – mit Bargeld abgefunden – in Kameradschaften ihrer Garnison siedelten. Andere zogen in **Marketenderdörfer** *(canabae),* die sich auf dem Territorium der betreffenden Legion gebildet hatten. Solche Dörfer wurden häufig durch dauernden Zuzug stadtähnlich. Viele wurden in der Folge durch kaiserliche Gunst in den Rang eines Munizipiums erhoben. Diese Westkolonien und Veteranenmunizipien mit ihren römischen Lebensgewohnheiten und ihrer römischen städtischen Verwaltung waren ein wichtiger **Vermittler römischer Zivilisation** (vgl. Vittinghoff 28, 32 und 38ff.), ohne daß dies das unmittelbare Ziel der römischen Kolonisation gewesen wäre. Romanisierung und Urbanisierung gingen aber Hand in Hand.

§ 30. Die Entwicklung zum Einheitsstaat

Schrifttum: *W. Liebenam,* Städteverwaltung im römischen Kaiserreiche (1900); *F. Vittinghoff,* Römische Stadtrechtsformen der Kaiserzeit, in: SZ 68 (1951) 435ff.; *M. Rostovtzeff,* Social and Economic History of the Roman Empire (1926), deutsch: Gesellschaft und Wirtschaft im römischen Kaiserreich, 2 Bände (1930), 3. (italienische) Auflage: Storia economica e sociale dell'Impero Romano (1946); *Ch. Sasse,* Die Constitutio Antoniniana (1958), dazu *H.J. Wolff,* SZ 76 (1959) 575ff.; *L. Mitteis,* Reichsrecht und Volksrecht in den östlichen Provinzen des römischen Kaiserreichs (1891, Nachdr. 1935); *E. Schönbauer,* Diokletian in einem verzweifelten Abwehrkampfe?, in: SZ 62 (1942) 267ff.; *ders.,* Das römische Recht nach 212 in ausschließlicher Geltung?, in: Österr. AkdW, phil-hist. Kl. (1949) Nr. 17, 369ff.; *D. Nörr,* Imperium; *W. Schwahn,* Tributum und tributus, in: RE VII A 1 (1939, Neudr. 1958) 1–78; *H.-G. Pflaum,* Procurator, in: RE XXIII 1 (1957) 1240–1279; *M. Rostowzew,* Fiscus (und Fiscus Asiaticus), in: RE VI 2 (1909, Neudr. 1958) 2385–2405; *G. Ürögdi,* Fiscus (privatrechtlich) und Procurator fisci, in: RE Suppl. X (1965) 222–230 und 667–670; *G. Klingenberg,* Commissum, Der Verfall nichtdeklarierter Sachen im römischen Zollrecht (1977); *W. Eck,* Die staatliche Organisation Italiens in der hohen Kaiserzeit (1979); zahlreiche Beiträge in ANRW II 2 (1975) bis 9. 2 (1978), Übersicht § 1 VI; ferner *H. Wolf,* Die constitutio Antoniniana und Papyrus Gissensis 40 I (1977); *B.W. Frier,* Law, Technology, and Social Change: The Equipping of Italian Farm Tenancies, in: SZ 96 (1979) 204–228; *Bleicken,* Kaiserreich 1, 127ff.; Beiträge in der Fs. Waldstein (1993) von *A. Bürge, Cibaria,* Indiz für die soziale Stellung des römischen Arbeitnehmers? (63–78) und *G. Crifò,* A proposito di *humanitas* (79–91); ferner *J.M. Rainer,* Humanität und Arbeit im römischen Recht, in: SZ 105 (1988) 745–770; *F. Lamberti,* Tabulae Irnitanae (1993); *V. Thomas,* Origine et Commune Patriae, Etude de droit public romain 89 av. J.C. – 212 apès J.C. (= Collection de l'école française de Rome 221) (1996); *T. Spagnuolo-Vigorita,* Città e impero (1996); *W. Eck* (Hrsg. Unter Mitarbeit von E. Müller-Luckner), Lokale Autonomie und Römische Ordnungsmacht in den Provinzen vom 1. bis 3. Jhdt. (= Schriften des Historischen Kollegs, Kolloqium 42) (1999); *M. J. Garcia-Garrido,* El comercio, los negocios y las finanzas en el mundo romano (2001); *G. D. Merola,* Autonomica locale e governo imperiale (2001).

1. Rom und Italien

1 1. Die Aufnahme Italiens in das römische Bürgerrecht nach dem Bundesgenossenkrieg hatte eine Übersteigerung des stadtstaatlichen Prinzips zur Folge gehabt, die Rom tatsächlich bereits zur Hauptstadt eines territorial regierten Landes gemacht hat (§ 20 I 7. 8). Im Hinblick auf die auch weiterhin aufrechterhaltene Konzentration aller staatsrechtlich maßgebenden Einrichtungen in Rom war das Land jedoch an der politischen Führung und Willensbildung kaum beteiligt. Die bescheidene Selbstverwaltung der Munizipien in Fragen der niederen Gerichtsbarkeit spielte demgegenüber kaum eine Rolle. Dieser Umstand hat die Anziehungskraft, die die Großstadt schon als solche ausübte, noch erheblich verstärkt.

Zunächst hat auch der Prinzipat an diesen stadtstaatlichen Organisations- und Verwaltungsformen festgehalten. Schon in der Zeit Trajans (98–117) deutet sich aber die Entwicklung der Munizipien zu bloßen Verwaltungseinheiten an, in der Zeit der Severer Anfang des 3. Jahrhunderts ist die zentralistische Verwaltung eines einheitlichen Untertanenstaates schon weit fortgeschritten.

2 2. **Augustus** hat die **städtische Selbstverwaltung** der alten Munizipien, wohl in Fortführung der von Caesar eingeleiteten Reformen zur Dezentralisierung der Verwaltung Italiens, zunächst jedoch sogar erweitert. Bis dahin stand die Zivilgerichtsbarkeit auch für Italien als Hoheitsrecht dem römischen Prätor zu, der sie durch delegierte Vertreter (*praefecti iure dicundo,* § 20 I 3c) ausübte. Den Munizipalbehörden war lediglich die niedere Rechtsprechung überlassen worden. Augustus hat die Gerichtspräfekten beseitigt und ihre Zuständigkeiten wieder den Munizipalbehörden übertragen.

3 3. Gleichzeitig begann aber schon unter Augustus die **kaiserliche Verwaltung** auf Italien überzugreifen. Selbst die **Gerichtsbarkeit,** die der Kaiser – abgesehen vom Oberbefehl über das römische Heer – nur als Statthalter der ihm anvertrauten Provinzen besaß (u. II 2), wurde mit der Zeit auch in Italien ausschließlich als Hoheitsrecht des Prinzeps angesehen. Hadrian setzte später **vier Konsulare** ein, die als Legaten des Prinzeps für Teile Italiens mit der Rechtsprechung beauftragt wurden und so gewissermaßen an die Stelle der früheren republikanischen Gerichtspräfekten des römischen Prätors traten. **Mark Aurel** machte hieraus eine ständige Einrichtung, indem er Italien in vier Gerichtssprengel einteilte und sie je einem **iuridicus** von prätorischem Rang unterstellte. Sachen von geringerer Bedeutung werden aber auch dann noch der Munizipalgerichtsbarkeit überlassen worden sein (Kaser/Hackl RZ 467).

Die (höhere) Strafgerichtsbarkeit ging schließlich auf den Kaiser über und wurde für Rom und Umgebung seit den Severern dem Stadtpräfekten, für Italien dem Gardepräfekten übertragen (§ 29 II A 2 und 3). Vorher hat es auch eine **munizipale Strafjustiz** selbst in Kapitalsachen gegeben, daneben wohl zur Sicherung der öffentlichen Ordnung eine **außerordentliche Strafbefugnis** der Leiter der von Augustus eingerichteten **Polizeistationen.**

Für die severische Zeit erwähnt Ulpian D. 5, 1, 61, 1 einen *latrunculator,* d. h. einen mit der Untersuchung von Straßenraubfällen beauftragten Beamten; Näheres bei Kunkel, Art. Quaestio in RE XXIV (1963) 779 ff.

4 4. Damit war bereits ein wesentlicher Schritt zur Umwandlung Italiens in einen zentral regierten Territorialstaat getan. Aber auch sonst zogen die Kaiser im Interesse

der öffentlichen Wohlfahrt immer weitere Verwaltungsaufgaben an sich. So wurde die Sorge für die öffentlichen Bauten, Wasserleitungen und Verkehrswege kaiserlichen **curatores operum publicorum, aquarum, viarum** senatorischen und später auch ritterlichen Standes übertragen.

5. Zu **Anfang des Prinzipats** bis in die Zeit Nervas, also bis zum Ende des 5
1. Jahrhunderts, war **Italien das reichste Land** des Imperiums. Die **Landwirtschaft** warf großen Nutzen ab, freilich auf Kosten der kleinen Bauern. **Wein** und **Öl** sind die großen Exportartikel. Den Weinbau suchte – wenn auch im Ergebnis ohne Erfolg – Domitian gegen die allmählich wachsende Konkurrenz der Provinzen zu stützen. Auch für **Erzeugnisse der italischen Manufakturen** gibt es zunächst einen großen Markt. Der Handel, der **Welthandel** ist, floriert. Puteoli im Süden und Aquileia im Norden sind die Haupthäfen, dazu kommt Ostia, das Puteoli den Rang abläuft. Im übrigen sind die **Städte und** das **Heer** die **Hauptkonsumenten.**

Freilich, das **Kleinbauerntum hat zu kämpfen.** Viele Bauern verlassen in dieser Zeit das Land oder wandern aus. An ihre Stelle treten Kleinpächter, *coloni,* und das wird künftig die herrschende Wirtschaftsform auf dem Lande (§§ 31 II A 2; 38 II 4).

6. Mit Nerva und **Anfang des 2. Jahrhunderts** seit Trajan beginnen die Kaiser in die 6
Selbstverwaltung der **italischen Städte** einzugreifen, indem sie **kaiserliche Kommissare,** Revisoren (aus dem Ritter- oder Senatorenstand), zur Überwachung der Finanzen entsenden. Gewiß kann ihnen hier und da auftretende Mißwirtschaft mangels jeglicher Kontrolle Veranlassung dazu gegeben haben. Die wirkliche Ursache dürfte aber darin zu suchen sein, daß sich eine freie Selbstverwaltung der Gemeinden mit der Entwicklung des **Prinzipats zur Monarchie** nicht vereinbaren ließ. Die **freien Städte** in den Provinzen **büßten** ihre **Freiheit ein,** und **Italien** selbst wird allmählich zur **Provinz.**

Ein Beispiel dafür, wie eine Stadt „die alte politische Freiheitsideologie gegenüber dem Statthalter auszuspielen" sucht (*Nörr,* Imperium 120) und wie der Kaiser kühl darauf reagiert, findet sich in dem Briefwechsel des jüngeren Plinius mit Kaiser Trajan aus der Zeit, in der Plinius kaiserlicher Statthalter von Bithynien (nordwestliches Kleinasien) war (Plin. epist. 10, 47 und 48).

2. Die Provinzen

1. Für die **Provinzen,** vor allem für die Kaiserprovinzen, hatte die neue Staatsform 7
eine Wende zum Besseren gebracht. Die kaiserliche Verwaltung bedeutete hier die lang ersehnte Befreiung von der schonungslosen Unterdrückung und Ausbeutung, die das republikanische Regime mit seinen privatwirtschaftlichen Formen der Steuerverpachtung und durch die unbeschränkten Vollmachten der jährlich wechselnden Statthalter vielfach für die Provinzialbevölkerung mit sich gebracht hatte. Mit Hilfe ihres geschulten Beamtenapparates waren die Kaiser auch hier in der Lage, die Steuern und die weiteren Einnahmequellen wie alle sonstigen öffentlichen Angelegenheiten allmählich in unmittelbare **staatliche Verwaltung** zu nehmen. Die Abkehr von den Grundsätzen einer bloßen Besatzung und die Verstaatlichung des gesamten Verwaltungsapparates fügte die Provinzen aber nicht nur fester in das Reich ein, sondern hatte auch einen großen **wirtschaftlichen** und **kulturellen Aufschwung** zur Folge.

2. Die Aufteilung der Provinzen zwischen dem Senat und dem Prinzeps (§ 26 II 2) 8
war seit Augustus zu einer festen Regelung geworden, die bis zu den Severern Bestand hatte. Der Prinzeps hatte dem Senat die zehn befriedeten Provinzen überlassen und die sieben noch unbefriedeten, d.h. also die Provinzen von strategischer Bedeutung, in

seine eigene Verwaltung genommen. Alle später eingerichteten Provinzen fielen ausschließlich an den Kaiser, aber kraft seines prokonsularischen Imperiums griff er auch des öfteren in die Verwaltung der Senatsprovinzen ein.

9 a) Die senatorischen **provinciae populi Romani,** in denen – zunächst noch mit Ausnahme von Africa – keine Legionen stationiert waren, wurden nach republikanischen Grundsätzen durch jährlich wechselnde **Promagistrate** verwaltet. Der **Statthalter,** *praeses provinciae,* trug stets den Titel **proconsul,** selbst wenn er nicht gewesener Konsul, sondern nur gewesener Prätor war. Konsularische Provinzen waren nur Africa und Asia. Seit Augustus wird den Statthaltern der Senatsprovinzen ein festes Gehalt aus der kaiserlichen Kasse gewährt, das bei den Konsularen eine Million Sesterzen im Jahr betrug.

Die Statthalter üben die **Zivil- und Strafgerichtsbarkeit** im Prinzip durch Einsetzung von Geschworenengerichten aus. Ihnen standen bei der Rechtsprechung senatorische **Legaten** zur Verfügung, *legati proconsulis pro praetore,* und zwar drei in den Provinzen Africa und Asia, je einer in den übrigen. Das Verfahren scheint sich allmählich der *cognitio extra ordinem* (Beamtenkognition §§ 32 III; 33 I 5) angenähert zu haben. Bei politischen Verbrechen geschah die Verfolgung wohl in Rom.

Der nur den Statthaltern der Senatsprovinzen beigegebene **quaestor** besaß die Marktgerichtsbarkeit wie die kurulischen Ädilen in Rom (Gai. inst. 1, 6). Dieser *quaestor* ist immer noch (§ 15 VII 1 und 2) **Finanzbeamter** und zugleich **Kontrolleur** des Statthalters (Cic. Verr. 1, 40). Er hat noch die Kasse der von der Provinzialverwaltung angewiesenen Gelder zur Entlohnung und für den Unterhalt der unteren und mittleren Verwaltungsbeamten in der Provinz zu führen und dem Aerar nach Ablauf der Amtsdauer seines Statthalters Rechnung zu legen. Mit der Steuereinziehung hat er nichts zu tun.

10 b) Die Statthalter der **kaiserlichen Provinzen** waren in der Regel **legati Augusti pro praetore** (§ 29 I 2), die aus der Zahl der gewesenen Konsuln und Prätoren genommen wurden.

Anders als die Statthalter in den Senatsprovinzen waren sie auch Befehlshaber der in den Kaiserprovinzen stationierten **Heeresabteilungen.** Daher galt auch ein Statthalterposten in den Kaiserprovinzen als die Krönung der senatorischen Beamtenlaufbahn eines Konsulars. Ihre Amtsdauer war **unbegrenzt,** d.h. nicht mehr an die Annuität gebunden, sondern lediglich vom Ermessen des Kaisers abhängig.

Den Statthaltern in den Kaiserprovinzen waren **Prokuratoren** an die Seite gestellt, die unmittelbar dem Kaiser unterstanden und dabei zugleich als dessen Kontrollorgane fungierten.

Auch in den Kaiserprovinzen gab es teilweise (z.B. für *Hispania citerior* [östlicher Küstenstreifen Spaniens] schon unter Augustus) besondere Legaten mit einer vom Kaiser übertragenen Gerichtsbarkeit **(legati Augusti iuridici).** Was die Zivilgerichtsbarkeit betrifft, so war vielleicht in einigen Kaiserprovinzen anfangs noch der Formularprozeß das ordentliche Verfahren. In anderen Kaiserprovinzen jedoch, und besonders in Ägypten, hat das Kognitionsverfahren mit einem beamteten Richter von vornherein allein geherrscht. In Strafprozessen werden die kaiserlichen Statthalter oder die kaiserlichen *legati iuridici* nicht anders verfahren sein als die Statthalter in den Senatsprovinzen. Römische Bürger hatten wohl seit der Mitte des 1. Jahrhunderts stets das Recht, ihre Sache vor das Kaisergericht zu bringen (vgl. im Verfahren gegen Paulus Act. 25, 6–12).

In einigen kleineren Provinzen wurden die Statthalterposten durch **Prokuratoren** aus dem Ritterstande besetzt. Ein solcher Prokurator war auch der „Landpfleger“ Pontius Pilatus in Iudaea.

c) Eine Sonderstellung unter den kaiserlichen Provinzen nahm **Ägypten** ein. Augustus hatte im Ptolemäerreich eine ausgezeichnete Beamtenorganisation vorgefunden, an der es wenig zu ändern gab. Er konnte hier als Rechtsnachfolger der Ptolemäerkönige und sozusagen als neuer Pharao auftreten. Wegen der Wichtigkeit des reichen Landes für die Getreideversorgung Roms mußten es besondere Vertrauensleute des Kaisers sein, die auf den Posten des Gouverneurs, des **praefectus Alexandriae et Aegypti,** berufen werden, vergleichbar mit dem ehemaligen Viceroy of India. Für solche Posten wählte der Kaiser Männer seines Vertrauens aus dem **Ritterstand** (§ 27 IV 4). 11

Ritterlichen, nicht senatorischen Standes waren in Ägypten auch die – wiederum **praefecti** genannten – Kommandanten der dort stehenden Legionen. Ja, um die Trennung zwischen dem alten republikanischen Imperium, zu dem Ägypten nie gehört hatte, und dem kaiserlichen besonders kenntlich zu machen, wurde Angehörigen des senatorischen Standes das Betreten Ägyptens ohne kaiserliche Erlaubnis überhaupt verboten. Denn der Senatorenstand stellte, solange er noch als Träger der republikanischen Tradition angesehen werden konnte, damit auch noch eine gewisse politische Gefahr dar.

Auch die **Senatsprovinz Africa** nahm noch bis ins 3. Jahrhundert eine besondere Stellung ein. Der Prokonsul von Africa, wie der von Asia immer ein Konsular, kommandierte ausnahmsweise auch ein Heer (1–2 Legionen und Auxiliartruppen), aber das war nicht von langer Dauer. Seit Caligula wurde ein *legatus Augusti pro praetore (legionis)* nach Africa geschickt. Es galt eine lange Grenze von Mauretanien bis zur Cyrenaica gegen die Nomaden zu schützen. Die Provinz war ähnlich wie Sizilien und Ägypten für die Getreideversorgung der Hauptstadt von Wichtigkeit. 12

Ägypten verlor erst unter den Severern seine Sonderstellung. Seit dieser Zeit wurde auch der Unterschied zwischen Senatsprovinzen und Kaiserprovinzen bedeutungslos.

3. Der gewaltige Geldbedarf für die Gehälter der kaiserlichen Beamtenschaft und den Sold der stehenden Heere und der Flotten, für die Versorgung der Großstadtbevölkerung mit Getreide und für die Ausrichtung der Spiele, für die große Bautätigkeit, die die Kaiser nicht nur in Rom, sondern auch in Italien und in den Provinzen entfalteten, all das mußte durch die **Einnahmen aus den Provinzen** gedeckt werden, die in das *aerarium populi Romani* oder unmittelbar in den *fiscus Caesaris* flossen. 13

Der **Fiskus,** der zunächst als eine privatrechtlich organisierte Einrichtung geschaffen worden war (§ 29 I 3b Abs. 2), hat aufgrund der Tatsache, daß er die **kaiserliche** Kasse war, von vornherein eine wesentlich **größere Bedeutung** gehabt **als das Aerar.** Schließlich hat der Fiskus das Aerar ganz aufgesogen (u. 4c), indem die Kaiser immer mehr Einkünfte dem Aerar entzogen und dem Fiskus zuwiesen. Der **öffentliche Charakter** des Fiskus äußert sich darin, daß ihm im Laufe der Zeit wichtige Privilegien eingeräumt wurden, z.B. ein gesetzliches Pfandrecht wegen seiner Forderungen und wohl auch ein eigenes Vollstreckungsrecht. 14

Trotzdem wurden Forderungen des Fiskus und gegen den Fiskus im **ordentlichen Zivilrechtsverfahren** vor dem Einzelrichter geltend gemacht. Claudius überträgt seinen **Finanzprokuratoren** eine auf Fiskalprozesse beschränkte **Gerichtsbarkeit** (Ulp. D. 1, 19, 1 pr.). Daß diese Prokuratoren zu seiner Zeit Freigelassene waren, wird von Tacitus (ann. 12, 60) besonders hervorgehoben. In der späteren Kaiserzeit unterliegt das Verfahren der **cognitio extra ordinem.** Seit Hadrian steht dem Vertreter des Fiskus, also wohl dem *„a rationibus“* (§ 29 II B 2) oder einem seiner Beamten, ein *advocatus fisci* zur Seite.

4. Die wichtigsten **Steuern** waren die **Grundsteuer** und die **Personensteuer.** Rom und Italien waren bis zur Zeit Diokletians grundsteuerfrei, wurden aber in der Kaiserzeit gleich den Provinzen allmählich zunehmend mit sonstigen Steuern belegt. Die 15

Personensteuer wurde in Italien überhaupt nicht und auch nicht in allen Provinzen erhoben, sondern im wesentlichen nur in den östlichen.

Dazu kamen die auch in Italien erhobene Freilassungs- und Sklavenerwerbssteuer, sowie die – allerdings zweckgebundenen – Einnahmen aus der Erbschafts- und Auktionssteuer (s. § 29 II B 1). Weitere Einnahmen flossen in die Kassen des Staates aus den **Zollabgaben** (zwischen den Provinzen wurden teilweise, in ihrer Höhe nicht besonders drückende Zölle verlangt), den Hafengebühren und sonstigen **Gebühren** für die Inanspruchnahme staatlicher Einrichtungen. Schließlich kamen noch die bedeutenden Einkünfte aus den kaiserlichen Domänen und Bergwerken dazu.

Über die Steuern, die in den Provinzen erhoben wurden, soll hier wenigstens das Notwendigste gesagt werden, und zwar nur über die regulären Steuern, die Grundsteuer und die Personensteuer.

16 a) Die **Grundsteuer,** in den Senatsprovinzen **stipendium** genannt, in den Kaiserprovinzen **tributum soli,** erhoben die Römer teilweise so, wie sie von ihnen in den okkupierten Ländern vorgefunden wurde. In **Sizilien** z.B. in der Form des **Zehnten,** der in natura *(frumentum)* geleistet wurde, und zwar aufgrund der weitergeltenden *lex Hieronica,* deren Geltung sich eigentlich nur auf den zu Syrakus gehörenden Teil der Insel erstreckte, von den Römern aber auf alle Gemeinden ausgedehnt wurde. Auch in **Asien** war seit den Gracchen bis zu Caesar der Zehnte erhoben worden. Doch wurde im allgemeinen eine feste Steuersumme auferlegt (so auch Asien durch Caesar), die ihren Ursprung in der Kriegskontribution hat. Sie wird in Geld oder in natura oder in beidem geleistet, wie etwa in Gallien zu Augustus' Zeiten. In den **griechischen Städten** bestand ein **Kommunalzensus,** der wohl gewöhnlich – wie in Athen – auf dem Ansatz des Grundeigentums beruhte, dessen Kapitalwert aus der jährlichen Rente der einzelnen Grundstücke berechnet wurde. Wo Städte Mittelpunkt eines Steuerbezirks waren, benutzten die Römer diesen Kommunalzensus als Grundlage für die römischen Steuern. Für **ländliche** Bezirke gab es aber überall nur den **Zehnten.** Die Römer haben ihn zunächst beibehalten.

17 Die Neuordnung unter Augustus, der eine möglichst gleichmäßige Verteilung der Lasten beabsichtigte, durch die der Wohlstand der Provinzen auch wirklich wesentlich gehoben wurde, begann mit der Aufstellung eines festen **Staatshaushaltsplanes** (23 v. Chr.; Tac. ann. 1, 11), **rationarium** oder **breviarium imperii** genannt, den die ersten Kaiser auch veröffentlichten. Außerdem war eine **Vermessung** des Landes und ein **Census** nötig. Die Vermessung hat wohl schon Caesar geplant und auch begonnen. Augustus hat sie allmählich für jede Provinz durchgeführt. Im Jahre 27 v. Chr. begann der Kaiser bereits mit dem Census in den drei gallischen Provinzen. Jede Neueinrichtung oder Veränderung einer Provinz beginnt seit Augustus mit einem Census.

Der Census in Iudaea vom Jahre 6 n. Chr., als Iudaea mit Syrien vereinigt wird, unter dem *legatus Augusti* Quirinius ist es, auf den sich Lukas 2, 1 f. zu beziehen scheint. Das dort erwähnte kaiserliche Edikt (ἐξῆλδεν δόγμα παρὰ Καίσαρος Αὐγούστου) muß jedoch das des Jahres 27 v. Chr. sein (vgl. Marquardt, Röm. Staatsverwaltung II[3] 213 f.).

18 b) Die **Personensteuer** (**tributum capitis,** griech. φόρος σωμάτων, in Ägypten λαογραφία genannt) haben die Römer da übernommen, wo sie sie vorfanden. Dies war nur im **hellenistischen** Bereich der Fall. Sie wurde als **Vermögenssteuer** (vom beweglichen Vermögen), **Gewerbe-** oder **Lohnsteuer** eingehoben. Es gab sie in den schon früher monarchisch regierten Ländern, in Ägypten, Syrien, Kilikien, aber auch in den griechischen Poleis in sehr unterschiedlicher Weise.

Als Gewerbetreibende, von denen vielerorts eine Steuer erhoben wird, erwähnen die Quellen beispielsweise Händler, Goldschmiede, Kürschner, Schlosser, Steinmetzen und viele andere, außerdem auch die Dirnen *(meretrices).* In vielen Provinzen des Ostens wird von allen Arbeitsfähigen, Tagelöhnern und Handwerkern, Männern und Frauen im arbeitsfähigen Alter eine Art Lohnsteuer erhoben, die sehr drückend war und die daher den Lebensstandard und die Kaufkraft niedrig hielt, was wiederum durchaus nicht im Interesse einer mit einem unbegrenzten Markt rechnenden Wirtschaft liegt.

Diese Personensteuer wie übrigens auch die Grundsteuer wurde vielfach schon in vorrömischer Zeit, beispielsweise unter den Seleukiden und Ptolemäern, aber auch in Athen und in Byzanz verpachtet und dem Meistbietenden zugeschlagen.

c) Die **Einziehung der Grundsteuer** in den **Senatsprovinzen** *(stipendium)* geschah 19
auch in der Kaiserzeit zunächst noch durch Verpachtung an die **publicani.** In einzelnen Provinzen muß dieses System der Steuererhebung nach unseren Quellen noch Anfang des 3. Jahrhunderts bestanden haben (s. Ulp. D. 39, 4, 1, 1). Doch ist wohl die Erhebung schon seit Augustus durch die prokonsularischen Statthalter überwacht worden (vgl. Cass. Dio 53, 15). Es wurden auch einige andere Maßnahmen zum Schutz der Steuerzahler getroffen. An die Stelle der Steuerpacht tritt seit dem 2. Jahrhundert nach und nach in den einzelnen *civitates* die **direkte Erhebung** durch die **Behörden der Städte,** wohl auch unter Überwachung. Wie weit hierbei auch schon kaiserliche Prokuratoren mitwirkten, läßt sich nicht überblicken. Die Ablösung des Publikanensystems war dort am einfachsten, wo die Pächtergesellschaft mit den *civitates* Verträge abgeschlossen hatte. In solchem Falle hatte schon Caesar für Iudaea Maßnahmen zur Ablösung der Pächterverträge getroffen.

Über die Einnahmen der Senatsprovinzen, soweit sie dem *aerarium* zufielen, hatte 20
der Senat de iure die Verfügung, de facto ging sie im Lauf der Zeit auf die Kaiser über. Die Kaiser stellten die Kassenführung des Aerars unter ihre Aufsicht, indem sie selbst die beiden Kassenführer mit dem Titel **praefecti aerarii Saturni** einsetzten (nach dem Tempel des Saturnus genannt, in dem die Kassenverwaltung des Aerars untergebracht war), schon Augustus und nach ihm auch spätere Kaiser leisteten an das Aerar bei Kassenschwund Vorschüsse, der Kassenschwund aber blieb eine Dauererscheinung. Im 3. Jahrhundert endlich unter Aurelian verwandelt sich die alte Staatskasse in eine städtische Kasse **(arca publica).**

Die einzigen Senatsprovinzen, in denen auch eine **Personensteuer** erhoben wurde, waren Asia und Africa; aber diese Steuern scheinen nicht in das Aerar geflossen zu sein. Der **fiscus Asiaticus** beispielsweise, der uns durch zwei Inschriften aus dem 1. und 2. Jahrhundert bekannt ist, hatte seinen Sitz in Rom. Es ist sehr wahrscheinlich, was schon Mommsen vermutete, daß er für die Personensteuer der Asiaten speziell errichtet wurde. In Africa lag die gesamte Finanzverwaltung offenbar in den Händen eines kaiserlichen Prokurators. **Die übrigen in den Senatsprovinzen eingehenden Einnahmen** aus Gebühren, Zöllen und Domänenerträgen fließen dem *fiscus* zu (vgl. Ulp. D. 1, 16, 9 pr.). Soweit sie noch verpachtet waren, geschah die Erhebung unter Kontrolle des *procurator Caesaris* und seines Personals.

d) In den **Kaiserprovinzen** wurde die Steuerpacht, soweit es sich um die Grund- 21
steuer, *tributum soli,* handelt, schon frühzeitig durch **direkte Erhebung** ersetzt. Bereits Augustus hat 15 v. Chr. für Gallia Lugdunensis, eine der drei gallischen Provinzen (das Gebiet, das Caesar Gall. 1, 1 „Gallia" im engeren Sinne nennt), den Freigelassenen Licinus als Finanzprokurator bestellt, der die Steuer auch eintrieb. Später und seit dem 2. Jahrhundert ausschließlich wurde in den einzelnen Provinzen die Grundsteuer von den **Beamten der** verschiedenen **Gemeinden** unter Überwachung der Prokuratoren erhoben, und die Beträge wurden an die **kaiserliche Provinzialkasse,** die ebenfalls **fiscus** hieß, abgeführt, welche die Ausgaben für Heer und Verwaltung mit der Hauptkasse in Rom verrechnete. Auch die Personensteuer, *tributum capitis,* die verschiedenen sonstigen Steuern und die Zölle wurden nach Ablösung der Pacht durch die **städtischen Verwaltungsbehörden** erhoben, und zwar unter **Aufsicht der Prokuratoren,** bei kleineren Bezirken auch direkt durch den Provinzialprokurator und seine Steuereintreiber, **exactores,** die gewöhnlich Sklaven waren.

3. Das Reichsbürgerrecht

22 1. Die römische Kultur hat sich während des Prinzipats in raschem Zuge über die gesamte Mittelmeerwelt ausgebreitet. Insbesondere die Rom kulturell unterlegenen **westlichen Provinzen** des Reichs sind allmählich weitgehend **romanisiert** worden. Der griechisch-hellenistische Osten, der auf eine längere und reichere Tradition zurückblicken konnte, hat seine Eigenständigkeit naturgemäß in viel stärkerem Maß bewahrt. Vor allem in Griechenland blieben die hellenistischen Stadtstaaten im allgemeinen bestehen.

23 2. Seit dem 2. Jahrhundert begannen die wirtschaftlichen und sozialen Unterschiede zwischen Italien und den Provinzen sich nach und nach zu verwischen. Die **Ausbreitung des Bürgerrechts** ist teilweise eine Folge dieser Angleichung und Verschmelzung. Umgekehrt hat aber auch die Verleihung des Bürgerrechts diese Verschmelzung gefördert. Das römische Bürgerrecht drückte nun nicht mehr die nationale Zugehörigkeit zum römischen Stadtstaat aus. Es wurde zu einem privilegierten *status,* zu einem Reichsbürgerrecht.

Die kulturelle Angleichung vor allem der westlichen Provinzen an Rom findet ihren Ausdruck auch in der zunehmenden Aufnahme von Männern aus der Oberschicht der **Provinzialen in den Senat,** mit der bereits Caesar begonnen hatte (§ 25 IV 5h). Dieser Senat wurde nun zu einer Versammlung der Notablen des ganzen Reiches, die zwar keine äußere Macht besaß, deren moralisches Ansehen aber noch immer groß war. Besonders deutlich tritt die Entwicklung des Reiches zu einem Einheitsstaat in der Herkunft der Kaiser selbst zutage, die seit dem Ausgang des 1. Jahrhunderts fast alle aus der Provinz stammten.

Während die **Julier** und **Claudier** noch zum aussterbenden (§ 27 IV 1) patrizischen Uradel gehörten, waren die **Flavier** bereits Italiker. Mit **Trajan** und **Hadrian,** die beide aus Spanien, einer der ältesten Provinzen, aber aus italischen Auswandererfamilien stammten, begann die Reihe der Provinzialen, die zur Imperatorwürde gelangten. Die **Antonine** kamen aus Südfrankreich, **Septimius Severus** aus Leptis Magna in der Provinz Africa, **Elagabal** und **Alexander Severus** waren Syrer aus Emesa. Die Kaiser des dritten Jahrhunderts stammen vorwiegend vom Balkan und aus den Donaugebieten, aber auch aus Syrien und Nordafrika.

24 3. Unter den **Severern** (193–235) behält Italien, abgesehen von seiner Grundsteuerfreiheit, nichts mehr von seiner alten Vorrangstellung. Wie schon Trajan und die folgenden Kaiser die Selbstverwaltung der italischen Städte ihrer Kontrolle unterwarfen (s. o. I 6), so zeigte **Septimius Severus,** daß er auch in Italien der Oberkommandierende der Truppen ist, indem er nicht nur die Garde, sondern auch reguläre Truppen auf italischem Boden hielt. **Italien** ist damit eine **Provinz** unter anderen geworden, nur der Hauptstadt verblieben noch gewisse Privilegien. Der monarchisch regierte Untertanenstaat war etabliert. Den letzten Schritt auf diesem Wege tat sein Sohn **Antoninus Caracalla** im Jahre 212 mit der Verleihung des römischen Bürgerrechts an alle freien Bewohner des Reiches durch Kaisergesetz **(constitutio Antoniniana).** Die Entwicklung zum Einheitsstaat war vollendet. Sonst aber hatte sich an den tatsächlichen Verhältnissen durch die Verleihung des Reichsbürgerrechts an alle freien Reichsbewohner wenig geändert, wie sich sogleich zeigen wird (u. IV). Verändert hatte sich lediglich der Personenstand.

Die *constitutio Antoniniana* ist uns auf einem stark zerstörten Papyrus erhalten, der sich in Gießen befindet (P. Giss. 40). Es scheint, daß die *„dediticii"* von der Verleihung ausgenommen waren. Wer hierunter zu verstehen ist (freigelassene Verbrecher usw. gemäß der **lex Aelia Sentia,** § 27 IV 5, oder unterworfene barbarische Stämme?), bleibt ungewiß und ist umstritten. Man meint heute, daß – abgesehen von der Beseitigung der alten Vorrechte Italiens – der unmittelbare **Zweck** dieses Gesetzes wohl darin lag, gewisse **Steuern,** denen nur die römischen Bürger unterlagen, auf das ganze Reich auszudehnen, insbesondere die fünfprozentige Erbschaftssteuer.

4. Reichsrecht und Volksrecht

1. Dem Personalitätsgrundsatz der Antike entsprechend hätte mit der Verleihung des römischen Bürgerrechts an alle Bewohner des Reichs auch das **römische Privatrecht** (und Zivilprozeßrecht) als nunmehr einheitliches **Reichsrecht** an die Stelle der einheimischen Rechtsordnungen treten müssen. Dies war jedoch keineswegs die tatsächliche Folge. In gewissem Umfange war das römische Recht freilich wohl im Westen des Reichs schon vorher im Zuge der fortschreitenden Romanisierung und vor allem im Gefolge des sich ausbreitenden Bürgerrechts in die Provinzen eingedrungen. Fuß fassen hatte es aber im Westen wie im Osten nur dort können, wo wirklich römisches Recht gesprochen wurde, also am jeweiligen Sitz der Statthaltergerichte. 25

Da die römische Politik – was Kultur und Recht betrifft – die Provinzen seit jeher weitgehend sich selbst überlassen hatte, fehlte es an allen Voraussetzungen für eine Ersetzung des einheimischen durch römisches Recht. Auch nach der *constitutio Antoniniana* blieben die städtische Selbstverwaltung und die einheimische Gerichtsbarkeit in den Provinzen erhalten. Es scheint daher, daß man die Geltung der einheimischen Rechte überhaupt nicht hat beseitigen wollen. Jedenfalls haben sich auch in der Folgezeit die **„Volksrechte“** (Mitteis, RR 3ff.), vor allem im Osten des Reichs, gegenüber dem römischen Recht nicht nur zäh behauptet, sondern teilweise sogar ihrerseits auf dessen späte Gestaltung eingewirkt.

2. Ein besonders eindringliches Beispiel für das **Fortleben des Volksrechts** liefern uns die zahlreichen Papyrusfunde aus **Ägypten.** Hier hat das einheimische Recht weitergegolten, das seinerseits ägyptische und griechische Rechtsbestandteile sowie ptolemäisches Königsrecht enthielt (E. Seidl, Ptolem. Rechtsgesch.[2] [1962] 1f.). Im Hinblick auf das reiche Wirtschafts- und Verkehrsleben der hellenistischen Welt muß Entsprechendes wohl auch für die übrigen **Provinzen** des griechischen Ostens angenommen werden. Dies ergibt sich unmittelbar aus den Kaiserkonstitutionen des dritten Jahrhunderts, vor allem Diokletians. In Reskripten (§ 32 II 3) auf Anfragen der Provinzbeamten oder der Provinzbevölkerung in Rechtsangelegenheiten haben die Kaiser sich offenbar durch hellenistische Rechtsvorstellungen der Anfragenden immer wieder veranlaßt gesehen, hervorzuheben, daß der Fall nach römischem Recht zu beurteilen ist. 26

Die völlige Verdrängung des einheimischen durch **römisches** Recht wäre jedoch im Osten aus **sprachlichen** Gründen unmöglich gewesen. Zudem war das römische Recht nicht einmal kodifiziert, so daß seine Kenntnis auch sonst nur schwierig zu vermitteln war. Wahrscheinlich geht es auf obrigkeitliches Eingreifen zurück, auf „ein aus der Praxis der lokalen Rechtsprechung erwachsenes Spezialedikt eines Präfekten“ (D. Simon, Studien zur Praxis der Stipulationsklausel [1964] 25), daß seit 220 Rechtsgeschäften aller Art eine Stipulationsklausel beigefügt wird, um sie nach römischem Recht wirksam zu machen. Sie hatte die Form: ἐπερωτηθεὶς ὡμολόγησα (oder – σεν) = *stipulatus spopondi(t),* auf Befragen habe ich (hat er) versprochen.

Mit einer gewissen Ausbreitung des römischen Rechts im Osten haben wir erst nach der Gründung der oströmischen Rechtsschulen zu rechnen, von denen die in Berytos (Beirut) wahrscheinlich schon im 2. Jahrhundert gegründet wurde (§ 39 III).

3. Eine tiefergehende **Aufnahme des römischen Rechts** war nach alledem nur dort möglich, wo die Provinzbevölkerung sprachlich und kulturell weitgehend romanisiert war. Dies traf, wie wir gesehen haben, lediglich für den **Westen** des Reiches zu. 27

Hier fehlt es freilich nicht nur an Quellen, an Hand deren wir das Eindringen des römischen Rechts verfolgen könnten, sondern auch nahezu an jeder Kenntnis der vorrömischen Rechtszustände. Jedenfalls wird sich infolge der einfacheren wirtschaftlichen Verhältnisse und der teilweise primitiveren Kultur auch das Rechtsleben der westlichen Provinzen in sehr viel gröberen Formen abgespielt haben als in Italien oder gar in Rom selbst. Und so werden wir hier mit einer schon frühzeitig einsetzenden **Vulgarisierung** des römischen Rechts zu rechnen haben. Je größer die Entfernung dieser Gebiete von Rom war und je später ihre Romanisierung begonnen hatte, um so dünner und schwächer wird auch die Überlagerung der einheimischen Rechtsbräuche durch das römische Recht gewesen sein.

28 Seit dem zweiten Jahrhundert sind in den westlichen Provinzen des Reiches und vor allem in Africa berufsmäßige **Vertreter des römischen Rechts** *(iuris periti)* auch inschriftlich nachweisbar. Die Leiter größerer Betriebe, z.B. Bergwerke, scheinen sich damals Rechtskundige zum Zweck der Formulierung von Verträgen und für andere Rechtsfragen gehalten zu haben (zu den Siebenbürgischen Wachstafeln § 22 III 4 Abs. 2).

Auf die älteren vorrömischen Zustände lassen auch die späteren **römischen Vulgarrechte,** die im 5. und 6. Jahrhundert in Südfrankreich und Spanien galten (§ 42 IV), keine Rückschlüsse mehr zu.

29 4. Das unverfälschte römische **Recht** hat somit nur in **Rom** selbst und – auch bereits mit gewissen Einschränkungen – in **Italien** gegolten. So entsprach der Reichseinheit später keine wirkliche Rechtseinheit. Bedeutsamer aber für die spätere Entwicklung war es, daß der Westen und der Osten nicht zu einer kulturellen Einheit zusammenwuchsen.

5. Die kulturelle Entwicklung

30 1. Im Zeitalter des Augustus hatte sich ein reiches geistiges Leben entfaltet. Aus republikanischen Anfängen war eine große Literatur erwachsen, die **„goldene Latinität"** (z.B. Horaz, Livius, Vergil und später noch etwa Petronius und Tacitus). Im 1. Jahrhundert n. Chr. treten auch einige beachtliche Autoren aus den romanisierten Provinzen „in erfolgreichen Wettbewerb mit dem Mutterlande" (E. Norden), wie Seneca, Columella, Quintilian und Martial. Aber all das blieb damals in seiner **Wirkung** im allgemeinen **auf Rom und Italien beschränkt** und es überdauerte nicht das 2. Jahrhundert, aus dem selbst nur noch Apuleius (Metamorphosen mit Amor und Psyche [met. 4, 28–6, 24]; Apologia; De mundo und andere) hervorragt.

31 Die große römische Rechtswissenschaft, die in den ersten zweieinhalb Jahrhunderten der Kaiserzeit erblühte, ist noch gesondert zu behandeln (§§ 33 und 34). Sie ist der einzige Wissenschaftszweig, den die Römer, wenn auch befruchtet durch die griechische Philosophie, aus Eigenem entwickelt haben. Wie die Leistungen des griechischen Geistes auf dem Gebiet der Philosophie in ihrer Art historisch einmalig sind, so ist die Rechtswissenschaft eine historische Leistung römischer Geistigkeit, für die es keine vergleichbare Parallele gibt. Auch diese Wissenschaft konnte jedoch nur in Rom zur Blüte gelangen. Ab der Mitte des 3. Jahrhunderts geht sie während der Anarchie unter.

32 2. Im **Osten** des Reiches, wo die **griechische Kultur** im **Hellenismus** durch Berührung mit den Hochkulturen des vorderen Orients und ihre Durchdringung neue Impulse gewonnen hatte, erfährt die griechische Literatur unter dem „Philhellenismus" der Kaiser des 2. Jahrhunderts eine reiche Nachblüte gerade in dem Augenblick, als die römische Literatur langsam abstirbt. Das gilt von der neuen Literaturform des Romans (das größte Kunstwerk unter den erhaltenen ist der Roman des Longus um Daphnis und Chloe), von der Prosa des Moralisten und Satirikers Lukian, von der Philosophie etwa des Sophisten Herodes Atticus – aber auch der Stoiker unter den Kaisern,

Marcus Aurelius, mit seinen „Selbstbetrachtungen" muß hier genannt werden –, es gilt von der Geschichtsschreibung des Cassius Dio (§ 1 II 1a. b), von der – höhere Bildung vermittelnden, also den Erziehungswissenschaften zuzurechnenden – Rhetorik und schließlich von der Medizin (der Arzt Galenos war der berühmteste unter den Nachhippokratikern). Noch viele andere Gattungen und Namen wären zu nennen. Auch hier tritt in der Mitte des 3. Jahrhunderts eine Zäsur ein.

3. Die **lateinische Kultur** des römischen Reiches, selbst erst durch Berührung mit dem Hellenismus gereift, hatte in den **Provinzen des Westens** durch ihre Kolonisierung und Urbanisierung eine bedeutende **zivilisatorische** Arbeit geleistet. Gallien, Spanien und ein kleiner Teil Nordafrikas wurden völlig romanisiert. Die lateinische Sprache wird zunächst Militär- und Amtssprache und dann, durch Vermittlung des Handels, Verkehrssprache. Diese Gebiete gehören künftig – mit Ausnahme von Africa, das später an den Islam verloren geht – zur **Romanitas.** Auch das römische Recht vermag hier einzudringen, allerdings in einer vulgarisierten Form. 33

Im Osten des Reiches konnte die lateinische Kultur gegenüber der überlegenen hellenistischen nicht wirksam werden. Nur die militärische Stärke des Reiches – seit den Severern und großenteils schon vorher durch die am wenigsten romanisierten Illyriker garantiert (vgl. § 31 III 2f.) – und die Leistungen des Reiches auf dem Gebiet der Verwaltung waren im Osten wirksam und blieben noch eine Weile das beide Teile verbindende Band. Die **kulturelle Grenzscheide** zwischen Osten und Westen aber hat schließlich in der späteren Teilung des Reiches ihren politischen Ausdruck gefunden.

§ 31. Militärmonarchie und Anarchie

Schrifttum: *F. Altheim,* Die Soldatenkaiser (1939); *ders.,* Die Krise der alten Welt im 3. Jhd., Bd. I u. III (1943); *ders.,* Niedergang der alten Welt. Eine Untersuchung der Ursachen (1952); *F. Oertel,* Die Liturgie (1917); *O. Seeck,* Geschichte des Untergangs der antiken Welt, 6 Bde. (1920–1921); *A. Alföldi,* Studien; *A. Heuß* 407–434; *K. Dietz,* Senatus contra principem, Untersuchungen zur senatorischen Opposition gegen Kaiser Maximinus Thrax (1980); zahlreiche Beiträge in: ANRW II 2 (1975) 551–1061 sowie in den weiteren § 1 VI 1 angeführten Bänden; *G. Alföldy,* Sozialgeschichte 85–153; *ders.,* Gesellschaft 41–98 (Soziale Strukturen im Imperium Romanum), 99–209 (Führungsschichten), 211–284 (Städtewesen und städtische Eliten), 285–319 (Sklaverei); *R. Rilinger,* Humiliores – Honestiores. Zu einer sozialen Dichotomie im Strafrecht der römischen Kaiserzeit (1988); *Waldstein,* Eigentum und Gemeinwohl im römischen Recht, in: Fs. Schambeck (1994) 169–182.

1. Die Sicherung der Reichsgrenzen

1. Mit Hilfe der neugeschaffenen stehenden Grenzheere (§ 29 III) hat der Prinzipat den Bestand des übermäßig schnell gewachsenen Weltreichs für zweieinhalb Jahrhunderte fest sichern, jedenfalls aber alle kriegerischen Auseinandersetzungen mit den immer wieder vordrängenden barbarischen Nachbarvölkern auf die Randgebiete des Reiches beschränken können. Im Innern herrschte nun für lange Zeit Ruhe und Frieden, für eine gewisse Zeit auch Wohlstand. Die ganze zivilisierte Welt genoß die Segnungen der **pax Romana,** die Augustus begründet hatte und die von seinen Nachfolgern erhalten werden konnte. 1

Seit dieser Zeit war die römische **Außenpolitik defensiv,** wenn auch darauf bedacht, die ausgedehnten Grenzen des Reichs bis an natürliche Begrenzungen vorzuschieben, die man leichter verteidigen konnte. Als solche galten der damaligen Zeit die großen Flußläufe.

2 2. Im **Norden** wurde die römische Herrschaft bis nach Schottland (Provinz Britannia), im Nordosten bis zur **Donau** ausgedehnt, Raetia, Noricum, Pannonia, Moesia und schließlich Dacia, die wichtigste, aber gefährlich exponierte Erweiterung des Reiches durch Trajan (100) auf dem linken Donauufer, wurden als Provinzen eingerichtet (vgl. die Übersichtskarte im Anschluß an die Register).

3 **Drusus** *maior,* Stiefsohn des Augustus, gelangte 9 v. Chr. bis zur Elbe, starb aber im selben Jahr an den Folgen eines Unfalles auf dem Rückweg zum Rhein (Cass. Dio 55, 1, 4; vgl. Hanslik, KlP I 1212f. zu Nero Claudius Drusus, Claudius Nr. 20). Er hatte die kürzeste Landverbindung zur Donau herstellen wollen. Sein Bruder **Tiberius** wäre der einzige gewesen, der das Unternehmen erfolgreich hätte beenden können, aber gerade mit ihm überwarf sich Augustus infolge seiner Nachfolgepolitik. Als er ihn schließlich aus der selbst gewählten Verbannung zurückholen ließ, waren kostbare Jahre vergangen. Tiberius mußte nach glücklichen germanischen Feldzügen den schweren Aufstand in Pannonien niederwerfen (6 n. Chr.), es folgte die Katastrophe des Varus (9 n. Chr.), der alte Kaiser brauchte Tiberius jetzt selbst in Rom, das rheinische Kommando erhielt Germanicus, der Sohn des älteren Drusus. Der kämpfte nicht mit durchschlagendem Erfolg, so daß Tiberius bald nach des Augustus Tode das Unternehmen abbrechen ließ (16/17 n. Chr.). **Gegen die Ostgermanen** blieb der **Rhein** die Grenze, einen untergermanischen Limes hat es nie gegeben. Doch wurde am Oberlauf des Rheines, **rechtsrheinisch,** der Keil des sogenannten Dekumatenlandes (Tac., Germania 29) mit der burgundischen Pforte durch die **Befestigungslinie des obergermanischen Limes** geschaffen, der den mittleren Rhein mit dem Oberlauf der Donau verband.

Der **Rhein** und die **Donau** wurden durch eine ganze Reihe von Kastellen und durch später befestigte Kolonialstädte und Lagerdörfer gesichert (z.B. Köln = *Colonia Claudia Agrippinensium,* Mainz = *Moguntiacum,* Regensburg = *Castra Regina,* Lorch b. Linz = *Lauriacum* und Wien = *Vindobona).*

4 3. Im **Südosten** des Reiches, wo die Grenzen ständig durch die kriegerischen Parther beunruhigt wurden, drang **Trajan** bis ins Zweistromland vor und erreichte den Persischen Meerbusen (116); doch nahm **Hadrian** die Grenze sofort bis an den **Euphrat** zurück.

5 4. Die nahezu ununterbrochenen Abwehrkämpfe gegen die Parther und Germanen hatten schließlich die finanziellen wie die militärischen Kräfte des Reiches erschöpft. Einem massiven Druck von allen Seiten ausgesetzt, brachen in der zweiten Hälfte des dritten Jahrhunderts die Dämme. Das Dekumatenland ging an die Alemannen verloren (259), die den Limes eingedrückt hatten. Dakien mußte an die Goten abgetreten werden (270), selbst Gallien ging verloren (zwischen 250 und 280), auch Italien war nicht mehr sicher. Die inneren **Unruhen** und die politischen **Wirren,** die mit dem allgemeinen Wirtschaftsverfall dieser Zeit zusammenhingen, haben schließlich das ihre dazu beigetragen, das Reich um die Mitte des dritten Jahrhunderts dem vollständigen Zusammenbruch und Auseinanderfallen nahe zu bringen.

2. Der wirtschaftliche Niedergang

6 1. Der wirtschaftliche Aufschwung vollzieht sich am Anfang des Prinzipats zunächst ungehemmt durch staatliche Eingriffe. Es gibt keine Verstaatlichung von Betrieben, keine Monopole, selbst in Ägypten zunächst nicht, wo doch die staatliche Einmischung in alle Zweige des Wirtschaftslebens heimisch war. Auch hier wird bis in die Zeit des Septimius Severus der Privatinitiative Raum gegeben. Die Besteuerung hindert die Entwicklung des privaten Unternehmertums zunächst nicht, vor allem nicht in Italien, die mäßigen Zölle belasten Handel und Verkehr nicht übermäßig. Es gibt nicht nur keine Planwirtschaft, sondern überhaupt keine zielbewußte Wirtschaftspolitik. Man kann den Zustand als völligen Wirtschaftsliberalismus bezeichnen.

7 2. Im 1. Jahrhundert ist **Italien** wirtschaftlich führend. Aber auch das Wirtschaftsleben der Provinzen erwacht rasch unter den Nachfolgern des Augustus. Zunächst wirkt

sich das auf die italische **Landwirtschaft** aus. **Absatzschwierigkeiten** für **Wein** und **Öl** machen sich schon in der zweiten Hälfte des 1. Jahrhunderts bemerkbar. Die Mehrzahl der Provinzen, die Hauptabnehmer Süditaliens gewesen waren, **Spanien, Gallien, Africa,** produzieren jetzt selbst Wein, und im Osten konnten italische Weine ohnehin nicht mit den Weinen der griechischen Inseln und Syriens konkurrieren. Für feines Olivenöl wird nun Spanien Hauptproduzent, für billige Ölsorten sind Africa, Kleinasien und Syrien die Hauptproduzenten. Domitian hat versucht, den Weinbau Italiens dadurch zu stützen (§ 30 I 5), daß er die Anlage neuer Weinpflanzungen in den Provinzen verbot und die Vernichtung der Hälfte der bestehenden befahl. Das ist aber nicht vollständig durchgeführt worden, jedenfalls nicht in Südgallien und Südspanien. Der Olivenanbau aber erfuhr keine Stützung. Hadrian hat sogar die Anlage von Olivenhainen in Africa gefördert. In Italien kehren die Großgrundbesitzer allmählich zum **Getreideanbau** zurück, eine Überproduktion von Getreide scheint es nie gegeben zu haben.

An die Stelle der Sklavenarbeit, die zu teuer wird, tritt allmählich die **Pächterwirtschaft,** ohne daß die Kumulierung des Grundbesitzes aufgehört hätte, in Italien wie teilweise auch in den Provinzen. Sie bot dem unbemittelten Landwirt große Vorteile gegenüber der freien Bauernwirtschaft, da dem *colonus* neben Land und Behausung auch landwirtschaftliche Geräte zur Verfügung gestellt wurden, was schon für Trajans Zeit bezeugt ist (Nerat. bei Ulp. D. 19, 2, 19, 2). Außerdem arbeitete der Pächter risikofreier, seit ein Zinsnachlaß *(remissio mercedis)* im Falle von Mißernten gewährt wurde oder bei Vernichtung der Aussicht auf die Ernte durch *vis maior,* wie das schon im 1. Jahrhundert v. Chr. üblich war (so Serv. bei Ulp. D. 19, 2, 15, 2 und Colum. 2, 25, 6; vgl. auch Plin. epist. 10, 8, 5). Im 2. Jahrhundert n. Chr. gilt das als Regel (vgl. Gai. D. 19, 2, 25, 6: *Vis maior, ... non debet conductori damnosa esse, si plus, quam tolerabile est, laesi fuerint fructus).* Die **Zahl der freien Bauernwirtschaften geht** daher **weiter zurück.** 8

3. Die Herstellung von **Manufakturwaren,** die bereits seit dem 2. Jahrhundert v. Chr. (§ 18 II 3) auf einen unbegrenzten Absatzmarkt ausgerichtet ist, erlebt in der frühen Kaiserzeit einen erheblichen Aufschwung in Italien. Rotglasierte Keramik von Arretium, Metallgefäße aus Capua, kampanische Imitationen syrischer Glaswaren, Tonlampen aus Mutina (Modena) in Gallia Cisalpina, Toilettenartikel aus Aquileia in Venetien (das Rohmaterial dafür, Bernstein, wird aus Germanien importiert); alle diese Artikel werden in sämtliche Teile des Reiches versandt. In manchen Erzeugnissen bleiben allerdings die Produktionsstätten des vorderen Orients und Ägyptens unübertroffen. Alexandria versorgt alle Welt mit Papyrus, aber auch mit Leinen, Parfum und Silbergeschirr. Kleinasien produziert feine farbige Wollstoffe neben Italien, das auch Wollstoff in Naturfarben herstellt. Die Glaswaren aus Kampanien werden übertroffen durch die Glasbläserei aus Syrien (wo sie erfunden worden war). 9

Die **industrielle Produktion Italiens** aber **sinkt ab** im 2. Jahrhundert, und damit verliert Italien seine führende Stellung als Industriezentrum des Westens für immer (Rostovtzeff, GW I 142). **Gallien** und teilweise auch das linksrheinische **Germanien** verdrängen die italischen Produkte, vor allem die rotglasierten Töpferwaren, die Glaswaren und Bronzegefäße. Gallien ist bald auf dem Weg, das größte Industrieland des Westens zu werden.

Die übrigen Provinzen bemühen sich, die eingeführten Waren durch billige Imitationen zu ersetzen. Die Kaiser steuern dem nicht entgegen, die italische „Industrie" wird nicht gestützt, Patentschutz gibt es nicht.

Den Produktionsprozeß durch Rationalisierung, durch Einsatz von Maschinen zu erweitern und zu verbilligen, dazu kam es nie. Das aber wäre die Voraussetzung für die Entstehung großer industrieller 10

Unternehmungen gewesen. So wurden die **Produktivkräfte nicht weiter entwickelt,** zu einer industriellen Kumulation kommt es nicht. Diese wird schließlich durch die **Dezentralisierung** verhindert. Überall in den Provinzen, in allen Städten entstehen **lokale Industrien.** Auch sie entwickeln sich nicht zu großen industriellen Unternehmungen, kleine lokale Handwerksbetriebe konkurrieren mit ihnen. Schließlich ist es die Eigenproduktion des dörflichen Einzelbetriebes, durch welche die Manufaktur verdrängt wird. Alles, was beispielsweise in den Dörfern Ägyptens gefunden wird, ist in den Läden und auf dem Markt des Dorfes gekauft (Rostovtzeff, GW I 145). Die Masse brauchte billige Waren, sie sollten ihren Zweck erfüllen, schön zu sein brauchten sie nicht. Denn die **Kaufkraft der breiten Masse** auf dem Lande wie in den Städten war und blieb **gering.**

11 4. Die an Umfang zunehmende Verwaltungsorganisation und die Bürokratisierung ließen den Bedarf des Staates an Geldmitteln immer weiter steigen (vgl. § 30 II 3). Vor allem aber hatten die zahlreichen und langjährigen Feldzüge, insbesondere seit Trajan und Mark Aurel, schon gegen Ausgang des 2. Jahrhunderts dazu geführt, daß die **Staatsausgaben** durch die eingehenden Steuern kaum noch gedeckt werden konnten. Dazu kam die plötzliche Veränderung der politischen Lage am Rhein, an der Donau und am Euphrat im 3. Jahrhundert (o. I 3. 4): Die damit verbundenen großen militärischen Anstrengungen steigerten die **Belastung der Staatsfinanzen** ungeheuer.

12 5. Caracalla sah sich bereits genötigt, den Ausweg in einer **Geldentwertung** zu suchen, indem er aus leicht versilbertem Kupfer statt aus Silber geprägte Doppeldenare (**„Antoniniani"**) in Umlauf bringen ließ. Damit versetzte er dem Wirtschaftsleben jedoch nur einen weiteren Stoß. Seine Maßnahme bezeichnet den Beginn der antiken **Inflation,** die dann im ausgehenden 3. Jahrhundert ihren Höhepunkt erreichte. Der Geldentwertung war durch Münzmanipulationen ebensowenig entgegenzusteuern wie durch das spätere Höchstpreisedikt Diokletians (s. § 37 I 1–3).

3. Die Störung der Sozialordnung

13 1. Eine **Störung der Sozialordnung** war eine Folge der geschilderten wirtschaftlichen Verhältnisse. Das allmähliche Verschwinden des freien Bauerntums, an dessen Stelle jetzt mehr und mehr die sozial abhängigen (wenn auch persönlich freien) Pächter treten, das Abnehmen des Sozialprodukts, die geringe Kaufkraft der Massen sind unübersehbare Anzeichen wirtschaftlichen Niedergangs nach verhältnismäßig kurzer Blütezeit. Es gibt noch Wohlstand, aus ererbtem oder in den ersten Jahrhunderten des Prinzipats erworbenem Reichtum, erworben durch wirtschaftliche Betätigung oder im Dienst des Kaisers. Die Reichsbevölkerung zerfällt also deutlicher in **Stände,** oder, wie es ausdrücklich heißt, die *humiliores (tenuiores)* und die *honestiores.* Rilinger hat jedoch diese „soziale Dichotomie" einer sorgfältigen Überprüfung unterzogen und sie mit folgendem Ergebnis korrigieren können: „Statt die römische in Analogie zur heutigen Gesellschaft als Pyramide sozialer Schichten zu beschreiben, erscheint es ... sinnvoller, von den beiden sozialintegrativen Einheiten *familia* und *civitas* auszugehen". Die daraus sich ergebende „Summe der Einzelperspektiven" läßt „die erstaunliche Stabilität der gesellschaftlichen Verhältnisse im römischen Reich besser begreifen" (Humiliores 279). Die städtischen Magistrate und Ratsherren (*decuriones,* später *curiales* genannt) wurden zu den *honestiores* gezählt. Der Reichsadel, **Ritter** und **Senatoren,** waren die eigentlich Bevorrechtigten. Beide Gruppen verfügten über **Großgrundbesitz.**

14 2. Das soziale Prestige der **städtischen Honoratioren,** der **duoviri** und des **ordo decurionum,** war mit dem Aufblühen der Selbstverwaltung in den Gemeinden Italiens und der Provinzen groß geworden. Die Gemeindeverwaltung war den römischen Magistraturen und dem Senat nachgebildet. Der **öffentliche Dienst** galt als Ehre

(honor). Man nahm ihn freiwillig und ehrenamtlich auf sich, weil man sich der eigenen Stadt und dem ganzen Reich gegenüber verpflichtet fühlte. Sogar das eigene Vermögen wurde in den Dienst der Gemeinde gestellt.

Dieses Verhältnis zum Staat wurde gestört durch die **Eingriffe in die Selbstverwaltung** (§ 30 I 6) und durch den **Rückgang der Prosperität.** Mißmut ist die Folge, die Bereitwilligkeit zur Übernahme munizipaler Ämter läßt schon unter Trajan nach.

Nun hatten aber die Gemeinden, wie wir sahen, eine wesentliche **Funktion in der** 15
Finanzverwaltung erhalten. Sie hatten im 2. Jahrhundert innerhalb des jeweils einer Stadt zugeordneten Steuerbezirkes die **Steuern einzutreiben.** Über die eingegangenen Steuern hatten sie dann mit kaiserlichen Prokuratoren oder prokonsularischen Statthaltern abzurechnen (§ 30 II 4c und d). Mit der Verstärkung des finanziellen Drucks, dem das Reich ausgesetzt war, verstärkt sich der Druck auf die Städte, und damit auf die **Duovirn** und **Dekurionen,** die Spitzen der Kommunalverwaltung. Sie **haften** seit dem Ende des 2. Jahrhunderts mit ihrem eigenen Vermögen für die Erfüllung des Steuersolls. Was einst eine Ehre gewesen war, wird jetzt eine **„öffentliche Last“ (munus),** deren Übernahme notfalls erzwungen wurde. Sie bedeutete häufig den finanziellen Ruin.

Die Betroffenen versuchten sich dem zu entziehen, etwa durch Flucht zu Grundbesitzern *(potentiores),* bei denen sie dann als *coloni* arbeiteten. Im 5. Jahrhundert schließlich kam es vor, daß die Einstellung in eine Kurie als Strafe verfügt wurde.

Der Druck wurde verständlicherweise nach unten weitergegeben. Man hat die **Steuern schonungslos** von der Stadtbevölkerung und den attribuierten Gemeinden des Steuerbezirks **eingezogen.** Die Urbanisierung unter den Severern hatte unter anderem auch den Sinn, einen weiteren Kreis von Verpflichteten für die Eintreibung der Steuern zu schaffen.

3. Gewisse Gruppen waren von den munizipalen Lasten befreit, so vor allem Mit- 16
glieder der privilegierten Klassen, deren Dienste auf anderem Gebiet gebraucht wurden.

Immunität genossen z.B. die **Großpächter der kaiserlichen Domänen,** die die Ländereien an Kleinpächter zur Bewirtschaftung gaben und von diesen die Abgaben für den Kaiser eintrieben. (Dasselbe gilt auch von den – teilweise noch immer existierenden – Steuerpächtern; vgl. Call. D. 50, 6, 6, 10). Von der Beteiligung an den Gemeindelasten waren sogar die **Kleinpächter auf den Domänen** befreit, um die von den Kaisern als wichtig erachtete Bestellung des Landes nicht zu gefährden. Sie waren aber von den sonstigen **munera sordida,** die den *humiliores* auferlegt wurden, den Fron- und Spanndiensten, **nicht befreit.** Das sind insbesondere Dienstleistungen für die **Versorgung des Heeres,** jetzt auch *annona* genannt, und die Stellung von Zugtieren für Soldaten oder von Pferden für die Staatspost. Die Kaiser des 2. Jahrhunderts einschließlich Septimius Severus (193–211) selbst standen den Bauern/Pächtern durchaus wohlwollend gegenüber und haben in ihrem Interesse die Pachtbedingungen verbessert. Dennoch verschlechtern sich deren Lebensverhältnisse vom Ende des 2. Jahrhunderts ab immer mehr. Die **Aufbürdung öffentlicher Lasten** auf die einzelnen Bürger wird seitdem zu einem **umfassenden System** ausgebildet.

Ein unmittelbares **Vorbild** für diese *munera* hatte die römische Verwaltung in **Ägypten** in Gestalt der **Liturgie** (λειτουργία) vorgefunden. Hiernach waren sämtliche Gemeindeangehörigen grundsätzlich zu Spann- und Frondiensten für die öffentliche Hand verpflichtet. Auch die persönliche Haftung der Gemeindeorgane für die Erbringung dieser Dienste war in Ägypten bereits vorgebildet. Doch auch den Römern der republikanischen Zeit waren die *„munia“* genannten Arbeitsleistungen im Interesse der öffentlichen Hand nichts Unbekanntes (s. § 20 I 3c Abs. 3).

4. Dazu kommen weitere **munera publica,** die mit der **Getreideversorgung** und 17
dem **Lebensmittelhandel** zusammenhängen. Die „Berufsgenossenschaften“, **collegia,** der **Schiffseigentümer,** die Transporte zur See oder auf Flüssen durchführen *(navicularii),* der Kaufleute, insbesondere der **Getreidegroßhändler** *(negotiatores frumentarii)* und der **Öllieferanten** *(mercatores olearii)* spielten schon in der frühen Prinzi-

patszeit eine große Rolle. Es war für die Regierung leichter, mit einem organisierten, körperschaftsähnlichen Kollegium zu arbeiten, dessen Vorstand und Mitglieder man kannte, als mit einzelnen unbekannten Unternehmern. Das schwierige Problem der **Massengütertransporte für Heer und Flotte** und für die **Versorgung der Großstadt** wäre sonst nicht zu bewältigen gewesen. Schon Claudius (41–54) hat gewissen Mitgliedern der Kollegien der Getreidegroßhändler und Reeder Privilegien eingeräumt (Sueton, Claud. 18). Auch für die Innungen der **Lebensmittelhändler** hatten die Kaiser Interesse, etwa die *collegia pistorum* (Bäcker) und *pecuariorum* oder *suariorum* (Fleischer).

Sie alle kennen wir aus Inschriften und auch aus Fragmenten vor allem Scaevolas, Papinians, des Callistratus und Ulpians in den Digestentiteln 50, 4–6, die *de muneribus et honoribus* sowie von der Befreiung von diesen Lasten handeln. Die ursprünglich freiwilligen *collegia* werden nun zu **Zwangsverbänden,** der Beruf ihrer Mitglieder wird ein **munus,** für dessen Erfüllung schließlich die Gesamtheit der Mitglieder haftet. Dafür sind dann **aber** auch sie **von** den **munizipalen Lasten befreit** (Call. D. 50, 6, 6, 3).

Den Schweinefleischhändlern *(porcinarii)* in Rom wird noch im Jahre 389 durch ein Reskript Valentinians bestätigt, daß sie wenigstens von den *sordida munera* ständig befreit sind.

18 5. In der **Zeit der Anarchie** nach Alexanders Tod (235) nehmen diese Verhältnisse, die von den großen Juristen der spätklassischen Zeit immerhin noch in eine gewisse Ordnung gebracht worden waren, vollends den Charakter bloßer **Requisitionen, Konfiskationen** und **Kontributionen** an. Es ist eine furchtbare Zeit für die Bauern auf dem Lande und auch für die Städter.

4. Die Militärmonarchie

19 1. Seit dem 2. Jahrhundert ist ein **Vordringen des provinzialen Elements im Heer** zu verzeichnen, da die Rekrutierung der Legionen wegen der Erschöpfung der Wehrkraft Italiens großenteils aus dem Hinterland der einzelnen Legionslager geschah. Schon zur Zeit Mark Aurels hatte der gemeine Mann „den Marschallstab im Tornister".

Ein Beispiel dafür ist der uns wohlbekannte *praefectus praetorio* **Bassaeus Rufus,** der vom Lande stammte und in Armut aufgewachsen war (eine ergötzliche Anekdote von einer Truppeninspektion mit seinem Kaiser berichtet Cass. Dio 72 [71], 5, 3).

20 2. Nachdem **Septimius Severus** von seinen Truppen an der Donau zum Kaiser ausgerufen worden war (193), hatte er die Prätorianergarde aufgelöst und sie aus seinen Soldaten neu gebildet. Diese waren unverbrauchte, von den Segnungen der Zivilisation zum Teil unberührte Menschen der Donauprovinzen Illyricum und Pannonia. Dadurch wird Illyricum das wichtigste Land für die **Entwicklung des Reiches zur Militärmonarchie.**

Weil die Prätorianergarde gleichzeitig als Offiziersschule diente, stiegen immer mehr Angehörige der Donauländer zu den höheren Rängen auf und verdrängten die Italiker. Diese Truppe war zwar nicht geeignet, Träger der römischen Zivilisation zu sein, aber es waren ausgezeichnete Soldaten, und sie wuchsen in die alte römische Disziplin hinein; und vor allem hatten sie, noch wenig romanisiert, doch ein starkes **Bewußtsein des Römertums.** So wurden **„Illyricum"** und **„Illyriciani"** Ehrennamen. Auf den Münzen des Kaisers Decius, eines der Nachfolger Alexanders, wird der *Genius Illyrici* beschworen. Hier wuchs eine neue, romanisierte Führerschicht heran, aus der im letzten Drittel des Jahrhunderts alle Kaiser stammten. Ihr ist es auch zu danken, daß sich im Osten Latein als Amtssprache durchsetzen konnte. Aus dieser Führerschicht sollte auch am Ende die Rettung des Reiches kommen.

21 3. Einstweilen aber wird das Heer, das unter Septimius Severus noch ein Instrument der Macht gewesen war, die Macht selbst. Dies brachte eine ernste Gefahr mit sich,

denn das Heer war viel zu groß und obendrein nicht homogen genug, um die Rolle eines Trägers der Herrschaft spielen zu können.

Der Soldat selbst war nur an gutem Sold und reichen **largitiones** (sog. Donativen) interessiert – und an möglichst vielen Freiheiten, am Plündern und Marodieren. So wurden die durchziehenden Heere jahrzehntelang eine unerträgliche Last für die Bevölkerung. Dieser Zustand war unter anderem die Folge davon, daß die Truppenteile sich die Gefolgschaftstreue durch hohe Geldspenden abkaufen ließen, also leicht dem zufielen, der mehr zu bieten hatte. Diese Methode aber ist eine alte Tradition, eine **„Ursprungssünde des Prinzipats"**, dem Heer beim Thronwechsel **Treueprämien** zu zahlen, wie Alföldi, Studien 384, treffend bemerkt. Tragen mußte auch diese finanzielle Last die Bevölkerung außer den wachsenden Aufwendungen zur Niederschlagung der Aufstände und Abwehr der Barbaren an allen Fronten.

4. Septimius Severus war eine kraftvolle Herrschernatur. Mit dem Senat verstand er 22
sich nicht, also regierte er ohne ihn, was die Späteren nicht wagten. Er stützte sich ganz auf das Heer und vor allem auf seine Kerntruppen.

Die Verwaltungsstellen, insbesondere die Prokuratorenposten, ließ er vorzugsweise durch ausgediente Offiziere aus dem **Ritterstand** besetzen, und auch sonst wurden jetzt ehemalige Soldaten oder Zenturionen im Verwaltungsdienst beschäftigt. Zudem vergab der Kaiser Beamtenstellen, die bisher noch Angehörigen des Senatorenstandes vorbehalten gewesen waren, an ritterständische Männer. Untere militärische Dienstgrade bekamen die Möglichkeit des Aufstiegs in höhere Ränge und damit zu den zivilen Ämtern durch Verleihung des goldenen Ritterringes.

Die Stellung dieses Kaisers war so stark und sein Charisma so groß, daß er es unter- 23
nehmen konnte, durch eine künstliche Anknüpfung an die Antonine seine Thronbesteigung zu legitimieren und eine Dynastie zu gründen. Doch waren seine Nachfolger nicht von seinem Schlage. Daß die **Dynastie der Severer** sich bis 235 (Alexanders Ermordung) halten konnte, verdankt sie der hochgebildeten **Iulia Domna,** der zweiten, aus Syrien stammenden Frau des Severus und den weiblichen Mitgliedern ihrer Familie.

In den Jahren nach dem Tode des Alexander Severus wurden verschiedene Kaiser vom Heer auf den 24
Schild gehoben (Soldatenkaiser), die wieder die Bestätigung des Senats suchten oder gar aus ihm hervorgingen. Sie waren möglicherweise nicht schlechter als die Kaiser des 1. Jahrhunderts nach Augustus, aber ohne Ausstrahlungskraft und ohne Glück. Einer löste den anderen ab, oft gab es mehrer Prätendenten, fast alle wurden ermordet oder kamen im Krieg um.

5. Ein Mann von Format, dem auch eine gewisse Wirkungszeit vergönnt war, 25
kommt mit **Gallienus** auf den Thron (253–260 mit seinem Vater, bis 268 allein). In einer wüsten Zeit gelang es ihm, sich zu behaupten und auch auf Änderung der Verhältnisse von Grund auf zu sinnen. Zunächst traf er auf dem Gebiet der Verwaltung eine längst fällige Maßnahme, mochte sie auch ein völliges Novum in der römischen Geschichte sein. **Militär- und Zivilgewalt,** früher stets vereinigt im Imperium des Statthalters – und so de iure noch bis in die Mitte des 3. Jahrhunderts –, wurden **jetzt getrennt,** die Statthalter vom Kommando der in ihrer Provinz stehenden Truppen ausgeschlossen und ritterständische Legionskommandeure eingesetzt. Die völlige Trennung der beiden Gewalten wird unter Diokletian und Konstantin ein Prinzip der neuen Verfassung. Außerdem hat Gallienus viel für die Neugestaltung des Heeres getan, vor allem für die Reiterei; auch hat er, bei den Soldaten beliebt, die Disziplin der Truppe mit Erfolg zu heben gewußt.

Waren dies realpolitische Maßnahmen, so zielten in ganz andere Richtung seine Pläne, der Reichsbe- 26
völkerung ein **neues Staatsethos** zu geben. Dabei knüpfte er nicht an Gedanken des Augustus an, was im Sinne des „Römertums" seiner Illyrier gewesen wäre, sondern eher an die Antonine, als Philhellene dem **Neuplatonismus,** der Lehre seines Freundes Plotin, gewogen. Vielleicht glaubte er, das Christenproblem so von innen her lösen zu können. Es mag sein, daß diese Ideen den führenden Leuten seiner Umgebung mißfielen. Aus ihrem Kreis kam die Verschwörung, die Gallienus das Leben kostete. Es war

wohl die sinnloseste Untat jener verworrenen Zeit. Sein Nachfolger **Claudius II.**, angeblich von ihm selbst noch designiert, starb bereits 270 in Sirmium an der Pest.

27 6. Ihm folgte **Aurelian** (270–275), ein Mann von der Art des Gallienus, um die Wiederherstellung des Reiches mit großem Erfolg bemüht: Er konnte einen großen Triumph feiern und hieß seitdem **restitutor orbis.** Auch er sorgte für Disziplin – Plünderungen der Städte gab es hinfort nicht mehr. Darum war er aber auch auf die Befestigung der Städte bedacht, in Rom erinnern die Reste der großen „Aurelianischen Mauer" an diese Zeit. Er soll durch unzufriedene Offiziere aus seiner Umgebung ermordet worden sein.

Die **Konsolidierung der Reichsgewalt** gelang erst **Diokletian** (284 bis 305). Er war ebenfalls Illyrer und wurde von den Offizieren des Heeres im Osten zum Kaiser ausgerufen. Aus der von Diokletian durchgeführten Erneuerung geht das Reich als eine Monarchie orientalisch-hellenistischer Prägung hervor.

III. Das klassische Recht

§ 32. Rechtsquellen und Rechtspflege

Schrifttum: *L. Wenger,* Quellen insb. 424 ff. und 488 ff.; *M. Kaser,* Methodologie; *J. M. Kelly,* Princeps iudex, Forsch. zum röm. Recht 9 (1957). – Zum Zivilprozeß *M. Kaser,* RZ 107–338 (Das Formularverfahren) und 339–409 (Das klassische Kognitionsverfahren); *ders.,* RP §§ 82–86 und § 87 I; *ders.,* Rechtsquellen; *ders.,* Ius gentium (1993); *W. Simshäuser,* Iuridici und Munizipalgerichtsbarkeit in Italien (1973); *ders.,* Stadtrömisches Verfahrensrecht im Spiegel der lex Irnitana, SZ 109 (1992) 163–208; in ANRW II 13 (1980): *A. Guarino,* La formazione dell' editto perpetuo, 62–102; *A. Wacke,* Die potentiores in den Rechtsquellen, Einfluß und Abwehr gesellsch. Überm. in der Rechtspflege der Römer, 562–607. – Zum Strafverfahren und Strafrecht *F. J. Dölger,* Das Lebensrecht des ungeborenen Kindes und die Fruchtabtreibung in der heidnischen und christlichen Antike, Antike und Christentum, Kultur- und religionsgeschichtliche Studien 4 (1934, Neudruck 1975) 1–61; *J. Bleicken,* Senatsger.; *J. A. Crook,* Consilium Principis (1956); dazu *W. Kunkel,* SZ 72 (1955) 463 ff. = Kl. Schr. 595–601; *ders.,* Prinzipien des römischen Strafverfahrens, Kl. Schr. 11–31; *C. Gioffredi,* I principi del diritto penale romano (1970); in ANRW II 13: *R. A. Bauman,* The ‚Leges iudiciorum publicorum' and their Interpretation in the Republic, Principate and Later Empire, 103–233; *E. Nardi,* Aborto e omicidio nella civiltà classica, 366–385; ferner *W. Waldstein,* Zur Beachtlichkeit der tätigen Reue im römischen und im modernen Strafrecht, in: Fs. Klecatsky II (1980) 993–1011, und die zu §§ 27 und 29 angegeb. Abh. – Allgem. *E. Volterra,* Il problema del testo delle costituzioni imperiali, in: Atti del II Congr. intern. della Società italiana di storia del Diritto (1971) 821–1097; *D. Nörr,* Divisio; *R. Bauman,* The Resumé of Legislation in the Early Vitae of the Historia Augusta, in: SZ 94 (1977) 43–75; *M. Amelotti,* Notariat und Urkundenwesen zur Zeit des Prinzipats, in: ANRW II 13, 386–399; *Th. Honsell,* Gemeinwohl und öffentliches Interesse im klassischen Recht, in: SZ 95 (1978) 93–137; *J. Gonzalez,* The Lex Irnitana: a new Flavian munizipal law, JRS 76 (1986) 147–243; weitere Fragmente für JRS 77 (1987) angekündigt; *A. D'Ors,* La ley Flavia municipal (Texto y commentario), Studia et documenta 7 (1986); *A. Kränzlein, Ius municipum.* Zu Art. 93 Lex Irnitana, in Fs. Waldstein (1993) 177–186; *A. Mette-Dittmann,* Die Ehegesetze des Augustus. Eine Untersuchung im Rahmen der Gesellschaftspolitik des Princeps (1991); dazu *C. Masi Doria,* SZ 111 (1994) 556–564; *V. Marotta,* Multa de iure sanxit. Aspetti della politica del diritto di Antonino Pio (1988); dazu *J. Zlinszky,* SZ 107 [1990] 493–498; *ders.,* Mandata principum (1991); dazu *A. Völkl,* SZ 112 (1995); *Talamanca,* Processo civile 31–72; *Santalucia,* Processo penale 348–357; *ders.,* Diritto e processo penale nell'antica Roma (1989); dazu *J. Zlinszky,* SZ 109 (1992) 690–693; sowie die zu §§ 33 und 34 angeg. Abh.; *A. Flach,* Das iudicum quinquevirale im Werdegang senatorischer Strafgerichtsbarkeit, in SZ 113 (1996) 358–376; *M. Peachin,* Iudex vice Caesaris (1996); *J. P. Coriat,* Le prince législateur (Bibliothèque des Écoles Françaises d'Athèns et de Rome 294) (1997); *L. Fanizza,* L'amministrazione della giustizia nel principato (1999).

1. Das Kaiserrecht im allgemeinen

1. Wie wir gesehen haben, ist das verfassungsmäßige Gesetzgebungsorgan der Republik, die **Volksversammlung,** nur noch unter den ersten Kaisern tätig geworden (§ 27 III 3). Die Gesetzgebung ist dann bald ganz in die Hände des Senats übergegangen, der jedoch hierbei immer mehr bloß den Willen des Prinzeps vollzog (§ 27 II 2b). 1

2. Daneben hat sich auch eine unmittelbare Rechtsetzung durch den **Kaiser** herausgebildet. Diese Rechtschöpfungstätigkeit gründete sich auf die **Amtsgewalt** des Prinzeps auf dem Gebiet der **Verwaltung** und vollzog sich daher zunächst in den Formen republikanischer Verfassungseinrichtungen. Anordnungen allgemeiner Art erließ der Prinzeps vor allem in Gestalt des früheren magistratischen Edikts (§ 22 V 1) und, soweit es sich um den inneren Verwaltungsdienst handelte, in Form von **Dienstanweisungen (mandata)** an einzelne Beamte oder Behörden. Aber auch Einzelfragen auf zivilrechtlichem und strafrechtlichem Gebiet, die dem Kaiser zur Entscheidung vorgetragen wurden, regelte er schriftlich durch besondere **Reskripte,** während seine richterlichen **Urteile (decreta)** im Rahmen des außerordentlichen magistratischen Verfahrens ergingen. Augustus hat diesen Bereich – mit einer bemerkenswerten Ausnahme (u. III 2) – nicht überschritten, ebensowenig Tiberius. Alle diese rechtlichen Bestimmungen des Kaisers pflegte man unter dem Namen **constitutiones principis** (u. II) zusammenzufassen. 2

Eine Fülle dieser Konstitutionen, vor allem von Reskripten, ist in der von Justinian veranlaßten Kodifikation der Kaisergesetze, dem **Codex Iustinianus,** und zum Teil in den **Digesten** (§ 43 I 4. 6) überliefert. Sie gehen bis auf Hadrian zurück, die Mehrzahl stammt jedoch aus nachklassischer Zeit.

3. Da aber die in Wirklichkeit übergesetzliche Macht des Prinzeps den verfassungsmäßigen Beschränkungen der magistratischen Ämter durch den Grundsatz der Annuität und Kollegialität nicht mehr unterlag, gewannen seine Konstitutionen eine ganz andere Bedeutung als die entsprechenden Anordnungen der republikanischen Amtsträger. Inbesondere die Edikte und Mandate des Kaisers galten von vornherein für die Dauer seines Lebens. Auch bei seinem Tode verzichtete man nun wohl auf eine ausdrückliche Erneuerung dieser Bestimmungen durch den Nachfolger, wie sie beim tralatizischen Edikt der Magistrate bis zum *edictum perpetuum* (130, § 22 V 7) notwendig war. Die Konstitutionen des Prinzeps hatten also gleich Gesetzen und Senatsbeschlüssen **dauernde Geltung,** sie blieben in Kraft, bis sie durch eine neue Konstitution aufgehoben oder abgeändert wurden – selbst wenn der verstorbene Kaiser der *damnatio memoriae* (§ 28 II 5 Abs. 2) anheimfiel. 3

4. Trotzdem wurden die Konstitutionen (ähnlich den vom Kaiser veranlaßten Senatsbeschlüssen) anfänglich nicht ohne weiteres als Gesetze angesehen. Die eigentliche Rechtsetzungsgewalt lag verfassungsrechtlich nach wie vor ausschließlich bei der Volksversammlung. Dies findet seinen deutlichen Ausdruck in der Tatsache, daß Volksgesetze *(leges)* durch eine kaiserliche Konstitution anfänglich ebensowenig aufgehoben werden konnten wie durch das *ius honorarium* des Prätors: Auch die kaiserlichen Anordnungen sind zunächst *ius honorarium.* 4

Erst am Ausgang des 1. Jahrhunderts wurde die Volksgesetzgebung vollends durch die Senatsbeschlüsse und die Kaiserkonstitutionen ersetzt. Die Rechtslehre erkannte jedenfalls schon um die Mitte des zweiten Jahrhunderts ganz allgemein die **Kaiserkonstitutionen** als **gesetzesgleich (legis vicem optinere)** an und stellte dies gelegentlich sogar als von Anfang an zweifelsfrei hin (Gai. inst. 1, 5). Gegen Ende der klassischen Zeit zählte man die Kaiserkonstitutionen infolgedessen zum **ius civile** (Pap. D. 1, 1, 7 pr.) und bezeichnete sie auch ohne weiteres als **leges** (Ulp. D. 1, 4, 1, 1).

5 Die Auffassung von der gesetzesgleichen Geltungskraft der Konstitutionen wurde hierbei schon von Gaius mit dem Hinweis begründet, daß der Kaiser seine Gewalt durch Volksgesetz erhalten habe. Die *lex de imperio* (§ 28 II 1) wurde damit in eine allgemeine Gesetzgebungsermächtigung umgedeutet, so daß die Konstitutionen gewissermaßen als *leges datae* (§ 17 IV 4 Abs. 3) des Prinzeps erschienen.

Mit Hilfe der magistratischen *leges datae* im eigentlichen Sinn, deren Geltung seit jeher auf eine Ermächtigung durch das Volk zurückgeführt wurde, erließen im übrigen auch noch die Kaiser die **Gemeindeordnungen** für Provinzstädte (inschriftlich großenteils erhalten sind die Stadtrechte der latinischen Munizipien *Salpensa* und *Malaca* in Spanien um 82 (Bruns 142ff., 147ff.). Erst 1981 wurden Bronzetafeln eines weiteren Stadtrechtes eines bisher nicht bekannten Munizipiums *Irni* (oder *Irnium*) in der Provinz Sevilla gefunden, das ebenfalls aus dieser Zeit stammt, die *lex Irnitana.* Sie gehört zur gleichen Gruppe flavischer Munizipalordnungen und trägt entscheidend zur Rekonstruktion der bisher bekannten bei (vgl. die Hinweise zum Schrifttum). Zu den Munizipalordnungen Caesars o. § 20 I 8 Abs. 3.

Hiervon zu unterscheiden sind wiederum die *leges dictae.* Sie wurden vom Kaiser oder seinen Beamten für den kaiserlichen Privatbesitz *(patrimonium)* wie für fiskalische Güter (hier wohl in Ausführung einer allgemeinen *lex data)* als Domänen- und Bergwerksordnungen aufgestellt, wie z. B. die *lex metalli Vipascensis* für das portugiesische Bergwerk *Vipasca* (Bruns 289ff. = FIRA I 502ff.; dazu Wenger, Quellen 406f.).

6 5. Gegen Ende des Prinzipats hat schließlich das neue Kaiserrecht auch die *senatus consulta* als Rechtsquelle verdrängt. Das Honorarrecht hatte bereits durch Hadrian seine abschließende Redaktion erfahren. Neuerungen in diesem Bereich blieben dem Kaiser vorbehalten (§ 22 V 7). Ähnlich dem alten Honorarrecht, aber ohne dessen strenge innere Tradition und einheitliche äußere Erscheinungsform im tralatizischen Edikt, diente die Kaisergesetzgebung nun im Zusammenwirken mit der Rechtswissenschaft (§§ 33 und 34) der Weiterentwicklung eines formfreien und den jeweiligen Bedürfnissen der Zeit sich anpassenden Rechts. Freilich hat das Kaiserrecht niemals die entscheidende Bedeutung erlangt, die dem Honorarrecht vor allem in spätrepublikanischer Zeit zugekommen war. Der Grund hierfür lag nicht zuletzt in der Tatsache, daß zu dieser Zeit das römische Recht bereits eine umfassende und bis ins einzelne durchgebildete Ordnung war, die im wesentlichen allen Bedürfnissen des Wirtschaftslebens und des Welthandels gerecht zu werden vermochte.

2. Die kaiserlichen Konstitutionen

7 1. Die kaiserlichen **edicta** lehnten sich in ihrer Form eng an die magistratischen Edikte an. Sie regelten **allgemeine Fragen** verschiedensten Inhalts aus dem Gesamtgebiet des Rechts, vorzugsweise des öffentlichen Rechts. Privatrechtliche Edikte waren hingegen im Hinblick auf die unter Hadrian erfolgte Endredaktion des prätorischen Edikts (o. I 5) selten. Neuerungen privatrechtlicher Art wurden zu Beginn des Prinzipats in die Form von Volksgesetzen gekleidet, später Senatsbeschlüssen vorbehalten und schließlich durch Kaiserkonstitutionen eingeführt (o. I 1–4).

Eines der wichtigsten urkundlich erhaltenen Edikte ist die *constitutio Antoniniana,* die allen freien Reichsbewohnern das Bürgerrecht verlieh (§ 30 III 3). **Inschriftlich** überlieferte Edikte finden sich bei Bruns 249ff.; dazu kommen fünf 1926 in **Kyrene** ausgegrabene **Edikte des Augustus,** die die Verwaltung und Gerichtsbarkeit Nordafrikas betreffen und einiges Licht auf die staatsrechtliche Stellung von Prinzeps und Senat werfen (FIRA I 403ff. mit lateinischer Übersetzung; Literatur dazu bei Wenger, Quellen 455ff.; ferner Bleicken, Senatsger. 35ff. und 168ff.).

8 2. Die **mandata** waren ursprünglich persönliche Dienstanweisungen an einzelne kaiserliche oder auch republikanische Beamte. Bald gewannen sie jedoch eine ähnlich allgemeine Bedeutung und Form wie die Edikte und erschienen als dauernde **Verwaltungsanordnungen,** die den Aufgabenbereich der einzelnen Behörden in übereinstimmender Weise festlegten **(libri mandatorum).** Neben eigentlichem Verwaltungs-

und Verfahrensrecht enthielten sie auch eine Reihe materiell-rechtlicher Bestimmungen, insbesondere strafrechtlicher Art.

Wohl auf Mandaten beruhende Dienstanweisungen für die unterägyptische Finanzverwaltung (also **keinen** eigentlichen *liber mandatorum*) stellte der sog. **Gnomon des Idios Logos** dar. Dieses umfassende Statut (= gnomon) für den Dienstbereich des für alle unregelmäßigen Staatseinkünfte verantwortlichen ägyptischen Finanzprokurators (= Idios Logos) ist uns auf einem Papyrus erhalten (BGU 5, 1); P.M. Meyer, Jurist. Papyri (1920) 315ff.; S. Riccobono jr., Il Gnomon del' Idios Logos (1950); ders., Das röm. Reichsrecht u. der Gnomon des Idios Logos (1957).

3. Die **rescripta** des Kaisers waren schriftliche Rückäußerungen auf Anfragen beliebigen Inhalts und erstreckten sich infolgedessen auf das Gesamtgebiet der Rechtsordnung. 9

a) Reskripte dieser Art enthielt zunächst der Schriftverkehr des Kaisers mit seinen **Beamten** und sonstigen Persönlichkeiten des öffentlichen Lebens sowie mit öffentlichen **Körperschaften,** wie den Provinzialgemeinden und Provinziallandtagen (§ 26 III 5). Der Kaiser bediente sich hierbei der zwanglosen Form des **Privatbriefs (epistula),** der gelegentlich neben der dienstlichen Entscheidung der eigentlichen Anfrage des Empfängers *(relatio, consultatio, suggestio)* auch persönliche Mitteilungen enthielt. 10

Kennzeichnend hierfür ist der erhaltene **Briefwechsel Trajans** mit dem jüngeren **Plinius** aus dessen Amtszeit als Statthalter in Bithynien. Die Briefe des Kaisers wurden in der Kanzlei *ab epistulis* (§ 29 II C 1) bearbeitet und vom Kaiser persönlich mit dem üblichen Gruß (**vale,** ἔρρωσο) unterzeichnet.

b) Eingaben und Gesuche *(libelli, preces, supplicationes)* von **Privatpersonen** wurden hingegen durch bloßen **Aktenvermerk (subscriptio)** des Kaisers entschieden. Die Bekanntgabe an den Bittsteller erfolgte lediglich durch öffentlichen **Aushang (propositio)** in Rom. Der Anfragende mußte sich dann selbst eine Abschrift des kaiserlichen Bescheides nehmen. Derartige Anfragen von Privatpersonen, vor allem in Rechtsangelegenheiten, sind jedoch in größerem Umfang erst seit Hadrian durch Reskript entschieden worden. 11

Die privaten Eingaben wurden in der Kanzlei *a libellis* (§ 29 II C 1) bearbeitet; die Entscheidung des Kaisers trug am Kopf seinen Namen und den des Adressaten, am Schluß das Datum der Entscheidung (D = *data,* S = *subscripta)* oder des Aushangs (PP = *proposita)* und die Unterschrift des Kaisers.

c) Eine besondere Bedeutung erlangten in der Folge gerade die Reskripte des Kaisers in **Rechtsangelegenheiten.** Sie ersetzten seit dem dritten Jahrhundert in steigendem Maße die Rechtsgutachten *(responsa)* der Juristen. Wie diese äußerten sie sich lediglich zu den aufgeworfenen Rechtsfragen. Über die Tatfragen des Falles hatte der Richter Beweis zu erheben, an die Rechtsentscheidung des Prinzeps war er jedoch gebunden. Die Autorität des Kaisers verlieh seinen Reskripten sehr bald auch über den einzelnen Rechtsfall hinaus allgemeine Geltung, und schließlich wurde derartigen Präjudizien wie den sonstigen Konstitutionen gesetzesgleiche Wirkung zuerkannt. 12

Die private **Gutachtertätigkeit der Juristen** hörte mit dem Tode des Alexander Severus vollständig auf. Die Fortbildung des Rechts erfolgte nun so gut wie ausschließlich durch kaiserliche Reskripte oder Konstitutionen. Aber auch auf diese hatten Juristen im kaiserlichen *consilium* (§ 29 I 5), dem sie seit Hadrian in wachsender Zahl und seit Commodus (180–192) als kaiserliche Beamte angehörten, entscheidenden Einfluß. Unmittelbaren Einfluß auf die Rechtsentwicklung hatten die Juristen als Leiter oder Mitarbeiter der Kanzleien oder, soweit diese Ämter mit Juristen besetzt wurden, besonders als *praefecti praetorio,* wie Papinian und Ulpian am Ende der Klassik, und seit Konstantin als *quaestores sacri palatii* (§ 36 III 3), deren bedeutendster Tribonianus unter Justinian war (§ 43 I 2. 4. 5, II 1).

4. Die **decreta** waren **richterliche Entscheidungen** des Kaisers, die er im Rahmen der von ihm ausgeübten Gerichtsbarkeit fällte. Das Kaisergericht konnte von den Parteien in jedem zivilen Rechtsstreit sowie in jedem Strafverfahren angerufen werden. 13

In schwierigen Fällen, besonders auch, wenn das geltende Recht *iniquum* (ungerecht, unbillig) zu sein schien, konnten sich auch die Gerichtsbehörden selbst an den Kaiser wenden. Der Kaiser war kraft seiner faktischen Gesetzgebungsgewalt (Gai. inst. 1, 5; o. I 2–II 1) weder an den überlieferten Formalismus noch an den Inhalt des Zivilrechts oder des Amtsrechts gebunden. So wurden die kaiserlichen Dekrete neben den Reskripten zu einem wichtigen Mittel freier und schöpferischer Fortbildung des überkommenen Rechts. Gleich den übrigen Konstitutionen wurde den kaiserlichen Urteilen seit Ausgang des zweiten Jahrhunderts gesetzesgleiche Wirkung zugeschrieben (vgl. etwa das *decretum divi Marci* bei Call. D. 4, 2, 13 und D. 48, 7, 7).

3. Die extraordinaria cognitio des Prinzeps in Zivil- und Strafsachen

14 1. Das **Kaisergericht** stellt ein außerordentliches Verfahren **(cognitio extra ordinem)** dar, das sich, wie alle Institutionen des Prinzipats, aus republikanischen Ansätzen entwickelt hat.

Da der Kaiser auch bei seiner richterlichen Tätigkeit das vorwiegend mit Juristen besetzte *consilium* (§ 29 I 5) zu Rate zog (vgl. Kunkel, Kl. Schr. 178ff.), konnte die **Rechtswissenschaft** auch noch auf diesem Wege ihren Einfluß auf die Rechtsentwicklung geltend machen. Gerade die großen Kaiser des 2. Jahrhunderts haben dem Fachurteil ihrer juristischen Berater sorgsam Gehör geschenkt.

15 2. Seit der **lex Iulia iudiciorum privatorum** des Kaisers Augustus (§ 22 IV 5) war der Formularprozeß das ordentliche Streitverfahren in Zivilsachen (**ordo iudiciorum privatorum;** § 23). Daneben hatte sich schon in den letzten anderthalb Jahrhunderten der Republik ein außerordentliches Verfahren (**cognitio extra ordinem,** d.h. außerhalb des *ordo iudiciorum privatorum)* zu bilden begonnen. Hier führte der Magistrat das Verfahren bis zur Urteilsfällung (gegebenenfalls und wohl üblicherweise durch einen beauftragten Richter, **iudex pedaneus)** allein durch. Er war dabei auch nicht an die Formvorschriften des Formularprozesses gebunden. Das galt vor allem für den Provinzialstatthalter in Zivilprozessen zwischen Peregrinen.

16 3. Im Bereich der Stadt Rom kam die *extraordinaria cognitio* zunächst lediglich bei Streitigkeiten zwischen dem einzelnen Bürger und dem Staat zur Anwendung. Diese konnten aus den Rechtsbeziehungen entstehen, die der Staat auf dem weiten Gebiet der **Verwaltung** mit einzelnen Bürgern begründet. Aber schon Augustus hat den Anwendungsbereich der *extraordinaria cognitio* auf eine Reihe von Privatrechtsverhältnissen unter Bürgern ausgedehnt, die sich nach „Zivilrecht" nicht behandeln ließen, wo also **neues Recht** geschaffen werden sollte. Hierbei wurde jeweils ein **besonderer Magistrat** mit der Durchführung des Verfahrens betraut.

17 Ein Beispiel dafür ist die Entwicklung der Fideikommisse. Das waren formfreie Bitten des Erblassers an den Erben oder Vermächtnisnehmer, einem Dritten aus dem Nachlaß oder Vermächtnis etwas (oder alles) zuzuwenden, die ursprünglich nur eine auf der *fides* beruhende moralische Verpflichtung erzeugten, der Bitte zu entsprechen. Augustus wies die Entscheidung solcher Fälle den Konsuln zu, woraus sich rasch die Klagbarkeit der Fideikommisse entwickelte (vgl. Inst. 2, 23, 1). Claudius schuf dafür die Sondergerichtsbarkeit eines *praetor fideicommissarius* für Rom und Italien, in den Provinzen gehörten die Fideikommißsachen in den Amtsbereich des Statthalters. In ähnlicher Weise entwickelte sich ein Recht auf Unterhalt zwischen Blutsverwandten, das im 2. Jahrhundert bereits ausgebildet ist. Auch diese Alimentationssachen wurden zunächst an die Konsuln delegiert (weitere Beispiele bei Kaser/Hackl, RZ 451ff.).

18 4. Die **statthalterlichen Kompetenzen** auf dem Gebiet der Zivil- und Strafgerichtsbarkeit standen bereits Augustus im Rahmen seines **imperium proconsulare** jedenfalls

in den Kaiserprovinzen zu. Ausgeübt wurden sie tatsächlich im allgemeinen durch seine Delegierten, seine **legati Augusti pro praetore** (o. 2). Dieses Verhältnis von Mandant zu Mandatar setzte den Kaiser in den Stand, ein Verfahren an sich zu ziehen oder auf Grund einer Appellation zu reformieren. Und von diesen Möglichkeiten machten die unselbständigen Statthalter wie die Parteien in allmählich immer steigendem Maße Gebrauch.

5. Auch auf die **Senatsprovinzen** dehnte sich das Verfahren aus, was wiederum nicht zuletzt auf die Bereitschaft der republikanischen Amtsträger zurückzuführen ist, sich dem Kaiser unterzuordnen. Die Tatsache, daß alle Provinzialprozesse *iudicia imperio continentia* waren (§ 23 I 7), führt bereits im 2. Jahrhundert dazu, daß der *iudex privatus* mehr und mehr dem vom Statthalter ernannten **iudex datus** weicht. 19

6. Im Zusammenhang mit dem Kaisergericht entwickelt sich demnach eine **reformatorische Appellation,** ein **echter Instanzenzug** von dem untergeordneten richterlichen Beamten, z. B. dem Statthalter in den **Kaiserprovinzen,** an den Kaiser. Dasselbe bildet sich aber auch in den **Senatsprovinzen** heraus, wo nach Ersetzung des *iudex privatus* des Formularprozesses durch den *iudex datus* auch gegen dessen Urteil an den Statthalter und in letzter Instanz an den Kaiser **Berufung** eingelegt wurde (Bleicken, Senatsger. 148 ff.). Von den städtischen Gerichten konnte an Statthalter oder Kaiser appelliert werden (Nörr, Imperium 31). 20

7. Der römische Zivilprozeß hat auf diese Weise eine tiefgreifende Umgestaltung erfahren. Wie an die Stelle des Volksrichters der staatlich **beamtete Richter,** so tritt an die Stelle der privaten Ladung *(in ius vocatio)* die Ladung von Amts wegen oder mit amtlicher Unterstützung **(evocatio).** Seit dem 2. Jahrhundert hat das Kaisergericht den **Formularprozeß auch in Rom** immer weiter **zurückgedrängt** und gegen Ausgang des Prinzipats völlig verschwinden lassen. Constantius und Constans haben die *iuris formulae* schließlich ausdrücklich abgeschafft (C. 2, 57 [58], 1; 342). 21

8. Auch auf dem Gebiet des **Strafrechts** kommt es durch den Einfluß des Kaisers zu einem starken Vordringen der **extraordinaria cognitio.** Wie oben ausgeführt (§ 27 II 2 c), bleibt es zunächst bei der ordentlichen Strafgerichtsbarkeit *(ordo iudiciorum publicorum),* d. h. bei den *quaestiones perpetuae.* Die durchgreifende neue Organisation von Polizei und Polizeijustiz durch Augustus führt aber bereits zu einem Einbruch in den *ordo* durch die *extraordinaria cognitio.* 22

Für die Hauptstadt setzt Augustus einen **praefectus urbi** ein, dem eine starke Polizeieinheit untersteht, und außerdem noch einen **praefectus vigilum,** einen Polizeipräsidenten, dem vor allem die Bekämpfung des Verbrecherunwesens in der Hauptstadt oblag. In dieser Eigenschaft hatten beide auch eine beschränkte Kriminalgerichtsbarkeit und nahmen die Stelle der früheren *tresviri capitales* (§ 12 IV 1) ein. An das Strafverfahren schloß sich u. U. noch ein Anschlußverfahren auf Rückgabe gestohlener oder veruntreuter Sachen und auf Schadensersatz. Außerhalb Roms in Italien übte die Funktion der Kommandant der kaiserlichen Garde **(praefectus praetorio)** aus, der ebenfalls eine Kriminalgerichtsbarkeit besaß. Sie alle waren, wie die Statthalter, **Delegierte des Kaisers,** der *praefectus praetorio* wurde sein ständiger Stellvertreter (§ 29 II A 2). 23

9. Die tatsächliche und teilweise auch rechtliche Überlegenheit des Kaisers gegenüber allen sonstigen Gewaltträgern zwang den Kaisern geradezu einen Weg auf, den sie wenigstens anfänglich aus eigener Initiative nicht zu beschreiten gedacht hatten, am wenigsten Augustus und Tiberius. Kraft seiner überragenden Stellung kann der Kaiser, wenn an ihn appelliert wird, in letzter Instanz richten (vgl. Cass. Dio 51, 19, 7). 24

Er kann aber ein Verfahren auch ohne Appellation aus eigenem Entschluß an sich ziehen.

Der Kaiser konnte natürlich nicht alle Prozesse selbst durchführen. Dennoch berichtet Suet. Aug. 33, 1, daß Augustus fleißig Recht sprach, zuweilen bis in die Nacht hinein, und daß sich seine Urteile durch reifliche Überlegung sowie durch ihre große Milde auszeichneten. Im übrigen stand es dem Kaiser frei, seine richterliche Strafgewalt besonderen Beamten zu übertragen, wie es Suet. Aug. 33, 3 bereits für Augustus bezeugt. Darüber hinaus hatte der Kaiser das Recht, wenn die Verurteilung in einem Strafverfahren nur mit einer Stimme Mehrheit des Konsiliums erfolgt war, mit seiner Stimme die Stimmengleichheit und damit den Freispruch des Beschuldigten herbeizuführen („Stimme der Athene" [Cass. Dio 51, 19, 7] oder *calculus Minervae* genannt [Mommsen, StR II 958]).

25 10. Die *extraordinaria cognitio* zeichnet sich gegenüber dem ordentlichen Verfahren durch größere **Schnelligkeit, Geschmeidigkeit** und schließlich auch **Gerechtigkeit** aus, und zwar gerade für das einfache Volk (§ 18 III 4). Gleichzeitig eröffnet jedoch die große Freiheit des Verfahrens (vgl. etwa Ulp. D. 48, 19, 13) auch Möglichkeiten des Mißbrauchs. Die Strafverfolgung durch den Kaiser war weder an die vorhandenen Straftatbestände, noch an bestimmte Strafarten oder Verfahrensformen gebunden. Das hatte eine **Umgestaltung** und **Weiterbildung des Strafrechts** zur Folge. Das wird auch der Grund sein, weswegen sich in spätklassischer Zeit die Jurisprudenz auch des öffentlichen Strafrechts anzunehmen beginnt. Neben neuen Tatbeständen begegnet eine ganze Reihe neuartiger Strafen, außer der wiedereingeführten Todesstrafe beispielsweise verschiedene Formen der Zwangsarbeit, der Körper- und Vermögensstrafen sowie in leichteren Fällen die Deportation auf eine Insel oder die Relegation aus Rom, Italien oder der Provinz, in der die Tat begangen war. Die Mitwirkung des kaiserlichen **Konsiliums** bot im übrigen eine Gewähr für eine geordnete Strafrechtsgesetzgebung und Strafrechtspflege.

§ 33. Die Rechtswissenschaft

Schrifttum: *F. Wieacker,* Der römische Jurist und Über das Klassische in der römischen Jurisprudenz, in: Vom röm. Recht 128 ff. und 161 ff.; *ders.,* Textstufen klassischer Juristen (1960); *ders.,* Textkritik und Sachforschung, in: SZ 91 (1974) 1–40; *ders.,* Zur Rolle des Arguments in der römischen Jurisprudenz, in: Fs. Kaser (1976) 3–27; *ders.,* Offene Wertungen bei römischen Juristen, in: SZ 94 (1977) 1–43; *ders.,* Juristen und Jurisprudenz im Prinzipat (= Besprechung der zahlreichen Beiträge in ANRW II 15), ebend. 319–358; *ders.,* Zur Ideologie der römischen Juristen – Vom Gebrauch aktueller Erklärungsmodelle in der heutigen Romanistik, in: Fs. Flume I (1978) 233–254; *ders.,* AS 103–204; *W. Kunkel,* Das Wesen des ius respondendi, in: SZ 66 (1948) 423 ff.; *ders.,* Herkunft 63 ff. und 272 ff.; *F. Schulz,* Geschichte 117–334; *M. Kaser,* Methode; *ders.,* Methodologie; *ders.,* Rechtsquellen 9–154; dazu *T. Giaro,* SZ 105 (1988) 180 ff.; *ders.,* Geltung und Fortgeltung des römischen Juristenrechts, SZ 111 (1994) 66–94; *Th. Mayer-Maly,* Necessitas constituit ius, in: St. Grosso I (1968) 177–199; *ders.,* Topik der necessitas, Études Jean Macqueron (1970) 477–486; *ders.,* Evidenz im Denken römischer Juristen, in: Daube Noster (1974) 225–232; *ders.,* Der Jurist, Tätigkeitsbereicht der Österr. Akad. d. Wiss. (1988/89) 1–24; *J. Miquel,* Stoische Logik und römische Jurisprudenz, in: SZ 87 (1970) 85–122; *G. G. Archi,* Interpretatio iuris – interpretatio legis – interpretatio legum, in: SZ 87 (1970) 1–49; *E. Bund,* Zur Argumentation der römischen Juristen, in: St. Volterra I (1971) 571–587; *P. Stein,* The Two Schools of Jurists in the Early Roman Principate, in: The Cambridge Law Journal 31 (1972 B) 8–32; *W. Waldstein,* Entscheidungsgrundlagen der klass. röm. Juristen, in: ANRW II 15 (1976) 3–100; *ders.,* Gewohnheitsrecht und Juristenrecht in Rom, in: Fg. v. Lübtow (1980) 105–126; *ders.,* Naturrecht bei den klassischen römischen Juristen, Ged. Marcic 239–253; *ders.,* Römische Rechtswissenschaft und wahre Philosophie, Index 22 (1994) 31–45; *D. Nörr,* Iurisperitus sacerdos, in: Ξένιον I (1973) 555–572; *ders.,* Rechtskritik, dort zahlreiche weitere Hinweise; *ders.,* Zum Traditionalismus der römischen Juristen, in: Fs. Flume I (1978) 153–190; *ders.,* Causa mortis insb. 160 ff.; *ders.,* Mandatum, fides, amicitia, in: *D. Nörr; S. Nishimura* (Hrsg.), Mandatum und Verwandtes (1993) 13–37; *ders.,* Ethik und Recht im Widerstreit? in: Fs. Waldstein (1993) 267–284; *M. Bretone,* Tecniche; *ders.,* Storia 211 ff.; *G. Nocera,* „Iurisprudentia", Per una storia del pensiero giuridico romano (1973); *ders.*, Sul significato del normativismo e delle codificazioni nell'esperienza giuridica romana, Atti Convegno Pavia 5–49; *H. Honsell*, In fraudem legis agere, in: Fs. Kaser (1976) 111–126; *M. Talamanca*, Per la storia della giurisprudenza romana, in: Bull. 80 (1977) 195–344; *ders.*, La filosofia greca e il diritto romano (Accademia Nazionale dei Lincei, 1977); *H. T. Klami*, ‚Sacerdotes iustitiae', Rechtstheoretische und historisch-methodologische Bemerkungen über die Entstehung des römischen „Rechtspositivismus" (1978); *A. Guarino*, Inezie di giureconsulti (1978); *Honoré*, Emperors; dazu *D. Liebs*, Juristen als Sekretäre der römischen Kaiser, SZ 100 (1983) 485–509; *F. Horak*, Wer waren die „*veteres*"? Zur Terminologie der klassischen römischen Juristen, in Fs. Wesener (1991) 201–236; *M. J. Schermaier*, Ulpian als „wahrer Philosoph", in: Fs. Waldstein 303–322; *L. C. Winkel*, Einige Bemerkungen über *ius naturale* und *ius gentium*, ebend. 443–449; vgl. auch vor § 34; *J. Paricio*, Valor de las opiniones jurisprudenciales en la Roma clasica (2001).

1. Die Stellung der Jurisprudenz

1. Die grundlegenden und im eigentlichen Sinne schöpferischen Leistungen der rö- 1
mischen Rechtswissenschaft fallen, wie wir gesehen haben (§ 24 II 7), noch in das letzte Jahrhundert der Republik. Wenn die republikanischen Juristen dennoch im Verhältnis zu den Juristen der folgenden zweieinhalb Jahrhunderte des Prinzipats als „Vorklassiker" bezeichnet werden, so vor allem deswegen, weil die Rechtswissenschaft ihre volle Blüte in der Tat erst während der Kaiserzeit erreichte. Um die Mitte des zweiten Jahrhunderts erfuhr sie ihre höchste Entfaltung. Ihre Wirkung erstreckte sich damals auf das ganze römische Reich. Daher ist es berechtigt, die Rechtswissenschaft dieser Zeit als die **„Klassische Jurisprudenz"** und ihre Vertreter als **„Klassiker"** zu bezeichnen (vgl. Wieacker, Vom röm. Recht 148ff., bes. 164 und 185). Die Blüte der Rechtswissenschaft gerade in dieser Zeit ist um so erstaunlicher, als der allgemeine Niedergang des Geisteslebens damals bereits offen zutage lag.

Es war die Rechtswissenschaft, die diesen allgemeinen geistigen Verfall um zwei 2
Jahrhunderte überdauert hat. Ihre Traditionstreue hat selbst die **Sprache** und den Stil der Juristen vor jeder schwülstigen Weitschweifigkeit zu bewahren vermocht, wie sie die sonstige Literatur unter dem Einfluß der Rhetorik zu beherrschen begann. Die Jurisprudenz ist unbeirrt und in nüchterner Sachlichkeit ihre eigenen Wege gegangen. Diese strenge **Sachgebundenheit** erreicht im übrigen ein so hohes Maß, daß sich die Werke der klassischen Juristen in ihrer äußeren Form und in ihrem inneren Gehalt nur wenig voneinander unterscheiden. Die klassische Rechtswissenschaft erscheint demgemäß als eine mehr als zwei Jahrhunderte umspannende und überbrückende geistige Schöpfung von erstaunlicher Geschlossenheit und Einheitlichkeit. Dies bedeutet freilich nicht, daß nicht die einzelnen Juristen mehr oder minder ausgeprägte Eigentümlichkeiten in Sachfragen und im Stil aufweisen. Diesen schenkt gerade die neuere Forschung mehr Aufmerksamkeit.

Besonders T. Honoré hat die durch die Elektronik gebotenen Möglichkeiten zur Erfassung des Wortschatzes und stilistischer Wendungen einzelner Juristen für ihre Erforschung eingesetzt. Die Voraussetzungen dafür sind durch die Speicherung des gesamten Digestentextes und anderer Juristenschriften am Institut für Römisches Recht der Universität Linz geschaffen worden; dazu M. Meinhardt, in: Fs. Kaser (1976) 743ff.

2. Angesichts der alles erdrückenden Autorität des Kaisers hätte die Jurisprudenz ihr 3
Werk, die Formung und die Ausgestaltung des klassischen Rechts, trotzdem nicht vollbringen können, wenn nicht die Staatsführung selbst dem Juristenstand weitgehend Förderung hätte angedeihen lassen oder ihn in ihren Dienst gestellt hätte. Dies geschah in dreifacher Weise: durch die Verleihung des *ius respondendi ex auctoritate principis* (3), durch Besetzung der leitenden Beamtenstellen mit Juristen (4) und schließlich durch Aufnahme der führenden Juristen in das Konsilium des Kaisers und seiner hohen Beamten (5).

Im unruhigen ersten Jahrhundert ist die freie Entfaltung der Rechtswissenschaft freilich noch durch die wechselnde politische Lage zum Teil stark beeinträchtigt gewesen.

4 Tyrannische Kaiser mußten mit der Rechtswissenschaft in Konflikt geraten. So plante etwa **Caligula** „die Auslöschung (‚*abolere*‘) der *iuris scientia*“ (Nörr, Rechtskrit. 54) und wollte bewirken, daß die Juristen nichts respondieren könnten, was er nicht wünschte (Suet. Cal. 34, 2). Er gab den Auftrag zur Tötung des Juristen Cassius Longinus, der damals *proconsul* in *Asia* war, doch wurde der Auftrag nicht ausgeführt (Suet. Cal. 57, 3). **Claudius** schätzte offenbar auch das rechtliche Gewissen der Juristen nicht (vgl. die Schilderung bei Sen. apocol. 12, 2). **Nero** verbannte Cassius Longinus, der Schulhaupt der Sabinianer war (Pomp. D. 1, 2, 2, 52) und nach dem die Schule auch *Cassiani* benannt ist. Suet. Nero 37, 1 berichtet, daß Nero einen anderen Juristen Cassius Longinus töten ließ. **Domitian** ging zwar in erster Linie gegen die Philosophen vor, wird aber wohl auch mit Juristen Konflikte gehabt haben. Jedenfalls wurde ein Iuventius Celsus „*pater* oder *filius*“ der Verschwörung gegen Domitian angeklagt (Cass. Dio 57, 13, 2ff.; zu alledem Nörr, Rechtskrit. 54f. mit weiteren Hinweisen).

5 3. Das **ius respondendi ex auctoritate principis** ist erstmals von Augustus erteilt worden. Die Gutachten der Juristen, denen dieses Recht verliehen worden war, erhielten damit dieselbe Autorität, als hätte der Kaiser selbst das Gutachten erteilt. Diese Tatsache hatte auf die weitere Entwicklung der Rechtswissenschaft und des Juristenrechts einen ganz entscheidenden Einfluß. Darauf bezieht sich wohl auch die Bemerkung bei Gai. inst. 1, 7, wenn er von den Juristen spricht, denen es gestattet ist, Recht zu schaffen (*quibus permissum est iura condere;* vgl. auch die *auctoritas prudentium* bei Pap. D. 1, 1, 7 pr., dazu u. b).

a) Es kam dem Kaiser offenbar weniger darauf an, sich Einfluß auf die Rechtspraxis zu verschaffen, als dem Recht selbst nach den Wirren des Bürgerkrieges wieder größeres Ansehen zu verschaffen (vgl. Pomp. D. 1, 2, 2, 49: *ut maior iuris auctoritas haberetur;* dazu auch Cic. off. 2, 65 und Suet. Aug. 32, 1). Darüber hinaus wollte Augustus vielleicht dem Senatorenstand wieder seine Vorrechte im Bereich der Rechtswissenschaft sichern, die im letzten Jahrhundert der Republik weitgehend an den Ritterstand verloren gegangen waren.

6 Das *publice respondere* oder *respondere ex auctoritate* des Augustus bei Pomp. D. 1, 2, 2, 48f. kann jedoch nicht bedeuten, daß andere Juristen keine Rechtsgutachten erteilen durften oder daß sie bei Gericht nicht zu beachten waren. Labeos (§ 34 I 2) Gutachten haben zweifellos größtes Ansehen genossen, obwohl er vermutlich das *ius respondendi* nicht hatte, und ebenso etwa die des Sabinus, dem das *ius respondendi* erst in vorgerücktem Alter verliehen wurde (Kunkel, Herkunft 119). Das *ius respondendi* verlieh wohl nur den damit ausgezeichneten Juristen eine hervorragende Sonderstellung (ähnlich Kaser, RG 178f., anders Kunkel/Schermaier, RG 141ff.).

7 b) Die Anzahl der **Respondierjuristen** blieb bis zu Hadrian gering. Offensichtlich waren es aber die bedeutendsten Juristen ihrer Zeit. Ihr Ansehen war außerordentlich groß, und dem entsprach ihr Einfluß auf die Praxis. Es wird keinem Richter, der ja gewöhnlich auch juristisch nicht genügend vorgebildet war, in den Sinn gekommen sein, von dem Votum eines Respondierjuristen abzuweichen. Es nimmt daher nicht wunder, wenn sich bei dem Schuljuristen Gaius (inst. 1, 7) die Auffassung findet, solchen Juristen stehe das **iura condere** (Recht schaffen) zu. Die Gutachten der Respondierjuristen mußten schriftlich abgefaßt und den Parteien versiegelt übergeben werden. Diese übergaben sie ihrerseits dem Richter. Nach einem Reskript Hadrians haben übereinstimmende Gutachten Gesetzeskraft gehabt (Gai. inst. 1, 7: *legis vicem optinet).* Wenn von den Parteien einander widersprechende Gutachten vorgelegt wurden, konnte der *iudex* wohl jener Auffassung folgen, die ihm angemessener erschien (so dürfte das *iudici licet quam velit sententiam sequi* bei Gai. inst. 1, 7 zu verstehen sein; anders Schulz, Geschichte 136). In **spätklassischer Zeit** wurde den Gutachten wohl ganz allgemein **echte Gesetzeskraft** zugeschrieben. Demnach galten die Responsa

neben den Gesetzen, Senatsbeschlüssen und Konstitutionen als Teil des **ius civile** und die *auctoritas prudentium* als echte Rechtsquelle (Pap. D. 1, 1, 7 pr.).

4. Seit der verfassungsrechtlichen Festigung des Prinzipats und infolge des Ausbaus der kaiserlichen Beamtenorganisation wurde es üblich, die **leitenden Stellen** im Staatsdienst mit **Juristen** zu besetzen. Viele dieser Beamten, die ihre Laufbahn mit der Absolvierung des militärischen Dienstes beginnen mußten (§ 29 I 3a Abs. 4), waren hernach mit richterlichen Aufgaben betraut (zur Strafgerichtsbarkeit s. § 29 II A 2–5, zur *cognitio extra ordinem* ebenda und § 32 III 3). Daher stiegen gerade zu diesen Ämtern etwa seit Hadrian zunächst Juristen **senatorischen** Standes auf; „Ritterjuristen" finden wir erst unter Kaiser Mark Aurel und dann vor allem in spätklassischer Zeit. Von einer ganzen Reihe der berühmtesten Juristen, wie Julian (§ 34 II 3 b β), ist uns die genaue **Ämterlaufbahn** im kaiserlichen und sonstigen Staatsdienst überliefert. 8

5. Vielleicht von noch nachhaltigerer Wirkung war die Tätigkeit der Juristen im kaiserlichen **consilium** (§ 29 I 5). Hier konnten sie ihren Einfluß unmittelbar auf die kaiserliche Gesetzgebung und Rechtsprechung ausüben. Entsprechend einer alten republikanischen Übung (§ 22 V 3) ließen sich aber auch die hohen richterlichen Beamten des Kaisers von einem Konsilium rechtsgelehrter Männer beraten. Den **praefecti praetorio** waren überdies besoldete Beisitzer **(assessores)** beigegeben. Auf diese Weise erschien die Einflußnahme der Juristen auf die Rechtspflege auch dort gewährleistet, wo der hohe kaiserliche Beamte nicht selbst schon Jurist war. 9

6. Wie die auf einen verhältnismäßig kleinen Kreis beschränkten **Respondierjuristen,** so wirkten auch die namhaften Vertreter der **freien Rechtswissenschaft** ausschließlich in **Rom,** dem Sitz der kaiserlichen Zentralverwaltung und dem Mittelpunkt des kulturellen und rechtlichen Lebens. Zwar waren viele bedeutende Juristen während ihrer Beamtenlaufbahn auch als Offiziere und Statthalter in der Provinz tätig. Ob sie aber hier neben ihrer praktischen Tätigkeit als Träger der Gerichtshoheit auch Pflegestätten der Wissenschaft begründet haben, erscheint sehr zweifelhaft. Jedenfalls ist uns nichts dergleichen überliefert. Auch die provinziale Rechtskunde ist während des Prinzipats zu keinerlei Bedeutung aufgestiegen. 10

2. Die Eigenart des römischen Fallrechts

1. Ungeachtet des Einflusses, den die Einführung des *ius respondendi* auf die Entwicklung der Rechtswissenschaft hatte, vollzog sich der Übergang von der republikanischen zur klassichen Jurisprudenz ohne jeden inneren Bruch. Die Grundlagen des Privatrechts standen zu dieser Zeit bereits fest, und das kunstvolle Gebäude seiner umfassenden und in den meisten wesentlichen Fragen bis ins einzelne durchgebildeten Ordnung erwies sich als hinlänglich gegen alle äußeren Einflüsse gesichert. 11

Die klassische Rechtswissenschaft hat infolgedessen das Werk der vorangehenden Jahrhunderte ungehindert fortführen können. Auch die Methoden und die äußeren Formen, in denen sich die rechtswissenschaftliche Tätigkeit vollzog, waren die gleichen geblieben. Lediglich die **Kautelarpraxis** (§ 24 I 4) wurde von der zur Wissenschaft vertieften Jurisprudenz (§ 24 II) nunmehr rechtskundigen Schreibern, Notaren (**tabelliones,** *pragmatici*) und Winkeladvokaten überlassen, die, vor allem in Italien und in den Provinzen, auch als Rechtsberater auftraten.

Zu Beginn ihrer Laufbahn haben sich jedoch auch die **großen Juristen** bis in die spätklassische Zeit hinein gelegentlich noch mit einer solchen rein praktischen Tätigkeit befaßt. Vor allem traten sie als Rechtsberater vor Gericht *(advocati)* auf oder begaben sich als *assessores* (I 5) in den Dienst der kaiserlichen Beamten. Nach den Ergebnissen von Honoré, Ulpian 191f., können Paulus und Ulpian nur in einem informellen Sinne *assessores* des *praefectus praetorio* Papinian gewesen sein (§ 34 III 2b).

12 2. Man pflegt die Eigenart der römischen Rechtswissenschaft dahingehend zu kennzeichnen, daß sie – insoweit ähnlich der anglo-amerikanischen Rechtskultur – jeder Theorie und begrifflichen Systematik und damit allen „allgemeinen Lehren", wie sie im modernen Recht gewöhnlich der Betrachtung jedes einzelnen Rechtsgebiets vorangestellt werden, abgeneigt war. Sicherlich haben sich die römischen Juristen in der Hauptsache auf **Fallentscheidungen** beschränkt. Die Versuche zu einer echten Systematisierung des Rechtsstoffes waren gewiß verhältnismäßig selten und gewannen nur im Rahmen des Rechtsunterrichts einige Bedeutung. Den großen Juristen blieb das Recht immer die **ars boni et aequi** (Celsus in D. 1, 1, 1 pr.), mit deren Hilfe der praktische Rechtsfall einer guten und ausgewogenen, d.h. gerechten Lösung zugeführt werden konnte. Sie begnügten sich daher meist damit, das Wesen der einzelnen Rechtseinrichtungen mit allen sich daraus ergebenden Folgerungen zu erfassen. Kaser kann mit Recht feststellen, daß nach „den Eindrücken", welche „die juristische Überlieferung zuverlässig vermittelt, ..., die Gewinnung der richtigen Entscheidung durch unmittelbares Erfassen" im Vordergrund steht (Methode 54; jetzt auch Rechtsquellen 26, 86 und 265). Dieses **unmittelbare Erfassen** entspricht dem Weg (der Methode), auf dem auch die griechische Philosophie weithin ihre Erkenntnisse gewonnen hat. Es bildet daher nicht, wie vielfach angenommen wird, einen Gegensatz zum rationalen Argumentieren, sondern vielmehr dessen Voraussetzung (vgl. Waldstein, Fg. Herdlitczka 249ff., auch ANRW II 15, 4ff.). F. Horak hat diese Auffassung in einem Vortrag auf dem 23. Deutschen Rechtshistorikertag in Augsburg (1980) vom Standpunkt der Wissenschaftstheorie aus ad absurdum zu führen versucht. Es können in diesem Rahmen die schwierigen erkenntnistheoretischen Fragen nicht im einzelnen erörtert werden. **Wie** die römischen Juristen und die griechischen Philosophen **tatsächlich** ihre Erkenntnisse gewonnen haben, ist aber in erster Linie weder eine Frage der Wissenschaftstheorie noch der Erkenntnistheorie im allgemeinen Sinne, sondern vielmehr eine historische Faktenfrage. Diese aber kann nur mit einer unvoreingenommenen Befragung der Quellen geklärt werden, und nicht von wissenschaftstheoretischen Standpunkten aus, denen gemäß die Juristen das nicht hätten tun dürfen, was sie getan haben. Die „Eindrücke", die vor allem Kaser bei seiner umfassenden Kenntnis der Quellen gewinnen konnte, sind gewiß „zuverlässig".

13 Ein weiteres Faktum ist, daß die zahlreichen Einzelerkenntnisse bei der sachangemessenen Erkenntnis der römischen Juristen sich zusammen in ein System fügen, das der in der Sache selbst gegründeten Ordnung entspricht (dazu eingehend T. Giaro, SZ 105 [1988] 191ff.). Bereits Aristoteles hat den Zusammenhang zwischen der sachangemessenen, wahren Erkenntnis und der inneren Ordnung der Dinge erkannt, wenn er etwa sagt: „Denn mit der Wahrheit sind alle Tatsachen im Einklang, zwischen Irrtum und Wahrheit dagegen gibt es alsbald Mißklang" (Arist. EN I 8, 1098b 11f., Übers. Dirlmeier). Und so haben auch die Ergebnisse der Arbeit der römischen Juristen, obwohl sie das selbst gar nicht in erster Linie anstrebten, ein später viel bewundertes **System** ergeben, das „offen", von der Sache bestimmt und nicht willkürlich konstruiert ist. Beim Erfassen der Sachverhalte sind auch die **Rechtsbegriffe** entwickelt worden. Und gerade die Rechtsbegriffe der Römer sind von einer Klarheit des Inhalts, von einer Strenge der Form und von einer Folgerichtigkeit der Ableitung, wie sie uns in keinem anderen historischen Recht begegnen. Freilich, diese Begriffe wurden vielfach stillschweigend vorausgesetzt oder nur durch knappe Umschreibungen ihrer wesentlichen Momente bestimmt. Gegenüber Definitionen hatte der römische Jurist ein be-

rechtigtes Mißtrauen (Iav. D. 50, 17, 202: *Omnis definitio in iure civili periculosa est: parum est enim, ut non subverti posset;* jede Definition ist im Bereich des *ius civile* – und wohl auch der Rechtswissenschaft – gefährlich, denn es kommt selten vor, daß sie nicht in ihrem Sinn verkehrt werden kann).

Alle diese aus den Quellen erkennbaren Tatsachen haben aber auch für die moderne Erkenntnistheorie eine kaum zu überschätzende Bedeutung (vgl. nur Waldstein, ANRW II 15, 4–28 und 100). Weder die historischen Tatsachen als solche noch die menschliche Erkenntnisfähigkeit als solche haben sich durch die verschiedenen bis herauf in die Gegenwart entwickelten erkenntnistheoretischen Vorstellungen verändert. Diese Vorstellungen haben lediglich teilweise den Zugang zu den Tatsachen sehr erschwert oder dazu geführt sie umzudeuten.

3. Die strenge **Sachbezogenheit** hat die Juristen bereits den Sachverhalt eines jeden **14**
Falles mit einer so vollendeten Beschränkung auf das juristisch Wesentliche erfassen lassen, daß sich die Entscheidung häufig schon gleichsam von selbst aus der Darstellung des Sachverhalts ergibt. Begründungen werden vielfach nur kurz angedeutet. Oft begnügt sich der respondierende Jurist mit der bloßen Entscheidung, die nicht selten in einem lakonischen Ja oder Nein besteht *(respondi posse* oder *non posse).* Die Autorität des großen Juristen wurde von den Parteien und dem Laienrichter als vollkommen ausreichend betrachtet, und für den Kenner lag die juristische Beweisführung ohnehin klar zutage.

Daß dieses für moderne Vorstellungen schwer begreifliche Vorgehen dennoch nicht zu einer willkürlichen Handhabung der Rechtspflege geführt hat, beruht eben auf dieser Sachbezogenheit. Kaser umschreibt die Grundlagen für das Erfassen der richtigen Lösungen zutreffend als „das gefestigte und verfeinerte juristische **Sachgefühl** und die in gründlicher Arbeit apperzipierte Fülle der **Erfahrung**" (Methode 54f.). Diese Faktoren haben auch den ruhigen und nur von sachlichen Erwägungen geleiteten Fortgang der Entwicklung des Honorarrechts gewährleistet.

4. Das vorwiegend praktische Interesse der römischen Juristen hat ihnen wenig An- **15**
laß zu rein theoretischen Erörterungen gegeben. Auch der Einfluß der griechischen Philosophie und Wissenschaftstheorie ist unmittelbar in die juristische Sacherkenntnis umgesetzt worden, bei der es, wie Ulp. D. 1, 1, 1, 1 sagt, darum ging, das Gerechte vom Ungerechten zu trennen und das Erlaubte vom Unerlaubten zu unterscheiden. Gerade diese Arbeit aber bezeichnet Ulpian auch als das Bemühen um die wahre, nicht um eine gekünstelte Philosophie (dazu Nörr, Ξένιον I 556ff.; auch Waldstein, Index 22 [1994] 33ff.).

3. Die Rechtsliteratur

1. Die vorwiegend praktische Grundeinstellung der römischen Jurisprudenz hat **16**
auch ihre literarische Tätigkeit maßgebend bestimmt. Weitaus im Vordergrunde stehen daher **Entscheidungssammlungen.**

a) Vor allem die Respondierjuristen pflegten die von ihnen erteilten Gutachten unter dem Namen **responsa** zu veröffentlichen. Hier wurden die einzelnen Rechtsfälle mit der (gegebenenfalls begründeten) Entscheidung des Juristen in lockerer Form aneinandergereiht und meist auch durch private Gutachten oder sonstige juristische Betrachtungen ergänzt.

b) Ähnlicher Art waren die **quaestiones** und **disputationes** betitelten kasuistischen **17**
Werke. Sie knüpften an die öffentlichen Dispute an, in denen der Jurist seine Auffassung über die Rechtslage des konkreten Falles näher begründet und gegen Einwen-

dungen verteidigt hatte (§ 24 I 4). Infolgedessen enthalten sie verglichen mit den *responsa* häufiger theoretische Erörterungen und angenommene Fallbeispiele. Das gleiche gilt, wenn auch in geringerem Maß, für die Sammlung schriftlicher Privatgutachten in Briefform, die infolgedessen **epistulae** genannt wurden.

18 c) **Sammelwerke,** in denen der Autor sämtliche Entscheidungen zusammenstellte, die er in seiner bisherigen Gutachtertätigkeit gegeben hatte, und die ebenfalls eine Reihe weiterer Erörterungen enthielten, wurden üblicherweise unter dem Titel **digesta,** gelegentlich auch unter der griechischen Bezeichnung **pandectae** (von πᾶν δέχεσθαι = alles umfassen) veröffentlicht, als „Gesamtausgabe".

19 In ihrer **äußeren Anordnung** hielten sich alle diese Entscheidungssammlungen an den Aufbau des prätorischen **Edikts.** Im Anschluß an den ediktalen Rechtsstoff wurden dann die zivilrechtlichen Fälle besprochen. Besonders in dieser kasuistischen Literatur finden sich auch jene schöpferischen Gedanken, die sich teilweise ganz frei entfalten, wie vor allem im Bereich der *bonae fidei iudicia,* und teilweise Einrichtungen des *ius civile* oder des Honorarrechts weiterentwickeln. Hierbei haben sie auch bereits praktisch alle jene juristischen Methoden entwickelt, die heute noch gebräuchlich sind. Die starke Traditionstreue der römischen Juristen hat sie jedoch zögern lassen, sich von Einrichtungen des *ius civile* selbst dort völlig zu lösen, wo sie überholt waren. Wäre eine ruhige Weiterentwicklung der klassischen Rechtswissenschaft möglich gewesen, hätten die bereits in der klassischen Zeit entwickelten Ansätze wohl zu einer weiteren Befreiung von viel doktrinärem Ballast geführt. Um die Mitte des 3. Jahrhunderts fand jedoch diese Entwicklung ein ziemlich jähes Ende.

In jenem Bereich, in dem die Juristen selbst schöpferisch neue Normen entwickelt haben, kann man „im strengen Sinne des Wortes" von **Juristenrecht** sprechen (vgl. Kunkel/Schermaier, RG 163f.).

20 2. Eine bedeutende Rolle in der juristischen Literatur spielten auch die großen **Kommentare** zum **ius civile** und zu den **Edikten** der Jurisdiktionsmagistrate, insbesondere zum prätorischen und ädilizischen Edikt. Sie zeigen den gleichen äußeren Aufbau wie moderne Kommentarwerke. Der zugrunde gelegte Text, der meist zusammenhängend vorangestellt wurde, vielfach aber auch einfach als bekannt vorausgesetzt und daher weggelassen werden konnte, wird, soweit erforderlich, Wort für Wort interpretiert oder mit allgemeinen Erläuterungen versehen.

21 a) Da das Zivilrecht seit den Zwölftafeln keine weitere gesetzliche Kodifikation erfahren hatte, legte man den **Zivilrechtskommentaren** die grundlegenden älteren Darstellungen des Zivilrechts zugrunde, wie die des republikanischen Juristen Q. Mucius Scaevola (§ 24 II 5), vornehmlich aber das nur drei Bücher umfassende Werk des Frühklassikers Massurius Sabinus (§ 34 I 3a). Die Zivilrechtskommentare trugen demgemäß den Titel **ad Quintum Mucium** bzw. **ad Sabinum.** Daneben gab es Kommentare zu einzelnen Gesetzen, von den Zwölftafeln bis zu den großen Reformgesetzen des Augustus, sowie zu Senatsbeschlüssen.

Neuausgaben älterer Kommentarwerke wurden vielfach gekürzt oder in Übersichten zusammengedrängt *(epitomae),* gelegentlich aber auch mit kritischen Anmerkungen *(notae)* versehen.

22 b) Die Kommentare **ad edictum** gewannen mit der Zeit einen immer größeren Umfang. Unter den Spätklassikern wuchsen sie sich zu **Gesamtdarstellungen** des Rechts aus, in denen auch die ältere Literatur verarbeitet und damit die Ergebnisse der bisherigen Rechtswissenschaft zusammengefaßt wurden.

23 3. Neben diesen aus der Praxis entstandenen und für die Praxis bestimmten Werken der großen Juristen steht eine Reihe von **Einführungsschriften,** die vor allem dem **Unterricht** dienen sollten.

a) An erster Stelle sind hier die **institutiones** zu nennen. Diese für den Anfänger gedachten Lehrbücher zeigten an Stelle der Kasuistik bereits einen gewissen systematischen Aufbau. Das uns allein nahezu vollständig erhaltene Werk dieser Art, die Institutionen des hochklassischen Juristen **Gaius** (§ 34 II 3 d β), gliedert den Rechtsstoff in **personae** (Personen- und Familienrecht, **res** (Sachen-, Erb- und Schuldrecht) und **actiones** (Prozeßrecht).

Die Institutionen des Gaius sind uns nicht im Original erhalten, sondern in einer verkürzten **Neubearbeitung** etwa aus der Mitte des dritten Jahrhunderts (§ 34 II 3 d β Abs. 4). Infolge ihrer leicht faßlichen, flüssigen und knappen Darstellung gewannen sie in nachklassischer Zeit eine überragende Bedeutung und sind dann in zeitgemäßer Überarbeitung in das justinianische Gesetzgebungswerk (§ 43 I 5) eingegangen. Die Anordnung der Gaiusinstitutionen bildet auch noch die Grundlage der modernen **Zivilrechtssystematik.** Sie ist besonders dem österreichischen ABGB weitgehend zugrundegelegt, während das deutsche BGB von dem durch Georg Arnold Heise (1807) entwickelten pandektistischen System geprägt ist, das seinerseits von der naturrechtlichen Literatur beeinflußt wurde (vgl. A.B. Schwarz, SZ 42 [1921] 578 ff., und Wieacker, PGN 373 ff.). 24

b) Dem praktischen Unterrichtsbedürfnis dienten auch kürzere Zusammenstellungen der wichtigsten rechtlichen Begriffe und Regeln mit entsprechenden Erläuterungen, wie die **regulae, sententiae, definitiones, differentiae** und **opiniones.** 25

Die uns in den Digesten erhaltenen **Fragmente** dieser Schriften entstammen wohl meist **nachklassischen** verkürzenden Überarbeitungen *(epitomae)*, die unter dem Namen des Verfassers der als Vorlage dienenden klassischen Schrift umliefen, z.B. *Pauli sententiae* und *Ulpiani regulae* (= Ulp. epit.).

4. Schließlich gab es noch eine ganze Reihe von **Monographien** verschiedensten Inhalts. Seit der spätklassischen Zeit behandelten sie auch strafrechtliche sowie verwaltungsrechtliche Fragen, vor allem die Amtsobliegenheiten der einzelnen Beamten (*de officio consulis, praefecti praetorio, praesidis* usw.).

5. Von dem gesamten klassischen Schrifttum sind uns, wie bemerkt, nur die Institutionen des Gaius, wenn auch nicht vollständig und unverändert, überliefert. Alle übrigen Werke kennen wir nur aus **Fragmenten;** sie finden sich in verschiedenen nachklassischen Zusammenstellungen und Überarbeitungen (§ 39 II), vor allem aber in dem großen Exzerptenwerk des Kaisers Justinian, den Digesten (§ 43 I 4, II). Zum großen Teil sind die klassischen Schriften bereits im dritten und beginnenden vierten Jahrhundert, vielfach aber wohl auch schon in spätklassischer Zeit, durch **Interpolationen** (§ 43 III 2) formal (durch Kürzungen, Streichungen oder resümierende Formulierung) verändert worden. Zweifellos sind auch inhaltliche Veränderungen vorgenommen worden, doch ist ihr Ausmaß bis zur Mitte des 20. Jahrhunderts wohl wesentlich überschätzt worden (dazu jetzt eingehend Wieacker, RG I 154–182). Seit dem vierten Jahrhundert, als die Papyrusrolle durch den haltbareren Pergamentkodex ersetzt wurde (§ 42 II 3 Abs. 3), lag dann die weitere Textüberlieferung der klassischen Werke einigermaßen fest, obwohl auch mit zahlreicheren späteren Eingriffen durchaus zu rechnen ist. Aber erst **Justinian** hat die durch seine Kompilationskommission zusammengestellten Bruchstücke der klassischen Schriften systematisch den Bedürfnissen seiner Zeit anpassen lassen (*const. Deo auctore 7* = C. 1, 17, 1, 7). So vermögen wir trotz aller Fortschritte der Textkritik nur ein sehr unvollkommenes Bild von der eigentlichen Leistung der klassischen Juristen zu gewinnen. Der Kommission Justinians lagen im sechsten Jahrhundert noch etwa 2000 Bücher im Umfange von über drei Millionen Zeilen vor (*const. Tanta* 1 = C. 1, 17, 2, 1), aus denen 50 *libri* mit insgesamt 150 000 Zeilen (also etwa 1/20 des ursprünglichen Umfangs) exzerpiert wurden. Das ursprüngliche klassische Schrifttum hat aber sicher ein Vielfaches dessen ausgemacht, was Justinian noch vorlag. 26

Eine ungefähre und naturgemäß sehr lückenhafte Rekonstruktion der in den **Digesten** überlieferten Juristenschriften hat Otto Lenel in der *Palingenesia iuris civilis* (1889, Neudruck 1960 mit einem Supplementum von L. E. Sierl) gegeben, indem er die einzelnen Fragmente, deren Überschrift *(inscriptio)* stets das ausgewertete Werk mit dem Namen des Verfassers nennt, nach ihrer vermutlichen ursprünglichen Reihenfolge zusammengestellt hat.

§ 34. Die klassischen Juristen

Schrifttum: *H. Fitting,* Alter und Folge der römischen Juristen von Hadrian bis Alexander (2. Aufl. 1908); *W. Kunkel,* Herkunft 63–270; *F. Schulz,* Geschichte 119ff. und 130–146; *ders.,* Papinianstudien I und II, in: AHDO-RIDA 1 (1952) 557ff. und 2 (1953) 381ff.; *E. Costa,* Papiniano, 4 Bde (1894–1899, Neudr. 1964); *A. M. Honoré,* Gaius (1962); *ders.,* Ulpian 2. Aufl. (2002); *W. Flume,* Die Bewertung der Institutionen des Gaius, in: SZ 79 (1962) 1–27; *R. G. Böhm,* Gaiusstudien, Freiburger Beitr. zur Papyrusf. und antiken Rechtsgesch., I (1968) – XV/XVI (1977); *E. Bund,* Untersuchungen zur Methode Julians (1965); *Th. Mayer-Maly,* Zu Julians liber singularis de ambiguitatibus, in: Temis 21 (1967) 147–150; *D. Nörr,* Drei Miszellen zur Lebensgeschichte des Juristen Salvius Julianus, in: Daube Noster (1974) 233–252; *E. Seidl,* Labeos geistiges Profil, in: St. Volterra I (1969) 63–81; *ders.,* Proculus als Schüler Labeos, in: Mem. Donatuti III (1973) 1227–1235; *J. A. C. Thomas,* Pithanon Labeonis a Paulo Epitomatorum Libri VIII, in: Daube Noster (1974) 317–325; *H. Hausmaninger,* Zur Gesetzesinterpretation des Celsus, St. Grosso V (1972) 243–277; *ders.,* Celsus gegen Proculus, in: Fs. v. Lübtow (1991) 53–62; *R. Greiner,* Opera Neratii (1973); *H. Ankum,* Towards a Rehabilitation of Pomponius, in: Daube Noster (1974) 1–13; *H. T. Klami,* Entscheidungen und Begründungen in den Kommentaren Tryphonins zu Scaevolas Responsen (1975); zahlreiche Beiträge zu einzelnen Juristen in ANRW II 15 (1976), dazu *F. Wieacker,* SZ 94 (1977) 343–358; *H. Wagner,* Studien zur allgemeinen Rechtslehre des Gaius, Ius gentium und ius naturale in ihrem Verhältnis zum ius civile (1978); dazu *Waldstein,* SZ 105 (1988) 702ff.; *ders.,* Zu Ulpians Definition der Gerechtigkeit (D. 1, 1, 10 pr.), in: Fs. Flume I (1978) 213–232; *G. G. Archi,* „Lex" e „natura" nelle Istituzioni di Gaio, in: Fs. Flume I 3–23; *B. Eckard,* Iavoleni Epistulae, Freiburger Rechtsgeschichtliche Abhandlungen N. F. Bd. 1 (1978); *H. Vogt,* Die sogenannten Rechtsschulen der Proculianer und der Sabinianer oder Cassianer, Ged. für W. Kunkel (1984) 515ff.; *Ch. Kohlhaas,* Die Überlieferung der libri posteriores des Antistius Labeo (1986); dazu *M. Rainer,* SZ 105 (1988) 851ff.; *V. Scarano Ussani,* L'utilità e la certezza. Compiti e modelli del sapere giuridico in Salvio Giuliano (1987); *D. Johnston,* On a Singular Book of Cervidius Scaevola, Freiburger Rechtsgeschichtliche Abhandlungen N.F. Bd. 12 (1987); *J. W. Tellegen,* Gaius Cassius and the Schola cassiana in Pliny's Letter VII 24, 8, SZ 105 (1988) 263ff.; *O. Stanojevißć,* Gaius noster, Plaidoyer pour Gaius (1989); dazu *W. Litewski,* SZ 108 (1991) 456–467; *H. L. W. Nelson* und *U. Manthe,* Gai Institutiones III 1–87. Text und Kommentar (Studia Gaiana VII, 1992); dazu *D. Liebs,* SZ 111 (1994) 709–711; *J. Maifeld,* Die *aequitas* bei L. Neratius Priscus (1991); dazu *R. Willvonseder,* SZ 110 (1993) 693–701; *L. de Giovanni,* Giuristi Severiani. Elio Marciano (1989); dazu *A. Völkl,* SZ 109 (1992) 655–659; *J. Schmidt-Ott,* Pauli Quaestiones. Eigenart und Textgeschichte einer spätklassischen Juristenschrift (1993); *S. Querzoli,* Il sapere di Fiorentino (1996); *J. D. Rodriguez-Martin,* Fragmenta Augustodunensia (1998); *H. L. W. Nelson/U. Manthe,* Studia Gaiana 8, Gai Institutiones III, S. 88–181 (1999); *V. Marotta,* Ulpiano e l'imperio (2000); *J. Paricio,* LABEO, Zwei rechtshistorische Episoden aus den Anfängen des Prinzipats, in: SZ 117 (2000), S. 432–453; *H. Hammen,* Der Jurist Iulius Paulus und der Stadtpräfekt Claudius Iulianus im Jahre 222/223 n. Chr., in: SZ 120 (2003), S. 61–77.

1. Die Frühklassiker

1 1. Die Zeit des klassischen Rechts wird gewöhnlich in eine Früh-, Hoch- und Spätklassik gegliedert. Die innere Geschlossenheit der klassischen Rechtswissenschaft läßt diese Gliederung als mehr oder weniger äußerlich erscheinen. Maßgebend sind für sie vor allem die politischen Wandlungen des Prinzipats, die freilich mittelbar auch das Gesicht der Rechtswissenschaft bestimmt haben.

2 Die **frühklassische Rechtswissenschaft,** vom Beginn des Prinzipats bis zum Ende des ersten Jahrhunderts, kann man noch als unmittelbare Fortsetzung der republikanischen Jurisprudenz ansehen. Der Einfluß der griechischen Philosophie wirkte noch le-

bendig nach. Begriffliche Untersuchungen, theoretische Ableitungen und Definitionen sind, so viel wir sehen, weitaus häufiger als später. Die enge Verbindung des Juristenstandes mit der neuen Staatsführung begann sich eben erst abzuzeichnen. Die Juristen senatorischen Standes wandten sich zwar auch jetzt der magistratischen Ämterlaufbahn zu, aber erst wenige traten in persönliche Beziehungen zum Prinzeps oder direkt in seine Dienste, wenigen wurde in frühklassischer Zeit das **ius respondendi ex auctoritate principis** verliehen (§ 33 I 3). Im großen und ganzen blieb der Jurist noch der vornehme, unabhängige Privatmann, der seine Wissenschaft aus innerer Neigung als freien Dienst an der *res publica* betrieb.

2. Die frühklassische Zeit wird eingeleitet durch einen der größten römischen Rechtsgelehrten: **M. Antistius Labeo** (gest. nach 5 und vor 22 n. Chr.), Sohn des vermutlich aus Unteritalien stammenden Juristen Pacuvius Antistius Labeo, der Schüler des Servius war (§ 24 II 5 Abs. 5). Als entschiedener Gegner des Prinzipats gelangte er nur bis zur Prätur, da er es ablehnte, aus der Hand des *princeps* den Konsulat anzunehmen (Pomp. D. 1, 2, 2, 47). Deswegen dürfte er auch nicht das *ius respondendi* erhalten haben. Gleichwohl hat er auch eine Responsensammlung verfaßt, deren 15. Buch Ulp. in coll. 12, 7, 3 zitiert (in D. 9, 2, 27, 8 ist das Zitat weggefallen). Er wandte sich dem Lehrbetrieb und einer umfangreichen literarischen Tätigkeit zu. Nach der Überlieferung hat er über 400 *libri* verfaßt, die zum Teil auch historisch-antiquarische Gegenstände, wie das Zwölftafel- und Pontifikalrecht, behandelten und zahlreiche philosophisch-rhetorische Gedankengänge sowie grammatikalisch-etymologische Bemerkungen enthielten. Als ebenso gelehrter wie genialer Geist hat er auf die römische Rechtswissenschaft bis in die Spätklassik eine erhebliche Wirkung ausgeübt. Viele für die folgende Zeit maßgebende Begriffsbestimmungen und allgemeine Lehren gehen auf Labeo zurück. Sein Hauptwerk bildete der Kommentar zum Edikt des Stadtprätors. Zwei kleinere in den Digesten ausgewertete Schriften unter dem Namen des Labeo sind epitomierte Bearbeitungen durch spätere klassische Juristen. 3

Der wissenschaftlich wenig produktive Rivale Labeos war **C. Ateius Capito** (gest. 22 n. Chr.). Er bekleidete auch den Konsulat.

3. Mit den Namen der folgenden Juristen Sabinus und Cassius bzw. Proculus verbindet sich der fast bis zum Ende der hochklassischen Zeit reichende Gegensatz der beiden Rechtsschulen der Sabinianer oder Cassianer und der Proculianer (u. 4). 4

a) **Massurius Sabinus** entstammte wohl einer norditalischen munizipalen Familie und wurde erst mit 50 Jahren in den Ritterstand aufgenommen. Obwohl er verhältnismäßig wenig geschrieben hat, genoß er doch schon bei Lebzeiten ein solches Ansehen, daß Tiberius ihm als erstem Ritter das **ius respondendi** verlieh (§ 33 I 3a). Sein Hauptwerk war die kurzgefaßte Darstellung des Zivilrechts **(iuris civilis libri tres),** die später den großen Kommentaren zum Zivilrecht wie ein Gesetzestext zugrunde gelegt wurde (§ 33 III 2a). 5

C. Cassius Longinus gehörte dem Hochadel an und hat die höchsten Ämter bekleidet (Konsul 30, Statthalter von Syrien 49). Seine juristische Bildung wird in der Überlieferung ebenso gerühmt wie sein politisches Ansehen. Caligula gab den Auftrag ihn zu töten (Suet. Cal. 34, 2), und von Nero wurde er 65 n. Chr. nach Sardinien verbannt, von Vespasian jedoch wieder zurückgerufen (Pomp. D. 1, 2, 2, 52). Nach ihm wurde die Rechtsschule der Sabinianer (u. 4) auch Cassianer genannt.

b) **M. Cocceius Nerva** (der Ältere) soll angeblich der eigentliche Begründer der proculianischen Rechtsschule gewesen sein. Er war ein Freund des Tiberius. Die politische Entwicklung trieb ihn jedoch im Jahre 33 zum Selbstmord (Tac. ann. 6, 26). Auch sein Sohn war Jurist, sein Enkel der Kaiser Nerva. 6

Von **Proculus,** dem Nachfolger des Nerva, ist nur wenig bekannt, ebenso von **Pegasus,** der trotz seiner einfachen Herkunft unter Vespasian Konsul wurde. Von den übrigen frühklassischen Juristen ist noch **Plautius** hervorzuheben, der ein in späterer Zeit oft bearbeitetes Werk schrieb und allem Anschein nach auch theoretischen Fragen nachging.

7 4. Die beiden **Rechtsschulen** der **Sabinianer** und **Proculianer,** die von Pomp. D. 1, 2, 2, 47 auf Capito und Labeo zurückgeführt werden, waren keine eigentlichen Unterrichtsanstalten, sondern persönliche Vereinigungen führender Juristen mit ihren Schülern, Juristen, die innerhalb ihrer Schule eine bestimmte wissenschaftliche Tradition pflegten. Ähnlich wie bei den griechischen Philosophenschulen, die ihnen zum Vorbild gedient haben werden, wird sich ihre Organisation darin erschöpft haben, daß das angesehenste Mitglied zum lebenslänglichen Schulhaupt bestimmt wurde. Da die Ausbildung des juristischen Nachwuchses in echt römischer Weise ganz auf das persönliche Treueverhältnis zwischen Lehrer und Schüler gegründet war, erklärt sich daraus auch die lange Schultradition über viele Generationen hinweg. Die Kontroversen zwischen den beiden Schulen bezogen sich nur auf Einzelfragen, nicht etwa auf Unterschiede in der juristischen Arbeitsweise oder im Denken.

8 J. W. Tellegen, SZ 105 (1988) 267ff., zusammenfassend 310f., hat im Hinblick auf Plin. epist. 7, 24, 8, der von C. Cassius als *Cassianae scholae princeps et parens* spricht, und im Hinblick auf die Bezeichnung der Rechtsschulen als *diversae sectae* bei Pomponius, die Rechtsschulen mit scharfsinnigen Kombinationen als Fraktionen des Senats zu erweisen versucht. Mit dieser Deutung lassen sich jedoch verschiedene bekannte Tatsachen schwer in Einklang bringen, wie etwa die Tatsache, daß Sabinius, Aristo und andere bedeutende Juristen dem Senat nicht angehört haben. Umgekehrt hat H. Vogt, Ged. Kunkel 515ff., die Existenz der Rechtsschulen überhaupt bestritten und sie als „Erfindung" des Pomponius (dort 520, vgl. Pomp. D. 1, 2, 2, 47f. und 50ff.) qualifiziert. Dies steht jedoch mit anderen Zeugnissen über die Rechtsschulen, wie das eben zitierte des Plinius, im Widerspruch und ist auch sonst kaum glaubhaft, weil Pomponius seine „Erfindung" wenigstens teilweise zu Lebzeiten der von ihm genannten Juristen veröffentlicht haben müßte, jedenfalls aber zu einer Zeit, zu der jeder den Wahrheitsgehalt seiner Darstellung leicht überprüfen konnte. Im übrigen dazu Nörr, ANRW II 15 (1976) 512ff.

9 Die juristische **Ausbildung** vollzog sich demnach wie schon in republikanischer Zeit (§ 24 I 4) ausschließlich in privaten Formen: durch Teilnahme der Freunde und Schüler der Juristen an den öffentlichen Disputen, durch persönliche Unterweisung sowie durch Selbststudium juristischer Schriften. Daneben kam freilich bald auch ein privater schulmäßiger **Einführungsunterricht** auf, der in hochklassischer Zeit stärkere Bedeutung gewann. Er lag in den Händen von weniger hervorragenden Juristen, die aber bereits in stärkerem Maße einer gewissen Systematisierung des im Unterricht zu bewältigenden Rechtsstoffes sowie theoretischen Fragestellungen zugewandt waren (u. II 3 d).

2. Die Hochklassiker

10 1. In der Hochklassik hat die Entwicklung, die schon seit dem Beginn des Prinzipats mit der Einführung des *ius respondendi* sich abzuzeichnen begonnen hatte, ihren Fortgang genommen. Die großen Juristen sind noch immer vorwiegend Männer **senatorischen** Standes, stammen aber jetzt häufiger als in der ausgehenden Republik (§ 18 III 2) aus dem **Munizipaladel.** Regelmäßig sind sie im **Staatsdienst** tätig, und zwar im höheren Verwaltungsdienst (§ 29 II A), als Statthalter in den Senatsprovinzen, als *legati pr. pr.* in den Kaiserprovinzen (§ 30 II 2). Außerdem sind sie, seit Hadrian in stärkerem Maße, ständige Beisitzer im **consilium** des Prinzeps.

11 2. In der hochklassischen Jurisprudenz findet die römische **Rechtswissenschaft** ihre Vollendung. Ihre enge Verbindung mit der **Praxis** der Reichsverwaltung blieb nicht

ohne Einfluß auf ihr wissenschaftliches Schrifttum. In der **sachgerechten Entscheidung des Einzelfalles (Kasuistik)** entfalten die Hochklassiker nun ihre höchste Kunst. Dem noch bei den Frühklassikern anzutreffenden Doktrinarismus begegnen wir jetzt bald nicht mehr; der Schulengegensatz wird bedeutungslos. Der Gebrauch entwickelter **juristischer Begriffe** und ihre Einordnung in ein **„inneres" System** ist für diese Juristen zu einer selbstverständlich geübten Kunst geworden. Ihre Entscheidungen des konkreten Falles werden auch dort davon getragen, wo sie sie nicht begründen.

3. a) An der Wende der Frühklassik zur Hochklassik steht der Sabinianer **C. Octavius Iavolenus Priscus.** Er hat eine ganze Reihe hoher Offiziers- und Beamtenstellen bekleidet und war auch Respondierjurist. Seine Hauptschriften sind verkürzte Bearbeitungen von Werken älterer Juristen, des Labeo, Cassius und Plautius. Iavolenus war Schulhaupt der Sabinianer und der Lehrer Julians. 12

Etwas jüngere Zeitgenossen des Iavolenus waren **Titius Aristo,** der *notae* zu Labeo und Sabinus verfaßt hat und von dem ihm befreundeten jüngeren Plinius hochgerühmt wird, sowie **Neratius Priscus.** Aristo hat als Mann niederer Herkunft höchstwahrscheinlich kein **ius respondendi** besessen, während Neratius eine ähnliche Laufbahn wie Javolen durchlief, jedoch Vorsteher der proculianischen Schule war. 13

b) Zu den glanzvollsten Namen der Hochklassik gehören zwei Juristen, die hauptsächlich unter Hadrian wirkten: Celsus und Iulianus.

α) **P. Iuventius Celsus (filius,** im Unterschied zu seinem gleichnamigen Vater, der ebenfalls Jurist war) durchlief die magistratische Ämterlaufbahn (129 zum zweiten Male Konsul), war Statthalter von Thrakien und Konsiliar Hadrians. Er war eine der eigenwilligsten und stärksten Persönlichkeiten unter den römischen Juristen, ein ebenso selbständiger wie scharfer Denker und in seinen Schriften von epigrammatischer Kürze des Ausdrucks. Auf ihn geht eine ganze Reihe bekannter Aussprüche zurück, vor allem die berühmte Definition des Rechts als *ars boni et aequi* (§ 33 II 2) und die zeitlos gültige Regel: *scire leges non hoc est verba earum tenere, sed vim ac potestatem* (D. 1, 3, 17). Er hat, neben anderen Schriften ebenfalls kasuistischen Inhalts, *digesta* in 39 Büchern verfaßt. Celsus war Vorsteher der proculianischen Schule. 14

Seine manchmal auch recht groben *responsa* sind geradezu sprichwörtlich geworden *(Responsum Celsinum).* So leitet er etwa in D. 28, 1, 27 ein *responsum* mit den Worten ein: „Entweder verstehe ich nicht, worüber du mich fragst, oder deine Frage ist kolossal dumm" *(valide stulta).* Plin. epist. 6, 5, 4 berichtet, daß Celsus als *praetor* in einer Rede im Senat den Licinius Nepos scharf angegriffen und sich dabei auch nicht beleidigender Beschimpfungen enthalten habe.

β) Der etwas jüngere **P. Salvius Iulianus,** Schüler des Javolen und im Vorstand der sabinianischen Rechtsschule, entstammte einer angesehenen römischen Familie aus Hadrumetum (Nordafrika). Seine reiche und glänzende Ämterlaufbahn ist uns aus der Inschrift einer Bildsäule, die ihm seine Heimatstadt gesetzt hatte, genau bekannt. Hadrian, zu dessen Staatsrat er gehörte, hat ihn besonders hoch geschätzt. Julian war u. a. Statthalter von Untergermanien, Nordspanien und Prokonsul von Afrika. Den Konsulat bekleidete er im Jahre 148. Hervorzuheben ist die Eleganz seiner Darstellung und die durchsichtige Klarheit seiner Gedankenführung. Nächst Labeo hat er wohl am stärksten die dogmatische Entwicklung des klassischen Rechts gefördert. Wie Labeo als bahnbrechender Neuerer auftrat, so hat Julian der klassischen Dogmatik ihre feste und im großen ganzen bleibende Gestalt gegeben. Zahlreiche bisher ungelöste Streitfragen sind von Julian endgültig entschieden worden. Die zwingende Logik und geniale Treffsicherheit seines Urteils wird auch von keinem späteren Juristen, selbst nicht von Papinian (u. III 2 a), erreicht. Als Schriftsteller war er trotz der Inanspruchnahme durch seine vielen Ämter außerordentlich fruchtbar. Allein sein Hauptwerk und zu- 15 gleich wohl die bedeutendste römische Juristenschrift überhaupt, die *digesta*, umfaßte 90 Bücher. Das außerordentliche Ansehen, das Julian schon zu seinen Lebzeiten genoß, kommt auch in der Tatsache zum Ausdruck, daß Hadrian ihn mit der **Ediktsredaktion** beauftragte (§ 22 V 7). Die Nachwelt hat ihn mit Recht als einen der größten Juristen gefeiert.

Von den zahlreichen Schülern Julians seien nur hervorgehoben **Volusius Maecianus,** der Lehrer Mark Aurels, und **Sex. Caecilius Africanus,** der unter dem Titel *quaestiones* eine Sammlung von Rechtsfällen, die **Julian** entschieden hatte, herauszugeben und mit kritischen Anmerkungen versehen hat.

16 c) Wie bei Celsus und Julian stand auch bei den anderen Juristen dieser Zeit die Praxis im Vordergrund. Aus der großen Zahl bedeutender Juristen können hier nur **L. Volusius Maecianus** und **Q. Cervidius Scaevola** genannt werden. Beide gehörten dem Ritterstande an. Das beweisen schon die ritterlichen Ämter, die sie bekleideten: Maecianus war nach längerer Laufbahn sogar *praefectus Aegypti,* Scaevola ist *praefectus vigilum* gewesen. Beide waren Konsiliare, der eine des Antoninus Pius (138–161) und der *divi fratres* (Marcus Aurelius und Verus; 161–169), der andere des Marcus Aurelius während dessen Alleinherrschaft (169 bis 180). Beide besaßen auch das *ius respondendi* – seit Sabinus die ersten ritterständischen Inhaber dieses Privilegs, von denen wir wissen. Von den juristischen Schriften des Maecianus sind in den Digesten Justinians vor allem die *quaestiones de fideicommissis* in 16 Büchern benutzt. Die in den Digesten verwerteten kasuistischen Werke des Scaevola, *quaestiones, digesta* und *responsa,* zeugen von seiner großen Klientel auch im hellenistischen Osten.

17 d) Neben den großen Praktikern und Respondierjuristen der hochklassischen Zeit hat sich ein anderer Zweig der Jurisprudenz entwickelt, bei dem der Rechtsunterricht und die schriftstellerische Arbeit stärker im Vordergrund stand. Den Lehrzwecken entsprechend bevorzugten sie hierbei einmal kurze Übersichten über ein Rechtsgebiet oder **Einführungslehrbücher,** zum anderen **systematisch-zusammenfassende Darstellungen** des kasuistischen Rechtsstoffes, der sich in den Werken der großen Juristen angesammelt hatte.

18 α) Hier ist zunächst **Sex. Pomponius** zu nennen, der unter Hadrian und noch unter Mark Aurel schrieb, also ein Zeitgenosse Julians war. Seine Schriften übertreffen an Zahl und Umfang nahezu die aller übrigen römischen Juristen. Er hat das *ius civile* des Q. Mucius Scaevola und des Sabinus sowie das prätorische und ädilizische Edikt ausführlich erläutert und in diesen drei großen Kommentaren die gesamte Ernte der bisherigen Jurisprudenz zusammengetragen. Daneben hat er noch eine ganze Reihe von Monographien verfaßt.

Von besonderer Bedeutung für uns ist sein kurzes Handbuch *(enchiridium)* für den Unterricht. Die darin enthaltene und in die Digesten (D. 1, 2, 2) aufgenommene Übersicht über die **Geschichte des römischen Rechts** – mag sie auch noch so dürftig sein – stellt die Grundlage unserer Kenntnis von der Entwicklung der römischen Jurisprudenz dar.

19 β) Eine weitaus nachhaltigere Wirkung, insbesondere auf die Nachwelt, hat jedoch der schon mehrfach erwähnte **Gaius** ausgeübt. Neben einer Reihe von Kommentaren (zum Zwölftafelrecht, zum Edikt und – das einzige uns bekannte Werk dieser Art – zum Provinzialedikt) und Monographien hat er um 161 sein berühmtes Einführungswerk in vier Büchern, die **Institutionen,** veröffentlicht. Die Institutionen haben besonders in nachklassischer Zeit eine außerordentliche Verbreitung erfahren. Das ist auch einer der Gründe dafür, daß sie das einzige klassische Werk sind, welches einigermaßen vollständig erhalten geblieben ist.

Das Institutionenwerk des Gaius ist eine systematisch in *personae, res, actiones* (§ 33 III 3a) gegliederte, knappe und nicht ganz vollständige Darstellung des Privat- und Prozeßrechts. Die Vorzüge des Buches liegen in seiner klaren Sprache, seiner didaktisch geschickten Darstellungsweise und seiner gut überlegten Systematik, die Schule gemacht hat (§ 33 III 3a) und deren Vorbilder, wenn es solche gab, uns jedenfalls unbekannt sind. Unser Wissen vom römischen Zivilprozeß stammt fast ganz aus dieser Quelle.

Originalität und Geistesschärfe wird in einem derartigen Elementarbuch nicht erwartet werden können. Das Ansehen des Gaius, der sich im übrigen mehrfach als Sabinianer bekennt, war unter den großen Klassikern offenbar gering, so daß er niemals von ihnen zitiert wird. Trotzdem mag sein Kurzlehrbuch schon damals wie hernach in den Rechtsschulen eifrig traktiert worden sein.

Die Institutionen des Gaius sind uns im übrigen nicht in der klassischen Originalfassung, sondern 20
lediglich in einer verkürzten **Neubearbeitung** wohl aus der Mitte des dritten Jahrhunderts überliefert (§ 33 III 3a Abs. 2). Sie liegen in ebenfalls überarbeiteter Form auch den *res cottidianae* des Gaius (§ 39 II 2c) sowie den **Institutionen Justinians** (§ 43 I 5) zugrunde. Seit 1816 besitzen wir eine (wohl aus dem fünften Jahrhundert stammende) **Handschrift** des (überarbeiteten) gajanischen Institutionenwerkes, die der Historiker Niebuhr auf einem Palimpsest (§ 1 II 1b) in der Kapitelbibliothek in Verona entdeckt hat. Von der radierten Gaius-Handschrift konnten etwa vier Fünftel wieder lesbar gemacht werden. In neuerer Zeit sind Bruchstücke zweier anderer Handschriften in Ägypten gefunden worden, wodurch einzelne Lücken des **Veroneser Gaius** ausgefüllt worden sind.

Da die in den Digesten überlieferten Fragmente der klassischen Juristenschriften in meist nicht leicht feststellbarem Ausmaß überarbeitet und der justinianischen Zeit angepaßt wurden und da ferner die sonst erhaltenen Bruchstücke klassischer Schriften außerordentlich spärlich sind, hat der Gaiusfund unsere Kenntnis des **klassischen Rechts** erheblich gefördert. Sie erlauben auch in vielen Fällen, unbegründete Interpolationsannahmen als solche zu erweisen, so etwa die Annahme, daß *ius naturale* sein Vorkommen in den Juristenschriften justitianischen Interpolationen verdanke (dazu Waldstein, SZ 111, 32ff. und 49f.).

Die Herkunft des Gaius ist seht umstritten. Dies hat zu verschiedensten Hypothesen Anlaß gegeben 21
(Zusammenstellung bei Kunkel, Herkunft 186ff.). Nach einer sorgfältigen Analyse aller Quellenzeugnisse ist A.M. Honoré, Gaius (1962) 70ff., zu dem Ergebnis gelangt, daß Gaius zwar seine Ausbildung in Rom erhalten hat, dann aber in die Provinz gegangen ist, wo er den Großteil seiner Schriften verfaßt habe, und zwar zunächst in Dyrrhachium (heute Durazzo an der albanischen Küste) oder Troas (Kleinasien, der vermutliche Geburtsort des Gaius), und schließlich in Berytos. Wagner, Studien zur allgemeinen Rechtslehre des Gaius (1978) 236ff., meint dagegen, daß Justinian mit der Bezeichnung „*Gaius noster*" diesen als „unser Landsmann" angesprochen habe. Im Hinblick auf Justinians illyrische Heimat Tauresium (§ 43 I 1) deute das auf die nur 200km entfernte, ebenfalls illyrische Stadt Dyrrhachium als Heimat des Gaius. Nun hat aber Honoré, Tribonian, eingehend und überzeugend nachgewiesen, daß die Texte mit „*Gaius noster*" (Tribonian 3 und 246) von Tribonian verfaßt wurden, der wohl aus Side in Pamphylien stammte (Tribonian 67). Es ist freilich nicht auszuschließen, daß Tribonian, auf des Kaisers Heimat bezugnehmend, ihm den *Gaius noster* in den Mund legt. Honorés Untersuchungen machen jedoch diese Deutung nicht wahrscheinlich. Die Frage wird wohl, wie auch Diósdi, ANRW II 15, 607ff., meint, offen bleiben müssen.

In der nachklassischen Zeit wurde er als einziger Klassiker neben die großen Spätklassiker Papinian, Paulus und Ulpian gestellt (§ 42 II 3). Bei absinkender Rechtskultur war sein schlichtes, didaktisch geschicktes „Lehrbuch der Rechtskunde" (Flume, SZ 79 [1962] 26) gerade angemessen, klassische Weisheit zu vermitteln. Tribonian benützte die Institutionen des Gaius als Grundlage für das neue Einführungslehrbuch, die *Institutiones,* das Justinian mit Gesetzeskraft ausstattete (§ 43 I 5).

3. Die Spätklassiker

1. Die **Spätklassik,** die etwa mit der Regierungszeit der Severer (193–235) zusam- 22
menfällt, ist zunächst dadurch gekennzeichnet, daß der **Juristenstand** in den **Staatsdienst** eingegliedert und damit sozusagen **verbeamtet** wird. Alle namhaften Juristen waren nun in der kaiserlichen Verwaltung tätig, gehörten dem nach Hadrian als feste Organisation institutionalisierten Staatsrat an und besaßen das *ius respondendi.* Sie alle

fol. 24r — 109 — Gai. II. §§ 214 ... 218.

autTradatsedsufficeReutlegatariumrem
sumerepatiat'quianihilultraeitestatorim
perauitquisinatidestpatiaturlegatariumr·
siuihaberemaiorilladissensioinhoclegatoī
teruenitsieandemr̶duob·pluribusuedisíu
ctimlegastiqdamputantutrisquesolidamde
berisicutp̶uindica7nemnonnullioccupan
tisēēmelioremɔdicionemaestimantq́acum
eogenerelegatidamneturherespatientiam
p̀stareutlegatariusremhabeatsequit'utrípri
oripatientiamp̀stiteritetsiremsumpseritre
cuturussitaduersuseumquip'ealegatumpe
tieritquianequehaberemutpatiatureamabe
osumineq̄ dm̄.fecitquominuseamremhabe
ret·
Pp̀ceptionemhocmodolegatumusl·titiousho
minemstichumpraecipitosednostriquidē·
p̀ceptor̶nullialieomodolegariposseputant
nisieiquialiq́dexparteherscribtusēē·prae
cipereenimēē·p̀cipuumsumereq̶tantumī
eiusp̶sonamp̶ceditq́aliquaexparteher̶ insti
tutusēq̶hisextrapor7nemhereditatisp̀cipuū·
legatumhauiturussitideoquesiextraneolo
gatumfueritinutileēē·legatumadeoutsabinus

Pagina interior facillime legitur. 2 littera 10a i, non T fuit. 5 ultima littera u, non ū uidetur. 8 in fine nihil amplius scriptum erat.

Die Wiedergabe in Studemunds Abschrift (apographum) zeigt, daß die Seite restlos entziffert werden konnte.

fol. 62r.
ter scriptum

— 57 —

Gai. II. §§ 14 ... 15.

plerumq corpo——————fundushomopecu
nianamipsumiussuccessionisetipsumiu*u**
difruendietipsumiusobligationisincorpora
leesteodemnumerosuntiurap̄ diorumurba
norumetrusticor——————
——————altiustollend——————
iudique*inibusiiici——————
dinfluminibusiusium*pi**atu**
Itemfluminumetstilicidiorumidemiusut**
(I*III)N——————a**am——————
——————
——————ms——————
——————usaqducendae——————
——————R**umesup***
piores——————cemcii
mancipis* * ** fontes——————
itemaedesN——————
(cca)——N*S——————
——————
——————orom——b——————emancip——————
Itemstipendiariap̄diaetributariamancipi
suntsedqdiximus——————os——————
***N*ipicc*N——————
——————

Pagina exterior difficillime legitur. 8 uersus exitus scriptura uacat. 16 spatium post 8am litteram UNT litteris uix recte expleatur.

Die Wiedergabe in Studemunds Abschrift (apographum) zeigt, wie wenig von dieser Seite sicher gelesen werden konnte. Die strichlierten Buchstaben sind unsicher. Über einzelnen Buchstaben sind mögliche Alternativen für die Lesung angemerkt.

stammten aus dem Ritterstand, während aus der hochklassischen Zeit nur die oben erwähnten Maecianus und Scaevola als Juristen aus diesem Stande bekannt sind. Die **Juristen aus dem Ritterstande** haben jetzt den **Vorrang vor den Senatoren** (§§ 27 IV 4 und o. II 1). Das höchste kaiserliche Amt, die **Gardepräfektur,** wurde nacheinander von den berühmtesten zeitgenössischen Juristen bekleidet, die **alle ritterlichen Standes** waren. Zumeist stammten sie wohl, wie das Herrscherhaus selbst (§ 30 III 2 Abs. 3), aus eingebürgerten Familien der Provinzbevölkerung.

23 Das Hauptkennzeichen der Spätklassik ist jedoch das konzentrierte **Sammeln** und **Ordnen** des zu ungeheurer Masse angeschwollenen Rechtsstoffes. Ihre literarische Arbeit beschränkte sich demgemäß größtenteils auf **Kommentarwerke** gewaltigen Umfangs, bei denen die schöpferische Fortbildung der langsam erstarrenden Rechtsordnung zum Teil in den Hintergrund tritt. Ihre Werke stehen jedoch in der Kunst der Darstellung, in der Klarheit der Gedankenführung und in der Qualität der Begründungen durchaus auf der Höhe der bisherigen Rechtswissenschaft.

24 2. a) Am Anfang der Spätklassik steht allerdings eine überragende Juristenpersönlichkeit, in der die besten Traditionen der klassischen Rechtswissenschaft noch einmal in vollem Glanz hervortreten: **Aemilius Papinianus.** Seine Herkunft läßt sich nicht eindeutig bestimmen. Angeblich soll er mit dem Kaiser Septimius Severus verschwägert gewesen sein. Von seiner Ämterlaufbahn wissen wir nur, daß er zunächst Leiter der Kanzlei ‚*a libellis*‘ war und seit 205 (so Honoré, Ulpian 203) bis zu seinem Tode *praefectus praetorio.* Im Jahre 212 wurde er auf Befehl Caracallas hingerichtet, weil er sich nicht bereitfand, des Kaisers Mord an dessen Bruder und Mitkaiser Geta zu rechtfertigen (Spart. Carac. 8, 1ff.). Seine Hauptschriften (*quaestiones* und *responsa* – von beiden sind uns einige Fragmente auch außerhalb des justinianischen *Corpus* erhalten) setzten noch die Überlieferung der hochklassischen Kasuistik fort. Die spätere Zeit hat Papinian einmütig als den größten aller römischen Juristen gefeiert. Heute werden wir die großen republikanischen Juristen und die Begründer und Vollender der klassischen Dogmatik, also Männer wie Labeo, Celsus und vor allem Julian, ihm zur Seite stellen.

Von den Zeitgenossen Papinians wären noch **Claudius Tryphoninus** und der Grieche **Callistratus** zu nennen.

25 b) Unmittelbar auf Papinian folgte bereits die Zeit, in der das Sammeln und Ordnen des klassischen Rechts beherrschend wird. Die hervorragendsten Juristen dieser Zeit sind Paulus und Ulpian.

Iulius Paulus, ein Schüler des Scaevola, entstammte, wie sein Name zeigt, einer unter den Iuliern eingebürgerten Familie. Er war besoldetes Mitglied des *consilium* von Septimius Severus und vielleicht informell *assessor* des *praefectus praetorio* Papinian. Nach den Ergebnissen von Honoré, Ulpian 191, war er jedoch selbst nicht *praefectus praetorio.* Von seinen überaus zahlreichen Schriften gewannen die großen Kommentare zu Sabinus (16 Bücher) und vor allem zum Edikt (80 Bücher) besondere Bedeutung. Aber auch die Tradition der hochklassischen Kasuistik wurde von ihm in zwei typischen Werken dieser Art *(quaestiones, responsa)* noch fortgesetzt.

Dazu hat er eine Reihe von Einzeldarstellungen verschiedener Materien geschrieben, z.B. de adulteriis, de appellationibus, de conceptione formularum, de concurrentibus actionibus, de iure codicillorum, sogar einen liber singularis de iuris et facti ignorantia und viele andere.

Bei Paulus kommt es bereits zu einer Verfestigung klassischer Rechtsbegriffe. Aus seinen *libri ad Sabinum* stammt die Erklärung des *ius naturale* als *id quod semper aequum et bonum est* (D. 1, 1, 11). Diesen Text hat Maschi, ANRW II 15, 694ff., im

Zusammenhang mit dem Rechtsbegriff des Paulus untersucht und ihn mit der Definition des Celsus (o. II 3 b α) in Beziehung gesetzt (dort 699).

Der etwas jüngere **Domitius Ulpianus,** ein Schüler Papinians, war nach seinem eigenen Zeugnis aus Tyros in Phönikien gebürtig (D. 50, 15, 1 pr.). Nach Honorés sorgfältiger Untersuchung wurde Ulpian unter Septimius Severus im Jahre 202 Papinians Nachfolger als Leiter der Kanzlei *a libellis.* Dieses Amt dürfte er bis Ende 209 bekleidet haben (Ulpian 195 ff.). Im Jahre 222 war er unter Alexander Severus zunächst *praefectus annonae* (C. 8, 37, 4 vom 31. März 222: *Secundum responsum Domitii Ulpiani praefecti annonae iuris consulti amici mei;* dazu Honoré, Ulpian 36). In C. 4, 65, 4, 1 vom 1. Dezember 222 spricht der Kaiser davon, daß ein *praeses provinciae* eine Sache *ad Domitium Ulpianum praefectum praetorio et parentem meum* verweisen werde. Aus allen verfügbaren Quellen schließt Honoré darauf, daß Ulpian dieses Amt im September oder Oktober 222 übertragen wurde. Bei einem nächtlichen Aufstand der Prätorianergarde wurde er 223 vor den Augen des Kaisers ermordet. 26

Das Jahr 223 haben Modrzejewski und Zawadzki, RHD 45 (1967) 565–611, aus einer Papyrusurkunde, P. Oxy. 2565, in Verbindung mit anderen Quellen erschließen können. Honoré, Ulpian 41, meint, daß ein Datum im August 223 „a reasonable estimate" für den Zeitpunkt des Todes Ulpians ist. Durch lange Zeit hatte man im Hinblick auf den Bericht von Cass. Dio 80, 2, 2 das Jahr 228 für das Todesjahr Ulpians gehalten. Das betreffende Buch von Cass. Dio ist jedoch nur in einem Auszug erhalten. Die Zusammenfassung dürfte die Chronologie verzerrt haben.

Die großen Kommentarwerke des Ulpian zum *ius civile* des Sabinus (51 Bücher, unvollendet) und zum Edikt (83 Bücher) übertreffen an Umfang noch die des Paulus, der aber dafür dem Ulpian bisweilen an Originalität überlegen ist.

Daneben steht auch bei ihm eine ganze Reihe von Kommentaren zu einzelnen Gesetzen oder von Einzeldarstellungen wie *de appellationibus, de censibus, de fideicommissis* und *de sponsalibus.* Er hat auch ein Institutionenwerk für den Rechtsunterricht geschrieben, dem berühmte Fragmente des ersten Digestentitels entnommen sind.

Die bekannte Definition der Gerechtigkeit in D. 1, 1, 10 pr.: *Iustitia est constans et perpetua voluntas ius suum cuique tribuendi* (§ 9 I 3), stammt aus Ulpians *libri regularum.* Honoré, Ulpian 111 ff. zählt sie allerdings zu den unechten Schriften; dazu Waldstein, TRG 53 (1985) 153 f.

Beide, Paulus wie Ulpian, haben sich auch mit **Verwaltungsrecht** (Schriften *de officio,* § 33 III 4) befaßt. Im übrigen sind die Werke des Paulus und Ulpian dank ihrer enzyklopädischen Anlage und ihres leichteren Verständnisses in der späteren Zeit am meisten benutzt und in verkürzten Fassungen überarbeitet worden. Auch die Digesten Justinians bestehen zur Hälfte aus Fragmenten ihrer Schriften, von denen zwei Drittel auf Ulpian entfallen.

c) Die auf Paulus und Ulpian folgende letzte Generation der klassischen Juristen läßt ein Absinken der schöpferischen Kraft erkennen. Den großen Sammelwerken wird nichts Gleichwertiges mehr an die Seite gestellt. Die Monographie und das Einführungsbuch beherrschen das Feld der juristischen Literatur nahezu vollständig. Erwähnt seien nur **Aelius Marcianus** als Verfasser eines Institutionenbuches und **Herennius Modestinus,** der Schüler Ulpians, der noch eine Sammlung eigener Responsen herausgegeben hat. 27

3. Die Zeit der **Anarchie** nach Alexanders Tod bedeutet auch den **Untergang der klassischen Jurisprudenz.** Die enge Verbindung zwischen der Staatsführung des entwickelten Prinzipats und dem Juristenstand, eine Tatsache, der die Rechtswissenschaft zunächst eine so mächtige Förderung verdankt hatte, wurde ihr nun mit zum Verhängnis. Gleichwohl haben offenbar Juristen, die großteils namentlich nicht bekannt 28

sind, gerade in der **kaiserlichen Kanzlei** das klassische Erbe über den Zusammenbruch des Prinzipats hinaus bis in die Zeit Diokletians retten können. Deswegen konnte **Diokletian** bei der Wiederherstellung der staatlichen Ordnung in seiner ausgedehnten Reskriptpraxis an die klassische Überlieferung anknüpfen und diese wieder zur Geltung bringen.

29 Die private Rechtskunde dieser Zeit war dem Verständnis der klassischen Juristenschriften nicht mehr gewachsen. Sie gab sich mit einem verflachenden Elementarwissen zufrieden. Die Verfasser kleiner Kompendien verbergen sich jetzt hinter den Namen spätklassischer Autoren. Die kaiserlichen Kanzleijuristen haben sich offenbar darauf beschränkt, die spätklassischen Kommentarwerke und nachklassischen Bearbeitungen der klassischen Schriften ihren Entscheidungen zugrunde zu legen, soweit die veränderten wirtschaftlichen und sozialen Verhältnisse und die rechtlichen Bedürfnisse dies gestatteten. Im übrigen kommt es zu einer **Vulgarisierung** (§ 40) des römischen Rechts. Sie wird nur im Osten durch eine Renaissance der klassischen Jurisprudenz in den oströmischen Rechtsschulen (§ 39 III) wieder überwunden.

4. Abschnitt. Die späte Kaiserzeit (Dominat)

Schrifttum: *O. Seeck,* Geschichte des Untergangs der antiken Welt I–VI (I in 4., II–V in 2. Aufl., 1920–21, Neudr. 1966); *E. Stein,* Geschichte des spätrömischen Reiches I (1928, 2. Aufl. in französ. Sprache 1960) bis 476 n. Chr., II (1949) Histoire du Bas-Empire bis 565 n. Chr.; *R. M. Honig,* Humanitas und Rhetorik in spätrömischen Kaisergesetzen, Studien zur Gesinnungsgrundlage des Dominats (1960); *J. Straub,* Vom Herrscherideal in der Spätantike (1964); *ders.,* Regeneratio imperii, Aufsätze über Roms Kaisertum und Reich im Spiegel der heidnischen und christlichen Publizistik (1972); *J. Gaudemet,* Indulgentia principis, Études de droit romain II (1979) 235–279; *ders.,* La formation du droit séculier et du droit de l'Église aux IVe et Ve siècles (2. Aufl. 1979); dazu *Waldstein,* SZ 100 (1983) 699ff.; *G. Ostrogorsky,* Geschichte des byzantinischen Staats (3. Aufl. 1963); *F. Wieacker,* Recht und Gesellschaft der Spätantike (1964); *A. H. M. Jones,* The later Roman Empire 284–602, 3 Bde (1964); *K. Christ* (Herausg.), Der Untergang des römischen Reiches, Wege der Forschung 269 (1970); *H. Bengtson,* Römische Geschichte (1973) 332–352; *F. De Martino V; A. Heuß* 407–506; *E. Kornemann,* Geschichte der Spätantike (1978); *H. Kloft* (Hrsg.), Ideologie und Herrschaft in der Antike, Wege der Forschung 528 (1979); *L. Polverini,* Da Aureliano a Diocleziano, in: ANRW II 2 (1975) 1013–1035; *J. Bleicken,* Prinzipat und Dominat, Gedanken zur Periodisierung der römischen Kaiserzeit (1978); *E. Herrmann,* Ecclesia in Re Publica, Europäisches Forum Bd. 2 (1980); dazu *Waldstein,* SZ 100 (1983) 542ff.; *T. Grünewald,* Constantinus Maximus Augustus. Herrschaftspropaganda in der zeitgenössischen Überlieferung (1990); dazu *R. Klein,* SZ 109 (1992) 633f.; *E. Pack,* Städte und Steuern in der Politik Julians (1986); *Gaudemet,* Institutions 381–429; *D. Schlinkert,* Der Hofeunuch in der Spätantike, in: Hermes 122 (1994) 342–359; *R. Delmaire,* Les institutions du Bas-Empire romain du Constantin à Justinien (1995); *B. Näf,* Senatorisches Standesbewußtsein in spätrömischer Zeit (1995); *H. Scholten,* Der Eunuch in Kaisernähe (1995); *D. Schlinkert,* Vom Haus zum Hof. Aspekte höfischer Herrschaft in der Spätantike, in: Klio 78 (1996), 454–482; *F. Paschoud/J. Szidat* (Hrsg.), Usurpatoren in der Spätantike (1997); *T. Honoré,* Law in the Crisis of Empire 379–455 (1998).

I. Verfassung und Verwaltung

§ 35. Der spätantike Staat

Schrifttum: *A. Alföldi,* Die monarchische Repräsentation im römischen Kaiserreiche (1970); *F. De Martino,* V 122–215; *A. Heuß,* 436ff.; *J. Bleicken,* Kaiserreich 1 und 2; *D. Wyduckel,* Princeps Legibus Solutus, Eine Untersuchung zur frühmodernen Rechts- und Staatslehre (1979) 48–60, umfangreiches Literaturverzeichnis 169–231; *C. Gizewski,* Zur Normativität und Struktur der Verfassungsverhältnisse in der späten römischen Kaiserzeit (1988); dazu *H. Grziwotz,* in: SZ 108 (1991) 409–415; auch *Waldstein,* in: Iura 39 (1988, ersch. 1991) 227–232.

1. Romanismus und Byzantinismus

1. Für fünfzig Jahre war das Kaisertum nicht mehr in der Lage gewesen, eine stabile 1
Ordnung zu garantieren. Das gelang erst wieder **Diokletian** (284–305). Dabei kamen ihm die Bemühungen der letzten kraftvollen Kaiser wie Gallienus und Aurelianus zustatten (§ 31 III 5 und 6). Seit Mommsen wird diese neue Ordnung im deutschen Sprachraum fast allgemein als „Dominat“ bezeichnet (so auch bis zur 6. Aufl. dieses Kurz-Lehrbuches. D. Liebs, Römisches Recht [3. Aufl. 1987] 76, nennt die Epoche zwar „Der spätantike Zwangsstaat“, sagt jedoch dort 80, daß wegen der Bezeichnung

des Herrschers als *dominus* „die neue Regierungsform Dominat genannt wird"). Mommsen war davon ausgegangen, daß zwischen dem Prinzipat und der als Dominat bezeichneten Herrschaftsform ein grundlegender Unterschied bestanden habe, ja ein scharfer Gegensatz. Diesen Gegensatz drücke auch der terminologische Wandel in der Bezeichnung des Herrschers aus. Mommsen meint, daß an „dem terminologischen Übergang des *princeps* in den *dominus* ... sich die innere Entwicklung der Monarchie vom Oberamt zum Herrenthum mit größter Genauigkeit messen und verfolgen" lasse (StR II 761).

2 Inzwischen konnte jedoch Bleicken, Prinzipat, nachweisen, daß die von Mommsen angenommenen Voraussetzungen einer näheren Überprüfung nicht standhalten (dazu u. II 2). Daher will ich den in vieler Hinsicht irreführenden Terminus Dominat für die Kennzeichnung der letzten Periode des römischen Kaisertums nicht mehr verwenden. Ich habe ihn jedoch in der Überschrift zum vierten Abschnitt in Klammern beigefügt, weil er im Schrifttum noch immer gebraucht wird und die völlige Auslassung des Terminus deshalb Studierenden die Orientierung erschweren würde. Die von Diokletian herbeigeführte Neuordnung des Staates rechtfertigt es gleichwohl, mit seiner Regierungszeit den Beginn einer neuen Periode anzunehmen. Bleicken, Prinzipat 29, hat jedoch mit Recht betont, daß Periodisierungen immer „nur Hilfskonstruktionen zur Bewältigung von Material und Zeiträumen" sind. Für die Grenzen der Perioden bieten sich daher unter verschiedenen Gesichtspunkten verschiedene Ereignisse oder Persönlichkeiten an. Weil Diokletians Neuordnung für die gesamte späte Kaiserzeit von Bedeutung war, ist auch sie ein geeigneter Anknüpfungspunkt für die stoffliche Gliederung.

3 Über die antike Überlieferung für diese Zeit vgl. Wenger, Quellen 199ff. Hier seien nur einige Namen von Historikern genannt, vor allem **Ammianus Marcellinus** (330- um 400, erhaltene Darstellung der Zeit von 353–378), **Zosimos** (2. Hälfte des 5. Jahrhunderts), **Eusebios** (um 265–340), **Orosius** (seine Historien wurden wahrscheinlich um 418 vollendet) und für die justinianische Zeit **Prokopios.** Trotz ihrer zweifelhaften Qualität enthalten auch die Kaiserbiographien der sog. *Scriptores historiae Augustae* (von Hadrian bis Carus Carinus und Numerianus [283/284]) Nachrichten, die wir sonst nicht haben.

4 2. Den größeren Erfolg bei der Fortsetzung des Werkes seiner Vorgänger hatte Diokletian nicht nur seiner Tatkraft zu verdanken, sondern der Tatsache, daß selbst die Soldaten die dauernde Unsicherheit satt hatten und daß die Truppe unter Gallienus und Aurelianus disziplinierter geworden war. Auch hatten seine Vorgänger ein Auseinanderfallen des Reiches verhindern können.

Dem römischen Bewußtsein Diokletians und seiner illyrischen Soldaten entsprach die Meinung, den alten Glauben an die **römischen Staatsgötter** und damit den **mos maiorum** wieder erwecken zu können. Diesem Romantizismus ergeben, bekämpfte er vor allem das Christentum mit Feuer und Schwert. Die Christen hatten schwer zu leiden, aber das Christentum ließ sich mit polizeilichen Mitteln damals ebensowenig wie zu anderen Zeiten ersticken. Nicht einmal die Verwaltungsbeamten des Kaisers führten seine Befehle strikt aus.

5 3. Besonderen Erfolg hatte Diokletians **Staats- und Verwaltungsorganisation.** Durch sie verschaffte er dem Gesamtreich noch für längere Zeit Festigkeit, dem östlichen Teil des Reiches aber sicherte er damit noch über tausend Jahre Bestand. Dazu hat freilich später vor allem die Kirche, die Diokletian bekämpft hatte, entscheidende Hilfe geleistet. Sein Gedanke war es, schon vorhandene Ansätze zu einer „Samtherrschaft, bei der zwei *principes* mit gleichen Befugnissen nebeneinander stehen" (Kunkel/Schermaier, RG 179ff.), wie z.B. Mark Aurel und Lucius Verus, zu einer Institution auszugestalten, die es „dem" Kaiser ermöglichte, sozusagen überall in

dem gewaltigen Reich gegenwärtig zu sein. Er **institutionalisierte** den **Pluralismus der Herrschaft.**

4. Sein Romanismus äußerte sich in seiner **Rechtspolitik.** Diokletian suchte die römischen Überlieferungen im Recht durch seine Reskriptenpraxis wieder zu stärken und neu zu beleben. Er hat auch die **lateinische Amtssprache** im Osten eingeführt. Dies war allerdings durch die illyrische Führungsschicht schon vorbereitet. 6

Die **hellenistisch-orientalischen Kulturelemente** sind dagegen durch **Konstantin den Großen** (306–337) bewußt gefördert worden, obwohl auch bei ihm – auch er war Illyrier – ein gewisser Klassizismus nicht zu verkennen ist. Seine Vorbilder waren Alexander der Große und Augustus. Seine nach Osten gewandte Kulturpolitik fand ihren Ausdruck in der Erhebung von Byzanz unter dem Namen **Konstantinopolis** zur zweiten **Hauptstadt** des Reiches (326). Zugleich machte sich jedoch seine klassizistische Haltung geltend, indem er römische Traditionen in der Nachbildung stadtrömischer Verhältnisse und augusteischer Kunst in Byzanz bewahrte. Da im Osten aber das hellenistische Element mit einer starken orientalischen Komponente überwog, pflegen wir diese Kulturepoche nach der zweiten Hauptstadt des Reiches als die des **Byzantinismus** zu bezeichnen. 7

5. Am hartnäckigsten hat den byzantinischen Tendenzen im Osten immer noch die **Rechtswissenschaft** widerstanden. Auch in ihr hat sich, begünstigt durch die Überlieferung der Klassikerschriften, inmitten eines griechisch redenden Reichsteiles die **lateinische** Sprache als **Kunstsprache** der Jurisprudenz erhalten. Selbst der Unterricht an den oströmischen Rechtsschulen (§ 39 III) fand in lateinischer Sprache statt, so wie auch die Kaiserkonstitutionen bis in die Spätzeit hinein lateinisch abgefaßt waren. 8

Der **romanisierte Westen** des Reiches hat die römische Kultur trotz aller Vergröberung und Verflachung und ungeachtet des allgemeinen geistigen Niederganges sehr viel stärker bewahrt als der Osten (für die Rechtsüberlieferung liegt es freilich umgekehrt, s. dazu §§ 39 und 40). Die mit den Germanenstämmen eindringenden fremden Kulturelemente konnten sich gegenüber der immer noch weit überlegenen römischen Zivilisation nicht behaupten und wurden verhältnismäßig rasch angeglichen oder vollständig aufgesogen. Die Werbekraft des Hellenismus hingegen wurde im Westen schon dadurch stark abgeschwächt, daß er hier nicht als alteingesessene bodenständige Kultur erschien. Schließlich hat die Reichsteilung (§ 36 I) die Abschließung des Westens von dem Osten auch äußerlich erleichtert und gefördert.

6. Eine wesentliche Stärkung erfuhr das östliche Element in der neuen Staatskultur zunächst durch die **christliche Kirche.** Ihr war schon durch das Toleranzedikt des Galerius von 311 (Ps. Lact. mort. pers. 34, 1ff.) und dann im sog. **Mailänder Edikt** Konstantins des Großen (313; dazu *Waldstein*, SZ 100 [1983] 549f.) offizielle **Duldung** zuteil geworden. Seit der Erhebung des Christentums zur **Staatsreligion** (391) durch Theodosius den Großen wurde die Kirche in der geistigen Gestalt, die von den „Kirchenvätern", vor allem von Augustinus, entfaltet worden war, zur **lateinischen Kirche** des Abendlandes und in mancher Hinsicht zur Hüterin des antik-römischen Geisteserbes. Damit wurde sie zugleich zur tragenden und einenden Kraft, die das endgültige Auseinanderfallen des Reiches immer wieder verhindert hat. 9

Auf **hellenistisch-orientalischen** Grundlagen, dem Neuplatonismus und der „Theosophie" des weitverbreiteten persischen Mithraskults, beruhte der wirklichkeitsfremde, aber von hohem Idealismus getragene Versuch des **Julianus Apostata** (des „Abtrünnigen"; 361–363), eine Art **heidnischer Reichskirche** nach dem Muster der christlichen Hierarchie aufzubauen. Die christliche Lehre wurde hierbei, gleich allen sonstigen Religionen, anfänglich weitgehend geduldet. Erst der wachsende Widerstand Kleinasiens veranlaßte Julian zu schärferen, wenn auch unblutigen Unterdrückungsmaßnahmen. Im 10 übrigen war **Julian** bemüht, die **Reichsverwaltung** und das **Hofleben** gerade auf Grund der strengen Morallehre der Mithras-Sonnenreligion möglichst zu vereinheitlichen und zu vereinfachen.

Im **Westen des Reiches** hat sich das Heidentum, vor allem auf dem flachen Lande *(daher die Bezeichnung pagani = Heiden von pagus)*, zunächst sehr viel zäher gehalten. Selbst der **stadtrömische Adel** suchte noch nach 391 ein neuplatonisch bestimmtes Heidentum wiederherzustellen.

2. Die Verfassungsreform Diokletians

11 1. Der Prinzipat hatte die faktische Alleinherrschaft des Kaisers rechtlich immer noch in republikanische Formen zu kleiden gesucht. Die fiktive Stellung des Kaisers als eines bloßen *princeps civium* hatte infolgedessen von vornherein die Frage der Nachfolgeordnung als den wunden Punkt der neuen Verfassung erscheinen lassen (§ 28 I). Die Übungen und Gewohnheiten, die sich hierbei im Laufe der Zeit herausgebildet hatten, waren im ganzen zu unbestimmt und rechtlich zu wenig gefestigt und begründet, um usurpatorischen Machtbestrebungen wirksam Einhalt gebieten zu können. So hat denn die aus der Entstehungszeit des Prinzipats unter Augustus stammende rechtliche Labilität seiner Struktur nach dem Tode des Alexander Severus schließlich zur Anarchie und zu den Machtkämpfen unter den Soldatenkaisern geführt.

12 2. Diokletian hat bei seiner Neuordnung an Elemente der faktischen Entwicklung des Prinzipats zur Monarchie angeknüpft, aber auf die künstliche Einbindung der monarchischen Gewalt in republikanische Verfassungsformen verzichtet. Diese Tatsache ist seit Mommsen aus verschiedenen Gründen, denen hier nicht näher nachgegangen werden kann, so gedeutet worden, daß damit aus dem früheren *princeps civium,* unter dem der *civis Romanus* wenigstens noch den Schein seiner republikanischen Freiheit hatte wahren können, nun der *dominus,* der „absolute Herrscher", der „Autokrat" geworden sei, der als unumschränkter Herr über seine Untertanen herrschte (vgl. Bleicken, Prinzipat 19, auch o. I 1). Bretone, Storia 353f., und Guarino, Storia 510, sprechen von Absolutismus („Assolutismo", „L'*imperium Romanum* assolutistico"). Dieser Deutung ist Bleicken mit überzeugenden Gründen entgegengetreten. Er vermutet wohl mit Recht, daß diese Deutung bei Mommsen einem „Vorverständnis" entspringt, wie es vom Freiheitsbegriff im „liberalen Bürgertum des 19. Jahrhunderts" (Prinzipat 29) geprägt war.

13 Auch hinsichtlich der göttlichen Verehrung des Kaisers, die bereits Augustus in den Provinzen zuteil geworden war (§ 26 III 5), des Hofzeremoniells, des kaiserlichen Ornats und der Symbole der Herrschaft (Insignien) kann Bleicken dartun, daß alle diese „Elemente in Ansätzen bereits am Beginn der Kaiserzeit vorhanden sind und ... sich fortwährend und ohne einen wirklich entscheidenden Bruch zu ihrer spätantiken Form entwickeln" (Prinzipat 22). Bereits Domitian (Suet. Dom. 13, 2) und Aurelian (Cohen VI 197, 200) haben sich *dominus et deus* nennen lassen, wie dies auch Diokletian tut (Aur. Vict. Caes. 39, 4).

14 Mit der Vorstellung, der Kaiser der Dominatszeit sei als *dominus* der unumschränkte Herr, verbindet sich die weitere, daß der in den Quellen mehrfach belegte Grundsatz *princeps legibus solutus est* (so Ulp. D. 1, 3, 31) die Lösung des Kaisers von jeder Bindung an das Gesetz bedeute und ihn damit auch zum unumschränkten Herrn über das Recht mache, der nach freier Willkür verfügen könne (vgl. § 5 I 4). U.v. Lübtow, Volk 460, hat daher in diesem Grundsatz die „klassisch gewordene Formulierung des Absolutismus" gesehen. Auch dieser Deutung ist Bleicken, Prinzipat 22ff., mit guten Gründen entgegengetreten. Hier kann nur darauf hingewiesen werden, daß der Grundsatz der *legibus solutio* sich ursprünglich lediglich auf die persönliche Befreiung des *princeps* von den Ehegesetzen des Augustus bezog. Die mit

diesen Gesetzen (§ 27 IV 5) eingeführte Ehepflicht (Kaser, RP 58 IV 8) war in der Tat mit der Stellung und den Aufgaben des Kaisers schwer zu vereinbaren. Paul. D. 32, 23 sagt aber ausdrücklich, daß die persönliche Befreiung des Kaisers von den Pflichten dieser Gesetze nicht bedeutet, daß er sie nicht dennoch zu beachten hat. Er kann daher nicht aus einem nach den Ehegesetzen unwirksamen Testament Vermächtnisse erwerben. Das wäre *inverecundum,* also unverschämt, und er fügt hinzu: *decet enim tantae maiestati eas servare leges, quibus ipse solutus esse videtur.* Die gesamte Einstellung der Kaiser der Spätzeit zum Recht müßte unter diesem Gesichtspunkt noch genauer untersucht werden. Eine besonders bemerkenswerte Aussage in diesem Zusammenhang ist ein Gesetz von Valentinian III., das seine Mutter Galla Placidia für den damals noch unmündigen Kaiser im Jahre 429 verkünden hat lassen und das in den *Codex Iustinianus* aufgenommen wurde.

C. 1, 14, 4 (Ravenna): Digna vox maiestate regnantis legibus alligatum se principem profiteri: adeo de auctoritate iuris nostra pendet auctoritas. et re vera maius imperio est submittere legibus principatum. et oraculo praesentis edicti quod nobis licere non patimur indicamus (Es sind der Majestät des Herrschenden würdige Worte, zu bekennen, daß er als princeps durch Gesetze gebunden ist. Also hängt unsere Autorität von der Autorität des Rechtes ab. Und in der Tat ist es wichtiger als das imperium selbst, die Herrschaft den Gesetzen unterzuordnen. Durch die Verordnung dieses Edikts legen wir dar, was wir uns selbst nicht für erlaubt halten dürfen). Bemerkenswert ist es auch, daß der Kaiser sich hier immer noch princeps nennt und die Herrschaft als principatus bezeichnet. Die Feststellungen in dieser const. stimmen sachlich völlig damit überein, was Plin. paneg. 65, 1 über Trajan sagt, wobei er betont, daß er das erstmals von einem princeps höre, und das nach über 100 Jahren Prinzipat: Sed tu nihil amplius vis tibi licere quam nobis: ... Quod ego nunc primum audio, nunc primum disco; non est princeps super leges sed leges super principem idemque Caesari consuli quod ceteris non licet (Aber Du willst, daß Dir nicht mehr gestattet sei als uns: ... Was ich nun erstmals höre, erstmals verstehe: Der Prinzeps steht nicht über den Gesetzen, sondern die Gesetze über dem Prinzeps ...) Vgl. auch Tac. Agr. 3, 1. 15

Darüber hinaus offenbart das gesetzgeberische Ethos, das sich besonders in den Gesetzen Justinians äußert, stets das Bestreben, die Probleme durch gerechte Gesetze zu lösen und der Gerechtigkeit zum Durchbruch zu verhelfen. So bestimmt etwa auch Diokletian C. 7, 62, 6, 1, daß im Prozeß nichts anderes als die Gerechtigkeit eine Rolle spielen darf *(aliud nihil in iudiciis quam iustitiam locum habere debere).* Mit seinem berühmten Preisedikt (§ 37 I 3) versucht er der Habgier *(avaritia)* zu steuern. In einem Edikt, das in einer Inschrift auf Kreta erhalten ist (CIL III 13569), stellt er vom *fiscus* zu Unrecht eingezogene Sachen ihren früheren Eigentümern zurück. Und er läßt das Edikt bekanntmachen, damit die Provinzialen, nachdem sie den Inhalt erfahren haben, sich darüber freuen können, daß ihnen durch die Billigkeit (Güte) des Kaisers geholfen worden ist (..., *ut iisdem quoque omnibus cognitis provinciales nostri per benivolentia(m) nostram consultum s[ibi] esse laetentur;* dazu M.P. Charlesworth, Die Tugenden eines römischen Herrschers, in: Ideologie und Herrschaft in der Antike [1979] 372f.). Das alles als bloße Propaganda abzutun, wäre zu einfach. Bei aller Propaganda wird man den Kaisern in der Regel das ehrliche Bemühen nicht absprechen können, eine gerechte Ordnung zum Wohl aller herzustellen oder zu erhalten und den Übeln so weit wie möglich zu steuern. 16

3. Nach „der Anarchie des 3. Jahrhunderts" hatte zunächst Diokletian „nach Möglichkeiten der Stabilisierung des Kaisertums" gesucht (Bleicken, Prinzipat 21). Die späteren Kaiser folgten ihm darin. Bei diesem Bemühen sollte nun, wie Bleicken weiter ausführt, die „formale Ausgestaltung und Überhöhung der kaiserlichen Würde ... den Herrscher unantastbar machen". Dies führte dazu, daß unter Diokletian und seinen Nachfolgern die seit dem Beginn des Prinzipats einsetzende „Entwicklung beschleunigt und auch zu einem gewissen Abschluß gebracht" wurde (Prinzipat 21f.). 17

Damit hängt die Ausgestaltung des Hofzeremoniells zusammen. Die göttliche Verehrung des Kaisers führte dazu, daß alles, was mit seiner Person zusammenhing, vor allem die Institutionen des Staates, selbst als göttlich *(divinum)* oder heilig *(sacrum)* galt. Der Sieg des **Christentums** brachte lediglich eine Änderung in der persönlichen Stellung des Herrschers mit sich. Der Kaiser konnte nicht mehr als Gott angesehen werden. Seine Stellung wird nun auf Gottes Gnade zurückgeführt **(Gottesgnadentum).** Damit behielt der Kaiser jedoch alle äußeren Zeichen und Rechte einer göttlichen Verehrung, und die Ausdrücke „*sacer*" und „*divinus*" bezeichnen auch weiterhin alles, was mit der Person des Kaisers zusammenhängt, und bedeuten geradezu „kaiserlich". 18

19 4. Die wohl wichtigste **Verfassungsreform Diokletians** war jedoch die Schaffung einer neuen **Nachfolgeordnung** in Gestalt der sogenannten Vierherrschaft **(Tetrarchie).** Auch dabei knüpfte er an Vorbilder aus der Prinzipatszeit an (o. I 3), gab diesen aber nun eine feste Gestalt, mit deren Hilfe das Nachfolgeproblem sicher gelöst werden sollte.

Bereits seit Hadrian (117–138) war es üblich geworden, zur Klärung der Nachfolgefrage „das Cognomen *Caesar* ... demjenigen Descendenten" des jeweiligen Kaisers zu verleihen, „der ihm zunächst steht und voraussichtlich ihm auf dem Throne nachfolgt" (Mommsen, StR 1139f.). Weil Diokletian keinen Sohn hatte, ernannte er im Jahre 285 seinen Feldherrn Maximian zum **Caesar,** womit er ihn zunächst zum präsumptiven Nachfolger bestimmte. Ein Jahr später ernannte Diokletian ihn jedoch zum Mitkaiser **(Augustus).** Hierauf bestimmte er, daß jeder der beiden *Augusti* einen *Caesar* ernennen sollte. Gleichzeitig wurde vorgesehen, daß der jeweilige *Augustus* nach 20jähriger Regierungszeit abdanken sollte. Nach der Abdankung oder im Falle des früheren Todes des Herrschers sollte der jeweilige *Caesar* zum *Augustus* aufrücken und dann selbst einen neuen *Caesar* ernennen.

20 Diokletian sah weiter vor, daß jeder der nun insgesamt vier Herrscher einen eigenen Regierungsbereich haben sollte. Diokletian behielt sich den Osten vor und als Regierungsbereich die spätere Präfektur (zu den Präfekturen § 36 I 2 und IV 2–4) *Oriens* mit Residenz in **Nikomedia.** Als *Caesar* ernannte er den Galerius, dem er die spätere Präfektur *Illyricum* als Regierungsbereich zuwies. Galerius residierte in **Sirmium.** Maximian erhielt den Westen. Er ernannte Constantius, den Vater Konstantins d. Gr., zum *Caesar.* Maximian regierte den Bereich der späteren Präfektur *Italia* mit *Africa* (Residenz **Mailand),** während Constantius *Gallia* erhielt und in **Trier** oder **York** residierte. Obwohl sich diese kunstvoll ausgedachte Ordnung in der Folgezeit nicht voll durchsetzen konnte, hat sie dennoch die gesamte spätere Kaiserzeit in vieler Hinsicht geprägt.

Die Tetrarchie Diokletians bedeutet trotz Aufteilung des Reichsgebiets unter die vier Regenten **keine** eigentliche **Reichsteilung.** In Gesetzgebung, Münzprägung und Kaiserkult blieb die Einheit des Reiches voll bewahrt. Folgerichtig galt Diokletian auch als oberster Träger der weltlichen und göttlichen Macht.

21 5. Verwandtschaftliche Rücksichten sollten bei der Ernennung des Caesars nach dem Willen Diokletians hinfort keine Rolle mehr spielen. Aber gerade diese wirklichkeitsfremde Bestimmung führte nach der Abdankung Diokletians und Maximians im Jahre 305 zu Thronstreitigkeiten und blutigen Kämpfen mit den übergangenen Kaisersöhnen. Aus diesen Wirren ging erst nach 20 Jahren **Konstantin der Große** als Alleinherrscher hervor. Seit dieser Zeit trat die **dynastische Erbfolge** immer mehr in den Vordergrund. Zu einer rechtlich normierten und religiös gefestigten Erbfolgeordnung ist sie freilich niemals ausgestaltet worden. Daher wurde auch die Übung beibehalten, den **Thronfolger** schon bei Lebzeiten des Kaisers zum **Mitregenten** zu ernennen. Die gekünstelte Tetrarchie hingegen hat sich als Nachfolgeordnung trotz gelegentlicher Wiederherstellung nicht mehr durchsetzen können.

§ 36. Die Reichsverwaltung

Schrifttum: *Notitia dignitatum* (Verzeichnis der Ämter der Zivilverwaltung und der militärischen Ränge, Anf. des 5. Jahrhunderts), hrsg. v. *O. Seeck* (1876, Neudr. 1962); *E. Stein,* Untersuchungen über das officium der Prätorianerpräfektur seit Diokletian (1962); *A. v. Domaszewski,* Die Rangordnung des römischen Heeres (2. Aufl. mit Einf., Berichtigung und Nachtrag von *B. Dobson* 1967); *H. J. Diesner,* Protectores, in: RE Suppl. XI (1968) 1113ff.; *W. Blum,* Curiosi und Regendarii, Untersuchungen zur Geheimen Staatspolizei in der Spätantike (Diss. phil. München, 1969); *W. Kunkel,* Consilium, Consistorium, Kl. Schr. 428–440; *W. Simshäuser,* Iuridici und Munizipalgerichtsbarkeit in Italien (1973)

235ff., bes. 268f.; *A. Giardina,* Aspetti della burocrazia nel basso impero (1977); dazu *W. Schuller,* SZ 96 (1979) 472f.; *J. Bleicken,* Kaiserreich 1, 150ff., 2, 77ff.; *D. Liebs,* Ämterkauf und Ämterpatronage in der Spätantike, SZ 95 (1978) 158–186; *A. Graeber,* Untersuchungen zum spätrömischen Korporationswesen (1983); *E. Pack,* Städte und Steuern in der Politik Julians (1986); dazu *T. Chaimowicz,* SZ 107 (1990) 561–567; *P. Herz,* Studien zur römischen Wirtschaftsgesetzgebung. Die Lebensmittelversorgung (1988); dazu *H. Horstkotte,* SZ 107, 507–513; *R.M. Cimma,* L'episcopalis audientia nelle costituzioni imperiali da Costantino a Giustiniano (1989); dazu *K. Hackl,* SZ 109 (1992) 678–683; *Gaudemet,* Institutions 387–429; *Guarino,* Storia 510–524.

1. Die Reichsteilung

1. **Diokletian** hatte, trotz der Einführung der Tetrarchie, die rechtliche Einheit des 1
Reiches erhalten wollen. Den Tetrarchen wurden aber Verwaltungsgebiete zugewiesen. Jedem Tetrarchen stand nun für sein Verwaltungsgebiet ein *praefectus praetorio* zur Seite. Darüber hinaus gliederte Diokletian das Reich in zwölf **Diözesen** (von διοίκησις = Verwaltungsbezirk, vgl. Medicus, KlP II 50f.), die von Vertretern *(vicarii)* der jeweiligen *praefecti praetorio* verwaltet wurden.

2. **Konstantin** hat sodann aus diesen Verwaltungsgebieten **vier Präfekturen** 2
(**Oriens** und **Illyricum** im Osten, **Italia** mit Africa und **Gallia** mit den übrigen Gebieten im Westen des Reiches) geschaffen, zu denen er die auf 14 vermehrten Diözesen zusammenfaßte. Die vier *praefecti praetorio* traten als zivile Stellvertreter des Kaisers gewissermaßen an die Stelle der Tetrarchen Diokletians.

3. Die Diözesen gliederten sich ihrerseits in eine Reihe von **Provinzen.** Die bisherigen Provinzen 3
wurden hierbei in kleinere Verwaltungseinheiten aufgeteilt, einmal aus reinen Verwaltungsrücksichten, zum anderen aber auch zum Zwecke der Unterdrückung von Selbständigkeitsbestrebungen volksmäßig geschlossener Provinzen, wie sie sich während der Wirren des dritten Jahrhunderts an verschiedenen Stellen des Reiches geltend gemacht hatten. Auch mit dieser Maßnahme hatte bereits Diokletian begonnen, zunächst in den Grenzprovinzen, die auf diese Weise leichter zu verteidigen waren. Die Zahl der neuen Provinzen betrug um das Jahr 300 zunächst 98 und stieg dann (im fünften Jahrhundert) bis auf 120. Die Statthalter der neuen Provinzen wurden nun *praesides* oder *correctores* genannt. In einigen Provinzen hatte sich jedoch die Bezeichnung *proconsul* oder der Titel *consularis* erhalten.

4. Der Unterschied zwischen **Senats-** und **Kaiserprovinzen** sowie die Vorrechte 4
Ägyptens waren bereits von den Severern beseitigt worden (§ 30 II 2c a.E.). Die Sonderstellung Italiens, seit den Severern nur noch eine Attrappe (§ 30 III 3), hat Diokletian endgültig aufgehoben. Es wurde nicht nur eine Provinz unter anderen, sondern wegen der großen Anzahl von Gemeinden in 17 Provinzen aufgeteilt. Seine Steuerfreiheit hatte schon seit der *constitutio Antoniniana* (212) keine Berechtigung mehr. Diokletian unterwarf den italischen Boden der allgemeinen Grundsteuer.

5. Die Neugliederung in Verwaltungsgebiete verstärkte jedoch die Tendenzen, die 5
auf eine Trennung der beiden Reichshälften (Ostrom und Westrom) hinzielten und die durch die Verschiedenartigkeit des Volkstums und der Kultur bedingt waren. Bereits nach dem Tode Konstantins (337) wurde die Herrschaft unter seinen Söhnen wieder aufgeteilt. Seit dieser Zeit wurde die **territoriale Teilung** der Regierungsgewalt in Ost- und Westrom **faktisch endgültig,** obwohl die **rechtliche Einheit** des Reiches auch jetzt noch erhalten blieb. Beide *Augusti* standen nun zwar gleichberechtigt nebeneinander, aber nicht im Sinne des früheren Doppelprinzipats (§ 28 I 4). Ihre Zuständigkeit war vielmehr im Sinne der tetrarchischen Ordnung Diokletians territorial jeweils auf eine Reichshälfte beschränkt. Daher hatte jeder Kaiser seine eigene Zivil- und Militärverwaltung und war selbst in der Außenpolitik völlig selbständig. Die rechtliche Klammer, die das Reich zusammenhielt, bestand lediglich in der **gemeinsamen Ge-**

setzgebung. Die Koordinierung der Verwaltung und sonstigen Staatsinteressen blieb Aufgabe der politischen Fühlungnahme zwischen den beiden Kaisern.

6 6. **Theodosius I.** (379–395) gelang es noch einmal, das Reich unter seiner Herrschaft auch faktisch zu vereinen. Mit dem Regierungsantritt seiner Söhne **Arcadius** und **Honorius** (395) wurde die **Teilung** jedoch auch **rechtlich endgültig.** Auch hinsichtlich der Gesetzgebung war nunmehr die Zuständigkeit des jeweiligen Kaisers auf seine Reichshälfte beschränkt. Ein Gesetz galt in der anderen Reichshälfte nur, wenn es ausdrücklich übernommen wurde.

7 7. Auch wirtschaftlich und kulturell entwickelten sich Ostrom und Westrom von nun an in verschiedener Richtung.

Im **Westen** sinkt die Wirtschaft auf die Stufe einer primitiven Naturalwirtschaft herab. Es kommt geradezu zu einer **Sprengung der Staatsgewalt** durch den Adel, der den Grundbesitz in Händen hat (§ 38 II 5 Abs. 2). Dies führt auch zur weitgehenden Ohnmacht der Staatsgewalt gegenüber den inneren und äußeren Nöten des Staates.

8 Auf kulturellem Gebiet zeigt die Romanitas aber noch immer eine Werbekraft. So wirkt im 4. Jahrhundert etwa der von Geburt griechische Historiker Ammianus Marcellinus (um 330–400) in Rom, der nach dem Vorbild des Tacitus eine Zeitgeschichte in lateinischer Sprache schreibt. Auch sonst gibt es noch kulturelles Leben. Dennoch vermochte die westliche Reichshälfte dem zunehmenden Druck germanischer Völkerschaften nicht mehr standzuhalten, die seit dem Beginn der Völkerwanderung (375) unter dem Druck der Hunnen in immer neuen Wellen gegen das römische Reich vordrangen.

9 In der letzten Phase des weströmischen Reiches hatte ein oströmischer General 475 sein Söhnchen **Romulus** widerrechtlich zum weströmischen Kaiser ausgerufen, während der legitime Kaiser **Nepos** noch lebte (bis 480). **Romulus (Augustulus)** wurde durch den Skirenfürsten **Odovacar** 476 abgesetzt.

Die Machtergreifung der Germanen **476** bedeutete den **Untergang des weströmischen Reiches.** West- und Mitteleuropa standen von da an bis zur Zeit Justinians unter **germanischer Herrschaft.** Die interessanteste Staatsgründung eines Germanen auf italischem Boden war die Theoderichs des Großen (493), der sich um eine Verschmelzung des römischen und des germanischen Bevölkerungselements bemühte und sich selbst stets nur als *„vicarius Caesaris“* gerierte.

10 Das **oströmische Reich** hingegen, das seinen Bestand vor allem aufgrund einer geschickten Germanenpolitik (keine Einstellung germanischer Hilfstruppen, Ablenkung der Ostgoten nach Italien) zu wahren wußte, erlebte eine wirtschaftliche und kulturelle Blüte, die sich unter der kraftvollen Regierung **Justinians I.** (527–565) noch einmal zu einer letzten Hochblüte steigerte. Vorübergehend wurde auch fast die gesamte westliche Reichshälfte den Germanen wieder entrissen.

In der Folge konnte das **byzantinische Kaiserreich** die Macht der **Sassaniden** brechen (627) und im 7. Jahrhundert dem wiederholten Ansturm der **Araber** siegreich standhalten. Die Trennung der griechischen von der römischen Kirche (1054) bedeutete dann die endgültige **Loslösung vom Westen.** Gleichzeitig begann der äußere Verfall des byzantinischen Reichs. Es ging jedoch erst nach jahrhundertelangem Kampf durch die **Eroberung Konstantinopels** durch die Türken **1453** unter.

2. Der Beamtenapparat

11 1. Aus dem Wesen des spätantiken monarchischen Staates ergeben sich die Grundsätze, die seine Organisation und Verwaltung tragen und bestimmen. Sie sind in der späten Kaiserzeit, in Vollendung der sich schon unter dem Prinzipat anbahnenden Entwicklung, mit einer in der Geschichte seltenen Folgerichtigkeit durchgeführt worden. Alle diese Organisationsprinzipien greifen ineinander und bilden sozusagen nur

die verschiedenen Formen und Auswirkungen der wesentlichen Leitgedanken der neuen Ordnung (§ 35 II 2–3).

2. Aus diesem Grundgedanken folgt zunächst die strenge **Zentralisierung der Staatsgewalt** in der Person des Herrschers. Die Vorstellung einer vielfältigen, stufenweise absteigenden Delegation der Staatsgewalt sog die Selbstverwaltung bis auf geringfügige Reste auf und ließ den Staatsorganismus zum festen System einer **Behördenhierarchie** nach dem Muster der militärischen Über- und Unterordnung erstarren. Damit verband sich ferner die vollständige **Bürokratisierung** von Verwaltung und Regierung, aber auch das zunehmende Bemühen, dem drohenden Verfall durch **Zwangsmaßnahmen** entgegenzusteuern (§ 38 II 1–4). Die **Trennung der Zivil- und Militärgewalt,** die sich bereits im Prinzipat angebahnt hatte (§ 31 III 5), wurde nun unterhalb der höchsten Regierungsspitze, dem Kaiser, vollständig durchgeführt. Gerade darin lag nach den Erfahrungen der vorangehenden Jahrhunderte eine gewisse Gewähr dafür, Machtbestrebungen ehrgeiziger Funktionäre oder Generäle Einhalt gebieten zu können. Eine Zusammenarbeit der hohen Zivilbeamten und der Militärbefehlshaber war dadurch erschwert, daß die Grenzen der Verwaltungsbezirke und der militärischen Befehlsbereiche verschieden gezogen wurden. Die Einheit des alten römischen Imperiums trat auf diese Weise nur noch in der Person des Kaisers zutage, der sich zur Verwirklichung seiner Gewalt das eine Mal der zivilen Beamtenschaft, das andere Mal des Berufssoffizierskorps bediente. 12

3. Aus der Situation in der Spätantike ergab sich auch zunehmend die Notwendigkeit, die Methoden der **staatlichen Überwachung** weiter auszubilden. Eine ständige Kontrolle des einzelnen Staatsbeamten ergab sich bereits aus dem hierarchischen Aufbau der Verwaltung, demzufolge der unmittelbare Vorgesetzte nicht nur die Befehls-, sondern in der Regel auch die Disziplinargewalt gegenüber seinen Untergebenen ausübte. Dazu kamen die schon von Hadrian verwandten Agenten der Staatspolizei, die seit Diokletian **agentes in rebus** hießen (§ 29 II A 7). Vielfach wurden die in gehobenem Rang stehenden Angehörigen des Korps *(schola)* der Agenten den höchsten Beamten zu diesem Zwecke als **Kanzleichefs (principes)** beigegeben. Da die Agenten auch die Kontrolle über die kaiserliche Post ausübten, die ausschließlich von den obersten Beamten benutzt werden durfte, unterlagen diese mittelbar ihrer Überwachung. Zum Teil waren diese Maßnahmen mit allen damit verbundenen Mißständen auch durch die immer weiter um sich greifende Korruption innerhalb der schlecht besoldeten Beamtenschaft veranlaßt worden. Sie haben das Übel, das sie bekämpfen sollten, jedoch eher verstärkt als gemildert. 13

Die hierarchisch strenge Überwachung des gesamten Verwaltungsapparats fand im übrigen auch in der **militärischen Organisation des Beamtenwesens** ihren sinnfälligen Ausdruck.

Die zivile Beamtenschaft wurde im Gegensatz zum waffentragenden Heer, der *militia armata,* zumeist *militia cohortalis* oder einfach *militia* genannt. Sie wurde sogar bestimmten „Traditions"-Truppenteilen des Feldheeres oder der Grenztruppen zugewiesen. Auch zahlreiche Ämter und Titel trugen militärische Bezeichnungen, und ebenso war das Abzeichen des Amtes, der Gürtel *(cingulum),* militärischen Ursprungs.

4. Die **höheren Beamten** wurden – im Gegensatz zu den kaiserlichen Beamten unter dem Prinzipat (§ 29 I 3) – meist nur für die Dauer eines Jahres ernannt, hierauf zur Disposition gestellt *(vacantes)* oder mit einem neuen Amt betraut *(in actu positi).* Sie bildeten die drei oberen **Rangklassen** mit den Titeln **illustres, spectabiles** und **clarissimi.** 14

Die **Subalternbeamten** wurden ohne zeitliche Begrenzung angestellt. Sie konnten sich daher in ihrem Ressort hochdienen und späterhin auch in den höheren Dienst, die vierte Rangklasse der **perfectissimi,** aufsteigen.

Sämtliche Beamten wurden durch kaiserliches Patent (*codicilli* bei den höheren, *probatoria* bei den niederen Beamten) ernannt, für das hohe **Gebühren** zu zahlen waren. Demgegenüber waren die **Gehälter,** insbesondere der niederen Beamten, nur gering. Infolge der Geldentwertung wurde das Gehalt häufig nach Naturalleistungen bemessen, meist aber wieder in Geld veranschlagt **(adaeratio)** und ausgezahlt. Den niederen Beamten flossen ferner zahlreiche Gebühren **(sportulae)** zu. Auch diese Regelung hat der Korruption starken Vorschub geleistet.

3. Die Zentralverwaltung

15 1. Die **Zentralverwaltung** jeder Reichshälfte befand sich am jeweiligen kaiserlichen Hof. Während unter dem Prinzipat die Privatämter des Kaisers allmählich verstaatlicht worden waren, hatte sich nun gewissermaßen der umgekehrte Prozeß vollzogen. Da der Staat ganz in der Person des Kaisers aufging, verwandelten sich alle Staatsämter der Zentralverwaltung wieder in private **Hofämter** des Herrschers. Die beamteten Höflinge erfreuten sich eines besonderen Ansehens und Einflusses. Die ranghöchsten Beamten waren jedoch nach wie vor die (nunmehr insgesamt vier) *praefecti praetorio,* die als Stellvertreter der Kaiser die vier Präfekturen verwalteten (o. I 2 und u. IV 2–3). Je einer von ihnen hatte seinen Amtssitz aber ebenfalls am kaiserlichen Hof.

16 Die meisten Hofbeamten hatten den Titel **comes** (ursprünglich: Reisebegleiter des Kaisers); nur die höchsten Ämter trugen Sonderbezeichnungen. Unsere Kenntnis des spätantiken Ämterwesens und der Heeresorganisation in beiden Reichshälften beruht im wesentlichen auf einer Zusammenstellung aus dem Anfang des 5. Jahrhunderts, der *Notitia dignitatum,* herausgegeben von O. Seeck (1876, Neudruck 1962). M. Rassem/J. Stagl (Geschichte der Staatsbeschreibung [1994] 9) meinen, sie hänge „mit der vorhergehenden Reichsreform des Stilicho zusammen, die eine Zentralisierung der Militärverwaltung mit sich brachte“. Flavius Stilicho war 395–408 Regent für den beim Tode Theodosius' I. 395 noch unmündigen Kaiser Westroms Honorius. Wertvolle Aufschlüsse geben, abgesehen von den Inschriften und Papyri, auch die Kaiserkonstitutionen, namentlich der *Codex Theodosianus* (§ 42 III), aber auch der *Codex Iustinianus* (§ 43 I 6) und die **Novellen** (§ 43 I 7).

17 2. Das bedeutendste Hofamt war dasjenige des **magister officiorum.** Als unmittelbarer Vorgesetzter sämtlicher kaiserlicher Kanzleien *(officia, scrinia)* und der vortragenden Räte *(referendarii)* war er der nächste Vertraute des Kaisers, sozusagen der **Kanzler** des Reiches. Die wichtigsten Büros waren neben der eigentlichen Hofkanzlei (unten 5) die den Kanzleien der Prinzipatszeit (§ 29 II C 1) entsprechenden **scrinia memoriae, epistularum** und **libellorum,** deren Arbeit sich auch jetzt noch in der gleichen Weise vollzog. Ferner befehligte der *magister officiorum* die **Palastgarde,** durch die Konstantin die Prätorianergarde ersetzt hatte. Schließlich unterstanden ihm die Staatspolizei (*agentes in rebus,* o. II 3), das Amt des Zeremonienmeisters und das Waffenamt.

18 3. Der **quaestor sacri palatii,** dessen Name wohl auf den *quaestor Augusti* (§ 27 I 7) zurückgeht, war der Leiter des **Justizamts,** das mit der Abfassung der Gesetze sowie der „Antworten auf die an den Kaiser gerichteten *preces*“ (Wesener, RE 24 [1963] 821; vgl. C. 1, 23, 7) betraut war.

Der Tätigkeit des *quaestor* kam daher, wie vor allem Honoré für die bedeutendste Gestalt unter den *quaestores,* Tribonian, gezeigt hat (dazu § 43 I 2. 5, II 1 und 2), für die **Rechtsentwicklung** eine außerordentliche Bedeutung zu. Gemäß der Not. dign. or. XII und occ. X gehörten *leges dictandae* zur spezifischen Aufgabe des *quaestor.* In seinen *insignia* stehen die Worte: *leges salutares,* womit besonders auf den heilsamen Charakter der Gesetze hingewiesen wird, die dem Gemeinwohl dienen sollen.

4. Der **comes sacrarum largitionum** verwaltete wie ehedem der *a rationibus* (§ 29 II B 2), seit Mark Aurel *„rationalis"* genannt, als **Finanzminister** die Reichskasse, die jetzt allein aus dem kaiserlichen **Fiskus** bestand. 19

Alle Zahlungen aus dem Fiskus sind, byzantinischem Stil entsprechend, Ausfluß „kaiserlicher Gnade". Gehälter aber und sonstige Zuwendungen an kaiserliche Beamte, die aus dem Fiskus zu bestreiten sind, heißen *annonae,* gewöhnlich in Geld umgerechnete Naturalien (s. o. II 4), oder *emolumenta.*

5. Die **kaiserlichen Domänen** wurden als *res privata* vom **comes rerum privatarum** verwaltet. 20

Diese vier **Ressortminister,** die in der zweiten Hälfte oder gegen Ausgang des vierten Jahrhunderts in die höchste Rangklasse der *illustres* aufrückten, nahmen als sog. **comites consistoriani** am kaiserlichen **Staatsrat** teil (jetzt statt *consilium* **consistorium** genannt, eigentlich „Versammlungsort" = Kaiserliches Kabinett). Dem Staatsrat gehörte im übrigen noch eine ganze Reihe anderer hoher Beamter und Offiziere an.

Die Protokollführung im Staatsrat und die Verwaltung seiner Akten oblag der dem *magister officiorum* unterstehenden **Hofkanzlei (schola notariorum),** deren Mitglieder als Beamte des höheren Dienstes den Titel *tribuni* oder *domestici* erhielten. An ihrer Spitze stand der **primicerius notariorum,** der zugleich **Personalchef** für alle Beamten und Offiziere war und schließlich sogar *illustris* wurde.

6. Zu immer größerem Einfluß gelangte mit der fortschreitenden Orientalisierung des Zeremoniells der **praepositus sacri cubiculi,** der kaiserliche Oberkämmerer, gewöhnlich ein Eunuch. Gegen Ende des vierten Jahrhunderts stand er noch unter den *comites consistoriani,* rückte ihnen dann im Range vor und wurde schließlich 412 den *praefecti praetorio* und *magistri militum* (u. V 2b) gleichgestellt. Er leitete die kaiserliche Hofhaltung, seit dem Ende des vierten Jahrhunderts unterstand ihm zum großen Teil auch die Domänenverwaltung. 21

4. Die Territorialverwaltung

1. Die **territoriale Verwaltung** des Reiches war nach den gleichen Grundsätzen aufgebaut wie die Zentralverwaltung (o. II 2). Sie war demgemäß bestimmt durch einen hierarchischen und streng bürokratischen **Zentralismus;** auch hier befand sich die Spitze des Behördenapparates – ohne Zwischenschaltung der Zentralämter – unmittelbar beim kaiserlichen Hof. Noch entscheidender war die Tatsache, daß auch bei den territorialen Verwaltungseinheiten die **Trennung der Zivil- und Militärgewalt** nahezu ausnahmslos durchgeführt war. 22

2. Der äußere Aufbau der Verwaltung war durch die neue Gliederung des Reiches in **Präfekturen, Diözesen** und **Provinzen** vorgezeichnet (o. I 1–3). 23

Die neuen Provinzstatthalter **(praesides, correctores)** hatten als reine Zivilbeamte lediglich verwaltungsrechtliche Aufgaben einschließlich der Gerichtsbarkeit. Das gleiche gilt von den **vicarii** der Diözesen und den **praefecti praetorio** der Präfekturen. Diese waren also aus Beamten der Zentralverwaltung zu solchen der Territorialverwaltung geworden. Auch jetzt noch galten sie zwar als unmittelbare Stellvertreter des Kaisers, aber mit Beschränkung auf den zivilen Zuständigkeitsbereich. Mit den Kommandeuren der früheren Kaisergarde hatten sie insoweit nur noch den Namen gemein.

Die Präfekten waren *illustres,* die Vikare *spectabiles,* die Statthalter *clarissimi.* Dem **Präfekten** stand als Stellvertreter des Kaisers eine umfassende Disziplinargewalt über sämtliche ihm untergeordneten

Beamten zu, aber nur ein Vorschlagsrecht für die Beamtenernennung, die Vorrecht des Kaisers blieb. Kraft seiner Stellung war der Präfekt auch befugt, Rechtsverordnungen zu erlassen.

24 3. Auch die **Gerichtsbarkeit** der Territorialbeamten war nun vollständig bürokratisiert. Als konsequente Weiterentwicklung des im Prinzipat bereits erreichten Zustandes (§ 32 III 4–7) traten jetzt an die Stelle des früheren Volksrichters oder der Geschworenengerichte ausschließlich staatlich **beamtete Richter.** Es bildete sich nun auch ein fester und allgemeiner **Instanzenzug** heraus. Richter erster Instanz **(iudices ordinarii)** für Zivil- und für Strafsachen waren die **praesides** der Provinzen. Die Berufung gegen ihre Urteile konnte an die Vikare oder die Präfekten oder den Kaiser selbst gehen. Berufungsinstanz für Urteile der **vicarii,** die in Fragen der Gerichtsbarkeit dem Präfekten nicht untergeordnet waren, war ausschließlich der Kaiser. Gegen Urteile der **praefecti,** die ja als Sellvertreter des Kaisers **(vice sacra)** Recht sprachen, gab es überhaupt keine Berufung, sondern allenfalls eine Gnadenentscheidung des kaiserlichen Herrn.

25 Der zunehmende Verfall und damit die Unsicherheit der staatlichen Gerichtsbarkeit (s. § 38 III 3) haben offenbar Konstantin dazu veranlaßt, eine Sondergerichtsbarkeit der christlichen Bischöfe **(episcopalis audientia)** einzuführen (dazu Waldstein, Fs. Kaser [1976] 533–556).

26 4. Die **städtische Selbstverwaltung** wurde im Zuge der straffen Zentralisierung stark eingeengt und auf rein lokale Aufgaben beschränkt. Die nach römischem Muster ausgestalteten städtischen Behörden – die **duoviri** als Bürgermeister, die sonstigen Gemeindebeamten sowie der **ordo decurionum** als Gemeindesenat (§ 20 I 8 Abs. 3) – blieben zwar als solche bestehen. Die Duovirn behielten jedoch nur die niedere Rechtsprechung in Zivilsachen, wobei der Provinzstatthalter Berufungsinstanz war. Vor allem aber hatten sie für die Einziehung der Steuern (§ 37 II) zu sorgen. Ihre Befugnisse wurden dann im Interesse der bedrückten Bevölkerung noch weiter durch staatliche Aufsichtsbeamte, die Defensoren (§ 38 III 2), beschränkt.

Die städtischen Beamten wurden nun nicht mehr von der Gemeinde gewählt, sondern vom Gemeinderat auf Vorschlag der Vorgänger ernannt *(nominatio),* wobei das Amt nur aus bestimmten Gründen abgelehnt werden durfte *(excusatio).*

27 5. Die **Stadt Rom** hatte ihre einstige Bedeutung schon unter dem Prinzipat eingebüßt. An die Stelle der alten Magistrate, die nur noch ein Scheindasein fristeten (§ 27 I), war längst die kaiserliche Beamtenorganisation getreten (§ 29 II). Rom war schon damals nicht mehr als die Hauptstadt des Weltreiches gewesen. Nun verlor es auch bald seine Stellung als kaiserliche Residenz. Die weströmischen Herrscher verlegten ihre Hofhaltung mit Rücksicht auf die ständigen Abwehrkämpfe in grenznähere Städte, wie Trier, Mailand oder Ravenna. Rom blieb aber dennoch die **urbs aeterna,** die auch in ihrer Verfassung eine **Sonderstellung** behielt.

28 a) Die städtischen **Ämter der kaiserlichen Zentralverwaltung** aus der Zeit des Prinzipats waren im wesentlichen bestehen geblieben. Lediglich der *praefectus praetorio* war zum höchsten Beamten der Territorialverwaltung geworden. Rom selbst bildete nun den Mittelpunkt des einen der beiden italischen Vikariate **(vicariatus urbis Romae).** Aber es unterstand nicht dem *vicarius,* sondern dem **praefectus urbi** (§ 29 II A 3), der nun zum höchsten städtischen Beamten aufgestiegen war und als *illustris* auch dem Vikar im Range vorging. Er war nicht einmal dem (gleichrangigen) Präfekten, sondern unmittelbar dem Kaiser unterstellt.

29 b) Von den **republikanischen Ämtern** blieben mit untergeordneten Zuständigkeiten die **Prätur** und die **Quästur** erhalten. Von den beiden **Konsuln,** die wieder für die Dauer ihres Amtsjahres vom Kaiser ernannt wurden (vgl. § 27 I 2 a. E.), gehörte der eine der östlichen Reichshälfte an. Im übrigen galt der

Konsulat immer noch als die **höchste Würde,** die der Kaiser zu vergeben hatte, ohne daß diesem Amt irgendwelche Bedeutung zugekommen wäre. Gelegentlich haben auch jetzt noch die Kaiser selbst den Konsulat übernommen.

30 c) Von allen republikanischen Einrichtungen hat der **Senat,** jetzt *amplissimus* oder *splendidissimus ordo* (so CTh. 1, 28, 4 und öfter) oder *coetus* (so CTh. 12, 1, 180) genannt, seine äußeren Traditionen noch am stärksten bewahren können. So war es immer noch üblich, daß ihm die kaiserlichen Gesetze zur formellen Bestätigung vorgelegt wurden. Von einer Abstimmung war freilich keine Rede mehr, sondern man begnügte sich mit einfacher **acclamatio.** Die sonstigen Zuständigkeiten des Senats waren auf rein örtliche Fragen beschränkt, und insoweit unterschied er sich nicht mehr allzusehr von den Gemeinderäten der übrigen Städte. Aber die Erinnerung an seine einstige Macht und Größe lebte immer noch fort, und so zählte die nun erblich gewordene Senatorenwürde auch in der späten Kaiserzeit zu den begehrtesten Vorrechten und Auszeichnungen.

31 Dem Senat gehörten nun ohne weiteres die großen **Grundherren** kraft Geburt und eine ganze Reihe hoher **Amtsträger** und **Offiziere** kraft Amtes an. Auf Grund seines Rechts zur *adlectio* (§ 27 II 3) verlieh der Kaiser die Senatorenwürde aber auch als bloßen Ehrentitel ohne Stimmrecht, so daß die Gesamtzahl der Senatoren schließlich 2000 überstieg, während demgegenüber (seit der Mitte des 4. Jahrhunderts) schon 50 Mitglieder in den Sitzungen, in denen der *praefectus urbi* den Vorsitz führte, zur Beschlußfähigkeit ausreichten. Die Senatoren gehörten nun zu den drei obersten Rangklassen der *illustres, spectabiles* und *clarissimi* (vgl. § 27 IV 2 Abs. 2). Stimmberechtigt waren jedoch nur die *illustres.* Mit der Senatorenwürde waren mancherlei **Vorteile** (Befreiung von allgemeinen Steuern, besonderer Gerichtsstand), aber auch einige **Nachteile** (hohe Sondersteuern) verbunden.

32 6. Eine ähnliche Sonderstellung wie Rom wurde der oströmischen Haupt- und Residenzstadt **Konstantinopel** zugestanden. Da die Verfassung der **Roma nova** ein getreues Abbild der römischen war, wurde dann auch der oströmische Senat dem römischen gleichgestellt.

5. Das Heerwesen

33 1. Die wesentlichsten Maßnahmen zur **Reorganisation des Heeres** gehen bereits auf Diokletian und Konstantin zurück. Den politischen Zwecken der häufigen Militärrevolten wurde bereits durch die Trennung des zivilen vom militärischen Machtbereich durch Gallienus weitgehend der Boden entzogen. Dem gleichen Ziele diente die von Konstantin verfügte Auflösung der Prätorianergarde. An ihre Stelle trat die dem *magister officiorum* unterstellte Hoftruppe oder **Palastgarde (scholae palatinae).** Sie setzte sich ausschließlich aus höheren Dienstgraden zusammen und diente, wie bisher die Prätorianergarde (§ 31 III 2 Abs. 2), zugleich als Kriegsschule für die Truppenoffiziere. Ihre Kompanien trugen die Bezeichnung *scholae.*

34 2. Bedeutsamer noch war die Neugliederung des Heeres in die **Feldarmee** und die **Grenztruppen.**

a) Die **Grenzbesatzungen (limitanei)** wurden aus der Bevölkerung der Provinzen als eine Art Miliz aufgestellt und von **duces (limitum)** geführt. Ihre Stützpunkte hatten sie in festen Kastellen entlang der Grenze.

b) Das im Innern des Landes garnisonierte **Feldheer (comitatenses)** stellte die eigentliche Operationsarmee dar. Es stand unter dem Befehl von meist zwei bis fünf kommandierenden Generälen oder „Heermeistern" **(magistri militum),** die je nach der Truppengattung, aus der sie hervorgegangen waren, als *magistri peditum* oder *equitum* (gelegentlich auch *utriusque militiae*) bezeichnet wurden. Dem Feldheer war auch die Grenztruppe unterstellt. Die untergeordneten Truppenführer hießen nun **comites** und **duces.**

c) Das **Oberkommando** der Kavallerie und der Infanterie unter zwei **magistri praesentales** befand sich ebenso wie das Gardekorps der sogenannten **protectores** *(domestici)* am kaiserlichen Hof.

Sämtliche *magistri* waren *illustres* und folgten im Range gleich hinter den zivilen Vertretern des Kaisers, den *praefecti praetorio.*

Seit Ende des 3. Jahrhunderts wird an *centuriones* und bewährte Veteranen der Titel *protector* verliehen. Der Protektorat wird zu einer Vorstufe des Offizierskorps, zu einer Kriegsakademie. Daneben tritt noch eine nicht deutlich unterscheidbare Gruppe der *protectores domestici,* diese offenbar in höherem Ansehen stehend. Beide bestanden aus Reitern und Infanteristen. Ein Teil der *protectores* leistete im Hauptquartier des *praefectus praetorio* Dienst, ein Teil umgab den **Kaiser** als *praesentales,* eine Art **„Nobelgarde"**, besonders unter Justinian.

35 3. Die Gliederung des Heeres in Legionen wurde beibehalten. Ihre Zahl wurde auf 75 erhöht, doch sank die Stärke der einzelnen Legion erheblich unter das frühere Soll von 6000 Mann. Die Legion wurde von **Tribunen** oder **Präfekten** geführt.

Ferner gab es **Auxiliarkohorten** und – wohl seit dem 2. Jahrhundert – *„numeri"* genannte Verbände, die sich aus lokalen Aushebungen rekrutierten.

36 4. Bereits Tiberius hatte viele Provinzialen zum Heeresdienst zugelassen. Hadrian hat die dadurch eingeleitete Entwicklung durch die Bindung der Legionsgarnisonen an die *limites* gefördert. Das führte seit der zweiten Hälfte des 4. Jahrhunderts schließlich vor allem im Westen zu einer zunehmenden und nicht unproblematischen „Barbarisierung" des Heeres. Hier wurden nun auch in den Kommandostellen **germanische Heerführer** verwandt, die bald aktiv in die Thronwirren eingriffen. Im Osten hielt sich seit dieser Zeit eine germanenfeindliche Strömung. Die germanischen Föderatentruppen wurden durch andere barbarische Söldner, vor allem Isaurier ersetzt, die unter dem Befehl kaiserlicher Offiziere standen und nicht zu geschlossenen Verbänden vereinigt waren.

II. Wirtschaft und Gesellschaft

§ 37. Geld- und Steuerwesen

Schrifttum: *H. Mickwitz,* Geld und Wirtschaft im römischen Reich des vierten Jahrhunderts n. Chr., Finn. Akad. d. Wiss. (1932); *E. Schönbauer,* Untersuchungen über die Rechtsentwicklung in der Kaiserzeit, in: The Journ. of Jur. Papyrology IX–X (1956) 15–96; *F. Wieacker,* Recht und Gesellschaft in der Spätantike (1964); *W. Goffart,* Caput and Colonate: Towards a History of Late Roman Taxation (1974); dazu *D. Kienast,* SZ 95 (1978) 541–543; *J. Bleicken,* Kaiserreich 1, 193 ff., 2, 77 ff.; *Th. Pekáry* 124 ff.; *J. Herrmann,* Diokletians Reskripte zur Landpacht, in: Studien zur antiken Sozialgeschichte, Fs. Vittinghoff (1980) 453–463; *E. Pack,* Städte und Steuern in der Politik Julians (1986); dazu *T. Chaimowicz,* SZ 107 (1990) 561–567; *Gaudemet,* Institutions 392–402.

1. Die Geldentwertung

1 1. Die Wirren des dritten Jahrhunderts beruhten nicht zuletzt auf dem wirtschaftlichen Niedergang und der **Störung der Sozialordnung** (§ 31 II B) und der damit Hand in Hand gehenden **Geldentwertung** (§ 31 II A 5). Wie überall in der Wirtschaftsgeschichte war sie die unausbleibliche Folge des starken Geldüberhangs, der seinerseits einmal auf der Vermehrung und Verschlechterung des umlaufenden Münzgeldes aufgrund des erhöhten Finanzbedarfs des Staates, das andere Mal auf dem ständigen Rückgang der Produktion und des Warenverkehrs beruhte. Gegen Ausgang des Prin-

zipats verschwand infolgedessen das Goldgeld und frühere Silbergeld aus dem Verkehr. Die nunmehr nur leicht versilberten Doppeldenare waren im Wert soweit gesunken, daß sie in versiegelten Beuteln *(folles)* zu 3125 Stück (= 25000 Sesterzen) zusammengefaßt wurden und der *follis* nun als Währungseinheit diente.

2. Die antike Finanzpolitik war diesen Schwierigkeiten noch in keiner Weise gewachsen und hat vielfach zu einseitigen Hilfsmaßnahmen gegriffen, die den fortschreitenden Währungsverfall eher noch gefördert haben. Zunächst unternahm **Aurelian** den Versuch, durch eine Abwertung des Denars (wohl auf $^1/_{20}$ seines bisherigen Nennwertes) die Währung zu stützen, freilich ohne jeden Erfolg. 2

Diokletian ließ daraufhin neue Gold- und Silbermünzen und schwere Kupfermünzen, die nun auch „*folles*" genannt wurden, ausgeben (1 *aureus* oder *solidus* = 25 Silberdenare = 400 *folles* oder *Antoniniani*); da er aber das außer Kurs gesetzte alte Geld, wie die überwiegende Meinung annimmt, nicht einzog, hatte die neuerliche Vermehrung der umlaufenden Geldmittel weitere sprunghafte Preissteigerungen zur Folge. 3

3. Dieser wirtschaftlich gesehen unvermeidlichen Entwicklung suchte Diokletian, vor allem mit Rücksicht auf die in Geld besoldeten Beamten und Offiziere, durch ein **Höchstpreisedikt** (301) zu steuern, in dem er für sämtliche Waren und Leistungen einen Maximaltarif festsetzte. 4

Trotz der für Überschreitung der Höchstpreise angedrohten Todesstrafe blieben auch diese Maßnahmen ohne Erfolg, da sich am Mißverhältnis zwischen der umlaufenden Geldmenge und den vorhandenen Produktionsgütern nichts geändert hatte. Der Wirtschaftsverkehr kam noch mehr zum Erliegen, und auf dem schwarzen Markt stiegen die Preise unvermindert weiter an.

Das Edikt Diokletians ist uns in zahlreichen Inschriftenbruchstücken erhalten. Ausgaben von *Mommsen-Blümner, Edictum Diocletiani de pretiis rerum venalium* (1893); *S. Lauffer,* Diokletians Preisedikt (1971).

4. **Konstantin** gelang es, aufgrund einer neuen Münzreform (1 *solidus* = 24 *siliquae* Silber = 240 *folles* Kupfer) wenigstens die **Goldwährung** zu stabilisieren, und zwar endgültig für die Dauer von sieben Jahrhunderten. Die Silber- und Kupfermünzen hingegen sanken zu wertlosen Scheidemünzen herab. 5

Für den *aureus* wurden schon im vierten Jahrhundert 6000 Kupferdenare gegeben, und in der Folgezeit waren es viele Millionen. Infolgedessen wurde die Geldwirtschaft zum Teil wieder durch eine **Naturalwirtschaft** ersetzt. Auch die Gehälter der Beamten wurden, wie wir schon gesehen haben (§ 36 II 4, III 4), nun vielfach in Naturalleistungen für die ihrem Haushalt angehörenden Personen **(pro annona),** Reit- und Lasttiere **(pro capito** ‚für Fourage') oder in Scheffeln Weizen ausgedrückt, dann aber gewöhnlich doch wieder nach dem Marktpreis in Geld umgerechnet. Allein der festen Goldwährung ist es zu danken, daß das Wirtschaftsleben und die Geldwirtschaft nicht vollständig zusammenbrachen.

2. Das Steuerwesen

1. Die schwere Erschütterung der Wirtschaftsordnung mußte die gesamte Finanz- und insbesondere Steuerpolitik des Staates vor fast unlösbare Aufgaben stellen. Hier hatte bereits **Diokletian** einen grundsätzlich befriedigenden Ausweg gefunden. Die stetige Geldentwertung ließ eine Entrichtung der alten Bodensteuer *(tributum soli)* und der Personensteuer *(tributum capitis)* in festen Geldsätzen als sinnlos und ihre Berechnung nach Bodengröße oder Kopfzahl als ungerecht erscheinen. Diokletian ging infolgedessen dazu über, den **Ertragswert** der Grundstücke und die **Arbeitskraft** des Menschen unmittelbar zu erfassen und die Steuern in Naturalabgaben bzw. in jährlich hiernach festgesetzten Geldbeträgen zu erheben. 6

7 2. Die **Grundsteuer** wurde nach der Steuereinheit einer **Hufe (iugum)** berechnet **(iugatio),** d.h. nach derjenigen Bodenfläche, die ein Mann (mit einem Gespann) bearbeiten konnte und die ihn erhalten konnte. Die Steuerhufe umfaßten also je nach Art und Güte des Kulturlandes eine verschiedene Zahl von Flächeneinheiten und fiel mit dem Joch *(iugerum)* im Sinne von Tagwerk oder Morgen keineswegs zusammen. So gingen beispielsweise auf ein *iugum* fünf *iugera* Weinland, dagegen 20 *iugera* besten, 60 *iugera* schlechten Ackerlandes.

Neben dem eigentlichen Grund und Boden wurde auch das lebende Inventar zur Grundvermögenssteuer herangezogen („verliegenschaftet"). Als Steuereinheit, die dem Werte eines *iugum* gleichkam, galt hier das nach dem Wert der Arbeitskraft eines Kolonen bemessene **caput (capitatio).** Je nachdem, ob es sich um die jetzt halbfreien, an die Scholle gebundenen Pächter (Kolonen) oder um Sklaven, um Männer oder um Frauen handelte, ging also auf ein *caput* als Steuereinheit eine verschiedene Zahl von Köpfen. In ähnlicher Weise wie die zum Grund und Boden gehörenden Menschen *(capitatio humana)* wurde auch das Vieh besteuert *(capitatio animalium).*

Der Grundbesitzer hatte den nach der Zahl seiner *iuga* und *capita* bestimmten, in der Höhe für jede Steuereinheit alljährlich von der Regierung festgesetzten **Steuerbetrag** *(indictio)* in Naturalleistungen *(annonae)* zu erbringen. Die **Veranlagung** nach *iuga* und *capita* sollte seit 297 alle fünf Jahre im Rahmen 15jähriger Indiktionszyklen neu vorgenommen werden. Indiktionen von Kornlieferungen, wenn in Rom Teuerung herrschte, hatten die Provinzen übrigens schon in den früheren Jahrhunderten erlebt.

8 3. Die gesamte städtische Bevölkerung wurde lediglich einer **Personensteuer** in alljährlich festgesetzter Höhe unterworfen **(capitatio plebeia).**

Von der Personensteuer waren verschiedene Gruppen mit ihren Angehörigen (wie die Militärs und Kleriker) sowie Witwen, Kinder und Greise befreit.

9 4. Daneben gab es schließlich eine Reihe von sonstigen Steuern sowie die durch manche Privilegien durchbrochenen Sondersteuern. Hierher gehörte die von Konstantin eingeführte, alle fünf Jahre erhobene **Gewerbesteuer** *(collatio lustralis)* sowie die Sondersteuer für **Senatoren.**

5. Über die Erhebung der Steuern s. §§ 36 IV 4 und 38 III 2 Abs. 2.

§ 38. Die gesellschaftliche Zwangsordnung

Schrifttum: *J.P. Waltzing,* Étude historique sur les corporations profesionelles chez les Romains I–IV (1895–1900, Neudr. 1968); *A. Schulten,* Die römischen Grundherrschaften, Eine agrarhistorische Untersuchung (1896, Neudr. 1969); *M. Rostowzew* (= Rostovtzeff), Studien zur Geschichte des römischen Kolonates (1910); *F. de Zulueta,* De patrociniis vicorum, in: Oxford Studies in Social and Legal History (1910; behandelt die Verhältnisse im Osten des Reichs); *R. Klausing,* The Roman Colonate (1925); *K.-P. Johne/J. Köhn/V. Weber,* Die Kolonen in Italien und den westlichen Provinzen des römischen Reiches (1983); *A.H.M. Jones,* The Roman Economy, Studies in Ancient Economy and Administrativ History (1974); *J. Bleicken,* Kaiserreich 2, 77ff.; *Alföldy,* Sozialgeschichte 154ff.; *R. Rilinger,* Humiliores – Honestiores. Zu einer sozialen Dichotomie im Strafrecht der römischen Kaiserzeit (1988); *Waldstein,* Zur Stellung der *episcopalis audientia* im spätrömischen Prozeß, in: Fs. Kaser (1976) 533–556; *R.M. Cimma,* L'episcopalis audientia nelle costituzioni imperiali da Costantino a Giustiniano (1989); dazu *K. Hackl,* SZ 109 (1992) 678–683; *Gaudemet,* Institutions 414–424.

1. Die alten Adelsstände

1 1. In den beiden Hauptstädten **Rom** und **Byzanz** blieben die Adelsstände aus der Zeit des Prinzipats, der **ordo senatorius** und der **ordo equester** (§ 27 IV), nach außen hin auch während des Dominats bestehen. Obwohl der Senatorenstand (§ 36 IV 5c)

nach wie vor ein besonderes Ansehen genoß, so kam ihm doch nur mehr gesellschaftliche Bedeutung zu. In noch höherem Maß galt dies für den Ritterstand, der mit gelegentlichen Paraden ein Scheindasein äußerer Art fristete. Die Ritter gehörten zwar der vierten Rangklasse der *perfectissimi* an, doch wurde dieser Titel bald auch an Subalternbeamte verliehen (§ 36 II 4).

Daneben wurde vom Kaiser als besondere Auszeichnung – wie übrigens schon seit Augustus – der nicht erbliche Adelstitel eines **patricius** verliehen.

Aus den Reihen der alten Adelsstände bildete sich jedoch im Laufe der Zeit ein **neuer Adel** heraus. Er setzte sich aus den **Großgrundbesitzern** zusammen, die vor allem in Italien zu immer stärkerer wirtschaftlicher und politischer Machtstellung aufstiegen (u. II 5).

2. Die sozialen, wirtschaftlichen und politischen Umwälzungen des dritten Jahrhun- 2
derts hatten den **alten** ständischen Gliederungen im übrigen jede Grundlage entzogen. Der Verschmelzungsprozeß im kosmopolitischen Weltreich, die Ausweitung des römischen Bürgerrechts zu einer allgemeinen Reichsangehörigkeit, die Umwandlung des Reiches in einen monarchisch zentral und bürokratisch regierten Territorialstaat hatten die mit dem Prinzipat aufsteigenden **neuen** gesellschaftlichen Kräfte und politischen Mächte an die Stelle der altüberkommenen Ordnungen treten lassen.

2. Die Berufsstände und der Kolonat

1. Das System von **Zwangsmaßnahmen** und **öffentlichen Lasten (munera),** das 3
sich bereits während des Prinzipats entwickelt hatte (§ 31 II B3–5), erstarrte unter dem Dominat zu einer eigentümlichen **berufsständischen Zwangsordnung.** Alle Stände und Berufszweige, mit denen irgendwelche öffentlichen Lasten verknüpft waren oder die auch nur der Erhaltung des zerrütteten Wirtschaftslebens und der staatlichen Bürokratie dienten – der städtische Dekurionat, der Beamten- und Soldatenstand, der Bauernstand, Handwerk und Gewerbe, ja selbst der Senatorenstand –, waren nun **erblich** geworden. Dazu wurde jeder Berufs- und Standeswechsel zwangsweise verhindert, jeder Versuch hierzu überdies mit schweren Strafen bedroht. Infolge dieser Abschnürung der gesellschaftlichen und beruflichen Kreise voneinander, die an orientalisches Kastenwesen erinnert, wurde das gesamte öffentliche Leben stark in Mitleidenschaft gezogen. Die Formen dieser radikalen Zwangsordnung, die eine freie Entfaltung der wirtschaftlichen und kulturellen Kräfte unterband, drückten den einzelnen Bürger manchmal auf die Stufe eines Staatssklaven herab (s. u. 3).

2. Mit am schwersten betroffen wurden von dieser Regelung die **Gemeinderäte** 4
(curiales), denen im Laufe der Zeit eine ganze Reihe drückender *munera* aufgebürdet worden war. Nichterfüllung dieser Zwangsleistungen wurde – trotz mancher gesetzlichen Privilegierung der Kurialen – gelegentlich sogar durch Prügelstrafen geahndet.

Zahlreiche Maßnahmen sollten den **Eintritt in die Kurien** fördern und erleichtern. So wurde das Eintrittsalter auf 18 Jahre festgesetzt. Uneheliche Kinder durften unter der Voraussetzung, daß sie in den Stadtrat geschickt wurden, zu Alleinerben eingesetzt werden. Schließlich verfügten die Kaiser die Einweisung in die Kurie gelegentlich sogar als Strafmaßnahme.

3. Die früheren freiwilligen Berufsverbände der städtischen Handwerker, Kaufleute, 5
Schiffer und Gewerbetreibenden *(collegia)* hatten sich schon unter Konstantin in öffentliche **Zwangsinnungen (corpora)** verwandelt. Die Handwerker wurden nunmehr vielfach auch in staatlichen oder staatlich kontrollierten Großbetrieben und Manufakturen beschäftigt, wie sie im hellenistischen Osten seit langem bekannt waren.

In den staatlichen Waffenfabriken sollten aufgrund einer Konstitution von Arcadius und Honorius (C. 11, 10, 3; 398) auf den Armen der Arbeiter, ähnlich wie bei den Rekruten, *stigmata* (Brandmale) angebracht werden, um ihr Entweichen zu erschweren. Im übrigen wurde auch die Einweisung in die Innungen zu Strafzwecken vorgenommen.

6 4. Eine besondere Entwicklung hat die erbliche Berufsbindung auf dem Lande erfahren; hier führte sie zur Ausbildung eines halbfreien Bauernstandes, des **Kolonats.** Die Latifundienwirtschaft hatte während des Prinzipats einen immer größeren Umfang angenommen. Die senatorischen und ritterlichen Großgrundbesitzer **(possessores),** an erster Stelle der Kaiser selbst, pflegten das nicht im Plantagenbau genutzte Ackerland in Pacht zu geben. Infolge der allgemeinen wirtschaftlichen Not waren diese **Kleinpächter (coloni)** in völlige Abhängigkeit von ihren Pachtherren geraten. Hieraus hatte sich eine feste Bindung des Pächters an die Scholle entwickelt, die noch unter Konstantin im Zusammenhang mit der allgemeinen Einführung des Berufszwangs wohl zu einer gesetzlichen Regelung erhoben wurde.

7 Die Kolonen behielten hiernach zwar ihren persönlichen Status, d.h. sie blieben freie, ehe- und vermögensrechtsfähige Bürger, verloren aber als **servi terrae** oder **glebae adscripti** (der Scholle Zugewiesene, mit der Scholle unzertrennlich Verbundene) die Freizügigkeit. Der Grundeigentümer konnte den Kolonen daher auch vindizieren. Umgekehrt durfte das Grundstück nur mit dem Kolonen zusammen veräußert werden, was sich zu seinem Schutz auswirkte.

Der Staat hatte an der Aufrechterhaltung des Kolonats schon aus wirtschaftlichen Gründen ein besonderes Interesse. Auf diese Weise allein konnte der **Landflucht** wirksam gesteuert und das verödende Ackerland **(agri deserti)** wieder bewirtschaftet werden. Im übrigen unterlagen die Kolonen, abgesehen von der an den Herrn zu entrichtenden Naturalabgabe, unmittelbar der staatlichen Steuerpflicht.

Die **Erblichkeit** des Kolonats brachte es mit sich, daß Kinder aus einer Kolonenehe stets der ärgeren Hand folgten, und, wenn beide Eltern als Kolonen verschiedenen Grundherren zugehörten, die Kinder zwischen diesen aufgeteilt werden mußten.

Der Kolonat entstand außer durch Geburt auch durch Ersitzung, durch einen von der Kurie beurkundeten Vertrag und aufgrund einer Strafmaßnahme. Er endete (bis Justinian) vor allem durch Verjährung.

Wo eine ausreichende Zahl von Kolonen nicht vorhanden war, wurden die Grundbesitzer auch unmittelbar zur Bewirtschaftung des Landes gezwungen (ἐπιβολή).

8 5. Wenn man von den in vielfacher Weise bevorrechteten Ständen der Beamten, Militärs und Kleriker absieht, bildeten die **Großgrundbesitzer** die einzige noch wirklich freie Bevölkerungsschicht dieser Zeit. Insbesondere in **Italien** und im **Westen** des Reiches war die Machtstellung der großen Grundherren gerade durch den Kolonat außerordentlich gestärkt worden.

Die Großgrundbesitzer warfen sich immer häufiger zu Schutzherren nicht nur einzelner bedrängter Bürger, sondern ganzer Ortschaften und Gemeinden auf. Dieses **patrocinium,** in dem die altrömische **Klientel** gewissermaßen neu auflebte, wurde von der kaiserlichen Zentralgewalt zwar scharf bekämpft, aber ohne durchgreifenden Erfolg, da die Grundherren vielfach selbst die maßgebenden Stellungen in den hohen Reichsbehörden innehatten. Schließlich wurden die *patrocinia* im Westen ausdrücklich vom Staate anerkannt (415). In diesem **Aufstieg eines neuen Adelsstandes** lag einer der Gründe für die politische Ohnmacht und den frühen **Untergang des weströmischen Reiches** (vgl. § 36 I 7).

3. Die Stellung der Untertanen

9 1. Die ungeheure wirtschaftliche und soziale Not, die auf dem Untertan des spätantiken Staates lastete und die sich in der Hierarchie der Bürokratie nach unten zu fort-

laufend verstärkte, hatte schließlich die Staatsführung selbst zu gewissen Schutzmaßnahmen zugunsten der unterdrückten Untertanen veranlaßt.

Bereits während des Prinzipats waren den städtischen Behörden besondere Aufsichtsbeamte **(curatores)** beigegeben worden, die zunächst nur die Finanzverwaltung der Gemeinden überwachen sollten, allmählich aber zu eigentlichen kommissarischen **Bürgermeistern** aufgerückt waren (§ 30 I 6). Seit dieser Zeit wurden sie auch aus den Reihen der Ratsherren genommen und schließlich vom Gemeinderat selbst gewählt, so daß sie ihre ursprüngliche Bedeutung als Kontrollorgan vollständig verloren.

2. Zu Beginn des vierten Jahrhunderts wurde daher ein neuer **Schutzbeamter** für die 10
bedrückte Bürgerschaft, der **defensor civitatis,** eingesetzt.

Der *defensor,* dessen Amt ursprünglich lebenslänglich war, dann jedoch auf eine bestimmte Zahl von Jahren beschränkt wurde, sollte zunächst vom *praefectus praetorio* möglichst aus den Reihen der Senatoren ernannt, später von den oberen Ständen gewählt und von der Staatsführung nur im Amt bestätigt werden. Er hatte die niedere Gerichtsbarkeit wahrzunehmen, die Steuern von der armen Bevölkerung einzutreiben und diese gegen Bedrückung von seiten der städtischen und staatlichen Behörden zu schützen. Im Laufe der Zeit wurden die Defensoren jedoch wieder zu willigen Werkzeugen in den Händen der Beamten.

3. Auf weit sichereren und festeren Grundlagen beruhte der Schutz, den die arme 11
Bevölkerung von seiten der **Bischöfe** erfuhr. Die geistliche Gewalt, welche von den christlichen Gemeinden selbstgewählte Bischöfe ausübten, versagte auch gegenüber den weltlichen Machthabern nur in den seltensten Fällen. Konstantin hat, offenbar als Abhilfe gegen den Verfall der staatlichen Gerichtsbarkeit und die Korruption der Richter, den Bischöfen eine Sondergerichtsbarkeit **(episcopalis audientia)** übertragen, deren Charakter im einzelnen sehr umstritten ist. Sie urteilten, wie die *praefecti praetorio,* an Stelle des Kaisers, und ihre Entscheidungen konnten mit Hilfe des staatlichen Vollstreckungsverfahrens durchgesetzt werden (*const. Sirmond.* 1, Mai 333). Diese bischöfliche Sondergerichtsbarkeit ist aber nur eine Folge davon, daß die Kirche ganz allgemein eine der staatserhaltenden und zukunftgestaltenden Mächte der Spätantike bildete (§ 35 I 6).

III. Das nachklassische Recht und die Kodifikationen

§ 39. Die Rechtswissenschaft

Schrifttum: *E. Levy,* Pauli Sententiae, A Palingenesia of the Opening Titles as a Specimen of Research in West Roman Vulgar Law (1945); *F. Schulz,* Die Epitome Ulpiani (1926); *W. Felgentraeger,* Zur Entstehungsgeschichte der Fragmenta Vaticana, in: Romanistische Studien, Freiburger Rechtsgeschichtliche Abhandlungen 5 (1935) 27ff.; *L. Wenger,* Quellen 530ff. mit zahlreichen Hinweisen auf ältere Lit.; *F. Wieacker,* Textstufen; *ders.,* RG I 139–182 mit viel Lit., insb. zur „Interpolationenkritik" (154–182); *F. Schulz,* Geschichte 335–416; *D. Liebs,* Hermogenians iuris epitomae (1964); *F. Raber,* Fragmenta iuris Vaticana, in: RE Suppl. X (1965) 231–241; *M. Kaser,* RPR II 41ff.; *P.E. Pieler,* Byzantinische Rechtsliteratur, in: *H. Hunger,* Die hochsprachliche und profane Literatur der Byzantiner (Handbuch der Altertumswiss. XII, 5) II (1978) 376–399; *Honoré,* Emperors 104ff.; dazu *D. Liebs,* SZ 100 (1983) 503ff.; *ders.,* Jurisprudenz im spätantiken Italien (260–640 n. Chr.) (1987); *ders.,* Recht und Rechtsliteratur, in: *R. Herzog* und *P.L. Schmidt* (Hg.), Handbuch der lateinischen Literatur der Antike V (1989) 55–73; dazu *K.-H. Ziegler,* SZ 108 (1991) 469–471; *W. Selb,* Sententiae Syriacae (1990); dazu *R. Yaron,* SZ 109 (1992) 602–615; *G. Barone-Adesi,* L'età della *Lex Dei (= Collatio Legum Mosaicarum et Romanarum)* (1992); vgl. auch vor den §§ 40–43.

1. Das Wesen der nachklassischen Rechtswissenschaft

1 1. Mit dem allgemeinen politischen, kulturellen und wirtschaftlichen Zusammenbruch, der die Militärrevolten und Katastrophen der Zeit nach dem Tode von Alexander Severus (235) begleitete, ist auch die klassische Rechtswissenschaft um die Mitte des 3. Jahrhunderts untergegangen (§ 34 III 3). Nach der Wiederaufrichtung der Staatsgewalt hätte die Rechtspraxis zwei ganze Menschenalter überbrücken müssen, um an die unterbrochene Tradition der klassischen Wissenschaft vom Recht wieder anzuknüpfen. Dies allein hätte – angesichts des hohen Entwicklungsstandes und des ungeheuren Umfanges der klassischen Rechtsüberlieferung – geistige Leistungen erfordert, denen die Zeit in keiner Weise mehr gewachsen war.

2 2. Die **Rechtskunde** der nachklassischen Zeit stand daher vor der kaum zu bewältigenden Aufgabe, das klassische Gedankengut wieder aufzunehmen und für die Praxis des sich langsam wieder festigenden Rechtslebens zu verarbeiten.

Dabei mußten den nachklassischen Juristen viele Eigentümlichkeiten des klassischen Rechts, wie vor allem auch die so wesentliche Unterscheidung zwischen **Zivil-** und **Honorarrecht,** unverständlich erscheinen. Die altüberkommenen **Formalgeschäfte** des Zivilrechts waren schon in klassischer Zeit für den Rechtsverkehr zu einer lästigen Fessel geworden. Aus den gleichen Gründen mußte auch der **Formularprozeß** mit seiner Zweiteilung des Verfahrens aus der Übung kommen. Inzwischen hatte die kaiserliche **Kognition** und das Beamtenrichtertum den Geschworenenprozeß vollständig verdrängt, und schließlich wurden die alten *iuris formulae* im Jahre 342 durch kaiserliche Konstitution endgültig abgeschafft (C. 2, 57 [58], 1; § 32 III 7). Dabei darf nicht übersehen werden, daß in einem weiten Maße der Formularprozeß die Grundlage des klassischen Privatrechts darstellt. Welche Schwierigkeiten mußten sich daraus für das Verständnis der klassischen Literatur durch Juristen ergeben, die nicht damit aufgewachsen waren.

3 3. Einen letzten Halt findet die klassische Tradition in der **Reskriptenkanzlei Diokletians.** Sie sieht noch ihre Aufgabe darin, das klassische Reichsrecht gegen vulgaristische oder hellenistische Anschauungen zu verteidigen. Mit der Abdankung Diokletians geht dieses Gefühl der Hochachtung vor den großen Leistungen der Klassiker weitgehend verloren. Einzelne Kaiser versuchten immer wieder darauf zurückzugreifen. Theodosius II. wollte sogar das klassische Recht kodifizieren (§ 42 III 1). Das Scheitern seines Versuches hat gewiß viele Ursachen. Eine wesentliche ist jedoch zweifellos die, daß ihm ein Mann wie Tribonian fehlte, der 100 Jahre später Justinian zur Verfügung stand (§ 43 I 2 und II 1). Vor allem aber in der Rechtsschule von Berytos (Beirut) wurde das klassische Erbe spätestens seit dem Ende der Klassik weitergepflegt (u. III 1). Später (425) kam die Rechtsschule von Konstantinopel dazu.

4 4. Eine produktive Rechtswissenschaft hat sich in der nachklassischen Zeit weder im Westen noch im Osten mehr entwickelt. Sie ist denn auch, wenn man von ihren letzten Entwicklungsstadien im Osten absieht, nahezu völlig anonym geblieben. Man darf sich nicht dadurch täuschen lassen, daß die weströmischen frühnachklassischen Juristen ihre Schriften teilweise unter dem Namen eines von ihnen bearbeiteten Klassikers umlaufen ließen (u. II 2).

Wohl der Zeit Diokletians gehört der noch zu erwähnende **Hermogenian** (u. II 2) an, vielleicht dem 4. Jhd. **Arcadius Charisius,** dessen Schriften über öffentliches Recht in den Digesten benutzt sind.

5 5. Mit der Verlagerung des kulturellen und wirtschaftlichen Schwergewichts in die östliche Reichshälfte brach die juristische Tradition im Westen nahezu ganz ab. Im **byzantinischen** Reich dagegen entwickelte sich auf der Grundlage der klassischen Literatur eine neue Rechtswissenschaft, die ihre Pflanzstätte in den **Rechtsschulen des Ostens** (u. III) hatte.

2. Die frühnachklassische (weströmische) Literatur

1. Die literarische Arbeit der weströmischen frühnachklassischen Juristen (vom Ende des dritten bis etwa zur Mitte des vierten Jahrhunderts) beschränkte sich zunächst auf die **Neuherausgabe der spätklassischen Schriften.** Diese wurden damals an den Rechtsschulen der Kulturzentren noch gelesen, aber nicht mehr aus dem Geist der Klassik interpretiert, weil die Voraussetzungen dafür nicht mehr gegeben waren (o. I 1 und 2). 6

Beeinflußt von **Rhetorik** und **Grammatik** strebten die Juristen dieser Zeit nach einem **dogmatisierenden** und gelegentlich **moralisierenden Verständnis** der klassischen Schriften, besonders der Responsen. Das führte zu einer freilich in ihren Einzelheiten oft schwer zu beurteilenden Verfälschung der Überlieferung. Die Veränderungen oder Vereinfachungen der klassischen Texte dienten häufig dazu, sie den veränderten Verhältnissen anzupassen und damit diesen Verhältnissen besser gerecht zu werden.

2. Außerdem begegnen aber auch selbständigere **Elementarwerke** dieser Schulschriftsteller, Bearbeitungen von Einführungsbüchern aus klassischer Zeit, unter Weglassung der Kasuistik und Kontroversen, was sie einem primitiven Unterricht und einer subalternen Praxis besonders empfahl. Nur ausnahmsweise erschienen sie unter dem Namen des nachklassischen Bearbeiters, wie die in den Digesten ausgezogenen *iuris epitomae* des wohl unter Diokletian wirkenden **Hermogenian.** Zumeist liefen diese Werke unter dem Namen eines klassischen Juristen. Hervorzuheben sind: 7

a) Die sog. *sententiae Pauli* (in fünf Büchern). Sie sind als zusammenfassender Auszug aus echten Schriften von Paulus wohl gegen Ende des 3. Jahrhunderts entstanden, wurden aber in den folgenden Jahrhunderten mehrfach durch Kürzungen und Zusätze in vulgarrechtlichem Sinne überarbeitet. Bruchstücke sind in den Digesten, anderen nachklassischen Sammelwerken und den germanischen Römerrechten, vor allem in der *lex Romana Visigothorum* erhalten. 8

b) Die *regulae Ulpiani* (oder auch *tituli ex corpore Ulpiani*) sind anscheinend Ende des 3. oder Anfang des 4. Jhds. vor allem aus Schriften des Gaius, aber auch Ulpians und Modestins, hergestellt worden. Erhalten ist davon eine Epitome, wohl aus der ersten Hälfte des 4. Jhds., in einer Handschrift der vatikanischen Bibliothek (Ulp. epit.).

c) Die *res cottidianae* („Elementare Lehren") oder *aurea* („Goldene Rechtsregeln") des **Gaius,** von denen Auszüge nur in den Digesten überliefert sind, scheinen eine Bearbeitung der Institutionen des Gaius darzustellen, weichen aber im System von ihnen ab. Es ist angenommen worden, daß auch diese Schrift Ende des 3. Jhds. entstanden ist, vielleicht „ist sie aber auch ein Vorlesungshypomnema" (Vorlesungsmanuskript), „wenn nicht von Gaius selbst, so doch von einem ... Rechtslehrer der klassischen Periode, das in nachklassischer Zeit da und dort überarbeitet wurde" (Schulz, Geschichte 202). Inzwischen ist jedoch Kaser zu dem überzeugenden Ergebnis gekommen, daß „sich die Res cott. als den inst. so deutlich überlegen" erweisen, „daß sie keine bloße ‚verbesserte Neuauflage' waren, sondern ... ein neu geschriebenes, selbständiges Werk. Seine höhere Qualität aber spricht für die Urheberschaft des Gaius" (Ius gentium 96).

d) Ein spätnachklassischer Kommentar aus dem Westen, wohl aus dem 5. Jhd. stammend, aber nicht von vulgaristischem, sondern durchaus klassizistischem Charakter, der *Gaius Agustodunensis,* ist uns durch einen Palimpsest (vgl. § 1 II 1 b) aus dem mittelfranzösischen Autun in größeren Fragmenten erhalten.

3. Eine dritte Form der literarischen Arbeit der weströmischen Nachklassiker bestand in der **Zusammenstellung von Exzerpten** aus den Werken der Spätklassiker und der Gesetzgebung der Kaiser, sowohl für den – gehobenen – Rechtsunterricht wie insbesondere für die Bedürfnisse der Praxis. Die großen Kommentare der Spätklassiker waren gewiß nur noch an den großen Bibliotheken kultureller Mittelpunkte vorhanden. Vor allem aber waren die neuen Kaiserkonstitutionen nur in den Archiven der Zentralverwaltung zu finden. Schon zu Beginn des Dominats begann man daher, Auszüge aus den spätklassischen Juristenschriften mit den wichtigsten Kaiserkonstitutionen in **Sammelwerken** zu vereinigen, die dem Richter als Handbücher dienen sollten. 9

Von diesen Sammlungen ist uns nur eine einzige in einem größeren Bruchstück überliefert: die sog. **fragmenta Vaticana,** mit Auszügen aus Papinian, Paulus und Ulpian und den beiden privaten Sammlungen von Kaiserkonstitutionen, den *codices Gregorianus* und *Hermogenianus* (§ 42 I).

10 Die *fragmenta Vaticana* sind in Titel eingeteilt; sie bilden auch insoweit einen privaten Vorläufer der justinianischen Kodifikation, als sie die Auszüge mit genauer Quellenangabe versehen. Auf eigene Bearbeitung hat der unbekannte Verfasser verzichtet und seine (oft freilich schon verderbten) Vorlagen unverändert ausgeschrieben. Für die Forschung sind sie daher von besonderem Wert. Ihren Namen tragen sie nach der 1821 von Angelo Mai gefundenen Handschrift, einem Palimpsest der vatikanischen Bibliothek. Entstanden sind sie wohl unter Konstantin (um 320), aber in Neuauflagen durch spätere Konstitutionen (bis 372) ergänzt worden.

11 4. Andere Zwecke verfolgte die sog. *Collatio (legum Mosaicarum et Romanarum),* die in den (mehrfach überlieferten) Handschriften den Titel *lex Dei quam praecepit Dominus ad Moysen* trägt. Hier wurden Bibelstellen mit (zum Teil überarbeiteten) Fragmenten aus Schriften des **Gaius** und der **Spätklassiker** sowie einzelnen Konstitutionen der *Codices Gregorianus* und *Hermogenianus* verglichen. Der Zweck des Vergleiches ist umstritten. Jedenfalls geht es dem unbekannten Verfasser um den Nachweis, daß die mosaisch-christlichen Rechtsauffassungen mit denen der römischen Klassiker und der Kaiserkonstitutionen übereinstimmen (vgl. Wenger, Quellen 547).

12 5. Ein spätes Gegenstück zu den klassischen Responsenwerken stellt die *Consultatio veteris cuiusdam iurisconsulti* dar, die gegen Ende des 5. oder im 6. Jahrhundert wohl in Gallien entstanden ist. Sie enthält Rechtsgutachten, die mit Zitaten aus den **Paulussentenzen** und den *codices Gregorianus, Hermogenianus* und *Theodosianus* (§ 42 I. III) begründet werden. Die Handschrift, die der Ausgabe von *Cuiacius* (§ 44 II 5 a) zugrunde lag, ist verschollen.

3. Die oströmischen Rechtsschulen

13 1. Seit dem fünften Jahrhundert ist eine Pflege der Rechtswissenschaft fast (s. aber o. II 2d und 5) nur noch im Osten des Reiches festzustellen. Sie fand ihren Mittelpunkt zunächst an der **Rechtsschule von Berytos** (Beirut) in Syrien. Wie Gregor der Wundertäter (vgl. Hiltbrunner, KlP 2, 873f.) in einer vor 238 n. Chr. auf Origenes gehaltenen Rede bezeugt (Greg. Thaumat., PG 10, 1052f.), ist die Rechtsschule von Berytos bereits zu dieser Zeit berühmt gewesen. Er selbst drückt seine Bewunderung für die „Gesetze" (νόμοι) der römischen Rechtsgelehrten (τῶν σοφῶν) aus (vgl. Honoré, Tribonian 243; dazu Waldstein, SZ 97 [1980] 251f. mit weiteren Hinweisen). Dies deutet darauf hin, daß die Rechtsschule bereits bedeutend früher entstanden sein dürfte, vielleicht bereits im 2. Jahrhundert. Dazu kam die 425 gegründete **Rechtsschule von Konstantinopel.** An diesen Rechtsschulen, die man bereits als Rechtsfakultäten bezeichnen kann, wurde der Lehrbetrieb nach einem festen **Studienplan** in fünf Jahreskursen von besoldeten Professoren **(antecessores)** wahrgenommen. Eines besonderen Ansehens erfreute sich Berytos als die ältere der beiden Hochschulen. An ihr wirkten die berühmtesten Rechtslehrer des fünften Jahrhunderts, von denen uns freilich nur die Namen überliefert sind.

14 In den einzelnen **Jahreskursen** wurden nacheinander die Institutionen des Gaius und Teile aus zivilrechtlichen Schriften, Stücke des Edikts, die Responsen Papinians, die Responsen des Paulus und schließlich die Kaiserkonstitutionen behandelt. **Justinian** hat dann im Anschluß an sein Gesetzgebungswerk einen neuen Studienplan festgesetzt. Im Unterricht wurden die zugrundegelegten Texte, ähnlich wie später im mittelalterlichen Bologna, Satz für Satz interpretiert und kommentiert. Auch das studentische Leben zeigte schon ausgeprägte Formen.

Im übrigen gab es minder bedeutende Rechtsschulen auch in vielen anderen Städten des Ostens, wie in Alexandria, Athen, Antiochia und Caesarea. Sie wurden von Justinian wegen ihrer angeblichen Minderwertigkeit, z.T. aber wohl auch im Zuge seiner zentralistischen Kulturpolitik verboten *(const. Omnem 7).*

2. Die Bedeutung der östlichen Rechtsschulen liegt vor allem darin, daß sie bewußt und mit einem neuen wissenschaftlichen Interesse die klassischen Traditionen wieder aufgegriffen haben. Ohne die Bewahrung der hier gesammelten und ehrfürchtig gehüteten Rechtsdenkmäler und ohne die geistige Durchdringung dieses ungeheuren Quellenmaterials in jahrhundertelanger Arbeit wäre das Gesetzgebungswerk Justinians, jedenfalls in seiner vorliegenden Form, nicht möglich gewesen. 15

Der neuen Wissenschaft war inzwischen in der **scholastischen Methode,** vor allem der alexandrinischen Philosophie, ein noch geeigneteres Werkzeug für die systematisch-theoretische Erfassung des Rechts erwachsen, als dies ehedem die griechische Philosophie und Wissenschaftstheorie (§§ 24 II 4 und 33 II 4) gewesen waren. Kennzeichnend für die Arbeit dieser Gelehrten ist nicht mehr die lebendige Schöpfung und Fortbildung des Rechts, sondern die theoretische Durchdringung und Erkenntnis der überlieferten Rechtsdenkmäler.

Damit verstärkt sich gegenüber den Praktikern der frühen Nachklassik die **doktrinär-klassizistische Haltung** dieser Schuljuristen. Freilich darf auch die systematische Leistung der östlichen Rechtswissenschaft nicht überschätzt werden. Der Schwerpunkt ihres Bemühens lag durchaus in der einfachen Überschau über das klassische Rechtsgut.

So wurden die klassischen Texte mit erläuternden Randglossen *(scholia),* Hinweisen auf Parallelstellen *(paratitla)* und Inhaltsangaben *(indices, summae)* versehen. Geändert hatte sich freilich die Einstellung zu den Quellen und ihrem historischen Wert. So ist der klassische (oder als klassisch überlieferte) Text nun sehr viel reiner erhalten worden, als dies im ausgehenden 3. und beginnenden 4. Jahrhundert der Fall war. Die vorherrschend **antiquarische Einstellung** der byzantinischen Rechtsgelehrten ergibt sich schon daraus, daß sie in Unterricht und Forschung auch an den längst überholten Gliederungen und begrifflichen Grundlagen des klassischen Rechts, wie der Unterscheidung von Zivil- und Honorarrecht und dem Formularprozeß, weiter festhielten. Aus den gleichen Gründen wird man auch den **Einfluß** der **hellenistischen Volksrechte,** in deren Geltungsbereich die Rechtsgelehrten des Ostens wirkten, auf die überlieferte Textgestaltung der klassischen Schriften nur als gering veranschlagen können (§ 30 IV 1). 16

3. Von der **literarischen** Arbeit der byzantinischen Rechtslehrer ist uns unmittelbar so gut wie nichts überliefert. 17

a) Wohl in Beryt entstanden sind die im Sinaikloster gefundenen sog. *Scholia Sinaitica,* Bruchstücke eines griechischen Kommentars zu Ulpians *libri ad Sabinum.* Sie enthalten vor allen *Paratitla,* also Hinweise auf Parallelstellen in anderen Juristenschriften und in den Sammlungen der Kaiserkonstitutionen.

b) das sog. **syrisch-römische Rechtsbuch,** wohl im späten 5. Jahrhundert entstanden, ist uns nicht mehr im griechischen Original, sondern nur in zahlreichen späteren Bearbeitungen (mehreren syrischen, einer arabischen, armenischen und koptischen) bekannt. Es diente didaktischen Zwecken. Später hat das Werk, wie schon die zahlreichen Übersetzungen erkennen lassen, im Osten, vor allem bei den geistlichen Gerichten, starke Verbreitung gefunden und sogar das justinianische Gesetzgebungswerk überdauert. – Vgl. W. Selb, Zur Bedeutung des syrisch-römischen Rechtsbuches, Münchener Beitr. zur Papyrusforschg. u. ant. Rechtsgesch. 49 (1964).

§ 40. Das Vulgarrecht

Schrifttum: *E. Levy,* West Roman Vulgar Law: The Law of Property (1951); *ders.,* Weström. Vulgarrecht: Das Obligationenrecht (1956); *ders.,* Röm. Vulgarrecht und Kaiserrecht, in: Ius et Lex, Festg. Gutzwiller (1959) 65ff.; *ders.,* Westöstl. Vulgarrecht u. Justinian, in: SZ 76 (1959) 1ff.; *F. Wieacker,* Vulgarismus und Klassizismus im Recht der Spätantike, in: Sitz. Ber. Heid. Ak. (1955); *ders.,* ‚Vulgarrecht' und ‚Vulgarismus', Alte und neue Probleme und Diskussionen, AS 241–254; *J. Gaudemet,* La formation du droit séculier et du droit de l'Église aux IVe et Ve siècles (2. Aufl. 1979); *M. Kaser,* Zum

Begriff des spätröm. Vulgarrechts, in: St. Betti II (1962) 539ff.; *ders.*, Vulgarrecht, in: RE IX A 2 (1967) 1283–1304; *ders.*, RPR II 17–31; *H.J. Wolff*, Das Vulgarrechtsproblem und die Papyri, in: SZ 91 (1974) 54–105; *D. Simon*, Marginalien zur Vulgarismusdiskussion, in: Fs. Wieacker (1978) 154ff.; *P.C. Kop*, Beschouwingen over het zgn. ‚vulgaire' romeinse Recht (1980), mit einer Zusammenfassung in deutscher Sprache 219–236 und einem umfangreichen Literaturverz. 210–217.

1. Das Wesen des Vulgarrechts

1 1. Das spätrömische Vulgarrecht als ein bedeutsamer Faktor der Rechtsordnung zeigt sich zum erstenmal ganz ungeschminkt unter Konstantin. Ein wichtiges Kriterium dieses Vulgarrechts ist der **vulgare Denk- und Ausdrucksstil,** den es natürlich auch außerhalb des Rechtes gibt. Die in den früheren Jahrhunderten erarbeiteten Denkformen werden teilweise nicht mehr verstanden, sie werden preisgegeben und durch primitivere ersetzt.

Das Vulgarrecht setzt im übrigen ein gleichzeitiges oder ein vorangegangenes „klassisches" Recht voraus, ein Recht also von hoher Kultur, ohne das es selbst nicht denkbar wäre, von dem es sich aber als ein Recht auf niedrigerer Kulturstufe unterscheidet.

2 2. Der Unterschied zwischen dem frühnachklassischen Recht und dem Vulgarrecht besteht insbesondere in der **veränderten Rechtsgesinnung.** Während die Frühnachklassiker sich noch bewußt an die Klassiker so weit anlehnten, daß sie deren Namen über ihr Elaborat schrieben, hatten die vulgarrechtlichen Autoren **kein Gefühl mehr für die klassische Größe.**

Die Originalwerke der Klassiker, wegen der hohen geistigen Ansprüche, die sie an den Leser stellten, wohl von vornherein nur in kleinen Auflagen verbreitet und in der Kulturkatastrophe des dritten Jahrhunderts zum großen Teil verloren, wurden nun ersetzt durch die auch geringeren geistigen Ansprüchen genügenden Werke der frühnachklassischen Bearbeiter.

2. Herkunft des Vulgarrechts

3 1. **Vulgarrecht** meint in erster Linie solches Recht, das tatsächlich auf **Volksmeinungen** beruht, auf Rechtsgedanken, wie sie in Laienkreisen verbreitet sind, die im Gegensatz zum formalisierten, hochstilisierten Kunstrecht stehen. Hierher gehören solche „Rechtsbildungen ..., die vom klassischen Recht **abweichen"** (Kaser, RP § 1 II 3a; ausführlicher RPR II 17ff.).

4 Nur wenige Beispiele können hier genannt werden: **die nicht differenzierte Sachgewalt,** in der Eigentum und Besitz nicht unterschieden werden, wie das bei Laien heutigentags noch der Fall ist, ebenso wie die **unabgegrenzte Eigentumsvorstellung,** die eigentumsähnliche Rechte einfach im Eigentum aufgehen läßt – sie begegnet uns schon im altrömischen Recht und anderen wissenschaftlich nicht verarbeiteten Rechten; der **Kauf** ist kein obligatorisches Geschäft mehr, sondern bloßer **Eigentumserwerbsgrund** wie bei der altrömischen *mancipatio,* die **Schriftlichkeit** als Vorbedingung der **Rechtsverbindlichkeit** eines Vertrages – ein ursprünglich hellenistischer Gedanke, der aber seit der späten Republik ein Gegenstand der Volksüberzeugung geworden ist.

5 2. Die Schriftlichkeit der Verträge könnte als wertmäßig neutral gelten, wenn es sich nicht eher wiederum um die Verwechslung von Recht und Beweisbarkeit handelte. In den übrigen Fällen ist es eine **Preisgabe wohldurchdachter Begriffe** und **entwickelter Institute,** eine Rückkehr zur vorwissenschaftlichen Stufe des Rechts.

6 Die populären Rechtsanschauungen bedeuten aber oft auch einen echten **sachlichen Fortschritt** gegenüber dem klassischen Recht, wo dieses den Bedürfnissen des Rechtslebens nicht mehr entsprach. Dies gilt unter anderem für die allmähliche Zulassung der Vertragsfreiheit, die Ersetzung der Verbalakte durch die Schriftform, die Anerkennung der direkten Stellvertretung, endlich die Durchbrechung

der niemals begründeten Regel ‚*nemo pro parte testatus pro parte intestatus decedere potest*' durch die Anerkennung einer Intestaterbfolge neben der testamentarischen und schließlich die Zulassung der Nacherbfolge.

3. Das Vulgarrecht als Gewohnheitsrecht

1. Die Entwicklung des Vulgarrechts beruht weitgehend auf **Gewohnheitsrecht** 7
(longa consuetudo). Auch damit entwickelt das Vulgarrecht die klassischen Ansätze (§ 22 II 4) weiter. In der *interpretatio* zu einer *const.* Konstantins (CTh. 5, 20, 1) wird dem Gewohnheitsrecht, welches dem öffentlichen Wohl nicht widerspricht (ihm nicht hinderlich ist), Gesetzeskraft zugesprochen.

2. Haben sich nun diese vulgaren Rechtsvorstellungen auch im fachjuristisch nicht 8
gebildeten Volk entwickelt, so ist doch mindestens die **Ausformung** der vulgarrechtlichen Einrichtungen und Regeln eine Angelegenheit von **Berufsjuristen** gewesen, denn sie setzt ein Mindestmaß an Sachkunde und Praxis voraus, wie sie nur der juristische Fachmann besitzt.

Die Juristen dieser Zeit waren nun wohl berufsmäßige **Rechtsberater,** teilweise auch in der **Rechtspflege** tätig, aber jedenfalls mit der täglichen Rechtspraxis, besonders mit den Formularen und der lokalen Rechtspflege vertraut. Bis zu einem gewissen Grad sind sie auch in juristischen Schriften, wohl in Gestalt der nachklassischen Sammlungen und Bearbeitungen, belesen gewesen. Solche Juristen hat es auch bereits neben den großen Klassikern in allen Teilen des Reiches gegeben (vgl. Kunkel, Herkunft 370ff., bes. 376f.).

So versteht es sich, wenn die Vulgarisierung auch den spezifisch technischen Bereich des Rechts erfaßt, zum Beispiel wenn die Abgrenzung des römischen Kontraktsystems (Leihe, Miete, Verwahrung etc.), die Abstufung der klassischen Haftungsmaßstäbe (*dolus, culpa, custodia, periculum, casus* etc.) aufgelöst oder wenn Lehren klassischer Juristen mißverstanden werden – von Kaser **„verderbtes Juristenrecht"** genannt (St. Betti II 551ff.).

3. Man wird jedoch annehmen dürfen, daß diese „Vulgarrechtler" **der Praxis näher** 9
gestanden haben als dem Rechtsunterricht, wiewohl es natürlich auch in dieser Zeit einen primitiven Elementarunterricht gegeben hat.

Den Unterschied zwischen einem der Praxis dienenden vulgarrechtlichen Büchlein und einem für den Elementarunterricht geschriebenen zeigt nichts besser als die Gegenüberstellung der Epitome Gai mit der Gaiusparaphrase von Autun. Die Epitome, uns erhalten in der *lex Romana Visigothorum,* ist eine vulgarrechtliche Bearbeitung der Gaiusinstitutionen für das fünfte Jahrhundert. Sie zeigt deutlich, besonders durch das, was sie fortläßt, daß sie der Praxis dienen will. Der Gaiuskommentar von Autun dagegen, der demselben Zeitalter angehört, verrät allein schon dadurch, daß er viel Veraltetes nicht ausgeschieden hat, seine Bestimmung für den Elementarunterricht.

4. Die Verdrängung des klassischen Rechts durch das Vulgarrecht ist teilweise **auch** 10
im oströmischen Bereich nachzuweisen, wie Levy (SZ 76 [1959] 1ff.) zeigte, der auch – bei allen Verschiedenheiten im einzelnen – eine ganze Reihe von Übereinstimmungen zwischen dem westlichen und dem östlichen Vulgarrecht nachweisen konnte, die sich in diesem Falle vielleicht am besten durch die Rezeption des Vulgarrechts in die offizielle Gesetzgebung erklären (also **Vulgarisierung von oben,** vgl. Kaser, RE IX A 2, 1283ff.). Im übrigen wirkte diesem Eindringen vulgaristischer Tendenzen die aufblühende **oströmische Rechtswissenschaft** mit ihrem **klassizistischen Ideal entgegen.**

Im Westen dagegen schritt die Vulgarisierung auf dem bisherigen Wege fort. Sie er- 11
reichte ihren **Höhepunkt um die Mitte des fünften Jahrhunderts** und trat dann in **enge Beziehungen zu den germanischen Rechten.** Zwischen dem noch auf archaischer Stufe stehenden Germanenrecht und dem römischen Recht wurde eine Begeg-

nung überhaupt erst durch die Vulgarisierung ermöglicht. Im westeuropäischen Frühmittelalter lebt weströmisches Vulgarrecht weiter (Kaser, St. Betti II 559 Anm. 47).

4. Die Quellen des Vulgarrechts

12 1. Infolge des großen kulturellen Umschwungs zu Beginn der Regierungszeit Konstantins drangen vulgarrechtliche Gedanken auch in die Kaisergesetzgebung ein. Daher geben die **Kaisergesetze ab Konstantin** Aufschluß über die Entwicklung des Vulgarrechts, wiewohl gewiß nicht der ganze Inhalt dieser Gesetze Vulgarrecht darstellt.

Den Hauptteil dieser Kaisergesetze kennen wir aus dem *Codex Theodosianus* und den sogenannten posttheodosianischen Novellen (§ 42 III 1–3). Eine beträchtliche Anzahl ist auch in den *Codex Iustinianus* aufgenommen worden. Einzelne Konstitutionen sind in den *fragmenta Vaticana,* in der *Collatio,* der *Consultatio* und sonst überliefert, wie z. B. die *const.* Sirmondianae (in der Ausgabe des *Codex Theodosianus* von Mommsen im Anschluß an den CTh. abgedruckt).

13 2. Von der **vulgarrechtlichen Literatur** sind die **Paulussentenzen** wegen ihrer vulgarrechtlichen Bearbeitungen (§ 39 II 2a) besonders wichtig.

Noch lehrreicher ist häufig die **Interpretatio zu** den **codices** *Gregorionus, Hermogenionus* und *Theodosionus* wie auch **zu** den **Paulussentenzen.** Unsere Überlieferung beruht auf den Auszügen in der *lex Romana Visigothorum.* Es handelt sich um Paraphrasen, Kommentare und einzelne Erläuterungen, welche oft einen weiter fortgeschrittenen Stand der Vulgarisierung zeigen als die Quelle, deren Erläuterung sie eigentlich dienen sollen.

Diesen *interpretationes* nahe steht die **epitome Gai,** so daß man sie auch eine *interpretatio* ohne Grundtext nennen könnte. Sie ist, wohl auf der Grundlage der Gaiusinstitutionen, wahrscheinlich um die Mitte des fünften Jahrhunderts geschrieben worden.

14 3. Von den germanischen Gesetzbüchern sei hier nur der vom Westgotenkönig Eurich für die (arianischen) Westgoten bestimmte **codex Euricianus** (um 475) erwähnt. Wesentliche Teile dieses Gesetzbuches sind dem römischen Vulgarrecht entnommen (vgl. Levy, SZ 79 [1962] 79ff., und § 42 IV 2).

§ 41. Die Gesetzgebung

Schrifttum: *L. Wenger,* Quellen 530–561; *M. Kaser,* RPR II 40–51 mit weiteren Hinweisen; *F. Wieacker,* Zur Effektivität des Gesetzesrechts in der späten Antike, in: Fs. H. Heimpel III (1972) 546–566, auch in: Mem. Donatuti III (1973) 1415–1428; *D. V. Simon,* Konstantinisches Kaiserrecht, Studien anhand der Reskriptpraxis und des Schenkungsrechts (1977); *L. de Giovanni,* Costantino e il mondo pagano, Studi di politica e legislazione (1977); *P. Silli,* Mito e realtà dell' „aequitas christiana", Contributo alla determinazione del concetto di „aequitas" negli atti degli „scrinia" costantiniani (1980); dazu *Waldstein,* SZ 102 (1985) 644ff.; *J. Bleicken,* Kaiserreich 1, 267ff.; *ders.,* Prinzipat 22ff.; *J. Gaudemet,* La formation du droit seculier (2. Aufl. 1979); *M. Sargenti,* Studi sul diritto del tardo Impero (1986); dazu *Waldstein,* SZ 111 (1994) 744–746; *G. G. Archi,* Studi sulle fonti del diritto nel tardo Impero romano, Teodosio II e Giustiniano (Cagliari 1987; dazu *D. Nörr,* SZ 105 [1988] 930f.); *ders.,* La legislazione di Valentiniano e Valente (364–375), a cura di *F. Pergami* (1993); *M. Beutgen,* Die Geschichte der Form des eigenhändigen Testaments (1992); dazu *C. Paulus,* SZ 111 (1994) 697f.

1. Ius und leges

1 1. Der Übergang der vollen Gesetzgebungsgewalt auf den Kaiser hatte sich tatsächlich schon unter dem Prinzipat vollzogen (§ 32 I 5), wenn hierbei auch noch die repu-

blikanischen Rechtsformen gewahrt blieben (§ 32 I 2) oder äußerlich der Senat als neues Gesetzgebungsorgan an die Stelle der Volksversammlung getreten war (§ 32 I 1). In der Spätzeit hat sich die **alleinige Gesetzgebungsgewalt des Kaisers** voll durchgesetzt, obwohl auch jetzt noch in mancher Hinsicht an alten Überlieferungen und Unterscheidungen formal festgehalten wurde.

2. Die **Kaiserkonstitutionen,** deren verschiedene Erscheinungsformen als Edikte, 2
Mandate, Dekrete und Reskripte die einzelnen ursprünglich republikanischen Amtsgewalten des Prinzeps noch deutlich widerspiegeln (§ 32 II), wurden bereits gegen Ausgang der klassischen Zeit nicht nur wie Gesetze behandelt, sondern auch ausdrücklich als **leges** bezeichnet (§ 32 I 4). In der Folgezeit diente diese Ausdrucksweise geradezu der Abgrenzung des neuen Kaiserrechts *(ius novum)* von den überkommenen Rechtssätzen des Zivil- und Honorarrechts *(ius vetus),* wie es in den Juristenschriften seinen Niederschlag gefunden hatte. So treten diesem alten **Juristenrecht,** das auch einfach als **ius** bezeichnet wird, die **leges** des kaiserlichen Gesetzgebers gegenüber.

3. Nach dem Zusammenbruch der klassischen Rechtswissenschaft ging auch die in- 3
haltliche Umgestaltung des Rechts nahezu ganz in die Hände des Kaisers und seiner beamteten **Kanzleijuristen** über. Jedenfalls blieb der unmittelbare Anteil der nachklassischen Rechtswissenschaft an der Vereinfachung und Anpassung des klassischen Rechts an die Bedürfnisse der Zeit im Anonymen (§ 39 I 4).

2. Das Kaiserrecht

1. Die spätrömische **Kaisergesetzgebung** hat mit den Rechtsetzungsformen des 4
Prinzipats nur noch äußerliche Merkmale gemein. Formal wurden nun alle durch einen beauftragten Beamten kundgegebenen Kaisergesetze als **leges edictales** bezeichnet. Mit den früheren kaiserlichen Edikten (§ 32 II 1) teilen sie jedoch nicht viel mehr als den Namen, obwohl sie in verallgemeinerter Form aus dieser wichtigsten Art der Rechtschöpfung durch den Prinzeps abgeleitet sind.

Die kaiserlichen Gesetze erhielten nun entweder die Form eines unmittelbaren Erlasses an das Volk oder den Senat, oder sie richteten sich als Anweisung an hohe Beamte, im Auftrage des Kaisers das Gesetz zu veröffentlichen.

Die dem **Senat** zugeleiteten und dort publizierten Gesetze traten damit zugleich an die Stelle der früheren *orationes principis* (§ 27 II 2b). Die an die **Beamten** gerichteten Anweisungen zur Veröffentlichung eines Gesetzes knüpften hingegen an die früheren *mandata* (§ 32 II 2) an.

2. Ihrem Inhalt nach unterschied man nun die allgemeinen Bestimmungen des Kai- 5
sers als **leges generales** von den Entscheidungen konkreter rechtlicher Einzelfälle, die jetzt einheitlich als **Reskripte** (vgl. § 32 II 3) bezeichnet wurden. Vielfach trafen die Kaiser jedoch im Anschluß an die Einzelentscheidungen auch Regelungen grundsätzlicher Art, so daß die Reskripte zuweilen auch mit *leges generales* verbunden erscheinen. Vermutlich hat man auch unter einer sog. **sanctio pragmatica** derartige Einzelentscheidungen von allgemeiner Bedeutung zu verstehen.

Die **Reskripte** hatten auch die eigentlichen richterlichen Entscheidungen des Kaisers, die früheren 6
decreta (§ 32 II 4), vollständig **verdrängt.** Der Kaiser pflegte nunmehr als letzte Instanz den Prozeß an die untergeordneten Richter mit genauen Anweisungen eben in Form eines Reskripts zurückzuverweisen. Die sog. *adnotatio* stellt wohl nichts anderes dar als eine neue Bezeichnung und eine allgemeinere Form der früheren *subscriptio* (§ 32 II 3 b), also die Erledigung einer Eingabe durch Aktenvermerk.

3. Die Praxis der Kaisergesetzgebung hat sich im Laufe des Dominats immer weiter 7
von den Vorbildern und Formen aus der Zeit des Prinzipats entfernt. Die Tendenz, das

Recht nicht mehr kasuistisch aus dem konkreten Einzelfall, sondern durch Subsumption des Tatbestandes unter **allgemeine Rechtsregeln** (in den oströmischen Rechtsschulen **canones** genannt) zu finden, setzte sich hierbei immer stärker durch.

8 Unter **Diokletian** überwog noch bei weitem die **Reskriptenpraxis,** die sich auch inhaltlich streng an das klassische Vorbild zu halten suchte und infolgedessen in der Hauptsache privatrechtliche Fälle zum Gegenstand hatte. Ihr Umfang ist außerordentlich groß gewesen. Der geringe Bruchteil der diokletianischen Reskripte, der uns überliefert ist, umfaßt allein fast 1300 Entscheidungen. Die bewußte Abkehr von den römischen Traditionen unter **Konstantin** (§ 35 I 4 Abs. 2) hat sich dann naturgemäß auch auf die Rechtschöpfung spürbar ausgewirkt. An die Stelle der Reskripte traten nun in zunehmendem Maße allgemeine **Ediktalgesetze,** die ohne Rücksicht auf die Überlieferung des klassischen Rechts zum Teil durchgreifende **Neuerungen** brachten. Zugleich verlagerte sich das inhaltliche Schwergewicht der Gesetze auf das **öffentliche Recht,** da die veränderten wirtschaftlichen und sozialen Verhältnisse und die zentralistische Bürokratie nach einer Neugestaltung vor allem der Wirtschafts- und Finanzverwaltung und des Behördenaufbaus verlangten.

9 Die **privatrechtlichen Neuerungen** bezogen sich in der Hauptsache auf das **Familienrecht,** soweit sie nicht grundsätzliche Reformen im Prozeßrecht, das nun ausschließlich vom kaiserlichen Kognitionsverfahren beherrscht wurde, oder die Überwindung des Gegensatzes zwischen Zivil- und Honorarrecht zum Gegenstand hatten. Hierbei haben sich zweifellos auch **griechisch-orientalische** und **christliche Einflüsse** geltend gemacht. Wie weit sie reichen, steht im einzelnen auch heute noch nicht fest. Am römischen Charakter der spätantiken Rechtsordnung haben sie jedoch im wesentlichen nichts geändert.

§ 42. Die vorjustinianischen Kodifikationen

Schrifttum: *Wenger,* Quellen 530ff., mit zahlreichen Hinweisen auf älteres Schrifttum; ferner *F. Wieacker,* Vulgarismus und Klassizismus im Recht der Spätantike, Sb. Heidelberg, phil.-hist. Kl. (1955) 3. Abh. (verkürzt in: Vom röm. Recht 222ff.); *P. Rasi,* Arch. giur. 145 (1953) 105ff.; *G. Vismara,* Cuadernos del Inst. Jur. Español, Roma 5 (1956) 49ff.; *A. d'Ors,* Estudios Visigóticos II: El Código de Eurico (1960); dazu *E. Levy,* in: SZ 79 (1962) 479ff. = Ges. Schr. I (1963) 305ff.; *D. Liebs,* Hermogenians iuris epitomae (1964) 23ff.; *ders.,* Jurisprudenz im spätantiken Italien (260–640 n. Chr.) (1987); *ders.,* Recht und Rechtsliteratur, in: *R. Herzog* und *P. L. Schmidt* (Hg.), Handbuch der lateinischen Literatur der Antike V (1989) 55–73; dazu *K.-H. Ziegler,* SZ 108 (1991) 469–471; *M. Kaser,* RPR II 41f., 44ff. und 47ff. mit zahlreichen weiteren Hinweisen; *G. G. Archi,* Theodosio II e la sua codificazione (1976); *P. E. Pieler,* Byzantinische Rechtsliteratur (bei § 39) 386–390; *Honoré,* Emperors; *ders.,* The Making of the Theodosian Code, SZ 103 (1986) 133–222; *H. Nehlsen,* Alarich II. als Gesetzgeber, Zur Geschichte der Lex Romana Visigothorum, Ged. Ebel 143–203; *N. Kreuter,* Römisches Privatrecht im 5. Jahrhundert. Die Interpretatio zum westgotischen Gregorianus und Hermogenianus (1993); *Bretone,* Storia 352–380; *Gaudemet,* Institutions 435–437; *Guarino,* Storia 552–559; vgl. auch die zu §§ 40 und 41 angeg. Lit.; *A. C. Fernandez-Cono,* La llomoda ley de citos (2000).

1. Die Codices Gregorianus und Hermogenianus

1 1. Die Rechtspraxis der Spätzeit sah sich, wie schon bei Betrachtung der weströmischen Entwicklung kurz angedeutet (§ 39 II 1.2), von vornherein vor außerordentliche Schwierigkeiten gestellt, da die Schriften der klassischen Juristen, nicht anders als die zahllosen kaiserlichen Konstitutionen aus der Zeit des Prinzipats, nur an den wenigen größeren Kulturzentren oder überhaupt nur am Sitz der kaiserlichen Zentralverwaltung zugänglich waren. Dennoch galten die Juristenschriften neben den Kaisergesetzen nach wie vor als allein vor Gericht verwendbare Rechtsquellen. Infolgedessen waren die Richter vielfach außerstande, die von den Parteien und ihren Anwälten vorgelegten Quellenstellen auf ihre Echtheit hin zu überprüfen.

2 2. Um den sich hieraus ergebenden Mißständen abzuhelfen, waren neben den Bearbeitungen klassischer Juristenschriften (§ 39 II 2 und 3) bereits unter Diokletian zwei

private Sammlungen von **Kaiserkonstitutionen** entstanden, die in den **fragmenta Vaticana** bereits verwertet worden sind: der **Codex Gregorianus** und der **Codex Hermogenianus.** Der *Codex Gregorianus* enthielt Konstitutionen (Reskripte) von Hadrian bis Diokletian, die letzten vom Ende des Jahres 291, der *Codex Hermogenianus* solche von Diokletian aus den Jahren 293 und 294. Der *Codex Hermogenianus* ist vom Verfasser selbst noch zweimal „neu aufgelegt, später von anderen mit Nachträgen aus späterer Zeit" ergänzt worden (Wenger, Quellen 535).

Wahrscheinlich waren beide Verfasser der *Codices* Leiter der Kanzlei *a libellis,* denen das kaiserliche Archiv zur Verfügung stand. Der Verfasser des *Codex Gregorianus* dürfte dieses Amt von 284 bis 287 und nochmals von 289 bis 290 bekleidet und den *Codex* 292 veröffentlich haben (Honoré, Emperors 114f.). Hermogenian war Leiter der Kanzlei *a libellis* von Anfang 293 bis 295 im Osten, hat jedoch möglicherweise 291 und 295 bis 298 dieses Amt auch im Westen des Reiches bekleidet (Honoré, Emperors 130). Die früheste *const.* des *Codex Hermogenianus* stammt von Anfang 293. Sein Verfasser ist wahrscheinlich mit dem bekannten Juristen (§ 39 II 2) identisch (vgl. Liebs, Hermogenians iuris epitomae [1964] 26; jetzt Honoré, Emperors 129ff.). Bekannt sind uns die beiden *Codices* nur aus wenigen **Bruchstücken** in späteren Werken, dem westgotischen und burgundischen **Römerrecht** (u. IV 2.3), den *fragmenta Vaticana,* der *Collatio* und *Consultatio* (§ 39 II 3–5). Sie haben für den Codex Iustinianus (§ 43 I 3) als Grundlage gedient. 3

2. Die Zitiergesetze

1. Die privaten Sammlungen der Kaisergesetze und die Auszüge aus den Juristenschriften stellten jedoch bloße Behelfsmaßnahmen dar. Da die gesamte Fülle der Juristenschriften nach wie vor ihre Geltung behielt und die wachsende Zahl der neuen Konstitutionen die Übersicht noch weiter erschwerte, blieb die **Rechtsunsicherheit** in der Gerichtspraxis bestehen. Schließlich bereiteten auch die zahlreichen klassischen Streitfragen den Gerichten Schwierigkeiten. Zu einer selbständigen Entscheidung waren die Richter wohl kaum noch in der Lage. So sah sich schon Konstantin zu gesetzgeberischen Eingriffen genötigt. 4

2. Im Jahre 321 setzte **Konstantin** zunächst die kritischen Anmerkungen *(notae)* des Paulus und Ulpian zu den Quästionen und Responsen Papinians außer Kraft (sog. **Kassiergesetz,** CTh. 1, 4, 1). Allein die Autorität Papinians sollte hinfort für die Gerichte maßgebend sein und auf diese Weise die Einheitlichkeit der Rechtsanwendung sichern. Im darauffolgenden Jahr erklärte Konstantin sodann sämtliche Schriften des Paulus, insbesondere auch die (unechten) Sentenzen, für gerichtsverbindlich (CTh. 1, 4, 2). 5

3. Eine umfassende Regelung dieser Art brachte dann 100 Jahre später das eigentliche dieser sog. **Zitiergesetze,** nämlich eine Konstitution **Theodosius II.** und **Valentinians III.** von 426 (CTh. 1, 4, 3). Sie verlieh ausschließlich den Schriften der Spätklassiker Papinian, Paulus, Ulpian und Modestin sowie denen des Gaius (dessen Institutionen seit langem eine beherrschende Stellung erlangt hatten) autoritative und gesetzesgleiche Geltung. Bei Meinungsverschiedenheiten unter den Zitierjuristen sollte die Mehrheit, bei Stimmengleichheit die Ansicht Papinians entscheiden, dem die Nachklassik den Ruhm des größten klassischen Juristen zuerkannt hatte (§ 34 III 2a). Fehlte bei Stimmengleichheit eine Äußerung Papinians, so stand es dem Richter frei, welcher Seite er beitreten wollte. 6

Neben den eigentlichen Zitierjuristen sollten freilich auch die von diesen Schriftstellern angeführten **älteren Juristen** vor Gericht gehört werden, falls die Echtheit ihrer Äußerungen durch mehrere Handschriften erhärtet werden konnte. 7

Diese Bestimmung zeigt deutlich, daß die Regelung der Zitiergesetze nicht zuletzt auch durch **Überlieferungsschwierigkeiten** veranlaßt worden ist. Offenbar waren zu dieser Zeit allein die spätklassischen Schriften noch stärker verbreitet – eine Tatsache, die ihre Erklärung schon in der kurzen Lebensdauer der in Rollen hergestellten Papyrushandschriften finden würde, die erst seit Beginn des 4. Jahrhunderts durch den in Buchform gehefteten Pergamentkodex abgelöst worden sind. Auch die **Abstimmungsordnung** unter den Zitierjuristen spiegelt nicht nur den geistigen Tiefstand der Zeit wider, sondern beruht vor allem auf der seit langem veränderten Einstellung gegenüber den klassischen Juristenschriften. Wenn diesen in starrer Weise gesetzesgleiche Kraft zukam, war eine formale Regelung dieser Art eine Notwendigkeit, die sich aus der Forderung nach innerer Widerspruchslosigkeit der Rechtsordnung ergab. Diese Auffassung wird durch die Kodifikationsbestrebungen Theodosius' II. vollauf bestätigt.

3. Der Codex Theodosianus

8 1. Wenige Jahre nach der offenbar nur als vorläufig gedachten mittelbaren Festlegung des geltenden Rechts durch das Zitiergesetz suchte Theodosius seine Pläne zu einer umfassenden **Kodifikation** in die Tat umzusetzen. Im Jahre 429 setzte er eine Kommission mit dem Auftrag ein, die *Codices Gregorianus* und *Hermogenianus* durch eine Sammlung der Kaiserkonstitutionen seit Konstantin zu ergänzen. Aus diesen drei Sammlungen des Kaiserrechts und dem noch verwendbaren Material des klassischen Juristenrechts sollte dann ein neues einheitliches Gesetzbuch geschaffen werden.

9 2. Von diesem gewaltigen Unternehmen ist einige Jahre später nur die vorbereitende Sammlung der **Kaiserkonstitutionen** zustande gekommen, mit deren Zusammenstellung 435 eine neue Kommission beauftragt worden war. 438 wurde der neue **Codex Theodosianus** im Osten publiziert und mit Wirkung vom 1. 1. 439 von Valentinian III. auch für den Westen als Gesetz übernommen. Der *Codex Theodosianus* ist als Quelle für das spätrömische Staats- und Verwaltungsrecht von unschätzbarem Wert.

Das Werk ist in 16 **Bücher** eingeteilt. Die Bücher gliedern sich in einzelne **Titel,** die, etwa in der Ordnung der klassischen Gesamtdarstellungen, jeweils bestimmte Institute oder Rechtsfragen behandeln. Innerhalb der Titel sind die einzelnen **Konstitutionen** (insgesamt über 3000) in chronologischer Reihenfolge aufgeführt.

Die erhaltenen **Handschriften** sind z.T. lückenhaft; Ergänzungen finden sich vor allem im westgotischen Römerrecht (IV 2). In **Zitaten** des *Codex Theodosianus* bedeuten die Ziffern (z.B. CTh. 1, 4, 2) Buch, Titel und Konstitution; umfangreichere Konstitutionen sind in den modernen Ausgaben noch in Paragraphen (vierte Ziffer) unterteilt.

10 3. Die nach Erlaß des *Codex Theodosianus* publizierten Konstitutionen sind sowohl im Osten wie im Westen mehrfach wieder gesammelt worden. Überliefert sind nur Teile der weströmischen Sammlungen, vor allem die sogenannten **posttheodosianischen Novellen,** die 83 Gesetze von Theodosius II. bis Severus und Anthemius (463–468) enthalten. Sie sind in der Ausgabe des *Codex Theodosianus* von Mommsen im Anhang herausgegeben. Sie werden als Nov. Theod., Valent. etc. zitiert.

4. Die leges Romanae der Germanenreiche

11 1. Gegen Ausgang des fünften Jahrhunderts war der gesamte Westen des Reiches in die Hand germanischer Heerkönige gefallen. Im Einklang mit dem germanischen Personalitätsprinzip, von dem auch das alte Rom, wie überhaupt die Antike, beherrscht war, lebte die unterworfene römische oder romanisierte Bevölkerung nach wie vor nach römischem Recht. Hier blieben die Schwierigkeiten der Rechtserkenntnis und Rechtsanwendung also unverändert bestehen, ja sie hatten sich infolge der Abtrennung vom kulturtragenden Osten bis ins Ungemessene gesteigert. Einzelne Germanenkönige sahen sich daher veranlaßt, Kodifikationen des römischen Rechts, wie es in den früheren römischen Provinzen galt, zu veranstalten. Die Grundlage dieser Gesetzge-

bungswerke bildeten nach wie vor Sammlungen der noch verfügbaren und verständlichen Quellen des klassischen Juristenrechts und des Kaiserrechts. Die Germanenkönige haben dadurch in sehr beachtlicher Weise im Westen Pläne verwirklicht, an deren Durchführung im Osten Theodosius gescheitert war. Nach dem Ergebnis der Untersuchungen von Nehlsen, Ged. Ebel 178ff., wird man in der „Gesamtbewertung" vor allem des Werkes von Alarich II. (u. 2) die bisher eher abschätzigen Urteile nicht aufrechthalten können. Den *leges Romanae* der Germanenreiche war denn auch ein entscheidender und zum Teil nachhaltiger Einfluß auf die Gestaltung des Rechtslebens beschieden. Sie bildeten zugleich die Brücke, auf der im Westen erhebliche Teile der spätrömischen Rechtskultur vom Altertum in das frühe Mittelalter eingingen. Der näheren Erforschung dieses weströmischen Vulgarrechts in seinem Entstehen und in seinen Auswirkungen hat sich die Wissenschaft in letzter Zeit besonders zugewandt (§ 40).

2. Eine bedeutende dieser Aufzeichnungen römischen Rechts ist das **edictum Theoderici,** das nach neueren Forschungen wahrscheinlich doch vom Ostgotenkönig **Theoderich dem Großen** (474–526) stammt, und nicht, wie Vismara darzutun versucht hatte, vom Westgotenkönig Theoderich II. (vgl. Liebs, Die Jurisprudenz 191f.). Die Herausgabe eines Lexikons zum *edictum Theoderici* hat jedoch „möglicherweise Neuansätze für die Diskussion" dieser Frage geboten. Die „seit fast vier Jahrzehnten geführte" Diskussion wird jedenfalls als „noch nicht beendet" angesehen (vgl. S. Weber, SZ 109 [1992] 761). Das *edictum Theoderici* sollte für die römische Bevölkerung und die Goten gemeinsam gelten. „Es stellte ... das von Theoderich seinen Goten verordnete Minimum römischer Rechtskultur dar" (Liebs 194) und wurde wohl um 500 – „kurz nach 510" (Weber) herausgegeben. Benutzt sind für die Herstellung des knappen, in 154 Abschnitte unterteilten Rechtsbuches die schon erwähnten Kodifikationen des Kaiserrechts (o. I und III) bzw. eine paraphrasierende *interpretatio,* die zu einem einheitlichen Text verarbeitet wurde. 12

Außer dem unter **Eurich,** dem Nachfolger Theoderichs II., um 475 für die Goten geschaffenen *Codex Euricianus* ist als wichtigste und umfangreichste dieser Kodifikationen die **Lex Romana Visigothorum** des Königs **Alarich II.** (daher später auch **Breviarium Alarici** genannt) aus dem Jahre 506 zu nennen. Sie entstand, kurz bevor der größte Teil Aquitaniens (des „tolosanischen" Reiches) an die Franken verloren ging, hat dort aber noch bis zum 12. Jahrhundert (bis zur Rezeption des *Corpus iuris civilis* Justinians) gegolten. Ihre Geltung erstreckte sich darüber hinaus sogar auf Burgund und die Provence. Im westgotischen Spanien wurde sie im 7. Jahrhundert durch eine für Römer und Germanen gemeinsam geltende neue *Lex Visigothorum* des Königs **Reckessvind** ersetzt, diente aber dieser neuen Kodifikation außer dem *Codex Euricianus* als eine ihrer Grundlagen. 13

Das **westgotische Römerrecht** enthält in loser Aufeinanderfolge Auszüge aus dem *Codex Theodosianus* und den posttheodosianischen Novellen, eine auf zwei Bücher zusammengedrängte Bearbeitung der drei ersten Bücher der Gaiusinstitutionen *(epitome Gai),* Bruchstücke der **Paulussentenzen,** einige Konstitutionen aus den *Codices Gregorianus* und *Hermogenianus* und – offenbar ehrenhalber – ein einziges Responsum **Papinians.** 14

Dem Text – mit Ausnahme der Gaiusinstitutionen – ist eine *interpretatio* angefügt, die teils als Summe, teils als Paraphrase (§ 40 IV 2) erscheint. Da in dieser auch auf Quellenstellen verwiesen wird, die im Gesetz nicht enthalten sind, ist die *interpretatio* wohl teilweise aus älteren Privatarbeiten dieser Art, wie sie an den westlichen Rechtsschulen in Gebrauch waren, übernommen worden; dazu jetzt Nehlsen, Ged. Ebel. 181, der teilweise Abfassung durch die Kommission Alarichs für möglich hält.

3. Die **Lex Romana Burgundionum** wurde wohl um 500 vom Burgunderkönig Gundobad für die römischen Untertanen seines Reichs (am oberen und mittleren 15

Rhonelauf) verkündet. Sie blieb auch nach der Eroberung Burgunds durch die Franken (534) in Geltung, wurde aber im Laufe der Zeit zum Teil vom Westgotenrecht verdrängt.

Das Gesetzbuch beruht auf den **gleichen Quellen** wie das westgotische Römerrecht. Die Auszüge aus den benutzten Werken sind jedoch nicht wörtlich wiedergegeben, sondern ohne jede Angabe ihrer Herkunft zu einem **einheitlichen Text** verarbeitet. Als unmittelbare Vorlage hat demgemäß in der Hauptsache wohl eine ähnliche *interpretatio* gedient, wie sie dem Westgotenrecht zusätzlich beigegeben worden ist. An inhaltlicher Klarheit wie an historischem Wert bleibt das Werk infolgedessen hinter der *Lex Romana* der Westgoten noch weit zurück.

§ 43. Die justinianische Kodifikation

Schrifttum: *L. Wenger,* Quellen 562–734, mit zahlreichen Hinweisen auf älteres Schrifttum; *F. Wieakker,* Corpus Iuris, in: Vom röm. Recht 242–287; *ders.,* Zur Herstellung der Digesten, in: Fs. Waldstein (1993) 417–442; *ders.,* RG I 154–182 zur „Interpolationenkritik"; *Th. Mayer-Maly,* Bemerkungen zum Aufbau der Digestentitel, in: Synteleia V. Arangio-Ruiz I (1964) 878ff.; *K.-H. Schindler,* Justinians Haltung zur Klassik, Forsch. z. röm. Recht 23 (1966); *G. Diósdi,* Das Gespenst der Prädigesten, in: Labeo 17 (1971) 187–192; *M. Kaser,* RPR II 33–40; *P. E. Pieler,* Byzantinische Rechtsliteratur (bei § 39) 411–419; L'Imperatore Giustiniano, Storia e Mito, Giornate di studio a Ravenna 14–16 Ott. 1976 a cura di *G. G. Archi* (1978); *ders.,* Studi sulle fonti (bei § 41); *Honoré,* Tribonian; dazu *Waldstein,* SZ 97 (1980) 231–255; *D. J. Osler,* The Compilation of Justinian's Digest, SZ 102 (1985) 129–184; *D. Mantovani,* Digesto e Masse Bluhmiane, Univ. degli Studi di Milano, Pubbl. Ist. Dir. Rom. 21 (1987); *G. Lanata,* Legislazione e natura nelle Novelle giustinianee (1984); dazu *Th. Mayer-Maly,* SZ 105 (1988) 890ff.; *T. Wallinga,* Tanta/Dédvken. Two introductory constitutions to Justinian's Digest (1989) mit viel Lit.; dazu *T. Honoré,* SZ 110 (1993) 764–768; *O. Behrends,* Das Werk Otto Lenels und die Kontinuität der romanistischen Fragestellungen. Zugleich ein Beitrag zur grundsätzlichen Überwindung der interpolationischen Methode, in: Index 19 (1991) 169–213; Corpus Iuris Civilis, Text und Übersetzung, I Institutionen (1990, UTB-Ausg. 1993), Hrsg. von *O. Behrends, R. Knütel, B. Kupisch, H. H. Seiler,* mit Erläuterungen, II Digesten 1–10 im Druck; *Waldstein,* Ius naturale im nachklassischen Recht und bei Justinian, SZ 111 (1994) 30–65; *R. Haase,* Untersuchungen zu Verwaltung des spätrömischen Reiches unter Kaiser Justinian I (1994); *G. Falcone,* Il metodo di compilozione delle Istituzioni di Giustiniono (1998); *D. Pugsley,* On Compiling Justinian's Digest, in: Mélanges Sturm (1999), 395–405; *D. Pugsley,* On Tribonian and his Latin Style, in: Mélanges Cannata (1999) 171–177; *O. Mazal,* Justinian I und seine Zeit (2001); *T. Honoré,* How Tribonian Organised the Compilation of Justinian's Digest, in: SZ 121 (2004), S. 1–43; *G. Falcone,* La „vera filosofia dei sacerdotes iuris", in Annali Palermo (2004).

1. Entstehung und Einteilung des Corpus iuris civilis

1 1. Die kulturelle und politische Entwicklung im Osten hatte ungleich günstigere Voraussetzungen für eine Kodifikation des Rechts geschaffen, als dies im Westen der Fall war. In der jahrhundertelangen Arbeit der Rechtsschule von Berytos, zu der 425 die von Konstantinopel hinzukam (§ 39 III), war eine neue Wissenschaft entstanden, die wieder auf die gewaltige Masse der sorgsam gesammelten klassischen Juristenschriften zurückgriff und auch dem Unterricht die großen zusammenfassenden Werke der Spätklassik zugrunde legte (§ 39 III 1 Abs. 2). Die Blütezeit des oströmischen Reichs wenigstens im Anfang der Regierung **Justinians I.** (527–565) bot auch die allgemeinen Grundlagen für das große **Gesetzgebungswerk** des Kaisers. Es bildete nur ein Teilstück seiner gewaltigen Reform- und Restaurationspläne – freilich dasjenige, dem eine über die Zeiten wirkende, weltgeschichtliche Bedeutung zugefallen ist.

Justinian hat für kurze Zeit noch einmal das *imperium Romanum* in neuem Glanz als **hellenistisch-christliches Weltreich** wiedererstehen lassen. Es gelang ihm, durch seine Feldherren Belisar und Narses den Vandalen Nordafrika, den Ostgoten Italien und den Westgoten die Südküste Spaniens zu entreißen. Allerdings gingen große Teile Italiens an die kurz nach seinem Tode einfallenden Langobarden wieder verloren (568; vgl. auch § 44 I 2).

Justinian stammte aus einfachen bäuerlichen Verhältnissen. Er wurde 482 in *Tauresium* in der makedonisch-illyrischen Provinz *Dacia mediterranea* geboren. Die Lage des Geburtsortes, den Justinian in *Prima Iustiniana* umbenannte (Nov. 11), ist nicht restlos geklärt (vgl. B. Rubin, Das Zeitalter Justinians I [1960] 80ff.). Jedenfalls lag der Ort im **lateinischen Sprachgebiet.** Justinian wurde von seinem Onkel, dem späteren Kaiser Justinus adoptiert, nach Konstantinopel geholt und einer umfassenden Bildung zugeführt. Als Justinus 518 Kaiser wurde, zog er Justinian als Berater heran. Am 1. April 527 erhob er ihn zum Mitkaiser *(Augustus).* Mit dem Tode des Justinus am 1. August desselben Jahres wurde Justinian Alleinherrscher. 2

Justinian wollte das *imperium Romanum* auf der **Grundlage des Christentums** als christliches Weltreich erneuern. Daher versuchte er auch in seiner **Kirchenpolitik** die verlorengegangene Einheit des Reiches wiederherzustellen und die Glaubensstreitigkeiten der vielen Sekten in einer geschlossenen und vom Kaiser beherrschten **Reichskirche (Cäsaropapismus)** aufgehen zu lassen.

2. Zunächst war von Justinian lediglich der Plan zu einer neuen Sammlung der Kaiserkonstitutionen gefaßt worden. Erst nach erfolgreichem Abschluß dieser Arbeit durch eine Kommission hoher Beamter entschloß er sich, das seinerzeit gescheiterte Unternehmen des Kaisers Theodosius wieder in Angriff zu nehmen und auch das gesamte Juristenrecht in Auszügen zu einem Gesetzbuch zusammenzufassen. 3

Um möglichen Mißverständnissen vorzubeugen, muß betont werden, daß mit „Gesetzbuch" natürlich nicht ein solches im Sinne der neuzeitlichen Kodifikationen (vgl. § 44 II 3c, 4b und c) gemeint ist, ebensowenig wie das *Corpus iuris* eine Kodifikation im Sinne eines neuzeitlichen Gesetzbuches war (allgemein dazu H. Ankum, La ‚codification' de Justinien était-elle une véritable codification? In: Code et constitution, mélanges historiques. Liber amicorum J. Gilissen [1983] 1–17). Die Bezeichnung *codex* meinte in der Antike einfach das aus Pergamentblättern bestehende, gebundene Buch, den Pergamentkodex, der seit dem Beginn des 4. Jh. die frühere Papyrusrolle, den *liber,* abzulösen begann (o. § 42 II 3). Daher wurde auch eine Sammlung rechtlicher Texte in einem solchen Buch einfach *codex* genannt. Es wurde ein Buch mit rechtlichen Texten geschaffen. Insofern darf man auch, unabhängig von der Zielsetzung und dem systematischen Aufbau moderner Gesetzeswerke, von „Kodifikation" sprechen. Als „Gesetzbuch" im Sinne einer verbindlichen Sammlung des geltenden Rechts hat Justinian sein Werk jedenfalls selbst verstanden. Die einzelnen Teile des *Corpus iuris* wurden als Gesetzbücher veröffentlicht und in Kraft gesetzt. 4

Die Leitung dieses Werks wurde einem Mitglied der ersten Kommission, das sich besonders um die Arbeiten verdient gemacht hatte, dem nun zum Justizminister *(quaestor sacri palatii)* ernannten Vorsteher der kaiserlichen Kanzleien *(magister officiorum)* **Tribonianus** übertragen. Auf diesen geht wohl überhaupt die Anregung zur Gesamtkodifikation zurück. Tribonian erhielt umfassende Vollmachten auch für die Auswahl seiner Mitarbeiter. Wir pflegen sie als **Kompilatoren** zu bezeichnen (von *compilare* = ausbeuten), da sie die klassichen Werke und Kaisergesetze gleichsam wie einen Steinbruch zum Bau des Gesetzbuches ausgebeutet haben. Tribonian zog nun auch eine größere Zahl von Professoren aus Berytos und Konstantinopel, ohne deren Mitwirkung eine Sichtung und Verwertung der klassischen Juristenschriften kaum möglich gewesen wäre, zu den Gesetzgebungsarbeiten heran. 5

Über den äußeren **Hergang der Arbeiten** geben die Einleitungskonstitutionen Justinians zu den einzelnen Teilen des Gesetzbuches Aufschluß. Sie werden nach den Anfangsworten zitiert (z.B. *const. Imperatoriam, const. Deo auctore, const. Cordi).* Die Einzelheiten des gesamten Kodifikationsvorganges hat inzwischen Honoré, Tribonian 139–222, zu rekonstruieren versucht. Eines der wichtigsten Ergebnisse seiner sorgfältigen Untersuchungen ist, daß der im Zusammenhang mit der Kompilation angenommene „Klassizismus Justinians" allein auf Tribonian zurückgeht. Justinians Verdienst am Zustandekommen der Kodifikation lag nach diesen Ergebnissen in erster Linie in der Auswahl des richtigen Mannes, in der Stützung seiner Arbeit und in der Durchsetzung ihrer Ergebnisse mit Hilfe der kaiserlichen Autorität als Gesetzgeber. 6

7 3. Die erste einleitende Etappe der Gesetzgebungsarbeiten galt, wie gesagt, der Sammlung der **Kaiserkonstitutionen.** Die 528 einberufene zehnköpfige Kommission, bestehend aus Beamten der Zentralverwaltung, zwei Anwälten und dem Rechtslehrer Theophilus, erhielt den Auftrag, aus den *Codices Gregorianus, Hermogenianus* und *Theodosianus* das noch Brauchbare unter Beseitigung von Widersprüchen zusammenzustellen *(const. Haec).* Der **Codex Iustinianus** wurde schon im folgenden Jahre (529) publiziert *(const. Summa),* durch die neue Redaktion von 534 (u. 6) aber wieder außer Kraft gesetzt. Die erste Fassung des Codex ist uns infolgedessen nicht erhalten.

Der erste Codex enthielt auch noch das Zitiergesetz von 426, das die Verwendung der Juristenschriften regelte (§ 42 II 3). Eine Reihe von **Streitfragen** wurde jedoch durch neue Konstitutionen entschieden, die, wie Honoré, Tribonian 142ff., gezeigt hat, von Tribonian im Zusammenhang mit der Vorbereitung des Digestenprojekts verfaßt worden waren. Sie wurden wohl 531 in Form einer amtlichen Sammlung *(quinquaginta decisiones)* veröffentlicht. Sie ist uns ebenfalls nicht erhalten.

8 4. Ende des Jahres 530 erhielt Tribonian dann den Auftrag zur Bildung einer neuen Kommission, die das **Juristenrecht** durch eine Exzerptensammlung aus den klassischen Schriften kodifizieren sollte *(const. Deo auctore).* Auch sollten hierbei veraltete Rechtsinstitute und Rechtsregeln ausgeschieden, Widersprüche beseitigt und erforderlichenfalls auch Textveränderungen an den ausgewählten Auszügen vorgenommen werden. Die Kommission setzte sich unter dem **Vorsitz Tribonians** aus vier Professoren (Dorotheus und Anatolius aus Berytos sowie Theophilus und Cratinus aus Konstantinopel), dem *magister officiorum* und elf Anwälten vom Gericht des *praefectus praetorio Orientis* zusammen. Sie vollendete ihre Arbeit in der unglaublich kurzen Zeit von genau drei Jahren; Ende 533 wurde das Werk (im Anschluß an den für die hochklassischen Sammelwerke üblichen Titel, § 33 III 1 c) unter dem Namen **Digesta** oder **Pandectae** verkündet und in Kraft gesetzt (*const. Tanta,* in griechischer Ausfertigung *const.* Δέδωκεν). Das gesamte Juristenrecht klassischer oder nachklassischer Herkunft verlor damit für Praxis und Unterricht seine bisherige unmittelbare Geltung.

9 Die Digesten, deren inhaltliche Gliederung dem Aufbau des prätorischen Edikts entspricht, sind in 50 Bücher eingeteilt. Die Bücher sind wieder in **Titel** unterteilt, die nach den behandelten Materien geordnet sind. Eine Ausnahme bilden die Bücher 30 bis 32, die nicht in Titel unterteilt sind, weil sie alle *de legatis et fideicommissis* handeln. In jedem Titel sind die einzelnen Auszüge aus den klassischen Schriften, die Fragmente oder *leges,* unter vorangestelltem Zitat des Juristen mit Titel und Buchziffer seiner Schrift, *(inscriptio),* aneinandergereiht.

10 **Längere Fragmente** werden seit dem Mittelalter in **Paragraphen** unterteilt. Die Zählung beginnt mit dem zweiten Paragraphen, während der erste als *principium* (abgekürzt: pr.) bezeichnet wird. Die heute übliche (philologische) **Zitierweise** der Digesten nennt nacheinander die Nummern von Buch, Titel, Fragment und Paragraph (z.B. D. 41, 1, 31 pr.; D. 41, 1, 31, 1); zur Zeit des gemeinen Rechts zitierte man: l. (fr.) 31 § 1 *Dig. de adqu(irendo) rer(um) dom(inio)* XLI 1 unter Angabe der (abgekürzten) Titelrubrik. Im Mittelalter wurden die Digesten (= ff, entstanden wohl aus dem Π von Πανδέκται) nur mit Titelrubrik und den Anfangsworten der Fragmente und Paragraphen zitiert. Die alphabetischen Titelverzeichnisse der modernen Textausgaben erleichtern die Auffindung der Stelle. Von den zahlreichen uns erhaltenen **Handschriften** der Digesten ist die älteste und beste die um 1050 in Pisa aufgetauchte, möglicherweise aus der süditalienischen Seerepublik Amalfi stammende, 1406 nach Florenz gekommene sog. *Florentina* aus dem 6. Jahrhundert. Von ihr stammen auch die (nach einer verlorenen Handschrift nochmals korrigierten) **Vulgathandschriften** der Glossatorenzeit (11. Jahrhundert) ab.

11 5. Für den Rechtsunterricht wurde im Auftrag des Kaisers und unter Leitung **Tribonians** von den Professoren **Theophilus** (Konstantinopel) und **Dorotheus** (Berytos)

aus den Institutionen des Gaius und anderen klassischen und nachklassichen Elementarwerken ein amtliches Einführungslehrbuch geschaffen und 533 unter dem Titel **Institutiones** noch kurz vor den Digesten publiziert *(const. Imperatoriam).* Nach den Ergebnissen von Honoré, Tribonian 187ff. (zusammenfassend 211), haben die beiden Professoren den Grundtext aus den klassischen Vorlagen geschaffen, während Tribonian die Anpassungen an die neue Rechtslage durchgehend selbst verfaßt habe. Honoré bezeichnet daher Gaius und Tribonian als die eigentlichen Verfasser dieses berühmtesten und meistgelesenen Rechtsbuches, das mit den Digesten zusammen Gesetzeskraft erhielt. Die Institutionen zerfallen in vier Bücher, diese in Titel mit fortlaufendem, in Paragraphen unterteilten Text ohne jede Quellenangabe.

Verwertet worden sind außer den **Institutionen** des **Gaius** und seinen *res cottidianae* die Institutionen **Florentins, Ulpians, Marcians** und die angeblich ulpianischen *Regulae.* Die **Zitierweise** der Institutionen (abgekürzt: Inst.) entspricht jener der Digesten mit dem Unterschied, daß die Titel nicht in Fragmente unterteilt sind (z. B. Inst. 2, 1 pr. oder 2, 1, 1). Die Institutionen sind uns in verschiedenen z. T. recht mangelhaften jüngeren Handschriften erhalten.

Im gleichen Jahr erließ Justinian auch eine neue **Studienordnung** *(const. Omnem),* die dem Rechtsunterricht das neue Gesetzgebungswerk, vor allem die Digesten, zugrunde legte.

6. Inzwischen war eine Anpassung des 529 zusammengestellten **Codex** an die neuge- 12
schaffenen Teile des Gesetzgebungswerks unumgänglich geworden. Vor allem mußten die zahlreichen während der Arbeit an den Digesten ergangenen Reformkonstitutionen Justinians und die *Quinquaginta decisiones* (o. 3 Abs. 2) überprüft und eingearbeitet werden. In knapp einem Jahr führte Tribonian diese Aufgabe gemeinsam mit Dorotheus und drei Anwälten durch. Ende 534 wurde die zweite Bearbeitung des Codex, der sog. **Codex repetitae praelectionis,** publiziert *(const. Cordi).* Der **Codex** gliedert sich in 12 Bücher, diese sind ähnlich den Digesten in Titel eingeteilt, die in chronologischer Reihenfolge die einzelnen Konstitutionen aufführen. Am Anfang jeder Konstitution steht als *inscriptio* der Name des Kaisers und des Adressaten, am Ende als *subscriptio* die Zeit- und Ortsangabe.

Der Codex enthält insgesamt über 4600 Konstitutionen. Die älteste stammt (als einzige) von Hadrian 13
(117–138; C. 6, 23, 1). Über 400 Konstitutionen stammen aus der Regierungszeit Justinians. Soweit sie aus der Amtszeit Tribonians als *quaestor* stammen (Sept. 529–Ende 542 mit einer Unterbrechung als Folge des Nika-Aufstandes vom Januar 532–1. Januar 535, die aber die Abfassung der Gesetze weitgehend Tribonian beließ), sind sie, wie Honoré nachweisen konnte, bis auf wenige Ausnahmen von Tribonian verfaßt worden (dazu Waldstein, SZ 97 [1980] 242 f.). Am zahlreichsten sind die Konstitutionen der Severerkaiser (880) und die Diokletians (über 1200): Die entscheidenden Wendepunkte und Umbrüche des Verfassungslebens treten auch in dieser äußeren Tatsache deutlich zutage. Nur rund 150 Konstitutionen sind griechisch abgefaßt (die älteste von Septimius Severus). Die **Zitierweise** des Codex entspricht derjenigen der Digesten. Die **handschriftliche Überlieferung** des Codex beruht auf Bruchstücken eines Palimpsestes aus dem 6. oder 7. Jahrhundert und einer Reihe unzuverlässiger jüngerer Handschriften.

7. Mit der Fertigstellung des **Codex** war das in drei selbständige Teile gegliederte 14
Gesetzbuch Justinians, das erst in der Gesamtausgabe des Dionysius Gothofredus aus Genf (1583) die zusammenfassende Bezeichnung **Corpus iuris civilis** erhalten hat, abgeschlossen.

Die Reformgesetzgebung (vor allem auf dem Gebiet des Verwaltungs- und Kirchen- 15
rechts sowie des Familien- und Erbrechts) setzte Justinian in zahlreichen Einzelgesetzen fort. Diese **Novellen (novellae leges)** sind zumeist in griechischer Sprache abgefaßt, die seit 535 die lateinische Sprache in der Gesetzgebung ablöste und sie auch aus der Verwaltung zu verdrängen begann. Nur einige für den Westen oder die hohen Zentralbehörden bestimmte Erlässe sind lateinisch, vereinzelte zweisprachig publiziert

worden. Die geplante amtliche Sammlung der Novellen ist nicht mehr zustande gekommen. Dagegen ist uns eine Reihe **privater Sammlungen** erhalten.

16 a) Die sog. *Epitome Iuliani* ist eine verkürzende Bearbeitung von 124 Novellen aus den Jahren 535 bis 555 in lateinischer Sprache (wohl für den Westen), die den **Rechtslehrer Iulianus** aus Konstantinopel zum Verfasser hat.

b) Das sog. *Authenticum* ist eine ebenfalls lateinische Fassung von 134 Novellen, die wohl im 6. Jahrhundert in Italien entstanden ist, aber erst im Mittelalter gefunden und fälschlich für den Originaltext gehalten wurde (daher *Authenticum* genannt). Den Originaltext enthalten jedoch nur die ursprünglich lateinischen Novellen.

c) Die sog. **griechische Novellensammlung** enthielt ursprünglich 168 Novellen im griechischen bzw. lateinischen Urtext. Die uns erhaltenen Handschriften, die nach dem Untergang Ostroms im 15. Jahrhundert von den byzantinischen Gelehrten nach Italien mitgebracht worden sind, geben die lateinischen Novellen (die uns aber aus dem *Authenticum* bekannt sind) freilich nur in griechischen Auszügen oder überhaupt nicht wieder. Die Sammlung enthält auch einige ältere Gesetze Justinians sowie solche seiner Nachfolger Justinians II. und Tiberius' II., dazu einzelne Erlasse der *praefecti praetorio.*

d) Die sog. *Edicta Iustiniani,* 13 justinianische Novellen, sind als Anhang einer der Handschriften der griechischen Novellensammlung beigefügt.

2. Die Digesten

17 1. Den umfangreichsten und inhaltlich bedeutsamsten Teil des justinianischen Gesetzgebungswerks bilden die **Digesten.** Sie geben uns einen Querschnitt durch das gesamte Schaffen der klassischen Rechtswissenschaft. Das wenige, was uns die sonstige Überlieferung hiervon bewahrt hat, hätte uns nur eine ungefähre und blasse Vorstellung von der einmaligen Größe und denkerischen Kraft der römischen Juristen vermitteln können. Ohne die Digesten hätte das römische Recht auch niemals seinen Siegeszug durch den europäischen Kontinent antreten können. Ohne dieses Werk wäre die Geschichte Europas anders verlaufen. Das Hauptverdienst am Zustandekommen dieses *templum iustitiae* (*const. Deo auctore* 5 = C. 1, 17, 1, 5 und *Tanta* 20 = C. 1, 17, 2, 20) kommt, wie Honoré nachgewiesen hat, **Tribonian** zu. Honoré vergleicht Tribonians Leistung mit jener Ulpians am Ende der Klassik und bezeichnet ihn als den letzten römischen Juristen (Tribonian 256). Als solcher hat er mit einer einzigartigen organisatorischen Leistung die Schätze des klassischen Erbes für die Nachwelt bewahrt (Tribonian XVII). Damit ist Tribonian eine der wahrhaft großen Gestalten der europäischen Kulturgeschichte und der größte von allen in der Übermittlung des rechtlichen Erbes (Tribonian 255).

Honoré hat darüber hinaus den unerhört dramatischen Aspekt herausgearbeitet, wie wenig Zeit überhaupt für die Realisierung dieses Werkes zur Verfügung stand. Um ein Haar wäre es bereits durch den Nika-Aufstand im Januar 532 vereitelt worden, wenn Justinian damals gestürzt und Tribonian mit ihm gefallen wäre. Und bereits 551 wurde Berytos durch ein verheerendes Erdbeben zerstört. Danach hätte wohl, wie Honoré mit Recht annimmt, nichts mehr das römische Recht der Nachwelt erhalten können (Tribonian 255 f.).

18 Fast 40 Juristen (genau 38 oder 39; vgl. *H. Peter,* Mel. Meylan I [1963] 253 ff.) sind in den Digesten mit Bruchstücken aus insgesamt über 200 Schriften vertreten. Drei Juristen, von denen nur wenige kurze Fragmente aufgenommen worden sind, gehören sogar noch der republikanischen Zeit an (Q. Mucius Scaevola, Alfenus Varus und Aelius Gallus, § 24 II 5), und nur zwei sind Nachklassiker (Hermogenianus, Arcadius Charisius, § 39 I 4). Die Hälfte aller Fragmente entfällt auf die Spätklassiker Paulus ($^1/_6$) und Ulpian ($^1/_3$). Da die Vorklassiker von den späteren Juristen jedoch häufiger zitiert wurden, können wir aus den Digesten auch von dieser Zeit einen gewissen Eindruck gewinnen.

Über den Versuch, aus den vorhandenen Fragmenten die klassischen Schriften soweit wie möglich wiederherzustellen, vgl. § 33 III 5 Abs. 2.

19 2. In der *const. Tanta* 1 = C. 1, 17, 2, 1 wird mitgeteilt, daß die Kompilatoren insgesamt fast 2000 Bücher (*libri*, § 33 III 5) mit zusammen drei Millionen Zeilen (*versus*) durchgearbeitet hätten. Daraus sind etwa 150000 Zeilen in die Digesten aufgenommen worden, also etwa ein Zwanzigstel des bearbeiteten Materials. Die Frage, auf welche Weise die Gesetzgebungskommission diese gewaltige Aufgabe in der kurzen Zeit von drei Jahren hatte bewältigen können, wobei noch sämtliche Exzerpte miteinander in Einklang zu bringen und neu zu redigieren waren, hat die neuere Wissenschaft immer wieder beschäftigt und zu einer Reihe mehr oder weniger wahrscheinlicher Vermutungen über den technischen Hergang bei der Fertigstellung der Digesten geführt.

20 a) Nach der **Bluhmeschen Massentheorie** war die Digestenkommission in drei Unterkommissionen eingeteilt worden, von denen jede eine bestimmte „Masse" der klassischen Schriften zu bearbeiten hatte. Die erste Masse bestand hauptsächlich aus den Zivilrechtskommentaren (*libri ad Sabinum*) der Spätklassiker Paulus und Ulpian (die **Sabinusmasse**), die zweite aus den Ediktskommentaren der Hoch- und Spätklassiker (**Ediktsmasse**), die dritte aus den Responsen des Papinian, Paulus und Ulpian (**Papiniansmasse**). Diese Annahme beruht auf der Feststellung, daß die Fragmente in den einzelnen Digestentiteln in dieser stereotyp wiederkehrenden Folge aneinandergereiht sind. In manchen Digestentiteln steht am Schluß noch eine Reihe von Fragmenten aus anderen klassischen Schriften, die offenbar erst nachträglich während der Arbeit herangezogen worden sind (sog. **Appendixmasse**).

21 b) Die in ihren Grundzügen gesicherte Bluhmesche Theorie vermochte die schnelle Arbeit der Kommission jedoch noch nicht zur Genüge zu erklären. Man hat infolgedessen den Bericht Justinians über die unmittelbare Verarbeitung der klassischen Originalschriften (*const. Tanta* 1) als unglaubwürdig hingestellt. Vorlage der Digesten sollen glossierte Kommentare des Ulpian *ad Sabinum* und *ad edictum* gewesen sein (*Hofmann*) oder ein angeblicher privater Vorläufer der Digesten, den man als *Praedigesten* bezeichnet (*Peters*). Eine vermittelnde Auffassung meint, daß den Kompilatoren verschiedene Sammelwerke dieser Art aus dem Unterrichtsbetrieb der Schulen – im Einklang mit der Studienordnung (§ 39 III 1 Abs. 2) etwa den Bluhmeschen Massen entsprechend – zur Verfügung gestanden haben (*Arangio-Ruiz*) oder zumindest zu Unterrichtszwecken kommentierte und mit Hinweisen auf Parallelstellen versehene Handexemplare der wichtigsten Schriften (zu alledem eingehend Wieacker, in: SZ 89 [1972] 293ff.).

22 Inzwischen konnte jedoch *Honoré* auf der Grundlage von Bluhmes Massentheorie im einzelnen nachweisen, daß Tribonians Organisation der Arbeit es tatsächlich möglich machte, die der Kommission vorliegenden Werke durch ihre Mitglieder lesen und exzerpieren zu lassen. Er konnte daher die Theorien, die eine Benützung vorjustinianischer Sammlungen annehmen, als besonders wenig einleuchtend („highly implausible") zurückweisen. Wenn im Bereich bestimmter Materien solche Sammlungen tatsächlich herangezogen wurden, wäre ihre Rolle jedenfalls gänzlich unbedeutend. Eine solche Vorgangsweise hätte auch dem sonst beobachteten wissenschaftlichen Standard Tribonians widersprochen (Tribonian 250f.).

23 3. Da sich die klassischen Juristen vorwiegend mit dem Privatrecht (und Zivilprozeß) beschäftigt haben, nimmt dieses Rechtsgebiet auch in den Digesten den weitaus breitesten Raum ein (Buch 2–46). Dem Strafrecht sind Buch 47 (den Titel 1, *De privatis delictis*, kann man für das ganze Buch anwenden) und 48 (Titel 1: *De publicis iudiciis*, das Buch handelt von den *crimina publica*) gewidmet. Diese beiden Bücher werden als die *duo terribiles libri* bezeichnet (*const. Tanta* 8a). Das erste Buch behandelt allgemeine Fragen über Recht und Rechtsquellen, das Personenrecht und den Zuständigkeitsbereich der Behörden, während die beiden letzten Bücher das Appellationsrecht, Fiskalrecht, verwaltungsrechtliche Bestimmungen, Worterklärungen (D. 50, 16: *De verborum significatione*) und allgemeine Rechtsregeln (D. 50, 17: *De diversis regulis iuris antiqui*) zum Gegenstand haben.

3. Die Interpolationenforschung

24 1. Es ist begreiflich, daß bei der Verarbeitung eines so gewaltigen Rechtsstoffes, wie er in den klassischen Juristenschriften niedergelegt war, keineswegs alle sachlichen

Widersprüche ausgeglichen oder beseitigt werden konnten. Die späteren Jahrhunderte, in denen das *Corpus iuris civilis* (o. I 7) als Gesetzbuch galt, standen infolgedessen vor der vordringlichen Aufgabe, diese Unstimmigkeiten hinwegzudeuten und zu harmonisieren. Bis zur Einführung des Bürgerlichen Gesetzbuches stand diese ausschließlich dogmatisch gerichtete **Pandektenharmonistik** auch in der gemeinrechtlichen deutschen Wissenschaft durchaus im Vordergrund.

25 Bereits unter dem Einfluß der historischen Rechtsschule, vor allem aber seit der **Historisierung des römischen Rechts** nach Inkrafttreten des Bürgerlichen Gesetzbuches, vollzog sich jedoch auch in Deutschland ein grundsätzlicher Wandel in der wissenschaftlichen Einstellung gegenüber der Quellenüberlieferung. Die Wissenschaft vom römischen Recht hatte sich nun in eine historische Disziplin verwandelt, die sich – ohne jede Fessel und Beschränkung durch praktische Rücksichten auf die Anwendbarkeit des *Corpus iuris civilis* als eines geltenden Rechts – nunmehr der Frage nach der geschichtlichen Entstehung und Gestaltung des eigentlichen römischen Rechts zuwenden konnte.

26 2. Auf diese Weise mußte der Textkritik am *Corpus iuris civilis* wieder eine erhöhte Bedeutung zufallen. Die Digesten überliefern uns ja nicht durchwegs das einfach unveränderte klassische Gedankengut, sondern bringen es, entsprechend der ausdrücklichen Anweisung Justinians (*const. Tanta* 10), in einer mehr oder weniger stark überarbeiteten und den Zeitverhältnissen angepaßten Gestalt. Überdies waren Textveränderungen, wie wir gesehen haben (§§ 33 III 5 und 39 II 1, III 2 Abs. 4), bereits in vorjustinianischer Zeit in die klassischen Schriften hineingeraten. Diese – nachklassischen oder kompilatorischen, das heißt von Mitgliedern der von Justinian eingesetzten Kommission stammenden – Einschaltungen oder Veränderungen werden als Interpolationen bezeichnet. Das Hauptanliegen der modernen Forschung lag nun in dem Bestreben, alle Einschübe und Überlagerungen der nachklassischen Zeit nach Möglichkeit wieder auszuschalten oder abzutragen und auf diese Weise das klassische Recht in seiner ursprünglichen Reinheit wieder aufzudecken.

27 Die **Interpolationenkritik** setzte bereits in der Rechtswissenschaft des **Humanismus** ein, vor allem bei den Franzosen *Jacobus Cuiacius* und namentlich bei *Antonius Faber* (vgl. § 44 II 5a Abs. 3). Ihren eigentlichen Aufschwung erlebte sie jedoch auf der Grundlage der textkritischen Editionen und Forschungen Mommsens (§ 44 II 5d) erst seit dem Ausgang des 19. Jahrhunderts in der deutschen, italienischen und österreichischen Romanistik (A. Pernice, O. Lenel, O. Gradenwitz, F. Eisele, G. v. Beseler, J. Alibrandi, C. Ferrini, E. Albertario, S. Solazzi, H. Kreller, A. Steinwenter, L. Wenger, M. Wlassak).

28 3. Die Interpolationenforschung bedient sich heute aller text- und stilkritischen Methoden, wie sie von der Philologie, der Geschichtswissenschaft und der geschichtlichen Rechtswissenschaft ausgebildet worden sind.

Zunächst ist der überlieferte Text von allen äußeren Verstümmelungen, wie Schreiberversehen und dgl., zu befreien und durch entsprechende Verbesserungen **(Konjekturen)** richtigzustellen. Erst dann kann die eigentliche historische **Textkritik** einsetzen. Die dabei angewandten oder anzuwendenden Kriterien sind in neuerer Zeit ihrerseits zunehmend differenzierender Kritik unterzogen worden. Sie waren nicht selten von vorweg angenommenen, aber nicht bewiesenen Voraussetzungen beherrscht, was ein Klassiker gesagt haben könne und was nicht. Dabei spielte auch persönlicher Geschmack eine nicht unerhebliche Rolle. Vor allem aber hat der seit dem 19. Jahrhundert herrschend gewordene positivistische Wissenschaftsbegriff auch die Textkritik beeinflußt. Den heutigen Stand der Forschung repräsentieren vor allem die Abhandlungen von Kaser, Methodologie, und Wieacker, Textkritik und Sachforschung, SZ 91

(1974) 1–40; jetzt RG I 154–182. Einen wichtigen „Beitrag zur grundsätzlichen Überwindung der interpolationi(sti)schen Methode" leistet Behrends in Index 19 (1991) 169–213. Er zeigt den Zusammenhang dieser Methode mit dem Positivismus der Jahrhundertwende auf und sagt: „Zwischen dem regelsetzenden Staat und einem großen Volk konnte es in dem nationalromantischen Rechtsbild jener Epoche keinen Platz für einflußreiche, rechtliche Strukturen und Werte einführende Philosophien geben. Nun kann aber das, was in der römischen Republik von Sex. Aelius Paetus Catus bis hin zu Servius Sulpicius Rufus geschehen ist, ohne Berücksichtigung solcher Einflüsse überhaupt nicht verstanden werden, ...". Die in der interpolationistischen Methode herrschenden Vorstellungen hatten zur Folge, daß in der Arbeit der römischen Juristen „Philosophie und Theorie ... kaum mehr als dekorative Bedeutung haben" konnten. Dies alles bewirkte „am Ende eine regelrechte «Enthauptung» der römischen Rechtsgeschichte" (171 f.). Die Ergebnisse von Behrends bestätigen die gerade in diesem Buch schon seit der 6. Auflage vertretene Auffassung.

Im einzelnen ist die Frage, ob ein Text interpoliert ist oder nicht, meist sehr schwer zu entscheiden. 29
Die Entscheidung wird noch dadurch erschwert, daß die Kompilatoren Textstücke aus ihrem ursprünglichen Zusammenhang herausgerissen und dann an die anschließenden sprachlich angeglichen haben, ohne sachliche Veränderungen vorzunehmen. Zuweilen hilft eine **Doppelüberlieferung** der Stelle bei Justinian oder eine Zweitüberlieferung außerhalb des *Corpus iuris,* etwa bei **Gaius** oder in den *fragmenta Vaticana.* Verhältnismäßig einfach liegen auch diejenigen Fälle, wo ein überaltertes klassisches Rechtsinstitut offenkundig vom Kompilator gestrichen und durch ein anderes ersetzt worden ist, wie die *mancipatio* durch die einfache *traditio,* die *in iure cessio* durch die einfache *cessio,* die *fiducia* durch das *pignus,* die *cretio* durch die *aditio hereditatis.* Schwieriger ist schon die Frage zu entscheiden, ob es sich – selbst bei einer offenkundigen Textveränderung – um eine Interpolation **Justinians** *(emblema Triboniani)* oder um eine **vorjustinianisch**-nachklassische Textverderbnis handelt. Diese (§ 33 III 5) tritt freilich häufiger in der Form von bloßen Streichungen oder Glossen und Paraphrasen auf.

Die moderne „Interpolationenjagd" hat zunächst vielfach über das Ziel hinausgeschossen. Heute 30
geht man wieder besonnener zu Werke. Schließlich muß man mit gelegentlichen Unebenheiten und Unvollkommenheiten auch in klassischen Schriften rechnen, und solange sich eine Stelle auch nur einigermaßen noch als klassisch verstehen und sachlich halten läßt, wird man alle Interpolationsvermutungen vorerst grundsätzlich zurückzustellen haben. Häufig begegnet uns auch klassisches Gedankengut in nachklassischem Gewande. Auf der anderen Seite ist freilich auch die im Zusammenhang damit stehende These von der „geradlinigen Entwicklung" des römischen Rechts bis auf Justinian *(Riccobono)* nicht zu halten. Jedenfalls ist man heute mit Recht geneigt, der Überlieferung wieder mehr Glauben zu schenken (s. Kaser, Methodologie).

4. Interpolationen finden sich nicht nur in den Digesten, sondern auch im Codex, 31
und hier naturgemäß vorwiegend in den älteren Konstitutionen. Gelegentlich sind jedoch auch ältere Gesetze Justinians interpoliert worden. In den Institutionen stammen die verbindenden Zwischenstücke zwischen den ausgeschriebenen Vorlagen wohl von Tribonian (Honoré, Tribonian 190 ff. und 211).

Aber selbst die außerhalb des *Corpus iuris* überlieferten klassischen Schriften oder Bruchstücke klassischer Schriften (wie die Institutionen des Gaius oder die *fragmenta Vaticana),* deren Handschriften alle aus nachklassischer Zeit stammen, weisen bereits glossierende Zusätze oder Veränderungen von nachklassischer Hand auf. Der überlieferte Text geht, wie wir gesehen haben, nicht unmittelbar auf die klassischen Originalschriften, sondern auf frühe nachklassische Bearbeitungen zurück. Noch spätere Eingriffe in den Text sind hier freilich, wie die neueren Gaiusfunde gezeigt haben, außerordentlich gering.

5. Über die modernen **lexikalischen Hilfsmittel** der Interpolationenkritik vgl. § 1 IV 1 b.

§ 44. Nachleben und Weiterwirken des römischen Rechts

Schrifttum: *L. Wenger,* Quellen 679–734 mit zahlreichen Hinweisen auf ältere Lit.; *ders.,* Um die Zukunft des römischen Rechts, in: Fs. Schulz II (1951) 364ff.; *D. Simon,* Aus dem Kodexunterricht des Thalelaios, in: SZ 86 (1969) 334-383, SZ 87 (1970) 315–394 (Fortsetzung), RIDA 16 (1969) 283–308 (Fortsetzung, Interpolationsberichte) und RIDA 17 (1970) 273–311 (Fortsetzung); *ders.* (Hrsg.), Fontes minores I (1976), II (1977), III (1979), IV (1981), V (1982), VI (1984) und VII (1986) = Forschungen zur byzantinischen Rechtsgeschichte 1, 2, 4, 7, 8, 11 und 14; *G. G. Archi,* Pragmatica sanctio pro petitione Vigilii, in: Fs. Wieacker (1978) 11ff.; *P. E. Pieler,* Byzantinische Rechtsliteratur (bei § 39) 419–480; zum Weiterwirken des römischen Rechts *F. C. v. Savigny,* Geschichte des römischen Rechts im Mittelalter I–VII (2. Aufl. 1834–51, Neudr. 1956); jetzt Untersuchungen über das römische Recht im Mittelalter von zahlreichen Gelehrten in IRMAE I–V, Teil V: Die Einflüsse des römischen Rechts und seiner Wissenschaft auf das kanonische Recht und die nationalen Rechte bis zum Ende des 15. Jahrhunderts; dort V, 6: *H. Coing,* Römisches Recht in Deutschland (1964); V, 7: *H. Baltl,* Einflüsse des römischen Rechts in Österreich (1962); zu Übersichten über zahlreiche weitere Bände § 1 VI 2; ferner *C. G. Suarez* (1746–1798), Vorträge über Recht und Staat, hrsg. von *H. Conrad* und *G. Kleinheyer* (1960); *W. Trusen,* Anfänge des gelehrten Rechts in Deutschland, Ein Beitrag zur Geschichte der Frührezeption (1962); *A. Steinwenter,* Der Einfluß des römischen Rechts auf die Kodifikation des bürgerlichen Rechtes in Österreich, Mem. Koschaker I (1954) 403–426; *G. Wesenberg/G. Wesener,* Neuere deutsche Privatrechtsgeschichte im Rahmen der europäischen Rechtsentwicklung (4. Aufl. 1985); dazu *K. Luig,* SZ 105 (1988) 905ff.; *F. Wieacker,* PGN; *ders.,* Europa und das römische Recht, in: Vom röm. Recht 288–304; *ders.,* Historische Bedingungen und Paradigmen supranationaler Privatrechtsordnungen, AS 2 (1983) 242–258; *ders.,* Europäische Rechtskultur, in: Europa, Horizonte der Hoffnung, Hrsg. von *F. König* und *K. Rahner* (1983); *E. Genzmer,* Das römische Recht als Mitgestalter gemeineuropäischer Kultur, in: Fs. Laun (1953) 499ff.; *P. Koschaker,* Europa und das römische Recht (4. Aufl. 1966); *Th. Mayer-Maly,* Vergleichende Beobachtungen zur Behandlung des römischen Rechts im deutschen und im österreichischen Rechtsunterricht, in: RIDA 11 (1964) 395–407; *H. Coing,* Handbuch der Quellen und Literatur der neueren europäischen Rechtsgeschichte I, Mittelalter (1973), II 1, Neuere Zeit 1500–1800, Wissenschaft (1977) und II 2, Neuere Zeit, Gesetzgebung und Rechtsprechung (1976); *W. Ullmann,* Law and Politics in the Middle Ages, An Introduction to the Sources of Medieval Political Ideas (1975); Le droit romain et sa reception en Europe, Les actes du colloque organisé par la Faculté de droit ... de l'Université de Varsovie ... le 8–10 octobre 1973, hrsg. von *H. Kupiszewski* et *W. Wołodkiewicz* (1978); *P. Bender,* Die Rezeption des römischen Rechts im Urteil der deutschen Rechtswissenschaft (1979); *H. Schlosser,* Grundzüge der neueren Privatrechtsgeschichte (UTB 882, 5. Aufl. 1985); *A. Beck,* Itinera iuris (bei § 28) 181–485; *P. Stein,* Legal Institutions, The Development of Dispute Settlement (1984); *ders.* und *J. Shand,* Legal Values in Western Society (1974); in dieser Reihe der Kurzlehrbücher auch *H. Mitteis/H. Lieberich,* Deutsche Rechtsgeschichte (19. Aufl. 1992); ferner *H. Baltl/G. Kocher,* Österreichische Rechtsgeschichte (7. Aufl. 1993); *E. Picker,* Zum Gegenwartswert des römischen Rechts, in: Das antike Rom in Europa, Vortragsreihe der Univ. Regensburg, Bd. 12 (1985) 289ff.; *W. Brauneder,* Studien I: Entwicklung des Öffentlichen Rechts; II: Entwicklung des Privatrechts (1994); *R. Knütel,* Römisches Recht und deutsches Bürgerliches Recht, in: Die Antike in der europäischen Gegenwart (hrsg. von *W. Ludwig,* 1993) 43–70; *ders.,* Rechtseinheit in Europa und römisches Recht, in: Zeitschrift für Europäisches Privatrecht 2 (1994) 244–276.

1. Im byzantinischen Recht

1 1. Die Regierungszeit Justinians bildet ein eigenartiges Zwischenglied in der historischen Entwicklung. Die Spätantike schien die „römische" Geschichte bereits weit hinter sich gelassen zu haben, und neue Entwicklungen im Westen wie im Osten bahnten sich an: Im Westen kam die Zeit der germanischen und romanischen Völker herauf, im Osten erstand, vielleicht weniger spektakulär aber doch unaufhaltsam, das byzantinische Reich, das sich von Rom längst gelöst hatte, obwohl sich dessen Träger immer noch Ῥωμαῖοι (Römer) nannten. Justinian läßt die Welt noch einmal still stehen.

Justinian stammt aus Tauresium im illyrischen Bergland, also aus dem **lateinischen Sprachbereich** (§ 43 I 1). Wenn er von seiner Muttersprache redet, meint er das Lateinische. Wie sein Onkel Justinus, der ihn nach Konstantinopel rief, adoptierte und schließlich zum Mitregenten machte, stammt er aus jenem **Illyricum,** das wiederholt (vgl. §§ 31 III 2; 35 I 2 und 4) in schwerster Zeit seine **Romanitas** bewahrte, obwohl der größte Teil der Bevölkerung damals und wohl auch später noch nur wenig zivilisiert war. Auch Diokletian und Konstantin hatten von dort ihren Ausgang genommen.

2. Es ist kein Wunder, daß Justinian danach trachtete, das **„Römische Reich“** wiederherzustellen in seiner alten Herrlichkeit und die Versäumnisse des letzten Jahrhunderts wieder gut zu machen, nachdem er ein von den militärischen Anstrengungen der letzten Jahrzehnte erholtes Ostreich von seinen Vorgängern Anastasios I. und Iustinus I. übernommen hatte. Auch waren die Finanzen durch eine Reform des Anastasios in Ordnung gekommen, eine Voraussetzung für die Erfüllung seiner eigenen hochfliegenden Pläne. So gelang es ihm, durch seine Feldherrn Belisar und Narses das **Westreich** im wesentlichen **zurückzuerobern.** Freilich mußte er dafür Verluste im Osten in Kauf nehmen. Die Slawen drangen in die Balkanhalbinsel ein, und den Frieden mit den noch gefährlicheren Persern konnte der Kaiser nur durch Tribute erlangen. Außerdem wurden infolge seiner kostspieligen Unternehmungen die Finanzen allmählich zerrüttet. 2

Bestehen blieb von Justinians italischen Erwerbungen während der Herrschaft der langobardischen Könige (568–774) der Exarchat Ravenna (im Süden zeitweise bis Ancona), der Dukat von Rom, wenn auch später dem Papst unterstellt –, der Dukat von Neapel (mit einem Teil Campaniens) und der ganze Süden Italiens mit Sizilien. Diese **Teilung Italiens** wurde in den folgenden Jahrhunderten aus den verschiedensten Gründen nicht völlig überwunden und **wirkt noch heute nach.** 3

Zu Unrecht wurde Justinian vorgeworfen, er habe das am stärksten haltende kulturelle Band mit dem Westen zerschnitten, indem er die **lateinische Amtssprache** durch das Griechische ersetzte. Die Sprache der Gesetzgebung wechselt erst im Jahre 535 vom Lateinischen zum Griechischen. Wie Honoré, Tribonian 134, wohl mit Recht annimmt, ist dies auf den Einfluß des *praefectus praetorio Orientis* Johannes des Kappadokiers zurückzuführen. Die lateinische Amtssprache wird übrigens erst unter Herakleios I. (610–641) durch die griechische ersetzt (s. G. Ostrogorsky, Geschichte des byzantinischen Staates [3. Aufl. 1963] 89). 4

3. Das **Hauptwerk der justinianischen Kodifikation, die Digesten,** stellen zwar im wesentlichen „nichts anderes“ dar als die kodifizierte Wissenschaft einer längst vergangenen hochentwickelten Rechtskultur, sodaß seine „effektive“ Geltung sich von vornherein auf die wenigen Mittelpunkte städtischer Kultur beschränken mußte. Das war jedoch zur Zeit der Hochblüte der klassischen Jurisprudenz nicht anders gewesen (vgl. §§ 30 IV und 40 III 2). Die **Bedeutung der Kodifikation für die europäische Rechtsgeschichte** konnten weder Tribonian noch Justinian voraussehen. Durch die überragende Juristenpersönlichkeit Tribonian, der das klassische Erbe nochmals zu durchdringen vermochte, und mit der tatkräftigen Förderung durch den Kaiser kam zunächst zustande, was Caesar (§ 25 IV 5g) und Theodosius II. (§§ 39 I 3 und 42 III 1) vergeblich angestrebt hatten. Es ist daher gewiß nicht bloß propagandistische Übertreibung, wenn in *const. Tanta* pr. = C. 1, 17, 2 pr. hervorgehoben wird, es sei damit erreicht worden, „was niemand vorher zu hoffen gewagt oder überhaupt dem menschlichen Geist für möglich gehalten hätte“ *(quod nemo ante nostrum imperium umquam speravit neque humano ingenio possibile esse penitus existimavit).* Durch dieses Ergebnis des Zusammenwirkens Tribonians und des Kaisers ist es jedoch gelungen, das Erbe der klassischen Rechtswissenschaft der Nachwelt zu übermitteln und damit die Grundlagen der Rechtskultur der meisten europäischen Staaten zur Verfügung zu stellen (vgl. Honoré, Tribonian 254ff.). 5

6 4. Justinian hatte die Kommentierung der Digesten ausdrücklich verboten (*const. Deo auctore* 12 = C. 1, 17, 1, 12 und *const. Tanta* 21 = C. 1, 17, 2, 21). Die wirkliche Bedeutung dieser Bestimmungen ist jedoch lebhaft umstritten. Man hat gemeint, die Ausnahmen bedeuteten, daß nur wortgetreue Übertragungen ins Griechische, **kata poda** (κατὰ πόδα = Schritt für Schritt), Hinweise auf Parallelstellen, **paratitla** (παράτιτλα), sowie kurze Inhaltsangaben, **indices** (ἴνδικες) erlaubt sein sollten. Wallinga (Tanta 111ff.) ist jedoch der Auffassung von Scheltema beigetreten, wonach das Verbot sich lediglich auf das Schreiben von Kommentaren in die Gesetzbücher selbst (mit den genannten Ausnahmen) bezog, während das Verfassen von selbständigen Kommentaren in gesonderten Werken nicht verboten gewesen sei. Damit läßt sich dann auch die Tatsache erklären, daß schon in der Regierungszeit Justinians im wissenschaftlichen Schulbetrieb tatsächlich erläuternde **Paraphrasen** in griechischer Sprache sowie kommentierende Anmerkungen, **Paragraphai** (παραγραφαί) zu den Digesten und zum Codex geschrieben worden sind. Wallinga selbst trägt noch weitere Argumente bei, die erklären, warum die Verletzung des Verbots als *crimen falsi* (Fälschung) bezeichnet wurde. Es mußte Vorsorge getroffen werden, daß der Text als solcher zuverlässig und unverfälscht bleibt (Wallinga 114ff.). Später traten hierzu auch **Monographien** über einzelne Rechtsgebiete.

Von diesen Arbeiten, zu deren Verfassern neben anderen Rechtslehrern auch Mitglieder der Gesetzgebungskommission selbst (Theophilus und Dorotheus, § 43 I 2) gehörten, ist uns unmittelbar eine dem **Theophilus** zugeschriebene griechische **Institutionenparaphrase** „fast vollständig" erhalten (dazu und zu weiterer Lit. Pieler, Byzantinische Rechtsliteratur 419ff.).

7 5. Zu Beginn des siebenten Jahrhunderts wurde die bisherige Kommentarliteratur zu den Digesten von einem unbekannten Verfasser (dem sog. **Anonymus**) in Form eines **Kettenkommentars** zu einer eigenen kurzen griechischen **Digestenparaphrase** zusammengefaßt. Die Exzerpte aus den älteren Kommentaren wurden in Gestalt einer Kette (Katene, κατήνη) der einschlägigen Stelle der Paraphrase beigefügt. Auch dieses Werk ist uns nur in der späteren Verarbeitung durch die Basiliken (u. 6) erhalten.

8 6. Das *Corpus iuris* hatte im Laufe der Zeit seine Verwendbarkeit in der byzantinischen Gerichtspraxis eingebüßt. Bereits Kaiser **Leo III. (Isaurus)** hatte daher einen griechischen Auszug aus dem justinianischen Gesetzgebungswerk, die sog. **Ekloge** (ἐκλογὴ τῶν νόμων) herstellen lassen (Anfang des achten Jahrhunderts). Aber erst der politische und kulturelle Aufschwung, den das byzantinische Reich nach Abwehr der Perser und Araber und nach Schlichtung des Bilderstreites im neunten Jahrhundert erlebte, hat auch der gesetzgeberischen Arbeit wieder größeren Auftrieb gegeben. **Basilius I. (Macedo)** plante eine erneute griechische Zusammenfassung des *Corpus iuris,* die dann unter seinem Nachfolger **Leo VI. (dem Weisen,** 886–911) durchgeführt wurde. Das neue Kaiserrecht, die **Basiliken** (Βασιλικά), war allerdings nichts anderes als die Digestenparaphrase des Anonymus, die man durch eine ähnliche Codexparaphrase des Thalelaios, eines Rechtsgelehrten aus justinianischer Zeit, vervollständigt hatte. Mit diesem nun offiziellen Gesetzestext verband die Rechtswissenschaft dann wieder den alten Kettenkommentar des Anonymus, der laufend (bis ins dreizehnte Jahrhundert) durch weitere Anmerkungen **(Scholien)** zu den Basiliken selbst ergänzt wurde. In dieser Gestalt ist uns das Werk erhalten. Da die alten Basilikenscholien (des Theophilus, Dorotheus, Thalelaios, Stephanus, Cyrillus und anderer) des Kettenkommentars des Anonymus zum Teil noch in justinianische Zeit zurückreichen und auch verschollene oder in den Digesten nicht ausgezogene klassische Schriften benutzt haben, sind sie auch für die Forschung von großem Wert.

Die Basiliken sind in 60 **Bücher** eingeteilt. Die Bücher zerfallen in einzelne **Titel,** in denen die paraphrasierten Stellen aus den Digesten, dem Codex und den Novellen aneinandergereiht sind. Aus der Institutionenparaphrase des Theophilus (o. 4 Abs. 3) ist nur wenig übernommen worden. 9

Zitiert werden die Basiliken wie üblich nach Buch, Titel und Fragment.

7. In der Folgezeit führten die Bedürfnisse der Praxis zu immer weiter **verkürzten** 10
Neubearbeitungen des Basilikentextes.

Hervorzuheben sind: die **Synopsis Basilicorum,** ein alphabetischer Auszug aus der Mitte des 10. Jahrhunderts; der **Tipucitus** (τὶ ποῦ κεῖται = wo etwas zu finden ist), eine Inhaltsangabe der Basiliken mit Hinweisen auf Parallelstellen, ergänzt durch neuere Gesetze, aus dem 12. Jahrhundert; und schließlich die **Hexabiblos** (Ἑξάβιβλος), eine sorgfältige Kompilation in **sechs Büchern** von *Konstantin Harmenopoulos,* Richter in Thessalonike, um 1345 (dazu Wenger, Quellen 716). Dieses Werk hat noch bis in die jüngste Vergangenheit in Griechenland als Gesetzbuch gegolten, bis am 23. Februar 1946 das griechische Zivilgesetzbuch vom 15. März 1940 in Kraft treten konnte (dazu Wenger, Quellen 716 Anm. 438).

2. In der abendländischen Rechtsentwicklung

1. Im Abendland leitet bereits der Untergang Westroms im Jahre 476 von der **An-** 11
tike zum **Mittelalter** über. Auch dieser Schnittpunkt bezeichnet nur die äußerlich greifbare Wende in einer langen Entwicklung, die dem Abendlande auf der Grundlage der römischen Überlieferungen schließlich eine neue Gestalt gegeben hat.

Seit Ausgang des fünften Jahrhunderts galt im Westen das römische Vulgarrecht in 12
der vereinfachten Form, die es in den *leges Romanae* der Germanenkönige, vor allem in der **Lex Romana Visigothorum,** erhalten hatte (§ 42 IV 2). Nur im wiedereroberten Italien hatte Justinian durch Edikt (bestätigt auf Ansuchen des Papstes Vigilius durch die *Sanctio pragmatica pro petitione Vigilii* vom Jahre 554) die drei Teile seines Gesetzbuches eingeführt. Die Digesten konnten wegen ihrer Komplexität keine Anwendung finden und waren bald verschollen. Nur die **Institutionen,** der **Codex** und die **Novellen** (in der sogen. **Epitome Iuliani,** § 43 I 7a) blieben bekannt.

Auch an den **Rechtsschulen** im frühmittelalterlichen Italien wurde offenbar nur das primitivste 13
Elementarwissen gepflegt. Die **literarische Arbeit** beschränkte sich auf kurze Auszüge und Erläuterungen für die Praxis. Bekannt ist uns im wesentlichen nur eine mit Scholien versehene Institutionenhandschrift (sog. **Turiner Institutionenglosse)** aus dem 9. Jahrhundert und ein wohl aus derselben Zeit stammender Auszug aus dem **Codex** in einer Handschrift aus Perugia (sog. **Summa Perusina).**

2. Erst die **Wiederentdeckung der Digesten** um die Mitte des elften Jahrhunderts 14
leitete eine neue **Blütezeit der Rechtswissenschaft** in Italien ein. Dabei fiel dieses Ereignis in die Zeit des wirtschaftlichen und politischen Aufstiegs der italienischen Stadtstaaten und eines allgemeinen geistigen Aufschwungs, der vor allem in der **Scholastik** seinen Ausdruck fand, so daß alle Vorbedingungen für die Erneuerung der Rechtswissenschaft gegeben waren. Das **lombardische Recht** war bereits vorher an der angesehenen **Rechtsschule von Pavia,** der Hauptstadt des langobardischen Königreiches gelehrt worden.

a) Mittelpunkt der neuerstandenen Rechtswissenschaft war die älteste Universität 15
des Abendlandes, die **Universität Bologna** (gegründet um 1080). Ein Sohn dieser Stadt, **Irnerius** (gestorben nach 1125), begründete dort die **Glossatorenschule.** Sie hat ihren beherrschenden Einfluß im Laufe von zwei Jahrhunderten über den ganzen Westen ausgebreitet. Das römische Recht fand nun an den zahlreichen neu errichteten

Rechtsschulen Ober- und Mittelitaliens, in Frankreich und Spanien, in England und dann auch in Deutschland seine Pflegestätten. Neben den Schülern des Irnerius, den *„quattuor doctores"* **Martinus, Bulgarus, Hugo** und **Jacobus,** sind die bedeutendsten Vertreter dieser Schule vor allem **Azo** (gestorben 1230) und **Accursius** (gestorben 1260), der die wissenschaftliche Ernte dieser beiden Jahrhunderte zusammengetragen hat (u. c).

16 b) Die Glossatoren verdanken ihren Namen der von ihnen angewandten wissenschaftlichen Arbeitsmethode, d. h. der fortlaufenden Erläuterung des Textes durch Randbemerkungen (Marginalglossen) oder zwischen die Zeilen eingefügte Notizen (Interlinearglossen). Nicht viel anders als dereinst bei den byzantinischen Gelehrten erschöpfte sich ihre Tätigkeit im wesentlichen in einer solchen **Auslegung des Corpus iuris** und vor allem des in den Digesten niedergelegten gewaltigen Rechtsstoffes. Da sich die Glossatoren das Verständnis des *Corpus iuris* ohne weitere literarische Hilfsmittel Schritt für Schritt mit unendlicher Mühe erarbeiten mußten, ist ihre geistige Leistung nicht hoch genug einzuschätzen.

17 Der reinen **Worterklärung** (γλῶσσα = erklärungsbedürftiges Wort) folgten sehr bald **sachliche Erläuterungen,** juristische Begründungen sowie Hinweise auf Parallelstellen und Widersprüche. Freilich wurde dem *Corpus iuris* von den Glossatoren der gleiche unbedingte Geltungsanspruch zugeschrieben wie von den Theologen der Heiligen Schrift. Daher waren sie bestrebt, alle Widersprüche als nur scheinbar wieder hinwegzudeuten, und es ist erstaunlich, mit welchem Scharfsinn sie hierbei vielfach zu Werke gegangen sind. Ihre juristische **Quellenexegese** ist oft so eindringend, daß sie auch heute noch nicht selten den Schlüssel zum eigentlichen Verständnis einer Stelle liefert. In der Tat läßt sich allein mit Hilfe eines solchen umfangreichen Anmerkungsapparates das *Corpus iuris* wirklich beherrschen.

Im übrigen haben die Glossatoren auch **Werke anderer Art** verfaßt, wie Inhaltsübersichten *(summae)*, Begriffsbestimmungen *(distinctiones)*, Zusammenstellungen von Streitfragen *(dissensiones dominorum)*, Sammlungen erdachter Rechtsfälle zur Veranschaulichung bestimmter Quellenentscheidungen *(casus)* sowie Monographien verschiedenen Inhalts.

18 c) Die Kommentarwerke der älteren Glossatoren wurden schließlich von dem Bologneser Rechtsgelehrten **Accursius** zu einem großen Sammelwerk vereinigt, der sog. **Glossa ordinaria.** Als umfassendes Handbuch der gesamten vorhergehenden Forschungsarbeit errang die Glosse des Accursius bald auch in der Praxis ein solches Ansehen, daß sie die früheren Einzelwerke vollständig verdrängte und in alle Handschriften und älteren Drucke des *Corpus iuris* aufgenommen wurde. Auch heute noch bildet die Glosse in dieser Gestalt ein unentbehrliches Hilfsmittel für die Interpretation.

19 3. Die Arbeit der Glossatorenschule war vorwiegend auf die erkenntnismäßige Durchdringung und die theoretische Verarbeitung des *Corpus iuris* gerichtet. Die Glosse stellte im wesentlichen eine Kathederwissenschaft dar, die um ihrer selbst willen betrieben wurde. Der Abschluß dieser Arbeit durch die **„Glossa ordinaria"** machte die Kräfte der gelehrten Juristen für andere Aufgaben mehr praktischer Art frei. Diese Aufgaben erschienen um so dringlicher, als man den neuartigen wirtschaftlichen und sozialen Verhältnissen des Mittelalters mit den Mitteln und Denkformen des *Corpus iuris* nicht gerecht zu werden vermochte. Gleichwohl schrieb man dem justinianischen Gesetzbuch nebst der Glosse kanonische Geltung zu.

20 a) Seit dem Ende des dreizehnten Jahrhunderts vollzog sich daher innerhalb der Rechtswissenschaft ein grundsätzlicher Wandel. Die sog. **Postglossatoren** oder **Kommentatoren** waren nun vor allem bestrebt, das römische Recht den drängenden praktischen Bedürfnissen der Zeit anzupassen. Mit oft haarspalterischer Dialektik und kühnen Analogien suchten sie die **neuen Rechtsgedanken,** wie sie sich in der Praxis des Rechtslebens entwickelten, durch Stellen aus dem *Corpus iuris* oder der Glosse zu

stützen und ihnen auf diese Weise gesetzliche Autoriät zu sichern. Insoweit haben sie durch Abstraktion der Entscheidung vom einzelnen Fall aus den Quellen allgemeine Rechtsgrundsätze abgeleitet, aber auch Rechtsgedanken auf das *Corpus iuris civilis* zurückzuführen versucht, die darin jedenfalls nicht direkt ausgesprochen sind. Gerade darin liegt ihre rechtsgeschichtliche Bedeutung und Größe, daß sie durch ihre rechtsschöpferische Arbeit, der wir u.a. die **Grundzüge des modernen Handelsrechts und des internationalen Privatrechts** verdanken, das klassische Erbe lebendig erhielten, indem sie es umgestalteten. Sie haben es damit nicht nur für ihre Zeit, sondern auch für die Nachwelt fruchtbar gemacht.

b) Entsprechend den veränderten Zielen ihrer wissenschaftlichen Arbeit schrieben 21 die Kommentatoren anders als die Glossatoren nicht mehr kurze, gegenstandsgebundene Erläuterungen, sondern ausführliche **Kommentare** zum *Corpus iuris,* in denen sie durch schöpferische Fortbildung des römischen Rechts die Tore zu neuen Rechtsbereichen aufschließen konnten. Diese Form ihrer literarischen Produktion hat ihnen die heute übliche Bezeichnung „Kommentatoren" eingetragen. Wichtiger wurde jedoch ihre Einwirkung auf die Gerichtspraxis durch ihre **Rechtsgutachten, consilia** (*Wieacker* nennt sie daher „Konsiliatoren"). Für Deutschland sollte es von besonderer Bedeutung werden, daß sie dem mittelalterlichen Grundsatz der Vorrangigkeit partikulärer Rechte – in ihrem Falle der Statutarrechte der italienischen Städte – durch das Prinzip ihrer „engen Auslegung" *(stricta interpretatio)* seine Schärfe genommen haben.

Die bedeutendsten Vertreter der Kommentatoren waren neben **Cinus** (da Pistoia, 22 1270–1336) vor allem **Bartolus** (de Saxoferrato, 1314–1357) und sein Schüler **Baldus** (de Ubaldis, 1327–1400).

c) Durch diese den Bedürfnissen ihrer Zeit dienende Arbeit der Kommentatoren übte die italienische Rechtswissenschaft **(mos italicus)** einen bedeutenden Einfluß auf die europäische Rechtsentwicklung aus. Das Bedeutsame dieses Einflusses bestand in der wissenschaftlich-rationalen Methode, angewandt insbesondere auf das Recht des *Corpus iuris,* das die Kommentatoren damit zu einem europäischen **ius commune (gemeinen Recht)** gemacht haben. Jetzt kamen ganze Scharen von Studenten aus den west- und mitteleuropäischen Ländern nach Italien, um dort an den Universitäten die neue Wissenschaft vom römischen Recht zu studieren. Auch an den inzwischen entstandenen Universitäten dieser Länder wird seit dem 15. Jh. das römische Recht in Gestalt der Kommentatorenwissenschaft gepflegt.

Es entsteht daraus eine allgemeine kontinental-europäische Bewegung, die sog. **Rezeption** des römischen Rechts. Sie bildet u.a. die Grundlage der **europäischen Rechtskultur.** Eine zweite wichtige Komponente, auch in Westeuropa, ist die **germanische** – eine Folge der Völkerwanderung. Dieses Band, das einen großen Teil des europäischen Kontinents umschließt, erleichtert das gegenseitige Verständnis der Juristen auf dem Gebiet des Zivilrechts auch heute noch. 23

Im **Heiligen Römischen Reich deutscher Nation** ist die Rezeption seit dem 13. Jahrhundert auf 24 verschiedenen Wegen wirksam geworden, mit dem schließlichen Ergebnis, daß das römische Recht ein wesentlicher Bestandteil unseres noch heute geltenden Privatrechts ist, und zwar sowohl des AGBG, als auch des BGB, des ZGB und anderer Kodifikationen des Privatrechts.

Eine Sonderstellung bewahrte in dieser Zeit **England.** In England hatte sich, nach anfänglicher Beeinflussung durch die Glossatoren, gegen Ende des 13. Jahrhunderts ein einheimischer Juristenstand entwickelt, der stärker am heimischen Recht orientiert war. Dennoch hat auch in England, und zwar besonders über die Rechtspflege des Lord Chancellor (equity law) das römische Recht Einfluß gewonnen. In **Schottland** hat sich dieser Einfluß direkter ausgewirkt.

4. Die Frage nach Ursache und Verlauf der Rezeption im Heiligen Römischen Reich 25 deutscher Nation kann hier nur gestreift werden. Im Gegensatz zu Frankreich und

England traf die Rezeption das Reich in einem Zeitpunkt der Dauerkrise der Verfassung des Reiches: Es gab keinen Einheitsstaat und keine Hauptstadt, es fehlte an einer zentralen Reichsgewalt und, wie es kein Reichsprivatrecht gab, so gab es auch keinen organisierten Reichsjuristenstand, der es hätte verteidigen können. Im Augenblick der Neugestaltung des **Reichskammergerichts** (1495) war es zu spät. Damals hatte das römische Recht, vertreten durch gelehrte Richter, im Reich das alte deutsche Recht bereits weitgehend verdrängt. Das Gericht wurde zur Hälfte mit **Doctores iuris** besetzt und erhielt die ausdrückliche Anweisung, „nach des Reiches und gemeinen Rechten" zu urteilen.

Zwar kam dem römisch-gemeinen Recht nur subsidiäre Geltung zu; aber selbst gegenüber dem aufgezeichneten partikulären Recht setzte es sich infolge seiner wissenschaftlichen Überlegenheit durch, besonders seitdem die Landesherrn gelehrte Obergerichte eingerichtet hatten und gelehrte Anwälte sich vor den unteren Gerichten auf römisches Recht beriefen. Dies hatte zur Folge, daß auch zu den Laiengerichten die Stadtsyndici oder Professoren des römischen Rechts als gelehrte Richter zugezogen wurden. Schließlich haben die allgemeine humanistische Geistesströmung der Zeit und die politische Romidee die Ausbreitung des römisch-gemeinen Rechts begünstigt.

26 5. Die weitere Entwicklung der kontinental-europäischen Rechtswissenschaft nach der Postglossatorenzeit gehört nicht mehr in den Rahmen einer Geschichte des antiken römischen Rechts. Ein kurzer Ausblick muß hier genügen, um den gesamteuropäischen Charakter der Wissenschaft vom römischen Recht anzudeuten.

27 a) Im Einklang mit der allgemeinen Geistesrichtung des Humanismus wandte sich auch die Jurisprudenz den römischen Quellen zu. Es entstand eine humanistische, die sogenannte **„elegante Jurisprudenz".** Einer der Wegbereiter war der **Italiener Andreas Alciatus,** 1492–1550. In der „eleganten Jurisprudenz" vereinigen sich mehrere Richtungen, Antiquare, klassische Philologen, Rechtshistoriker – die sich in Frankreich auch der Pflege des Gewohnheitsrechts zuwenden – und Praktiker. Es gab hervorragende Vertreter der humanistischen Jurisprudenz, die nicht nur auf einem Gebiet arbeiteten. Nur wenige Namen können hier genannt werden.

28 In **Deutschland** war der bedeutendste der vielseitige **Ulrich Zasius** (Zäsy) aus Freiburg/Br., 1461–1535, Praktiker, Rechtshistoriker und Gesetzgeber (Freiburger Stadtrecht 1520) zugleich. **Gregor Haloander** (Meltzer) aus Zwickau, 1501–1531, ist der erste Herausgeber der Digesten auf der Grundlage der *Florentina* (s. § 43 I 4 Abs. 3).

29 Während im Reich der Rezeptionszeit in der Folge die Aufgaben der Rechtspraxis die Juristen bald voll in Anspruch nahmen, erlebte in **Frankreich** die humanistische Jurisprudenz die höchste Blüte **(mos gallicus).** Mittelpunkt war die Universität von **Bourges.** An dieser Universität lehrten **Jacobus Cuiacius** (Cujas), 1522–1590, und **Hugo Donellus** (Doneau), 1527–1591. Cuiacius beherrschte das gesamte Gebiet der Altertumswissenschaft. Er war ein Meister der Quellenexegese, auf dessen Werke auch die moderne Forschung immer wieder zurückgreift. Donellus ist der große Dogmatiker und Systematiker der französischen Rechtsgeschichte. **Antonius Faber** (Favre), 1557–1624, Gerichtspräsident in Chambéry (Savoyen), wendete sich – über die philologische Konjekturalkritik hinaus – der Sachkritik der justinianischen Interpolationen zu. Seine Forschungen (Rationalia ad Pandectas) werden erst heute voll gewürdigt.

30 Zu erwähnen sind außerdem *Dionysius Gothofredus* (Godefroy), 1549–1622, der erste Herausgeber des justinianischen Gesetzgebungswerkes unter der Bezeichnung *Corpus iuris civilis* (Genf 1583) mit Angabe von Parallelstellen (vgl. § 43 I 7) und sein Sohn *Jacobus Gothofredus,* 1587–1652, der den Codex Theodosianus (§ 42 III) mit großem, noch heute unentbehrlichem Kommentar herausgegeben hat (Lyon 1665).

Die hugenottischen Emigranten, zu denen auch **Donellus** gehörte (er starb als Professor in Altdorf), haben dann vor allem in den wirtschaftlich aufblühenden und geistig freien Niederlanden der humanistischen Rechtswissenschaft eine neue Pflegestätte bereitet. Mit der **„Niederländischen Schule“** (Ende des 16. Jahrhunderts und im 17. Jahrhundert) übernehmen die **Niederlande** die Führung der juristischen Romanistik. Dort verbindet sich die humanistische Jurisprudenz mit einer praktischen Richtung. Wir finden diese Verbindung bei Männern wie **Johannis Voet,** 1647–1714, und **Cornelis van Bynkershoek,** 1673–1743. Sie haben auch auf die deutsche Rechtswissenschaft Einfluß gehabt. 31

b) Die in **Deutschland** im 17. und 18. Jahrhundert herrschende Richtung des **usus modernus pandectarum,** die wir auch in Frankreich und in den Niederlanden antreffen, ist bestrebt, rezipiertes römisches Recht und überkommene deutsche Rechtsgewohnheiten miteinander zu verschmelzen. 32

Neben dem **usus modernus,** der als solcher auch wissenschaftliche Pflege erfahren hat, finden wir, zeitlich mit ihm zusammenfallend, die Naturrechtsschule. Das **Naturrecht (Vernunftrecht)** dieser Zeit berührt die Wissenschaft vom (antiken) römischen Recht nicht unmittelbar. Aber die **„Allgemeinen Lehren“** der Pandektenwissenschaft und der deutschen Zivilrechtsdogmatik des Bürgerlichen Gesetzbuches gehen auf Axiome und allgemeine Rechtsbegriffe des Naturrechts zurück, das seinerseits zum großen Teil auf römischem Recht, auf der Vorarbeit der romanistischen und kanonistischen Rechtswissenschaft des Mittelalters und des Usus modernus fußt. Unmittelbar hat sich das Naturrecht auf die „Naturrechtsgesetzbücher“ (Wieacker, PGN 322ff.) des 18. und des 19. Jahrhunderts ausgewirkt, so auf das preußische Allgemeine Landrecht von 1794 (ALR), auf den Code civil von 1804 in Frankreich und auf das Allgemeine bürgerliche Gesetzbuch in Österreich (ABGB) unter Franz v. Zeiller (1811). 33

Die Entwicklung der Wissenschaft vom römischen Recht im 19. Jahrhundert geht auf **Friedrich Carl von Savigny,** 1779–1861, und die von ihm und dem Göttinger Gelehrten **Gustav Hugo,** 1764–1844, begründete **Historische Rechtsschule** zurück. Weniger der Romantik als Tradition und Humanismus verhaftet, sah Savigny in der Rückwendung zum antiken (justinianischen) römischen Recht die Verwirklichung seines abendländischen Kulturideals. Der große „Bewahrer und Gründer“ auf vielen Gebieten der Rechtsgeschichte (Mediävistik) und des Rechtes (Internationales Privatrecht), wirkt er mit seinem unvollendeten Spätwerk „System des heutigen römischen Rechts“ (seit 1839) besonders auf die Folgezeit. Hatte er aber der Rechtswissenschaft eine doppelte Aufgabe zugeschrieben, die historische Verknüpfung des geltenden Rechts mit seinen Ursprüngen aufzuzeigen – gleichsam ein „Naturrecht des historisch Gewordenen“ (Max Weber, Rechtssoziologie [2. Aufl. 1967] 317f.) – und zum anderen die logisch-systematische Struktur des Rechts darzustellen, so hat schon sein Schüler und Nachfolger *Georg Friedrich Puchta,* 1798–1846, und hat die **Pandektenwissenschaft** der zweiten Hälfte des 19. Jahrhunderts die wichtigste Aufgabe der Privatrechtswissenschaft in der System- und Begriffsbildung gesehen. 34

Die Normen des römischen Rechts dienen künftig dazu, ein geschlossenes lückenloses System aufzubauen, aus dem sich durch Subsumption und Konstruktion die Lösung für jeden einzelnen Rechtsfall mit dem Anspruch logischer Notwendigkeit ergeben sollte. Diese wissenschaftliche Bewegung hat unmittelbar auf Geist und Inhalt des Bürgerlichen Gesetzbuches eingewirkt. Damit war eingetreten, was Savigny einst vorschwebte: der Verwirklichung der Rechtseinheit in Deutschland vom Katheder her vorzuarbeiten. Die Privatrechtswissenschaft hatte in der Pandektistik ihre höchste fachwissenschaftliche Stufe erreicht, sie entartete aber schließlich in Begriffsjurispru- 35 denz und Positivismus (vgl. die vorzügliche Darstellung bei K. Larenz, Methodenlehre der Rechtswissenschaft [6. Aufl. 1991] 11 ff.).

36 Mit dem Inkrafttreten des Bürgerlichen Gesetzbuches (§ 43 III 1) ist die Wissenschaft vom Römischen Recht in Deutschland ein Stück Geschichtswissenschaft geworden. Der rechtsgeschichtlichen Forschung hat diese Tatsache starke Antriebe gegeben.

37 c) In **Österreich** widerstand das österreichische Landrecht zunächst der „romanisierenden Einwirkung mehr als das Privatrecht in Deutschland". „Erst das 17. Jahrhundert brachte eine stärker sichtbare Rezeption" (H. Baltl/G. Kocher, Österreichische Rechtsgeschichte [7. Aufl. 1993] 156; ausführlicher über die „Einflüsse des römischen Rechts in Österreich" ders. in IRMAE V 7 [1962]). In den Vorarbeiten zum ABGB verbanden sich römischrechtliche Einflüsse mit naturrechtlichen, und diese Verbindung hat auch das ABGB selbst geprägt.

38 Wenn der Wille der damaligen Vertreter der Rechtswissenschaft ausschlaggebend gewesen wäre, hätte das römische Recht auch in Österreich seine praktische Bedeutung im Studium der Rechtswissenschaft mit dem Inkrafttreten des ABGB verloren. Franz v. Zeiller hatte bereits 1810 eine neue Studienordnung für Juristen ausgearbeitet, welche dem römischen Recht noch solange eine Pflege sicherte, als „einzelne ex praeterito stammende Rechtsfälle nach römischem Recht zu entscheiden sind (!); sobald ein praktischer Dienst von ihm nicht mehr zu erwarten sei, sollte es ganz aufgelassen werden" (A. Steinwenter, Mem. Koschaker I [1954] 413 f.). Damals wurde diese kurzsichtige Haltung jedoch von der österreichischen Hofkanzlei nicht geteilt. Sie wies mit Nachdruck auf die europäische Bedeutung des römischen Rechts hin, und zwar unter anderem mit folgenden Worten: „Das römische Civilrecht ist seit so vielen Jahrhunderten das allgemeine Recht aller civilisierten europäischen Nationen und das einzige Band, wodurch dieselben gemeinschaftliche Begriffe nicht nur auf das Privat-, sondern auch auf das Völker- und Staatsrecht unterhielten. Nur durch dieses ... kam die Rechtswissenschaft zu jener Stufe der Ausbildung und Vollkommenheit, welcher ... die Wohlfahrt der Europäer ... das Meiste, wenn nicht Alles zu verdanken hat ..." (Steinwenter, Mem. Koschaker I 415; ausführlichere Wiedergabe des Textes samt Quellenangabe bei Waldstein, Fs. Verdross [1980] 308 f. Anm. 106). Vielleicht war es diese im ganzen höchst lesenswerte Stellungnahme, die dem römischen Recht in der österreichischen juristischen Studienordnung bis heute einen grundlegenden Platz gesichert hat.

39 6. Jedenfalls bildet das römische Recht eine Grundlage der europäischen Rechtskultur, ohne deren Kenntnis diese selbst nicht voll zu verstehen ist. Die heutige Wissenschaft vom römischen Recht bemüht sich vor allem um die Erforschung der Entwicklung des römischen Rechts selbst. Damit knüpft sie an die von *Theodor Mommsen* begründete Richtung an, durch die Mommsen selbst, juristisch und philologisch-historisch in gleicher Weise geschult, die gesamte Altertumswissenschaft mit bewundernswerten Leistungen befruchtete.

40 Die Entwicklung des römischen Rechts ist für einen Zeitraum von mehr als tausend Jahren erstaunlich gut dokumentiert – ein einzigartiges Beispiel in der Rechtsgeschichte. Sie lehrt uns das Entstehen, die Entfaltung und das Absterben von Instituten und zeitbedingten Normen und ihre Bedeutung in enger Verbindung mit den politischen, gesellschaftlichen und wirtschaftlichen Verhältnissen zu sehen. Das Studium des Bemühens der römischen Rechtswissenschaft um sachgerechte Lösungen vermag aber darüber hinaus auch der modernen Rechtwissenschaft eine Fülle von überzeitlichen Kriterien für sachgerechte Entscheidungen und Methoden zu ihrer Gewinnung zu vermitteln. Diese können die gegenwärtigen rechtswissenschaftlichen Bemühungen

entscheidend befruchten, die moderne Rechtswissenschaft vor methodischen Vereinseitigungen bewahren und bewirken, daß auch sie es verdient, eine *ars boni et aequi* genannt zu werden (vgl. Ulp. [Cels.] D. 1, 1, 1 pr.).

Zeittafel

v. Chr.	Staat	Recht	Rechtswissenschaft
	I. Der patrizische Adelsstaat (von den Anfängen bis 367 v. Chr.)		
Seit 1200	Einwanderung der Italiker		
Seit 1000	Hervortreten bzw. Einwanderung der Etrusker		
Um 1000	Älteste Siedlung auf dem septimontium		
Um 750	Griechische Kolonisation Süditaliens und Siziliens; phönizisch-karthagische Handelsplätze in Westsizilien und Sardinien		
753	Angebliche Gründung Roms		
753–510	Sagenhafte Königszeit	„leges regiae“	priesterliche Rechtskunde
Um 600	Etruskische Herrschaft		
Um 600	Gründung der Stadt Rom		
Um 500	Vertreibung der etruskischen Könige, Begründung der Republik		
509	Angeblich Beginn der Eponymie		
494	Secessio plebis in montem sacrum?		
493	Bündnis mit den Latinern		
451–449	Dezemvirat	Zwölftafelgesetz	
449	Unverletzlichkeit der Plebsbeamten:	Angebliche leges Valeriae Horatiae	
445?	Ehegemeinschaft der Stände:	lex Canuleia	
ca. 445–367	Konsulartribunat		
	Frührep. Wehrverfassung: Zenturiatkomitien		
396	Eroberung Vejis		
387	Gallischer Brand		
367	Einführung d. Konsularverfassung u. d. Magistratur aufgrund einer Vereinbarung zwischen Patriziat u. Plebs: Ein Konsul soll Plebejer sein	Angebliche leges Liciniae Sextiae	
	II. Die entwickelte Republik (von 367 bis 27 v. Chr.)		
358	Erneuerung des Latinerbündnisses		
348	1. Vertrag mit Karthago		
339?	Auctoritas patrum vor Gesetzesantrag:	lex Publilia Philonis	
338	Unterwerfung Latiums		

327–290	Samnitenkriege; Heeresreform		
326		lex Poetelia: Milderung der Schuldknechtschaft	
ca. 312	Neugliederung der Zenturiatkomitien; („Servianische Verfassung“)		
312	Appius Claudius Caecus Zensor; Via Appia, Aqua Claudia		
312	Lectio senatus durch Zensoren:	lex Ovinia	
304			Gn. Flavius, ius Flavianum (Veröffentlichung der Prozeßformeln); Kautelarjurisprudenz
300	Zugang der Plebs zu Priesterämtern:	lex Ogulnia	
Nach 290	Neuordnung der Zenturienverfassung (sog. Servianische Verfassung) Münzwesen:		
Anfang 3. Jh.	aes signatum, dann Kupferas (269), Anfang 2. Jh. Silberdenar		
287	Gesetzesgleichheit der Plebiszite:	lex Hortensia	
286		lex Aquilia: über Sachbeschädigung	
282–272	Krieg mit Tarent und Pyrrhos		
268			
264–241	Italische Wehrgenossenschaft unter Führung Roms 1. Punischer Krieg		
254			Ti. Coruncanius, 1. plebejischer pontifex maximus (öffentliche Respondiertätigkeit)
242	Einsetzung des praetor peregrinus		
241	Sizilien erste Provinz		
237	Sardinien und Korsika Provinz		
220	Letzte Reform der Zenturienverfassung		
218–201	2. Punischer Krieg		
218	Verbot senatorischer Handelsunternehmungen		
204		lex Cincia: Schenkungsverbote	
198			Sex. Aelius cons.; tripertita, ius Aelianum
197	Spanische Küste (zwei) Provinzen		
196	„Befreiung“ Griechenlands (1. Makedonischer Krieg)		
ca. 187	Silberdenar und Sesterz		
184	M. Porcius Cato Zensor		
180	Cursus honorum festgelegt:	lex Villia annalis	
168	Sieg bei Pydna über Makedonien (2. Makedon. Krieg)		M. Porcius Cato (Licinianus), Sohn des Zensors, gest. 153; regula Catoniana
153			
zwischen 169 und 149		lex Aebutia: Formularprozeß bei condictio	
149–146	3. Punischer Krieg	lex Calpurnia de repetundis; quaestio perpetua	M.’ Manilius cons.

v./n. Chr.	Staat	Recht	Rechtswissenschaft
148	Makedonien Provinz		
146	Korinth und Karthago zerstört; Afrika Provinz		
133	Ganz Spanien Provinz, Kleinasien fällt an Rom; Ti. Gracchus Volkstribun:	leges Semproniae agrariae	P. Mucius Scaevola cons. M. Iunius Brutus
129			Q. Aelius Tubero Volkstribun
123	C. Gracchus Volkstribun; Asien Provinz	leges Semproniae: agraria, frumentaria, iudiciaria; lex Acilia repetundarum	
121	Gallia Narbonensis Provinz		
117			Q. Mucius Scaevola (Augur) cons.
113–101	Abwehr der Cimbern und Teutonen		
111		lex agraria	
107–100	C. Marius Konsul; Berufsheer gebildet		
105			P. Rutilius Rufus cons.
95			Q. Muc. Scaevola (Pontif.) cons.
93			ius civile in XVIII Büchern; causa Curiana
91	Tribunat des M. Livius Drusus		
91–89	Bundesgenossenkrieg; Aufnahme Italiens ins Bürgerrecht		
88	Cinnas Konsulat		
82–79	Sullas Diktatur	leges Corneliae; quaestiones perpetuae	
ca. 81	Gallia Cisalpina Provinz		
70	Pompeius u. Crassus conss.; Aufhebung d. Sullanischen Verfass.		
67	Außerordentliche Vollmachten für Pompeius (Seeräuberunwesen, Mithradatischer Krieg)	lex Cornelia de iurisdictione: bindende Kraft des Edikts	
66			C. Aquilius Gallus praet. (actio de dolo; stipulatio Aquiliana)
63/62	„Catilinarische Verschwörung“		
60	1. Triumvirat (Caesar, Pompeius, Crassus)		
58–51	Caesar unterwirft Gallien		
52	Pompeius Alleinkonsul	leges Pompeiae	
51			Servius Sulpicius Rufus cons.
48–44	Caesars Diktatur		A. Ofilius
45	Regelmäßige Goldprägung	lex Iulia municipalis	

43–32	2. Triumvirat (Antonius, Oktavian, Lepidus)	lex Rubria de Gallia Cisalpina	
39			P. Alfenus Varus cons. suff.
36	Rücktritt des Lepidus		A. Cascellius
31	Sieg Oktavians über Antonius und Kleopatra bei Actium		C. Trebatius Testa
			Q. Aelius Tubero (d. J.)
30	Ägypten Provinz		Aufidius Namusa
			C. Aelius Gallus

III. Der Prinzipat (von 27 v. Chr. bis 284 n. Chr.)

27 v. Chr. bis 14 n. Chr.	Augustus		*Frühklassiker:*	
13. 1. 27 v. Chr.	Formelle Wiederherstellung der Republik; Begründung des Prinzipats; militärisches imperium für Augustus		Capito (gest. 22 n. Chr.)	Labeo (gest. 10/11 n. Chr.)
23	Volle tribunicia potestas; imperium proconsulare maius (?)			
19	Imperium consulare			
18		lex Iulia de maritandis ordinibus, l. I. de adult. coerc.		
17		leges Iuliae (iudiciorum privatorum u. publicorum)		
7–4		Edikte von Kyrene		
2		lex Fufia Caninia und		
4 n. Chr.		lex Aelia Sentia: Freilassungen		
9	Schlacht im Teutoburger Walde	lex Papia Poppaea: Ehereform		
14–68	*Julisch-Claudische Dynastie*		*Sabinianer*	*Prokulianer*
14–37	Tiberius		Sabinus (noch unter Nero); ius civile in III Büchern	Nerva (pater, gest. 33) Proculus
37–41	Gaius (Caligula)			
41–54	Claudius		Cassius (gest. unt. Vespasian)	
43/44	Britannien Provinz; weitere Provinzen (Judäa u. a.) im Osten	SC Velleianum		
			Plautius	
54–68	Nero	SC Trebellianum		Pegasus
68/69	Vierkaiserjahr (Galba, Otho, Vitellius, Vespasian)			
69–96	*Flavier*			
69–79	Vespasian	lex de imperio Vespasiani		
79–81	Titus	SC Pegasianum		
81–96	Domitian	SC Macedonianum		

n. Chr.	Staat	Recht	Rechtswissenschaft
			Hochklassiker
88/89	Baubeginn des Limes	lex Salpensana, lex Malacitana	Iavolenus (gest. n. 106)
90	Germania superior und inferior Provinzen	lex Irnitana	
96–192	*Adoptivkaiser*		
96–98	Nerva		
96		letzte lex (agraria)	
98–117	Trajan		
100	Dakien Provinz		Neratius (noch unter Hadrian)
			Aristo
			Celsus (noch unter Hadrian)
117–138	Hadrian		
Um 130		Iulianische Redaktion der Jurisdiktionsedikte SC Tertullianum SC Iuventianum (129)	Iulianus (noch unter divi fratres) Africanus
138–161	Antoninus Pius	lex metalli Vipascensis	Maecianus (noch unter divi fratres) Pomponius (noch unter divi fratres)
			Venuleius
			Gaius (bis nach 178); IV Bücher Institutionen
161–169	Mark Aurel, Lucius Verus (divi fratres)		Marcellus (noch unter M. Aurel)
169–180	Mark Aurel	SC Orfitianum (178)	Cervidius Scaevola (noch unter Sept. Severus)
180–192	Commodus		
193/194	Fünfkaiserjahr (Pertinax, Iulianus, Niger, Sept. Severus, Albinus)		Florentinus
193–235	*Severer*		*Spätklassiker*
193–211	Septimius Severus		Papinianus (gest. 212)
211–217	Antoninus Caracalla		Tryphoninus (bis unter Caracalla)
212		const. Antoniniana (Reichsbürgerrecht)	Callistratus

218–222	Elagabalus		Tertullianus (gest. 230)
222–235	Alexander Severus		Paulus (noch unter Alexander Severus)
			Ulpianus (gest. 223)
235–284	*Soldatenkaiser*		Marcianus (noch unter Alexander Severus)
			Modestinus (gest. nach 244)
			Oströmische Rechtsschule in Berytos (vor 238 bereits berühmt)
260–268	Gallienus; Trennung von Militär- und Zivilgewalt		
268–325	*Illyrier*		
268–270	Claudius II.		
270–275	Aurelian; Geldreform		

IV. Die späte Kaiserzeit (Dominat, von 284 bis 565)

			Nachklassische Zeit
284–305	Diokletian; Heeresreform		Auszüge aus klassischen Schriften
293	Tetrarchie		
Um 292		Codex Gregorianus	
Nach 294		Codex Hermogenianus	Hermogenianus
301		Höchstpreisedikt	
306–337	Konstantin der Große		Arcadius Charisius
313	Mailänder Edikt: Duldung des Christentums		
321		Kassiergesetz (Entkräftung der Anm. des Ulpian u. Paulus zu Papinian)	Fragmenta Vaticana 320–372
324	Münzreform		
325–476	*Christliche Monarchie*		
325–337	Konstantin Alleinherrscher		
326	Konstantinopel Hauptstadt; Heeresreform: Trennung von Feld- und Grenzarmee, Auflösung der Prätorianergarde		
361–363	Iulianus Apostata		
375	Beginn der germanischen Völkerwanderung		
379–395	Theodosius I. (der Große)		
391	Christentum Staatsreligion		
395	Reichsteilung		Scholia Sinaitica

n. Chr.	Staat: *Ostrom*	Staat: *Westrom*	Recht	Rechtswissenschaft
395–408	Arcadius			
395–423		Honorius		Collatio legum Mosaicarum et Romanarum
408–450	Theodosius II.			
425			Notitia dignitatum	Gründung der Universität Konstantinopel
425–455		Valentinian III.		
426			Zitiergesetz	
438			Codex Theodosianus	
475–476		Romulus Augustulus; Absetzung durch Odovacar		Syrisch-römisches Rechtsbuch
476–553		Westrom unter germanischer Herrschaft		
Um 500			Lex Romana Burgundionum Edictum Theoderici	
506			Lex Romana Visigothorum	Consultatio veteris cuiusdam iurisconsulti
527–565	Justinian		*Corpus iuris civilis*	
528/529			Codex (I)	
529/532 und 535/542				Tribonian quaestor
531			Quinquaginta decisiones	Theophilus, Dorotheus, Cratinus Anatolius
530–533			Digesta	
533			Institutiones Studienordnung	
534			Codex (II)	
535 ff.			Novellae	
553	Vernichtung des Ostgotenreichs			
554	Einführung des *Corpus iuris* in Italien		Sanctio pragmatica pro petitione Vigilii	
568–774	Langobardenreich in Nord- und Mittelitalien			

V. Byzantinisches Mittelalter (von 565 bis 1453)

n. Chr.	Staat	Recht	Rechtswissenschaft
Nach 600		Digestenparaphrase des „Anonymus“	
627	Zusammenbruch des Sassanidenreichs		
717–741	Leo III. (Isaurus)		
718	Sieg über die Araber		
740		Ekloge	

867–886	Basilius I. (Macedo)		
886–912	Leo VI. (der Weise)	Basiliken	
Um 950		Synopsis Basilicorum	
1054	Loslösung der griechischen Kirche von Rom		
12. Jh.		Tipucitus	
1345		Hexabiblos	Harmenopoulos
1453	Eroberung Konstantinopels durch die Türken		

VI. Abendländische Rechtsentwicklung

Um 1050	Italien	Wiederentdeckung der Digesten	
Ende d. 11. Jh. bis 13. Jh.	Italien		Blüte der Rechtswissenschaft Glossatoren; Schulhaupt und Begründer der Universität Bologna: Irnerius († nach 1125), Azo († 1230), Accursius († ca. 1260, Verfasser der Glossa ordinaria)
13. bis 15. Jh.			Postglossatoren (Kommentatoren) Hauptvertreter: Cinus (1270–1336), Bartolus (1314–1357), Baldus (1327–1400)
Ende d. 13. Jh. bis 15. Jh.	Westliches Kontinental-Europa	Rezeption des römischen Rechts („ius commune“)	mos italicus
15.–16. Jh.	Deutschland	Rezeption des römischen Rechts („römisch-gemeines Recht“)	
1495		Reichskammergericht	
16. Jh.	Italien, Deutschland, Frankreich, Niederlande		Blütezeit der humanistischen Jurisprudenz („elegante Jurisprudenz“): Begründer Alciatus (1492–1553, Mitbegründer der Hochschule von Bourges), Zasius (1461–1535), Haloander (1501–1531), Cuiacius (1522–1590), Donellus (1527–1591), D. Gothofredus († 1622), J. Gothofredus († 1652), Faber († 1624)

n. Chr.	Staat	Recht	Rechtswissenschaft
17. Jh.	Deutschland		mos gallicus usus modernus pandectarum Verbindung deutscher Praxis mit röm. Recht (Samuel Stryck u. a.), Beginn der Naturrechtssysteme (Vernunftrecht), Samuel Pufendorf (1632–1694), Christian Thomasius (1655–1728), Christian Wolff (1679–1754)
18. Jh.	Deutschland/Österreich	„Naturrechtsgesetzbücher“, ALR, Vorarbeiten für das ABGB	Naturrechtslehre (Vernunftrecht), G. Suarez (1746–1796), F. v. Zeiller (1753–1828)
19. Jh.	Deutschland, Frankreich, Österreich	Code civil (1804), ABGB (1811)	Historische Rechtsschule: G. Hugo, F. C. von Savigny (1779–1861)
		BGB (1896, in Kraft ab 1. 1. 1900)	Pandektenwissenschaft

Quellenregister

Die Zahlen verweisen auf die – durch Semikolon voneinander getrennten – Paragraphen und ihre Gliederung.

1. Juristische Quellen

A. Vorjustinianische Quellen

3. Papyri, Inschriften- und Quellensammlungen

Personen- und Sachregister

Die Zahlen verweisen auf die – durch ein Semikolon voneinander getrennten – Paragraphen und ihre Gliederung. Fachausdrücke sind zumeist nur in lateinischer Fassung aufgeführt. Die Hauptstellen sind durch Fettdruck hervorgehoben. Die den Ortsangaben in Klammern beigefügten Buchstaben und Zahlen verweisen auf die Einteilung der nebenstehenden Übersichtskarte.

A
B
H
I
1
2
3
4
5
6
7
Oceanus
Atlantitus
Mare Caspium
GALLAECIA
HISPANIA
LUSITANIA
Toletum
BAETICA
Vipasca
Gades
Urso
Munda
Salpensa
Malaca
inus
PONTUS
ARMENIA
MEDIA
ATROPATENE
ASSYRIA
ADOCIA
MESOPOTAMIA
Assur
Tigris
Seleukia
Ktesiphon
Euphrat
Babylon
Antiochia
(Antakiya)
SYRIA
Emesa
Berytus
PALAESTINA
(Judaea)
ABIA
MAURET
Sinus Arabicus
DAS ROEMISCHE
DIE GRENZE DES
SEINER GROESST
IM 2. JAHRHUND
DIE GRENZE ZW
UND WESTROM
DIE GRENZEN D
GRENZEN DER P
WAELLE - BEFEST